本 书 编 委 会

主　任　孔令辉

副主任　蔡　梅　赵瑞霞

编　委　卓俊玲　刘金洁　刘振起　康拉娣

　　　　杨申卉　叶　斌　闫如松　孙　阳

环境影响评价相关法律法规汇编增补本（2011）

环境保护部环境工程评估中心　编

中国环境科学出版社·北京

图书在版编目（CIP）数据

环境影响评价相关法律法规汇编增补本. 2011/环境保护部环境工程评估中心编. —北京：中国环境科学出版社，2011.8

ISBN 978-7-5111-0664-3

Ⅰ. ①环… Ⅱ. ①环… Ⅲ. ①环境影响评价法—汇编—中国 Ⅳ. ①D922.689

中国版本图书馆 CIP 数据核字（2011）第 156226 号

责任编辑 黄晓燕
文字编辑 王天一
责任校对 扣志红
装帧设计 玄石至上

出版发行 中国环境科学出版社
（100062 北京东城区广渠门内大街 16 号）
网 址：http://www.cesp.com.cn
联系电话：010-67112735
发行热线：010-67125803，010-67113405（传真）
印 刷 北京市联华印刷厂
经 销 各地新华书店
版 次 2011 年 8 月第 1 版
印 次 2011 年 8 月第 1 次印刷
开 本 787×960 1/16
印 张 28.75
字 数 530 千字
定 价 80.00 元

前　　言

环境影响评价是我国环境保护工作的一项重要法律制度，于20世纪70年代引入我国，经历了由部门规章到国务院条例，再到《中华人民共和国环境影响评价法》作为单项法颁布的发展过程。30年的实践，已经形成了一套完整的法律法规、政策和管理制度体系，对合理产业布局、优化项目选址、控制新的污染和生态破坏、促进产业结构升级和调整、推进清洁生产和循环经济的发展发挥了重要的作用，且随着规划环境影响评价的深入实施，环境影响评价在促进科学发展中的作用越来越显著。

环境影响评价的重要性及其工作的性质，决定了环境影响评价人员除了不断提高业务能力和技术水平外，还要认真学习和研究国家的相关法律法规、产业政策、技术政策和环保政策。为了方便环境影响评价人员了解和应用有关法律、法规和政策，我们于2005年编辑出版了《环境影响评价相关法律法规汇编》，并分别于2007年、2008年、2009年和2010年进行了四次增补，系统归纳整理了1982年至2009年发布的环境影响评价相关法律、行政法规、部门规章和其他规范性文件。

本增补本汇集了2010年1月至2010年12月我国发布的环境影响评

价相关新的规定，分为环境影响评价相关法律法规、行政法规与国务院发布的规范性文件、环境保护部令与规范性文件、其他部门发布的规范性文件四部分，是环境影响评价管理和技术人员的一部实用的法律法规和政策工具书，同时也适用于企事业单位的环境管理人员，科研院校的研究、教学人员，以及其他与环境影响评价相关的人员。

编　者

2011 年 2 月

目　录

一、环境影响评价相关法律法规

中华人民共和国水土保持法
（中华人民共和国主席令第三十九号）…… 2

二、行政法规与国务院发布的规范性文件

消耗臭氧层物质管理条例
（国务院令　第573号）…… 11
国务院关于中西部地区承接产业转移的指导意见
（国发[2010]28号）…… 18
国务院关于进一步做好利用外资工作的若干意见
（国发[2010]9号）…… 24
国务院关于进一步加强淘汰落后产能工作的通知
（国发[2010]7号）…… 27
国务院办公厅关于进一步加大节能减排力度加快钢铁工业结构调整的若干意见（国办发[2010]34号）…… 35
国务院办公厅转发环境保护部等部门关于推进大气污染联防联控工作改善区域空气质量指导意见的通知（国办发[2010]33号）…… 41

三、环境保护部令与规范性文件

关于废止、修改部分环保部门规章和规范性文件的决定
（环境保护部令　第16号）…… 47
新化学物质环境管理办法
（环境保护部令　第7号）…… 53
关于公布继续有效的国家环保部门规范性文件目录的公告
（环境保护部公告　2010年第97号）…… 62
关于公布现行有效的国家环保部门规章目录的公告
（环境保护部公告　2010年第96号）…… 78
关于发布钢铁行业炼钢、轧钢、焦化三个工艺污染防治最佳可行技术指南（试行）的公告（环境保护部公告　2010年第93号）…… 82

关于发布《环境影响评价从业人员职业道德规范（试行）》的公告（环境保护部公告 2010 年第 50 号）......139
关于环境影响评价工程师职业资格注销登记有关事项的公告（环境保护部公告 2010 年第 47 号）......141
关于发布《钢铁行业采选矿工艺污染防治最佳可行技术指南（试行）》的公告（环境保护部公告 2010 年第 38 号）......142
关于发布《放射性物品分类和名录》（试行）的公告（环境保护部公告 2010 年第 31 号）......169
关于发布《城镇污水处理厂污泥处理处置污染防治最佳可行技术指南（试行）》的公告（环境保护部公告 2010 年第 26 号）......190
关于发布《畜禽养殖业污染防治技术政策》的通知（环发[2010]151 号）......217
关于发布《电解锰行业污染防治技术政策》的通知（环发[2010]50 号）......221
关于加强环境噪声污染防治工作改善城乡声环境质量的指导意见（环发[2010]144 号）......225
关于加强二噁英污染防治的指导意见（环发[2010]123 号）......230
关于发布《燃煤电厂污染防治最佳可行技术指南（试行）》的通知（环发[2010]23 号）......234
关于发布《农村生活污染防治技术政策》的通知（环发[2010]20 号）......267
关于发布《火电厂氮氧化物防治技术政策》的通知（环发[2010]10 号）......270
关于发布《地面交通噪声污染防治技术政策》的通知（环发[2010]7 号）......273
关于印发《环境风险评估技术指南——氯碱企业环境风险等级划分方法》的通知（环发[2010]8 号）......277
关于废弃钻井液经分离筛分离是否属于《国家危险废物名录》中“废弃钻井液处理”的复函（环函[2010]253 号）......290
关于拆迁活动是否纳入建设项目环境影响评价管理问题的复函（环函[2010]250 号）......291
关于《建设项目环境影响评价分类管理名录》U 类第 15 项规定有关问题的复函（环函[2010]132 号）......292
关于污（废）水处理设施产生污泥危险特性鉴别有关意见的函（环函[2010]129 号）......293

关于生活垃圾填埋气体发电机组烟气排放执行标准问题的复函
（环函[2010]123 号）......294
关于加强城镇污水处理厂污泥污染防治工作的通知
（环办[2010]157 号）......295
关于印发《尾矿库环境应急管理工作指南（试行）》的通知
（环办[2010]138 号）......297
关于进一步加强分散式饮用水水源地环境保护工作的通知
（环办[2010]132 号）......329

四、其他部门发布的规范性文件

多晶硅行业准入条件
（工联电子[2010]137 号）......346
关于印发《生活垃圾处理技术指南》的通知
（建城[2010]61 号）......350
萤石行业准入标准公告
（工联原[2010]87 号）......357
耐火黏土（高铝黏土）行业准入标准公告
（工联原[2010]86 号）......361
国家重点节能技术推广目录（第三批）
（国家发展和改革委公告　2010 年第 33 号）......366
中国资源综合利用技术政策大纲
（国家发展和改革委公告　2010 年第 14 号）......434
国家发展改革委关于规范煤制天然气产业发展有关事项的通知
（发改能源[2010]1205 号）......450

一、环境影响评价相关法律

中华人民共和国主席令

第三十九号

《中华人民共和国水土保持法》已由中华人民共和国第十一届全国人民代表大会常务委员会第十八次会议于 2010 年 12 月 25 日修订通过，现将修订后的《中华人民共和国水土保持法》公布，自 2011 年 3 月 1 日起施行。

中华人民共和国主席　胡锦涛
2010 年 12 月 25 日

中华人民共和国水土保持法

（1991 年 6 月 29 日第七届全国人民代表大会常务委员会第二十次会议通过　2010 年 12 月 25 日第十一届全国人民代表大会常务委员会第十八次会议修订）

目　录

第一章　总　则
第二章　规　划
第三章　预　防
第四章　治　理
第五章　监测和监督
第六章　法律责任
第七章　附　则

第一章　总　则

第一条　为了预防和治理水土流失，保护和合理利用水土资源，减轻水、旱、风沙灾害，改善生态环境，保障经济社会可持续发展，制定本法。

第二条　在中华人民共和国境内从事水土保持活动，应当遵守本法。

本法所称水土保持，是指对自然因素和人为活动造成水土流失所采取的预防和治理措施。

第三条 水土保持工作实行预防为主、保护优先、全面规划、综合治理、因地制宜、突出重点、科学管理、注重效益的方针。

第四条 县级以上人民政府应当加强对水土保持工作的统一领导，将水土保持工作纳入本级国民经济和社会发展规划，对水土保持规划确定的任务，安排专项资金，并组织实施。

国家在水土流失重点预防区和重点治理区，实行地方各级人民政府水土保持目标责任制和考核奖惩制度。

第五条 国务院水行政主管部门主管全国的水土保持工作。

国务院水行政主管部门在国家确定的重要江河、湖泊设立的流域管理机构（以下简称流域管理机构），在所管辖范围内依法承担水土保持监督管理职责。

县级以上地方人民政府水行政主管部门主管本行政区域的水土保持工作。

县级以上人民政府林业、农业、国土资源等有关部门按照各自职责，做好有关的水土流失预防和治理工作。

第六条 各级人民政府及其有关部门应当加强水土保持宣传和教育工作，普及水土保持科学知识，增强公众的水土保持意识。

第七条 国家鼓励和支持水土保持科学技术研究，提高水土保持科学技术水平，推广先进的水土保持技术，培养水土保持科学技术人才。

第八条 任何单位和个人都有保护水土资源、预防和治理水土流失的义务，并有权对破坏水土资源、造成水土流失的行为进行举报。

第九条 国家鼓励和支持社会力量参与水土保持工作。

对水土保持工作中成绩显著的单位和个人，由县级以上人民政府给予表彰和奖励。

第二章 规 划

第十条 水土保持规划应当在水土流失调查结果及水土流失重点预防区和重点治理区划定的基础上，遵循统筹协调、分类指导的原则编制。

第十一条 国务院水行政主管部门应当定期组织全国水土流失调查并公告调查结果。

省、自治区、直辖市人民政府水行政主管部门负责本行政区域的水土流失调查并公告调查结果，公告前应当将调查结果报国务院水行政主管部门备案。

第十二条 县级以上人民政府应当依据水土流失调查结果划定并公告水土流失重点预防区和重点治理区。

对水土流失潜在危险较大的区域，应当划定为水土流失重点预防区；对水土流失严重的区域，应当划定为水土流失重点治理区。

第十三条 水土保持规划的内容应当包括水土流失状况、水土流失类型区划分、水土流失防治目标、任务和措施等。

水土保持规划包括对流域或者区域预防和治理水土流失、保护和合理利用水土资源作出的整体部署，以及根据整体部署对水土保持专项工作或者特定区域预防和治理水土流失作出的专项部署。

水土保持规划应当与土地利用总体规划、水资源规划、城乡规划和环境保护规划等相协调。

编制水土保持规划，应当征求专家和公众的意见。

第十四条 县级以上人民政府水行政主管部门会同同级人民政府有关部门编制水土保持规划，报本级人民政府或者其授权的部门批准后，由水行政主管部门组织实施。

水土保持规划一经批准，应当严格执行；经批准的规划根据实际情况需要修改的，应当按照规划编制程序报原批准机关批准。

第十五条 有关基础设施建设、矿产资源开发、城镇建设、公共服务设施建设等方面的规划，在实施过程中可能造成水土流失的，规划的组织编制机关应当在规划中提出水土流失预防和治理的对策和措施，并在规划报请审批前征求本级人民政府水行政主管部门的意见。

第三章 预 防

第十六条 地方各级人民政府应当按照水土保持规划，采取封育保护、自然修复等措施，组织单位和个人植树种草，扩大林草覆盖面积，涵养水源，预防和减轻水土流失。

第十七条 地方各级人民政府应当加强对取土、挖沙、采石等活动的管理，预防和减轻水土流失。

禁止在崩塌、滑坡危险区和泥石流易发区从事取土、挖沙、采石等可能造成水土流失的活动。崩塌、滑坡危险区和泥石流易发区的范围，由县级以上地方人民政府划定并公告。崩塌、滑坡危险区和泥石流易发区的划定，应当与地质灾害防治规划确定的地质灾害易发区、重点防治区相衔接。

第十八条 水土流失严重、生态脆弱的地区，应当限制或者禁止可能造成水土流失的生产建设活动，严格保护植物、沙壳、结皮、地衣等。

在侵蚀沟的沟坡和沟岸、河流的两岸以及湖泊和水库的周边，土地所有权人、使用权人或者有关管理单位应当营造植物保护带。禁止开垦、开发植物保护带。

第十九条 水土保持设施的所有权人或者使用权人应当加强对水土保持设施的管理与维护，落实管护责任，保障其功能正常发挥。

第二十条 禁止在二十五度以上陡坡地开垦种植农作物。在二十五度以上陡坡地种植经济林的，应当科学选择树种，合理确定规模，采取水土保持措施，防止造成水土流失。

省、自治区、直辖市根据本行政区域的实际情况，可以规定小于二十五度的禁止开垦坡度。禁止开垦的陡坡地的范围由当地县级人民政府划定并公告。

第二十一条 禁止毁林、毁草开垦和采集发菜。禁止在水土流失重点预防区和重点治理区铲草皮、挖树兜或者滥挖虫草、甘草、麻黄等。

第二十二条 林木采伐应当采用合理方式，严格控制皆伐；对水源涵养林、水土保持林、防风固沙林等防护林只能进行抚育和更新性质的采伐；对采伐区和集材道应当采取防止水土流失的措施，并在采伐后及时更新造林。

在林区采伐林木的，采伐方案中应当有水土保持措施。采伐方案经林业主管部门批准后，由林业主管部门和水行政主管部门监督实施。

第二十三条 在五度以上坡地植树造林、抚育幼林、种植中药材等，应当采取水土保持措施。

在禁止开垦坡度以下、五度以上的荒坡地开垦种植农作物，应当采取水土保持措施。具体办法由省、自治区、直辖市根据本行政区域的实际情况规定。

第二十四条 生产建设项目选址、选线应当避让水土流失重点预防区和重点治理区；无法避让的，应当提高防治标准，优化施工工艺，减少地表扰动和植被损坏范围，有效控制可能造成的水土流失。

第二十五条 在山区、丘陵区、风沙区以及水土保持规划确定的容易发生水土流失的其他区域开办可能造成水土流失的生产建设项目，生产建设单位应当编制水土保持方案，报县级以上人民政府水行政主管部门审批，并按照经批准的水土保持方案，采取水土流失预防和治理措施。没有能力编制水土保持方案的，应当委托具备相应技术条件的机构编制。

水土保持方案应当包括水土流失预防和治理的范围、目标、措施和投资等内容。

水土保持方案经批准后，生产建设项目的地点、规模发生重大变化的，应当补充或者修改水土保持方案并报原审批机关批准。水土保持方案实施过程中，水土保持措施需要作出重大变更的，应当经原审批机关批准。

生产建设项目水土保持方案的编制和审批办法，由国务院水行政主管部门制定。

第二十六条 依法应当编制水土保持方案的生产建设项目，生产建设单位未编制水土保持方案或者水土保持方案未经水行政主管部门批准的，生产建设项目不得开工建设。

第二十七条 依法应当编制水土保持方案的生产建设项目中的水土保持设施，应当与主体工程同时设计、同时施工、同时投产使用；生产建设项目竣工验收，应当验收水土保持设施；水土保持设施未经验收或者验收不合格的，生产建设项目不得投产使用。

第二十八条 依法应当编制水土保持方案的生产建设项目，其生产建设活动中排弃的沙、石、土、矸石、尾矿、废渣等应当综合利用；不能综合利用，确需废弃的，应当堆放在水土保持方案确定的专门存放地，并采取措施保证不产生新的危害。

第二十九条 县级以上人民政府水行政主管部门、流域管理机构，应当对生产建设项目水土保持方案的实施情况进行跟踪检查，发现问题及时处理。

第四章 治 理

第三十条 国家加强水土流失重点预防区和重点治理区的坡耕地改梯田、淤地坝等水土保持重点工程建设，加大生态修复力度。

县级以上人民政府水行政主管部门应当加强对水土保持重点工程的建设管理，建立和完善运行管护制度。

第三十一条 国家加强江河源头区、饮用水水源保护区和水源涵养区水土流失的预防和治理工作，多渠道筹集资金，将水土保持生态效益补偿纳入国家建立的生态效益补偿制度。

第三十二条 开办生产建设项目或者从事其他生产建设活动造成水土流失的，应当进行治理。

在山区、丘陵区、风沙区以及水土保持规划确定的容易发生水土流失的其他区域开办生产建设项目或者从事其他生产建设活动，损坏水土保持设施、地貌植被，不能恢复原有水土保持功能的，应当缴纳水土保持补偿费，专项用于水土流失预防和治理。专项水土流失预防和治理由水行政主管部门负责组织实施。水土保持补偿费的收取使用管理办法由国务院财政部门、国务院价格主管部门会同国务院水行政主管部门制定。

生产建设项目在建设过程中和生产过程中发生的水土保持费用，按照国家统一的财务会计制度处理。

第三十三条 国家鼓励单位和个人按照水土保持规划参与水土流失治理，并在资金、技术、税收等方面予以扶持。

第三十四条 国家鼓励和支持承包治理荒山、荒沟、荒丘、荒滩，防治水土流失，保护和改善生态环境，促进土地资源的合理开发和可持续利用，并依法保护土地承包合同当事人的合法权益。

承包治理荒山、荒沟、荒丘、荒滩和承包水土流失严重地区农村土地的，在依法签订的土地承包合同中应当包括预防和治理水土流失责任的内容。

第三十五条 在水力侵蚀地区，地方各级人民政府及其有关部门应当组织单位和个人，以天然沟壑及其两侧山坡地形成的小流域为单元，因地制宜地采取工程措施、植物措施和保护性耕作等措施，进行坡耕地和沟道水土流失综合治理。

在风力侵蚀地区，地方各级人民政府及其有关部门应当组织单位和个人，因地制宜地采取轮封轮牧、植树种草、设置人工沙障和网格林带等措施，建立防风固沙防护体系。

在重力侵蚀地区，地方各级人民政府及其有关部门应当组织单位和个人，采取监测、径流排导、削坡减载、支挡固坡、修建拦挡工程等措施，建立监测、预报、预警体系。

第三十六条 在饮用水水源保护区，地方各级人民政府及其有关部门应当组织单位和个人，采取预防保护、自然修复和综合治理措施，配套建设植物过滤带，积极推广沼气，开展清洁小流域建设，严格控制化肥和农药的使用，减少水土流失引起的面源污染，保护饮用水水源。

第三十七条 已在禁止开垦的陡坡地上开垦种植农作物的，应当按照国家有关规定退耕，植树种草；耕地短缺、退耕确有困难的，应当修建梯田或者采取其他水土保持措施。

在禁止开垦坡度以下的坡耕地上开垦种植农作物的，应当根据不同情况，采取修建梯田、坡面水系整治、蓄水保土耕作或者退耕等措施。

第三十八条 对生产建设活动所占用土地的地表土应当进行分层剥离、保存和利用，做到土石方挖填平衡，减少地表扰动范围；对废弃的沙、石、土、矸石、尾矿、废渣等存放地，应当采取拦挡、坡面防护、防洪排导等措施。生产建设活动结束后，应当及时在取土场、开挖面和存放地的裸露土地上植树种草、恢复植被，对闭库的尾矿库进行复垦。

在干旱缺水地区从事生产建设活动，应当采取防止风力侵蚀措施，设置降水蓄渗设施，充分利用降水资源。

第三十九条 国家鼓励和支持在山区、丘陵区、风沙区以及容易发生水土流失的其他区域，采取下列有利于水土保持的措施：

（一）免耕、等高耕作、轮耕轮作、草田轮作、间作套种等；

（二）封禁抚育、轮封轮牧、舍饲圈养；

（三）发展沼气、节柴灶，利用太阳能、风能和水能，以煤、电、气代替薪柴等；

（四）从生态脆弱地区向外移民；

（五）其他有利于水土保持的措施。

第五章 监测和监督

第四十条 县级以上人民政府水行政主管部门应当加强水土保持监测工作，发挥水土保持监测工作在政府决策、经济社会发展和社会公众服务中的作用。县级以上人民政府应当保障水土保持监测工作经费。

国务院水行政主管部门应当完善全国水土保持监测网络，对全国水土流失进行动态监测。

第四十一条 对可能造成严重水土流失的大中型生产建设项目，生产建设单位应当自行或者委托具备水土保持监测资质的机构，对生产建设活动造成的水土流失进行监测，并将监测情况定期上报当地水行政主管部门。

从事水土保持监测活动应当遵守国家有关技术标准、规范和规程，保证监测质量。

第四十二条 国务院水行政主管部门和省、自治区、直辖市人民政府水行政主管部门应当根据水土保持监测情况，定期对下列事项进行公告：

（一）水土流失类型、面积、强度、分布状况和变化趋势；

（二）水土流失造成的危害；

（三）水土流失预防和治理情况。

第四十三条 县级以上人民政府水行政主管部门负责对水土保持情况进行监督检

查。流域管理机构在其管辖范围内可以行使国务院水行政主管部门的监督检查职权。

第四十四条 水政监督检查人员依法履行监督检查职责时，有权采取下列措施：

（一）要求被检查单位或者个人提供有关文件、证照、资料；

（二）要求被检查单位或者个人就预防和治理水土流失的有关情况作出说明；

（三）进入现场进行调查、取证。

被检查单位或者个人拒不停止违法行为，造成严重水土流失的，报经水行政主管部门批准，可以查封、扣押实施违法行为的工具及施工机械、设备等。

第四十五条 水政监督检查人员依法履行监督检查职责时，应当出示执法证件。被检查单位或者个人对水土保持监督检查工作应当给予配合，如实报告情况，提供有关文件、证照、资料；不得拒绝或者阻碍水政监督检查人员依法执行公务。

第四十六条 不同行政区域之间发生水土流失纠纷应当协商解决；协商不成的，由共同的上一级人民政府裁决。

第六章 法律责任

第四十七条 水行政主管部门或者其他依照本法规定行使监督管理权的部门，不依法作出行政许可决定或者办理批准文件的，发现违法行为或者接到对违法行为的举报不予查处的，或者有其他未依照本法规定履行职责的行为的，对直接负责的主管人员和其他直接责任人员依法给予处分。

第四十八条 违反本法规定，在崩塌、滑坡危险区或者泥石流易发区从事取土、挖沙、采石等可能造成水土流失的活动的，由县级以上地方人民政府水行政主管部门责令停止违法行为，没收违法所得，对个人处一千元以上一万元以下的罚款，对单位处二万元以上二十万元以下的罚款。

第四十九条 违反本法规定，在禁止开垦坡度以上陡坡地开垦种植农作物，或者在禁止开垦、开发的植物保护带内开垦、开发的，由县级以上地方人民政府水行政主管部门责令停止违法行为，采取退耕、恢复植被等补救措施；按照开垦或者开发面积，可以对个人处每平方米二元以下的罚款、对单位处每平方米十元以下的罚款。

第五十条 违反本法规定，毁林、毁草开垦的，依照《中华人民共和国森林法》、《中华人民共和国草原法》的有关规定处罚。

第五十一条 违反本法规定，采集发菜，或者在水土流失重点预防区和重点治理区铲草皮、挖树兜、滥挖虫草、甘草、麻黄等的，由县级以上地方人民政府水行政主管部门责令停止违法行为，采取补救措施，没收违法所得，并处违法所得一倍以上五倍以下的罚款；没有违法所得的，可以处五万元以下的罚款。

在草原地区有前款规定违法行为的，依照《中华人民共和国草原法》的有关规定处罚。

第五十二条 在林区采伐林木不依法采取防止水土流失措施的，由县级以上地方人民政府林业主管部门、水行政主管部门责令限期改正，采取补救措施；造成水土流失的，由水行政主管部门按照造成水土流失的面积处每平方米二元以上十元以下的罚款。

第五十三条 违反本法规定，有下列行为之一的，由县级以上人民政府水行政主管部门责令停止违法行为，限期补办手续；逾期不补办手续的，处五万元以上五十万元以下的罚款；对生产建设单位直接负责的主管人员和其他直接责任人员依法给予处分：

（一）依法应当编制水土保持方案的生产建设项目，未编制水土保持方案或者编制的水土保持方案未经批准而开工建设的；

（二）生产建设项目的地点、规模发生重大变化，未补充、修改水土保持方案或者补充、修改的水土保持方案未经原审批机关批准的；

（三）水土保持方案实施过程中，未经原审批机关批准，对水土保持措施作出重大变更的。

第五十四条 违反本法规定，水土保持设施未经验收或者验收不合格将生产建设项目投产使用的，由县级以上人民政府水行政主管部门责令停止生产或者使用，直至验收合格，并处五万元以上五十万元以下的罚款。

第五十五条 违反本法规定，在水土保持方案确定的专门存放地以外的区域倾倒沙、石、土、矸石、尾矿、废渣等的，由县级以上地方人民政府水行政主管部门责令停止违法行为，限期清理，按照倾倒数量处每立方米十元以上二十元以下的罚款；逾期仍不清理的，县级以上地方人民政府水行政主管部门可以指定有清理能力的单位代为清理，所需费用由违法行为人承担。

第五十六条 违反本法规定，开办生产建设项目或者从事其他生产建设活动造成水土流失，不进行治理的，由县级以上人民政府水行政主管部门责令限期治理；逾期仍不治理的，县级以上人民政府水行政主管部门可以指定有治理能力的单位代为治理，所需费用由违法行为人承担。

第五十七条 违反本法规定，拒不缴纳水土保持补偿费的，由县级以上人民政府水行政主管部门责令限期缴纳；逾期不缴纳的，自滞纳之日起按日加收滞纳部分万分之五的滞纳金，可以处应缴水土保持补偿费三倍以下的罚款。

第五十八条 违反本法规定，造成水土流失危害的，依法承担民事责任；构成违反治安管理行为的，由公安机关依法给予治安管理处罚；构成犯罪的，依法追究刑事责任。

第七章　附　则

第五十九条 县级以上地方人民政府根据当地实际情况确定的负责水土保持工作的机构，行使本法规定的水行政主管部门水土保持工作的职责。

第六十条 本法自 2011 年 3 月 1 日起施行。

二、行政法规与国务院发布的规范性文件

消耗臭氧层物质管理条例

国务院令 第573号

第一章 总 则

第一条 为了加强对消耗臭氧层物质的管理，履行《保护臭氧层维也纳公约》和《关于消耗臭氧层物质的蒙特利尔议定书》规定的义务，保护臭氧层和生态环境，保障人体健康，根据《中华人民共和国大气污染防治法》，制定本条例。

第二条 本条例所称消耗臭氧层物质，是指对臭氧层有破坏作用并列入《中国受控消耗臭氧层物质清单》的化学品。

《中国受控消耗臭氧层物质清单》由国务院环境保护主管部门会同国务院有关部门制定、调整和公布。

第三条 在中华人民共和国境内从事消耗臭氧层物质的生产、销售、使用和进出口等活动，适用本条例。

前款所称生产，是指制造消耗臭氧层物质的活动。前款所称使用，是指利用消耗臭氧层物质进行的生产经营等活动，不包括使用含消耗臭氧层物质的产品的活动。

第四条 国务院环境保护主管部门统一负责全国消耗臭氧层物质的监督管理工作。

国务院商务主管部门、海关总署等有关部门依照本条例的规定和各自的职责负责消耗臭氧层物质的有关监督管理工作。

县级以上地方人民政府环境保护主管部门和商务等有关部门依照本条例的规定和各自的职责负责本行政区域消耗臭氧层物质的有关监督管理工作。

第五条 国家逐步削减并最终淘汰作为制冷剂、发泡剂、灭火剂、溶剂、清洗剂、加工助剂、杀虫剂、气雾剂、膨胀剂等用途的消耗臭氧层物质。

国务院环境保护主管部门会同国务院有关部门拟订《中国逐步淘汰消耗臭氧层物质国家方案》（以下简称国家方案），报国务院批准后实施。

第六条 国务院环境保护主管部门根据国家方案和消耗臭氧层物质淘汰进展情况，会同国务院有关部门确定并公布限制或者禁止新建、改建、扩建生产、使用消耗臭氧层物质建设项目的类别，制定并公布限制或者禁止生产、使用、进出口消耗臭氧层物质的名录。

因特殊用途确需生产、使用前款规定禁止生产、使用的消耗臭氧层物质的，按照《关于消耗臭氧层物质的蒙特利尔议定书》有关允许用于特殊用途的规定，由国务院环境保护主管部门会同国务院有关部门批准。

第七条 国家对消耗臭氧层物质的生产、使用、进出口实行总量控制和配额管理。国务院环境保护主管部门根据国家方案和消耗臭氧层物质淘汰进展情况，商国务院有关部门确定国家消耗臭氧层物质的年度生产、使用和进出口配额总量，并予以公告。

第八条 国家鼓励、支持消耗臭氧层物质替代品和替代技术的科学研究、技术开发和推广应用。

国务院环境保护主管部门会同国务院有关部门制定、调整和公布《中国消耗臭氧层物质替代品推荐名录》。

开发、生产、使用消耗臭氧层物质替代品，应当符合国家产业政策，并按照国家有关规定享受优惠政策。国家对在消耗臭氧层物质淘汰工作中做出突出成绩的单位和个人给予奖励。

第九条 任何单位和个人对违反本条例规定的行为，有权向县级以上人民政府环境保护主管部门或者其他有关部门举报。接到举报的部门应当及时调查处理，并为举报人保密；经调查情况属实的，对举报人给予奖励。

第二章 生产、销售和使用

第十条 消耗臭氧层物质的生产、使用单位，应当依照本条例的规定申请领取生产或者使用配额许可证。但是，使用单位有下列情形之一的，不需要申请领取使用配额许可证：

（一）维修单位为了维修制冷设备、制冷系统或者灭火系统使用消耗臭氧层物质的；

（二）实验室为了实验分析少量使用消耗臭氧层物质的；

（三）出入境检验检疫机构为了防止有害生物传入传出使用消耗臭氧层物质实施检疫的；

（四）国务院环境保护主管部门规定的不需要申请领取使用配额许可证的其他情形。

第十一条 消耗臭氧层物质的生产、使用单位除具备法律、行政法规规定的条件外，还应当具备下列条件：

（一）有合法生产或者使用相应消耗臭氧层物质的业绩；

（二）有生产或者使用相应消耗臭氧层物质的场所、设施、设备和专业技术人员；

（三）有经环境保护主管部门验收合格的环境保护设施；

（四）有健全完善的生产经营管理制度。

将消耗臭氧层物质用于本条例第六条规定的特殊用途的单位，不适用前款第（一）项的规定。

第十二条 消耗臭氧层物质的生产、使用单位应当于每年 10 月 31 日前向国务院环境保护主管部门书面申请下一年度的生产配额或者使用配额，并提交其符合本条例第十一条规定条件的证明材料。

国务院环境保护主管部门根据国家消耗臭氧层物质的年度生产、使用配额总量和申请单位生产、使用相应消耗臭氧层物质的业绩情况，核定申请单位下一年度的生产配额或者使用配额，并于每年 12 月 20 日前完成审查，符合条件的，核发下一年度的生产或者使用配额许可证，予以公告，并抄送国务院有关部门和申请单位所在地省、自治区、直辖市人民政府环境保护主管部门；不符合条件的，书面通知申请单位并说明理由。

第十三条　消耗臭氧层物质的生产或者使用配额许可证应当载明下列内容：

（一）生产或者使用单位的名称、地址、法定代表人或者负责人；

（二）准予生产或者使用的消耗臭氧层物质的品种、用途及其数量；

（三）有效期限；

（四）发证机关、发证日期和证书编号。

第十四条　消耗臭氧层物质的生产、使用单位需要调整其配额的，应当向国务院环境保护主管部门申请办理配额变更手续。

国务院环境保护主管部门应当依照本条例第十一条、第十二条规定的条件和依据进行审查，并在受理申请之日起 20 个工作日内完成审查，符合条件的，对申请单位的配额进行调整，并予以公告；不符合条件的，书面通知申请单位并说明理由。

第十五条　消耗臭氧层物质的生产单位不得超出生产配额许可证规定的品种、数量、期限生产消耗臭氧层物质，不得超出生产配额许可证规定的用途生产、销售消耗臭氧层物质。

禁止无生产配额许可证生产消耗臭氧层物质。

第十六条　依照本条例规定领取使用配额许可证的单位，不得超出使用配额许可证规定的品种、用途、数量、期限使用消耗臭氧层物质。

除本条例第十条规定的不需要申请领取使用配额许可证的情形外，禁止无使用配额许可证使用消耗臭氧层物质。

第十七条　消耗臭氧层物质的销售单位，应当按照国务院环境保护主管部门的规定办理备案手续。

国务院环境保护主管部门应当将备案的消耗臭氧层物质销售单位的名单进行公告。

第十八条　除依照本条例规定进出口外，消耗臭氧层物质的购买和销售行为只能在符合本条例规定的消耗臭氧层物质的生产、销售和使用单位之间进行。

第十九条　从事含消耗臭氧层物质的制冷设备、制冷系统或者灭火系统的维修、报废处理等经营活动的单位，应当向所在地县级人民政府环境保护主管部门备案。

专门从事消耗臭氧层物质回收、再生利用或者销毁等经营活动的单位，应当向所在地省、自治区、直辖市人民政府环境保护主管部门备案。

第二十条　消耗臭氧层物质的生产、使用单位，应当按照国务院环境保护主管部门的规定采取必要的措施，防止或者减少消耗臭氧层物质的泄漏和排放。

从事含消耗臭氧层物质的制冷设备、制冷系统或者灭火系统的维修、报废处理等经营活动的单位，应当按照国务院环境保护主管部门的规定对消耗臭氧层物质进行回收、循环利用或者交由从事消耗臭氧层物质回收、再生利用、销毁等经营活动的单位进行无害化处置。

从事消耗臭氧层物质回收、再生利用、销毁等经营活动的单位，应当按照国务院环境保护主管部门的规定对消耗臭氧层物质进行无害化处置，不得直接排放。

第二十一条 从事消耗臭氧层物质的生产、销售、使用、回收、再生利用、销毁等经营活动的单位，以及从事含消耗臭氧层物质的制冷设备、制冷系统或者灭火系统的维修、报废处理等经营活动的单位，应当完整保存有关生产经营活动的原始资料至少3年，并按照国务院环境保护主管部门的规定报送相关数据。

第三章 进出口

第二十二条 国家对进出口消耗臭氧层物质予以控制，并实行名录管理。国务院环境保护主管部门会同国务院商务主管部门、海关总署制定、调整和公布《中国进出口受控消耗臭氧层物质名录》。

进出口列入《中国进出口受控消耗臭氧层物质名录》的消耗臭氧层物质的单位，应当依照本条例的规定向国家消耗臭氧层物质进出口管理机构申请进出口配额，领取进出口审批单，并提交拟进出口的消耗臭氧层物质的品种、数量、来源、用途等情况的材料。

第二十三条 国家消耗臭氧层物质进出口管理机构应当自受理申请之日起20个工作日内完成审查，作出是否批准的决定。予以批准的，向申请单位核发进出口审批单；未予批准的，书面通知申请单位并说明理由。

进出口审批单的有效期最长为90日，不得超期或者跨年度使用。

第二十四条 取得消耗臭氧层物质进出口审批单的单位，应当按照国务院商务主管部门的规定申请领取进出口许可证，持进出口许可证向海关办理通关手续。列入《出入境检验检疫机构实施检验检疫的进出境商品目录》的消耗臭氧层物质，由出入境检验检疫机构依法实施检验。

消耗臭氧层物质在中华人民共和国境内的海关特殊监管区域、保税监管场所与境外之间进出的，进出口单位应当依照本条例的规定申请领取进出口审批单、进出口许可证；消耗臭氧层物质在中华人民共和国境内的海关特殊监管区域、保税监管场所与境内其他区域之间进出的，或者在上述海关特殊监管区域、保税监管场所之间进出的，不需要申请领取进出口审批单、进出口许可证。

第四章 监督检查

第二十五条 县级以上人民政府环境保护主管部门和其他有关部门，依照本条例的规定和各自的职责对消耗臭氧层物质的生产、销售、使用和进出口等活动进行监督检查。

第二十六条 县级以上人民政府环境保护主管部门和其他有关部门进行监督检查，有权采取下列措施：

（一）要求被检查单位提供有关资料；

（二）要求被检查单位就执行本条例规定的有关情况作出说明；

（三）进入被检查单位的生产、经营、储存场所进行调查和取证；

（四）责令被检查单位停止违反本条例规定的行为，履行法定义务；

（五）扣押、查封违法生产、销售、使用、进出口的消耗臭氧层物质及其生产设备、设施、原料及产品。

被检查单位应当予以配合，如实反映情况，提供必要资料，不得拒绝和阻碍。

第二十七条 县级以上人民政府环境保护主管部门和其他有关部门进行监督检查，监督检查人员不得少于2人，并应当出示有效的行政执法证件。

县级以上人民政府环境保护主管部门和其他有关部门的工作人员，对监督检查中知悉的商业秘密负有保密义务。

第二十八条 国务院环境保护主管部门应当建立健全消耗臭氧层物质的数据信息管理系统，收集、汇总和发布消耗臭氧层物质的生产、使用、进出口等数据信息。

县级以上地方人民政府环境保护主管部门应当将监督检查中发现的违反本条例规定的行为及处理情况逐级上报至国务院环境保护主管部门。

县级以上地方人民政府其他有关部门应当将监督检查中发现的违反本条例规定的行为及处理情况逐级上报至国务院有关部门，国务院有关部门应当及时抄送国务院环境保护主管部门。

第二十九条 县级以上地方人民政府环境保护主管部门或者其他有关部门对违反本条例规定的行为不查处的，其上级主管部门有权责令其依法查处或者直接进行查处。

第五章 法律责任

第三十条 负有消耗臭氧层物质监督管理职责的部门及其工作人员有下列行为之一的，对直接负责的主管人员和其他直接责任人员，依法给予处分；直接负责的主管人员和其他直接责任人员构成犯罪的，依法追究刑事责任：

（一）违反本条例规定核发消耗臭氧层物质生产、使用配额许可证的；

（二）违反本条例规定核发消耗臭氧层物质进出口审批单或者进出口许可证的；

（三）对发现的违反本条例的行为不依法查处的；

（四）在办理消耗臭氧层物质生产、使用、进出口等行政许可以及实施监督检查的过程中，索取、收受他人财物或者谋取其他利益的；

（五）有其他徇私舞弊、滥用职权、玩忽职守行为的。

第三十一条 无生产配额许可证生产消耗臭氧层物质的，由所在地县级以上地方人民政府环境保护主管部门责令停止违法行为，没收用于违法生产消耗臭氧层物质的原料、违法生产的消耗臭氧层物质和违法所得，拆除、销毁用于违法生产消耗臭氧层物质的设备、设施，并处100万元的罚款。

第三十二条 依照本条例规定应当申请领取使用配额许可证的单位无使用配额许可证使用消耗臭氧层物质的，由所在地县级以上地方人民政府环境保护主管部门责令停止违法行为，没收违法使用的消耗臭氧层物质、违法使用消耗臭氧层物质生产的产品和违法所得，并处20万元的罚款；情节严重的，并处50万元的罚款，拆除、销毁用于违法使用消耗臭氧层物质的设备、设施。

第三十三条 消耗臭氧层物质的生产、使用单位有下列行为之一的，由所在地省、自治区、直辖市人民政府环境保护主管部门责令停止违法行为，没收违法生产、使用的消耗臭氧层物质、违法使用消耗臭氧层物质生产的产品和违法所得，并处2万元以上10万元以下的罚款，报国务院环境保护主管部门核减其生产、使用配额数量；情节严重的，并处10万元以上20万元以下的罚款，报国务院环境保护主管部门吊销其生产、使用配额许可证：

（一）超出生产配额许可证规定的品种、数量、期限生产消耗臭氧层物质的；

（二）超出生产配额许可证规定的用途生产或者销售消耗臭氧层物质的；

（三）超出使用配额许可证规定的品种、数量、用途、期限使用消耗臭氧层物质的。

第三十四条 消耗臭氧层物质的生产、销售、使用单位向不符合本条例规定的单位销售或者购买消耗臭氧层物质的，由所在地县级以上地方人民政府环境保护主管部门责令改正，没收违法销售或者购买的消耗臭氧层物质和违法所得，处以所销售或者购买的消耗臭氧层物质市场总价3倍的罚款；对取得生产、使用配额许可证的单位，报国务院环境保护主管部门核减其生产、使用配额数量。

第三十五条 消耗臭氧层物质的生产、使用单位，未按照规定采取必要的措施防止或者减少消耗臭氧层物质的泄漏和排放的，由所在地县级以上地方人民政府环境保护主管部门责令限期改正，处5万元的罚款；逾期不改正的，处10万元的罚款，报国务院环境保护主管部门核减其生产、使用配额数量。

第三十六条 从事含消耗臭氧层物质的制冷设备、制冷系统或者灭火系统的维修、报废处理等经营活动的单位，未按照规定对消耗臭氧层物质进行回收、循环利用或者交由从事消耗臭氧层物质回收、再生利用、销毁等经营活动的单位进行无害化处置的，由所在地县级以上地方人民政府环境保护主管部门责令改正，处进行无害化处置所需费用3倍的罚款。

第三十七条 从事消耗臭氧层物质回收、再生利用、销毁等经营活动的单位，未按照规定对消耗臭氧层物质进行无害化处置而直接向大气排放的，由所在地县级以上地方人民政府环境保护主管部门责令改正，处进行无害化处置所需费用3倍的罚款。

第三十八条 从事消耗臭氧层物质生产、销售、使用、进出口、回收、再生利用、销毁等经营活动的单位，以及从事含消耗臭氧层物质的制冷设备、制冷系统或者灭火系统的维修、报废处理等经营活动的单位有下列行为之一的，由所在地县级以上地方人民政府环境保护主管部门责令改正，处5 000元以上2万元以下的罚款：

（一）依照本条例规定应当向环境保护主管部门备案而未备案的；

（二）未按照规定完整保存有关生产经营活动的原始资料的；

（三）未按时申报或者谎报、瞒报有关经营活动的数据资料的；

（四）未按照监督检查人员的要求提供必要的资料的。

第三十九条 拒绝、阻碍环境保护主管部门或者其他有关部门的监督检查，或者在接受监督检查时弄虚作假的，由监督检查部门责令改正，处1万元以上2万元以下的罚款；构成违反治安管理行为的，由公安机关依法给予治安管理处罚；构成犯罪的，依法追究刑事责任。

第四十条 进出口单位无进出口许可证或者超出进出口许可证的规定进出口消耗臭氧层物质的，由海关依照有关法律、行政法规的规定予以处罚；构成犯罪的，依法追究刑事责任。

第六章 附 则

第四十一条 本条例自2010年6月1日起施行。

国务院关于中西部地区承接产业转移的指导意见

国发[2010]28 号

各省、自治区、直辖市人民政府，国务院各部委、各直属机构：

产业转移是优化生产力空间布局、形成合理产业分工体系的有效途径，是推进产业结构调整、加快经济发展方式转变的必然要求。当前，国际国内产业分工深刻调整，我国东部沿海地区产业向中西部地区转移步伐加快。中西部地区发挥资源丰富、要素成本低、市场潜力大的优势，积极承接国内外产业转移，不仅有利于加速中西部地区新型工业化和城镇化进程，促进区域协调发展，而且有利于推动东部沿海地区经济转型升级，在全国范围内优化产业分工格局。为进一步指导中西部地区有序承接产业转移，完善合作机制，优化发展环境，规范发展秩序，现提出以下意见：

一、总体要求

（一）指导思想。深入贯彻落实科学发展观，紧紧抓住国际国内产业分工调整的重大机遇，以市场为导向，以自愿合作为前提，以结构调整为主线，以体制机制创新为动力，着力改善投资环境，促进产业集中布局，提升配套服务水平；着力在承接中发展，提高自主创新能力，促进产业优化升级；着力加强环境保护，节约集约利用资源，促进可持续发展；着力引导劳动力就地就近转移就业，促进产业和人口集聚，加快城镇化步伐；着力深化区域合作，促进要素自由流动，实现东中西部地区良性互动，逐步形成分工合理、特色鲜明、优势互补的现代产业体系，不断增强中西部地区自我发展能力。

（二）基本原则。

——坚持市场导向，减少行政干预。遵循市场规律，尊重各类企业在产业转移中的主体地位，充分发挥市场配置资源的基础性作用；注重规划和政策引导，改善投资环境，完善公共服务，规范招商引资行为。

——坚持因地制宜，加强分类指导。从各地实际情况出发，立足比较优势，合理确定产业承接发展重点，防止低水平重复建设；进一步优化产业空间布局，引导产业集聚，推动重点地区加快发展。

——坚持节能环保，严格产业准入。加强生态建设，注重环境保护，强化污染防治，严禁污染产业和落后生产能力转入；发展循环经济，推进节能减排，促进资源节约集约利用，提高产业承载能力。

——坚持深化改革，创新体制机制。深化重点领域和关键环节改革，突破发展瓶颈，优化发展环境，增强发展活力和动力；扩大对内对外开放，加强区域互动合作，建立利益共享机制，实现良性竞争、互利共赢。

二、因地制宜承接发展优势特色产业

依托中西部地区产业基础和劳动力、资源等优势，推动重点产业承接发展，进一步壮大产业规模，加快产业结构调整，培育产业发展新优势，构建现代产业体系。

（三）劳动密集型产业。承接、改造和发展纺织、服装、玩具、家电等劳动密集型产业，充分发挥其吸纳就业的作用。引进具有自主研发能力和先进技术工艺的企业，吸引内外资参与企业改制改组改造，推广应用先进适用技术和管理模式，加快传统产业改造升级，建设劳动密集型产业接替区。

（四）能源矿产开发和加工业。积极吸引国内外有实力的企业，大力发展能源矿产资源开发和精深加工产业，加快淘汰落后产能。在有条件的地区适当承接发展技术水平先进的高载能产业。加强资源开发整合，允许资源富集地区以参股等形式分享资源开发收益。

（五）农产品加工业。发挥农产品资源丰富的优势，积极引进龙头企业和产业资本，承接发展农产品加工业、生态农业和旅游观光农业。推进农业结构调整和发展方式转变，加快农业科技进步，完善农产品市场流通体系，提升产业化经营水平。

（六）装备制造业。引进优质资本和先进技术，加快企业兼并重组，发展壮大一批装备制造企业。积极承接关联产业和配套产业，加大技术改造投入，提高基础零部件和配套产品的技术水平，鼓励有条件的地方发展新能源、节能环保等产业所需的重大成套装备制造，提高产品科技含量。

（七）现代服务业。适应新型工业化和居民消费结构升级的新形势，大力承接发展商贸、物流、文化、旅游等产业。积极培育软件及信息服务、研发设计、质量检验、科技成果转化等生产性服务企业，发展相关产业的销售、财务、商务策划中心，推动服务业与制造业有机融合、互动发展。依托服务外包示范城市及省会等中心城市，承接国际服务外包，培育和建立服务贸易基地。

（八）高技术产业。发挥国家级经济技术开发区、高新技术产业开发区的示范带动作用，承接发展电子信息、生物、航空航天、新材料、新能源等战略性新兴产业。鼓励有条件的地方加强与东部沿海地区创新要素对接，大力发展总部经济和研发中心，支持建立高新技术产业化基地和产业“孵化园”，促进创新成果转化。

（九）加工贸易。改善加工贸易配套条件，提高产业层次，拓展加工深度，推动加工贸易转型升级，鼓励加工贸易企业进一步开拓国际市场，加快形成布局合理、比较优势明显、区域特色鲜明的加工贸易发展格局。发挥沿边重点口岸城镇区位和资源优势，努力深化国际区域合作，鼓励企业在“走出去”和“引进来”中加快发展。

三、促进承接产业集中布局

加强规划统筹，优化产业布局，引导转移产业向园区集中，促进产业园区规范化、集约化、特色化发展，增强重点地区产业集聚能力。

（十）引导转移产业向园区集中。把产业园区作为承接产业转移的重要载体和平台，加强园区交通、通信、供水、供气、供电、防灾减灾等配套基础设施建设，增强园区综合配套能力，引导转移产业和项目向园区集聚，形成各具特色的产业集群。发挥园区已有重点产业、骨干企业的带动作用，吸引产业链条整体转移和关联产业协同转移，提升产业配套能力，促进专业化分工和社会化协作。

（十一）规范发展产业园区。统筹规划产业园区建设，合理确定产业定位和发展方向，形成布局优化、产业集聚、用地集约、特色明显的产业园区体系。支持符合条件的产业园区扩区升级。支持发展条件好的产业园区拓展综合服务功能，促进工业化与城镇化相融合。因地制宜发展特色产业园区，大力推进园区整合发展，避免盲目圈地布点和重复建设，防止一哄而起。

（十二）发挥重点地区引领和带动作用。按照推动形成主体功能区的要求，合理调整产业布局，在中西部地区着力培育和壮大一批承载能力强、发展潜力大、经济实力雄厚的重点经济区（带），促进产业集聚发展，发挥规模效应，提高辐射带动能力。

四、改善承接产业转移环境

完善基础设施保障，加强公共服务平台建设，打破地区封锁，消除地方保护，为承接产业转移营造良好的环境。

（十三）完善承接地交通基础设施。加强区域间交通干线和区域内基础交通网建设，加快发展多式联运，构建便捷高效的综合交通运输体系。促进物流基础设施资源整合和有效利用，完善现代物流体系，进一步降低物流成本。

（十四）强化公共服务支撑。发展跨区域产业技术创新战略联盟，建立完善公共信息、公共试验、公共检测、技术创新等服务平台，规范发展技术评估、检测认证、产权交易、成果转化等中介机构。加快社会诚信体系建设，建立区域间信用信息共享机制。

（十五）改善营商环境。规范政府行为，防止越位和错位，不得采取下硬性指标等形式招商引资，清理各种变相优惠政策，避免盲目投资和恶性竞争。整顿和规范市场秩序，促进投资贸易便利化。推进依法行政，加强知识产权保护，完善法制环境，保障投资者权益。

五、加强资源节约和环境保护

将资源承载能力、生态环境容量作为承接产业转移的重要依据，加强资源节约和环境保护，推动经济发展与资源、环境相协调。

（十六）严把产业准入门槛。产业承接必须符合区域生态功能定位，严禁国家明令淘汰的落后生产能力和高耗能、高排放等不符合国家产业政策的项目转入，避免低水平简单复制。全面落实环境影响评价制度，对承接项目的备案或核准严格执行有关能耗、物耗、水耗、环保、土地等标准，做好水资源论证、节能评估审查、职业病危害评价等工作。加强承接产业转移中的环境监测。

（十七）推进资源节约集约利用。加强耕地资源保护，防止在承接产业转移中侵占基本农田。制定相关行业建设用地控制标准，推广多层标准厂房建设，提高土地投资强度和用地密度。加强水资源保护和合理利用，建立和推行用水定额管理制度，大力提高废污水处理回用率。鼓励企业采用节能、节水、节材、环保先进适用技术，改造生产流程及实施相关项目建设，降低单位产出的能源资源消耗。鼓励和支持承接产业转移园区发展循环经济。

（十八）加大污染防治和环境保护力度。加强产业园区污染集中治理，建设污染物集中处理设施并保证其正常运行，实现工业废弃物循环利用。大力推行清洁生产，加大企业清洁生产审核力度。严格执行污染物排放总量控制制度，实现污染物稳定达标排放，完善节能减排指标、监测和考核体系。加强对生态系统的保护，着力改善生态环境。

六、完善承接产业转移体制机制

完善政府管理与服务，提高行政效能，深化经济体制改革，推动区域合作向纵深发展，创新产业承接模式，探索建立合作发展、互利共赢新机制。

（十九）深化行政管理和经济体制改革。加快转变政府职能，减少行政审批，简化办事程序，提高服务效率。推动相关行政许可跨区域互认，做好转移企业工商登记协调衔接。继续推进国有企业改革，大力发展非公有制经济，进一步放宽市场准入，扩大民间投资的领域和范围。发展和完善土地、资本、劳动力、技术等要素市场，促进生产要素优化配置。加快资源型产品价格和环保收费改革。

（二十）创新园区管理模式和运行机制。鼓励中西部地区通过委托管理、投资合作等多种形式与东部沿海地区合作共建产业园区，积极探索承接产业转移新模式，实现优势互补、互利共赢。支持中西部毗邻地区之间合作共建产业园区，创新管理体制和运行机制，实现资源整合、联动发展。

（二十一）加强区域互动合作。推动建立省际间产业转移统筹协调机制、重大承接项目促进服务机制等，引导和鼓励东部沿海地区产业向中西部地区有序转移。充分发挥行业协会、商会的桥梁和纽带作用，搭建产业转移促进平台。提升各类大型投资贸易会展活动的质量和水平。在中西部条件较好的地方设立承接产业转移示范区，充分发挥其典型示范和辐射带动作用。做好产业转移与对口支援、对口帮扶工作的衔接。

七、强化人力资源支撑和就业保障

大力发展职业教育和培训，促进农村劳动力转移，加强人才开发和就业服务，完善社会保障制度，为承接产业转移提供必要的人力资源和智力支持。

（二十二）加强职业技能培训。加快职业教育基础能力建设步伐，健全职业教育培训网络，重点建设一批高水平职业院校，推进公共实训基地建设。落实就读中等职业学校逐步免学费政策和职业培训补贴政策。支持职业院校面向产业转移需要，新增和调整相关专业，定向培养中高级技工和熟练工人。落实农民工培训补贴政策，切实做好农民工培训工作。

（二十三）完善就业和社会保障服务。健全就业服务体系，培育和完善统一开放、竞争有序的人力资源市场。鼓励各地引导社会资金投资建设适合农民工租住的住房，改善农民工居住条件。支持农村劳动力转移就业和返乡创业，加快建立和完善社会保险关系转移接续机制。

（二十四）引进高层次人才。创新高层次人才引进、使用、激励和服务保障机制，积极为高层次人才搭建创新创业平台。推动人才合理流动，实行来去自由的政策，吸引东部沿海地区和海外高层次人才根据本人意愿在中西部地区落户。

八、加强政策支持和引导

为进一步改善中西部地区投资环境，引导和支持产业有序转移和科学承接，在财税、金融、投资、土地等方面给予必要的政策支持。

（二十五）财税政策。中央财政通过加大转移支付等政策，支持中西部地区改善民生和促进基本公共服务均等化，优化产业承接环境。对中西部地区符合条件的国家级经济技术开发区和高新技术开发区公共基础设施项目贷款实施财政贴息。对投资中西部地区国家鼓励类产业和外商投资优势产业的项目，在投资总额内进口的自用设备，按规定免征关税。完善和规范物流企业营业税差额纳税办法。

（二十六）金融政策。鼓励和引导金融机构对符合条件的产业转移项目提供信贷支持。鼓励金融机构在风险可控的前提下为东部地区企业并购、重组中西部地区企业提供支持。支持中西部地区金融机构参与全国统一的同业拆借市场、票据市场、债券市场、外汇市场和黄金市场的投融资活动。鼓励和引导外资银行到中西部地区设立机构和开办业务。有序推进村镇银行、贷款公司等新型农村金融机构试点工作。支持符合条件的企业发行企业债券、中期票据、短期融资券、企业集合债券和上市融资。

（二十七）产业与投资政策。修订产业结构调整指导目录和政府核准投资项目目录，强化对产业转移的引导和支持。根据中西部地区产业发展实际，研究制定差别化产业政策，适当降低中西部地区鼓励类产业门槛，适当下放核准权限。根据《外商投资产业指导目录》修订情况，加快修订《中西部地区外商投资优势产业目录》，增加劳动密集型产业类别。对符合国家产业政策的产业转移项目，根据权限优先予以核准或备案。支持在有条件的地方建设国家高技术产业基地。鼓励省级技术改造等财政专项资金优先用于符合条件的产业转移项目。支持中西部地区根据产业发展和自主创业的需要，设立产业投资基金和创业投资基金。

（二十八）土地政策。在坚持节约集约用地的前提下，进一步加大对中西部地区新增建设用地年度计划指标的支持力度，优先安排产业园区建设用地指标。严格执行工业用地最低出让价标准，进一步完善体现国家产业政策导向的最低价标准实施政策。探索工业用地弹性出让和年租制度。

（二十九）商贸政策。支持在条件成熟的地区设立与经济发展水平相适应的海关特殊监管区域或保税监管场所。支持有条件的沿边地区设立边境经济合作区、跨境经济合作区。培育和建设一批加工贸易梯度转移重点承接地。对加工贸易重点企业给予贷款支持。加大对“大通关”建设和口岸建设的支持力度，推进中西部地区与东部省份的区域通关改革。

（三十）科教文化政策。鼓励东部地区转让先进技术，大力发展跨区域产业技术创新联盟，促进中西部地区完善产业技术创新体系。加大对产业园区技术创新体系建设、知识产权运用以及自主知识产权产业化的支持力度，提高集成创新和再创新能力。鼓励东部地区高校、科研机构、企业与中西部地区开展多种形式的产学研合作，推动有条件的企业在中西部地区建立研发机构和中试基地。支持中西部地区高等学校提升人才培养与创新服务能力，结合产业转移重点办好特色专业。支持中西部地区文化产业振兴发展，加强公共文化服务体系建设，合理开发利用和保护历史文化资源，营造良好的人文环境。

引导和支持中西部地区承接产业转移，是深入实施西部大开发和促进中部地区崛起战略的重大任务。各地区、各部门要进一步统一思想，提高认识，切实加强工作指导，认真落实各项政策措施。中西部地区要结合自身实际，制定具体实施方案，完善各项配套措施，有序推进承接产业转移工作。国务院有关部门要按照职能分工，加强协作配合，在政策实施、体制创新等方面给予指导和支持，注意研究新情况、解决新问题，推动中西部地区承接产业转移工作健康开展。

国务院

二〇一〇年八月三十一日

国务院关于进一步做好利用外资工作的若干意见

国发[2010]9号

各省、自治区、直辖市人民政府，国务院各部委、各直属机构：

利用外资是我国对外开放基本国策的重要内容。改革开放以来，我国积极吸引外商投资，促进了产业升级和技术进步，外商投资企业已成为国民经济的重要组成部分。目前，我国利用外资的优势依然明显。为提高利用外资质量和水平，更好地发挥利用外资在推动科技创新、产业升级、区域协调发展等方面的积极作用，现提出如下意见：

一、优化利用外资结构

（一）根据我国经济发展需要，结合国家产业调整和振兴规划要求，修订《外商投资产业指导目录》，扩大开放领域，鼓励外资投向高端制造业、高新技术产业、现代服务业、新能源和节能环保产业。严格限制“两高一资”和低水平、过剩产能扩张类项目。

（二）国家产业调整和振兴规划中的政策措施同等适用于符合条件的外商投资企业。

（三）对用地集约的国家鼓励类外商投资项目优先供应土地，在确定土地出让底价时可按不低于所在地土地等别相对应《全国工业用地出让最低价标准》的70%执行。

（四）鼓励外商投资高新技术企业发展，改进并完善高新技术企业认定工作。

（五）鼓励中外企业加强研发合作，支持符合条件的外商投资企业与内资企业、研究机构合作申请国家科技开发项目、创新能力建设项目等，申请设立国家级技术中心认定。

（六）鼓励跨国公司在华设立地区总部、研发中心、采购中心、财务管理中心、结算中心以及成本和利润核算中心等功能性机构。在2010年12月31日以前，对符合规定条件的外资研发中心确需进口的科技开发用品免征进口关税和进口环节增值税、消费税。

（七）落实和完善支持政策，鼓励外商投资服务外包产业，引入先进技术和管理经验，提高我国服务外包国际竞争力。

二、引导外资向中西部地区转移和增加投资

（八）根据《外商投资产业指导目录》修订情况，补充修订《中西部地区外商投资优势产业目录》，增加劳动密集型项目条目，鼓励外商在中西部地区发展符合环保要求的劳动密集型产业。

（九）对符合条件的西部地区内外资企业继续实行企业所得税优惠政策，保持西部

地区吸收外商投资好的发展势头。

（十）对东部地区外商投资企业向中西部地区转移，要加大政策开放和技术资金配套支持力度，同时完善行政服务，在办理工商、税务、外汇、社会保险等手续时提供便利。鼓励和引导外资银行到中西部地区设立机构和开办业务。

（十一）鼓励东部地区与中西部地区以市场为导向，通过委托管理、投资合作等多种方式，按照优势互补、产业联动、利益共享的原则共建开发区。

三、促进利用外资方式多样化

（十二）鼓励外资以参股、并购等方式参与国内企业改组改造和兼并重组。支持 A 股上市公司引入境内外战略投资者。规范外资参与境内证券投资和企业并购。依法实施反垄断审查，并加快建立外资并购安全审查制度。

（十三）利用好境外资本市场，继续支持符合条件的企业根据国家发展战略及自身发展需要到境外上市，充分利用两个市场、两种资源，不断提高竞争力。

（十四）加快推进利用外资设立中小企业担保公司试点工作。鼓励外商投资设立创业投资企业，积极利用私募股权投资基金，完善退出机制。

（十五）支持符合条件的外商投资企业境内公开发行股票、发行企业债和中期票据，拓宽融资渠道，引导金融机构继续加大对外商投资企业的信贷支持。稳步扩大在境内发行人民币债券的境外主体范围。

四、深化外商投资管理体制改革

（十六）《外商投资产业指导目录》中总投资（包括增资）3 亿美元以下的鼓励类、允许类项目，除《政府核准的投资项目目录》规定需由国务院有关部门核准之外，由地方政府有关部门核准。除法律法规明确规定由国务院有关部门审批外，在加强监管的前提下，国务院有关部门可将本部门负责的审批事项下放地方政府审批，服务业领域外商投资企业的设立（金融、电信服务除外）由地方政府按照有关规定进行审批。

（十七）调整审批内容，简化审批程序，最大限度缩小审批、核准范围，增强审批透明度。全面清理涉及外商投资的审批事项，缩短审批时间。改进审批方式，在试点并总结经验的基础上，逐步在全国推行外商投资企业合同、章程格式化审批，大力推行在线行政许可，规范行政行为。

五、营造良好的投资环境

（十八）规范和促进开发区发展，发挥开发区在体制创新、科技引领、产业集聚、土地集约方面的载体和平台作用。支持符合条件的省级开发区升级，支持具备条件的国家级、省级开发区扩区和调整区位，制定加快边境经济合作区建设的支持政策措施。

（十九）进一步完善外商投资企业外汇管理，简化外商投资企业外汇资本金结汇手续。对依法经营、资金紧张暂时无法按时出资的外商投资企业，允许延长出资期限。

（二十）加强投资促进，针对重点国家和地区、重点行业加大引资推介力度，广泛宣传我国利用外资政策。积极参与多双边投资合作，把“引进来”和“走出去”相结合，推动跨国投资政策环境不断改善。

国务院各有关部门、地方各级人民政府要统一认识，坚持积极有效利用外资的方针，坚持以我为主、择优选资，促进“引资”与“引智”相结合，不断提高利用外资质量。要总结改革开放经验，结合新形势、新要求，进一步加大改革创新力度，提高便利化程度，创造更加开放、更加优化的投资环境，全面提高利用外资工作水平。

国务院

二〇一〇年四月六日

国务院关于进一步加强淘汰落后产能工作的通知

国发[2010]7号

各省、自治区、直辖市人民政府，国务院各部委、各直属机构：

为深入贯彻落实科学发展观，加快转变经济发展方式，促进产业结构调整和优化升级，推进节能减排，现就进一步加强淘汰落后产能工作通知如下：

一、深刻认识淘汰落后产能的重要意义

加快淘汰落后产能是转变经济发展方式、调整经济结构、提高经济增长质量和效益的重大举措，是加快节能减排、积极应对全球气候变化的迫切需要，是走中国特色新型工业化道路、实现工业由大变强的必然要求。近年来，随着加快产能过剩行业结构调整、抑制重复建设、促进节能减排政策措施的实施，淘汰落后产能工作在部分领域取得了明显成效。但是，由于长期积累的结构性矛盾比较突出，落后产能退出的政策措施不够完善，激励和约束作用不够强，部分地区对淘汰落后产能工作认识存在偏差、责任不够落实，当前我国一些行业落后产能比重大的问题仍然比较严重，已经成为提高工业整体水平、落实应对气候变化举措、完成节能减排任务、实现经济社会可持续发展的严重制约。必须充分发挥市场的作用，采取更加有力的措施，综合运用法律、经济、技术及必要的行政手段，进一步建立健全淘汰落后产能的长效机制，确保按期实现淘汰落后产能的各项目标。各地区、各部门要切实把淘汰落后产能作为全面贯彻落实科学发展观，应对国际金融危机影响，保持经济平稳较快发展的一项重要任务，进一步增强责任感和紧迫感，充分调动一切积极因素，抓住关键环节，突破重点难点，加快淘汰落后产能，大力推进产业结构调整和优化升级。

二、总体要求和目标任务

（一）总体要求。

1. 发挥市场作用。充分发挥市场配置资源的基础性作用，调整和理顺资源性产品价格形成机制，强化税收杠杆调节，努力营造有利于落后产能退出的市场环境。

2. 坚持依法行政。充分发挥法律法规的约束作用和技术标准的门槛作用，严格执行环境保护、节约能源、清洁生产、安全生产、产品质量、职业健康等方面的法律法规和技术标准，依法淘汰落后产能。

3. 落实目标责任。分解淘汰落后产能的目标任务，明确国务院有关部门、地方各级人民政府和企业的责任，加强指导、督促和检查，确保工作落到实处。

4. 优化政策环境。强化政策约束和政策激励，统筹淘汰落后产能与产业升级、经济发展、社会稳定的关系，建立健全促进落后产能退出的政策体系。

5. 加强协调配合。建立主管部门牵头，相关部门各负其责、密切配合、联合行动的工作机制，加强组织领导和协调配合，形成工作合力。

（二）目标任务。

以电力、煤炭、钢铁、水泥、有色金属、焦炭、造纸、制革、印染等行业为重点，按照《国务院关于发布实施〈促进产业结构调整暂行规定〉的决定》（国发[2005]40号）、《国务院关于印发节能减排综合性工作方案的通知》（国发[2007]15号）、《国务院批转发展改革委等部门关于抑制部分行业产能过剩和重复建设引导产业健康发展若干意见的通知》（国发[2009]38号）、《产业结构调整指导目录》以及国务院制订的钢铁、有色金属、轻工、纺织等产业调整和振兴规划等文件规定的淘汰落后产能的范围和要求，按期淘汰落后产能。各地区可根据当地产业发展实际，制定范围更宽、标准更高的淘汰落后产能目标任务。

近期重点行业淘汰落后产能的具体目标任务是：

电力行业：2010年底前淘汰小火电机组5 000万千瓦以上。

煤炭行业：2010年底前关闭不具备安全生产条件、不符合产业政策、浪费资源、污染环境的小煤矿8 000处，淘汰落后产能2亿吨。

焦炭行业：2010年底前淘汰炭化室高度4.3米以下的小机焦（3.2米及以上捣固焦炉除外）。

铁合金行业：2010年底前淘汰6 300千伏安以下矿热炉。

电石行业：2010年底前淘汰6 300千伏安以下矿热炉。

钢铁行业：2011年底前，淘汰400立方米及以下炼铁高炉，淘汰30吨及以下炼钢转炉、电炉。

有色金属行业：2011年底前，淘汰100千安及以下电解铝小预焙槽；淘汰密闭鼓风炉、电炉、反射炉炼铜工艺及设备；淘汰采用烧结锅、烧结盘、简易高炉等落后方式炼铅工艺及设备，淘汰未配套建设制酸及尾气吸收系统的烧结机炼铅工艺；淘汰采用马弗炉、马槽炉、横罐、小竖罐（单日单罐产量8吨以下）等进行焙烧、采用简易冷凝设施进行收尘等落后方式炼锌或生产氧化锌制品的生产工艺及设备。

建材行业：2012年底前，淘汰窑径3.0米以下水泥机械化立窑生产线、窑径2.5米以下水泥干法中空窑（生产高铝水泥的除外）、水泥湿法窑生产线（主要用于处理污泥、电石渣等的除外）、直径3.0米以下的水泥磨机（生产特种水泥的除外）以及水泥土（蛋）窑、普通立窑等落后水泥产能；淘汰平拉工艺平板玻璃生产线（含格法）等落后平板玻璃产能。

轻工业：2011年底前，淘汰年产3.4万吨以下草浆生产装置、年产1.7万吨以下化学制浆生产线，淘汰以废纸为原料、年产1万吨以下的造纸生产线；淘汰落后酒精生产工艺及年产3万吨以下的酒精生产企业（废糖蜜制酒精除外）；淘汰年产3万吨以下味精生产装置；淘汰环保不达标的柠檬酸生产装置；淘汰年加工3万标张以下的制革生产线。

纺织行业：2011年底前，淘汰74型染整生产线、使用年限超过15年的前处理设备、浴比大于1∶10的间歇式染色设备，淘汰落后型号的印花机、热熔染色机、热风布铗拉幅机、定形机，淘汰高能耗、高水耗的落后生产工艺设备；淘汰R531型酸性老式粘胶纺丝机、年产2万吨以下粘胶生产线、湿法及DMF溶剂法氨纶生产工艺、DMF溶剂法腈纶生产工艺、涤纶长丝锭轴长900毫米以下的半自动卷绕设备、间歇法聚酯设备等落后化纤产能。

三、分解落实目标责任

（一）工业和信息化部、能源局要根据当前和今后一个时期经济发展形势以及国务院确定的淘汰落后产能阶段性目标任务，结合产业升级要求及各地区实际，商有关部门提出分行业的淘汰落后产能年度目标任务和实施方案，并将年度目标任务分解落实到各省、自治区、直辖市。各有关部门要充分发挥职能作用，抓紧制定限制落后产能企业生产、激励落后产能退出、促进落后产能改造等方面的配套政策措施，指导和督促各地区认真贯彻执行。

（二）各省、自治区、直辖市人民政府要根据工业和信息化部、能源局下达的淘汰落后产能目标任务，认真制定实施方案，将目标任务分解到市、县，落实到具体企业，及时将计划淘汰落后产能企业名单报工业和信息化部、能源局。要切实担负起本行政区域内淘汰落后产能工作的职责，严格执行相关法律、法规和各项政策措施，组织督促企业按要求淘汰落后产能、拆除落后设施装置，防止落后产能转移；对未按要求淘汰落后产能的企业，要依据有关法律法规责令停产或予以关闭。

（三）企业要切实承担起淘汰落后产能的主体责任，严格遵守安全、环保、节能、质量等法律法规，认真贯彻国家产业政策，积极履行社会责任，主动淘汰落后产能。

（四）各相关行业协会要充分发挥政府和企业间的桥梁纽带作用，认真宣传贯彻国家方针政策，加强行业自律，维护市场秩序，协助有关部门做好淘汰落后产能工作。

四、强化政策约束机制

（一）严格市场准入。强化安全、环保、能耗、物耗、质量、土地等指标的约束作用，尽快修订《产业结构调整指导目录》，制定和完善相关行业准入条件和落后产能界定标准，提高准入门槛，鼓励发展低消耗、低污染的先进产能。加强投资项目审核管理，尽快修订《政府核准的投资项目目录》，对产能过剩行业坚持新增产能与淘汰产能“等量置换”或“减量置换”的原则，严格环评、土地和安全生产审批，遏制低水平重复建设，防止新增落后产能。改善土地利用计划调控，严禁向落后产能和产能严重过剩行业建设项目提供土地。支持优势企业通过兼并、收购、重组落后产能企业，淘汰落后产能。

（二）强化经济和法律手段。充分发挥差别电价、资源性产品价格改革等价格机制在淘汰落后产能中的作用，落实和完善资源及环境保护税费制度，强化税收对节能减排的调控功能。加强环境保护监督性监测、减排核查和执法检查，加强对企业执行产品质量标准、能耗限额标准和安全生产规定的监督检查，提高落后产能企业和项目使用能源、资源、环境、土地的成本。采取综合性调控措施，抑制高消耗、高排放产品的市场需求。

（三）加大执法处罚力度。对未按期完成淘汰落后产能任务的地区，严格控制国家安排的投资项目，实行项目“区域限批”，暂停对该地区项目的环评、核准和审批。对未按规定期限淘汰落后产能的企业吊销排污许可证，银行业金融机构不得提供任何形式的新增授信支持，投资管理部门不予审批和核准新的投资项目，国土资源管理部门不予批准新增用地，相关管理部门不予办理生产许可，已颁发生产许可证、安全生产许可证的要依法撤回。对未按规定淘汰落后产能、被地方政府责令关闭或撤销的企业，限期办理工商注销登记，或者依法吊销工商营业执照。必要时，政府相关部门可要求电力供应企业依法对落后产能企业停止供电。

五、完善政策激励机制

（一）加强财政资金引导。中央财政利用现有资金渠道，统筹支持各地区开展淘汰落后产能工作。资金安排使用与各地区淘汰落后产能任务相衔接，重点支持解决淘汰落后产能有关职工安置、企业转产等问题。对经济欠发达地区淘汰落后产能工作，通过增加转移支付加大支持和奖励力度。各地区也要积极安排资金，支持企业淘汰落后产能。在资金申报、安排、使用中，要充分发挥工业、能源等行业主管部门的作用，加强协调配合，确保资金安排对淘汰落后产能产生实效。

（二）做好职工安置工作。妥善处理淘汰落后产能与职工就业的关系，认真落实和完善企业职工安置政策，依照相关法律法规和规定妥善安置职工，做好职工社会保险关系转移与接续工作，避免大规模集中失业，防止发生群体性事件。

（三）支持企业升级改造。充分发挥科技对产业升级的支撑作用，统筹安排技术改造资金，落实并完善相关税收优惠和金融支持政策，支持符合国家产业政策和规划布局的企业，运用高新技术和先进适用技术，以质量品种、节能降耗、环境保护、改善装备、安全生产等为重点，对落后产能进行改造。提高生产、技术、安全、能耗、环保、质量等国家标准和行业标准水平，做好标准间的衔接，加强标准贯彻，引导企业技术升级。对淘汰落后产能任务较重且完成较好的地区和企业，在安排技术改造资金、节能减排资金、投资项目核准备案、土地开发利用、融资支持等方面给予倾斜。对积极淘汰落后产能企业的土地开发利用，在符合国家土地管理政策的前提下，优先予以支持。

六、健全监督检查机制

（一）加强舆论和社会监督。各地区每年向社会公告本地区年度淘汰落后产能的企业名单、落后工艺设备和淘汰时限。工业和信息化部、能源局每年向社会公告淘汰落后产能企业名单、落后工艺设备、淘汰时限及总体进展情况。加强各地区、各行业淘汰落后产能工作交流，总结推广、广泛宣传淘汰落后产能工作先进地区和先进企业的有效做法，营造有利于淘汰落后产能的舆论氛围。

（二）加强监督检查。各省、自治区、直辖市人民政府有关部门要及时了解、掌握淘汰落后产能工作进展和职工安置情况，并定期向国家有关部门报告。工业和信息化部、发展改革委、财政部、能源局要组织有关部门定期对各地区淘汰落后产能工作情况进行监督检查，切实加强对重点地区淘汰落后产能工作的指导，并将进展情况报告国务院。

（三）实行问责制。将淘汰落后产能目标完成情况纳入地方政府绩效考核体系，参照《国务院批转节能减排统计监测及考核实施方案和办法的通知》（国发[2007]36 号）对淘汰落后产能任务完成情况进行考核，提高淘汰落后产能任务完成情况的考核比重。对未按要求完成淘汰落后产能任务的地区进行通报，限期整改。对瞒报、谎报淘汰落后产能进展情况或整改不到位的地区，要依法依纪追究该地区有关责任人员的责任。

七、切实加强组织领导

建立淘汰落后产能工作组织协调机制，加强对淘汰落后产能工作的领导。成立由工业和信息化部牵头，发展改革委、监察部、财政部、人力资源和社会保障部、国土资源部、环境保护部、农业部、商务部、人民银行、国资委、税务总局、工商总局、质检总局、安全监管总局、银监会、电监会、能源局等部门参加的淘汰落后产能工作部际协调小组，统筹协调淘汰落后产能工作，研究解决淘汰落后产能工作中的重大问题，根据“十二五”规划研究提出下一步淘汰落后产能目标并做好任务分解和组织落实工作。有关部门要认真履行职责，积极贯彻落实各项政策措施，加强沟通配合，共同做好淘汰落后产能的各项工作。地方各级人民政府要健全领导机制，明确职责分工，做到责任到位、措施到位、监管到位，确保淘汰落后产能工作取得明显成效。

附件：淘汰落后产能重点工作分工表

国务院

二〇一〇年二月六日

附件：

淘汰落后产能重点工作分工表

序号	工　作　任　务	负责单位	参加单位
1	提出分行业的淘汰落后产能年度目标任务和实施方案，并分解落实到各省（区、市）	工业和信息化部、能源局分别负责	发展改革委、国土资源部、环境保护部、商务部、安全监管总局等相关部门
2	根据国家下达的淘汰落后产能目标任务，制定实施方案，将目标任务分解到市、县，落实到具体企业；将拟淘汰落后产能企业名单报工业和信息化部、能源局	各省、自治区、直辖市人民政府	
3	制定和完善落后产能界定标准	工业和信息化部、能源局分别负责	环境保护部、安全监管总局等相关部门
4	加强投资项目审核管理，严格环评、土地和安全生产审批，防止新增落后产能	发展改革委、工业和信息化部、国土资源部、环境保护部、安全监管总局、能源局分别负责	
5	支持优势企业通过兼并、收购、重组落后产能企业淘汰落后产能	工业和信息化部	发展改革委、国资委、能源局
6	完善差别电价政策，加大对落后产能执行差别电价的力度	发展改革委	工业和信息化部、财政部、电监会、能源局
7	推进资源性产品价格改革	发展改革委	工业和信息化部、财政部、能源局
8	落实和完善资源及环境保护税费制度，强化税收对节能减排的调控功能	财政部	发展改革委、工业和信息化部、国土资源部、环境保护部、税务总局、能源局
9	加强环境保护监督性监测、减排核查和执法检查	环境保护部	工业和信息化部、能源局
10	加强对企业执行产品质量标准情况的监督检查	质检总局	工业和信息化部
11	加强对企业执行产品能耗限额标准情况的监督检查	工业和信息化部、发展改革委、能源局	
12	加强对企业安全生产情况的监督检查	安全监管总局	
13	提高落后产能企业和项目的土地使用成本	国土资源部	

序号	工 作 任 务	负责单位	参加单位
14	采取综合性调控措施，抑制高消耗、高排放产品的市场需求	发展改革委、商务部、财政部	工业和信息化部、能源局等相关部门
15	对未按期完成淘汰落后产能任务的地区严格控制国家安排的投资项目，实行项目“区域限批”	发展改革委、工业和信息化部、环境保护部、能源局等分别负责	
16	对未按规定期限淘汰落后产能的企业吊销排污许可证，银行业金融机构不得提供任何形式的新增授信支持，投资管理部门不予审批和核准新的投资项目，国土资源管理部门不予批准新增用地，相关管理部门不予办理生产许可，撤回已颁发的生产许可证、安全生产许可证	发展改革委、工业和信息化部、国土资源部、环境保护部、人民银行、质检总局、安全监管总局、银监会、能源局分别负责	
17	对未按规定淘汰落后产能、被地方政府责令关闭或撤销的企业，限期办理工商注销登记，或者依法吊销工商营业执照	工商总局	
18	统筹支持各地区开展淘汰落后产能工作，加大对经济欠发达地区的支持和奖励力度	财政部	工业和信息化部、能源局
19	指导、督促地方和企业做好职工安置工作	人力资源和社会保障部、发展改革委、财政部	工业和信息化部、能源局
20	提高生产、技术、安全、能耗、环保、质量等国家标准和行业标准水平，做好标准间的衔接，加强标准贯彻	质检总局、国家标准委、工业和信息化部、环境保护部、安全监管总局、能源局等分别负责	
21	统筹安排技术改造资金，落实完善相关税收优惠和金融支持政策，支持对落后产能进行技术改造；对淘汰落后产能任务较重且完成较好的地区和企业，在安排技术改造资金、节能减排资金、投资项目核准备案、土地开发利用、融资支持等方面给予倾斜	发展改革委、工业和信息化部、财政部、国土资源部、人民银行、税务总局、安全监管总局、银监会、能源局分别负责	
22	支持积极淘汰落后产能企业的土地开发利用	国土资源部	
23	向社会公告本地区年度淘汰落后产能的企业名单、落后工艺设备和淘汰时限，定期向国务院有关部门报告工作进展情况	各省、自治区、直辖市人民政府	

序号	工　作　任　务	负责单位	参加单位
24	向社会公告淘汰落后产能企业名单、落后工艺设备、淘汰时限及总体进展情况	工业和信息化部、能源局分别负责	
25	加强工作交流，宣传、推广淘汰落后产能工作先进地区和先进企业的有效做法	工业和信息化部、能源局分别负责	相关部门
26	对各地区淘汰落后产能工作情况进行监督检查，对任务完成情况进行考核，并将情况报告国务院	工业和信息化部、发展改革委、财政部、能源局	监察部、国土资源部、环境保护部、商务部、人民银行、工商总局、质检总局、安全监管总局、银监会、电监会
27	对瞒报、谎报淘汰落后产能进展情况或整改不到位的地区，依法追究该地区有关责任人员的责任	监察部	
28	建立淘汰落后产能工作部际协调机制	工业和信息化部	发展改革委、监察部、财政部、人力资源和社会保障部、国土资源部、环境保护部、农业部、商务部、人民银行、国资委、税务总局、工商总局、质检总局、安全监管总局、银监会、电监会、能源局
29	根据“十二五”规划研究提出下一步淘汰落后产能的目标	工业和信息化部、能源局分别负责	相关部门

国务院办公厅关于进一步加大节能减排力度加快钢铁工业结构调整的若干意见

国办发[2010]34 号

各省、自治区、直辖市人民政府，国务院各部委、各直属机构：

为深入贯彻科学发展观，进一步落实《钢铁产业调整和振兴规划》，实现国家确定的“十一五”节能减排目标，加快钢铁工业结构调整，经国务院同意，现就做好钢铁工业节能减排和结构调整有关工作提出以下意见。

一、充分认识加强钢铁工业节能减排和结构调整工作的重要意义

（一）认清形势，统一思想，提高认识。钢铁工业是国民经济的支柱产业，在推进工业化和城镇化进程中发挥着重要作用，为应对国际金融危机挑战、促进经济社会发展作出了积极贡献。同时，钢铁工业在快速发展过程中，也存在着重复建设严重、产能过剩、铁矿石流通秩序混乱、资源环保压力加大等深层次矛盾和问题，必须充分利用市场变化形成的倒逼机制，综合运用经济、技术、法律和必要的行政手段，切实加大节能减排力度，加快结构调整步伐，促进钢铁工业的全面、协调和可持续健康发展。

钢铁工业是节能减排潜力最大的行业，在节能减排工作中占有举足轻重的地位。加强节能减排和结构调整，是转变钢铁工业发展方式、提高产业发展质量和效益、实现可持续发展的重大举措，是适应全球供求结构发生重大变化、应对世界铁矿石资源垄断加剧严峻形势、增强抵御国际市场风险能力的有效途径，是抑制钢铁产能过快增长、推进淘汰落后产能的重要抓手，是走低消耗、低排放、高效益、高产出的新型工业化道路的必然要求。各地区、各有关部门要充分认识推进钢铁工业节能减排和结构调整的重要性和紧迫性，进一步统一思想，正确处理速度与效益、局部与整体、当前与长远的关系，认真贯彻党中央、国务院的相关决策部署和政策规定，扎扎实实抓好组织实施。

二、坚决抑制钢铁产能过快增长

（二）切实制止钢铁行业盲目投资和重复建设。将抑制钢铁产能过快增长作为落实节能减排工作的重中之重，除国家已批准开展前期工作的项目外，2011 年底前不再核准、备案任何扩大产能的钢铁项目。要将控制总量和优化布局结合起来，切实推进钢铁产业布局调整。要进一步依法提高行业准入门槛，强化质量、安全、环保、能耗、清洁生产等指标约束作用，加强质量、用地、金融等方面的监督管理，进一步加大对违规建设项

目的政策压力。积极引导钢铁企业以品牌、标准、服务和效益为重点，全面提升产品质量，增强国际竞争力。

（三）严格履行钢铁项目审批和核准程序。对所有新建和改造项目，严格依法依规进行审批。坚决制止以淘汰落后产能等名义擅自建设钢铁项目，对违规建设的要严肃处理。发展改革委要牵头组织对2005年以来建设的钢铁项目进行清理。国土资源部牵头组织对在建和已建成的钢铁项目违法违规用地行为进行查处。环境保护部牵头组织对未经环评审批或污染超标的项目进行查处。要进一步健全项目审批问责制，认真查处越权审批、未批先建、边批边建等行为，依法严肃追究相关负责人的责任。环境保护、国土资源部门及金融机构要依法严格环境影响评价、建设用地和贷款的审批。

三、加大淘汰落后产能力度

（四）完善落后产能退出机制。充分发挥市场配置资源的基础性作用，严格税收征管，清理和纠正地方擅自出台的对钢铁企业的税收优惠政策，努力营造促进企业公平竞争和落后产能退出的市场环境。完善和落实土地使用、差别电价政策，加大差别电价实施力度，大幅提高差别电价的加价标准，进一步提高落后产能的生产成本。中央财政要加大对钢铁工业淘汰落后产能的支持力度，将淘汰落后产能奖励资金与淘汰落后产能企业挂钩。工业和信息化部要尽快公布淘汰落后产能企业名单，抓紧牵头制定《钢铁行业生产经营规范条件》，及时公布符合规范条件的企业名单，为有关部门和金融机构做好促进钢铁企业兼并重组、淘汰落后和扶持优势企业发展等工作提供重要依据。

（五）强化淘汰落后产能工作的组织实施。各有关部门要各司其职，密切配合，加强对各地的督促检查，切实抓好相关政策落实。各省、自治区、直辖市人民政府要根据工业和信息化部提出的淘汰落后钢铁产能年度目标任务，制定实施方案并分解落实到市、县和具体企业。对未完成淘汰落后钢铁产能任务的地区，要严格执行项目“区域限批”规定，暂停对该地区其他建设项目的环评、供地和核准审批；对完成淘汰落后产能任务较好的地区实施先拆后建的技术改造项目，经综合平衡后可优先予以核准。各地在淘汰落后产能过程中要按照政策规定妥善解决职工安置、企业转产、债权债务重组等问题，维护社会和谐稳定。

四、进一步强化节能减排

（六）大力推进钢铁工业节能减排。实现钢铁工业节能减排要将控制总量、淘汰落后、技术改造结合起来。大力推广高温高压干熄焦、干法除尘、煤气余热余压回收利用、烧结烟气脱硫等循环经济和节能减排新技术新工艺，提高“三废”的综合治理和利用水平。加强和完善废钢铁综合利用，鼓励发展短流程炼钢。有关部门要尽快出台鼓励余热余压发电上网政策。要强化节能减排计量管理，提高能耗和排放计量检测的准确性和数据分析能力。通过强化环境准入、执法监管、考核问责等工作机制，进一步加强环保监测、减排核查、清洁生产审核、能耗限额标准执行监察，推动重污染企业加快退出市场。

（七）调整钢铁产品进出口结构。钢铁产品进出口政策要服从和服务于满足国内市场需求、促进钢铁工业节能减排、控制总量、淘汰落后产能的总体目标。要继续控制“两高一资”低附加值钢铁产品出口，在符合世界贸易组织有关规定的基础上，统筹研究有利于钢铁工业节能减排的进出口措施，相应调整钢铁产品进出口政策。

五、加快钢铁企业兼并重组

（八）明确钢铁企业兼并重组的工作目标。要按照市场化运作、企业平等协商、政府引导的原则，支持各类钢铁企业开展兼并重组。支持优势大型钢铁企业集团开展跨地区、跨所有制兼并重组，鼓励各省、自治区、直辖市人民政府继续推动本地区钢铁企业的兼并重组，进一步提高我国钢铁产业集中度，培育形成3～5家具有较强国际竞争力、6～7家具有较强实力的特大型钢铁企业集团。力争到2015年，国内排名前10位的钢铁企业集团钢产量占全国产量的比例从2009年的44%提高到60%以上，推动钢铁工业结构调整迈上一个新的台阶。各省、自治区、直辖市人民政府要抓紧制定和上报本地区2010—2011年钢铁企业兼并重组方案，由工业和信息化部会同有关部门审批后组织实施。

（九）抓紧完善和落实促进钢铁企业兼并重组的政策措施。要在项目审批、土地供应、贷款授信、资本市场融资以及安排国有资本经营预算支出等方面，加强对企业兼并重组的支持。对国有钢铁企业因重组出现阶段性经营绩效下降和负债率上升等情况，国有资产监管机构要在确定年度考核和任期考核目标中作相应调整。钢铁企业兼并重组要切实依法规范操作，保护出资人和职工合法权益，维护金融机构合法债权安全，切实防止国有资产流失，维护企业和社会稳定。

六、大力实施企业技术创新和技术改造

（十）积极支持钢铁行业做好技术创新工作。充分重视发挥科技支撑作用，持续加大科研经费投入力度。依托相关科技计划，引导和鼓励钢铁企业和科研机构围绕重大工程和战略需求进一步加大投入，加强新工艺、新技术、新产品研发，加强引进消化吸收再创新，加强前瞻性储备技术研究，尽快形成具有自主知识产权、适应未来国际竞争需要、支撑钢铁工业转型升级的核心关键技术和高附加值产品。

（十一）重点支持钢铁企业开展技术改造。积极落实财政支持政策，鼓励、引导钢铁企业加强技术改造。切实提高资金使用效率，集中支持对钢铁工业结构调整意义重大的关键项目和企业。加大关键钢材品种、钢铁新材料、新一代全流程可循环工艺、节能减排、矿山资源综合利用以及工业化与信息化融合等技术改造工作力度，促进钢铁产业升级。

七、切实规范铁矿石流通秩序

（十二）强化行业自律，规范铁矿石进口秩序。在推进钢铁行业结构调整、加快兼并重组和淘汰落后产能，大幅度减少国内钢铁企业数量的基础上，通过行业自律，进一步提高铁矿石进口经营集中度。要加快落实《钢铁产业调整和振兴规划》，加大行业协调力度，抑制囤积居奇、倒买倒卖、哄抬铁矿石价格等行为。优化铁矿石资源配置，铁矿石资源要优先配置给符合《钢铁行业生产经营规范条件》的企业。进一步做好进口铁矿石信息报送工作，有关行业协会、商会要根据公布的符合规范条件的钢铁企业名单，加强对铁矿石进口流向的监测管理。

（十三）建立长期稳定的铁矿石进口渠道。有关行业协会、商会要加强与各类钢铁生产和贸易企业的协商，建立健全进口铁矿石价格形成机制。有关部门要积极创造条件，支持国内用户和国外供应商加强协调协作，建立长期稳定、互利互惠的合作关系，保持进口铁矿石的合理价格水平。

八、推进国内铁矿开发和“走出去”战略的实施

（十四）大力推进国内铁矿资源的勘探开发。加大国内铁矿石资源的勘探力度，增加资源储量。研究降低国内铁矿石生产和开采企业负担、提高国内铁矿石资源保障能力的政策措施。加强对共伴生矿、难选冶矿的技术和科研开发力度，对尾矿回收等综合利用项目研究完善有关税收优惠政策。推动国内矿山的有序建设和开发，加快推进铁矿资源的开发整合，将铁矿矿业权依法优先配置给符合钢铁产业政策的钢铁企业和大型矿山企业。用好现有扶持政策，支持大型铁矿山技术改造和资源综合利用。

（十五）进一步推进“走出去”战略。支持钢铁企业充分利用两个市场、两种资源，加强对外投资和跨国经营，深化经济技术合作。鼓励钢铁和矿山企业开展多种形式的境外铁矿石资源勘探开发，在境外建立稳定、可靠的铁矿石供应基地，并统筹考虑矿山、道路、港口、供电、供水设施的规划与建设。鼓励有条件的大型钢铁企业到国外建设钢铁厂和钢铁工业园区，努力提高钢铁企业的国际化经营水平。商务部要会同有关部门组织协会商会和企业，积极应对国外对我钢材产品提起的反倾销、反补贴等贸易救济调查，加强与各国政府及行业间的交流合作，积极化解贸易摩擦，营造良好的国际贸易环境。

九、加强工作的组织协调

（十六）加强组织协调，狠抓各项工作落实。钢铁工业节能减排和结构调整是一项重要而艰巨的任务，要狠抓各项政策措施的落实。各有关部门要加强沟通配合，切实做好钢铁工业节能减排、结构调整工作的统筹规划和政策协调，抓紧细化和落实有关政策措施。各地区要切实加强组织领导，结合当地实际制定具体实施方案和配套办法并抓好落实。行业协会、商会要充分发挥桥梁和纽带作用，积极反映钢铁行业的新情况新问题，

及时提出政策建议，督促钢铁企业认真落实国家钢铁产业政策。钢铁企业要从产业发展的大局出发，强化内部管理，积极开展淘汰落后、节能减排、技术改造、兼并重组等各项工作。工业和信息化部要会同有关部门加强监督指导，确保加大节能减排力度加快钢铁工业结构调整各项工作措施落到实处。

附件：重点工作分工表

国务院办公厅

二〇一〇年六月四日

附件：

重点工作分工表

序号	工 作 任 务	负 责 单 位	参 加 单 位
1	严格钢铁建设项目核准	发展改革委、工业和信息化部	
2	清理钢铁建设项目	发展改革委	监察部、工业和信息化部、国土资源部、环境保护部
3	查处违法用地行为	国土资源部	
4	查处环保违规行为	环境保护部	
5	严格钢铁行业贷款审批	银监会、人民银行	
6	加强产品质量监督管理	质检总局	
7	严格税收征管	财政部、税务总局	
8	完善差别电价政策	发展改革委	
9	下达淘汰落后产能年度目标任务	工业和信息化部	
10	公布淘汰落后产能企业名单	工业和信息化部	
11	制定《钢铁行业生产经营规范条件》，公布符合规范条件的企业名单	工业和信息化部	环境保护部、商务部
12	落实淘汰落后产能奖励资金	财政部、工业和信息化部	
13	制定鼓励余热余压发电上网政策	发展改革委	
14	加强节能减排计量工作	质检总局	

序号	工作任务	负责单位	参加单位
15	调整钢铁产品进出口税收政策	财政部	发展改革委、工业和信息化部、商务部、海关总署、税务总局，钢铁工业协会
16	推进钢铁企业兼并重组	工业和信息化部	发展改革委、财政部、国土资源部、国资委、税务总局、银监会、证监会
17	促进钢铁企业技术改造	发展改革委、工业和信息化部	
18	规范铁矿石流通秩序	钢铁工业协会、五矿进出口商会	商务部、外交部、发展改革委、工业和信息化部
19	加大国内铁矿资源勘探开发力度	国土资源部	财政部
20	鼓励国内企业到境外进行矿山开发和钢厂建设	发展改革委、商务部	工业和信息化部、人民银行、国资委
21	应对国际贸易摩擦	商务部	发展改革委、工业和信息化部、质检总局，钢铁工业协会

国务院办公厅转发环境保护部等部门关于推进大气污染联防联控工作改善区域空气质量指导意见的通知

国办发[2010]33号

各省、自治区、直辖市人民政府，国务院各部委、各直属机构：

环境保护部、发展改革委、科技部、工业和信息化部、财政部、住房和城乡建设部、交通运输部、商务部、能源局《关于推进大气污染联防联控工作改善区域空气质量的指导意见》已经国务院同意，现转发给你们，请认真贯彻执行。

国务院办公厅
二〇一〇年五月十一日

关于推进大气污染联防联控工作改善区域空气质量的指导意见

环境保护部　发展改革委　科技部　工业和信息化部
财政部　住房和城乡建设部　交通运输部　商务部　能源局

近年来，我国一些地区酸雨、灰霾和光化学烟雾等区域性大气污染问题日益突出，严重威胁群众健康，影响环境安全。国内外的成功经验表明，解决区域大气污染问题，必须尽早采取区域联防联控措施。为进一步加大大气污染防治工作力度，现就推进区域大气污染联防联控，改善区域空气质量工作提出以下意见。

一、指导思想、基本原则和工作目标

（一）指导思想。以科学发展观为指导，以改善空气质量为目的，以增强区域环境保护合力为主线，以全面削减大气污染物排放为手段，建立统一规划、统一监测、统一监管、统一评估、统一协调的区域大气污染联防联控工作机制，扎实做好大气污染防治工作。

（二）基本原则。坚持环境保护与经济发展相结合，促进区域环境与经济协调发展；坚持属地管理与区域联动相结合，提升区域大气污染防治整体水平；坚持先行先试与整体推进相结合，率先在重点区域取得突破。

（三）工作目标。到 2015 年，建立大气污染联防联控机制，形成区域大气环境管理的法规、标准和政策体系，主要大气污染物排放总量显著下降，重点企业全面达标排放，重点区域内所有城市空气质量达到或好于国家二级标准，酸雨、灰霾和光化学烟雾污染明显减少，区域空气质量大幅改善。确保 2010 年上海世博会和广州亚运会空气质量良好。

二、重点区域和防控重点

（四）重点区域。开展大气污染联防联控工作的重点区域是京津冀、长三角和珠三角地区；在辽宁中部、山东半岛、武汉及其周边、长株潭、成渝、台湾海峡西岸等区域，要积极推进大气污染联防联控工作；其他区域的大气污染联防联控工作，由有关地方人民政府根据实际情况组织开展。

（五）防控重点。大气污染联防联控的重点污染物是二氧化硫、氮氧化物、颗粒物、挥发性有机物等，重点行业是火电、钢铁、有色金属、石化、水泥、化工等，重点企业是对区域空气质量影响较大的企业，需解决的重点问题是酸雨、灰霾和光化学烟雾污染等。

三、优化区域产业结构和布局

（六）提高环境准入门槛。制定并实施重点区域内重点行业的大气污染物特别排放限值，严格控制重点区域新建、扩建除“上大压小”和热电联产以外的火电厂，在地级城市市区禁止建设除热电联产以外的火电厂。针对重点区域内重点行业的建设项目实行环境影响评价区域会商机制，具体办法由环境保护部另行制定。加强区域产业发展规划环境影响评价，严格控制钢铁、水泥、平板玻璃、传统煤化工、多晶硅、电解铝、造船等产能过剩行业扩大产能项目建设。

（七）优化区域工业布局。建立产业转移环境监管机制，加强产业转入地在承接产业转移过程中的环保监管，防止污染转移。在城市城区及其近郊禁止新建、扩建钢铁、有色金属、石化、水泥、化工等重污染企业，对城区内已建重污染企业要结合产业结构调整实施搬迁改造，按期完成首钢搬迁工程，组织实施好石家庄、杭州、广州等城市钢铁厂搬迁项目。

（八）推进技术进步和结构调整。完善重点行业清洁生产标准和评价指标，加强对重点企业的清洁生产审核和评估验收。加大清洁生产技术推广力度，鼓励企业使用清洁生产先进技术。加快产业结构调整步伐，确保电力、煤炭、钢铁、水泥、有色金属、焦炭、造纸、制革、印染等行业淘汰落后产能任务按期完成。

四、加大重点污染物防治力度

（九）强化二氧化硫总量控制制度。提高火电机组脱硫效率，完善火电厂脱硫设施特许经营制度。加大钢铁、石化、有色金属等行业二氧化硫减排工作力度，推进工业锅炉脱硫工作。完善二氧化硫排污收费制度。制定区域二氧化硫总量减排目标。

（十）加强氮氧化物污染减排。建立氮氧化物排放总量控制制度。新建、扩建、改建火电厂应根据排放标准和建设项目环境影响报告书批复要求建设烟气脱硝设施，重点区域内的火电厂应在“十二五”期间全部安装脱硝设施，其他区域的火电厂应预留烟气脱硝设施空间。推广工业锅炉低氮燃烧技术，重点开展钢铁、石化、化工等行业氮氧化物污染防治。

（十一）加大颗粒物污染防治力度。使用工业锅炉的企业以及水泥厂、火电厂应采用袋式等高效除尘技术。强化施工工地环境管理，禁止使用袋装水泥和现场搅拌混凝土、砂浆，在施工场地应采取围挡、遮盖等防尘措施。加强道路清扫保洁工作，提高城市道路清洁度。实施“黄土不露天”工程，减少城区裸露地面。

（十二）开展挥发性有机物污染防治。从事喷漆、石化、制鞋、印刷、电子、服装干洗等排放挥发性有机污染物的生产作业，应当按照有关技术规范进行污染治理。推进加油站油气污染治理，按期完成重点区域内现有油库、加油站和油罐车的油气回收改造工作，并确保达标运行；新增油库、加油站和油罐车应在安装油气回收系统后才能投入使用。严格控制城市餐饮服务业油烟排放。

五、加强能源清洁利用

（十三）严格控制燃煤污染排放。严格控制重点区域内燃煤项目建设，开展区域煤炭消费总量控制试点工作。推进低硫、低灰分配煤中心建设，提高煤炭洗选比例，重点区域内未配备脱硫设施的企业，禁止直接燃用含硫量超过0.5%的煤炭。加强高污染燃料禁燃区划定工作，逐步扩大禁燃区范围，禁止原煤散烧。建设火电机组烟气脱硫、脱硝、除尘和除汞等多污染物协同控制技术示范工程。

（十四）大力推广清洁能源。改善城市能源消费结构，加大天然气、液化石油气、煤制气、太阳能等清洁能源的推广力度，逐步提高城市清洁能源使用比重。继续推进清洁能源行动，积极开展清洁能源利用示范。推进工业、交通和建筑节能，提高能源利用效率。加快发展农村清洁能源，鼓励农作物秸秆综合利用，推广生物质成型燃料技术，大力发展农村沼气。禁止露天焚烧秸秆等农作物废弃物，确保城市周边、交通干线、机场周围空气质量。鼓励采用节能炉灶，逐步淘汰传统高污染炉灶。

（十五）积极发展城市集中供热。推进城市集中供热工程建设，加强城镇供热锅炉并网工作，不断提高城市集中供热面积。加强集中供热锅炉烟气脱硫、脱硝和高效除尘综合污染防治工作。发展洁净煤技术，加大高效洁净煤锅炉集中供热示范推广力度。在城市城区及其近郊，禁止新建效率低、污染重的燃煤小锅炉，逐步拆除已建燃煤小锅炉。

六、加强机动车污染防治

（十六）提高机动车排放水平。严格实施国家机动车排放标准，完善新生产机动车环保型式核准制度，禁止不符合国家机动车排放标准车辆的生产、销售和注册登记。继续推进汽车“以旧换新”工作，加速“黄标车”和低速载货车淘汰进程，积极发展新能源汽车。

（十七）完善机动车环境管理制度。加强机动车环保定期检验，实施机动车环保标志管理，对排放不达标车辆进行专项整治。依法加强对机动车环保检验机构的监督管理，促进其健康发展。加强机动车环保监管能力建设，建立机动车环保管理信息系统。研究有利于机动车污染防治的税费政策。

（十八）加快车用燃油清洁化进程。推进车用燃油低硫化，加快炼油设施改造步伐，增加优质车用燃油市场供应。尽快制定并实施国家第四、第五阶段车用燃油标准和车用燃油有害物质限量标准。强化车用燃油清净剂核准管理。

（十九）大力发展公共交通。完善城市交通基础设施，落实公交优先发展战略，加快建设公共汽、电车专用道（路）并设置公交优先通行信号系统。改善居民步行、自行车出行条件，鼓励居民选择绿色出行方式。

七、完善区域空气质量监管体系

（二十）加强重点区域空气质量监测。提高空气质量监测能力，优化重点区域空气质量监测点位，开展酸雨、细颗粒物、臭氧监测和城市道路两侧空气质量监测，制定大气污染事故预报、预警和应急处理预案，完善环境信息发布制度，实现重点区域监测信息共享。到2011年年底前，初步建成重点区域空气质量监测网络。

（二十一）完善空气质量评价指标体系。加快空气质量评价指标修订工作，完善臭氧和细颗粒物空气质量评价方法，增加相应评价指标。

（二十二）强化城市空气质量分级管理。空气质量未达到二级标准的城市，应当制订达标方案，确保按期实现空气质量改善目标。国家环境保护重点城市的达标方案应报环境保护部批准后实施。空气质量已达到二级标准的城市，应制订空气质量持续改善方案，防止空气质量恶化。

（二十三）加强区域环境执法监管。环境保护部要会同有关地方和部门确定并公布重点企业名单，开展区域大气环境联合执法检查，集中整治违法排污企业。各地环保部门应加强对重点企业的监督性监测，并推进其安装污染源在线监测装置。到2012年年底前，重点企业应全部安装在线监测装置并与环保部门联网。

八、加强空气质量保障能力建设

（二十四）加大资金投入。各级人民政府要根据大气污染防治工作实际，加大资金投入力度，强化环境保护专项资金使用管理，着力推进重点治污项目和区域空气质量监测、监控能力建设。空气质量未达到标准的城市，应逐年加大资金投入，加快城市大气环境保护基础设施和污染治理工程建设。

（二十五）强化科技支撑。加强区域大气污染形成机理研究。开展烟气脱硝、有毒有害气体治理、洁净煤利用、挥发性有机污染物和大气汞污染治理、农村生物质能开发等技术攻关。加大细颗粒物、臭氧污染防治技术示范和推广力度。加快高新技术在环保领域的应用，推动环保产业发展。

（二十六）完善环境经济政策。继续实施高耗能、高污染行业差别电价政策。严格火电、钢铁、水泥、电解铝等行业上市公司环保核查。积极推进主要大气污染物排放指标有偿使用和排污权交易工作。完善区域生态补偿政策，研究对空气质量改善明显地区的激励机制。

九、加强组织协调

（二十七）建立区域大气污染联防联控的协调机制。在全国环境保护部际联席会议制度下，不定期召开由有关部门和相关地方人民政府参加的专题会议，协调解决区域大气污染联防联控工作中的重大问题，组织编制重点区域大气污染联防联控规划，明确重点区域空气质量改善目标、污染防治措施及重点治理项目。到2011年年底前，完成规划编制和报批工作。

（二十八）严格落实责任。地方人民政府是区域大气污染防治的责任主体，要切实加强组织领导，制定本地区大气污染联防联控工作方案，并将各项工作任务分解到责任单位和企业，强化监督考核。各有关部门应加强协调配合，制定相关配套措施和落实意见，督促和指导地方相关部门开展工作。

（二十九）完善考核制度。环境保护部要会同有关部门对大气污染联防联控工作情况进行评估检查，对区域大气污染防治重点项目完成情况和城市空气质量改善情况进行考核，并将考核结果作为城市环境综合整治定量考核的重要内容，每年向社会公布。对于未按时完成规划任务且空气质量状况严重恶化的城市，严格控制其新增大气污染物排放的建设项目，具体办法由环境保护部商有关地方和部门另行制定。

（三十）加强宣传教育。组织编写大气污染防治科普宣传和培训材料，开展多种形式的大气环境保护宣传教育，动员和引导公众参与区域大气污染联防联控工作。定期公布区域空气质量状况和大气污染防治工作进展情况，充分发挥新闻媒体的舆论引导和监督作用。

各地要在2010年6月底前，将本地区落实本意见的实施方案，报送环境保护部备案。

三、环境保护部令与规范性文件

中华人民共和国环境保护部令

第 16 号

根据《国务院办公厅关于做好规章清理工作有关问题的通知》（国办发[2010]28 号），特公布《关于废止、修改部分环保部门规章和规范性文件的决定》，自公布之日起施行。

环境保护部部长　周生贤
二〇一〇年十二月二十二日

关于废止、修改部分环保部门规章和规范性文件的决定

根据《国务院办公厅关于做好规章清理工作有关问题的通知》（国办发[2010]28 号），我部决定对《排放污染物申报登记管理规定》等 38 件规章和规范性文件予以废止或者修改：

一、决定予以废止的规章和规范性文件

（一）决定予以废止的规章

1．排放污染物申报登记管理规定（1992 年 8 月 14 日，国家环境保护局令第 10 号）

2．国家重点环境保护实用技术推广管理办法（1999 年 6 月 21 日，国家环境保护总局令第 4 号）

（二）决定予以废止的规范性文件

1．关于建立国家环境保护总局经济责任审计工作联席会议制度的通知（2003 年 11 月 17 日，国家环境保护总局，环办[2003]110 号）

2．关于印发《国家环境保护总局内部审计工作操作规程（试行）》的通知（2003 年 7 月 24 日，国家环境保护总局，环办函[2003]359 号）

3．国家环境保护局科技发展计划管理规则（1994 年 4 月 25 日，国家环境保护局）

4．国家环境保护局科技发展计划管理规则补充规定（国家环境保护局，环科[1997]404 号）

5．关于加强环境标准管理工作的通知（1998 年 9 月 24 日，国家环境保护总局，环发[1998]323 号）

6．关于加强地方环境标准管理工作的通知（1999 年 5 月 13 日，国家环境保护总局，环发[1999]114 号）

7．建设项目环境保护管理程序（1990 年 6 月，国家环境保护局）

8．关于建设项目环境保护管理有关问题的复函（2000 年 8 月 25 日，国家环境保护总局，环发[2000]169 号）

9．关于进一步规范环境影响评价工作的通知（2002 年 7 月 23 日，国家环境保护总局，环办[2002]88 号）

10．关于加强开发区区域环境影响评价有关问题的通知（2002 年 12 月 9 日，国家环境保护总局，环发[2002]174 号）

11．关于加强建设项目环境影响评价分级审批的通知（2004 年 12 月 2 日，国家环境保护总局、国家发展和改革委员会，环发[2004]164 号）

12．关于简化已进行规划环评的钢铁企业建设项目环境影响评价工作的通知（2006 年 3 月 31 日，国家环境保护总局，环办[2006]43 号）

13．关于加强生物质发电项目环境影响评价管理工作的通知（2006 年 6 月 1 日，国家环境保护总局、国家发展和改革委员会，环发[2006]82 号）

14．关于核定 2005 年进口废五金电器、废电线电缆和废电机定点加工利用单位有关问题的通知（2004 年 10 月 10 日，国家环境保护总局，环函[2004]344 号）

15．关于印发《生态县、生态市、生态省建设指标（试行）》的通知（2003 年 5 月 23 日，国家环境保护总局，环发[2003]91 号）

16．关于调整《生态县、生态市建设指标》的通知（2005 年 11 月 9 日，国家环境保护总局，环办[2005]121 号）

17．关于加强环保用和可能造成环境危害的微生物进出口环境安全及卫生检疫管理的通知（2005 年 11 月 3 日，国家环境保护总局、国家质量监督检验检疫总局，环发[2005]123 号）

18．关于征收城市污水处理费有关问题的复函（1997 年 8 月 13 日，国家环境保护局，环发[1997]592 号）

19．关于征收燃煤电厂排污费有关问题的复函（1997 年 11 月 3 日，国家环境保护局，环发[1997]675 号）

20．关于向电厂征收排污费有关问题的批复（1997 年 12 月 23 日，国家环境保护局，环发[1997]814 号）

21．关于石料开采企业排污收费有关问题的复函（1998 年 7 月 21 日，国家环境保护总局，环办函[1998]210 号）

22．关于追缴超标排污费有关问题的复函（1998 年 7 月 23 日，国家环境保护总局，环办函[1998]215 号）

23. 关于对逾期未完成限期治理任务的企事业单位加收超标准排污费及实施处罚问题的复函（1998 年 11 月 27 日，国家环境保护总局，环办[1998]283 号）

24. 关于加倍征收超标噪声排污费问题的复函（2002 年 9 月 29 日，国家环境保护总局，环函[2002]259 号）

25. 关于征收污水超标排污费有关问题的复函（2002 年 10 月 8 日，国家环境保护总局，环函[2002]264 号）

26. 关于超标排污费构成问题的复函（2002 年 11 月 15 日，国家环境保护总局，环函[2002]309 号）

27. 关于《排污费缴纳通知单（试行）》印制使用有关问题的通知（2003 年 6 月 9 日，国家环境保护总局，环办函[2003]263 号）

28. 关于夹杂在剥离土中的煤矸石征收排污费问题的复函（2004 年 12 月 27 日，国家环境保护总局，环函[2004]490 号）

29. 关于征收污水超标准排污费问题的复函（2007 年 7 月 10 日，国家环境保护总局，环函[2007]239 号）

30. 关于主要污染物总量减排监察系数核算工作有关问题的复函（2008 年 12 月 2 日，环境保护部，环办函[2008]875 号）

二、决定予以修改的规章

（一）《饮用水水源保护区污染防治管理规定》（1989 年 7 月 10 日，国家环境保护局、卫生部、建设部、水利部、地矿部发布）

1. 将第八条、第九条、第十九条中的“《GB 3838—88 地面水环境质量标准》”修改为：“《地表水环境质量标准》”。

2. 将第八条、第十四条中的“《GB 5749—85 生活饮用水卫生标准》”修改为：“《生活饮用水卫生标准》”。

3. 将第十九条中的“《GB 5084—85 农田灌溉水质标准》”修改为：“《农田灌溉水质标准》”。

4. 将第十二条第一项中的一级保护区内“禁止从事种植、放养畜禽，严格控制网箱养殖活动”，修改为：“禁止从事种植、放养畜禽和网箱养殖活动”。

5. 将第十二条第二项中的二级保护区内“不准新建、扩建向水体排放污染物的建设项目。改建项目必须削减污染物排放量”，修改为：“禁止新建、改建、扩建排放污染物的建设项目”；将“原有排污口必须削减污水排放量，保证保护区内水质满足规定的水质标准”，修改为：“原有排污口依法拆除或者关闭”。

6. 将第十二条第三项中准保护区内“直接或间接向水域排放废水，必须符合国家及地方规定的废水排放标准。当排放总量不能保护保护区内水质满足规定的标准时，必须削减排污负荷”，修改为：“禁止新建、扩建对水体污染严重的建设项目；改建建设项目，不得增加排污量”。

7．将第二十一条修改为："饮用水水源保护区的划定，由有关市、县人民政府提出划定方案，报省、自治区、直辖市人民政府批准；跨市、县饮用水水源保护区的划定，由有关市、县人民政府协商提出划定方案，报省、自治区、直辖市人民政府批准；协商不成的，由省、自治区、直辖市人民政府环境保护主管部门会同同级水行政、国土资源、卫生、建设等部门提出划定方案，征求同级有关部门的意见后，报省、自治区、直辖市人民政府批准。

"跨省、自治区、直辖市的饮用水水源保护区，由有关省、自治区、直辖市人民政府商有关流域管理机构划定；协商不成的，由国务院环境保护主管部门会同同级水行政、国土资源、卫生、建设等部门提出划定方案，征求国务院有关部门的意见后，报国务院批准。

"国务院和省、自治区、直辖市人民政府可以根据保护饮用水水源的实际需要，调整饮用水水源保护区的范围，确保饮用水安全。"

（二）《汽车排气污染监督管理办法》（1990 年 8 月 15 日，国家环境保护局、公安部、国家进出口商品检验局、中国人民解放军总后勤部、交通部、中国汽车工业总公司发布）

1．删除第五条"各级人民政府的汽车生产主管部门必须将汽车排气污染控制工作纳入生产建设计划"中的"将汽车排气污染控制工作纳入生产建设计划"。

2．将第十五条中的"《中华人民共和国道路交通管理条例》"，修改为："《中华人民共和国道路交通安全法》"。

（三）《防治尾矿污染环境管理规定》（1992 年 8 月 17 日，国家环境保护局令第 11 号发布；1999 年 7 月 12 日，国家环境保护总局令第 6 号修订）

1．删除第十七条第二款"关闭尾矿设施必须经企业主管部门报当地省环境保护行政主管部门验收，批准"中的"经企业主管部门报"。

2．删除第十七条第四款。

3．将第十八条修改为："对违反本规定，有下列行为之一的，由环境保护行政主管部门依法给予行政处罚：

"（一）产生尾矿的企业未向当地人民政府环境保护行政主管部门申报登记的，依照《中华人民共和国固体废物污染环境防治法》第六十八条规定处以五千元以上五万元以下罚款，并限期补办排污申报登记手续。"

"（二）违反本规定第十条规定，逾期未建成或者未完善尾矿设施，或者违反本规定第十二条规定，在风景名胜区、自然保护区和其他需要特殊保护的区域内建设产生尾矿的企业的，依照《中华人民共和国固体废物污染环境防治法》第六十八条规定责令停止违法行为，限期改正，处一万元以上十万元以下的罚款；造成严重污染的，依照《中华人民共和国固体废物污染环境防治法》第八十一条规定决定限期治理；逾期未完成治理任务的，由本级人民政府决定停业或者关闭。"

"（三）拒绝环境保护行政主管部门现场检查的，依照《中华人民共和国固体废物污染环境防治法》第七十条规定，责令限期改正；拒不改正或者在检查时弄虚作假的，处二千元以上二万元以下的罚款。”

（四）近岸海域环境功能区管理办法（1999 年 12 月 10 日，国家环境保护总局令第 8 号发布）

将第十一条第三款中的“本办法发布前已经设置的排污口，依法限期治理”，修改为：“本办法发布前已经设置的排污口，由县级以上地方人民政府环境保护行政主管部门依照《海洋环境保护法》第七十七条规定责令其关闭，并处二万元以上十万元以下的罚款。”

（五）建设项目竣工环境保护验收管理办法（2001 年 12 月 27 日，国家环境保护总局令第 13 号发布）

将第二十三条修改为：“违反本办法规定，建设项目需要配套建设的环境保护设施未建成，未经建设项目竣工环境保护验收或者验收不合格，主体工程正式投入生产或者使用的，由环境保护行政主管部门依照《中华人民共和国水污染防治法》第七十一条、《中华人民共和国大气污染防治法》第四十七条、《中华人民共和国固体废物污染环境防治法》第六十九条或者《建设项目环境保护管理条例》第二十八条的规定予以处罚。”

（六）医疗废物管理行政处罚办法（2004 年 5 月 27 日，卫生部、国家环境保护总局令第 21 号发布）

1．将第七条第二款修改为：“医疗卫生机构在医疗卫生机构外运送过程中丢弃医疗废物，在非贮存地点倾倒、堆放医疗废物或者将医疗废物混入其他废物和生活垃圾的，由县级以上地方人民政府环境保护行政主管部门依照《中华人民共和国固体废物污染环境防治法》第七十五条规定责令停止违法行为，限期改正，处一万元以上十万元以下的罚款。”

2．将第八条修改为：“医疗废物集中处置单位有《条例》第四十七条规定的情形，在运送过程中丢弃医疗废物，在非贮存地点倾倒、堆放医疗废物或者将医疗废物混入其他废物和生活垃圾的，由县级以上地方人民政府环境保护行政主管部门依照《中华人民共和国固体废物污染环境防治法》第七十五条规定责令停止违法行为，限期改正，处一万元以上十万元以下的罚款。”

3．将第十条中的“医疗卫生机构、医疗废物集中处置单位有《条例》第四十七条规定的下列情形之一的，由县级以上人民政府环境保护行政主管部门责令停止违法行为，限期改正，并处 5 万元以下的罚款”，修改为：“医疗卫生机构、医疗废物集中处置单位有《条例》第四十七条规定的下列情形之一的，由县级以上人民政府环境保护行政主管部门依照《中华人民共和国固体废物污染环境防治法》第七十五条规定责令停止违法行为，限期改正，处二万元以上二十万元以下的罚款”。

4．将第十二条第二款修改为：“医疗卫生机构、医疗废物集中处置单位阻碍环境保护行政主管部门执法人员执行职务，拒绝执法人员进入现场，或者不配合执法部门的检查、监测、调查取证的，由县级以上地方人民政府环境保护行政主管部门依照《中华人民共和国固体废物污染环境防治法》第七十条规定责令限期改正；拒不改正或者在检查时弄虚作假的，处二千元以上二万元以下的罚款。”

5. 将第十四条修改为：“有《条例》第五十二条规定的情形，未取得经营许可证从事医疗废物的收集、运送、贮存、处置等活动的，由县级以上人民政府环境保护行政主管部门依照《中华人民共和国固体废物污染环境防治法》第七十七条规定责令停止违法行为，没收违法所得，可以并处违法所得三倍以下的罚款。”

6. 将第十六条第二款修改为：“承运人明知托运人违反《条例》的规定运输医疗废物，仍予以运输的，按照前款的规定予以处罚；承运人将医疗废物与旅客在同一工具上载运的，由县级以上人民政府环境保护行政主管部门依照《中华人民共和国固体废物污染环境防治法》第七十五条规定责令停止违法行为，限期改正，处一万元以上十万元以下的罚款”。

中华人民共和国环境保护部令

第 7 号

《新化学物质环境管理办法》已由环境保护部 2009 年第三次部务会议于 2009 年 12 月 30 日修订通过。现将修订后的《新化学物质环境管理办法》公布，自 2010 年 10 月 15 日起施行。

2003 年 9 月 12 日原国家环境保护总局发布的《新化学物质环境管理办法》同时废止。

环境保护部部长　周生贤

二〇一〇年一月十九日

新化学物质环境管理办法

第一章　总　则

第一条【立法目的】为了控制新化学物质的环境风险，保障人体健康，保护生态环境，根据《国务院对确需保留的行政审批项目设定行政许可的决定》以及其他有关法律、行政法规，制定本办法。

第二条【适用范围】本办法适用于在中华人民共和国关境内从事研究、生产、进口和加工使用新化学物质活动的环境管理。保税区和出口加工区内的新化学物质相关活动的环境管理，也适用本办法。

医药、农药、兽药、化妆品、食品、食品添加剂、饲料添加剂等的管理，适用有关法律、法规；但作为上述产品的原料和中间体的新化学物质相关活动的环境管理，适用本办法。

设计为常规使用时有意释放出所含新化学物质的物品，按照本办法管理。

第三条【分类】根据化学品危害特性鉴别、分类标准，新化学物质分为一般类新化学物质、危险类新化学物质。

危险类新化学物质中具有持久性、生物蓄积性、生态环境和人体健康危害特性的化学物质，列为重点环境管理危险类新化学物质。

本办法所称新化学物质，是指未列入《中国现有化学物质名录》的化学物质。

《中国现有化学物质名录》由环境保护部制定、调整并公布。

第四条【基本制度】 国家对新化学物质实行风险分类管理，实施申报登记和跟踪控制制度。

第五条【登记证】新化学物质的生产者或者进口者，必须在生产前或者进口前进行申报，领取新化学物质环境管理登记证（以下简称“登记证”）。

未取得登记证的新化学物质，禁止生产、进口和加工使用。

未取得登记证或者未备案申报的新化学物质，不得用于科学研究。

第六条【鼓励先进技术】国家支持新化学物质环境风险、健康风险评估和控制技术的科学研究，推广先进适用的新化学物质环境风险控制技术，鼓励环境友好型替代化学物质的研究、生产、进口和加工使用，鼓励申报人共享新化学物质申报登记数据。

第七条【保守秘密】从事新化学物质环境管理的工作人员，应当为申报人保守商业秘密和技术秘密。

第八条【公众监督】一切单位和个人都有权对违反本办法规定的行为进行揭发、检举和控告。

第二章　申报程序

第九条【申报类型】新化学物质申报，分为常规申报、简易申报和科学研究备案申报。

第十条【常规申报要求】新化学物质年生产量或者进口量1吨以上的，应当在生产或者进口前向环境保护部化学品登记中心（以下简称“登记中心”）提交新化学物质申报报告，办理常规申报；但是，符合简易申报条件的，可以办理简易申报。

新化学物质申报报告，应当包括下列内容：

（一）新化学物质常规申报表，并附具按照化学品分类、警示标签和警示性说明安全规范等国家有关标准进行的分类、标签和化学品安全技术说明书；

（二）风险评估报告，包括申报物质危害评估、暴露预测评估和风险控制措施，以及环境风险和健康风险评估结论等内容；

（三）物理化学性质、毒理学和生态毒理学特性的测试报告或者资料，以及有关测试机构的资质证明。生态毒理学特性测试报告，必须包括在中国境内用中国的供试生物按照相关标准的规定完成的测试数据。

第十一条【常规申报数量级别】常规申报遵循“申报数量级别越高、测试数据要求越高”的原则。申报人应当按照环境保护部制定的新化学物质申报登记指南，提供相应的测试数据或者资料。

依据新化学物质申报数量，常规申报从低到高分为下列四个级别：

（一）一级为年生产量或者进口量1吨以上不满10吨的；

（二）二级为年生产量或者进口量10吨以上不满100吨的；

（三）三级为年生产量或者进口量100吨以上不满1 000吨的；

（四）四级为年生产量或者进口量1 000吨以上的。

第十二条【简易申报基本情形】新化学物质年生产量或者进口量不满 1 吨的，应当在生产或者进口前，向登记中心办理简易申报。

办理简易申报，应当提交下列材料：

（一）新化学物质简易申报表；

（二）在中国境内用中国的供试生物完成的生态毒理学特性测试报告。

第十三条【简易申报特殊情形】生产或者进口的新化学物质有下列特殊情形之一的，应当办理简易申报：

（一）用作中间体或者仅供出口，年生产量或者进口量不满 1 吨的；

（二）以科学研究为目的，年生产量或者进口量 0.1 吨以上不满 1 吨的；

（三）新化学物质单体含量低于 2%的聚合物或者属于低关注聚合物的；

（四）以工艺和产品研究开发为目的，年生产量或者进口量不满 10 吨，且不超过二年的。

办理特殊情形简易申报，应当提交新化学物质简易申报表以及符合相应情形的证明材料。

第十四条【备案申报要求】有下列情形之一的，应当在生产或者进口前，向登记中心提交新化学物质科学研究备案表，办理科学研究备案申报：

（一）以科学研究为目的，新化学物质年生产量或者进口量不满 0.1 吨的；

（二）为了在中国境内用中国的供试生物进行新化学物质生态毒理学特性测试而进口新化学物质测试样品的。

第十五条【系列申报、联合申报、重复申报】 办理常规申报，有下列情形之一的，可以按下列规定办理申报手续：

（一）同一申报人对分子结构相似、用途相同或者相近、测试数据相近的多个新化学物质，可以提出新化学物质系列申报；

（二）两个以上申报人同时申报相同新化学物质，共同提交申报材料的，可以提出新化学物质联合申报；

（三）两个以上申报人先后申报相同新化学物质，后申报人征得前申报人同意后使用前申报人的测试数据的，可以提出新化学物质重复申报。数据的测试费用分担方法，由申报人自行商定。

第十六条【申报人资格】新化学物质申报人或者其代理人，应当是中国境内注册机构。

非首次进行新化学物质申报的，近三年内不得有因违反新化学物质环境管理规定而被行政处罚的不良记录。

第十七条【如实报告】申报人在办理新化学物质申报手续时，应当如实提交新化学物质危害特性和环境风险的全部已知信息。

第十八条【环境信息公开】申报人对所提交的申报材料中涉及商业秘密或者技术秘密要求保密的，应当在申报材料中注明。

对涉及危害人体健康和环境安全的信息，不得要求保密。

申报人对要求保密的内容予以公开时，应当书面告知登记中心。

第十九条【测试机构】为新化学物质申报目的提供测试数据的境内测试机构，应当为环境保护部公告的化学物质测试机构，并接受环境保护部的监督和检查。

境内测试机构应当遵守环境保护部颁布的化学品测试合格实验室导则，并按照化学品测试导则或者化学品测试相关国家标准，开展新化学物质生态毒理学特性测试。

在境外完成新化学物质生态毒理学特性测试并提供测试数据的境外测试机构，必须通过其所在国家主管部门的检查或者符合合格实验室规范。

第三章　登记管理

第二十条【常规申报登记程序】新化学物质常规申报登记，按下列程序执行：

（一）登记中心受理常规申报后，应当将新化学物质申报报告提交环境保护部化学物质环境管理专家评审委员会（以下简称“评审委员会”）。评审委员会由化学、化工、健康、安全、环保等方面专家组成。

（二）评审委员会应当依照环境保护部颁布的新化学物质危害和风险评估导则和规范，以及化学品危害特性鉴别、分类等国家相关标准，对新化学物质的以下内容进行识别和技术评审：

1．名称和标识；

2．物理化学、人体健康、环境等方面的危害特性；

3．暴露程度以及对人体健康和环境的风险；

4．人体健康和环境风险控制措施的适当性。

评审委员会认为现有申报材料不足以对新化学物质的风险做出全面评价结论的，由登记中心书面通知申报人补充申报材料。

（三）评审委员会应当提出新化学物质登记技术评审意见，报送环境保护部。新化学物质登记技术评审意见包括：

1. 将新化学物质认定为一般类、危险类以及是否属于重点环境管理危险类新化学物质的管理类别划分意见；

2. 人体健康和环境风险的评审意见；

3. 风险控制措施适当性的评审结论；

4. 是否准予登记的建议。

（四）环境保护部应当对新化学物质登记技术评审意见进行审查，确定新化学物质管理类别，并视不同情况，做出决定：

1. 对有适当风险控制措施的，予以登记，颁发登记证；

2. 对无适当风险控制措施的，不予登记，书面通知申报人并说明理由。

环境保护部在做出登记决定前，应当对新化学物质登记内容进行公示。

第二十一条【简易申报登记程序】新化学物质简易申报登记，按下列程序执行：

（一）登记中心受理简易申报后，应当提出书面处理意见，报送环境保护部。

对按要求提交生态毒理学特性测试报告的，评审委员会应当对申报材料进行技术评审，并提出技术评审意见，报送环境保护部。

（二）环境保护部对符合要求的，予以登记，颁发登记证；对不符合要求的，不予登记，书面通知申报人并说明理由。

第二十二条【备案申报登记程序】新化学物质科学研究备案，按下列程序执行：

（一）登记中心收到科学研究备案申报后，应当按月汇总报送环境保护部；

（二）环境保护部定期在政府网站上公告。

第二十三条【登记公告】环境保护部应当在政府网站上公告予以登记的新化学物质名称、申报人、申报种类和登记新化学物质管理类别等信息。

第二十四条【办理时限】登记中心应当自受理常规申报之日起 5 个工作日内，将新化学物质申报报告提交评审委员会；自受理简易申报之日起 5 个工作日内，将书面处理意见报送环境保护部。

常规申报登记的专家评审时间不得超过 60 日，简易申报登记的专家审查时间不得超过 30 日。登记中心通知补充申报材料的，申报人补充申报材料所需时间不计入专家评审时间。

环境保护部应当自收到登记中心或者评审委员会上报的新化学物质登记文件之日起 15 个工作日内，做出是否予以登记的决定。15 个工作日内不能做出决定的，经环境保护部负责人批准，可以延长 10 个工作日。

第二十五条【登记证内容】登记证应当载明下列主要事项：

（一）申报人或者代理人名称；

（二）新化学物质名称；

（三）登记用途；

（四）登记量级别和数量；

（五）新化学物质的管理类别。

常规申报的登记证还应当载明风险控制措施和行政管理要求。

第二十六条【新特性报告及处理】登记证持有人发现获准登记新化学物质有新的危害特性时，应当立即向登记中心提交该化学物质危害特性的新信息。

登记中心应当将获准登记新化学物质危害特性的新信息，提交评审委员会进行技术评审。

环境保护部根据评审委员会的技术评审意见，采取下列措施：

（一）对于通过增加风险控制措施可以控制风险的，在登记证中增补相关风险控制措施，并要求登记证持有人落实相应的新增风险控制措施；

（二）对于无适当措施控制其风险的，撤回该新化学物质登记证，并予以公告。

第二十七条【重新申报】尚未列入《中国现有化学物质名录》，且已获准登记的新化学物质，有下列情形之一的，登记证持有人应当按本办法规定程序重新进行申报：

（一）增加登记量级的；

（二）变更重点环境管理危险类新化学物质登记用途的。

已被列入《中国现有化学物质名录》，且获准登记的重点环境管理危险类新化学物质，变更登记用途的，也可以由登记新化学物质的加工使用者，重新进行申报。

第二十八条【信息共享】环境保护部应当将已获准登记为危险类新化学物质（含重点环境管理危险类新化学物质）的有关信息，通报相关管理部门。

第四章　跟踪控制

第二十九条【环评审批前置条件】环境保护部门应当将新化学物质登记，作为审批生产或者加工使用该新化学物质建设项目环境影响评价文件的条件。

第三十条【信息传递】常规申报的登记证持有人应当在化学品安全技术说明书中明确新化学物质危害特性，并向加工使用者传递下列信息：

（一）登记证中规定的风险控制措施；

（二）化学品安全技术说明书；

（三）按照化学品分类、警示标签和警示性说明安全规范的分类结果；

（四）其他相关信息。

第三十一条【一般风险控制措施】常规申报的登记证持有人和相应的加工使用者，应当按照登记证的规定，采取下列一项或者多项风险控制措施：

（一）进行新化学物质风险和防护知识教育；

（二）加强对接触新化学物质人员的个人防护；

（三）设置密闭、隔离等安全防护，布置警示标志；

（四）改进新化学物质生产、使用方式，以降低释放和环境暴露；

（五）改进污染防治工艺，以减少环境排放；

（六）制定应急预案和应急处置措施；

（七）采取其他风险控制措施。

危险类新化学物质（含重点环境管理危险类新化学物质）的登记证持有人以及加工使用者，应当遵守《危险化学品安全管理条例》等现行法律、行政法规的相关规定。

第三十二条【重点风险控制措施】重点环境管理危险类新化学物质的登记证持有人和加工使用者，还应当采取下列风险控制措施：

（一）在生产或者加工使用期间，应当监测或者估测重点环境管理危险类新化学物质向环境介质排放的情况。不具备监测能力的，可以委托地市级以上环境保护部门认可的环境保护部门所属监测机构或者社会检测机构进行监测。

（二）在转移时，应当按照相关规定，配备相应设备，采取适当措施，防范发生突发事件时重点环境管理危险类新化学物质进入环境，并提示发生突发事件时的紧急处置方式。

（三）在重点环境管理危险类新化学物质废弃后，按照有关危险废物处置规定进行处置。

第三十三条【禁止转让】常规申报的登记证持有人，不得将获准登记的新化学物质转让给没有能力采取风险控制措施的加工使用者。

第三十四条【研发管理要求】新化学物质的科学研究活动以及工艺和产品的研究开发活动，应当在专门设施内，在专业人员指导下严格按照有关管理规定进行。

以科学研究或者以工艺和产品的研究开发为目的，生产或者进口的新化学物质，应当妥善保存，且不得用于其他目的。需要销毁的，应当按照有关危险废物的规定进行处置。

第三十五条【活动报告】常规申报的登记证持有人，应当在首次生产活动30日内，或者在首次进口并已向加工使用者转移 30 日内，向登记中心报送新化学物质首次活动情况报告表。

重点环境管理危险类新化学物质的登记证持有人，还应当在每次向不同加工使用者转移重点环境管理危险类新化学物质之日起30日内，向登记中心报告新化学物质流向信息。

第三十六条【年度报告】简易申报的登记证持有人，应当于每年 2 月 1 日前向登记中心报告上一年度获准登记新化学物质的实际生产或者进口情况。

危险类新化学物质（含重点环境管理危险类新化学物质）的登记证持有人，应当于每年 2 月 1 日前向登记中心报告上一年度获准登记新化学物质的下列情况：

（一）实际生产或者进口情况；

（二）风险控制措施落实情况；

（三）环境中暴露和释放情况；

（四）对环境和人体健康造成影响的实际情况；

（五）其他与环境风险相关的信息。

重点环境管理危险类新化学物质的登记证持有人，还应当同时向登记中心报告本年度登记新化学物质的生产或者进口计划，以及风险控制措施实施的准备情况。

第三十七条【资料保存】登记证持有人应当将新化学物质的申报材料以及生产、进口活动实际情况等相关资料保存十年以上。

第三十八条【监管通知】环境保护部收到登记中心报送的新化学物质首次活动情况报告表或者新化学物质流向信息 30 日内，应当向危险类新化学物质（含重点环境管理危险类新化学物质）的生产者、加工使用者所在地省级环境保护部门发送新化学物质监管通知。

省级环境保护部门负责将监管通知发送至该化学物质生产者、加工使用者所在地地市级或者县级环境保护部门。

监管通知内容包括：新化学物质名称、管理类别、登记证上载明的风险控制措施和行政管理要求以及监督检查要点等。

第三十九条【监督检查】负有监督管理职责的地方环境保护部门，应当根据新化学物质监管通知的要求，按照环境保护部制定的新化学物质监督管理检查规范，对新化学物质生产、加工使用活动进行监督检查。

发现生产或者加工使用新化学物质活动，造成或者可能造成即时性或者累积性环境污染危害的，应当责令生产者、加工使用者立即采取措施，消除危害或者危险，并将有关情况逐级报告至环境保护部。

环境保护部可以根据报告情况，要求登记证持有人提供获准登记新化学物质可能存在的新危害特性信息，并按照本办法有关新化学物质新的危害特性报告和处理规定予以处理。

第四十条【注销登记】登记证持有人未进行生产、进口活动或者停止生产、进口活动的，可以向登记中心递交注销申请，说明情况，并交回登记证。

环境保护部对前款情况确认没有生产、进口活动发生或者没有环境危害影响的，给予注销，并公告注销新化学物质登记的信息。

第四十一条【列入现有化学物质名录程序】一般类新化学物质自登记证持有人首次生产或者进口活动之日起满五年，由环境保护部公告列入《中国现有化学物质名录》。

危险类新化学物质（含重点环境管理危险类新化学物质）登记证持有人应当自首次生产或者进口活动之日起满五年的六个月前，向登记中心提交实际活动情况报告。

环境保护部组织评审委员会专家对实际活动情况报告进行回顾性评估，依据评估结果将危险类新化学物质（含重点环境管理危险类新化学物质）公告列入《中国现有化学物质名录》。

简易申报登记和科学研究备案的新化学物质不列入《中国现有化学物质名录》。

第四十二条【定期排查】环境保护部每五年组织一次新化学物质排查。

对 2003 年 10 月 15 日前已在中华人民共和国境内合法生产或者进口的化学物质，环境保护部列入《中国现有化学物质名录》。

对未取得登记证生产、进口或者加工使用新化学物质的，环境保护部门依法予以处罚。

第五章　法律责任

第四十三条【虚假申报】违反本办法规定，在申报过程中隐瞒有关情况或者提供虚假材料的，由环境保护部责令改正，公告其违规行为，记载其不良记录，处一万元以上三万元以下罚款；已经登记的，并撤销其登记证。

第四十四条【环境保护部处罚事项】违反本办法规定，有下列行为之一的，由环境保护部责令改正，处一万元以下罚款：

（一）未及时提交获准登记新化学物质环境风险更新信息的；

（二）未按规定报送新化学物质首次活动情况报告表或者新化学物质流向信息的；

（三）未按规定报送上一年度新化学物质的生产或者进口情况的；

（四）未按规定提交实际活动情况报告的。

第四十五条【地方处罚事项一】违反本办法规定，有下列行为之一的，由负有监督管理职责的地方环境保护部门责令改正，处一万元以上三万元以下罚款，并报环境保护部公告其违规行为，记载其不良记录：

（一）拒绝或者阻碍环境保护部门监督检查，或者在接受监督检查时弄虚作假的；

（二）未取得登记证或者不按照登记证的规定生产或者进口新化学物质的；

（三）加工使用未取得登记证的新化学物质的；

（四）未按登记证规定采取风险控制措施的；

（五）将登记的新化学物质转让给没有能力采取风险控制措施的加工使用者的。

第四十六条【地方处罚事项二】违反本办法规定，有下列行为之一的，由负有监督管理职责的地方环境保护部门责令改正，处一万元以上三万元以下罚款：

（一）未按规定向加工使用者传递风险控制信息的；

（二）未按规定保存新化学物质的申报材料以及生产、进口活动实际情况等相关资料的；

（三）将以科学研究以及工艺和产品的研究开发为目的生产或者进口的新化学物质用于其他目的或者未按规定管理的。

第四十七条【评审专家违规处罚】评审委员会专家在新化学物质评审中弄虚作假或者有失职行为，造成评审结果严重失实的，由环境保护部取消其入选评审专家库的资格，并予以公告。

第四十八条【测试机构违规处罚】为新化学物质申报提供测试数据的境内测试机构在新化学物质测试过程中伪造、篡改数据或者有其他弄虚作假行为的，由环境保护部从测试机构名单中除名，并予以公告。

第四十九条【滥用职权处罚】违反本办法规定，从事新化学物质环境管理的工作人员滥用职权或者玩忽职守的，依法给予处分；构成犯罪的，依法追究刑事责任。

第六章　附则

第五十条【术语】本办法中下列术语的含义：

（一）一般类新化学物质，是指尚未发现危害特性或者其危害性低于化学物质危害特性鉴别、分类相关标准规定值的新化学物质；

（二）危险类新化学物质，是指具有物理化学、人体健康或者环境危害特性，且达到或者超过化学物质危害特性鉴别、分类相关标准规定值的新化学物质。

第五十一条【文书格式】本办法下列文书格式，由环境保护部统一制定：

（一）新化学物质常规申报表；

（二）新化学物质简易申报表；

（三）新化学物质科学研究备案表；

（四）新化学物质环境管理登记证；

（五）新化学物质首次活动情况报告表；

（六）新化学物质监管通知。

第五十二条【生效日期】本办法自 2010 年 10 月 15 日起施行。

2003 年 9 月 12 日原国家环境保护总局发布的《新化学物质环境管理办法》同时废止。

关于公布继续有效的国家环保部门规范性文件目录的公告

中华人民共和国环境保护部公告　2010 年第 97 号

根据《国务院办公厅关于做好规章清理工作有关问题的通知》（国办发[2010]28 号），我部对 2008 年 3 月环境保护部成立以来以及原国家环境保护总局、原国家环境保护局先后发布的规范性文件进行了清理。现将 2010 年 9 月 30 日前发布的继续有效的国家环保部门规范性文件目录予以公布。

对未列入本目录的其他文件的效力发生争议的，我部将根据《立法法》、《规章制定程序条例》、国务院关于环保部门主要职责的规定、《环境保护法规制定程序办法》、《环境保护法规解释管理办法》等有关规定予以解释。

特此公告。

附件：继续有效的国家环保部门规范性文件目录

二○一○年十二月二十一日

附件：

继续有效的国家环保部门规范性文件目录

（截至 2010 年 9 月 30 日，共 444 件）

序号	文　件　名　称	文　号
1	环境保护政务信息工作办法	环办[2006]123 号
2	国家环境保护总局政务信息采用情况通报与质量评价办法	环办[2006]106 号
3	全国环保视频会议系统管理办法（试行）	环办[2006]49 号
4	国家环境信息与统计能力建设项目管理办法	环办[2009]90 号
5	国家环境信息与统计能力建设有关人员廉政守则	环办函[2009]994 号
6	关于发布《环境保护部信息公开目录》（第一批）和《环境保护部信息公开指南》的公告	公告 2008 年第 12 号

序号	文 件 名 称	文 号
7	环境保护工作国家秘密范围的规定	环发[2004]187 号
8	关于印发《〈中国环境年鉴〉工作办法》的通知	环办函[2009]718 号
9	关于《〈中国环境年鉴〉工作办法》的补充通知	环办函[2009]990 号
10	国控重点污染源自动监控信息传输与交换管理规定	公告 2010 年第 55 号
11	环境保护公共事业单位信息公开实施办法（试行）	环发[2010]82 号
12	环境保护部电子政务信息交换平台管理规定（试行）	环办[2010]145 号
13	关于印发《国家环境保护总局内部审计管理工作规定的通知》	环办[1996]609 号
14	关于建立环境保护部治理“小金库”工作长效机制的通知	环函[2010]112 号
15	国家环境保护总局部门预算管理办法（试行）	环函[2006]8 号
16	环境保护部中央级项目支出预算管理实施细则（试行）	环函[2008]390 号
17	关于进一步加强委托业务费管理的通知	环办函[2010]388 号
18	关于加强《全国危险废物和医疗废物处置设施建设规划》项目竣工验收工作的通知	环发[2009]22 号
19	关于印发《国家环境保护总局政府采购管理实施细则》的通知	环函[2004]451 号
20	关于印发《中央财政主要污染物减排专项资金项目管理暂行办法》的通知	环发[2007]67 号
21	国家环保标准制修订工作管理办法	公告 2006 年第 41 号
22	加强国家污染物排放标准制修订工作的指导意见	公告 2007 年第 17 号
23	关于太湖流域执行国家污染物排放标准水污染物特别排放限值行政区域范围的公告	公告 2008 年第 30 号
24	关于印发《地方机动车大气污染物排放标准审批办法》的通知	环发[2001]21 号
25	环保科技成果登记办法实施细则	环发[2001]111 号
26	国家环境保护重点实验室管理办法	环发[2004]138 号
27	国家环保科普基地申报与评审暂行办法	环发[2006]210 号
28	环境保护科学技术奖励办法	环办[2007]39 号
29	国家环境保护总局公益性行业科研专项经费管理暂行办法	环办[2007]53 号
30	关于印发《国家环境保护标准制修订项目计划管理办法》的通知	环办[2010]86 号
31	企业支持国家环境保护标准研究工作暂行规定	2006 年 12 月 19 日
32	关于加强国家环境保护标准技术管理工作的通知	环科函[2007]31 号
33	关于核辐射与电磁辐射国家环境保护标准制修订项目管理工作的通知	环科函[2008]10 号
34	关于收集和处理社会公众对国家环保标准草案意见事宜的通知	环科函[2008]12 号
35	关于对国家环境保护标准制修订项目工作情况开展定期检查问题的通知	环科函[2008]19 号
36	关于开展国家环境保护标准制修订项目工作情况定期检查工作的补充通知	环科函[2008]31 号
37	关于印发《编写国家污染物排放标准编制说明暂行要求》的通知	环科函[2008]36 号

序号	文件名称	文号
38	关于印发《国家环境污染物监测方法标准制修订工作暂行要求》的通知	环科函[2009]10号
39	环保科研项目绩效考评管理暂行办法	环科函[2009]24号
40	环保科研人员信用管理暂行办法	环科函[2009]24号
41	环保科研项目评估评审行为管理暂行办法	环科函[2009]24号
42	关于印发《国家排放标准中水污染物监控方案》的通知	环科函[2009]52号
43	公益性行业科研专项经费环保项目验收规范（试行）	环科函[2010]1号
44	国家环境保护技术评价与示范管理办法	环发[2009]58号
45	国家生态工业示范园区管理办法（试行）	环发[2007]188号
46	国家环境保护工程技术中心管理办法	环发[2004]137号
47	关于印发《水体污染控制与治理科技重大专项管理办法（试行）》的通知	环发[2008]117号
48	关于印发《国家环境咨询委员会和国家环境保护总局科学技术委员会咨询工作暂行规定》的通知	环委[2007]1号
49	关于发布《国家环境咨询委员会章程》和《国家环境保护总局科学技术委员会章程》的通知	环发[2006]191号
50	关于印发《二氧化硫总量分配指导意见》的通知	环发[2006]182号
51	关于印发《主要水污染物总量分配指导意见》的通知	环发[2006]189号
52	关于印发《主要污染物总量减排计划编制指南（试行）》的通知	环发[2007]90号
53	关于印发《“十一五”主要污染物总量减排核查办法（试行）》的通知	环发[2007]124号
54	关于印发《主要污染物总量减排核算细则（试行）》的通知	环发[2007]183号
55	关于加强城镇污水处理厂污染减排核查核算工作的通知	环办[2008]90号
56	关于加强燃煤脱硫设施二氧化硫减排核查核算工作的通知	环办[2009]8号
57	关于火电企业脱硫设施旁路烟道挡板实施铅封的通知	环办[2010]91号
58	关于印发《“十二五”主要污染物总量控制规划编制指南》的通知	环办[2010]97号
59	《建设项目环境影响报告表》和《建设项目环境影响登记表》内容及格式（试行）	环发[1999]178号
60	关于建设项目环境保护设施竣工验收监测管理有关问题的通知	环发[2000]38号
61	关于西部大开发中加强建设项目环境保护管理的若干意见	环发[2001]4号
62	关于公布《建设项目竣工环境保护验收申请报告》等四种文件格式的通知	环发[2001]214号
63	关于印发《编制环境影响报告书的规划的具体范围（试行）》和《编制环境影响篇章或说明的规划的具体范围（试行）》的通知	环发[2004] 98号
64	关于印发《环境影响评价公众参与暂行办法》的通知	环发[2006] 28号
65	建设项目环境保护设计规定	1987年
66	关于加强外商投资建设项目环境保护管理的通知	1992年

序号	文 件 名 称	文 号
67	关于加强饮食娱乐服务企业环境管理的通知	1995年
68	关于加强国际金融组织贷款建设项目环境影响评价管理工作的通知	环监[1993]324号
69	关于加强自然资源开发建设项目的生态环境管理的通知	环发[1994]664号
70	关于执行建设项目环境影响评价制度有关问题的通知	环发[1999]107号
71	关于涉及自然保护区的开发建设项目环境管理工作有关问题的通知	环发[1999]177号
72	关于加强铁路噪声污染防治的通知	环发[2001]108号
73	关于执行《国家计委、国家环境保护总局关于规范环境影响咨询收费有关问题的通知》有关问题的通知	环发[2002]54号
74	关于加强中小型建设项目环境保护管理工作有关问题的通知	环发[2002]85号
75	国家计委、国家环境保护总局关于规范环境影响咨询收费有关问题的通知	计价格[2002]125号
76	关于核定建设项目主要污染物排放总量控制指标有关问题的通知	环办[2003]25号
77	关于公路、铁路（含轻轨）等建设项目环境影响评价中环境噪声有关问题的通知	环发[2003]94号
78	关于印发《环境影响评价工程师职业资格制度暂行规定》《环境影响评价工程师职业资格考试实施办法》和《环境影响评价工程师职业资格考核认定办法》的通知	国人部发[2004] 13号
79	关于加强水电建设环境保护工作的通知	环发[2005]13号
80	关于印发《环境影响评价工程师职业资格登记管理暂行办法》的通知	环发[2005] 24号
81	关于环境影响评价工程师职业资格登记工作有关事项的公告	公告2005年第52号
82	关于执行《建设项目环境影响评价资质管理办法》有关问题的通知	环办[2005] 126号
83	关于加强环境影响评价管理防范环境风险的通知	环发[2005]153号
84	关于印发《风电厂工程建设用地和环境保护管理暂行办法》的通知	发改能源[2005]1511号
85	关于贯彻落实《国务院关于加快推进产能过剩行业结构调整的通知》的通知	环发[2006] 62号
86	关于实行甲级建设项目环境影响评价机构评价范围分级管理的公告	公告2006年第36号
87	关于进一步加强环境影响评价管理工作的通知	公告2006年第51号
88	关于病原微生物实验室项目环境影响评价资质有关问题的通知	环办[2006] 14号
89	关于加强环保审批从严控制新开工项目的通知	环办函[2006] 394号
90	关于加强涉及自然保护区、风景名胜区、文物保护单位等环境敏感区影视拍摄和大型实景演艺活动管理的通知	环发[2007]22号
91	关于印发《环境影响评价工程师继续教育暂行规定》的通知	环发[2007]97号
92	关于加强公路规划和建设环境影响评价工作的通知	环发[2007]184号

序号	文 件 名 称	文 号
93	关于加快节能减排投资项目环境影响评价审批工作的通知	环办[2007]111 号
94	关于进一步规范专项规划环境影响报告书审查工作的通知	环办[2007]140 号
95	关于加强环境影响评价机构及从业人员管理的通知	环发[2008]69 号
96	关于进一步加强生物质发电项目环境影响评价管理工作的通知	环发[2008]82 号
97	关于环境影响评价工程师职业资格再次登记的公告	公告 2008 年第 43 号
98	关于学习贯彻《规划环境影响评价条例》加强规划环境影响评价工作的通知	环发[2009]96 号
99	关于贯彻落实抑制部分行业产能过剩和重复建设引导产业健康发展的通知	环发[2009]127 号
100	关于印发《环境保护部建设项目“三同时”监督检查和竣工环保验收管理规程（试行）》的通知	环发[2009]150 号
101	关于建设项目环境影响评价工作中确定防护距离标准问题的复函	环函[2009]224 号
102	关于发布《环境保护部直接审批环境影响评价文件的建设项目目录》及《环境保护部委托省级环境保护部门审批环境影响评价文件的建设项目目录》的公告	公告 2009 年第 7 号
103	关于环境影响评价工程师职业资格登记管理有关问题的公告	公告 2009 年第 20 号
104	关于公布环境保护部审批的建设项目竣工环境保护验收调查推荐单位名单（2009 年）的公告	公告 2009 年第 28 号
105	关于印发《建设项目环境影响评价岗位证书管理办法》的通知	环办[2009]45 号
106	关于环境影响评价工程师职业资格注销登记有关事项的公告	公告 2010 年第 47 号
107	关于发布《环境影响评价从业人员职业道德规范（试行）》的公告	公告 2010 年第 50 号
108	关于印发《建设项目竣工环境保护验收申请》的通知	环办[2010]62 号
109	关于印发《环境监测质量管理规定》和《环境监测人员持证上岗考核制度》的通知	环发[2006]114 号
110	关于印发环境监测质量管理三年行动计划（2009—2011 年）的通知	环办[2009]56 号
111	关于印发《国家监控企业污染源自动监测数据有效性审核办法》和《国家重点监控企业污染源自动监测设备监督考核规程》的通知	环发[2009]88 号
112	关于直报突发环境污染事件首次应急监测数据的通知	环办[2009]120 号
113	关于印发《主要污染物总量减排监测体系建设考核办法》（试行）的通知	环办[2009]148 号
114	关于国控污染源监督性监测工作有关事项意见的复函	环办函[2009]1213 号
115	关于印发《国家重点监控企业污染源自动监测设备监督考核合格标志使用办法》的通知	环办[2010]25 号
116	关于 2010 年主要污染物总量减排监测体系建设考核工作的通知	环办[2010]106 号
117	关于加强国家重点监控企业污染源自动监测数据有效性审核工作的通知	环办[2010]116 号
118	关于印发《国家二噁英重点排放源监测方案》的函	环办函[2010]661 号

序号	文　件　名　称	文　号
119	关于广西季节性生产国控企业污染源监督性监测频次意见的复函	环办函[2010]768 号
120	关于发布《危险废物经营单位审查和许可指南》的公告	公告 2009 年第 65 号
121	关于发布《进口废钢铁环境保护管理规定（试行）》的公告	公告 2009 年第 66 号
122	关于发布《危险废物经营单位记录和报告经营情况指南》的公告	公告 2009 年第 55 号
123	关于调整进口废物管理目录的公告	公告 2009 年第 36 号
124	关于贯彻落实家电以旧换新政策加强废旧家电拆解处理环境管理的指导意见	环发[2009]73 号
125	关于进一步加强危险废物管理防范事故风险的紧急通知	环办[2009]51 号
126	关于发布《灾后废墟清理及废物管理指南（试行）》的公告	公告 2008 年第 15 号
127	关于国家环保总局等五部门 2008 年 11 号公告中使用过的废塑料袋、膜、网的有关说明的通知	环办[2008]23 号
128	关于发布固体废物属性鉴别机构名单及鉴别程序的通知	环发[2008]18 号
129	关于贯彻落实《电子废物污染环境防治管理办法》的通知	环办[2008]12 号
130	关于进口废纸审批和管理有关事项的公告	公告 2007 年第 61 号
131	关于危险废物跨地级以上市转移行政许可有关问题的复函	环函[2007]317 号
132	关于医疗废物代为处置有关问题的复函	环办函[2007]625 号
133	关于转发《海关总署关于加强处置违法进境固体废物管理工作的通知》的通知	环函[2007]296 号
134	关于进口可用作原料的固体废物申请事项的公告	公告 2007 年第 51 号
135	关于进口打印机硒鼓有关问题的复函	环办函[2007]482 号
136	关于发布《危险废物经营单位编制应急预案指南》的公告	公告 2007 年第 48 号
137	关于明确固体废物鉴别结论用语的复函	环办函[2007]33 号
138	关于餐饮行业产生的废弃食用油脂是否属于生活垃圾的复函	环函[2006]395 号
139	关于开展全国工业危险废物申报登记试点工作及重点行业工业危险废物产生源专项调查的通知	环办[2006]105 号
140	关于界定含氧化铜废物是否属于危险废物的复函	环函[2006]344 号
141	关于加强限制进口类废物审批管理的通知	环办[2006]89 号
142	关于发布《大中城市固体废物污染环境防治信息发布导则》的公告	公告 2006 年第 33 号
143	关于危险废物跨省转移管理有关问题的复函	环函[2006]143 号
144	关于利用废旧轮胎炼油有关问题的复函	环办函[2005]735 号
145	关于发布固体废物鉴别导则（试行）的公告	公告 2006 年第 11 号
146	关于一次性医疗器械环境管理有关问题的复函	环办函[2005]713 号
147	关于启用新版可用作原料的固体废物进口许可证的公告	公告 2005 年第 47 号
148	关于启用新版《自动许可进口类可用作原料的固体废物申请书》和《限制进口类可用作原料的固体废物申请书》的公告	公告 2005 年第 41 号
149	关于解释城市污水处理厂污泥是否属于工业固体废物的复函	环函[2005]286 号
150	关于解释危险废物焚烧厂选址有关问题的复函	环函[2005]255 号

序号	文 件 名 称	文 号
151	关于危险废物经营许可证申请和审批有关事项的通告	环函[2005]26 号
152	关于加强限制进口类废物审批管理有关问题的通知	环办[2004]100 号
153	关于贯彻执行医疗废物管理条例的通知	环发[2003]117 号
154	关于严格执行进口废塑料环境保护控制标准的通知	环办[2003]66 号
155	关于限制进口类废料环境管理有关问题的通知	环发[2003]69 号
156	关于经固化处理的含铬污泥是否属危险废物有关问题的复函	环函[2003]8 号
157	关于城市垃圾无害化处理指标有关问题的复函	环办函[2002]403 号
158	关于加强有毒化学品进出口环境管理登记工作的通知	环办[2009]113 号
159	关于印发《分散式饮用水水源地供水水质安全保障技术指南》的通知	环办[2008]26 号
160	关于进一步加强饮用水水源安全保障工作的通知	环办[2009]30 号
161	关于开展全国环境保护重点城市地表水饮用水水源环境状况评估工作的通知	环办[2009]128 号
162	关于印发《“十一五”城市环境综合整治定量考核指标实施细则》和《全国城市环境综合整治定量考核管理工作规定》的通知	环办[2006]36 号
163	国家环境保护模范城市创建与管理工作规定	环办[2006]40 号
164	“十一五”国家环境保护模范城市考核指标及其实施细则（修订）	环办[2008]71 号
165	关于进一步规范重污染行业生产经营公司申请上市或再融资环境保护核查工作的通知	环办[2007]105 号
166	关于印发《上市公司环保核查行业分类管理名录》的通知	环办函[2008]373 号
167	关于贯彻执行国务院办公厅转发发展改革委等部门关于制止钢铁电解铝水泥行业盲目投资若干意见的紧急通知	环发[2004]12 号
168	关于加强上市公司环境保护监督管理工作的指导意见	环发[2008]24 号
169	关于进一步严格上市环保核查管理制度加强上市公司环保核查后督查工作的通知	环发[2010]78 号
170	关于开展现有钢铁生产企业环境保护核查的通知	环办[2010]128 号
171	关于禁止生产、流通、使用和进出口滴滴涕、六氯苯、氯丹及灭蚁灵的公告	公告 2009 年第 23 号
172	关于组织编制废弃电器电子产品处理发展规划（2011—2015 年）的通知	环办函[2010]1039 号
173	关于发布《进口废船环境保护管理规定（试行）》、《进口废光盘破碎料环境保护管理规定（试行）》和《进口废 PET 饮料瓶砖环境保护管理规定（试行）》的公告	公告 2010 年第 69 号
174	关于如何界定危险废物与产品意见的复函	环办函[2010]677 号
175	关于印发《洪水泥石流灾区淤泥清理环境保护相关要求》的通知	环办函[2010]877 号
176	关于《进口废物管理目录》变更部分海关商品编号和海关商品名称的公告	公告 2009 年第 78 号
177	关于在设区的市内转移危险废物有关问题的复函	环办函[2009]1338 号

序号	文 件 名 称	文 号
178	关于柠檬酸生产企业环境保护管理有关问题的通知	环办[2002]151 号
179	关于开展电解铝生产企业环境保护核查的通知	环发[2005]92 号
180	关于深入推进重点企业清洁生产的通知	环发[2010]54 号
181	关于进一步加强重点企业清洁生产审核工作的通知	环发[2008]60 号
182	关于印发重点企业清洁生产审核程序的规定的通知	环发[2005]151 号
183	关于对申请上市的企业和再融资的上市企业进行环境保护核查的通知	环发[2003]101 号
184	关于印发《重点流域水污染防治专项规划实施情况考核指标解释》的函	环办函[2010]124 号
185	关于印发《松花江流域水污染防治规划（2006—2010 年）增补项目清单》的通知	环发[2010]28 号
186	关于印发《重点流域水污染防治“十二五”规划编制工作方案》的通知	环办[2010]30 号
187	关于印发《关于加强河流污染防治工作的通知》的通知	环发[2007]201 号
188	关于印发《关于加强松花江流域水污染防治工作的通知》的通知	环发[2007]156 号
189	环境保护部 国家海洋局关于建立完善海洋环境保护沟通合作工作机制的框架协议	环发[2010]39 号
190	关于对新车（机）型排放达标申报审核工作进行调整的通知	环办函[2002]233 号
191	关于进一步加强机动车排放生产一致性检查的公告	环函[2003]64 号
192	关于委托组织对新生产机动车排放生产一致性进行检查的函	环办函[2003]481 号
193	关于重型汽车实施排污控制性能耐久性要求的公告	环函[2004]407 号
194	关于限期停止生产销售化油器类轿车及 5 座客车的通知	环发[2001]97 号
195	关于发布《关于低污染排放小汽车减征消费税实施产品检验及生产一致性审查管理办法》的通知	国经贸产业[2001]821 号
196	关于发布达到国家机动车排放标准第二阶段排放型式认证限值的新机动车型和发动机型的公告（第一批）	环发[2002]110 号
197	关于实施《农用运输车自由加速烟度排放限值及测量方法》有关要求的通知	环发[2002]114 号
198	关于对新车（机）型排放达标申报审核工作进行调整的通知	环办函[2002]233 号
199	关于改善农用运输车尾气排放和噪声污染问题的通知	国经贸产业[2002]340 号
200	关于进一步加强城市机动车污染排放监督管理的通知	环发[2003]68 号
201	关于实施《车用点燃式发动机及装用点燃式发动机汽车排气污染物排放限值及测量方法》等四项国家污染物排放标准有关要求的通知	环发[2003]33 号
202	关于达到国家机动车排放标准第三阶段排放限值的新生产机动车（机）型颁发型式核准证书的通知	环办[2007]119 号
203	关于柴油汽车实施国三排放标准意见的复函	环函[2007]519 号
204	关于 2007 年度摩托车环保生产一致性检查结果的通报	环函[2007]359 号

序号	文　件　名　称	文　号
205	哈飞汽车股份有限公司等 3 家环保一致性免检	公告 2006 年第 79 号
206	关于印发《新生产机动车排放污染申报检测机构管理办法》的通知	环发[2006]59 号
207	就摩托车（含轻便摩托车，下同）环保生产一致性监督管理的有关事项公告	公告 2005 年第 19 号
208	关于重型汽车（发动机）环保标记和耐久性要求的通知	环办函[2008]12 号
209	关于 2007 年度机动车环保生产一致性检查情况的通报	环办函[2008]68 号
210	关于开展车用汽油清净剂监督管理的公告	公告 2008 年第 8 号
211	关于实施《非道路移动机械用柴油机排气污染物排放限值及测量方法》（中国Ⅰ、Ⅱ阶段）（GB 20891—2007）公告	公告 2008 年第 9 号
212	关于广东省实施第三阶段国家机动车排放标准有关问题的复函	环办便函[2008]59 号
213	提前实施国家机动车第三阶段排放标准并在国家环保达标车型公告发布	公告 2005 年第 64 号
214	关于禁止新建生产、使用消耗臭氧层物质生产设施的通知	环发[1997]733 号
215	关于《关于禁止新建生产、使用消耗臭氧层物质生产设施的通知》的补充通知	环发[1999]147 号
216	关于严格控制新（扩）建四氯化碳生产项目的通知	环办[2003]28 号
217	关于严格控制新、扩建或改建 1,1,1-三氯乙烷和甲基溴生产项目的通知	环办[2003]60 号
218	关于禁止新建使用消耗臭氧层物质作为加工助剂生产设施的公告	环函[2004]410 号
219	关于严格控制新（扩）建项目使用四氯化碳的补充通知	环办[2006]15 号
220	关于严格控制新建、改建、扩建含氢氯氟烃生产项目的通知	环办[2008]104 号
221	关于严格控制新建使用含氢氯氟烃生产设施的通知	环办[2009]121 号
222	关于实施哈龙灭火剂生产配额许可证管理的通知	环发[1997]764 号
223	关于实施全氯氟烃产品（CFCs）生产配额许可证管理的通知	环发[1999]128 号
224	关于实施甲基溴生产许可证和配额管理的公告	环函[2004]155 号
225	关于对甲基氯仿生产实施配额许可证管理的公告	环函[2004]303 号
226	关于实施四氯化碳生产配额许可证、使用配额许可证及销售登记管理的通知	环函[2005]289 号
227	关于颁布《甲基氯仿生产配额证、使用配额证及销售登记证管理办法（试行）》的通知	环经函[2006]21 号
228	关于印发《消耗臭氧层物质进出口管理办法》的通知	环发[1999]278 号
229	关于发布《中国进出口受控消耗臭氧层物质名录（第一批）》的通知	环发[2000]10 号
230	关于禁止企业突击进口受控消耗臭氧层物质四氯化碳的紧急通告	环发[2000]48 号
231	关于印发《关于加强对消耗臭氧层物质进出口管理的规定》的通知	环发[2000]85 号
232	关于发布《中国进出口受控消耗臭氧层物质名录（第二批）》的通知	环发[2001]6 号

序号	文 件 名 称	文 号
233	关于禁止进口以 CFC-12 为空调制冷工质的汽车及以 CFC-12 为制冷工质的汽车空调压缩机有关事项的公告	环发[2001]207 号
234	关于发布《中国进出口受控消耗臭氧层物质名录（第三批）》的通知	环发[2004]25 号
235	关于禁止进出口以氯氟烃为制冷剂的工业、商业用压缩机的公告	公告 2005 年第 117 号
236	关于发布《中国进出口受控消耗臭氧层物质名录（第四批）》的通知	环发[2006]25 号
237	关于发布《中国进出口受控消耗臭氧层物质名录（第五批）》的通知	环发[2009]161 号
238	关于在气雾剂行业禁止使用氯氟化碳类物质的通告	环控[1997]366 号
239	关于中国汽车行业新车生产限期停止使用 CFC-12 汽车空调器的通知	环发[1999]267 号
240	关于禁止使用四氯化碳作为清洗剂的公告	环函[2003]69 号
241	关于禁止使用三氟三氯乙烷作为清洗剂的公告	环函[2004]449 号
242	关于禁止生产、销售以全氯氟烃为制冷剂的工商制冷用压缩机及其相关产品的公告	环函（2004）452 号
243	关于禁止生产和使用消耗臭氧层物质三氟三氯乙烷的公告	公告 2005 年第 60 号
244	关于粮食仓储行业全面停止使用甲基溴的公告	公告 2006 年第 4 号
245	关于禁止生产全氯氟烃（CFCs）的公告	公告 2007 年第 43 号
246	关于禁止生产、销售、进出口以氯氟烃（CFCs）物质为制冷剂、发泡剂的家用电器产品的公告	环函[2007]200 号
247	关于禁止使用氯氟烃（CFCs）物质作为发泡剂的公告	公告 2007 年第 45 号
248	关于烟草行业禁止使用三氯一氟甲烷（CFC-11）作为烟丝膨胀剂的公告	公告 2006 年第 2 号
249	关于禁止甲基溴在烟草行业使用的公告	公告 2008 年第 1 号
250	关于公布新化学物质登记测试机构名单的公告	公告 2009 年第 14 号
251	关于禁止生产和使用 1,1,1-三氯乙烷（TCA）的公告	公告 2009 年第 39 号
252	关于严格限制四氯化碳生产、购买和使用的公告	公告 2009 年第 68 号
253	关于发布《消耗臭氧层物质（ODS）替代品推荐目录（修订）》的公告	环函[2007]185 号
254	关于全面推行排污申报登记的通知	环控[1997]020 号
255	关于加强地方环保部门在保护臭氧层工作中监督管理职能的通知	环控[1997]115 号
256	关于使用消耗臭氧层物质申报登记数据库管理系统的通知	环控发[1997]43 号
257	关于进一步加大查处非法生产销售消耗臭氧层物质的通知	环办[2004]108 号
258	关于加强消耗臭氧层物质淘汰管理工作的通知	环发[2007]40 号
259	关于对全氯氟烃产品生产企业实行驻厂督察的实施办法	环经函[2001]58 号
260	关于印发《四氯化碳生产企业驻厂督察管理办法》的通知	环经函[2003]21 号
261	关于蒙特利尔多边基金赠款项目环境影响评价工作有关问题的通知	环监[1995]19 号
262	关于印发及试行《保护臭氧层多边基金项目实施指南（试行）》的通知	环经[1996]409 号
263	关于涉及自然保护区的开发建设项目环境管理工作有关问题的通知	环发[1999]177 号
264	关于环保系统国家级自然保护区总体规划审批工作有关问题的通知	环发[2000]93 号

序号	文件名称	文号
265	国家有机食品生产基地考核管理规定（试行）	环发[2003]65号
266	关于印发《国家级生态村创建标准（试行）》的通知	环发[2006]192号
267	关于印发《中国自然保护区区徽使用管理暂行办法》的通知	环发[2007]89号
268	关于印发《国家级生态乡镇申报及管理规定（试行）》的通知	环发[2010]75号
269	关于印发《生态县、生态市、生态省建设指标（修订稿）》的通知	环发[2007]195号
270	关于印发全国生态县、生态市创建工作考核方案的通知	环办[2005]137号
271	关于开展国家生态县、生态市考核验收工作的通知	环办[2006]28号
272	关于推进生态文明建设的指导意见	环发[2008]126号
273	关于加强土壤污染防治工作的意见	环发[2008]48号
274	关于印发国家级自然保护区规范化建设和管理导则（试行）的函	环函[2009]195号
275	关于印发《自然保护区综合科学考察规程》（试行）的通知	环函[2010]139号
276	关于进一步深化生态建设示范区工作的意见	环发[2010]16号
277	关于开展农村环境综合整治目标责任制试点工作的通知	环发[2010]34号
278	关于深化“以奖促治”工作促进农村生态文明建设的指导意见	环发[2010]59号
279	关于印发农村环境综合整治“以奖促治”项目环境成效评估办法（试行）的通知	环办[2010]136号
280	注册核安全工程师执业资格注册管理暂行办法	环发[2004]141号
281	注册核安全工程师继续教育暂行规定	环发[2005]19号
282	放射源分类办法	公告2005年第62号
283	放射源编码规则	环发[2004]118号
284	射线装置分类办法	公告2006年第26号
285	全国辐射环境监测与监察机构建设标准	环发[2007]82号
286	关于建立放射性同位素与射线装置辐射事故分级处理和报告制度的通知	环发[2006]145号
287	关于印发《环境保护部核技术利用辐射安全和防护监督检查大纲》（试行）的通知	环核函[2010]3号
288	关于印发《辐照装置卡源故障专项整治技术要求（试行）》等两个文件的通知	环办函[2010]662号
289	关于加强放射性药品辐射安全管理的通知	环办[2009]52号
290	关于加强放射性同位素与射线装置辐射安全和防护工作的通知	环发[2008]13号
291	关于明确《放射性同位素与射线装置安全许可管理办法》有关问题的通知	环函[2006]224号
292	关于印发《核技术应用项目环境影响登记表》的通知	环办[2007]13号
293	关于印发《关于γ射线探伤装置的辐射安全要求》的通知	环发[2007]8号
294	关于发布《放射性物品分类和名录》（试行）的公告	公告2010年第31号
295	关于发布《注册核安全工程师执业资格关键岗位名称》（第一批）的通知	国核安发[2010]25号

序号	文 件 名 称	文 号
296	关于加强民用核安全设备焊工焊接操作工资格管理的通知	国核安发[2010]28 号
297	关于明确民用核安全设备焊工焊接操作工若干管理要求的通知	国核安函[2010]71 号
298	关于进一步规范核电厂操纵人员岗位管理的通知	国核安发[2010]86 号
299	关于印发《民用核安全设备焊工焊接操作工资格管理工作会议纪要》的通知	国核安函[2010]148 号
300	关于印发《高温气冷堆核电站示范工程安全审评原则》（试行）的通知	国核安函[2008]84 号
301	关于印发《第二代改进型核电项目核安全审评原则》的通知	国核安函[2007]28 号
302	关于公布《民用核安全设备目录（第一批）》的通知	国核安发[2007]168 号
303	关于加强核电厂主变压器监督管理的通知	国核安函[2010]86 号
304	关于进一步加强商用核电厂建造阶段核安全管理的通知	国核安发[2010]11 号
305	关于印发《民用核安全电气设备 1E 级电缆设计制造单位资格条件》（试行）的通知	国核安发[2009]135 号
306	关于执行《民用核安全设备监督管理条例》及其配套规章有关要求的通知	国核安函[2008]89 号
307	民用核设施安全监督管理条例实施细则之一——核电厂安全许可证件的申请和颁发	HAF001/01—1993
308	民用核设施安全监督管理条例实施细则之一附件一——核电厂操纵人员执照颁发和管理程序	HAF001/01/01—1993
309	民用核设施安全监督管理条例实施细则之二——核设施的安全监督	HAF001/02—1995
310	民用核设施安全监督管理条例实施细则之二附件一——核电厂营运单位报告制度	HAF001/02/01—1995
311	民用核设施安全监督管理条例实施细则之二附件二——研究堆营运单位报告制度	HAF001/02/02—1995
312	民用核设施安全监督管理条例实施细则之二附件三——核燃料循环设施的报告制度	HAF001/02/03—1995
313	民用核设施安全监督管理条例实施细则之三——研究堆安全许可证的申请和颁发	HAF001/03—2006
314	核电厂核事故应急管理条例实施细则之一——核电厂营运单位应急准备和应急响应	HAF002/01—1998
315	核电厂质量保证安全规定	HAF003—1991
316	核电厂厂址选择安全规定	HAF101—1991
317	核动力厂设计安全规定	HAF102—2004
318	核动力厂运行安全规定	HAF103—2004
319	核电厂运行安全规定附件一——核电厂换料、修改和事故停堆管理	HAF103/01—1994
320	研究堆设计安全规定	HAF201—1995
321	研究堆运行安全规定	HAF202—1995

序号	文 件 名 称	文 号
322	民用核燃料循环设施的安全规定	HAF301—1993
323	放射性废物安全监督管理规定	HAF401—1997
324	核材料管制条例实施细则	HAF501/01—1990
325	关于环保部门可以申请人民法院强制执行责令改正决定的复函	环函[2010]214 号
326	关于加强重点污染源自动监控能力建设工作的函	环监函[2010]8 号
327	关于对北京市机动车尾气执法人员办理环境监察执法证件有关问题的复函	环监函[2010]6 号
328	关于印发《畜禽养殖场（小区）环境监察工作指南》（试行）的通知	环办[2010]84 号
329	关于实行差别排污收费政策 提高落后产能和重金属排放企业排污费征收标准的函	环函[2010]161 号
330	关于印发《电解金属锰企业环境监察工作指南》的通知	环办[2010]79 号
331	关于印发《环境行政处罚主要文书制作指南》的通知	环办[2010]51 号
332	关于进一步规范环保不达标生产企业名单定期公布制度的通知	环办[2010]44 号
333	关于加强国控重点污染源自动监控能力建设项目验收、联网和运行管理工作的通知	环发[2010]38 号
334	关于城市生活垃圾处理设施渗滤液超标排放行为行政处罚适用意见的复函	环函[2010]96 号
335	关于停止征收水污染物超标排污费问题的复函	环函[2008]287 号
336	关于加强环境监察政务信息工作的通知	环监发[2009]45 号
337	关于开展排污费征收全程信息化管理试点工作的通知	环办[2009]141 号
338	关于加强中央财政主要污染物减排专项资金环境监察执法标准化建设项目执法装备使用管理工作的通知	环办[2009]139 号
339	关于“十五小”征收排污费及行政处罚有关问题的复函	环函[2009]285 号
340	关于印发《环境监察通知书管理办法》的通知	环监发[2009]43 号
341	关于印发《环境行政处罚案件办理程序暂行规定》的通知	环监发[2009]42 号
342	关于印发《环境违法案件挂牌督办管理办法》的通知	环办[2009]117 号
343	关于印发有关规范行使环境行政处罚自由裁量权文件的通知	环办[2009]107 号
344	关于排污申报与排污收费工作涉密有关问题的复函	环函[2009]170 号
345	关于加强国控重点污染源自动监控能力建设项目联网运行管理的通知	环办[2009]79 号
346	关于焦炭生产企业环境监管及排污收费有关问题的复函	环函[2009]122 号
347	关于国控重点污染源自动监控能力建设项目检查考核工作的通知	环函[2009]32 号
348	关于加强国家重点监控企业排污申报工作的通知	环办[2009]17 号
349	关于排污费征收稽查中排污量核定告知等问题的复函	环函[2009]15 号
350	关于换发环境监察执法证的通知	环办函[2008]906 号
351	关于向无照经营者征收排污费有关问题的复函	环函[2008]286 号
352	关于矿山企业排污收费有关问题的复函	环函[2008]246 号

序号	文 件 名 称	文 号
353	关于预防与处置跨省界水污染纠纷的指导意见	环发[2008]64 号
354	关于转发全国人大法工委《对违法排污行为适用行政拘留处罚问题的意见》的通知	环发[2008]62 号
355	关于征收污水废气排污费有关问题的复函	环函[2008]48 号
356	关于规范向中国人民银行征信系统提供企业环境违法信息工作的通知	环办[2008]33 号
357	关于统一排污费征收稽查常用法律文书格式的通知	环办[2008]19 号
358	关于印发《矿山生态环境监察工作规范（试行）》的通知	环发[2007]131 号
359	关于钢铁及焦炭生产企业污染物排放量核定问题的复函	环函 [2007]451 号
360	关于核定采碎石场排污量有关问题的复函	环函[2007]432 号
361	关于印发《环境监察工作年度考核办法》（试行）的通知	环发[2007]160 号
362	关于河北省城市施工工地扬尘排放量计算方法的复函	环办函[2007]731 号
363	关于公立医疗机构征收排污费有关问题的复函	环函[2007]304 号
364	关于采砂（石）船征收排污收费有关问题的复函	环函[2007]303 号
365	关于城市污水集中处理设施进水执行标准有关问题的复函	环函[2006]430 号
366	关于中专院校征收排污费有关问题的复函	环函[2006]258 号
367	关于征收污水排污费有关问题的复函	环函[2006]256 号
368	关于确定工业区等集中污水处理设施性质的复函	环函[2006]144 号
369	关于界定城市污水集中处理设施的复函	环函[2006]125 号
370	关于规范环境监察机构名称问题的复函	环函[2006]19 号
371	关于排污申报范围适用法律等问题的复函	环函[2005]459 号
372	关于征收噪声超标排污费有关问题的复函	环函[2005]446 号
373	关于采掘废石等征收排污费问题的复函	环监发[2005]35 号
374	关于对污染物排放单位安装自动监控设备有关问题的复函	环函[2005]413 号
375	关于切实加强排污费征收管理，严格执行“收支两条线”规定的通知	环发[2005]94 号
376	关于北京市施工工地扬尘排放量计算方法的复函	环函[2005]309 号
377	关于建筑工地执行噪声排放标准征收噪声超标排污费有关问题的函	环函[2005]308 号
378	关于排污费征收中污染当量值计算问题的复函	环函[2005]287 号
379	关于排污费性质等有关问题的复函	环函[2005]246 号
380	关于建设项目建设过程中排污申报及排污费征收问题的复函	环函[2005]243 号
381	关于煤矿企业排污收费有关问题的复函	环函[2005]128 号
382	关于城市污水处理厂执行排放标准问题的复函	环函[2005]127 号
383	关于排放污染物的行政机关应否缴纳排污费的复函	环函[2004]342 号
384	关于露天煤矿产生粉尘征收排污费有关问题的复函	环函[2004]483 号
385	关于加强排污申报与核定工作的通知	环办[2004]97 号
386	关于进一步加大查处非法生产销售消耗臭氧层物质的通知	环办[2004]108 号
387	关于核定煤粉二次扬尘排污量问题的复函	环函[2004]338 号

序号	文 件 名 称	文 号
388	关于各级环境监察部门受委托征收排污费有关问题的复函	环函[2004]259 号
389	关于对排污收费有关问题的复函	环函[2004]108 号
390	关于污水用于草坪绿化有关问题的复函	环函[2004]107 号
391	关于加强实验室类污染环境监管的通知	环办[2004]15 号
392	关于排污费征收权限的复函	环函[2004]44 号
393	关于确认燃煤二氧化硫排污量物料衡算方法的复函	环函[2004]4 号
394	关于分期建设的项目排污费核定问题的复函	环函[2003]377 号
395	关于燃煤电厂大气污染物排放核定问题的复函	环函[2003]376 号
396	关于行政执法过程中采样频率问题的复函	环函[2003]358 号
397	关于核定排污量问题的复函	环函[2003]344 号
398	关于排污费征收核定有关问题的通知	环发[2003]187 号
399	关于印发排放口标志牌技术规格的通知	环办[2003]95 号
400	关于加强环境保护重点案件的督办和移送工作的通知	环办[2003]64 号
401	关于制作“环境监察标准化建设达标单位”标牌的批复	环办函[2003]514 号
402	关于排污费核定权限的复函	环函[2003]220 号
403	关于实施环境监察人员六不准的通知	环办[2003]44 号
404	关于机动车排污收费有关问题的复函	环函[2003]107 号
405	关于排污费征收核定有关工作的通知	环发[2003]64 号
406	关于下岗人员个体经营户缴纳排污费问题的复函	环函[2003]62 号
407	关于对隧道污染防治监督管理问题的复函	环函[1999]433 号
408	关于排污收费执法依据有关问题的复函	环函[1999]429 号
409	关于环境行政执法证件问题的复函	环函[1999]428 号
410	关于排放口规范化整治工作有关问题的通知	环监发[1999]43 号
411	关于加强对自然生态保护进行环境监理的通知	环发[1999]106 号
412	关于对事业单位征收超标噪声排污费问题的复函	环函[1999]283 号
413	关于进一步加强环境监理工作若干意见的通知	环发[1999]141 号
414	环境监理政务公开制度	环发[1999]15 号
415	关于印发《全国环境监察业务用房标准化建设标准》和《环境监察标准化建设达标验收暂行办法的补充规定》的通知	环办[2009]144 号
416	关于印发《环境监察车辆配备管理办法》的通知	环办函[2007]876 号
417	关于印发《全国环境监察标准化建设标准》和《环境监察标准化建设达标验收暂行办法》的通知	环发[2006]185 号
418	关于印发《环境监理工作制度（试行）》和《环境监理工作程序（试行）》的通知	环监[1996]888 号
419	环境监理报告制度（试行）	环发[1997]824 号
420	关于加强环境执法后督察工作的通知	环办[2007]104 号

序号	文 件 名 称	文 号
421	关于印发《主要污染物总量减排监察系数核算办法（试行）》的通知	环发[2007]194 号
422	关于印发《2008 年中央财政主要污染物减排专项资金项目（环境监察执法标准化建设）应急指挥车通信系统建设的指导意见》的通知	环办函[2009]1125 号
423	关于印发《环境监察执法标准化建设项目车载应急防护设备配置的指导意见》的通知	环办函[2009]672 号
424	关于进一步加强湘黔渝“锰三角”地区环境安全隐患排查和污染防控工作的通知	环办函[2010]423 号
425	关于开展畜禽养殖业专项环境执法检查工作的通知	环办[2010]56 号
426	关于进一步做好国控重点污染源自动监控能力建设项目实施工作的通知	环发[2008]25 号
427	关于国控重点污染源自动监控能力建设项目验收有关问题的通知	环办函[2010]865 号
428	关于填报国家重点监控企业排污费征收情况的通知	环办函[2010]706 号
429	关于统一规范环境监察机构名称的通知	环发[2002]706 号
430	关于深化企业环境监督员制度试点工作的通知	环发[2008]89 号
431	关于印发《环境保护行政主管部门突发环境事件信息报告办法（试行）》的通知	环发[2006]50 号
432	关于加强突发环境事件应急管理工作的通知	环办[2006]104 号
433	关于印发《环保总局突发环境事件应急工作暂行办法》的通知	环发[2006]205 号
434	关于发布《危险废物经营单位编制应急预案指南》的公告	公告 2007 年第 48 号
435	关于印发《010-12369 环保热线系统举报件调查处理情况填报规范（试行）》的通知	环办[2009]101 号
436	关于直报突发环境污染事件首次应急监测数据的通知	环办[2009]120 号
437	关于加强环境应急管理工作的意见	环发[2009]130 号
438	关于建立健全环境保护和安全监管部门应急联动工作机制的通知	环办[2010]5 号
439	关于印发《石油化工企业环境应急预案编制指南》的通知	环办[2010]10 号
440	关于开展全国重点行业企业环境风险及化学品检查工作的通知	环办[2010]13 号
441	关于印发《环境保护部环境应急专家管理办法》的通知	环办[2010]105 号
442	关于印发《环境保护部落实〈加强环境应急管理工作的意见〉部门分工任务分解表》的通知	环办函[2010]431 号
443	关于印发《突发环境事件应急预案管理暂行办法》的通知	环发[2010]113 号
444	关于印发《尾矿库环境应急管理工作指南（试行）》的通知	环办[2010]138 号

关于公布现行有效的国家环保部门规章目录的公告

中华人民共和国环境保护部公告 2010年第96号

根据《国务院办公厅关于做好规章清理工作有关问题的通知》（国办发[2010]28号），我部对2008年3月环境保护部成立以来以及原国家环境保护总局、原国家环境保护局、原城乡建设环境保护部先后发布的部门规章进行了清理。现将现行有效的国家环保部门规章目录予以公布。

特此公告。

附件：现行有效的国家环保部门规章目录

二〇一〇年十二月二十一日

附件：

现行有效的国家环保部门规章目录

（含：城乡建设环境保护部规章2件，国家环境保护局规章13件，国家环境保护总局规章37件，环境保护部规章10件，总计62件）

序号	规章名称	制定机关	文号
1	全国环境监测管理条例	城乡建设环境保护部	城环字[1983]483号
2	城市放射性废物管理办法	国家环境保护局	（87）环放字第239号
3	饮用水水源保护区污染防治管理规定	国家环境保护局、卫生部、建设部、水利部、地矿部	（89）环管字第201号
4	汽车排气污染监督管理办法	国家环境保护局、公安部、国家进出口商品检验局、中国人民解放军总后勤部、交通部、中国汽车工业总公司	（90）环管字第359号
5	防止多氯联苯电力装置及其废物污染环境的规定	国家环境保护局、能源部	（91）环管字第050号
6	环境监理工作暂行办法	国家环境保护局	（91）环监字第338号

序号	规章名称	制定机关	文号
7	国家环境保护局环境保护科学技术研究成果管理办法	国家环境保护局	国家环境保护局令第 7 号
8	环境监理执法标志管理办法	国家环境保护局	国家环境保护局令第 9 号
9	防治尾矿污染环境管理规定	国家环境保护局	国家环境保护局令第 11 号
10	化学品首次进口及有毒化学品进出口环境管理规定	国家环境保护局	环管[1994]140 号
11	环境保护档案管理办法	国家环境保护局	国家环境保护局令第 13 号
12	环境监理人员行为规范	国家环境保护局	国家环境保护局令第 16 号
13	废物进口环境保护管理暂行规定	国家环境保护局、对外贸易经济合作部、海关总署、国家工商局和国家商检局	环控[1996]204 号
14	关于废物进口环境保护管理暂行规定的补充规定	国家环境保护局、对外贸易经济合作部、海关总署、国家工商局、国家商检局	环控[1996]629 号
15	电磁辐射环境保护管理办法	国家环境保护局	国家环境保护局令第 18 号
16	环境保护法规解释管理办法	国家环境保护总局	国家环境保护总局令第 1 号
17	环境标准管理办法	国家环境保护总局	国家环境保护总局令第 3 号
18	秸秆禁烧和综合利用管理办法	国家环境保护总局、农业部、财政部、铁道部、交通部、中国民航总局	环发[1999]98 号
19	危险废物转移联单管理办法	国家环境保护总局	国家环境保护总局令第 5 号
20	污染源监测管理办法	国家环境保护总局	环发[1999]246 号
21	消耗臭氧层物质进出口管理办法	国家环境保护总局、对外贸易经济合作部和海关总署	环发[1999]278 号
22	近岸海域环境功能区管理办法	国家环境保护总局	国家环境保护总局令第 8 号
23	关于加强对消耗臭氧层物质进出口管理的规定	国家环境保护总局	环发[2000]85 号
24	畜禽养殖污染防治管理办法	国家环境保护总局	国家环境保护总局令第 9 号
25	淮河和太湖流域排放重点水污染物许可证管理办法（试行）	国家环境保护总局	国家环境保护总局令第 11 号
26	建设项目竣工环境保护验收管理办法	国家环境保护总局	国家环境保护总局令第 13 号
27	环境影响评价审查专家库管理办法	国家环境保护总局	国家环境保护总局令第 16 号
28	专项规划环境影响报告书审查办法	国家环境保护总局	国家环境保护总局令第 18 号
29	全国环保系统六条禁令	国家环境保护总局	国家环境保护总局令第 20 号

序号	规 章 名 称	制 定 机 关	文 号
30	医疗废物管理行政处罚办法	卫生部、国家环境保护总局	卫生部、国家环境保护总局令第21号
31	环境保护行政许可听证暂行办法	国家环境保护总局	国家环境保护总局令第22号
32	环境污染治理设施运营资质许可管理办法	国家环境保护总局	国家环境保护总局令第23号
33	环境保护法规制定程序办法	国家环境保护总局	国家环境保护总局令第25号
34	建设项目环境影响评价资质管理办法	国家环境保护总局	国家环境保护总局令第26号
35	废弃危险化学品污染环境防治办法	国家环境保护总局	国家环境保护总局令第27号
36	污染源自动监控管理办法	国家环境保护总局	国家环境保护总局令第28号
37	国家环境保护总局建设项目环境影响评价文件审批程序规定	国家环境保护总局	国家环境保护总局令第29号
38	建设项目环境影响评价行为准则与廉政规定	国家环境保护总局	国家环境保护总局令第30号
39	放射性同位素与射线装置安全许可管理办法	国家环境保护总局	国家环境保护总局令第31号
40	病原微生物实验室生物安全环境管理办法	国家环境保护总局	国家环境保护总局令第32号
41	环境信访办法	国家环境保护总局	国家环境保护总局令第34号
42	环境信息公开办法（试行）	国家环境保护总局	国家环境保护总局令第35号
43	国家级自然保护区监督检查办法	国家环境保护总局	国家环境保护总局令第36号
44	环境统计管理办法	国家环境保护总局	国家环境保护总局令第37号
45	环境监测管理办法	国家环境保护总局	国家环境保护总局令第39号
46	电子废物污染环境防治管理办法	国家环境保护总局	国家环境保护总局令第40号
47	排污费征收工作稽查办法	国家环境保护总局	国家环境保护总局令第42号
48	民用核安全设备设计制造安装和无损检验监督管理规定（HAF601）	国家环境保护总局	国家环境保护总局令第43号
49	民用核安全设备无损检验人员资格管理规定（HAF602）	国家环境保护总局	国家环境保护总局、国防科工委令第44号
50	民用核安全设备焊工焊接操作工资格管理规定（HAF603）	国家环境保护总局	国家环境保护总局令第45号
51	进口民用核安全设备监督管理规定（HAF604）	国家环境保护总局	国家环境保护总局令第46号

序号	规 章 名 称	制 定 机 关	文 号
52	危险废物出口核准管理办法	国家环境保护总局	国家环境保护总局令第 47 号
53	国家危险废物名录	环境保护部、国家发展改革委	环境保护部、发展改革委令第 1 号
54	建设项目环境影响评价分类管理名录	环境保护部	环境保护部令第 2 号
55	环境行政复议办法	环境保护部	环境保护部令第 4 号
56	建设项目环境影响评价文件分级审批规定	环境保护部	环境保护部令第 5 号
57	限期治理管理办法（试行）	环境保护部	环境保护部令第 6 号
58	新化学物质环境管理办法	环境保护部	环境保护部令第 7 号
59	环境行政处罚办法	环境保护部	环境保护部令第 8 号
60	地方环境质量标准和污染物排放标准备案管理办法	环境保护部	环境保护部令第 9 号
61	进出口环保用微生物菌剂环境安全管理办法	环境保护部	环境保护部令第 10 号
62	放射性物品运输安全许可管理办法	环境保护部	环境保护部令第 11 号

关于发布钢铁行业炼钢、轧钢、焦化三个工艺污染防治最佳可行技术指南（试行）的公告

中华人民共和国环境保护部公告 2010年第93号

为贯彻执行《中华人民共和国环境保护法》等法律法规，加快建设环境技术管理体系，推动钢铁行业污染防治技术进步，增强环境管理决策的科学性，引导环保产业发展，我部组织制订了《钢铁行业焦化工艺污染防治最佳可行技术指南（试行）》、《钢铁行业炼钢工艺污染防治最佳可行技术指南（试行）》、《钢铁行业轧钢工艺污染防治最佳可行技术指南（试行）》。现予以发布，请参照执行。

附件：1. 钢铁行业焦化工艺污染防治最佳可行技术指南（试行）
2. 钢铁行业炼钢工艺污染防治最佳可行技术指南（试行）
3. 钢铁行业轧钢工艺污染防治最佳可行技术指南（试行）

二〇一〇年十二月十七日

附件1：

钢铁行业焦化工艺污染防治最佳可行技术指南（试行）

前　言

为贯彻执行《中华人民共和国环境保护法》，加快建立环境技术管理体系，确保环境管理目标的技术可达性，增强环境管理决策的科学性，提供环境管理政策制定和实施的技术依据，引导污染防治技术进步和环保产业发展，根据《国家环境技术管理体系建设规划》，环境保护部组织制定污染防治技术政策、污染防治最佳可行技术指南、环境工程技术规范等技术指导文件。

本指南可作为钢铁行业焦化工艺生产项目环境影响评价、工程设计、工程验收以及运营管理等环节的技术依据，是供各级环境保护部门、规划和设计单位以及用户使用的指导性技术文件。

本指南为首次发布，将根据环境管理要求及技术发展情况适时修订。

本指南由环境保护部科技标准司提出。

本指南起草单位：中冶建筑研究总院有限公司、北京市环境保护科学研究院、中钢集团天澄环保科技股份有限公司。

本指南由环境保护部解释。

1 总则

1.1 适用范围

本指南适用于具有焦化工艺的钢铁生产企业，其他具有相近工艺的企业可参照执行。

1.2 术语和定义

1.2.1 最佳可行技术

是针对生产、生活过程中产生的各种环境问题，为减少污染物排放，从整体上实现高水平环境保护所采用的与某一时期技术、经济发展水平和环境管理要求相适应、在公共基础设施和工业部门得到应用、适用于不同应用条件的一项或多项先进、可行的污染防治工艺和技术。

1.2.2 最佳环境管理实践

是指运用行政、经济、技术等手段，为减少生产、生活活动对环境造成的潜在污染和危害，确保实现最佳污染防治效果，从整体上达到高水平环境保护所采用的管理活动。

1.2.3 大型焦炉

是指炭化室高度 6 m 及以上、容积 38.5 m^3 及以上的顶装焦炉和炭化室高度 5.5 m 及以上、捣固煤饼体积 35 m^3 及以上的捣固焦炉。

2 生产工艺及污染物排放

2.1 生产工艺及产污环节

钢铁行业焦化工艺是指将配比好的煤粉碎为合格煤粒，装入焦炉炭化室高温干馏生成焦炭，再经熄焦、筛焦得到合格冶金焦，并对荒煤气进行净化的生产过程。

焦化工艺过程由备煤、炼焦、化产（煤气净化及化学产品回收）三部分组成，所用的原料、辅料和燃料包括煤、化学品（洗油、脱硫剂、硫酸和碱）和煤气。

焦化工艺所用的焦炉主要有顶装焦炉、捣固焦炉和直立式炭化炉。钢铁行业炼焦主要采用顶装焦炉和捣固焦炉，其中顶装焦炉占实际生产焦炉数量的90%以上。

焦化工艺生产流程及产污环节见图 1。

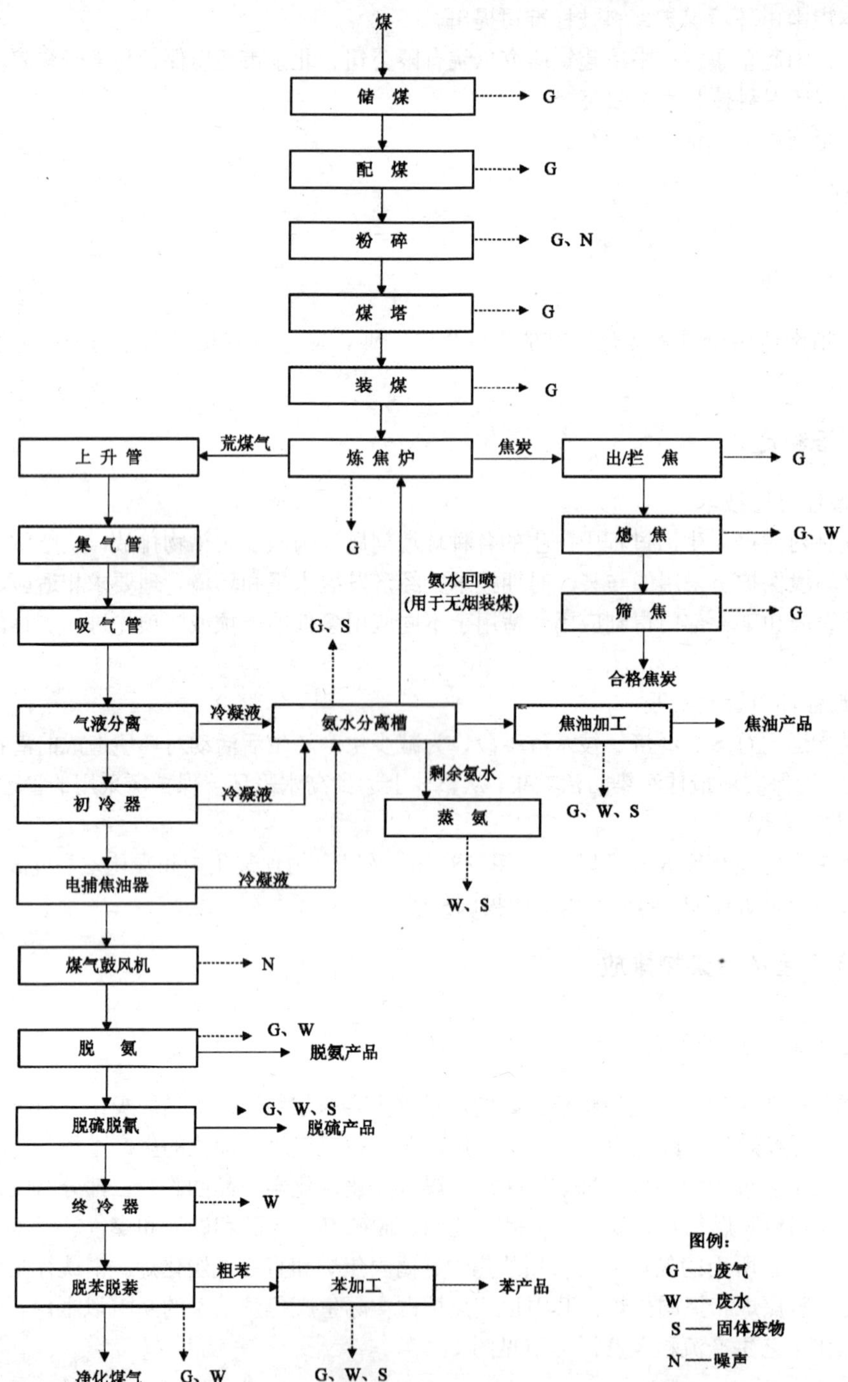

图 1 焦化工艺流程及产污环节

2.2 污染物排放

焦化工艺产生的污染包括大气污染、水污染、固体废物污染和噪声污染，其中大气污染（颗粒物）和水污染是主要环境问题。

2.2.1 大气污染

焦化工艺产生的大气污染物中含有颗粒物和多种无机、有机污染物。颗粒物主要为煤尘和焦尘，无机类污染物包括硫化氢、氰化氢、氨、二氧化碳等，有机类污染物包括苯类、酚类、多环和杂环芳烃等，多属有毒有害物质，特别是以苯并[*a*]芘为代表的多环芳烃大多是致癌物质，会对环境和人体健康造成影响。

焦化工艺主要大气污染物及来源见表 1。

表 1　焦化工艺主要大气污染物及来源

工序	产污节点	主要污染物	源型
备煤工序	精煤堆存、装卸	颗粒物	面源
	精煤破碎、转运	颗粒物	点源
装煤工序	装煤孔、上升管、装煤风机放散管等处逸散	颗粒物、PAH、BSO、H_2S、HCN、CO、C_mH_n	点源
炼焦工序	焦炉本体的装煤孔盖、炉门、上升管盖、炉墙等处泄漏	颗粒物、PAH、BSO、SO_2、H_2S、NH_3、CO	体源
	焦炉燃烧废气	颗粒物、SO_2、NO_x	点源
推焦运焦工序	炉门、推焦车、拦焦车、熄焦车、上升管、推焦风机放散管等处逸散	颗粒物、SO_2、PAH、H_2S、HCN	点源
熄焦工序	湿法熄焦：熄焦塔	颗粒物、PAH、酚、HCN、NH_3、H_2S	点源
	干法熄焦：干熄焦槽顶、排焦口、风机放散管	颗粒物、SO_2	点源
筛贮焦工序	焦炭筛分破碎	颗粒物	点源
	焦炭贮存、小品种焦炭装车	颗粒物	面源
煤气净化工序	煤气冷却装置各种槽类设备的放散管	PAH、NH_3、H_2S	点源
	粗苯蒸馏装置各种油槽分离器的放散管	PAH、NH_3、H_2S、C_mH_n等	点源
	精苯加工及焦油加工	苯、C_mH_n、H_2S等	点源
	脱硫再生塔	H_2S	点源
	蒸氨系统	NH_3、酚、吡啶盐基	点源
	硫铵干燥系统	颗粒物、NH_3、酚	点源
	管式加热炉	颗粒物、SO_2、NO_x	点源

2.2.2 水污染

焦化废水成分复杂，污染物浓度高，难降解，含有数十种无机和有机污染物，其中无机污染物主要是氨盐、硫氰化物、硫化物、氰化物等；有机污染物除酚类外，还有单环及多环的芳香族化合物、杂环化合物等。

焦化废水主要由以下几类废水组成：

剩余氨水：在炼焦过程中，炼焦煤含有的物理水和解析出的化合水随荒煤气从焦炉引出，经初冷凝器冷却形成冷凝水，称为剩余氨水。剩余氨水经蒸氨工序脱除部分氨后，形成焦化废水。该类废水含有高浓度的氨、酚、氰、硫化物及石油类污染物。

煤气终冷水、蒸汽冷凝分离水：包括煤气终冷的直接冷却水、粗苯和精苯加工的直接蒸汽冷凝分离水。这类废水均含有一定浓度的酚、氰和硫化物，水量不大，但成分复杂。

其他废水：各种槽、釜定期排放的分离水、湿熄焦废水、焦炉上升管水封盖排水、煤气管道水封槽排水及管道冷凝水、洗涤水、车间地坪或设备清洗水等，这些废水多为间断性排水，含酚、氰等污染物。

以上废水全部汇入焦化废水处理站，集中处理后全部回用。

2.2.3 固体废物污染

焦化工艺产生多种固态、半固态及流态的固体废物，主要有焦油渣、酸焦油、洗油再生器残渣、黑萘、吹苯残渣及残液、黄血盐残铁渣、酚和精制残渣、脱硫残渣等，其中焦油渣和各类化产残渣属于危险废物。

2.2.4 噪声污染

焦化工艺中产生的噪声分为机械噪声和空气动力性噪声，主要噪声源包括煤粉碎机、除尘风机、鼓风机、通风机组、干熄焦循环风机和干熄焦锅炉的放散阀等。在采取控制措施前，安全阀排气装置间歇噪声达到 120 dB（A），其他噪声源强通常为 85～110dB（A）。

3 焦化工艺污染防治技术

3.1 工艺过程污染预防技术

3.1.1 储配煤工序污染预防技术

3.1.1.1 大型筒仓贮煤技术

大型筒仓贮煤技术是以大型筒仓封闭贮存煤炭的方式控制煤堆扬尘，筒仓内设有喷水装置，洒水抑尘并防止煤自燃。

该技术可消除露天贮存煤堆风扬尘，减少装卸作业扬尘。

该技术适用于焦化工艺贮煤工序。

3.1.1.2 风动选择粉碎技术

风动选择粉碎技术是用沸腾床风选器对炼焦用煤进行气力分级预处理，从流化床上层分离出成品煤直接装炉；从下层分离出密度大、颗粒大的煤经粉碎后装炉。

该技术可提高焦炉弱黏结性煤的用量和装炉煤堆比重，相同产量下可减少炼焦炉数和废气排放量。

该技术适用于焦煤资源不丰富地区的焦化工艺配煤工序。

3.1.1.3 入炉煤调湿技术（CMC）

入炉煤调湿技术是通过加热干燥，将入炉煤料水分控制在适宜水平。目前主要有导热油煤调湿工艺、烟道气煤调湿工艺、蒸汽煤调湿工艺。

该技术可分别减少剩余氨水、蒸氨用蒸汽及焦炉加热用煤气量约30%；但调湿后的煤在输送、装煤过程中的扬尘量增大，需采取加大除尘系统风量、进行密闭等措施。

该技术适用于焦化工艺配煤工序。

3.1.1.4 气流分级分离调湿技术

气流分级分离调湿技术是集风选破碎和煤调湿于一体的技术。

该技术可增加焦炉弱黏结性煤用量，减少煤料水分，提高装炉煤堆比重，减少废气和废水排放。

该技术适用于焦煤资源不丰富地区的焦化工艺配煤工序。

3.1.1.5 配型煤炼焦技术

配型煤炼焦技术是将部分煤在装焦炉前配入黏结剂压成型块，然后与散状煤按比例混合后装炉。

该技术在不降低焦炭强度的情况下，通过多配低灰、低硫弱黏煤的方式降低焦炭的灰分和硫分，减少二氧化硫和粉尘的排放。

该技术适用于焦煤资源不丰富地区的焦化工艺配煤工序。

3.1.2 炼焦工序污染预防技术

3.1.2.1 大型焦炉炼焦技术

大型焦炉炼焦技术是利用炭化室高度6m及以上、容积38.5m^{3}及以上顶装焦炉的炼焦技术。

该技术可单独调节加热温度和升温速度，使整个焦饼温度更趋均匀，保证焦炭质量，装煤密度提高约10%。由于炭化室容积大，炉孔数减少，排放源减少，污染物泄漏和排放量也相应减少；同时高质量冶金焦配合大高炉炼铁可减少工序能耗，并满足高质量铁水生产的要求。

该技术适用于焦化工艺炼焦工序。

3.1.2.2 捣固炼焦技术

捣固炼焦技术是在装煤推焦车的煤箱内用捣固机将已配好的煤捣实后，从焦炉机侧推入炭化室内进行高温干馏的炼焦技术。目前多采用多锤连续捣固技术。

采用该技术，可配入较多的高挥发分煤及弱黏结性煤，煤饼的堆积密度提高；相同生产规模下，可减少炭化室孔数或容积，减少出焦次数，改善操作环境，减少废气无组织排放。

该技术适用于焦煤资源不丰富地区的焦化工艺炼焦工序。

3.1.3 熄焦工序污染预防技术

3.1.3.1 干法熄焦技术

干法熄焦技术是利用惰性气体将焦炭冷却，并回收焦炭显热。

该技术可节约用水，减少湿法熄焦过程中排放的含酚、氢氰酸、硫化氢、氨气的废气和废水；可回收约80%的红焦显热生产蒸汽，间接减少燃煤废气排放。

该技术适用于焦化工艺原有湿熄焦改造和新建焦炉配套熄焦。

3.1.3.2 低水分熄焦技术

低水分熄焦技术是在专门设计的熄焦车内通过喷嘴、凹槽或孔口喷水，水流迅速通过焦炭层将焦炭冷却。残余的水通过底板快速流出熄焦车，在熄焦系统内循环使用。

该技术配套用于高炭化室焦炉熄焦，可一次处理单炭化室产出的全部焦炭；与常规湿法熄焦技术相比，可减少20%～40%耗水量，但投资略高；与干熄焦技术相比，投资低，但会产生废气和废水。

该技术适用于焦化工艺原有的熄焦塔改造，并作为干熄焦备用熄焦技术。

3.1.3.3 常规湿法熄焦技术

常规湿法熄焦技术是直接通过熄焦塔顶喷洒水将焦炭冷却，熄焦废水在系统内循环使用。

该技术工艺简单、投资省、占地小，但耗水量大，红焦显热没有利用，不利于节能，目前国内钢铁生产企业新建和技改焦炉仅将其用作备用熄焦技术。

3.1.4 煤气净化工序污染预防技术

3.1.4.1 真空碳酸盐法焦炉煤气脱硫脱氰技术

真空碳酸盐法焦炉煤气脱硫脱氰技术是以碳酸钠或碳酸钾溶液为碱源，脱除煤气中的氢氰酸、硫化氢，然后将反应后的溶液送到再生塔内解析出氢氰酸、硫化氢等酸性气体。碳酸盐溶液循环利用，酸性气体可生产硫黄或硫酸产品。

该技术脱硫脱氰效果较好，工艺流程简单，投资较低，硫产品质量好，产生废液少；但由于脱硫装置位于煤气净化末端，煤气净化系统前段设备和管道要耐腐蚀。

该技术适用于焦化工艺大型焦炉煤气净化工序。

3.1.4.2 萨尔费班法焦炉煤气脱硫脱氰技术

萨尔费班法焦炉煤气脱硫脱氰技术是以单乙醇胺水溶液为碱源脱除煤气中的氢氰酸和硫化氢。

该技术脱硫脱氰效率较高，不需要催化剂，脱硫液不需氧化再生，无副产物；但单乙醇胺价格高、消耗量大，工艺控制复杂，脱硫成本比较高。

该技术适用于焦化工艺大型焦炉煤气净化工序。

3.1.4.3 HPF法焦炉煤气脱硫脱氰技术

HPF法焦炉煤气脱硫脱氰技术是以煤气中的氨为碱源，以HPF（对苯二酚、酞氰化合物及硫酸亚铁）为复合催化剂脱除煤气中的氢氰酸和硫化氢的湿式液相催化氧化脱硫脱氰技术。

该技术脱硫脱氰效率高，投资和运行费用低；但处理煤气量较小，硫黄产品质量低，熔硫操作环境差，产生脱硫废液且处理难度大。

该技术适用于焦化工艺煤气净化工序，大型焦炉需多套设备并联使用。

3.2 大气污染治理技术

焦化生产大气污染治理技术主要针对颗粒物，吸附在颗粒物上的多环芳烃等有害污染物可随颗粒物一并脱除。

3.2.1 挡风抑尘网技术

挡风抑尘网技术是通过大幅度降低风速减少露天堆放煤炭产生的煤尘。

该技术适用于焦化工艺储煤工序。

3.2.2 大型地面站干式净化除尘技术

大型地面站干式净化除尘技术是在地面设立大型除尘一体化装置，在各工序产尘点设集气罩，将废气通过集尘管送入地面站，采用大型脉冲袋式除尘器净化。

该技术运行可靠、稳定，除尘效果好；但对制造、安装、运行和维护要求较高。

该技术适用于大型钢铁企业焦化工艺装煤、出焦、干熄焦、筛贮焦等工序。

3.2.3 夏尔客侧吸管集气技术

夏尔客侧吸管集气技术是指装煤时装煤车伸缩筒与装煤孔气密相连，集气系统在装煤口上安装射流增压侧吸管，将炉体内溢出的荒煤气导入相邻的处于成焦后期的炭化室，装煤过程中无废气外排。

该技术净化效率高、不造成二次污染，具有结构简单、不用建地面站、投资低、运行费用低、集气与装煤联锁等特点；但装煤设备投资高。

3.2.4 除雾+折流格子挡板除尘技术

除雾+折流格子挡板除尘技术是通过在熄焦塔或熄焦车顶部设置捕雾装置（除雾器）和木栅式（或百叶窗式）折流格子挡板除尘装置净化含尘废气。

该技术净化效率大于 80%，外排废气含尘浓度低于 70 mg/m^3。

该技术适用于钢铁企业焦化工艺湿法熄焦工序。

3.3 水污染治理技术

3.3.1 预处理技术

焦化废水通常采用重力除油法、混凝沉淀法、气浮除油法等预处理技术。

重力除油法是利用油、悬浮固体和水的密度差，依靠重力将油、悬浮固体与水分离。

混凝沉淀法是向废水中投加混凝剂和破乳剂，使部分乳化油破乳并形成絮状体，将重质焦油和悬浮物与水分离。

气浮除油法是投加化学药剂将废水中部分乳化油破乳，通过微小气泡携油上浮出，并在水体表面形成含油泡沫层，然后通过撇油器将油去除。

采用上述预处理技术，可将焦化废水中的石油类污染物从 100～200 mg/L 降低到 10～50 mg/L，可减轻后续生化处理的难度和负荷。

3.3.2 生化法处理技术

3.3.2.1 普通活性污泥法处理技术

预处理后的废水与二次沉淀池回流污泥共同进入曝气池，通过曝气作用在池内充分混合，混合液推流前进，流动过程中利用活性污泥中的微生物对有机物进行吸附、絮凝和降解。

当进水 COD 低于 2 000 mg/L 时，COD 的去除率 70%～85%，出水 COD 300～500 mg/L。

该技术可有效去除废水中的酚、氰；但出水 COD 偏高，占地面积大，对氨氮、COD 及有毒有害有机物的去除率不高，系统抗冲击负荷能力差，运行效果不稳定。

3.3.2.2 A/O（缺氧/好氧）生化处理技术

预处理后的废水依次进入缺氧池和好氧池，利用活性污泥中的微生物降解废水中的有机污染物。通常好氧池采用活性污泥工艺，缺氧池采用生物膜工艺。

当进水 COD 低于 2 000 mg/L 时，酚、氰处理去除率大于 99%，COD 去除率 85%～90%，出水 COD 200～300 mg/L。

该技术可有效去除酚、氰；但缺氧池抗冲击负荷能力差，出水 COD 浓度偏高。

3.3.2.3 A^2/O（厌氧-缺氧/好氧）生化处理技术

A^2/O 工艺是在 A/O 工艺中缺氧池前增加一个厌氧池，利用厌氧微生物先将复杂的多环芳烃类有机物降解为小分子，提高焦化废水的可生物降解性，利于后续生化处理。

当进水 COD 低于 2 000 mg/L、氨氮低于 150 mg/L 时，酚、氰去除率大于 99.8%，氨氮去除率大于 95%，COD 去除率大于 90%，出水 COD 100～200 mg/L，氨氮 5～10 mg/L。

该技术可有效去除酚、氰及有机污染物；但占地面积大，工艺流程长，运行费用较高。

3.3.2.4 A/O^2（缺氧/好氧-好氧）生化处理技术

A/O^2 又称为短流程硝化-反硝化工艺，其中 A 段为缺氧反硝化段，第一个 O 段为亚硝化段，第二个 O 段为硝化段。

当进水 COD 低于 2 000 mg/L、氨氮低于 150 mg/L 时，酚、氰去除率大于 99.5%，氨氮去除率大于 95%，COD 去除率大于 90%，出水 COD 100～200 mg/L、氨氮 5～10 mg/L。

该技术可强化系统抗冲击负荷能力，有效去除酚、氰及有机污染物；但占地面积大，工艺流程长，运行费用较高。

3.3.2.5 O-A/O（初曝-缺氧/好氧）生化处理技术

O-A/O 工艺由两个独立的生化处理系统组成，第一个生化系统由初曝池（O）+初沉池构成，第二个生化系统由缺氧池（A）+好氧池（O）+二沉池构成。

当进水 COD 低于 4 500 mg/L、氨氮低于 650 mg/L、挥发酚低于 1 000 mg/L、氰化物低于 70 mg/L、BOD_5/COD 为 0.1～0.3 的情况下，出水 COD 100～200 mg/L、氨氮 5～

10 mg /L。

该技术可实现短程硝化-反硝化、短程硝化-厌氧氨氧化，降解有机污染物能力强，抗毒害物质和系统抗冲击负荷能力强，产泥量少。

3.3.2.6 其他生化辅助处理技术

固定化细胞技术：通过化学或物理手段，将筛选分离出的适宜于降解特定废水的高效菌种固定化，使其保持活性，以便反复利用。

生物酶技术：在曝气池投加生物酶来提高活性污泥的活性和污泥浓度，从而提高现有装置的处理能力。

粉状活性炭技术：利用粉状活性炭的吸附作用固定高效菌，形成大的絮体，延长有机物在处理系统的停留时间，强化处理效果。

以上几种方法运行成本低，工艺简单，操作方便，可作为生化处理技术的辅助措施，多用于焦化废水现有生化处理工艺的改进。

3.3.3 深度处理技术

焦化废水深度处理技术是指采用物化法将生化法处理后的出水进一步处理，降低废水中的污染物浓度，通常采用混凝沉淀法、吸附过滤法等。

混凝沉淀法是向废水中投加混凝剂和絮凝剂，与废水中污染物形成大颗粒絮状体，经沉淀与水分离。

吸附过滤法是采用活性炭、褐煤、木屑等多孔物质将废水中的有机物和悬浮物吸附脱除。

采用上述深度处理技术，可进一步去除焦化废水中的悬浮物和有机污染物。

3.4 固体废物综合利用及处理处置技术

焦化工艺产生的各类固体废物均进行回收利用；

除尘系统回收的煤尘经集中收集后返回备煤系统再次利用；

除尘系统回收的焦尘经集中收集、加湿后回用于烧结配料工序；

煤气净化系统的机械化氨水澄清槽、焦油氨水分离器、焦油超级离心机产生的焦油渣以及硫酸铵生产过程中产生的酸焦油，粗苯蒸馏装置再生器产生的残渣，蒸氨工段、焦油加工及苯精制过程中产生的各类残渣（包括沥青渣、吹苯残渣、酚和吡啶精制残渣等），其主要成分是各种烃类和颗粒物，可以全部收集后用于配煤或直接制成型煤；

焦炉煤气脱硫工段产生的脱硫废液配入煤中进行炼焦；

焦化废水处理站生化处理污泥经压缩脱水形成泥饼后掺入原料煤中回用。

3.5 噪声污染治理技术

噪声污染主要从声源、传播途径和受体防护三个方面进行防治。尽可能选用低噪声设备，采用消声、隔振、减振等措施从声源上控制噪声；采用隔声、吸声、绿化等措施在传播途径上降噪。

3.6 焦化工艺污染防治新技术

3.6.1 焦炉煤气冷凝净化技术

焦炉煤气冷凝净化技术是用分阶段冷凝冷却和除尘替代传统焦炉煤气净化工艺中用氨水喷淋荒煤气降温。

该技术可减少废水排放量，降低废水处理和后续煤气净化难度，回收利用余热，还可通过深度冷凝来分离纯化焦炉煤气中的硫化氢、氰化物等杂质。

3.6.2 膜分离法废水处理技术

膜分离法是利用天然或人工合成膜，以浓度差、压力差及电位差等为推动力，对二组分以上的溶质和溶剂进行分离提纯和富集的方法。常见的膜分离法包括微滤、超滤和反渗透。

该技术分离效率高，出水水质好，易于实现自动化；但膜的清洗难度大，投资和运行费用较高。

采用超滤-反渗透膜法处理后的焦化废水出水可作为间接冷却循环水补充水。

3.6.3 催化氧化法废水处理技术

催化氧化技术是在一定温度、压力和催化剂的作用下，将焦化废水中的有机污染物氧化，转化为氮气和二氧化碳，催化剂主要采用过渡金属及其氧化物。

该技术处理效率高，氧化速度快，但处理量小。

4 焦化工艺污染防治最佳可行技术

4.1 焦化工艺污染防治最佳可行技术概述

按整体性原则，从设计时段的源头污染预防到生产时段的污染防治，依据生产工序的产污节点和技术经济适宜性，确定最佳可行技术组合。

钢铁行业焦化工艺污染防治最佳可行技术组合见图 2。

4.2 工艺过程污染预防最佳可行技术

焦化工艺过程污染预防最佳可行技术及主要技术指标见表 2。

4.3 大气污染治理最佳可行技术

4.3.1 挡风抑尘网技术

4.3.1.1 污染物削减和排放

露天料场使用多孔板波纹式组合防风网墙，风速大于 4 m/s 时，可使料场内风速降低 60%以上，在周边 300～3 000 m 范围内抑制粉尘达 85%以上，减少了物料损失和粉尘排放。

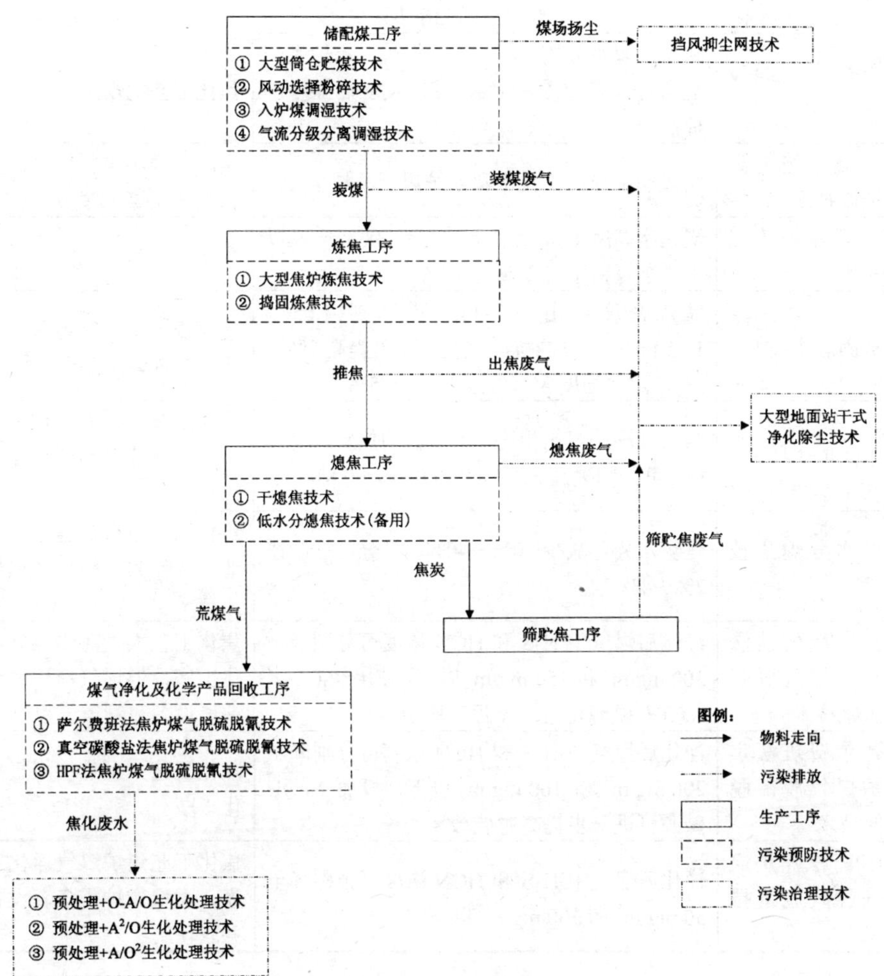

图 2 钢铁行业焦化工艺污染防治最佳可行技术组合

表 2 工艺过程污染预防最佳可行技术及主要技术指标

工序	最佳可行技术	主要技术指标	技术适用性
储配煤	大型筒仓贮煤技术	—	焦化工艺储煤工序
	风动选择粉碎技术	焦炭抗碎强度 M_{40} 提高 1.0%～0.5%，耐磨强度 M_{10} 改善 0.5%～0.8%，焦炉生产能力平均提高 1.8%	焦煤资源不丰富地区的焦化工艺配煤工序

工序	最佳可行技术	主要技术指标	技术适用性
储配煤	入炉煤调湿技术	将入炉煤水分控制在6%以内时，焦炉生产能力可提高7%～11%，焦炭反应后强度可提高1%～3%	焦化工艺配煤工序
	气流分级分离调湿技术	同风动选择粉碎技术和入炉煤调湿技术	焦煤资源不丰富地区的焦化工艺配煤工序
炼焦	大型焦炉炼焦技术	炭化室高度6 m及以上、容积38.5 m^3及以上，装煤密度可提高约10%	焦化工艺炼焦工序
	捣固炼焦技术	装煤密度可由0.74 t/m^3提高到1.05～1.15 t/m^3，焦炭的抗碎强度M_{40}可提高2%～4%，耐磨强度M_{10}可改善3%～5%	焦煤资源不丰富地区的焦化工艺炼焦工序
熄焦	干法熄焦技术	与常规湿法熄焦相比，干熄后的焦炭M_{40}和M_{10}可分别提高3%～8%和0.3%～0.8%	焦化工艺原有湿熄焦工序改造和新建大型焦炉配套熄焦
	低水分熄焦技术	焦炭水分可减少20%～40%，水分可控制在2%～4%	焦化工艺原有的熄焦塔改造，并作为干熄焦备用熄焦技术
煤气净化	真空碳酸盐法焦炉煤气脱硫脱氰技术	净化后煤气中H_2S和HCN浓度可分别降至300 mg/m^3和150 mg/m^3以下，使用K_2CO_3+NaOH碱源可进一步提高脱硫效率	焦化工艺大型焦炉煤气净化工序，但煤气净化系统前段设备和管道要耐腐蚀
	萨尔费班法焦炉煤气脱硫脱氰技术	净化后煤气中H_2S和HCN浓度可分别降至200 mg/m^3和100 mg/m^3以下，投加NaOH碱源可进一步提高脱硫效率	焦化工艺大型焦炉煤气净化工序
	HPF法焦炉煤气脱硫脱氰技术	净化后煤气中H_2S和HCN浓度可分别降至50 mg/m^3和300 mg/m^3以下	焦化工艺焦炉煤气净化工序，大型焦炉需多套设备并联使用

4.3.1.2 技术经济适用性

以年储运200万t煤计算，每年可减少煤尘逸散1 000 t以上，减少相应的经济损失。

该技术适用于焦化工艺露天煤场的扬尘治理，尤其适用于风速较大、空气干燥的北方地区。

4.3.2 大型地面站干式净化除尘技术

4.3.2.1 最佳可行工艺参数

采用大型脉冲袋式除尘器，使用耐高温的针刺毡或复合滤料；烟气进入布袋前应经过预喷涂处理，气布比0.8～1.2 m/min，主除尘干管风速8～16 m/s，支除尘管风速6～10 m/s，除尘系统阻力小于3 000 Pa，系统运行稳定在120℃以下，系统漏风率小于3%。

4.3.2.2 污染物削减和排放

废气捕集率大于95%，除尘效率大于99.5%，外排废气含尘浓度低于30 mg/m^3。

4.3.2.3 二次污染及防治措施

袋式除尘器收集的粉尘经卸灰后外运，可用于焦化配煤或烧结配料。

4.3.2.4 技术经济适用性

大型地面站干式净化除尘装置具有综合投资低、除尘效果好的特点；但对制造、安装、运行和维护要求较高，可用于大型焦炉、新建焦炉的装煤、出焦、干熄焦、筛贮焦工序含尘废气的治理。

4.4 水污染治理最佳可行技术

4.4.1 预处理+O-A/O 生化处理技术

4.4.1.1 最佳可行工艺参数

A 段采用生物膜法，第一个 O 段采用初曝+生物膜法，第二个 O 段采用接触氧化法。

初曝池温度 20～30℃，pH 6.5～8.5，DO 2～4 mg/L；缺氧池温度 20～30℃，pH 7～8.5，DO 低于 0.5 mg/L；好氧池温度 20～30℃，pH 6.5～8.5，DO 2～4 mg/L。

4.4.1.2 污染物削减和排放

当进水 COD 低于 4 500 mg/L、氨氮低于 650 mg/L、挥发酚低于 1 000 mg/L、氰化物低于 70 mg/L 时，酚、氰去除率大于 99.8%，出水 COD 100～200 mg/L、氨氮 5～10 mg/L。

4.4.1.3 二次污染及防治措施

废水处理产生的污泥为危险废物，压滤后全部回用于焦化配煤工序。

处理出水用于焦化湿熄焦、高炉和转炉冲渣、原料场洒水抑尘。

废水处理过程中产生少量的低浓度氨、硫化氢等恶臭气体，通过设置与办公生活区合理的距离减少对人群的影响。

4.4.1.4 技术经济适用性

该技术处理效率高，耐冲击负荷能力强，产泥量比常规工艺少 70%～90%，适用于焦化工艺废水处理，尤其是缺乏水资源的地区。

4.4.2 预处理+A^2/O 生化处理技术

4.4.2.1 最佳可行工艺参数

第一个 A 段采用水解酸化法，第二个 A 段采用生物膜法，O 段采用活性污泥法。

厌氧/缺氧/好氧水力停留时间分别为 10～15 h、10～15 h、18～30 h；好氧段温度 20～30℃，pH 6.5～8.5，DO 2～4 mg/L，污泥回流比 3～6；缺氧段温度 15～35℃，pH 7～8.5，DO 低于 0.5 mg/L，混合液回流比 0.4～1；厌氧段温度 35～38℃，pH 6.5～7.2。

4.4.2.2 污染物削减和排放

当进水 COD 低于 2 000 mg/L、氨氮低于 150 mg/L 时，酚、氰去除率大于 99.8%，氨氮去除率大于 95%，COD 去除率大于 90%，出水 COD 100～200 mg/L、氨氮 5～10 mg/L。

4.4.2.3 二次污染及防治措施

同 4.4.1.3。

4.4.2.4 技术经济适用性

该技术适用于焦化工艺废水处理。

4.4.3 预处理+A/O^{2}生化处理技术

4.4.3.1 最佳可行工艺参数

A 段采用生物膜法，第一个 O 段采用普通活性污泥法，第二个 O 段采用生物膜法。

缺氧/好氧/好氧水力停留时间分别为 10～15 h、18～30 h、15～25 h；好氧段温度 20～30℃，pH 6.5～8.5，DO 2～4 mg/L，污泥回流比 3～6；缺氧段温度 15～35℃，pH 7.5～8.2，DO 低于 0.5 mg/L，混合液回流比 0.4～1。

4.4.3.2 污染物削减和排放

当进水 COD 低于 2 000 mg/L、氨氮低于 150 mg/L 时，酚、氰处理率大于 99.8%，氨氮去除率大于 95%，COD 去除率大于 90%，出水 COD 100～200 mg/L、氨氮 5～10 mg/L。

4.4.3.3 二次污染及防治措施

同 4.4.1.3。

4.4.3.4 技术经济适用性

该技术适用于焦化工艺废水处理。

4.4.4 焦化工艺水污染治理最佳可行技术及主要技术指标

焦化工艺水污染治理最佳可行技术及主要技术指标见表 3。

表 3 焦化工艺水污染治理最佳可行技术及主要技术指标

最佳可行技术	主 要 技 术 指 标	技术适用性
预处理+O-A/O（初曝+生物膜法好氧-生物膜法缺氧-接触氧化法好氧）生化处理技术	进水 COD≤4 500 mg/L、NH_3-N≤650 mg/L、挥发酚≤1 000 mg/L、氰化物≤70 mg/L 时，出水酚、氰去除率＞99.8%、COD 100～200 mg/L、NH_3-N 5～10 mg/L	焦化工艺废水处理，尤其是当地水资源缺乏的企业
预处理+A^2/O（水解酸化厌氧-生物膜缺氧-活性污泥好氧）生化处理技术	进水 COD≤2 000 mg/L、NH_3-N≤150 mg/L 时，酚、氰去除率＞99.8%，NH_3-N 去除率＞95%，COD 去除率＞90%，出水 COD 100～200 mg/L、NH_3-N 5～10 mg/L	焦化工艺废水处理
预处理+A/O^2（生物膜缺氧-活性污泥好氧-接触氧化法好氧）生化处理技术	进水 COD≤2 000 mg/L、NH_3-N≤150 mg/L 时，酚、氰去除率＞99.8%，NH_3-N 去除率＞95%，COD 去除率＞90%，出水 COD 100～200 mg/L、NH_3-N 5～10 mg/L	焦化工艺废水处理

4.5 固体废物综合利用及处理处置最佳可行技术

焦化工艺固体废物综合利用及处理处置最佳可行技术及主要技术指标见表 4。

表 4　焦化工艺固体废物综合利用及处理处置最佳可行技术及主要技术指标

最佳可行技术	主要技术指标	技术适用性
返回备煤系统利用	—	焦化工艺煤尘的处理
加湿调节后返烧结配料工序利用	—	焦化工艺焦尘的处理
返配煤工序利用或制作型煤	当掺入量≤4%时，不影响焦炭冷强度，且焦炭冷强度随掺入比例增大而提高；当掺入量为4%时，焦炭冷强度可超过45%；继续提高掺入比例将影响焦炭质量	焦化工艺化产工序各类化产残渣的处理
压缩、脱水制泥饼后返备煤系统利用	—	焦化工艺废水处理污泥的利用

4.6 最佳环境管理实践

4.6.1 一般管理要求

- 建立健全各项数据记录和生产管理制度；
- 加强操作运行管理，建立并执行岗位操作规程，制定应急预案，定期对员工进行技术培训和应急演练；
- 加强生产设备的使用、维护和维修管理，保证设备正常运行；
- 按要求设置污染源标志，重视污染物的检测和计量管理工作，定期进行全厂物料平衡测试。

4.6.2 大气污染防治最佳环境管理实践

- 采用先进的焦炉机械、加强焦炉密封、煤气净化各类设备及管道的封闭设计；装煤、出焦、干熄焦、筛焦除尘设备安装密闭罩，减少污染物泄漏；干熄焦在倒运过程中加强密封措施；
- 各转运站、卸料点、运煤通廊封闭设计；分布的散状抽风点设手动调节阀便于调节风量，必要时设阻力平衡器；系统投运时进行全系统风量平衡和调试工作，采用全自动控制，使各抽风点处于合理风量范围；
- 定期检查除尘器的漏风率、阻力、过滤风速、除尘效率和运行噪声等；袋式除尘器定期清灰，及时检查滤袋破损情况并更换滤袋；
- 输送含湿度大、易结露的废气时，采取保温措施使其温度保持在露点温度以上；输送高温气体的管道考虑热胀冷缩的补偿措施；
- 煤气排送系统的废气送入装有填料的水洗净化塔吸收，洗涤水送入废水处理系统；脱硫系统克劳斯炉尾气送至初冷工段前循环利用；含硫酸铵粉尘的热废气用旋风除尘器或用水洗涤净化；苯蒸馏工段的含苯废气引入脱苯管式炉予以焚烧或引至煤气净化系统；

- 各类贮槽顶压入氮气，使贮槽内形成负压，可阻止废气逸散；含污染物的氮气引入煤气系统不外排；贮槽的排气管上设活性炭吸附器；
- 焦油、精苯加工过程中分馏装置产生的有机废气和改质沥青产生的沥青烟用排气洗涤塔采用循环洗油洗涤的方法处理；酚盐分解产生的酚类气体经氢氧化钠洗涤后排放；
- 采用吸引压送罐车密闭输送技术回收煤尘和焦尘，避免在输送过程中泄漏飞扬。

4.6.3 水污染防治最佳环境管理实践

- 贯彻“节约与开源并重、节流优先、治污为本”的用水原则，全面推广“分质用水、串级用水、循环用水、一水多用、废水回用”的节水技术，提高水的重复利用率；
- 在焦化生产工艺中，其他排水与含酚、氰的焦化废水分开处理，减少废水处理难度和成本；
- 建立污泥培养池，驯化培养微生物，强化焦化废水的治理效果；
- 对废水管线和处理设施进行防渗处理，防止有害污染物进入地下水；生产区和污水处理区初期雨水进行收集并治理；
- 处理后的焦化废水优先用于原料场抑尘、钢渣水淬、烧结混料、烧结石灰消化或湿法熄焦，废水不外排。

4.6.4 固体废物综合利用及处理处置最佳环境管理实践

- 控制送配煤利用的污泥、各类化产残渣比例及其含水量，减少配煤水分波动，避免影响生产设备的正常运行和产品质量；
- 各类化产残渣按照危险废物管理要求运输、贮存和处置，并建立健全管理制度。

4.6.5 噪声防治最佳环境管理实践

- 焦化生产中采用低噪声设备或采用隔声、减振措施，控制噪声源强；
- 对于干熄焦焦炉的安全阀排气装置及各类风机等噪声源，采用消声器等方式降低噪声。

附录：

术语及符号

1．PAH——Polynuclear Aromatic Hydrocarbons 多环芳烃
2．BSO——Benzene Soluble Organics 苯可溶物
3．CMC——Coal Moisture Control 入炉煤调湿

附件 2：

钢铁行业炼钢工艺污染防治最佳可行技术指南（试行）

前　言

为贯彻执行《中华人民共和国环境保护法》，加快建立环境技术管理体系，确保环境管理目标的技术可达性，增强环境管理决策的科学性，提供环境管理政策制定和实施的技术依据，引导污染防治技术进步和环保产业发展，根据《国家环境技术管理体系建设规划》，环境保护部组织制定污染防治技术政策、污染防治最佳可行技术指南、环境工程技术规范等技术指导文件。

本指南可作为钢铁行业炼钢工艺生产项目环境影响评价、工程设计、工程验收以及运营管理等环节的技术依据，是供各级环境保护部门、规划和设计单位以及用户使用的指导性技术文件。

本指南为首次发布，将根据环境管理要求及技术发展情况适时修订。

本指南由环境保护部科技标准司提出。

本指南起草单位：中冶建筑研究总院有限公司、北京市环境保护科学研究院、中钢集团天澄环保科技股份有限公司。

本指南由环境保护部解释。

1 总则

1.1 适用范围

本指南适用于具有炼钢工艺的钢铁生产企业。

1.2 术语和定义

1.2.1 最佳可行技术

是针对生产、生活过程中产生的各种环境问题，为减少污染物排放，从整体上实现高水平环境保护所采用的与某一时期技术、经济发展水平和环境管理要求相适应、在公共基础设施和工业部门得到应用、适用于不同应用条件的一项或多项先进、可行的污染防治工艺和技术。

1.2.2 最佳环境管理实践

是指运用行政、经济、技术等手段，为减少生产、生活活动对环境造成的潜在污染和危害，确保实现最佳污染防治效果，从整体上达到高水平环境保护所采用的管理活动。

2 生产工艺及污染物排放

2.1 生产工艺及产污环节

炼钢工艺是指以铁水或废钢为原料，经高温熔炼、提纯、脱碳、成分调整后得到合格钢水，并浇铸成钢坯的过程。

炼钢生产工艺序主要包括铁水预处理、转炉或电炉冶炼、炉外精炼及连铸等工序。根据工序组合的不同，可生产碳钢、不锈钢和特钢，工艺流程及产污环节基本类似。

炼钢生产方法主要有转炉炼钢和电炉炼钢，其工艺流程及产污环节分别见图1和图2。

2.2 污染物排放

炼钢工艺产生的污染包括大气污染、水污染、固体废物污染和噪声污染，其中大气污染（颗粒物）是主要环境问题。

2.2.1 大气污染

炼钢工艺产生的大气污染物主要为颗粒物，还包括少量的一氧化碳、氮氧化物、二氧化硫、氟化物（主要成分为氟化钙）、二噁英、铅、锌等。

炼钢工艺主要大气污染物及来源见表1。

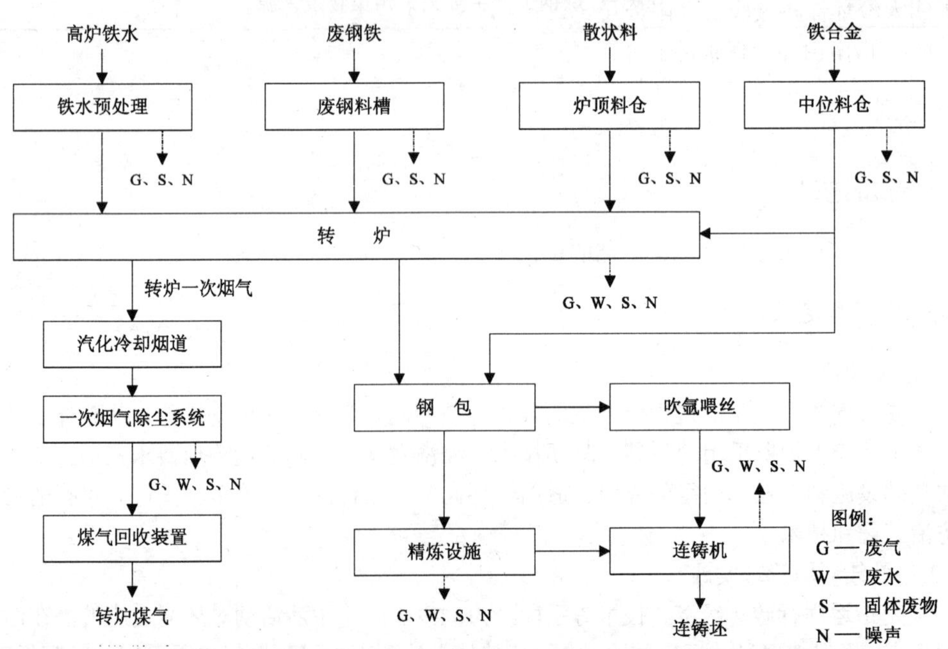

图1　转炉炼钢工艺流程及产污环节

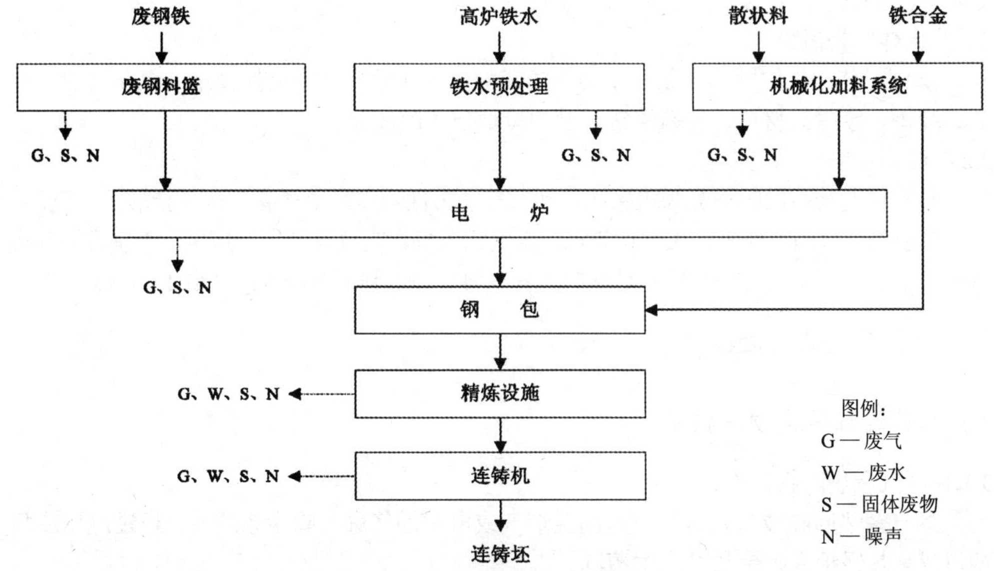

图 2 电炉炼钢工艺流程及产污环节

表 1 炼钢工艺主要大气污染物及来源

工序	产污节点	主要污染物
铁水预处理	铁水倒罐、前扒渣、后扒渣、清罐、预处理过程等	颗粒物
转炉炼钢	吹氧冶炼（一次烟气）	CO、颗粒物、氟化物（主要成分为 CaF_2）
	兑铁水、加废钢、加辅料、出渣、出钢等（二次烟气）	颗粒物
电炉炼钢	吹氧冶炼（一次烟气）	颗粒物、CO、NO_x、氟化物（主要成分为 CaF_2）、二噁英、铅、锌等
	加废钢、加辅料、兑铁水、出渣、出钢等（二次烟气）	
精炼	钢包精炼炉（LF）、真空循环脱气装置（RH）、真空脱气处理装置（VD）、真空吹氧脱碳装置（VOD）等设施的精炼过程	颗粒物、CO、氟化物（主要成分为 CaF_2）
连铸	中间罐倾翻和修砌、连铸结晶器浇铸及添加保护渣、火焰清理机作业、连铸切割机作业、二冷段铸坯冷却等	颗粒物
其他	原辅料输送、地下料仓、上料系统、钢渣处理等	颗粒物
	中间罐和钢包烘烤	SO_2、NO_x

2.2.2 水污染

炼钢工艺产生的废水主要为转炉煤气洗涤废水和连铸废水，主要污染物为悬浮物和石油类污染物，生产废水经处理后循环利用。

2.2.3 固体废物污染

炼钢工艺产生的固体废物主要为钢渣和除尘灰（泥），还包括少量的氧化铁皮、废油、废钢、废耐火材料、脱硫渣等，其中废油属危险废物。

2.2.4 噪声污染

炼钢工艺产生的噪声分为机械噪声和空气动力性噪声，主要噪声源包括转炉、电炉、蒸汽放散阀、火焰清理机、火焰切割机、煤气加压机、吹氧阀站、空压机、真空泵、各类风机、水泵等。在采取噪声控制措施前，各主要噪声源强通常在 85～130 dB（A）之间。

3 炼钢工艺污染防治技术

3.1 工艺过程污染预防技术

3.1.1 烟气余热回收技术

烟气余热回收技术是转炉一次高温烟气或电炉烟气进入除尘系统前，通过汽化冷却烟道或余热锅炉回收余热并产生蒸汽。

该技术可回收余热，间接减少污染物排放。

该技术适用于炼钢工艺转炉一次烟气和电炉烟气的余热回收。

3.1.2 蓄热式钢包烘烤技术

蓄热式钢包烘烤技术是利用高温烟气在蓄热体内预热助燃空气和煤气，并进行封闭式钢包烘烤。

该技术可提高煤气利用率，提高钢包温度，缩短烘烤时间，降低能耗，间接减少污染物排放。

该技术适用于炼钢工艺钢水保温烘烤和用耐火材料修补后的钢包烘烤。

3.1.3 连铸坯热送热装技术

连铸坯热送热装技术是直接把热铸坯送至轧机轧制或送加热炉加热后轧制。

该技术可节约能源，缩短生产周期，间接减少污染物排放。

该技术适用于连铸工序与轧钢工艺布局衔接紧密的钢铁生产企业。

3.1.4 废钢分拣预处理技术

通过对废钢进行分选，最大限度地减少含油脂、油漆、涂料、塑料等含氯有机物和放射性物质废钢的入炉量，并对分选出的含有机物的废钢进行除油、焚烧或热解等加工处理，从源头减少电炉工序二噁英的生成量。

该技术适用于电炉炼钢工艺废钢预处理工序。

3.2 大气污染治理技术

3.2.1 烟气捕集技术

根据不同废气来源，采用排烟罩、第四孔排烟、密闭罩、屋顶罩、导流罩、炉盖侧吸罩、半密闭罩、移动式顶吸罩、移动式切割操作室等进行烟气捕集。

3.2.2 除尘技术

3.2.2.1 袋式除尘技术

袋式除尘技术是利用纤维织物的过滤作用对含尘气体进行净化。

该技术除尘效率高，适用范围广，可同时去除烟气中的氟化物、二噁英和重金属。

该技术适用于炼钢工艺中除转炉一次烟气外其他含尘废气的治理。

3.2.2.2 LT 干法除尘技术

LT 干法除尘技术是将转炉一次高温烟气经蒸发冷却器降温、调质及粗除尘后，通过圆筒形静电除尘器进行精除尘，同时回收煤气。

该技术除尘效率高，不产生废水，可回收大量蒸汽，收集的除尘灰可热压块后利用；系统阻损小（8～8.5 kPa），占地面积少，运行费用低，但一次性投资费用高。

该技术适用于炼钢工艺转炉一次烟气除尘和煤气净化回收。

3.2.2.3 第四代 OG 系统除尘技术

第四代 OG 系统除尘技术是将转炉一次高温烟气经蒸发冷却塔降温、调质及粗除尘后，采用 RSW 型环隙式可调喉口的二级文氏管进行精除尘，同时回收煤气。

该技术除尘效率较高，设备国产化程度高，工艺流程简洁，单元设备少，一次性投资费用低；但系统阻损较大（约 15 kPa），运行费用较高，用水量较大，有废水产生。

该技术适用于炼钢工艺转炉一次烟气除尘和煤气净化回收。

3.2.2.4 第三代 OG 系统除尘技术

第三代 OG 系统除尘技术是将转炉一次高温烟气经蒸发冷却塔降温、调质及粗除尘后，采用 R-D 可调喉口的二级文氏管进行精除尘，同时回收煤气。

该技术除尘效率低，外排废气含尘浓度约 100 mg/m^3。

该技术的设备国产化程度高，一次性投资费用较低；但单元设备多，系统易结垢、阻损大（约 20 kPa），运行费用高，用水量大，有废水产生。

3.2.3 二噁英治理技术

在确保废钢清洁入炉的前提下，通常采取以下措施减少电炉烟气中二噁英的排放：

最大限度地捕集电炉烟气，减少二噁英的无组织排放。

烟气急冷技术：通过在汽化冷却烟道上设计一段急冷烟道，使用具有双相喷嘴的喷淋冷却装置对电炉烟气进行急冷，使其在不超过 1 秒的停留时间内从约 650℃快速降到 200℃以下，避开二噁英生成的温度区间（200～550℃），避免二噁英的再次合成。

高效过滤技术：利用袋式除尘器的高效过滤作用，在除尘的同时将大部分二噁英截留在粉尘中。

3.3 水污染治理技术

3.3.1 混凝沉淀法废水处理技术

混凝沉淀法是在废水中投加一定量的高分子絮凝剂，使废水中的胶体颗粒与絮凝剂发生吸附架桥作用形成絮凝体，通过重力沉淀与水分离。

该技术适用于炼钢工艺转炉煤气洗涤废水的处理。

3.3.2 三段式废水处理技术

三段式废水处理技术是废水先后流经一次沉淀池（旋流井）和二次沉淀池（平流沉淀池或斜板沉淀池），去除其中的大颗粒悬浮杂质和油质，出水进入高速过滤器，进一步对废水中的悬浮物和石油类污染物进行过滤，最后经冷却塔冷却后循环使用。

该技术适用于炼钢工艺对回用水质要求较高的连铸废水处理。

3.3.3 化学除油法废水处理技术

化学除油法是通过投加化学药剂，使废水中的石油类、氧化铁皮等污染物通过凝聚、絮凝作用与水分离；主要设备是集除油、沉淀于一体的化学除油器。

该技术适用于炼钢工艺对回用水质无特殊要求的连铸废水处理。

3.4 固体废物综合利用及处理处置技术

3.4.1 碳钢钢渣预处理技术

3.4.1.1 热闷法钢渣预处理技术

热闷法是将热熔钢渣从渣罐直接倾翻入热闷装置内，喷淋冷却后加盖热闷，产生的饱和蒸汽使钢渣中的游离态氧化钙和游离态氧化镁充分消解，使钢渣自解粉化，渣铁分离。

该技术利用钢渣自身余热产生蒸汽，节约能源；处理后的钢渣粒度小，降低后续破碎的能耗；金属回收率高，尾渣稳定性好，便于综合利用。

该技术适用于各种碳钢钢渣的处理。

3.4.1.2 滚筒法钢渣预处理技术

滚筒法是将热熔钢渣置于特制的且出旋转状态的滚筒内通水急冷，液态钢渣在滚筒内同时完成冷却、固化、破碎及渣铁分离。

该技术工艺流程短，占地面积小，设备简单，运行费用较低，尾渣稳定性好，但金属回收率较低。

该技术适用于流动性好的碳钢钢渣的处理。

3.4.2 碳钢钢渣综合利用技术

3.4.2.1 钢渣再选技术

钢渣再选技术是将预处理后的碳钢钢渣，经筛分、破碎、磁选、提纯等过程将渣和金属铁分离，回收的金属铁返回炼钢或烧结工艺作为原料利用。

3.4.2.2 钢渣作为钢铁冶炼熔剂利用技术

将钢渣加工到粒度小于 10 mm 时，可代替部分石灰石作为烧结熔剂利用。钢渣用作烧结熔剂可节省熔剂消耗，改善烧结矿强度；但过量添加钢渣会降低烧结矿品位和碱度。

对于需配加石灰石的炼铁高炉，10～40 mm 的钢渣可代替石灰石直接返高炉作熔剂。钢渣用作高炉炼铁熔剂可改善高炉的流动性，增加铁的还原产量。

溅渣护炉时，配加一定量粒度为 5～40 mm 的钢渣替代溅渣剂。溅渣护炉时钢渣和白云石配合使用，可使炼钢成渣滓，减少初期对炉衬的侵蚀，提高炉龄，降低耐火材料消耗。

3.4.2.3 钢渣生产水泥和建材制品技术

钢渣生产钢铁渣复合粉技术是将预处理后的钢渣尾渣与高炉渣、添加剂进行配制、粉磨和复合，生成的钢铁渣复合粉用作混凝土掺合料。

钢渣生产水泥技术是将预处理后的钢渣尾渣与高炉渣、石灰、水泥熟料、少量激发剂等按一定比例配合，生产钢渣矿渣水泥。

钢渣生产建材制品技术是将稳定化处理后的钢渣与粉煤灰或炉渣按一定比例配合，制成地面砖、免烧砖、混凝土预制件等建材制品。

3.4.2.4 钢渣用作筑路和回填工程材料技术

钢渣经稳定化处理后，可用作道路垫层和基层，其强度、抗弯沉性和抗渗性均优于天然石材；可替代细骨料用作沥青混凝土和水泥混凝土路面材料，其防滑性、耐磨性和使用寿命均有所提高；也可用作筑路和回填料，要求钢渣粉化率不高于5%、级配合适。

3.4.3 不锈钢钢渣预处理及综合利用技术

不锈钢钢渣经自然冷却到一定温度后，经机械破碎和分选，选出废钢铁并返回不锈钢转炉利用，其余尾渣磨细至一定粒径后用于生产土壤改良剂和制砖等。

3.4.4 热压块法含铁除尘灰综合利用技术

热压块法含铁除尘灰综合利用技术是将炼钢工艺各类除尘灰送回转窑加热，利用除尘灰在高温下的塑性，经压球机成型，在氮气密封状态下冷却后输送到烧结机或转炉利用。

3.4.5 其他固体废物综合利用及处理处置技术

连铸工序产生的氧化铁皮经焚烧脱油脱脂预处理后可用作生产还原铁粉原料，经造球后用作炼钢冷却剂或焙烧用作烧结配料；

水处理系统产生的污泥经压滤机脱水处理后焙烧用作烧结配料。

3.5 噪声污染治理技术

噪声污染主要从声源、传播途径和受体三方面进行防治，包括尽可能选用低噪声设备，采用设备消声、隔振、减振等措施从声源上控制噪声；采用隔声、吸声、绿化等措施在传播途径上降噪。

3.6 炼钢工艺污染防治新技术

3.6.1 电炉粉尘综合利用新技术

电炉粉尘综合利用新技术包括湿法工艺和火-湿联合工艺。

湿法工艺是将电炉粉尘在非高温条件下通过酸、碱、盐等溶液的浸出及电解，回收电炉粉尘中有用物质。该方法通常用于锌含量大于15%的电炉粉尘处理；锌含量小于15%的电炉粉尘需经离心或磁选富集后，再采用湿法工艺处理。

火-湿联合工艺是用转底炉对电炉粉尘等物料进行直接还原焙烧（火法工艺），使铁与锌、铅、镉分离，得到的直接还原铁产品返回电炉中回收利用；含铅等金属的粗级氧化锌经热氯化铵浸出净化沉淀（湿法工艺），干燥后得到高纯氧化锌产品。

3.6.2 转底炉法含铁尘泥综合利用技术

转底炉法是将含铁尘泥直接送转底炉焙烧，制取金属化球团，返烧结工艺进行利用。该技术适用于炼钢工艺含铁尘泥和钢铁生产企业其他含铁杂料的集中处理。

3.6.3 新型电弧炉炼钢技术

新型电弧炉本体由废钢熔化室和与熔化室直接连接的预热竖炉组成（可一起倾动），后段设有热分解燃烧室、直接喷雾冷却室和除尘装置。热分解燃烧室可将包括二噁英在内的有机废气全部分解，并能够满足高温区烟气的滞留时间，喷雾冷却室可将高温烟气快速降温，从源头上避免二噁英的再次合成。

3.6.4 二噁英污染治理新技术

物理吸附技术是利用二噁英可被褐煤等多孔介质吸附的特性对其进行物理吸附。物理吸附技术与高效过滤技术相结合，可大幅度提高净化效率。

4 炼钢工艺污染防治最佳可行技术

4.1 炼钢工艺污染防治最佳可行技术概述

按整体性原则，从设计时段的源头污染预防到生产时段的污染防治，依据生产工序的产污节点和技术经济适宜性，确定最佳可行技术组合。

钢铁行业炼钢工艺污染防治最佳可行技术组合见图3。

4.2 工艺过程污染预防最佳可行技术

炼钢工艺过程污染预防最佳可行技术及主要技术指标见表2。

表2 炼钢工艺过程污染预防最佳可行技术及主要技术指标

最佳可行技术	主要技术指标	技术适用性
烟气余热回收技术	蒸汽回收量≥50 kg/t 钢，蒸汽压力 0.8～1.6 MPa	炼钢工艺转炉一次烟气和电炉烟气余热回收
蓄热式钢包烘烤技术	钢包烘烤温度可提高 200～300℃，煤气利用率可提高 30%～40%	炼钢工艺钢水保温烘烤和耐火材料修补后的钢包烘烤
连铸坯热送热装技术	热装温度≥400℃，热装比≥50%；可节能约 35%，提高成材率 0.5%～1.5%，缩短生产周期 30%以上	连铸工序与轧钢工艺布局衔接紧密的钢铁生产企业
废钢分拣预处理技术	尽量避免含氯源物质和放射性物质的废钢入炉，从源头上预防二噁英的产生	电炉炼钢工艺废钢分拣预处理

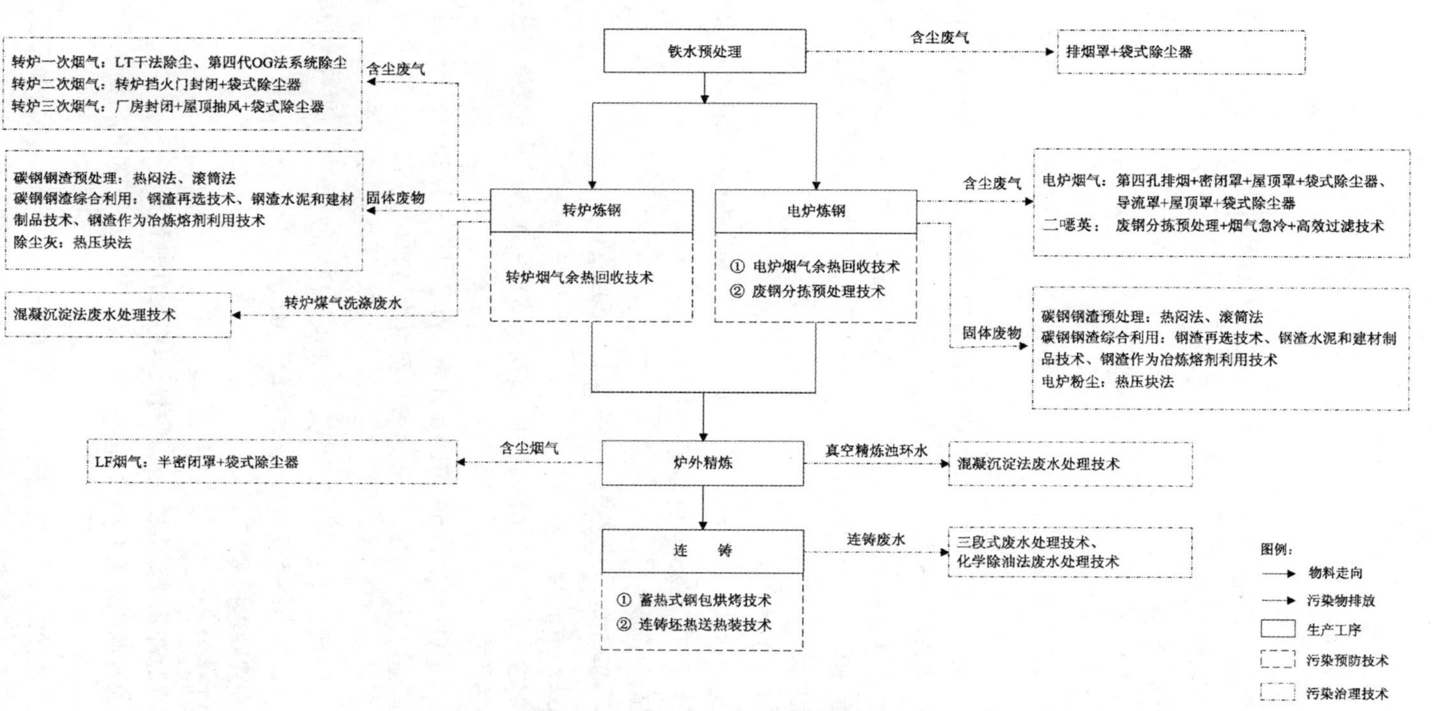

图 3 钢铁行业炼钢工艺污染防治最佳可行技术组合

4.3 大气污染治理最佳可行技术

4.3.1 LT 干法除尘技术

4.3.1.1 最佳可行工艺参数

汽化冷却烟道出口烟气温度低于 1 000℃，蒸发冷却器出口烟气温度低于 200℃，蒸发冷却器内的喷水比为 0.01～0.04 L/m^3。

4.3.1.2 污染物削减和排放

除尘效率大于 99.9%，外排废气含尘浓度低于 20 mg/m^3。

4.3.1.3 二次污染及防治措施

采用该技术收集的粉尘经热压块后可用作烧结配料或炼钢冷却剂。

4.3.1.4 技术经济适用性

采用该技术，煤气回收量 80～140 m^3/t 钢，粉尘回收量 15～21 kg/t 钢。以 180 t 转炉为例，一次性投资费用约 5 000 万元，年运行费用约 1 000 万元。

该技术适用于炼钢工艺 80 t 及以上转炉一次烟气除尘和煤气净化回收，尤其适用于环境质量要求高的地区。

4.3.2 第四代 OG 系统除尘技术

4.3.2.1 最佳可行工艺参数

汽化冷却烟道出口烟气温度低于 1 000℃，蒸发冷却塔内的喷水比 3.0～3.5 L/m^3，RSW 环隙式可调喉口的二级文氏管的喷水比 2.0～2.5 L/m^3。

4.3.2.2 污染物削减和排放

除尘效率大于 99.5%，外排废气含尘浓度低于 50 mg/m^3。

4.3.2.3 二次污染及防治措施

该技术产生的废水经处理后循环使用，收集的含铁尘泥制球后返烧结工艺利用。

4.3.2.4 技术经济适用性

采用该技术，煤气回收量为 60～100 m^3/t 钢，粉尘回收量为 10～20 kg/t 钢。以 180 t 转炉为例，如全部使用国产设备，一次性投资费用约 3 500 万元，年运行费用约 1 300 万元。

该技术适用于炼钢工艺转炉一次烟气除尘和煤气净化回收。转炉煤气在使用前需采用静电除尘器进一步除尘，将煤气含尘浓度降至 10 mg/m^3 以下。

4.3.3 烟气捕集+袋式除尘技术

4.3.3.1 最佳可行工艺参数

采用长袋低压脉冲袋式除尘器，滤料材质以涤纶针刺毡为主。

袋式除尘器的过滤风速为 0.8～2 m/min，阻力损失小于 2 000 Pa，漏风率小于 5%，运行温度不高于 200℃。

新建炼钢企业电炉烟气采用第四孔排烟+密闭罩+屋顶罩+袋式除尘器工艺；

改、扩建炼钢企业电炉烟气采用导流罩+顶吸罩+袋式除尘器工艺；

转炉二次烟气采用转炉挡火门封闭+带式除尘器工艺；

转炉三次烟气采用厂房封闭+屋顶抽风+袋式除尘器工艺。

4.3.3.2 污染物削减和排放

烟气捕集率大于95%，除尘效率大于99%，外排废气含尘浓度低于20 mg/m³。

4.3.3.3 二次污染及防治措施

采用该技术收集的粉尘经卸灰后，碳钢除尘灰经热压块后可用作烧结配料或炼钢冷却剂，不锈钢除尘灰经热压块后用作不锈钢炼钢冷却剂。

4.3.3.4 技术经济适用性

该技术适用于炼钢工艺中除转炉一次烟气外其他含尘废气的治理。

4.3.4 烟气急冷+高效过滤技术

4.3.4.1 最佳可行工艺参数

采用烟气急冷技术时，使用具有双相喷嘴的喷淋冷却装置对电炉烟气进行急冷，烟道内的烟气温度从650℃左右降到200℃以下所需停留时间不超过1秒。

4.3.4.2 污染物削减和排放

烟气捕集率大于95%，除尘效率大于99.9%，外排烟气中的二噁英浓度低于0.5ng-TEQ/m³。若袋式除尘器采用覆膜滤料，二噁英浓度可进一步降低。

4.3.4.3 二次污染及防治措施

采用该技术收集的粉尘经卸灰后可用作烧结配料或炼钢冷却剂。为避免截留在电炉粉尘中的二噁英等造成二次污染，电炉粉尘必须在厂区内全部综合利用。

4.3.4.4 技术经济适用性

该技术适用于炼钢工艺电炉烟气中二噁英的治理；采用此技术无法回收利用烟气余热。

4.3.5 炼钢工艺大气污染治理最佳可行技术及主要技术指标

炼钢工艺大气污染治理最佳可行技术及主要技术指标见表3。

表3 炼钢工艺大气污染治理最佳可行技术及主要技术指标

污染物种类	最佳可行技术	主要技术指标	技术适用性
颗粒物	LT 干法除尘技术	除尘效率＞99.9%，外排废气含尘浓度≤20 mg/m³。转炉煤气回收量为80～140 m³/t钢	炼钢工艺80 t及以上规模的转炉一次烟气治理和煤气净化回收，尤其是环境质量要求高的地区
	第四代OG系统除尘技术	除尘效率＞99.5%，外排废气含尘浓度≤50 mg/m³。煤气回收量为60～100 m³/t钢，转炉煤气在使用前采用静电除尘器进一步除尘，将含尘量降至10 mg/m³以下	炼钢工艺转炉一次烟气除尘和煤气净化回收

污染物种类	最佳可行技术	主要技术指标	技术适用性
颗粒物	转炉挡火门封闭+袋式除尘器	除尘效率＞99.9%，外排废气含尘浓度≤20 mg/m³	炼钢工艺转炉二次烟气治理
	厂房封闭+屋顶抽风+袋式除尘器	烟气捕集率＞99.5%，除尘效率＞99.9%，外排废气含尘浓度≤20 mg/m³	炼钢工艺转炉三次烟气治理
	第四孔排烟+密闭罩+屋顶罩+袋式除尘器	烟气捕集率＞99.5%，除尘效率＞99.9%，外排废气含尘浓度≤20 mg/m³	炼钢工艺新建电炉烟气治理
	导流罩+顶吸罩+袋式除尘器	烟气捕集率＞95%，除尘效率＞99.9%，外排废气含尘浓度≤20 mg/m³	炼钢工艺改扩建电炉烟气治理
二噁英	废钢分拣预处理+烟气急冷+高效过滤技术	烟气捕集率＞95%，除尘效率＞99.9%，外排废气含二噁英浓度≤0.5ng-TEQ/m³	炼钢工艺不回收烟气余热的电炉烟气二噁英治理

4.4 水污染治理最佳可行技术

炼钢工艺水污染治理最佳可行技术及其处理控制水平主要技术指标见表4。

表4 炼钢工艺水污染治理最佳可行技术及主要技术指标

废水种类	最佳可行技术	主要技术指标	技术适用性
转炉煤气洗涤废水	混凝沉淀法废水处理技术	水循环率≥95%，排水SS≤50 mg/L	炼钢工艺转炉煤气洗涤废水处理
连铸废水	三段式废水处理技术	一次沉淀：旋流池水力负荷25～30 m³/（m²·h），停留时间8～10 min；二次沉淀：采用平流沉淀池时，水力负荷1～3 m³/（m²·h），停留时间 1～3 h，采用斜板沉淀池时水力负荷 3～5 m³/（m²·h），停留时间约30 min；出水 SS 浓度≤20 mg/L	炼钢工艺对回用水水质要求较严的连铸废水处理
	化学除油法废水处理技术	水温≤40℃，出水SS≤20 mg/L、石油类≤10 mg/L	炼钢工艺对回用水水质无特殊要求的连铸废水处理

4.5 固体废物综合利用及处理处置最佳可行技术

炼钢工艺固体废物综合利用及处理处置最佳可行技术及主要技术指标见表5。

4.6 最佳环境管理实践

4.6.1 一般管理要求

➢ 建立健全各项数据记录和生产管理制度；

➢ 加强运行管理，建立并执行岗位操作规程，制定应急预案，定期对员工进行技术培训和应急演练；

- 加强生产设备的使用、维护和维修管理，保证设备正常运行；
- 按要求设置污染源标志，重视污染物的检测和计量管理工作，定期进行全厂物料平衡测试。

表 5　炼钢工艺固体废物综合利用及处理处置最佳可行技术及主要技术指标

污染物种类	最佳可行技术		主要技术指标	技术适用性
钢渣	预处理技术	热闷法	粒度＜20 mm 的钢渣占总量的 60%以上	炼钢工艺各种碳钢钢渣的预处理
		滚筒法	粒度＜15 mm 钢渣约占总量的 97%，钢渣中的游离钙含量 3%～10%	炼钢工艺流动性好的碳钢钢渣的预处理
	综合利用技术	钢渣再选技术	尾渣中金属铁含量＜2%	炼钢工艺钢渣中废钢铁回收
		生产钢铁渣复合粉	钢渣粉比表面积≥400 m^2/kg、金属铁含量≤2%、钢渣粉掺入量 30%～35%	碳钢钢渣预处理后的尾渣综合利用
		生产钢渣矿渣水泥	钢渣粉化率＜5%，钢渣掺入量≥30%，钢渣和高炉渣总掺入量≥60%，水泥熟量配入量≤20%	
		生产砖等建材制品	钢渣粉化率＜5%，钢渣掺入量＞60%	
		用作钢铁冶炼熔剂	钢渣粒度＜10 mm 时，可替代部分石灰石做烧结熔剂； 钢渣粒度为 10～40 mm 时，可替代石灰石返高炉做熔剂； 钢渣粒度为 5～40 mm 时，可替代一定量的转炉溅渣剂	
转炉尘、泥	热压块法		—	炼钢工艺转炉除尘灰综合利用
电炉粉尘	热压块法		粉尘中含 Pb≤0.1%、Zn≤0.2%	炼钢工艺铅、锌含量低的电炉粉尘综合利用
	转底炉法		—	炼钢工艺各类电炉粉尘综合利用

4.6.2 大气污染防治最佳环境管理实践

- 新建除尘器运行 6 个月后，复核各个参数，其数值与原设计值相比衰减不大于 15%；
- 汽车运输除尘灰或尘泥时，采用吸引压送罐车密闭输送，避免输送过程中泄漏；
- 新、改、扩建转炉安装三次烟气除尘系统，或在厂房结构设计上预留安装位；

- 连铸中间包在拆包、倾翻时采用洒水抑尘，如条件许可，在建有除尘系统的密闭空间内作业；
- 钢渣运输、装卸、堆存和热闷作业过程中产生的粉尘具有间断性和瞬时性，安装高压喷雾管道和高压喷雾喷嘴抑尘；
- 合理控制炼钢工艺生产中萤石的用量，从源头削减氟化物。

4.6.3 水污染防治最佳环境管理实践

- 贯彻“节约与开源并重、节流优先、治污为本”的用水原则，全面推广“分质用水、串级用水、循环用水、一水多用、废水回用”的节水技术，提高水的重复利用率；
- 所有净环水处理系统采用旁滤及水质稳定加药措施，减少系统排污；
- 纯水冷却系统采用纯水闭路循环系统；
- 炼钢排水做到清污分流，按排水水质设置独立的处理系统；
- 连铸废水处理污泥脱水后的出水返连铸废水处理系统，不外排。

4.6.4 固体废物综合利用及处理处置最佳环境管理实践

- 炼钢工艺产生的固体废物全部收集，并在全厂范围内或厂外综合利用，严禁乱堆乱弃；
- 废油属于危险废物，委托有危险废物经营许可证的机构进行集中处置，并建立健全管理制度；
- 连铸工序产生的氧化铁皮经脱油脱脂预处理后返烧结工艺利用；
- 炼钢工艺安装在线监测仪，对废钢进行放射性物质监控，杜绝含放射性物质的废钢入炉；
- 对于废钢严格执行“三定”（一定场地、二定进/出料分开、三定专用场地专人负责包干）和“三专”（专用场地、专用隔离、专人监控）的操作制度，按品种规格和来源分别堆放管理；分选后的合格废钢和不合格废钢分别堆放；
- 对于分选出的不合格废钢（如含有橡胶制品、混凝土块、油质等），按不同的介质分别堆放、分类处理。

附件 3：

钢铁行业轧钢工艺污染防治最佳可行技术指南（试行）

前 言

为贯彻执行《中华人民共和国环境保护法》，加快建立环境技术管理体系，确保环境管理目标的技术可达性，增强环境管理决策的科学性，提供环境管理政策制定和实施的技术依据，引导污染防治技术进步和环保产业发展，根据《国家环境技术管理体系建设规划》，环境保护部组织制定污染防治技术政策、污染防治最佳可行技术指南、环境工程技术规范等技术指导文件。

本指南可作为钢铁行业轧钢工艺生产项目环境影响评价、工程设计、工程验收以及运营管理等环节的技术依据，是供各级环境保护部门、规划和设计单位以及用户使用的指导性技术文件。

本指南为首次发布，将根据环境管理要求及技术发展情况适时修订。

本指南由环境保护部科技标准司提出。

本指南起草单位：中冶建筑研究总院有限公司、北京市环境保护科学研究院、中钢集团天澄环保科技股份有限公司。

本指南由环境保护部解释。

1 总则

1.1 适用范围

本指南适用于具有轧钢工艺的钢铁生产企业。

1.2 术语和定义

1.2.1 最佳可行技术

是针对生产、生活过程中产生的各种环境问题，为减少污染物排放，从整体上实现高水平环境保护所采用的与某一时期技术、经济发展水平和环境管理要求相适应、在公共基础设施和工业部门得到应用、适用于不同应用条件的一项或多项先进、可行的污染防治工艺和技术。

1.2.2 最佳环境管理实践

是指运用行政、经济、技术等手段，为减少生产、生活活动对环境造成的潜在污染和危害，确保实现最佳污染防治效果，从整体上达到高水平环境保护所采用的管理活动。

2 生产工艺及污染物排放

2.1 生产工艺及产污环节

轧钢工艺是指以钢坯为原料，经备料、加热、轧制及精整处理，最终加工成成品钢材的生产过程。轧钢工艺主要分为热轧和冷轧，产品包括板带材、棒/线材、型材和管材等。典型的轧钢工艺流程见图1，各主要工序工艺流程及产污环节见图2。

2.2 污染物排放

轧钢工艺产生的污染包括大气污染、水污染、固体废物污染和噪声污染，其中水污染（冷轧废水）是主要环境问题。

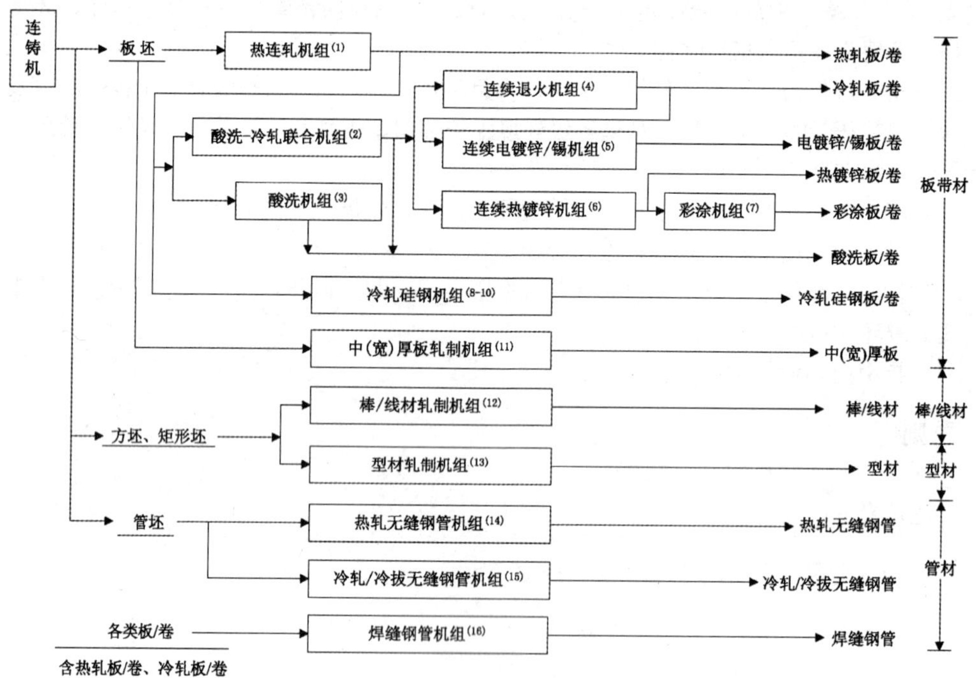

注：图中所示为碳钢产品生产工艺流程；在不锈钢产品生产中，为获得更好的产品质量，通常还需在轧制前/后进行退火、酸洗（硝酸+氢氟酸）等处理。

图 1　轧钢工艺流程

2.2.1 大气污染

轧钢工艺产生的大气污染为少量的燃烧废气（含烟尘、二氧化硫、氮氧化物等）、粉尘、油雾、酸雾、碱雾和挥发性有机废气（VOC）等。

2.2.2 水污染

轧钢工艺产生的废水分为热轧废水和冷轧废水，其中以冷轧废水为主。

热轧废水主要为轧制过程中的直接冷却废水，含有氧化铁皮及石油类污染物等，且温度较高；热轧废水还包括设备间接冷却排水、带钢层流冷却废水，以及热轧无缝钢管生产中产生的石墨废水等。

冷轧废水主要包括浓碱及乳化液废水、稀碱含油废水、酸性废水，还包括少量的光整废水、湿平整废水、重金属废水（如含六价铬、锌、锡等）和磷化废水等。

2.2.3 固体废物污染

轧钢工艺产生的固体废物主要为冷轧酸洗废液（包括盐酸废液、硫酸废液、硝酸-氢氟酸混酸废液），还包括除尘灰、水处理污泥（包括少量含铬污泥、含重金属污泥）、锌渣和废油（含处理含油废水中产生的废滤纸带）等，其中含铬污泥、含重金属污泥、锌渣及废油属危险废物。

2.2.4 噪声污染

轧钢工艺产生的噪声分为机械噪声和空气动力性噪声，主要噪声源包括各类轧机、剪切机、卷取机、矫直机、冷/热锯和鼓风机等。在采取噪声控制措施前，各主要噪声源源强通常在 85～130dB（A）之间。

轧钢工艺主要污染物及来源见表 1。

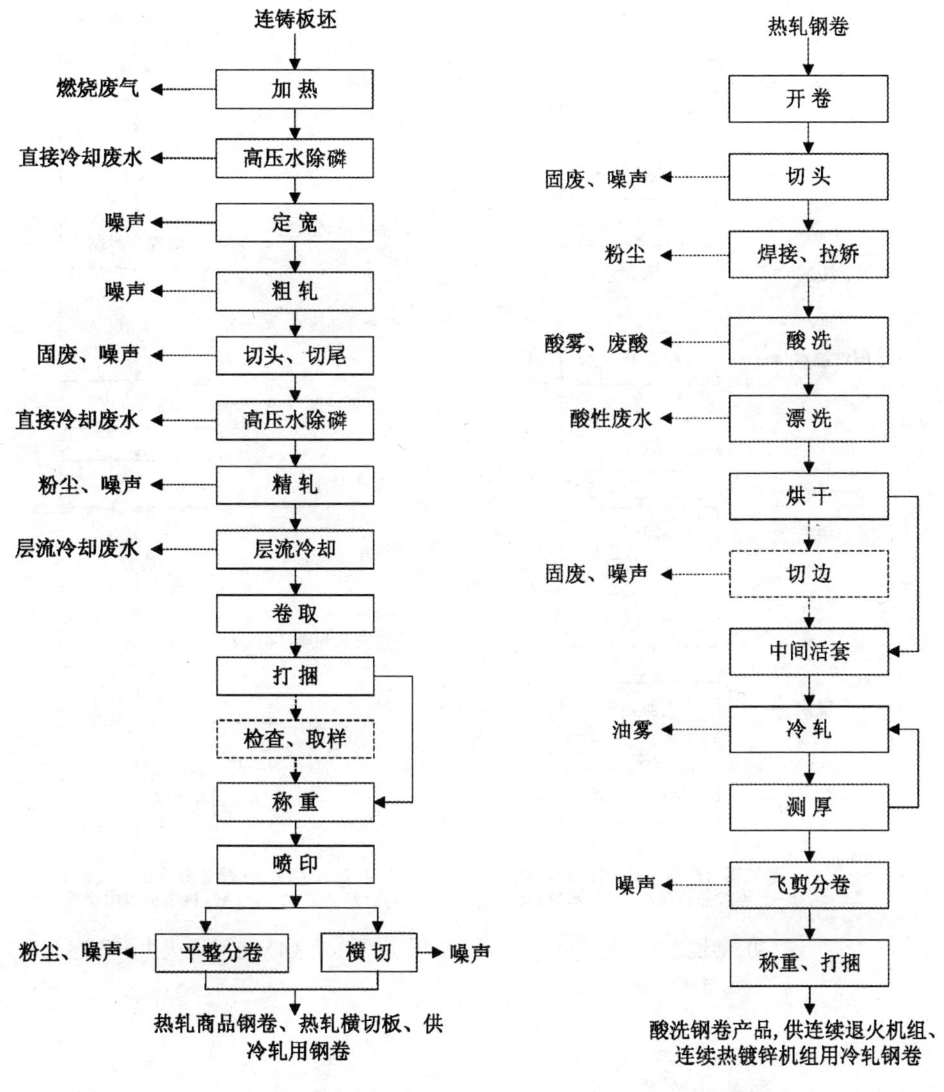

（1）热连轧生产工序　　（2）酸洗-冷轧联合生产工序

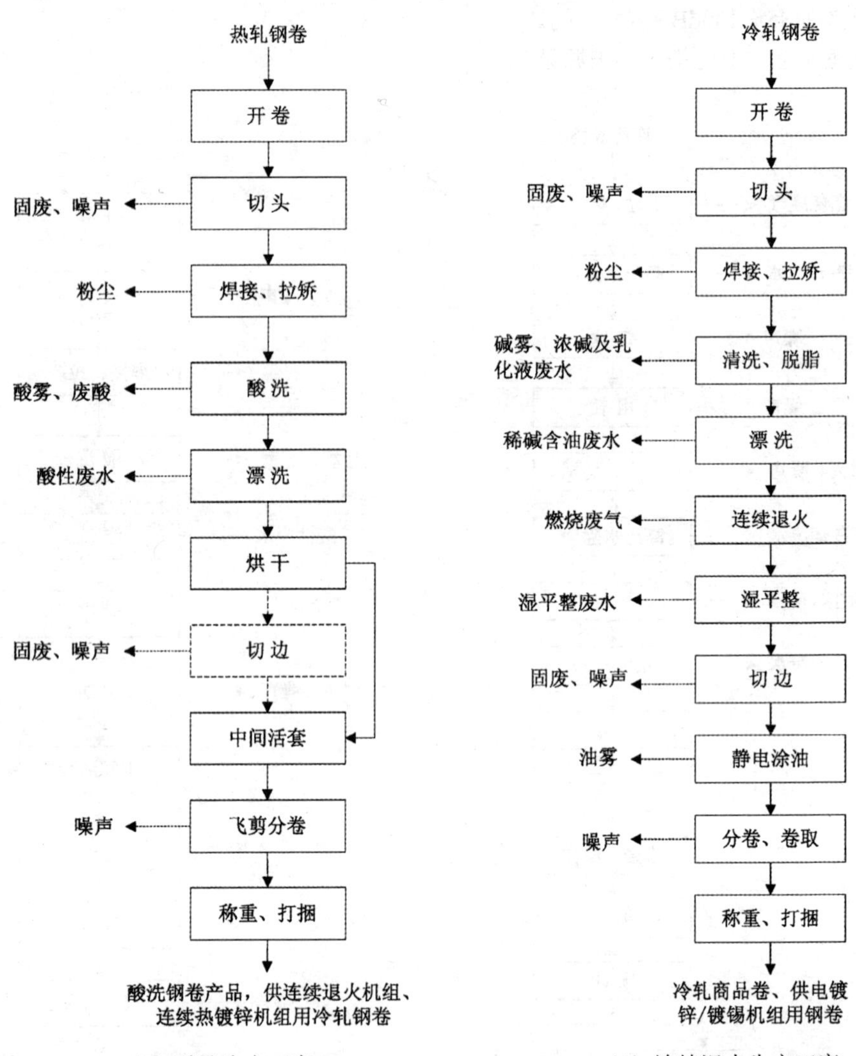

（3）酸洗生产工序　　（4）连续退火生产工序

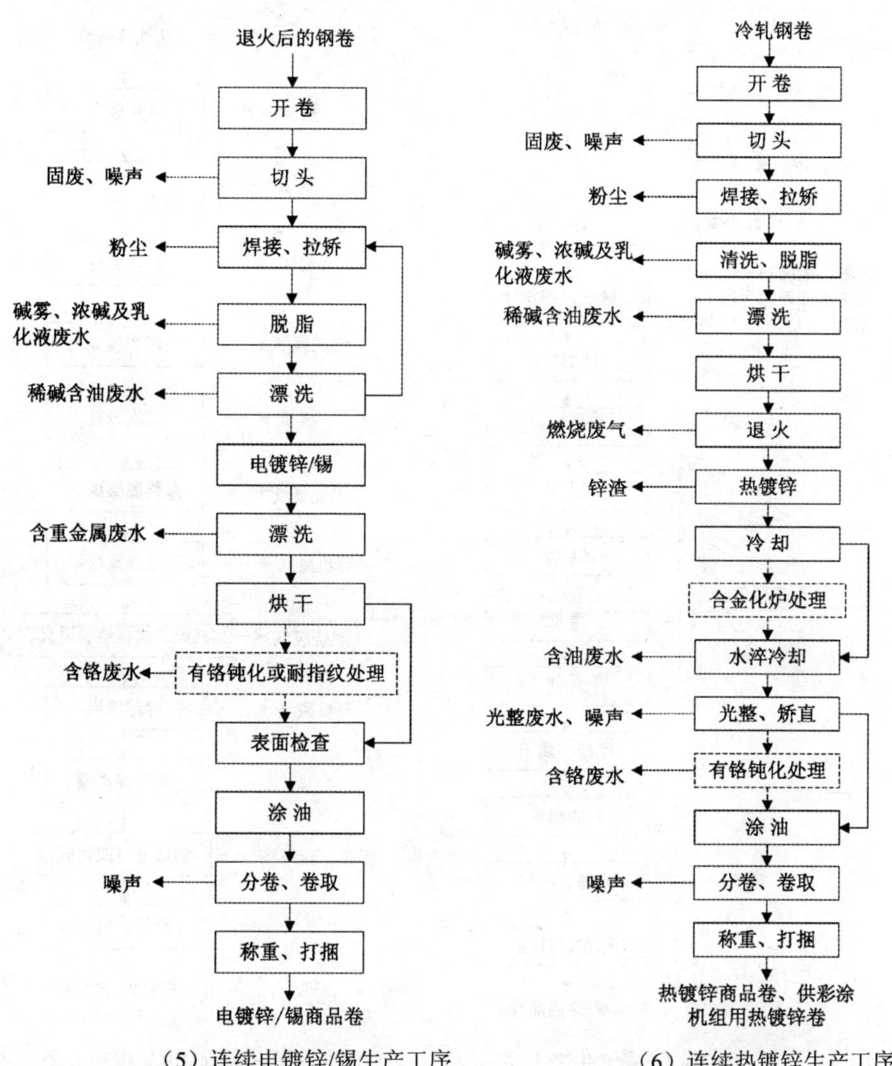

（5）连续电镀锌/锡生产工序

（6）连续热镀锌生产工序

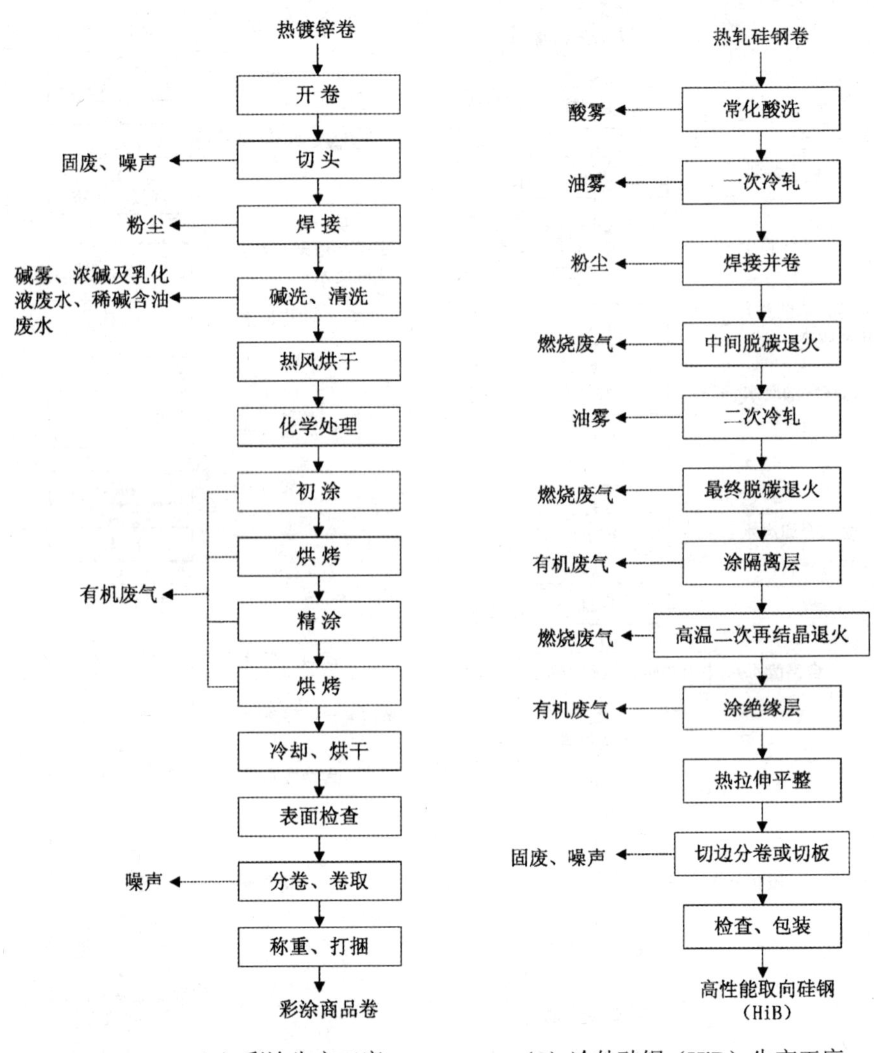

（7）彩涂生产工序　　（8）冷轧硅钢（HiB）生产工序

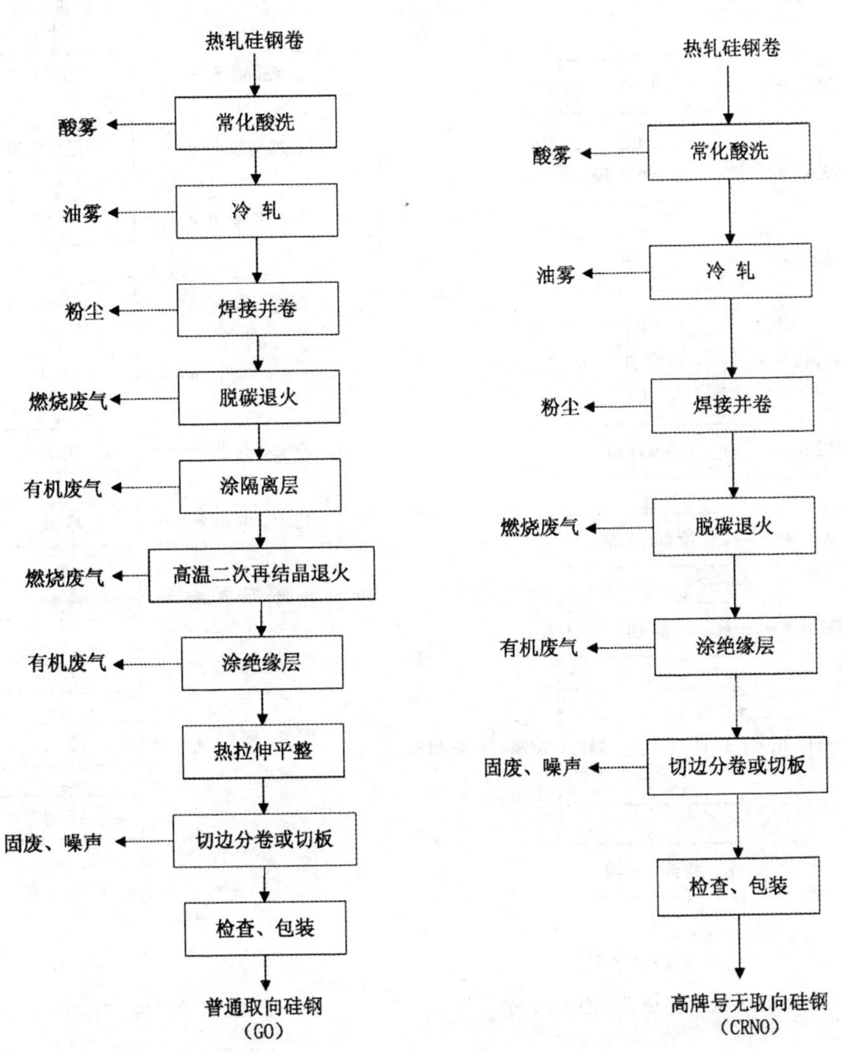

（9）冷轧硅钢（GO）生产工序

（10）冷轧硅钢（CRNO）生产工序

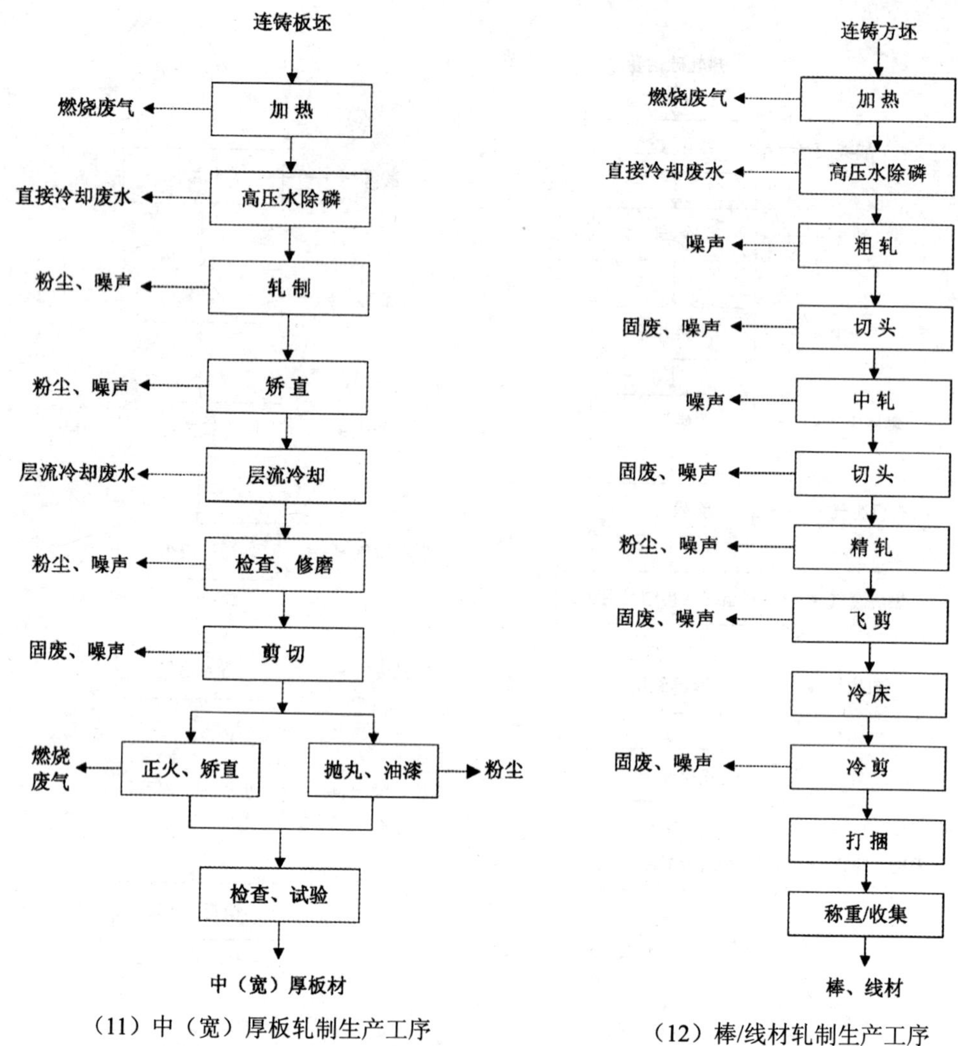

（11）中（宽）厚板轧制生产工序

（12）棒/线材轧制生产工序

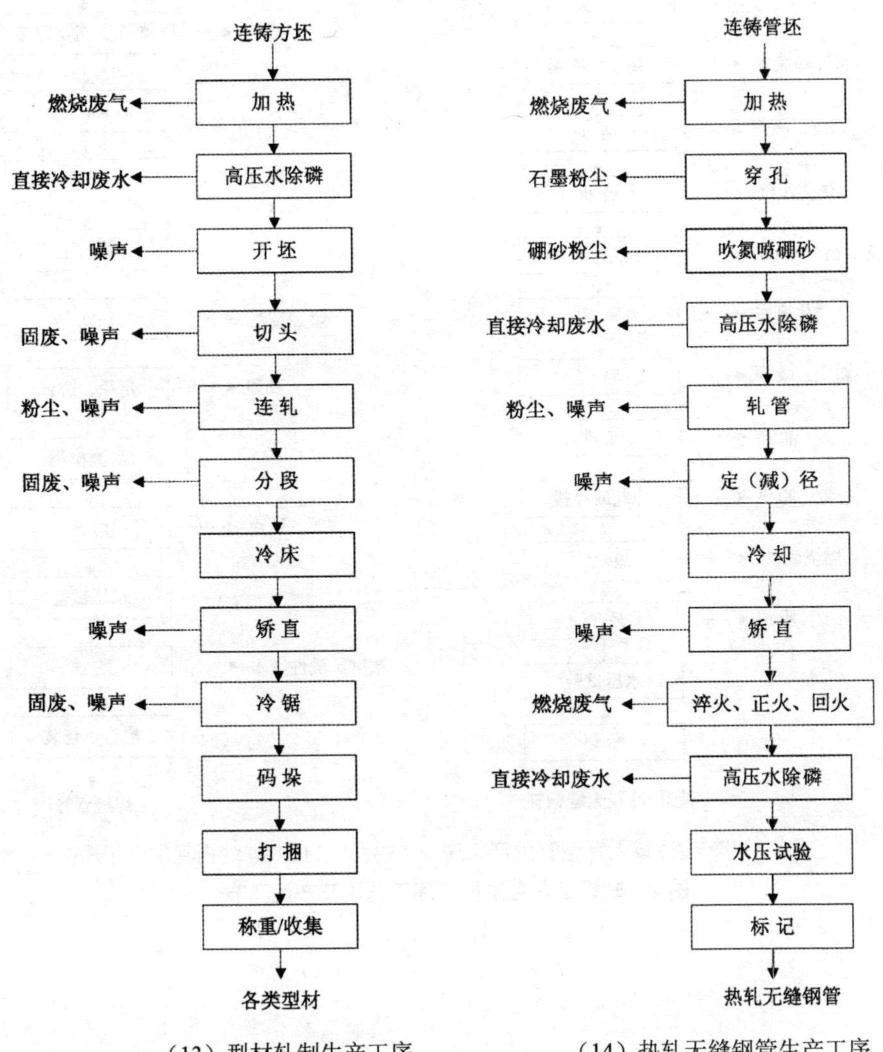

（13）型材轧制生产工序

（14）热轧无缝钢管生产工序

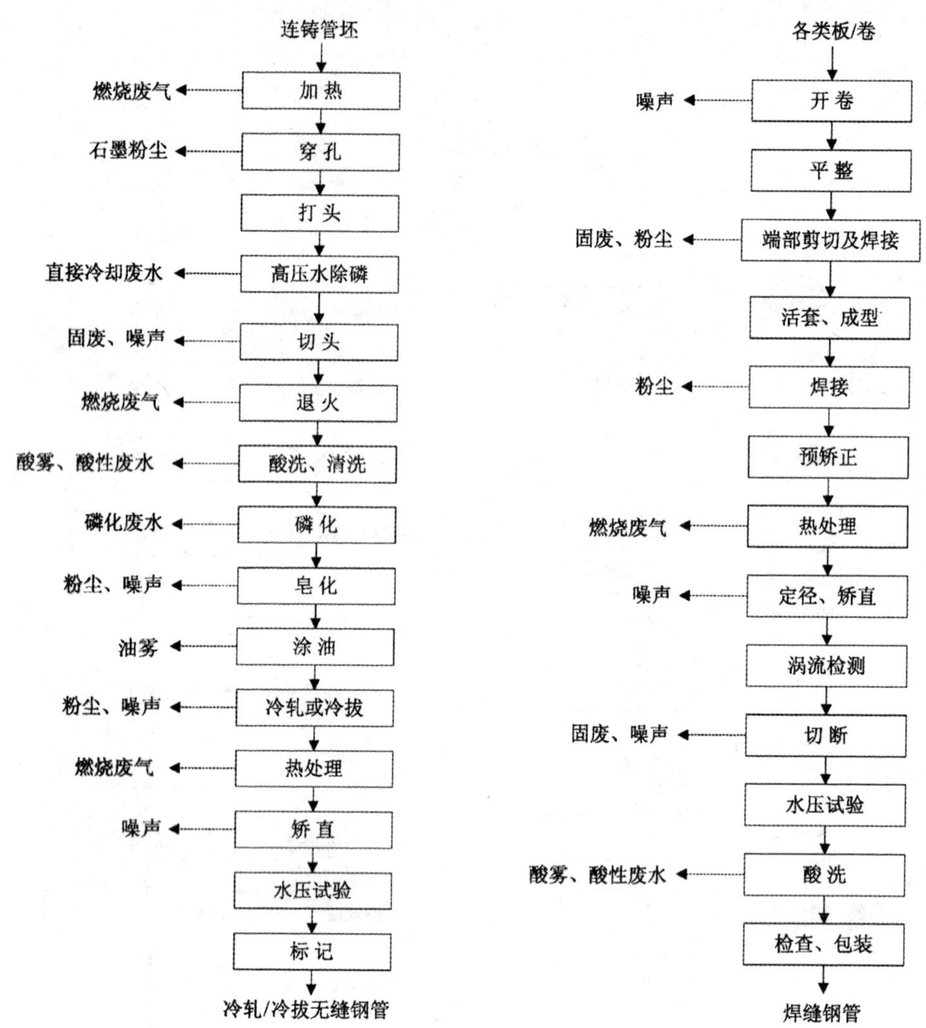

（15）冷轧/冷拔无缝钢管生产工序　　（16）焊缝钢管生产工序

图2　轧钢工艺各主要工序工艺流及产污环节

表 1　轧钢工艺主要污染物及来源

工序		废气						废水													固体废物					噪声
		燃烧废气[1]	粉尘	油雾	酸雾	碱雾	有机废气	直接冷却废水	间接冷却排水[2]	层流冷却废水	石墨废水	酸性废水	浓碱及乳化液废水	稀碱含油废水	光整废水	湿平整废水	磷化废水	含重金属废水			除尘灰	水处理污泥	废酸	废油	锌渣	
																		六价铬	Zn	Sn						
板材带材	热连轧机组	●	●	●				●	●	●											●	●		●		●
	酸洗-冷轧联合机组		●	●	●							●									●	●	●	●		●
	酸洗机组		●		●							●									●	●	●			●
	废酸再生机组[3]	●	●		●							●									●					●
	连续退火机组	●	●	●		●							●	●		●					●	●		●		●
	连续电镀锌机组		●			●							●	●				●[4]	●		●	●		●		●
	连续电镀锡机组		●			●							●	●				●[4]		●	●	●		●		●
	连续热镀锌机组	●	●			●							●	●	●			●[4]	●		●	●		●	●	●
	彩涂机组	●	●	●		●	●						●	●				●[4]			●	●		●		●
	冷轧硅钢机组	●	●	●	●		●					●									●	●	●	●		●
	中（宽）厚板轧制机组	●	●	●				●	●	●											●	●		●		●
棒材线材	棒/线材轧制机组	●	●	●				●	●													●		●		●
型材	型材轧制机组	●	●	●				●	●													●		●		●
管材	热轧无缝钢管机组	●	●	●				●	●		●										●	●		●		●
	冷轧/冷拔无缝钢管机组	●	●	●	●			●	●			●					●				●	●	●	●		●
	焊缝钢管机组	●	●	●	●							●									●	●	●	●		●
不锈钢产品		●	●	●	●	●		●	●	●	●	●	●	●	●	●	●	●[4]			●	●	●	●		●

注：[1] 燃烧废气通过工艺过程污染预防技术即可得到有效控制，通常无需治理；

[2] 间接冷却排水水质较好，通常经冷却处理即可返回系统循环使用；

[3] 废酸再生机组为酸洗废液的处理处置设备，属环保设备，但运行中有废气产生；

[4] 采用无铬钝化工艺无含铬废水产生。

3 钢工艺污染防治技术

3.1 工艺过程污染预防技术

3.1.1 加热炉/热处理炉污染减排技术

加热炉/热处理炉污染减排技术是在钢坯加热及热处理过程中，为节省燃料和减少污染物排放采用的一类技术，包括蓄热式燃烧技术、富氧燃烧技术、低氮氧化物燃烧技术和燃用低硫燃料等。各种技术的原理及特点见表 2。

该类技术适用于轧钢工艺各类加热炉及热处理炉（含退火炉、淬火炉、回火炉、正火炉和常化炉等）。

表 2 各种加热炉/热处理炉污染物减排技术原理及特点

技术名称	技术原理及特点
蓄热式燃烧技术	以高风温燃烧技术为核心，利用烟气或废气的余热预热助燃空气，可间接减少污染物排放
富氧燃烧技术	以含氧浓度高于 21%的富氧气体替代空气参与燃烧，加快燃烧速度、减少废气排放
低氮氧化物燃烧技术	采用低氮燃烧器、空气或燃料分级燃烧等方式，减少 NO_x 的产生与排放
燃用低硫燃料	燃用含硫率低的燃料，减少 SO_2 产生与排放

3.1.2 浅槽紊流酸洗技术

浅槽紊流酸洗技术是在浅槽酸洗的基础上，在槽内形成良好的紊流流态，强化酸洗效果。

该技术加强了酸洗中的紊流、热导率和物质传动，可缩短反应时间，减少酸雾的排放。

该技术适用于各类冷轧产品的酸洗处理。

3.1.3 低铬/无铬钝化技术

低铬/无铬钝化技术是以低浓度铬酸盐或钛盐、硅酸盐、钼盐等替代传统的高浓度铬酸盐进行钝化。

该技术可减轻或避免六价铬对环境的污染。

无铬钝化技术钝化后膜层的耐蚀性已接近甚至在某些方面超过铬酸盐钝化，但成本相对较高。

3.1.4 水基涂镀技术

水基涂镀技术是以水基涂料替代常规有机溶剂进行钢材表面的涂镀处理。

该技术可减少有毒有害气体排放，适用于对表面涂层要求不高的冷轧板带的彩涂处理。

3.2 大气污染治理技术

3.2.1 粉尘治理技术

3.2.1.1 塑烧板除尘技术

塑烧板除尘技术是利用塑烧板内部的多微孔结构阻留含尘废气中的粉尘，阻留下来的粉尘再经压缩空气反吹，落入灰斗进行收集。

该技术除尘效率高，维护费用低，但一次性投资较高。

该技术适用于轧钢工艺热轧工序火焰清理机和精轧机等设备的除尘。

3.2.1.2 袋式除尘技术

袋式除尘技术是利用纤维织物的过滤作用对含尘气体进行净化。

该技术除尘效率高，适用范围广，可附带去除吸附在颗粒物上的重金属。

该技术适用于轧钢工艺冷轧工序干式平整机、拉矫机、焊机、抛丸机、修磨机等设备的除尘，以及钢管穿孔吹氮喷硼砂工序、矫直及精整吸灰工序等的除尘。

3.2.1.3 湿式电除尘技术

湿式电除尘技术是以放电极和集尘极构成静电场，使进入的含尘气体被电离，荷电的含尘微粒向集尘极运动并被捕集，在集尘极释放电荷，并在水雾作用下冲入灰斗，排入循环水池。

该技术除尘效率大于95%，外排废气含尘浓度低于50 mg/m^3；但设备耗电量大，且有废水产生。

该技术适用于轧钢工艺热轧工序火焰清理机等设备的除尘。

3.2.2 酸雾、碱雾、油雾治理技术

3.2.2.1 湿法喷淋净化技术

湿法喷淋净化技术是利用水或吸收剂清洗或吸收酸、碱、油雾。

该技术除雾效果好，方法简单，操作方便。

该技术适用于轧钢工艺酸雾、碱雾和油雾的治理。

3.2.2.2 湿法喷淋+选择性催化还原（SCR）净化技术

湿法喷淋+选择性催化还原（SCR）净化技术是在湿法喷淋净化技术的基础上增加选择性催化还原处理来脱除氮氧化物，即利用氨（NH_3）对氮氧化物的还原作用，将氮氧化物还原为氮气和水。

该技术适用于轧钢工艺不锈钢酸洗产生的硝酸-氢氟酸混酸酸雾和混酸再生装置含酸尾气的治理。

3.2.2.3 过滤式净化技术

过滤式净化技术是利用滤网的阻留作用脱除废气中的油类物质。

该技术设备结构简单，操作方便，适用于轧钢工艺油雾的治理。

3.2.3 挥发性有机物（VOCs）净化技术

3.2.3.1 高温焚烧净化技术

高温焚烧净化技术是利用辅助燃料燃烧产生的热量，分解有机废气中的可燃有害物质。

该技术处理效率高，应用范围广，但处理中需消耗辅助燃料。

该技术适用于轧钢工艺有机废气的治理。

3.2.3.2 催化焚烧净化技术

催化焚烧净化技术是在催化剂的作用下，焚烧分解有机废气中的有害物质。

该技术处理效率高，起燃温度低，能耗小，适用于轧钢工艺有机废气的治理。

3.3 水污染治理技术

3.3.1 热轧废水治理技术

3.3.1.1 三段式热轧废水处理技术

三段式废水处理技术是废水先后流经一次沉淀池（旋流井）和二次沉淀池（平流沉淀池或斜板沉淀池）去除其中的大颗粒悬浮杂质和油质，出水进入高速过滤器，进一步对废水中的悬浮物和石油类污染物进行过滤，最后经冷却塔冷却后循环使用。

该技术可去除废水中的大部分氧化铁皮和泥沙，适用于轧钢工艺热轧直接冷却废水的处理。处理后的出水经冷却返回热轧浊环水系统循环使用。

3.3.1.2 稀土磁盘热轧废水处理技术

稀土磁盘热轧废水处理技术是通过磁场力的作用，去除废水中的可磁化悬浮物。

该技术不添加化学药剂，避免二次污染；占地面积小，工艺流程短，投资低。

该技术适用于轧钢工艺热轧直接冷却废水的处理。处理后的出水经冷却返回热轧浊环水系统循环使用。

3.3.1.3 两段式热轧废水处理技术

两段式热轧废水处理技术是利用一次铁皮沉淀池与化学除油器组合的方式进行废水的处理。

该技术出水悬浮物浓度低于 30 mg/L，石油类污染物浓度低于 5 mg/L；但沉降效果不稳定，出水水质波动大。

3.3.1.4 旁滤冷却层流冷却废水处理技术

旁滤冷却层流冷却废水处理技术是针对层流冷却系统对水质要求不高的特点，仅对层流冷却后的部分废水进行过滤、冷却处理；处理后的出水再与未经处理的层流冷却废水混合，返回层流冷却系统循环使用。

该技术可减少废水中污染物含量、降低水温，出水水质可达到层流冷却回用水要求。

3.3.1.5 混凝沉淀石墨废水处理技术

混凝沉淀石墨废水处理技术是通过投加混凝剂使废水中的悬浮物以絮状沉淀物形式从废水中分离。

该技术处理后的出水悬浮物浓度低于 200 mg/L，出水与清水混合后可返回浊环水系统循环使用。

3.3.2 冷轧废水治理技术

冷轧废水治理通常采用分质预处理与综合处理结合的方式。根据不同水质，通常采用超滤、化学破乳、化学还原沉淀、化学沉淀、中和等预处理技术；综合处理常采用生化处理技术和混凝沉淀处理技术等。

3.3.2.1 超滤预处理技术

超滤预处理技术是利用超滤膜只透过小分子物质的特性，截留废水中的悬浮物、胶体、油类等物质。

该技术适用于轧钢工艺浓碱及乳化液废水、光整废水和湿平整废水的预处理。

3.3.2.2 化学破乳预处理技术

化学破乳预处理技术是通过投加化学药剂使废水中的乳化液脱稳，在混凝剂或气浮作用下从水体中分离。

该技术适用于轧钢工艺浓碱及乳化液废水的预处理，破乳处理前需调节 pH 值。

3.3.2.3 化学还原沉淀预处理技术

化学还原沉淀预处理技术是在酸性条件下，将六价铬还原成三价铬，再调节 pH 值使三价铬以难溶于水的氢氧化铬沉淀形式从废水中分离。

该技术适用于轧钢工艺含铬废水的预处理。

3.3.2.4 化学沉淀预处理技术

化学沉淀预处理技术是将废水中的重金属物质转化为相应的难溶性沉淀从水体中分离。

该技术适用于轧钢工艺重金属（主要是锌、锡）废水的预处理。

3.3.2.5 中和预处理技术

中和预处理技术是向混合后的酸、碱废水中投加碱类或酸类物质，调节废水的 pH 值。

该技术适用于轧钢工艺酸性废水、磷化废水的预处理及各类冷轧废水预处理前的 pH 值调节。

3.3.2.6 生化处理技术

生化处理技术是利用微生物的新陈代谢作用，降解废水中的有机物。轧钢工艺废水处理中常采用的生化处理技术主要有膜生物反应器（MBR）和生物滤池等。

生化处理技术适用于轧钢工艺浓碱及乳化液废水、光整废水和湿平整废水预处理后的综合处理，以及稀碱含油废水的处理。

3.3.2.7 混凝沉淀处理技术

混凝沉淀技术是通过投加絮凝剂，使水体中的悬浮物胶体及分散颗粒在分子力的作用下生成絮状体沉淀从水体中分离。

该技术适用于轧钢工艺冷轧废水的综合处理。

3.4 固体废物综合利用及处理处置技术

3.4.1 酸洗废液再生技术

轧钢产品酸洗中，碳钢产品主要采用盐酸酸洗工艺，酸洗后的废酸采用喷雾焙烧等技术进行再生处理；还有少部分产品采用硫酸酸洗工艺，酸洗后的废酸采用蒸喷真空结晶、冷冻结晶和浸没燃烧等技术回收硫酸亚铁。

不锈钢产品通常采用硝酸-氢氟酸混酸酸洗工艺，酸洗后的废酸采用喷雾焙烧和减压蒸发等技术进行再生处理。

3.4.1.1 喷雾焙烧废酸再生技术

喷雾焙烧废酸再生技术是将废酸液喷入焙烧炉中与高温气体通过逆流方式接触，蒸发分解生成氧化铁粉末和酸性气体，再利用水吸收酸性气体制成再生酸，返回酸洗机组继续使用；氧化铁粉经收集后综合利用。

该技术操作稳定，生成的氧化铁粉呈空心球形，粒径较小，可用作生产磁性材料等。

该技术适用于轧钢工艺废酸（主要为盐酸废液、硝酸-氢氟酸混酸废液）的再生处理。

3.4.1.2 减压蒸发废酸再生技术

减压蒸发废酸再生技术是在真空状态下低温蒸发、冷凝回收混酸酸液，再利用硫酸置换金属盐中的硝酸与氢氟酸并进行回收。

该技术对硝酸和氢氟酸的回收率均大于95%，同时还可回收硫酸亚铁。

该技术适用于轧钢工艺硝酸-氢氟酸混酸废液的再生处理。

3.4.2 其他固体废物综合利用及处理处置技术

轧钢工艺中产生的废钢可用作电炉炼钢原料或转炉炼钢冷却剂；各类干式除尘器收集的除尘灰，可用作烧结工艺配料；高压水除磷产生的氧化铁皮，可用作生产还原铁粉原料、造球用作炼钢冷却剂或焙烧用作烧结配料；水处理中产生的污泥，经板框压滤机脱水处理后，焙烧用作烧结配料。

3.5 噪声污染治理技术

噪声污染主要从声源、传播途径和受体防护三个方面进行防治。尽可能选用低噪声设备，采用设备消声、隔振、减振等措施从声源上控制噪声。采用隔声、吸声、绿化等措施在传播途径上降噪。

3.6 轧钢工艺污染防治新技术

3.6.1 钢带铸造技术

钢带铸造技术是将熔融的钢水引至成对的铸造辊之间进行冷却凝固形成钢带。该技术实现了铸造钢带的直接冷轧，可缩短液态钢到最终产品的生产周期，减少中间环节的污染物排放。

3.6.2 催化氧化废水处理技术

催化氧化废水处理技术是利用强氧化剂的氧化性和活性炭等催化剂的催化作用，将光整废水或湿平整废水中的高分子有机物分解为二氧化碳和水。

该技术适用于光整废水或湿平整废水的处理。

3.6.3 隔膜渗析酸洗废液处理技术

隔膜渗析酸洗废液处理技术是利用离子交换膜只允许通过一种离子的特性分离废酸中的硫酸亚铁，分离后得到的酸液可返回酸洗工段继续使用。

4 钢工艺污染防治最佳可行技术

4.1 轧钢工艺污染防治最佳可行技术概述

按整体性原则，从设计时段的源头污染预防到生产时段的污染防治，依据生产工序的产污节点和技术经济适宜性，确定最佳可行技术组合。

钢铁行业轧钢工艺污染防治最佳可行技术组合见图 3。

4.2 工艺过程污染预防最佳可行技术

轧钢工艺过程污染预防最佳可行技术见表 3。

表 3 轧钢工艺过程污染预防最佳可行技术

最佳可行技术	技 术 特 点	技 术 适 用 性
加热炉/热处理炉污染物减排技术（含蓄热式燃烧、富氧燃烧、低氮氧化物燃烧、燃用低硫燃料）	降低燃烧废气中大气污染物浓度，其中使用低硫燃料时要求焦炉煤气含硫率≤200 mg/m^3	轧钢工艺各类加热炉及热处理炉
浅槽紊流（喷流）酸洗技术	提高酸洗速度，减少酸雾产生量	轧钢工艺冷轧酸洗处理
低铬/无铬钝化技术	减少或消除含铬废水、含铬污泥的产生量	轧钢工艺镀锌/锡板卷、彩涂板卷的钝化处理
水基涂镀技术	减少挥发性有机废气的产生量	轧钢工艺对表面涂层要求不高的彩涂板生产

4.3 大气污染治理最佳可行技术

4.3.1 粉尘治理最佳可行技术

4.3.1.1 塑烧板除尘技术

4.3.1.1.1 最佳可行工艺参数

烟温低于 200℃，过滤风速 0.8～2 m/min，设备阻力 1 300～2 200 Pa；采用 0.4～0.6 MPa 压缩空气反吹清灰。

4.3.1.1.2 污染物削减和排放

除尘效率大于 99%，外排废气含尘浓度 10～20 mg/m^3。

4.3.1.1.3 二次污染及防治措施

采用该技术收集的粉尘经卸灰后，可用作烧结配料。

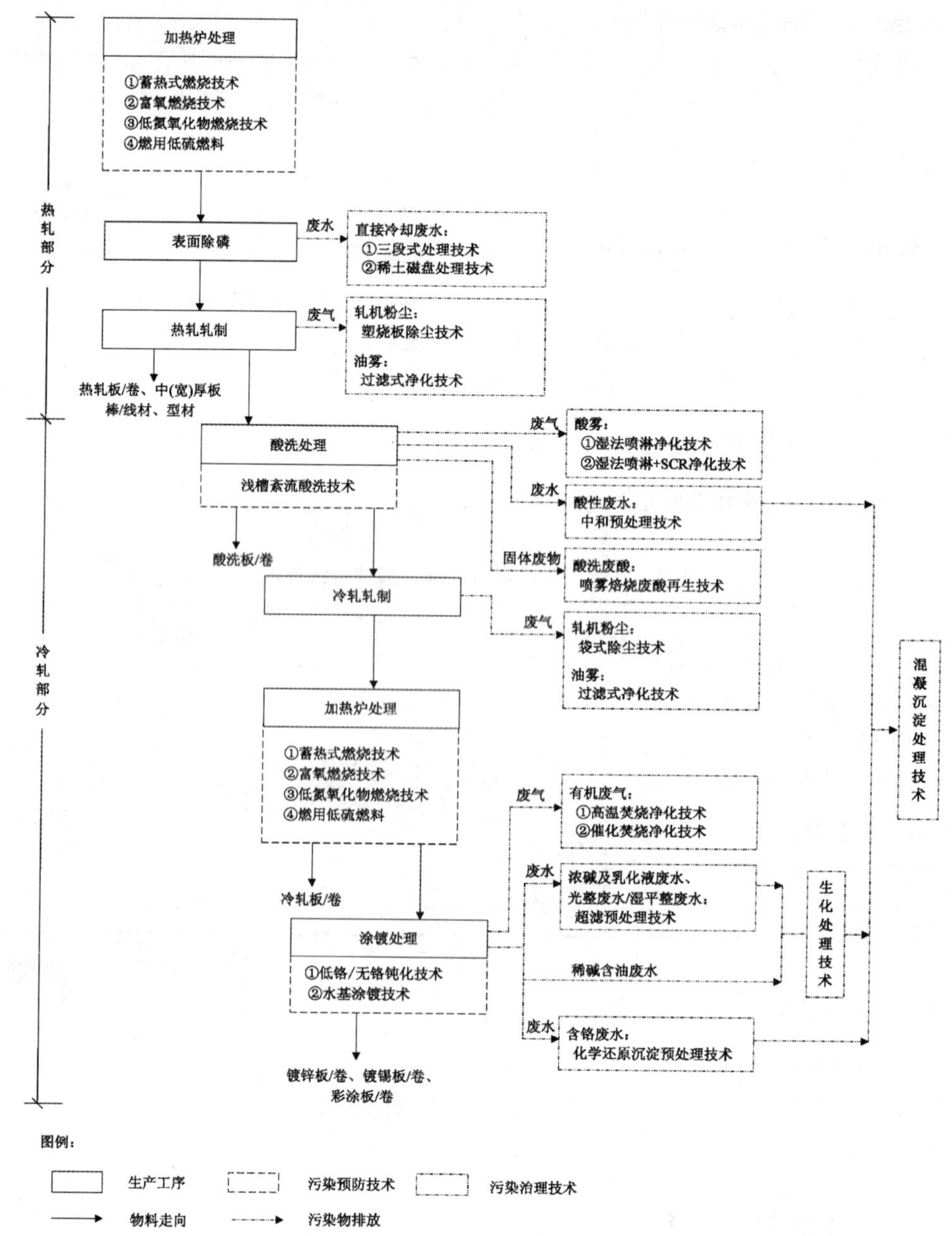

图3　钢铁行业轧钢工艺污染防治最佳可行技术组合

4.3.1.1.4 技术经济适用性

因塑烧板价格偏高，该技术的一次性投资较湿式电除尘高约20%；但该技术不用水，无需进行污水处理，运行费用较低。

该技术适用于轧钢工艺热轧工序火焰清理机及精轧机等设备的除尘。

4.3.1.2 袋式除尘技术

4.3.1.2.1 最佳可行工艺参数

脉冲袋式除尘的过滤速度通常为 0.5～2 m/min，设备阻力损失 980～1 700 Pa。

烟气温度低于 120℃时，可选用涤纶绒布和涤纶针刺毡；烟气温度为 120～250℃时，可选用石墨化玻璃丝布；为进一步提高除尘效率，还可选用覆膜滤料。

4.3.1.2.2 污染物削减和排放

对粒径大于 0.1μm 的微粒，去除率大于 99%，外排废气含尘浓度低于 20 mg/m^3。

4.3.1.2.3 二次污染及防治措施

采用该技术收集的粉尘经卸灰后，可用作烧结配料。

4.3.1.2.4 技术经济适用性

该技术除尘效率高，适用范围广，并可附带去除吸附在颗粒物上的重金属。

该技术适用于轧钢工艺冷轧工序干式平整机、拉矫机、焊机、抛丸机、修磨机等设备的除尘，以及钢管穿孔吹氮喷硼砂工序中产生的硼砂粉尘、矫直及精整吸灰等的除尘。

4.3.2 酸雾、碱雾、油雾治理最佳可行技术

4.3.2.1 湿法喷淋净化技术

4.3.2.1.1 最佳可行工艺参数

喷淋装置可采用洗涤塔或填料洗涤塔型式，装置内部断面气流速度 0.6～1.5 m/s。

4.3.2.1.2 污染物削减和排放

用水喷淋、清洗的净化效率大于 90%；用碱液净化酸雾的净化效率大于 95%。

外排废气中酸、碱含量低于 10 mg/m^3。

4.3.2.1.3 二次污染及防治措施

洗涤后气体中的酸、碱类物质进入洗涤废水，洗涤废水送冷轧废水预处理单元与酸性废水一同处理。

4.3.2.1.4 技术经济适用性

该技术除雾效果好，方法简单，操作方便；适用于轧钢工艺酸雾、碱雾的净化。

4.3.2.2 湿法喷淋+选择性催化还原（SCR）净化技术

4.3.2.2.1 最佳可行工艺参数

湿法喷淋装置采用洗涤塔或填料洗涤塔形式，断面气流速度 0.6～1.5 m/s；SCR 装置以五氧化二钒等作为催化剂，氨的逃逸浓度低于 2.5 mg/m^3。

4.3.2.2.2 污染物削减和排放

湿法喷淋装置中氢氟酸净化效率大于 90%，硝酸净化效率大于 60%；SCR 装置的脱硝效率最高可达 90%；处理后外排废气中硝酸雾浓度低于 150 mg/m^3，氟化物浓度低于 6mg/m^3。

4.3.2.2.3 二次污染及防治措施

洗涤后气体中的酸、碱类物质进入洗涤废水，洗涤废水送冷轧废水预处理单元与酸

性废水一同处理。

4.3.2.2.4 技术经济适用性

该技术适用于轧钢工艺不锈钢产品生产中硝酸-氢氟酸混酸酸雾的治理。

4.3.2.3 过滤式净化技术

4.3.2.3.1 最佳可行工艺参数

滤网规格 60～200 目/cm^2，换气次数 5～20 次/h。

4.3.2.3.2 污染物削减和排放

净化效率大于 80%，外排废气中油类物质浓度低于 30 mg/m^3。

4.3.2.3.3 二次污染及防治措施

处理中收集的废油属危险废物，用密闭容器收集，委托有危险废物经营许可证的机构集中处置。

4.3.2.3.4 技术经济适用性

该技术设备结构简单，操作方便，适用于轧钢工艺油雾的治理。

4.3.3 有机废气治理最佳可行技术

4.3.3.1 高温焚烧净化技术

4.3.3.1.1 最佳可行工艺参数

焚烧温度高于 700℃，停留时间大于 2 秒；同时控制进入装置有机废气浓度低于其爆炸极限下限的 25%。

4.3.3.1.2 污染物削减和排放

处理效率大于 95%。

4.3.3.1.3 二次污染及防治措施

有机废气完全燃烧后生成二氧化碳和水。

4.3.3.1.4 技术经济适用性

该技术处理效率高，应用范围广，但处理中需消耗辅助燃料。

该技术适用于轧钢工艺有机废气的治理。

4.3.3.2 催化焚烧净化技术

4.3.3.2.1 最佳可行工艺参数

以铂、钯等作为催化剂，催化起燃温度可降至 230～370℃；控制进入装置的有机废气浓度低于其爆炸极限下限的 25%。

4.3.3.2.2 污染物削减和排放

净化效率大于 98%。

4.3.3.2.3 二次污染及防治措施

有机废气燃烧后生成二氧化碳和水。

4.3.3.2.4 技术经济适用性

该技术处理效率高，起燃温度低，能耗小，适用于轧钢工艺有机废气的治理。

4.3.4 轧钢工艺大气污染治理最佳可行技术及主要技术指标

轧钢工艺废气治理最佳可行技术及主要技术指标见表 4。

表 4　轧钢工艺大气污染治理最佳可行技术

污染物	最佳可行技术	主要技术指标	技术适用性
粉尘	塑烧板除尘技术	除尘效率≥99%，出口粉尘浓度≤20 mg/m^3，烟气温度≤200℃	热轧机组、中（宽）厚板轧制机组等设备产生的含湿量较高、含油且颗粒较细粉尘的治理
	袋式除尘技术	对粒径大于 0.1 μm 的微粒，去除率≥99%，出口粉尘浓度≤20 mg/m^3	酸洗-冷轧联合机组、连续退火机组、热镀锌机组、电镀锌/锡机组、冷轧硅钢机组等设备粉尘的治理
酸雾碱雾油雾	湿法喷淋净化技术	净化效率≥90%；以吸附剂净化酸雾，净化效率≥95%；出口酸、碱类物质浓度≤10 mg/m^3	酸洗机组、酸洗-冷轧联合机组、冷轧硅钢机组等设备酸洗工段酸雾的治理；连续退火机组、电镀锌/锡机组、热镀锌机组等设备脱脂工段碱雾的治理；废酸再生机组经吸收塔吸收后的尾气的治理
	湿法喷淋+SCR 净化技术	出口硝酸雾（以 NO_2 计）浓度≤150 mg/m^3，氟化物（以 F 计）浓度≤6 mg/m^3	不锈钢产品酸洗工段硝酸-氢氟酸混酸酸雾的治理
	过滤式净化技术	净化效率≥80%，出口石油类污染物浓度≤30 mg/m^3	冷轧轧机、湿平整机等设备产生油雾的治理
有机废气	高温焚烧技术	焚烧温度高于 700℃，停留时间大于 2 秒；同时控制进入装置有机废气浓度低于其爆炸极限下限的 25%；净化效率大于 95%	彩涂机组、冷轧硅钢机组等设备有机废气的治理
	催化焚烧技术	以铂、钯等作为催化剂，催化起燃温度可降至 230～370℃；控制进入装置有机废气浓度低于其爆炸极限下限的 25%；净化效率大于 98%	彩涂机组、冷轧硅钢机组等设备有机废气的治理

4.4 水污染治理最佳可行技术

4.4.1 热轧废水处理最佳可行技术

4.4.1.1 三段式热轧废水处理技术

4.4.1.1.1 最佳可行工艺参数

一次沉淀：旋流池水力负荷 25～30 m^3/（m^2·h），停留时间 8～10 min；

二次沉淀：采用平流沉淀池时，水力负荷 1～3 m^3/（m^2·h），停留时间 1～3 h；采用斜板沉淀池时，水力负荷 3～5 m^3/（m^2·h），停留时间约 0.5 h。

4.4.1.1.2 污染物削减和排放

出水悬浮物浓度低于 20 mg/L，石油类污染物浓度低于 3 mg/L。

4.4.1.1.3 二次污染及防治措施

处理后收集的污泥经压滤、脱水处理后，焙烧用作烧结配料，避免随意处置对环境的影响。

出水经冷却后返回热轧浊环水系统循环使用。

4.4.1.1.4 技术经济适用性

该技术可去除废水中的大部分氧化铁皮和泥沙，适用于轧钢工艺热轧直接冷却废水的处理。

4.4.1.2 稀土磁盘热轧废水处理技术

4.4.1.2.1 最佳可行工艺参数

磁盘用永磁稀土制成，磁盘转速 0.125～5 r/min，处理量 200～3 000 m^3/h，进口悬浮物浓度低于 400 mg/L。

4.4.1.2.2 污染物削减和排放

出水悬浮物浓度低于 30 mg/L，石油类浓度低于 3 mg/L，废水循环利用率大于 95%。

4.4.1.2.3 二次污染及防治措施

处理后收集的污泥经压滤、脱水处理后，焙烧用作烧结配料，避免随意处置对环境的影响；

出水经冷却后应返回热轧浊环水系统循环使用。

4.4.1.2.4 技术经济适用性

该技术不添加化学药剂，可避免二次污染；占地面积小，工艺流程短，投资小；适用于轧钢工艺热轧机组直接冷却废水的处理。

4.4.2 冷轧废水预处理最佳可行技术

4.4.2.1 超滤预处理技术

4.4.2.1.1 最佳可行工艺参数

滤膜采用无机陶瓷膜，操作压力低于 0.8 MPa，渗透率 50～120 L/（m^2·h），并在处理前用机械除油设备（如撇油机等）去除表层浮油；进入滤膜的废水温度宜低于 60℃。

4.4.2.1.2 污染物削减和排放

超滤系统出水 COD 浓度低于 400 mg/L。

4.4.2.1.3 二次污染及防治措施

经机械除油设备及超滤装置收集的废油属危险废物，用密闭容器收集，委托有危险废物经营许可证的机构集中处置；出水送冷轧废水生化处理单元继续处理。

4.4.2.1.4 技术经济适用性

该技术适用于轧钢工艺冷轧浓碱及乳化液废水、光整废水和湿平整废水的预处理。

4.4.2.2 化学还原沉淀预处理技术

4.4.2.2.1 最佳可行工艺参数

优先采用碳钢酸洗废酸或亚硫酸氢钠进行还原处理；还原池 pH 值 2～4，停留时间

15～20 min，氧化还原电位（ORP）约 300 mV；并应严格控制投药量，监控反应槽出口处重金属物质的含量，当六价铬浓度低于 0.5 mg/L 时，才能进入中和单元继续处理，否则废水必须返回系统中重新处理。

4.4.2.2.2 污染物削减和排放

出水六价铬浓度可低于 0.5 mg/L。

4.4.2.2.3 二次污染及防治措施

废水处理产生的含铬污泥属危险废物，经压滤、脱水处理后，委托有危险废物经营许可证的机构集中处置；出水送冷轧废水混凝沉淀处理单元继续处理。

4.4.2.2.4 技术经济适用性

该技术适用于轧钢工艺低浓度含铬废水的预处理。

4.4.2.3 中和预处理技术

4.4.2.3.1 最佳可行工艺参数

选用石灰、石灰石、白云石或废酸等作中和剂；小型冷轧厂也可采用氢氧化钠作中和剂。

4.4.2.3.2 污染物削减和排放

出水 pH 值 6～9。

4.4.2.3.3 二次污染及防治措施

处理中产生的污泥经压滤、脱水处理后，分别按一般工业固体废物（碳钢产品水处理污泥）或危险废物（不锈钢产品含重金属的水处理污泥）进行处理处置；出水送冷轧废水混凝沉淀处理单元继续处理。

4.4.2.3.4 技术经济适用性

该技术适用于冷轧酸洗和漂洗工段酸性废水的预处理及各类冷轧废水预处理前的 pH 值调节。

4.4.3 冷轧废水综合处理最佳可行技术

4.4.3.1 生化处理技术

4.4.3.1.1 最佳可行工艺参数

可采用膜生物反应器或生物滤池等生化处理技术，生化池好氧段水温 20～30℃，pH 6.5～8.5。

4.4.3.1.2 污染物削减和排放

出水 COD 浓度低于 70 mg/L。

4.4.3.1.3 二次污染及防治措施

处理中产生的污泥经压滤、脱水处理后，按一般工业固体废物（碳钢产品水处理污泥）或危险废物（不锈钢产品含重金属的水处理污泥）进行处理处置；出水送冷轧废水混凝沉淀处理单元继续处理。

4.4.3.1.4 技术经济适用性

膜生物反应器处理效率高，出水水质好，设备紧凑，占地面积小，易实现自动控制，运行管理简单；但膜组件需要定期清洗和更换，运行成本较高。生物滤池处理效率高，维护方便，能耗低；但系统抗冲击负荷能力较差，运行效果不稳定。

该技术适用于轧钢工艺浓碱及乳化液废水、光整废水和湿平整废水预处理后出水的综合处理，以及稀碱含油废水的处理。

4.4.3.2 混凝沉淀处理技术

4.4.3.2.1 最佳可行工艺参数

絮凝剂通常选用聚丙烯酰胺（PAM），投药量 1～3 mg/L，停留时间 3～5 min。

4.4.3.2.2 污染物削减和排放

出水悬浮物浓度低于 30 mg/L。

4.4.3.2.3 二次污染及防治措施

处理中产生的污泥经压滤、脱水处理后，按一般工业固体废物（碳钢产品水处理污泥）或危险废物（不锈钢产品含重金属的水处理污泥）进行处理处置。

4.4.3.2.4 技术经济适用性

该技术适用于轧钢工艺冷轧废水的综合处理。

4.4.4 轧钢工艺水污染治理最佳可行技术及适用性

轧钢工艺水污染治理最佳可行技术及适用性见表 5。

表 5 轧钢工艺水污染治理最佳可行技术及适用性

污染物类别		最佳可行技术	技术适用性
热轧废水	直接冷却废水	三段式处理技术	热连轧机组、中（宽）厚板轧制机组、棒/线材轧制机组、型材轧制机组等设备直接冷却废水的处理
		稀土磁盘处理技术	热连轧机组、中（宽）厚板轧制机组、棒/线材轧制机组、型材轧制机组等设备直接冷却废水的处理
冷轧废水	浓碱及乳化液废水	超滤+生化+混凝沉淀	连续退火机组、热镀锌机组、电镀锌/锡机组、彩涂机组等设备脱脂工段浓碱及乳化液废水的处理
	稀碱含油废水	生化+混凝沉淀	连续退火机组、热镀锌机组、电镀锌/锡机组、彩涂机组等设备漂洗工段稀碱含油废水的处理
	光整废水、湿平整废水	超滤+生化+混凝沉淀	热镀锌机组光整工段光整废水的处理、连续退火机组湿平整工段湿平整废水的处理
	含铬废水	化学还原沉淀+混凝沉淀	热镀锌机组、电镀锌/锡机组等设备钝化工段含铬废水的处理
	酸性废水	中和+混凝沉淀	酸洗机组、酸洗-冷轧联合机组、冷轧/冷拔无缝钢管机组、焊缝钢管机组等设备酸洗及漂洗工段酸性废水的处理

4.5 固体废物综合利用及处理处置最佳可行技术

4.5.1 喷雾焙烧酸洗废液再生技术

4.5.1.1 最佳可行工艺参数

反应炉炉顶温度约500℃，炉体温度约650℃。

4.5.1.2 污染物削减和排放

用于盐酸废液的处理，盐酸回收率大于 99%；用于硝酸-氢氟酸混酸废液的处理，氢氟酸回收率大于97%，硝酸回收率大于60%，金属盐回收率大于90%。

4.5.1.3 二次污染及防治措施

酸洗废液经吸收塔吸收后，会有少量酸性尾气（酸雾）排出，此部分尾气需采用湿法喷淋净化技术（盐酸废液再生）或湿法喷淋+SCR净化技术（硝酸-氢氟酸混酸废液再生）进行治理；回收氧化铁粉末可用于生产磁性材料。

4.5.1.4 技术经济适用性

该技术操作稳定，生成的氧化铁粉呈空心球形，粒径较小，可用作生产磁性材料等；适用于轧钢工艺盐酸和硝酸-氢氟酸混酸酸洗废液的治理。

4.6 最佳环境管理实践

4.6.1 一般管理要求

- 建立健全各项记录和生产管理制度；
- 加强运行管理，建立岗位操作规程，制定应急预案，定期对员工进行技术培训和演练；
- 加强生产设备的使用、维护和维修管理，保证设备运行正常；
- 按要求设置污染源标志，重视污染物检测和计量管理工作，定期进行全厂物料平衡测试。

4.6.2 大气污染治理最佳环境管理实践

- 定期检查除尘器的漏风率、阻力、过滤风速、除尘效率和运行噪声等，保证除尘系统处于最佳工况运行；
- 酸洗及脱脂工段配置独立的抽风系统，并对槽面加盖；
- 酸液的使用、保存与储藏严格遵守相关规定，使用后的废酸液集中回收，统一处理；
- 在金属切削液的使用中适当添加高分子聚合物抗雾化剂，控制油雾产生；
- 在满足工艺要求的前提下，鼓励选用水性漆和粉末涂料，采用辊涂等操作方式，以减少挥发性有机废气（VOC）排放；
- 在保证处理效果的情况下，鼓励将轧钢工艺有机废气引入加热炉或热处理炉内进行高温焚烧处理。

4.6.3 水污染治理最佳环境管理实践

- 贯彻“节约与开源并重、节流优先、治污为本”的用水原则，全面推广“分质用水、串级用水、循环用水、一水多用、废水回用”的节水技术，推广蒸汽冷凝水回用技术，提高水的重复利用率；

- 轧钢排水做到清污分流，按排水水质设置独立的处理系统；
- 废水管线和处理设施进行防渗处理，防止有害污染物进入地下水；生产区和污水治理区初期雨水进行收集并处理；
- 在废水进出口安装在线监测装置，对废水中 COD、悬浮物和油类污染物等进行在线监测，用长期监测数据指导工艺操作。

4.6.4 固体废物综合利用及处理处置最佳环境管理实践

- 轧钢工艺产生的固体废物全部收集，并在全厂范围内或厂外综合利用，严禁乱堆乱弃；
- 含铬等重金属的污泥、锌渣及废油等属于危险废物，委托有危险废物经营许可证的机构进行集中处置，其贮存和运输按照危险废物管理要求进行，并建立健全管理制度。

4.6.5 噪声污染防治最佳环境管理实践

- 轧钢生产中采用低噪声设备或采用隔声、减振措施，控制噪声源强；
- 对各类风机安装消声器；对于鼓风机、离心机、泵类等设备设置减振措施，设备与管道间采用金属软管柔性连接。

关于发布《环境影响评价从业人员职业道德规范（试行）》的公告

中华人民共和国环境保护部公告 2010年第50号

为规范环境影响评价从业人员职业行为，提高从业人员职业道德水准，促进行业健康有序发展，我部制定了《环境影响评价从业人员职业道德规范（试行）》，现予发布。

特此公告。

附件：环境影响评价从业人员职业道德规范（试行）

二〇一〇年六月十七日

附件：

环境影响评价从业人员职业道德规范（试行）

为进一步规范环境影响评价从业人员职业行为，提高从业人员职业道德水准，促进行业健康有序发展，根据《中华人民共和国环境影响评价法》、《建设项目环境保护管理条例》及有关法律法规和规章制度，制定本规范。

本规范所称从业人员是指在承担环境影响评价、技术评估、“三同时”环境监理、竣工环境保护验收监测或调查工作的单位从事相关工作的人员，包括环境影响评价工程师、建设项目环境影响评价岗位证书持有人员、技术评估人员、接受评估机构聘请从事评审工作的专家、验收监测人员、验收调查人员以及其他相关人员等。

环境影响评价从业人员应当自觉践行社会主义核心价值体系，遵行职业操守，规范日常行为，坚持做到依法遵规、公正诚信、忠于职守、服务社会、廉洁自律。

一、依法遵规

（一）自觉遵守法律法规，拥护党和国家制定的路线、方针、政策。

（二）遵守环保行政主管部门的相关规章和规范性文件，自觉接受管理部门、社会各界和人民群众的监督。

二、公正诚信

（三）不弄虚作假，不歪曲事实，不隐瞒真实情况，不编造数据信息，不给出有歧义或误导性的工作结论。积极阻止对其所做工作或由其指导完成工作的歪曲和误用。

（四）如实向建设单位介绍环评相关政策要求。对建设项目存在违反国家产业政策或者环保准入规定等情形的，要及时通告。

（五）不出借、出租个人有关资格证书、岗位证书，不以个人名义私自承接有关业务，不在本人未参与编制的有关技术文件中署名。

（六）为建设单位和所在单位保守技术和商业秘密，不得利用工作中知悉的信息谋取不正当利益。

三、忠于职守

（七）在维护社会公众合法环境权益的前提下，严格依照有关技术规范和规定开展从业活动。

（八）具备必要的专业知识与技能，不提供本人不能胜任的服务。从事环评文件编制的专业技术人员必须遵守相应的资质要求。

（九）技术评估、验收监测、验收调查人员、评审专家与建设单位、环评机构或有关人员存在直接利害关系的，应当在相关工作中予以回避。

四、服务社会

（十）在任何时候都必须把保护自然环境、人类健康安全置于所有地区、企业和个人利益之上，追求环境效益、社会效益、经济效益的和谐统一。

（十一）加强学习，积极参加相关专业培训教育和学术活动，不断提高工作水平和业务技能。

（十二）秉持勤奋的工作态度，严谨认真，提供高质量、高效率服务。

五、廉洁自律

（十三）不接受项目建设单位赠送的礼品、礼金和有价证券，不向环保行政主管部门管理人员赠送礼品、礼金和有价证券，也不邀请其参加可能影响公正执行公务的旅游、健身、娱乐等活动。

（十四）自觉维护所在单位及个人的职业形象，不从事有不良社会影响的活动。

（十五）加强同业人员间的交流与合作，形成良性竞争格局，尊重同行，不诋毁、贬低同行业其他单位及其从业人员。

关于环境影响评价工程师职业资格注销登记有关事项的公告

中华人民共和国环境保护部公告 2010年第47号

为提高环境影响评价工程师职业资格登记管理的科学性和规范性，现将环境影响评价工程师职业资格注销登记有关事项公告如下：

一、登记有效期满6个月仍未办理再次登记的环境影响评价工程师，我部予以注销登记。

二、注销登记人员符合下列情形的，可参照我部2009年第20号公告中第四、第五项的有关规定申请重新登记：

（一）登记有效期满6个月未办理再次登记，自注销登记之日起已满1年的；

（二）再次登记时工作业绩或者继续教育学时不符合要求，自注销登记之日起已满1年的；

（三）有《环境影响评价职业资格登记管理暂行办法》（环发[2005]24号）第二十一条第四、第五款或第七、第八款情形，自注销登记之日起已满3年的；

（四）以不正当手段取得环境影响评价工程师职业资格登记，自注销登记之日起已满3年的。

三、因上述情形注销登记的人员，其《中华人民共和国环境影响评价工程师职业资格证书》继续有效。

四、我部定期公布登记人员和注销登记人员名单。

特此公告。

二〇一〇年六月八日

关于发布《钢铁行业采选矿工艺污染防治最佳可行技术指南（试行）》的公告

中华人民共和国环境保护部公告　2010年第38号

为贯彻执行《中华人民共和国环境保护法》等法律法规，加快建设环境技术管理体系，推动钢铁行业采选矿工艺污染防治技术进步，增强环境管理决策的科学性，引导环保产业发展，我部组织制订了《钢铁行业采选矿工艺污染防治最佳可行技术指南（试行）》。现予以发布，请参照执行。

附件：钢铁行业采选矿工艺污染防治最佳可行技术指南（试行）

二〇一〇年三月二十三日

附件：

钢铁行业采选矿工艺污染防治最佳可行技术指南（试行）

前　言

为贯彻执行《中华人民共和国环境保护法》，加快建设环境技术管理体系，确保环境管理目标的技术可达性，增强环境管理决策的科学性，提供环境管理政策制定和实施的技术依据，引导污染防治技术进步和环保产业发展，根据《国家环境技术管理体系建设规划》，环境保护部组织制定污染防治技术政策、污染防治最佳可行技术指南、环境工程技术规范等技术指导文件。

本指南可作为钢铁行业采选矿项目环境影响评价、工程设计、工程验收以及运营管理等环节的技术依据，是供各级环境保护部门、设计单位以及用户使用的指导性技术文件。

本指南为首次发布，将根据环境管理要求及技术发展情况适时修订。

本指南起草单位：北京市环境保护科学研究院、中国中钢集团天澄环保科技股份有限公司、中国中钢集团马鞍山矿山研究院、中国冶金科工集团建筑研究总院。

本指南由环境保护部解释。

1 总则

1.1 适用范围

本指南适用于钢铁行业采矿、选矿生产企业或具有采选矿工艺的钢铁生产企业，包括铁矿山、钢铁行业辅料矿山等。其他与铁矿开采和选矿工艺相近的冶金行业采选矿工艺可参照执行。

1.2 术语和定义

1.2.1 最佳可行技术

是针对生活、生产过程中产生的各种环境问题，为减少污染物排放，从整体上实现高水平环境保护所采用的与某一时期技术、经济发展水平和环境管理要求相适应、在公共基础设施和工业部门得到应用的、适用于不同应用条件的一项或多项先进、可行的污染防治工艺和技术。

1.2.2 最佳环境管理实践

是指运用行政、经济、技术等手段，为减少生活、生产活动对环境造成的潜在污染和危害，确保实现最佳污染防治效果，从整体上达到高水平的环境保护所采用的管理活动。

2 生产工艺及主要环境问题

2.1 生产工艺及产污环节

2.1.1 采矿工艺流程及产污环节

对于地下矿体，首先进行开拓和采准，然后通过凿岩、爆破等手段开采矿石。采矿方法主要包括空场法、充填法和崩落法。不同的采矿方法具有不同的回采率、贫化率以及资源利用率。

露天开采分为剥离和采矿两个环节。首先将矿床上方的表土和岩石剥掉，运往排土场堆放；然后将境界内的矿岩划分成具有一定厚度的水平分层，再由上向下逐层进行开采。

地下采矿及露天采矿工艺流程及主要产污环节见图 1。

2.1.2 选矿工艺流程及产污环节

矿石经过粗碎、中碎、细碎作业后，进行磨矿分级。通过磨矿分离出矿石中的有用矿物颗粒单体，利用矿石颗粒的密度、磁性或对浮选剂亲疏水性不同进行分选，即常用的重选法、磁选法和浮选法。选矿作业的精矿中含有大量水分，应对其进行脱水浓缩作业。尾矿排至尾矿库。

选矿工艺流程及主要产污环节见图 2。

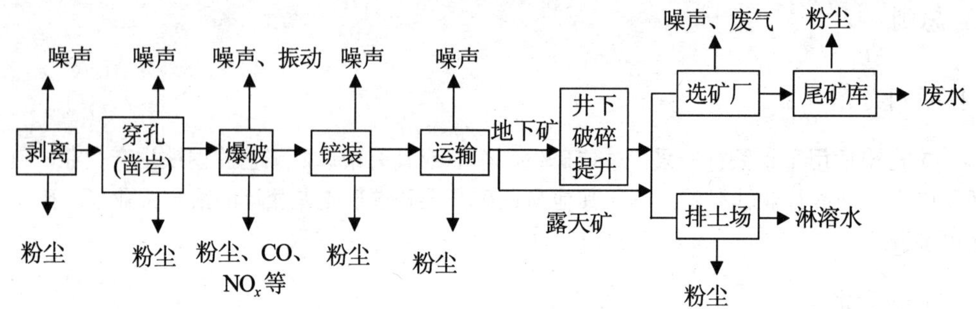

图1　采矿工艺流程及产污环节

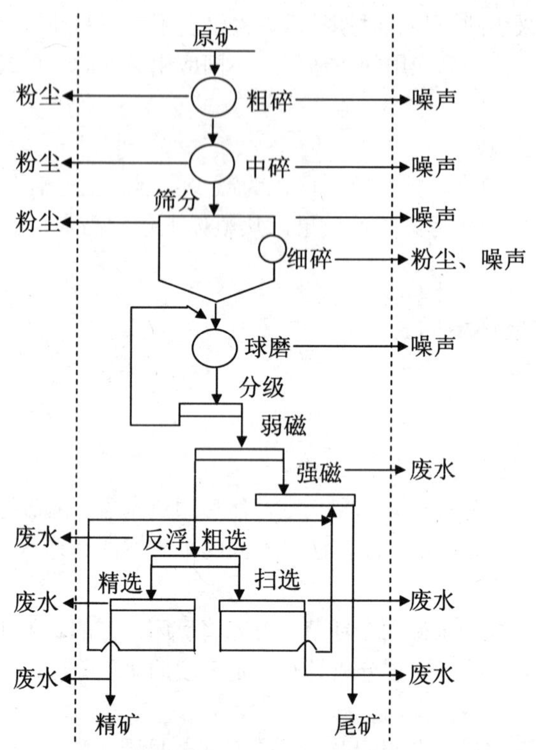

图2　选矿工艺流程及产污环节

2.2 主要环境问题

采选矿工艺的主要环境问题包括生态破坏、大气污染、水污染、噪声污染和固体废弃物污染。

采选矿过程的大气污染物主要为扬尘。采矿过程的穿孔、凿岩、爆破、装卸、井下爆破、矿石运输等作业产生大量粉尘，以及选矿厂的矿石运输、转载、破碎、筛分等环节产生大量粉尘。

采选矿过程的废水主要为露天矿坑水、地下坑道水、废石堆场淋溶水和尾矿库溢流水，以及选矿厂生产废水。矿山废水由于矿石的氧化、水解而呈酸性；选矿过程中产生的废水由于 pH 值不同而溶解汞、镉、铬、铅等不同重金属元素，同时还含有选矿的残余药剂。

采选矿过程的固体废物主要为采矿生产中产生的废石和选矿加工过程中产生的尾矿。废石和尾矿产生量大，排土场和尾矿库的建设影响生态环境。

采选矿工艺的其他环境影响包括植被破坏、扰动土壤、表土破坏、矿井水排泄、地表塌陷以及由此引起的水土流失等问题。同时，采矿生产活动中，由于噪声、扬尘的产生，对周围动植物也产生不良影响，矿山开发对环境产生的综合影响见图 3。

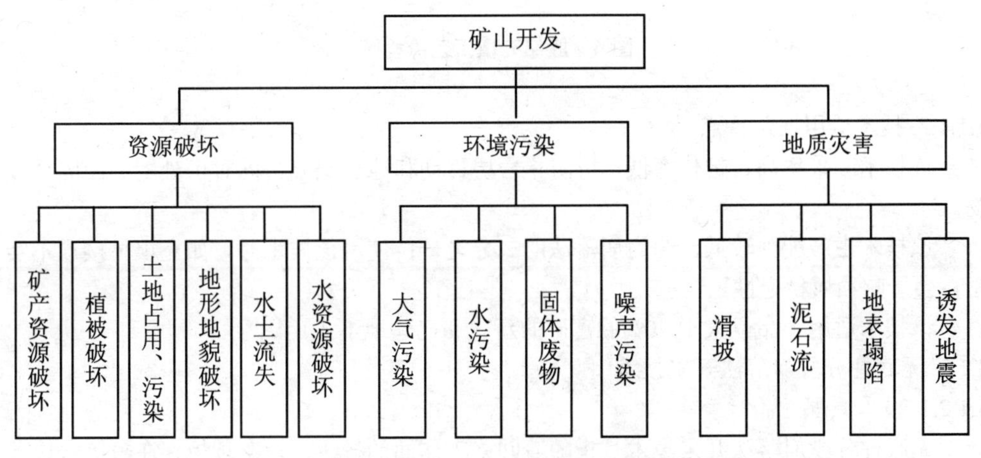

图 3　矿山采矿选矿对环境的影响

采选矿过程产生环境问题的主要原因之一是矿产资源在开采中的损失和浪费。充分利用矿产资源，减少开采损失的办法是：对整体矿块而言选取回采率高、贫化率低的采矿方法；对复杂难采矿体，采用综合方法尽可能地把矿石开采出来，从根本上减少对环境的污染。

矿山开发导致环境污染的另一主要原因是矿产资源回收率低。在选矿工艺中，可选取适宜的破、磨，选别的优化组合工序，提高精矿品位，提高金属回收率，充分利用矿产资源，从源头上控制污染。

3 采选矿工艺污染防治技术

3.1 采矿工艺减少矿产资源损失技术

3.1.1 胶结充填开采技术

3.1.1.1 技术原理

胶结充填开采技术是将尾矿和水泥等固体物料与少量水搅拌制备成充填料浆，充填至采空区的充填开采技术。该技术典型工艺流程见图4。

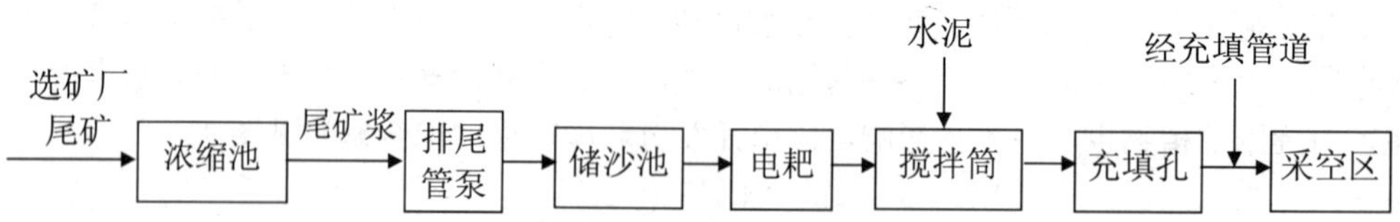

图4 胶结充填工艺流程图

3.1.1.2 技术适用性及特点

该技术回采率高、贫化率低，可防止岩层移动和地表塌陷，同时可处置矿山固体废物。

该技术生产能力较低，约为崩落法的二分之一；使用该技术时，如充填体接顶不实密，会影响顶板稳定性。

该技术适用于品位大于40%的富矿的新建和已建地下矿山。

3.1.2 无底柱分段崩落法开采技术

3.1.2.1 技术原理

无底柱分段崩落法开采技术是指随着回采工作面的推进，崩落顶板，在覆盖岩块下出矿，不留底柱。通常无底柱分段崩落法开采矿石贫化率较高。该技术包括实施集中化、大进路间距、高分段等开采工艺。

3.1.2.2 技术适用性及特点

大间距集中化无底柱分段崩落法开采技术具有实施方便、采准工程量小、采矿强度高、损失贫化指标好等特点，可使贫化率降到约10%，有效地减少矿产资源损失。

无底柱分段崩落法开采技术适用于厚大矿体的新建和已建地下矿山。

3.1.3 无底柱分段崩落低贫化放矿技术

3.1.3.1 技术原理

无底柱分段崩落低贫化放矿技术打破截止品位放矿时以单个步距为矿石回收指标的考核单元，在上部分层放矿时，在采场内残留部分矿作为“隔离层”，每个步距都按此方式放矿，使上部分层矿岩混合程度减少。该技术从整体上减少矿岩混合量。

3.1.3.2 技术适用性及特点

该技术可使贫化率降至约 10%，从源头削减污染。该技术可减少采出矿石中岩石混入量，降低矿山提升、运输、选矿等日常运行费用，提高选矿回收率；但造成积压部分矿量。

该技术适合于厚大矿体的新建和已建地下矿山。

3.1.4 阶段自然崩落法开采技术

3.1.4.1 技术原理

阶段自然崩落法开采技术是指在拉底空间上依靠矿体自身的软弱结构面，在自重应力、次生构造应力作用下使其进一步失稳，通过底部放矿使上部矿岩逐渐崩落，直至上部分层或崩透地表的过程。

3.1.4.2 技术适用性及特点

该技术可使矿石贫化率小于 10%。

该技术适合于厚大矿体和存在一定程度可崩性矿体的新建和已建地下矿山。对于崩落区的残留矿体和本水平矿柱，也可采用自然崩落法平巷回采。

3.1.5 空场法开采技术

3.1.5.1 技术原理

空场法开采技术是指将矿块划分为矿房和矿柱，在回采过程中既不崩落围岩，也不充填采空区，而是利用空场的侧帮岩石和所留的矿柱来支撑采空区顶板围岩。

3.1.5.2 技术适用性及特点

该技术可提高选矿回收率，但由于需要留矿柱而损失大量的矿产资源。

该技术适用于矿石和围岩稳固的水平或倾斜的地下矿体。对于复杂难采矿体如松软破碎矿体、残留矿体等，其综合回采可采用空场法中的房柱法、全面采矿法等技术。对于矿岩稳固条件较好的边角矿，可采用空场法中的全面采矿法、浅孔爆破落矿、人工装矿等技术。

3.1.6 露天转地下联合开采技术

3.1.6.1 技术原理

露天转地下联合开采技术是指矿床埋藏较深而覆盖层较薄时，矿床上部通常采用露天开采，下部则转为地下开采。地下开采方法根据矿体赋存的特点、露天边坡地压情况和露天坑底是否留设境界矿柱等因素确定。

3.1.6.2 技术适用性及特点

该技术适用于新建和已建露天矿山。

3.1.7 挂帮矿回采技术

3.1.7.1 技术原理

挂帮矿回采技术是指在露天矿开采后期，当底部矿体尖灭无延深条件时，采用深部边坡角加陡方法或露天转地下开采的回采技术。采用深部边坡加陡方法回收挂帮矿时，应适当调整边坡治理方案，当影响边坡稳定时，可采取“以坡养坡”办法。若转地下开采，可选用空场法等。

3.1.7.2 技术适用性及特点

该技术可提高回采率、充分利用矿产资源。

该技术适用于露天闭坑矿山与露天转地下开采矿山挂帮矿开采。

3.2 选矿工艺提高矿产资源综合利用率技术

3.2.1 阶段磨矿、弱磁选-反浮选技术

3.2.1.1 技术原理

采用阳离子反浮选或阴离子反浮选技术，经一次粗选、一次精选后获得最终精矿。反浮选泡沫经浓缩磁选后再磨，再磨产品经脱水糟和多次扫磁选后抛尾，磁选精矿返回反浮选作业再选。

3.2.1.2 技术适用性及特点

阶段磨矿、弱磁选-反浮选技术可提高金属回收率，相对减少开采量，从源头削减污染。

使用该技术可使铁精矿品位接近69%，SiO_2降至4%以下，浮选尾矿含铁10%～12%。

该技术适用于要求高质量铁精矿或含杂质多的磁铁矿。

3.2.2 全磁选选别技术

3.2.2.1 技术原理

全磁选选别技术是指在现有阶段磨矿-弱磁选-细筛再磨再选工艺的基础上，再以高效细筛和高效磁选设备进行精选。高效磁选设备主要包括高频振网筛、磁选机、磁选柱、盘式过滤机等。

3.2.2.2 技术适用性及特点

该技术可提高金属回收率，从源头削减污染。

使用该技术可使铁精矿品位达到67%～69.5%，SiO_2含量小于4%。

该技术适用于已建和新建的磁铁矿矿山。

3.2.3 超细碎-湿式磁选抛尾技术

3.2.3.1 技术原理

用高压辊磨机将矿石磨细碎至5 mm或3 mm以下，然后用永磁中场强磁选机进行湿式磁选抛尾。

3.2.3.2 技术适用性及特点

超细碎-湿式磁选抛尾技术可提高金属回收率，从源头削减污染。

采用该技术可抛出约40%的粗尾矿，使入磨物料铁品位提高到约40%，获得的铁精矿品位65%以上，SiO_2降至4%以下，尾矿品位10%以下。但该技术对自动化控制程度要求高。

该技术普遍适用于已建和新建磁铁矿矿山，尤其适用于极贫矿。

3.2.4 贫磁铁矿综合选别技术

3.2.4.1 技术原理

贫磁铁矿综合选别技术是指采用高效节能的“多段干式预选—多碎少磨—阶段磁选抛尾—细筛—磁团聚提质—尾矿中磁扫选”整套贫磁铁矿综合利用技术，在破碎系统运用多段磁滑轮预选抛废，提高入磨矿石品位和系统处理能力；利用先进工艺技术和设备，提高破碎产品质量，多破少磨，节能降耗；利用阶段磁选抛尾，充分解离有用矿物与脉石矿物，增产提质；采用“细筛-磁团聚”提质降杂技术，有效分离连生体，提高铁精矿品位；采用尾矿中磁扫选技术，提高金属回收率，减少铁流失；运用高效节能的陶瓷过滤和尾矿输送技术，实现清洁生产。

3.2.4.2 技术适用性及特点

该技术可提高金属回收率，从源头削减污染。

采用该技术可使铁精矿品位达 66.8%，铁回收率 69%。

该技术适用于贫磁铁矿。

3.2.5 连续磨矿、磁选-阴离子反浮选技术

3.2.5.1 技术原理

连续磨矿、磁选-阴离子反浮选技术是指矿石经过连续磨矿，使矿物充分解离，从而进行磁选、浮选等的选别过程。

3.2.5.2 技术适用性及特点

该技术获得的磨矿粒度稳定，选别指标高，可充分利用资源，从源头削减污染。

该技术既可提高进入阴离子反浮选作业物料的铁品位，又可减少矿量，可为浮选作业创造良好的选别条件；浮选作业铁回收率达 90%以上。弱磁选及强磁选精矿合并后给入浮选作业，可避免矿石中 FeO 变化对选别指标的影响；该技术工艺流程紧凑，设备用量较少，便于生产操作管理。

采用该技术可实现铁精矿品位达 67%～68%，尾矿品位可降至 8%～9%。但原矿全部要经过两段连续磨矿，能耗和钢球消耗高，运行成本高。

该技术适用于贫赤铁矿。

3.2.6 阶段磨矿、粗细分选、重选-磁选-阴离子反浮选技术

3.2.6.1 技术原理

阶段磨矿、粗细分选、重选-磁选-阴离子反浮选技术是指对粗粒部分选别采用阶段磨矿、粗细分选、重选-磁选-酸性正浮选流程；对细粒部分选别采用连续磨矿、磁选-阴离子反浮选流程。

3.2.6.2 技术适用性及特点

该技术可充分利用资源，相对减少开采量，从源头削减污染。

采用该技术可实现铁精矿品位达 64%～67%，尾矿品位 11%以下，SiO_2 4%以下。

该技术适用于脉石非石英的赤铁矿或鞍山地区贫赤铁矿。

3.2.7 含稀土元素等共生铁矿弱磁-强磁-浮选技术

3.2.7.1 技术原理

含稀土元素等共生铁矿弱磁-强磁-浮选技术是指对氧化矿矿石采用弱磁-强磁-反浮选流程，对磁铁矿矿石采用弱磁-反浮选流程。矿石首先通过磨矿使磨矿产品中粒径小于 0.074 mm 的占 90%～92%，然后经弱磁选选出磁铁矿，其尾矿在强磁选机磁感应强度 1.4T 条件下进行粗选，将赤铁矿及大部分稀土矿物选入强磁粗精矿中，粗精矿经一次强磁精选（0.6～0.7T），强磁精选铁精矿和弱磁铁精矿合并送去反浮选，脱除萤石、稀土等脉石矿物，最后得到合格铁精矿。

3.2.7.2 技术适用性及特点

该技术可提高资源综合回收率。

采用该技术可使铁精矿品位达到 60%～61%，铁回收率达到 71%～73%；稀土中矿品位 REO34.5%（回收 6.01%），稀土精矿品位 REO50%～60%（回收率 12.55%），稀土总回收率 40.6%。

该技术适用于白云鄂博铁矿石及含稀土元素的铁矿石。

3.2.8 钒钛磁铁矿按粒度分选技术

3.2.8.1 技术原理

钒钛磁铁矿按粒度分选技术是指将选矿尾矿按 0.045 mm 粒度分级，大于 0.045 mm 粒度的部分采用重选-强磁-脱硫浮选-电选流程，小于 0.045 mm 粒度的部分采用强磁-脱硫浮选-钛铁矿浮选流程。

3.2.8.2 技术适用性及特点

该技术可提高资源综合回收率，从源头削减污染，具有较高的经济效益。

使用该技术可使铁精矿品位达到 47.48%，选钛总回收率达 25.01%。

该技术适用于钒钛磁铁矿和钛磁铁矿。

3.2.9 岩石干选技术

3.2.9.1 技术原理

原矿石均匀布料于给矿皮带上，当矿石运转到磁力滚筒时，有用矿物在磁力的作用下吸附在皮带表面，非磁性或磁性很弱的颗粒在惯性作用下脱离磁滚筒表面被抛出。

3.2.9.2 技术适用性及特点

岩石干选技术可提高产品质量，从源头削减污染。

采用该技术时岩石甩出量占出矿量的 6%～8%，混入岩石 90%被甩出。

该技术适用于采用汽车-胶带运输系统的露天矿的磁铁矿石。

3.3 大气污染防治技术

3.3.1 凿岩湿式防尘技术

3.3.1.1 技术原理

通过喷雾洒水捕获粉尘；或对钎杆供水，湿润、冲洗，并排出粉尘，从而从源头抑制产尘。如在水中添加湿润剂，除尘效果更佳。

3.3.1.2 技术适用性及特点

该技术通常用于地下矿山凿岩、爆破、岩矿装运等作业防尘。

3.3.2 穿爆干/湿式防尘技术

3.3.2.1 技术原理

干式防尘技术是指露天矿钻孔牙轮钻和潜孔钻机采用三级干式捕尘系统，压气排出的孔内粉尘经集尘罩收集，粗颗粒沉降后的含尘气流进入旋风除尘器作初级净化，布袋除尘器作末级净化。

湿式防尘技术是指通过喷雾风水混合器将水分散成极细水雾，经钎杆进入孔底，补给粉尘形成泥浆。井口风机的风流将排出的泥浆吹向孔口一侧，并沉积该处。泥浆干燥后呈胶结状，避免粉尘二次飞扬。

3.3.2.2 技术适用性及特点

该技术可减少粉尘和有毒气体等大气污染物的产生，降低作业场所粉尘浓度。

该技术通常用于露天矿穿爆作业防尘。

3.3.3 运输路面防尘技术

运输路面防尘措施主要是沿路铺设洒水器向路面洒水，同时路面喷洒钙、镁等吸湿盐溶液或用覆盖剂处理路面。

3.3.4 覆盖层防尘技术

3.3.4.1 技术原理

通过喷洒系统将焦油、防腐油等覆盖剂喷洒在废石堆表面，利用覆盖剂和废石间的黏结力，在废石表面形成薄层硬壳，从而减少粉尘飞扬。

3.3.4.2 技术适用性及特点

该技术可减少扬尘，降低雨水侵蚀，减少物料流失。

该技术适用于废石场、排土场、尾矿库以及矿石转载点料堆等场所的扬尘控制。

3.3.5 就地抑尘技术

3.3.5.1 技术原理

应用压缩空气冲击共振腔产生超声波，超声波将水雾化成浓密的、直径1～50 μm的微细雾滴，雾滴在局部密闭的产尘点内捕获、凝聚细粉尘，使粉尘迅速沉降，实现就地抑尘。

3.3.5.2 技术适用性及特点

就地抑尘系统占据空间少，节省场地；使用该技术无需清灰，避免二次污染。

该技术适用于细尘扬尘大产尘点的防尘。

3.3.6 固体物料浆体长距离管道输送技术

3.3.6.1 技术原理

固体物料浆体长距离管道输送技术是以有压气体或液体为载体，在密闭管道中输送固体物料，从而防止粉尘外排。

3.3.6.2 技术适用性及特点

该技术对地形适应性强，占用土地少，基建及运营成本低，环境影响小。

该技术适用于铁精矿的输送作业。

3.3.7 袋式除尘技术

3.3.7.1 技术原理

利用纤维织物的过滤作用对含尘气体进行过滤，当含尘气体进入袋式除尘器后，颗粒大、比重大的粉尘，由于重力的作用沉降下来，落入灰斗，含有较细小粉尘的气体在通过滤料时，粉尘被阻留，气体得到净化。

3.3.7.2 技术适用性及特点

袋式除尘技术除尘效率高，但运行维护工作量较大，滤袋破损需及时更换。为避免潮湿粉尘造成糊袋现象，应采用由防水滤料制成的滤袋。

对布袋收集的粉尘进行处理时可能产生二次污染。

该技术适用于选矿厂破碎筛分系统的粉尘治理。

3.3.8 高效微孔膜除尘技术

3.3.8.1 技术原理

含尘气体进入除尘器后，大颗粒靠自重沉降，小颗粒随气流通过微孔膜滤料被阻留，清洁空气通过微孔膜后排出。粉尘在膜上积到一定厚度时在重力作用下脱落，黏在膜上的粉尘由 PLC 定时控制的高频振打电机振打脱落。

3.3.8.2 技术适用性及特点

高效微孔膜除尘技术具有阻力低、透气性好、寿命长、耐潮、除尘效率高等特点。

该技术适用于矿山破碎筛分系统的粉尘治理，尤其适用于潮湿性粉尘。

3.3.9 高效湿式除尘技术

3.3.9.1 技术原理

颗粒与水雾强力碰撞、凝聚成大颗粒后被除掉，或通过惯性和离心力作用被捕获。

3.3.9.2 技术适用性及特点

高效湿式除尘技术的除尘效率可达 95%，排放浓度达 50 mg/m^3 以下。

该技术运行成本低，适用于新建和已建矿山破碎筛分系统除尘。

3.3.10 旋风除尘技术

3.3.10.1 技术原理

含尘气流沿某一方向作连续旋转运动，粉尘颗粒在离心力作用下被去除。多管旋风除尘器是指通过一组平行的旋风除尘器，应用相同原理而得到较好的效果。

3.3.10.2 技术适用性及特点

多管旋风除尘器结构简单、工作可靠、维护容易、体积小、成本低、管理简便。

旋风除尘技术多用于收集粗颗粒，对于粉尘细微的矿山选矿厂破碎点的粉尘，多管旋风除尘器仅可达 60%～80%的除尘效率。该技术通常作为矿山除尘系统的前级除尘，以提高除尘系统的总除尘效率。

3.3.11 静电除尘技术

3.3.11.1 技术原理

含尘空气进入由放电极和收集极组成的静电场后，空气被电离，荷电尘粒在电场力作用下向收集极运动并集积其上，释放电荷；通过振打极板使集尘落入灰斗，实现除尘。

3.3.11.2 技术适用性及特点

静电除尘技术的除尘效率通常为90%～95%，在运行良好的情况下可达99%。

该技术适用于比电阻在10^4～$10^9\Omega$范围内的矿尘治理。

使用该技术时，设备清灰过程对环境有一定影响。灰斗收集的干粉尘可直接进入选矿流程。

3.3.12 传统湿式除尘技术

3.3.12.1 技术原理

传统湿式除尘技术是指尘粒与液滴或水膜的惯性碰撞、截留的过程。粒经1～5 μm以上颗粒直接被捕获，微细颗粒则通过无规则运动与液滴接触加湿彼此凝聚增重而沉降。湿式除尘器主要包括水膜除尘器、泡沫除尘器和冲激除尘器，以冲击除尘器为主。

3.3.12.2 技术适用性及特点

湿式除尘器对粒径小于5 μm的粉尘捕集效率较低。在北方冬季结冻地区，传统湿式除尘技术的使用受到限制。

3.4 废水控制与治理技术

3.4.1 矿坑涌水控制技术

通常采用以下技术措施预防矿山废水的产生：

- 留足水岩柱；
- 井巷掘进接近含水层、导水断层时，打超前钻孔探水；
- 在井下有突水危险的地区设水闸门或水墙；
- 矿山边界设排水沟或引流渠，截断地表水进入矿区、露天采场、排土场，防止渗漏而进入井下；
- 地下开采时，选择上部顶板不产生或不易产生裂隙的采矿技术，防止地表水进入矿井；
- 露天开采时，下边坡应留矿壁，防止地面水流入采场；
- 对废弃凹地、与井下相通的裂隙、废弃钻井、溶洞等进行排水、填堵等复地措施；
- 对废石堆进行密封或防范处理。

预防和控制矿坑涌水是从源头预防废水产生的重要措施，对已建和新建的矿山均适用。

3.4.2 硫铁矿酸性水控制技术

硫铁矿酸性水是由于硫铁矿（Fe^{2+}）的氧化、水解而产生具有腐蚀性的H_2SO_4形成。硫铁矿酸性水来源有地下采场、覆盖岩层剥离后露天采场、废石场等，控制措施有：

- 废石场实行分台阶排土，含硫较多的废石或表外矿石集中排放和管理，也可分层掺和石灰粉，废石场储用后及时复垦、植被，以减少硫化矿氧化；

- 在采场、排土场、尾矿库周围修截流水沟渠，对酸性水源上游进行截水，既减少与硫铁矿接触，又可清污分流；采矿技术采用陡帮开采，减少矿体暴露和推迟矿体暴露时间；
- 对产生的酸性废水设截水沟、蓄水池，部分废水经中和泵送回采场，用于采场降尘用水。

3.4.3 酸性废水处理

酸性废水成分复杂多样，在众多方法中，中和法技术成熟，应用广泛。

中和法处理酸性废水是指以碱性物质作为中和剂，与酸反应生成盐，从而提高废水的 pH 值，同时去除重金属等污染物。对于矿山酸性废水，可直接投加碱性中和剂，在反应池中进行混合，发生中和和氧化反应，将 Fe^{2+}氧化生成 $Fe(OH)_3$，经沉淀去除。常用的中和剂有石灰石、氧化钙、电石渣和氢氧化钠等。处理工艺有中和反应池、中和滤池、中和滚筒、变速膨胀滤池等。

石灰中和法处理技术具有反应速度快，占地面积小，出水水质好，排泥量小，污泥含水率低等优点。但中和反应后生产泥渣，存在二次污染；适用于已建和新建矿山的酸性废水治理。

3.4.4 选矿废水循环利用技术

该技术是采用循环供水系统，使废水在生产过程中多次重复利用，将尾矿库溢流水闭路循环用作选矿生产用水。选矿厂设置废水沉淀池，洗矿水、碎矿水及尾矿水进入沉淀池，经化学沉淀净化处理后，出水全部循环利用，其底流排入尾矿库。

此技术可使选矿废水全部循环利用，从而节省水资源，减少水环境污染。同时选矿废水循环利用可提高选矿指标；该技术适用于已建和新建矿山选矿厂。

3.4.5 含汞废水处理

含汞废水处理方法主要有铁屑过滤法和硫化沉淀法。

铁屑过滤法是指含汞废水经砂滤后，再经铁屑还原处理，在 pH 值为 3.0～3.5 时汞离子被还原成金属汞而被过滤去除。

硫化沉淀法是指将废水中悬浮物除去后，加入硫化钠，生成硫化汞沉淀，并加入铁盐或铝盐使之沉淀，焚烧沉淀物可回收汞。经硫化法处理的出水再经活性炭处理，废水中残留的汞被活性炭吸附去除。

3.4.6 含镉废水处理

含镉废水处理技术主要是化学沉淀法，是指在碱性条件下形成氢氧化镉、碳酸镉或硫化镉沉淀。处理时向废水中加碱或硫化钠，在 pH 值达 10.5～11 时，经沉淀去除镉。

3.4.7 含铅废水处理

含铅废水处理可采用化学沉淀-过滤法，是指向废水中加碱或硫化钠维持 pH 值在 9～10 之间使铅沉淀分离，再经过滤或活性炭吸附进一步除铅。处理过程中严格控制 pH 值，若 pH 值在 11 以上时，则形成亚铅酸根离子，沉淀物再度溶解。

3.4.8 含铬废水处理

含铬废水处理通常采用化学还原法、钡盐法、电解还原法。

化学还原法是指利用硫酸亚铁、亚硫酸钠、硫酸氢钠等作为还原剂，使六价铬还原为三价铬，然后加碱调节 pH 值，使三价铬形成氢氧化铬沉淀得以去除。

钡盐法是指向废水中投加碳酸钡、氯化钡，形成铬酸钡沉淀。钡盐法除铬效果好，出水可排放或回用。

电解还原法是指在废水中加入一定量食盐，以铁板为阳极和阴极，通直流电进行电解，析出 Fe^{2+}把六价铬还原成三价铬，形成三价铬和三价铁的沉淀，电解后的水入沉淀池沉淀分离。

3.5 固体废物处置及综合利用技术

3.5.1 铁尾矿再选技术

3.5.1.1 技术原理

铁尾矿按选矿不同阶段可分为浓缩机前、浓缩机至尾矿库前和尾矿库中的尾矿。尾矿再选技术是指对尾矿进行二次选矿的技术，主要有单一磁选；尾矿初选后再选、再磨，尾矿内部回收流程；单一重选及干/湿尾矿再磨的磁选-重选联合流程。

3.5.1.2 技术适用性及特点

该技术内部回收流程可生产品位大于 66%的铁精矿，单一重选可获得含铁 57%～62%的铁精矿。该技术可提高金属回收率和资源利用率，减少固体废物排放。适用于已建和新建铁矿山的尾矿。

3.5.2 废石、尾矿生产建筑材料技术

3.5.2.1 技术原理

废石、尾矿生产建筑材料技术是以废石、尾矿作为原料生产建材产品，如空心砖、路面砖、饰面砖、免蒸砌块，代替黄沙做混凝土骨料等。

3.5.2.2 技术适用性及特点

该技术能够提高尾矿资源利用率，减少尾矿、废石排放和对水体、大气的污染，保护生态环境。

该技术适用于已建及新建矿山。

3.5.3 尾矿制造微晶玻璃技术

3.5.3.1 技术原理

针对含钛磁铁矿和高铁尾矿含铁高的特点，以尾矿及石灰石、河沙、石英为原料，生产微晶玻璃。

尾矿制造微晶玻璃技术通常采用水淬法，其主要工艺流程见图 5。

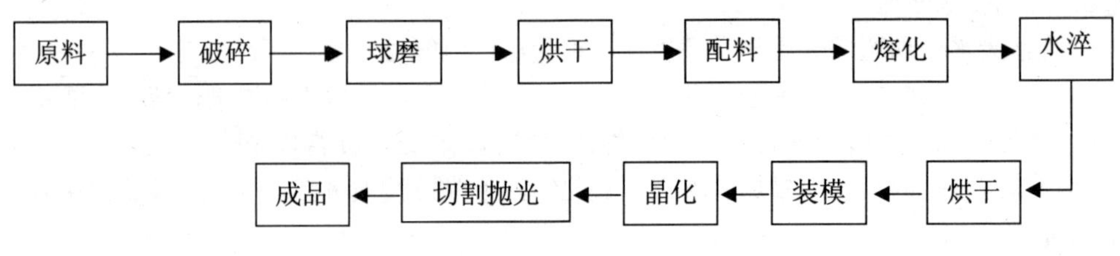

图 5 水淬法微晶玻璃生产主要工艺流程

3.5.3.2 技术适用性及特点

微晶玻璃生产的关键技术是热处理工艺，是尾矿微晶玻璃成核和晶体成长的关键，采用阶梯制度微晶化比等温制度微晶化更有利于提高晶化率和产品性能。

该技术能够充分利用矿产资源，可使尾矿得以资源化利用。

3.5.4 固体废物排放采空区技术

3.5.4.1 技术原理

将采选矿固体废物排放于矿山地下采空区、露天矿坑或地表塌陷区等废弃采空空间。

3.5.4.2 技术适用性及特点

该技术可有效利用采空空间，减少了废石、尾矿的堆放空间，消除或减少废石、尾矿对水和大气环境的污染，改善生态环境。

该技术适用于有地下采空区、露天矿坑或地表塌陷区等废弃空间稳定的矿山。

3.6 生态恢复技术

根据矿山开发的不同时段，实施不同的生态恢复技术。

施工期的生态恢复技术包括开拓运输道路、工业广场、露天矿剥离工序等的生态恢复，主要内容为：选址尽量少占土地，设置表土场，将施工的土石方及剥离的表土集中堆放，以便日后复垦时作为覆土利用。运输道路两侧及工业广场四周设置排水沟，防止水土流失。

运营期对露天开采应边采矿边复垦，宜使用采掘机械复垦。对缓倾斜薄矿体，剥离表土可边采边回填采空区，使剥离物不占用土地。

闭坑期，对矿山各类废弃地进行全面复垦，其中包括工业广场、露天采空区、地表塌陷区、排土场、尾矿库等。复垦方式应结合当地具体条件，将破坏的土地复垦成为自然生态系统、农林生态系统和城市生态系统。

3.6.1 复垦植被优化技术

排土场复垦时利用开采初期预先剥离、储存的原有表土层作为复垦的覆土回填；或采用尾矿砂回填，铺垫表土复垦。

覆土应保证植物的种植深度，覆土厚度通常为 0.4～0.5 m。对适生品种应进行筛选和互生植物配置。若种植粮源性植物，必须通过使用物理、化学、生物技术将土壤中有害成分降至安全水平。在植被的选择上，优先选择本地性植被，结构上体现出草、灌、乔搭配的复合型模式；覆土与修坡工作要保持与开采、排弃顺序相协调，尽可能利用矿山的采、装、运设备。

复垦植被优化技术可保护大气和水资源，防止污染，充分利用废弃地、恢复生态环境，形成生态型矿山。该技术适用于已建和新建的矿山。

3.6.2 尾矿库无土植被技术

尾矿库无土植被技术是在不覆盖土层的条件下采用生物稳定技术，直接种植有强大护坡功能的植物，建立植被，形成生物坝，使其达到稳定并同时减少对环境的污染。

根据尾矿库不同基质条件，试验实施培肥熟化的植被基质，确定肥料的用量和品种。筛选适生品种，筛选出抗贫瘠、耐热性强、发芽率高、繁衍快、分蘖快、根系发达的品种。配置互生植物，确定种植方式、密度、方法、施肥等。

尾矿库无土植被技术可节约土源和覆土费用；与有土植被相比，节省投资50%，适用于已封闭和正在使用的尾矿库。

3.7 新技术

3.7.1 充填采矿新技术

原充填工艺已不能满足回采工艺和进一步降低采矿成本或环境保护的需要，因而发展了高浓度充填、膏体充填、废石胶结充填和全尾砂胶结充填等新技术。

高浓度充填技术是指通过特殊设备和造浆技术，按试验的配比加入水泥和其他辅料，将极细粒级的全尾砂直接制备成高浓度砂浆，用于充填采空区。该技术可有效控制回采区域地压，广泛应用于充填采矿矿山。

膏体充填是指把尾矿等固体废物在地面加工成膏状浆体，利用管道泵送到井下工作面，适时充填采空区的采矿方法。

废石胶结充填采矿技术是指以废石作为充填材料，以水泥浆或砂浆作为胶结介质的一种在采场不脱水的充填技术。

全尾砂胶结充填采矿技术是指尾砂不分级，全部用作矿山充填料，适用于尾砂产率低和需要实现零排放目标的矿山。

3.7.2 选矿新技术

“多破少磨”工艺流程是选矿技术的发展趋势，是指从采矿过程中的爆破开始到选矿的入磨，降低入磨矿石粒度，减少选矿磨矿能耗，如利用挤压爆破技术、高压辊磨机等。

选矿新技术和设备包括浮选柱、旋流器分级机、盘式真空过滤机、带式真空过滤机、陶瓷过滤机、高效浓密机、深锥浓密机、高浓度输送技术等。

3.7.3 矿山酸性废水处理新技术

3.7.3.1 电石渣代替石灰处理酸性矿山废水技术

利用新鲜电石渣（含水率30%左右）乳化制浆来处理矿山酸性废水。采用电石渣可避免采用人工石灰乳制备时造成的石灰粉尘飞扬及易结钙堵塞管道等恶化作业环境、容易发生人员灼伤事故等问题。

电石渣处理酸性矿山废水只需少量装卸、运输，节省人力、物力及费用，使废水处理成本显著降低。

3.7.3.2 人工湿地处理技术

利用湿地种植水葱、香蒲、芦苇、菖蒲、凤眼莲等抗酸性重金属废水能力较强的植物处理铁矿排放的酸性重金属废水。

人工湿地法具有建设费用低、易管理、工艺流程简捷的特点，处理后的水可回用或农用，可改善和美化环境。

3.7.3.3 利用尾矿分级溢流液处理酸性矿山废水技术

将尾矿浆经旋流器分级产生的尾矿分级溢流液作为中和剂处理酸性矿山废水。该法产生的中和渣存放于尾矿库内，不用另建矿渣库，既节省了建设投资，又不产生二次污染，处理后出水可满足选矿生产用水水质要求。

4 采选矿工艺污染防治最佳可行技术

4.1 采选矿工艺污染防治最佳可行技术概述

采选矿工艺可分为采矿生产工艺和选矿生产工艺两部分。每部分按整体性原则，从设计时段的源头污染预防、生产时段的污染防治，到闭坑时段的生态恢复，按生产工序的产污节点和技术经济适宜性，确定最佳可行技术组合，以保证生产工艺全过程的污染防治。

图 6 和图 7 分别为采矿工艺和选矿工艺的污染防治最佳可行技术组合。

4.2 采矿工艺减少矿产资源损失最佳可行技术

4.2.1 胶结充填开采技术

4.2.1.1 最佳可行工艺参数

利用胶结充填开采技术采矿时，尾矿充填浆料质量浓度以 68%～75%为宜。

4.2.1.2 环境效益

该技术可提高资源利用率，从源头削减污染；可防止岩层移动和地表塌陷，减少固体废物排放，从而减少二次污染以及对生态环境的影响。

采用该技术可获得回采率 80%～95%，矿石贫化率为 3%～10%。

4.2.1.3 技术经济适用性

该技术充填成本约 30 元/t，胶凝材料占充填成本的 40%～70%。

该技术适用于矿石品位大于 40%的富矿的新建和已建地下矿山。

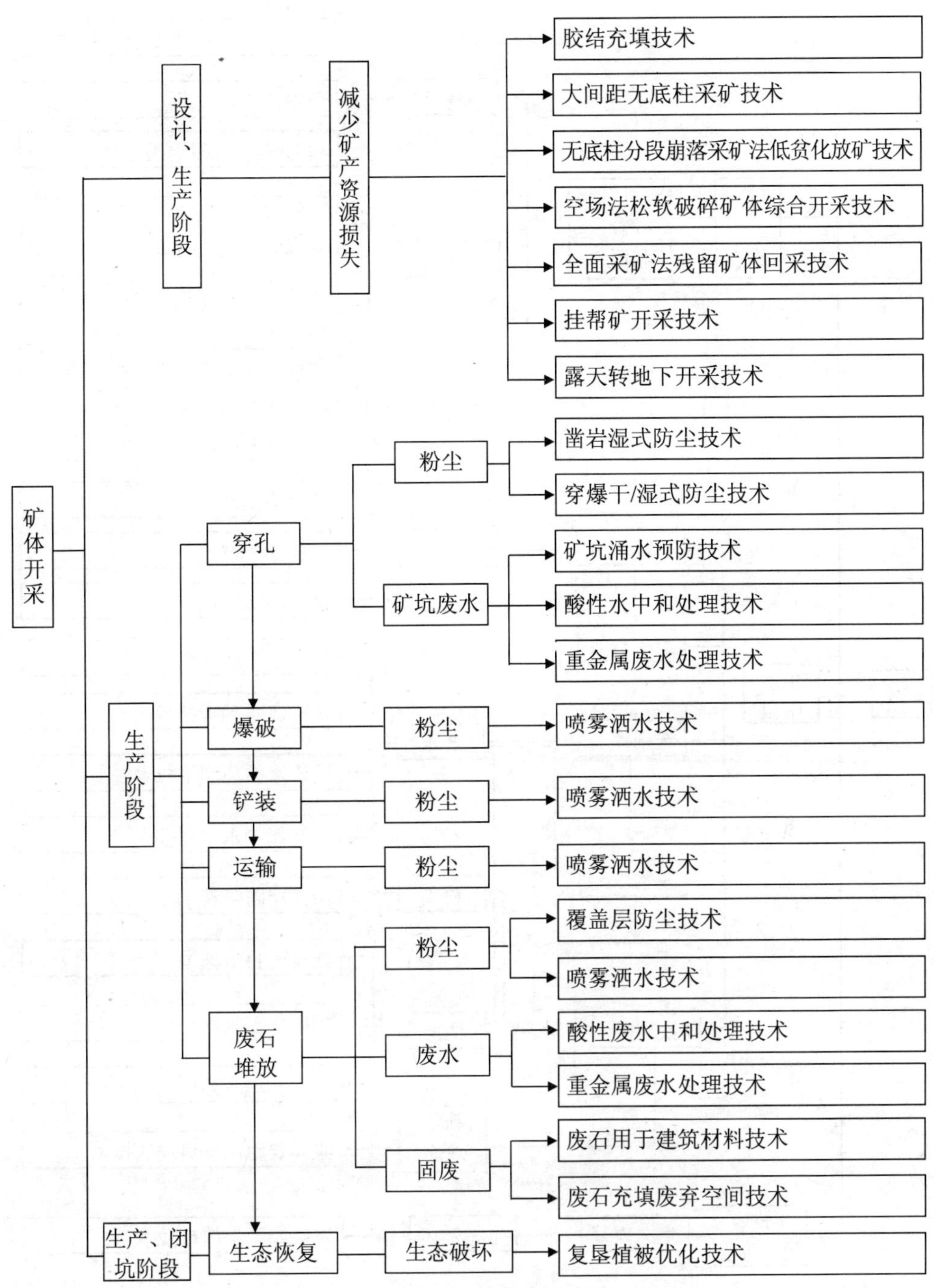

图6　采矿工艺污染防治最佳可行技术组合图

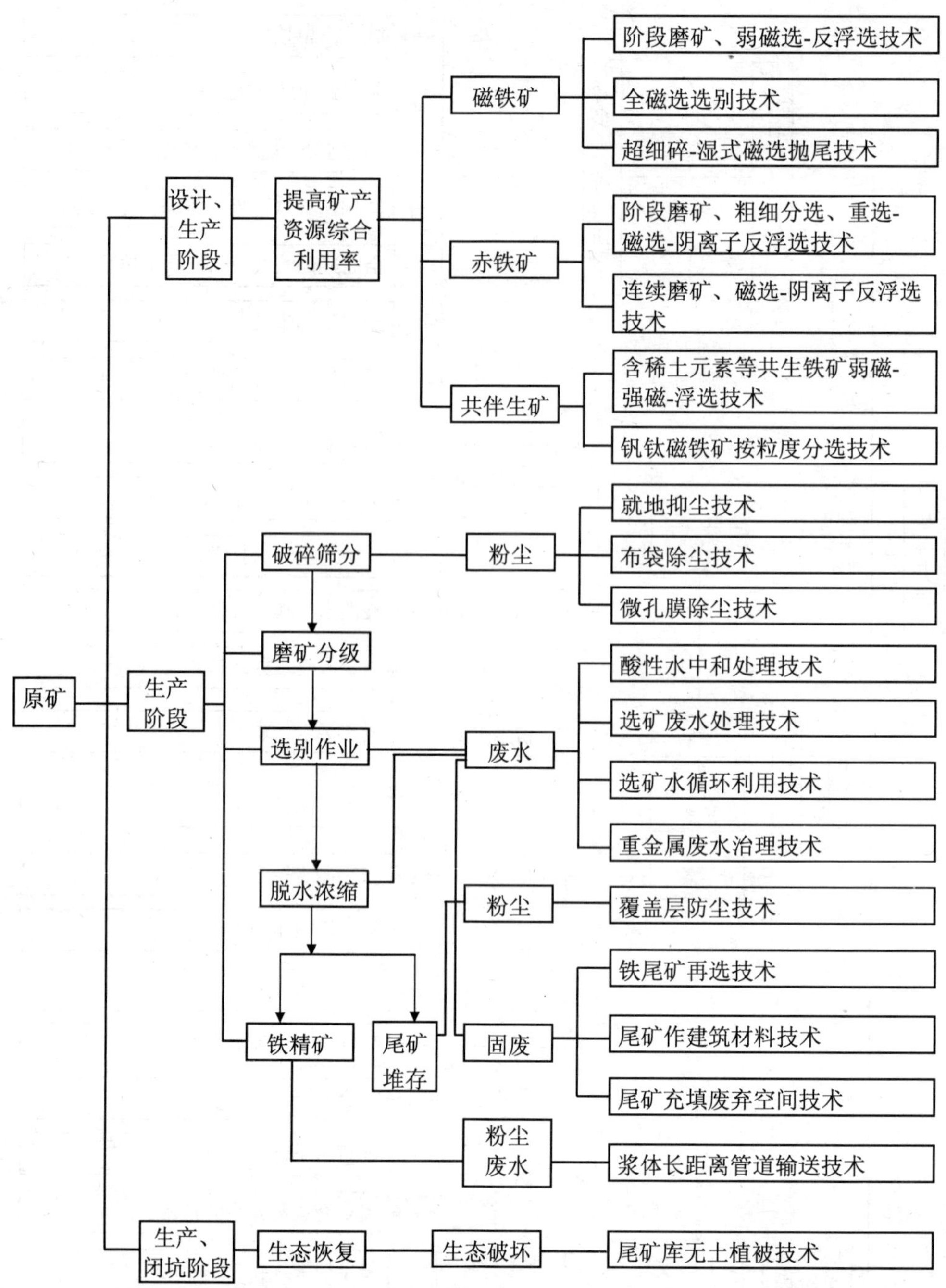

图 7　选矿工艺污染防治最佳可行技术组合图

4.2.2 大间距集中化无底柱分段崩落采矿法开采技术

4.2.2.1 最佳可行工艺参数

采用该技术时，结构参数通常为：分段高度10～15 m，进路间距15～20 m，崩矿步距2.5～3.2 m，一次崩矿量与设备台班效率比1∶（3～4）。通常采用6 m^3铲运机与之相配套。

4.2.2.2 环境效益

该技术可提高资源利用率，但采用该技术时在顶板崩落后易造成地表塌陷，可能造成生态环境破坏。

根据矿山具体条件选择进路间距，采用该技术可使贫化率降至约10%，矿石回收率达85%。

4.2.2.3 技术经济适用性

采用该技术可节省采准工作量，减少采矿循环次数，提高采矿强度，降低成本20%～25%。

该技术适用于采用不同分段高度的无底柱崩落法开采技术的新建和已建厚大矿体地下矿山，在地表不允许塌陷的矿山不宜采用。

4.2.3 无底柱分段崩落低贫化放矿技术

4.2.3.1 最佳可行工艺参数

控制不同步距条件下，控制低贫化放矿的出矿量，提高采矿计量的准确性，严格控制爆破参数。

4.2.3.2 环境效益

该技术可提高产品质量，从源头削减污染。

采用该技术可使贫化率达至约10%。

4.2.3.3 技术经济适用性

采用该技术采出矿石的岩石含量减少，可降低提升、运输、选矿等工序的费用。

该技术适用于厚大矿体的新建和已建矿山。

4.2.4 空场法松软破碎矿体综合开采技术

4.2.4.1 最佳可行工艺参数

在松软破碎矿体的开采中，根据地压活动规律，确定锚杆类型、布局、密度及柱网参数。通常情况，参数为：锚杆长度2 m，锚杆间距750 mm×750 mm，网线尺寸2.1 m×1.2 m，网目100 mm×100 mm，喷射混凝土厚度80～100 mm，长螺杆长度（外加）3 m。

4.2.4.2 环境效益

该技术可提高资源利用率，从源头削减污染。

采用该技术可使回采率达80%～90%，贫化率下降至7%～8%。

4.2.4.3 技术经济适用性

该技术可提高采场生产能力和巷道利用率。采用该技术时，需加强支护，大大增加支护成本。

该技术适用于已建和新建的松软破碎岩体矿山。

4.2.5 全面采矿法残留矿体回采技术

4.2.5.1 最佳可行工艺参数

矿体厚度为 2～3 m 时，一次采全厚；当矿体厚度大于 3 m 时，分层回采。

4.2.5.2 环境效益

该技术可提高矿产资源利用率，从源头削减污染。

4.2.5.3 技术经济适用性

该技术可回收残矿，适用于薄和中厚（小于 5～7 m）的矿石和围岩均稳固的缓倾斜（倾角小于 30°）的已建和新建矿体（含残留矿体）。

4.2.6 露天转地下联合开采技术

4.2.6.1 最佳可行工艺参数

在采用露天转地下开采技术时，按照露天开采和地下开采矿石生产成本相等的原则确定露天开采的极限深度。

露天矿境界内地下采空区顶板上方的岩层厚度受岩体自身强度等内在因素与爆破振动、雨水侵蚀等外在因素综合决定，根据岩石力学试验计算指标确定。

4.2.6.2 环境效益

该技术可增加采矿量，从源头减少污染。

4.2.6.3 技术经济适用性

采用该技术可缩小露天境界，减少剥离量，增加矿石回收量，节省建设投资。

该技术适用于新建和已建露天矿山。

4.2.7 挂帮矿回采技术

4.2.7.1 最佳可行工艺参数

采用挂帮矿回采技术时，为达到中深部边坡加陡效果，通常在已靠帮的上部边坡不做改动、在未靠帮的下部边坡加陡，形成上缓下陡的凸形边坡，最终边坡并段数为 2～3 个以上；提高并段后阶段坡面角到 70°；在边坡面留有挂帮矿的地段，边坡线向原设计境界线外挂；在无矿地段，边坡线尽量向内移动；对采场内压有大量矿石的原有运输线路，线路改道后将矿石采出。部分挂帮矿体可转地下开采。

4.2.7.2 环境效益

该技术可减少资源损失，从源头削减污染。

4.2.7.3 技术经济适用性

该技术可实现矿产资源回收，增加经济效益。

该技术适用于新建和已建的露天闭坑矿山。

4.2.8 最佳可行技术及适用性

钢铁行业采矿工艺减少矿产资源损失最佳可行技术见表 1。

4.3 选矿工艺提高矿产资源综合利用率最佳可行技术

选矿工艺提高矿产资源综合利用率最佳可行技术见表 2。

表 1　钢铁采矿生产工艺减少矿产资源损失最佳可行技术及适用性

最佳可行技术		环境效益	适用条件
充填法	胶结充填开采技术	回采率 80%～95%,矿石贫化率 3%～10%;资源利用率高,相对减少开采量	品位大于 40%的富矿的新建和已建地下矿山、具有高经济效益的共伴生矿石矿山敏感区
崩落法	大间距集中化无底柱分段崩落采矿技术	矿石回收率 85%，贫化率 10%，相对减少开采量	采用不同分段高度的无底柱崩落法开采技术的新建和已建厚大矿体地下矿山
	无底柱分段崩落采矿法低贫化放矿技术	贫化率 10%左右	厚大矿体的新建和已建矿山
空场法	空场法松软破碎矿体综合开采技术	回采率大于 80%，贫化率小于 8%；充分利用资源	松软破碎岩体的已建和新建矿山
	全面采矿法残留矿体回采技术	提高资源回收率，减少开采损失率，相对减少开采量	薄和中厚（小于 5～7 m）的矿石和围岩均稳固的缓倾斜（倾角小于 30°）的已建和新建矿体（含残留矿体）
露天转地下开采及联合开采技术		提高矿产资源开发利用率，稳定矿山产量	已建和新建露天矿山
挂帮矿回采技术		提高回采率，充分利用资源	露天闭坑矿山

表 2　选矿工艺提高矿产资源综合利用率最佳可行技术及适用性

最佳可行技术	环境效益	适用条件
阶段磨矿、弱磁选-反浮选技术	铁精矿品位 69%，SiO_2 降至 4%以下；金属回收率高	要求高质量铁精矿以及含杂质多的已建和新建磁铁矿矿山
全磁选选别技术	铁精矿品位 67%～69%，SiO_2＜4%，金属回收率高	已建和新建矿山的磁铁矿
超细碎-湿式磁选抛尾技术	抛出 40%粗尾矿，铁精矿品位 65%，SiO_2＜4%，金属回收率高	已建和新建磁铁矿矿山，具有普遍性，尤其适用于极贫矿
连续磨矿、磁选-阴离子反浮选技术	铁精矿品位 67%～68%，尾矿品位 8%～9%，金属回收率高	已建和新建的贫赤铁矿
阶段磨矿、粗细分选、重选-磁选-阴离子反浮选技术	铁精矿品位 65%～67%，SiO_2＜4%，金属回收率高	已建、新建脉石非石英的赤铁矿，鞍山地区贫赤铁矿
含稀土元素等共生铁矿弱磁-强磁-浮选技术	铁精矿品位 60%～61%，稀土精矿品位 ERO50%～60%，综合回收率高，资源利用率高	已建和新建的含稀土铁矿，白云鄂博铁矿石
钒钛磁铁矿按粒度分选技术	铁精矿品位达到 47.48%，选钛总回收率达 25.01%，资源综合回收率高	已建和新建的钒钛磁铁矿、钛磁铁矿
岩石干选技术	甩出混合岩石 90%，提高产品质量，从源头削减污染	已建和新建的采用露天汽车-胶带运输的磁铁矿石

4.4 大气污染防治最佳可行技术

4.4.1 凿岩湿式防尘技术

4.4.1.1 最佳可行工艺参数

湿式凿岩工艺中水压不低于 304 kPa，风压大于 5.07 MPa；喷雾洒水工艺中喷雾器水雾粒度宜为 100～200 μm。

4.4.1.2 环境效益

该技术从源头减少粉尘产生量并防止粉尘飞扬。

4.4.1.3 技术经济适用性

该技术通常用于地下矿山凿岩、爆破、岩矿装运等作业。

4.4.2 穿爆干/湿式防尘技术

4.4.2.1 环境效益

钻机三级干式捕尘系统的除尘效率达 99.9%，排放粉尘浓度可降为 6 mg/m^3；其他措施可减少粉尘和有毒气体产生，减少大气污染。

4.4.2.2 技术经济适用性

该技术适用于新建和已建的露天矿山穿爆作业。

4.4.3 覆盖层防尘技术

4.4.3.1 最佳可行工艺参数

料堆表面形成的硬壳厚度为 10～20 mm，壳体应致密连续、无裂隙。

4.4.3.2 环境效益

该技术可减少扬尘，粉尘浓度达 1 mg/m^3 以下，可减少料堆雨水侵蚀和物料流失，防止水土污染。

4.4.3.3 技术经济适用性

该技术适用于新建和已建矿山排土场、尾矿库以及矿石堆存点等料堆的防尘。

4.4.4 就地抑尘技术

4.4.4.1 最佳可行工艺参数

超声雾化器工作时压缩空气压力为 0.3～0.4 MPa，水压为 0.1～0.15 MPa，耗气量为 0.08～0.1 m^3/min，耗水量为 0.3～0.5 L/min。

4.4.4.2 环境效益

该技术显著降低产尘点扬尘浓度，无需清灰，避免二次污染。

4.4.4.3 技术经济适用性

就地抑尘技术比其他除尘系统节省 30%～50%投资，节能 50%，且占据空间小，节省场地。

该技术适用于矿石破碎、筛分、皮带运输转载点等细尘扬尘大的产尘点，对呼吸性粉尘捕获效果更佳。

4.4.5 固体物料浆体长距离管道输送技术

4.4.5.1 最佳可行工艺参数

根据运行要求确定管道输送参数。确定参数时应考虑停泵再启对管道压力、堵管的影响，进行浆体水击及过渡过程分析计算，考虑气囊及加速流的产生及预防，进行线路选择及优化等。

对长距离细颗粒黏度高的精矿管道，通常选用隔膜泵。

4.4.5.2 环境效益

由于输送管线埋入地下，不占用或占用土地少；建成后土地可复垦利用；管线沿程污染小。

4.4.5.3 技术经济适用性

该技术的基建投资和运营成本比铁路运输低 30%～50%。

该技术适用于新建和已建矿山输送铁精矿。

4.4.6 袋式除尘技术

4.4.6.1 最佳可行工艺参数

气布比为 0.8～1.2 m/min；系统阻力小于 1 500 Pa；系统漏风系数小于 3%。

4.4.6.2 环境效益

对于粒径 0.5 μm 的粉尘，除尘效率为 98%～99%，总除尘效率可达 99.99%，排放浓度可达 20 mg/m^3 或更低。

4.4.6.3 技术经济适用性

布袋除尘器一次性投资约为 10 元/（m^3·h），换料、电耗等运行费约 60 元/万 t 矿石。

该技术适用于已建和新建选矿厂破碎筛分系统除尘。

4.4.7 高效微孔膜除尘技术

4.4.7.1 最佳可行工艺参数

高效微孔膜运行阻力应小于 1 300 Pa，粉膜透气度为 1.2 m/min，清灰剥离率达 98.4%～100%。

4.4.7.2 环境效益

除尘效率大于 99%，选矿厂破碎筛分系统中的粉尘排放浓度为 30～50 mg/m^3。

4.4.7.3 技术经济适用性

该技术适用于新建和已建的矿山破碎筛分系统粉尘治理，适用于潮湿性粉尘。

4.4.8 最佳可行技术及适用性

钢铁行业采选矿工艺大气污染防治最佳可行技术及适用性见表 3。

4.5 废水控制与处理最佳可行技术

钢铁行业采选矿工艺废水控制与处理最佳可行技术见表 4。

4.6 固体废物处置及综合利用最佳可行技术

4.6.1 铁尾矿再选技术

4.6.1.1 环境效益

减少尾矿固废排放量，提高铁的回收率。通过再选工艺内部回收流程，可提高品位大于 66%的铁精矿产量，单一重选可获得含铁 57%～62%的铁精矿。

表 3　钢铁行业采选矿工艺大气污染防治最佳可行技术及适用性

防治阶段	最佳可行技术	环境效益	适用条件
工艺过程	凿岩湿式防尘技术	从源头减少粉尘产生量，防止粉尘飞扬	已建和新建地下矿山凿岩、爆破、岩矿装运等作业
	穿爆干/湿式防尘技术	钻机三级除尘效率达 99.9%，粉尘排放浓度＜6 mg/m^3	已建和新建露天矿山穿爆作业
	覆盖层防尘技术	粉尘浓度＜1 mg/m^3，减少扬尘、雨水侵蚀和物料流失	已建和新建矿山排土场、尾矿库以及矿石堆存点等料堆的防尘
	就地抑尘技术	降低产尘点扬尘浓度，避免二次污染	已建和新建矿山矿石破碎、筛分、皮带运输等扬尘点，对呼吸性粉尘捕获效果更佳
	固体物料浆体长距离管道输送技术	少占用土地，管线沿线无污染	已建和新建矿山铁精矿输送
末端治理	袋式除尘技术	除尘效率＞99%，排放浓度＜20 mg/m^3	已建和新建矿山破碎筛分系统除尘
	高效微孔膜除尘技术	除尘效率＞99%，排放浓度 40～50 mg/m^3	已建和新建矿山的破碎筛分系统亲水性粉尘

表 4　钢铁行业采选矿工艺废水控制与处理最佳可行技术及适用性

废水来源或种类	最佳可行技术	适用条件
矿坑涌水	采矿矿坑涌水控制技术	已建和新建矿山，敏感区
酸性废水	中和法	已建和新建矿山，敏感区
含汞废水	铁屑过滤法、硫化沉淀法	已建和新建矿山，敏感区
含镉废水	化学沉淀法-硫化法	已建和新建矿山，敏感区
含铅废水	化学沉淀法-硫化法	已建和新建矿山，敏感区
含铬废水	药剂还原沉淀法、电解还原法、钡盐法	已建和新建矿山，敏感区
选矿废水	絮凝-沉淀，循环利用	已建和新建矿山，敏感区

4.6.1.2 技术经济适用性

该技术适用于已建和新建的铁矿山的尾矿。

与只进行处理原矿选矿相比，采用该技术可增加产量，可降低成本。

4.6.2 废石、尾矿用于建筑材料技术

4.6.2.1 最佳可行工艺参数

生产尾矿地面砖时应控制尾矿粒级比例，粒级比例要求可参照表 5。

表 5 生产尾矿地面砖尾矿粒级比例

粒级/目	+55	−55+100	−100+200	−200
混合样/%	37.0	31.0	22.5	9.5

尾矿建材地面砖应达到下列质量要求：抗折强度＞40 MPa，吸水率＜8%，耐磨耐抗长度＜35 mm，抗冻融损失＜20%。

4.6.2.2 环境效益

提高尾矿资源利用率，减少尾矿、废石排放，消除和减少尾矿、废石环境污染。

4.6.2.3 技术经济适用性

该技术经济效益显著，适用于已建和新建矿山。

4.6.3 尾矿制造微晶玻璃技术

4.6.3.1 最佳可行工艺参数

原料主要为高铁尾矿和含钛磁铁矿。产品应达到以下要求：抗压强度：1.25 t/cm^2，弯曲强度：37.3 MPa，防震能力：2.5，莫氏硬度：6，耐酸性（1%H_2SO_4）：0.11%，耐碱性（1%NaOH）：0.15%，密度：2.63 g/cm^3，光泽度 5～100。

4.6.3.2 环境效益

该技术可提高尾矿资源利用率，减少尾矿、废石排放，消除和减少尾矿、废石的环境污染。

4.6.3.3 技术经济适用性

采用尾矿制造微晶玻璃技术可获得显著经济效益。

4.6.4 固体废物排放采空区技术

4.6.4.1 最佳可行工艺参数

采空区固体废物回填量：采出 1 t 矿石可回填 0.25～0.4 m^3 的固废。

4.6.4.2 环境效益

该技术可减少废石、尾矿的排放状况，消除或减少废石、尾矿对环境的污染，改善生态环境。

4.6.4.3 技术经济适用性

该技术可节省尾矿库建设工程投资，适用于有地下采空区、露天采坑或地表塌陷区等废弃空间稳定的新建和已建矿山。

4.6.5 最佳可行技术及适用性

钢铁行业采选矿工艺固体废物处置及综合利用最佳可行技术见表 6。

4.7 生态恢复最佳可行技术

钢铁行业采选矿工艺生态恢复最佳可行技术见表 7。

表 6 钢铁行业采选矿工艺固体废物处置及综合利用最佳可行技术及适用性

最佳可行技术	环境效益	适用条件
铁尾矿再选技术	再选的铁精矿品位 66%，减少固体废物排放，提高资源利用率	已建和新建矿山尾矿，敏感区
废石、尾矿用于建筑材料技术	减少排放，减少和消除对大气和水系污染	已建和新建矿山，敏感区
尾矿制造微晶玻璃技术	减少排放，减少对大气和水系污染	已建和新建矿山
固体废物排放采空区技术	减少排放，减少和消除对大气污染和对水系污染	有地下采空区，露天坑或地表塌陷区等稳定废弃空间的矿山，敏感区

表 7 钢铁行业采选矿工艺生态恢复最佳可行技术及适用性

最佳可行技术	技术指标和环境效益	适用条件
铁矿复垦植被优化技术	保护大气和水资源，恢复采区生态环境，充分利用废弃地	已建和新建矿山 已建和新建矿山的选矿作业，敏感区
尾矿库无土植被技术	植被覆盖率 90%，控制水土流失、抑尘	已建和新建矿山的选矿作业，敏感区

4.8 采选矿工艺污染防治最佳环境管理实践

为保证最佳可行技术的应用效果，采取如下最佳环境管理实践：

- 矿产资源综合开发规划和设计阶段包含资源开发利用、生态环境保护、地质灾害防治、水土保持和废弃地复垦等内容，充分考虑低污染、高附加值的产业链延伸建设和多元化经营建设。
- 根据矿山地质条件以及矿石性质，采用适宜的采矿技术，提高资源利用率。
- 对于采、选矿过程产生的废水，根据用水水质要求实现废水梯级利用。
- 采选矿生产中采用低噪声设备或采用隔声减振措施，控制噪声源强。
- 加强采矿点排土场和拦渣坝及选矿厂尾矿库的管理和维护，防止扬尘和溃坝。
- 坚持开采与恢复并举，根据复垦条件选择不同的复垦模式。
- 加强生产设备的使用、维护和检修，保证设备正常运行。
- 重视污染物的监测和计量管理工作，定期进行全厂物料平衡测试。
- 加强操作管理，建立岗位操作规程，制定应急预案，定期对职工进行技术培训和演练。

关于发布《放射性物品分类和名录》（试行）的公告

中华人民共和国环境保护部公告 2010年第31号

为落实《放射性物品运输安全管理条例》第三条规定，加强放射性物品运输安全管理，环境保护部（国家核安全局）、公安部、卫生部、海关总署、交通运输部、铁道部、中国民用航空局、国家国防科工局批准《放射性物品分类和名录》（试行），现予公告，自2010年3月18日起开始施行。

《放射性物品分类和名录》（试行）具体内容可在环境保护部网站（www.mep.gov.cn）查询。

（此公告业经公安部黄明，卫生部陈啸宏，海关总署鲁培军，交通运输部高宏峰，铁道部胡亚东，中国民用航空局夏兴华，国家国防科工局王毅韧会签）

附件：放射性物品分类和名录（试行）

二〇一〇年三月四日

附件：

放射性物品分类和名录（试行）

根据国务院第562号令《放射性物品运输安全管理条例》规定和放射性物品在运输过程中的潜在危害程度，制定本放射性物品分类和名录。

一、放射性物品分类原则

按照国务院《放射性物品运输安全管理条例》中第三条的规定，根据放射性物品的特性及其对人体健康和环境的潜在危害程度，将放射性物品分为一类、二类和三类。

一类放射性物品，是指Ⅰ类放射源、高水平放射性废物、乏燃料等释放到环境后对人体健康和环境产生重大辐射影响的放射性物品。

二类放射性物品，是指Ⅱ类和Ⅲ类放射源、中等水平放射性废物等释放到环境后对人体健康和环境产生一般辐射影响的放射性物品。

三类放射性物品，是指Ⅳ类和Ⅴ类放射源、低水平放射性废物、放射性药品等释放到环境后对人体健康和环境产生较小辐射影响的放射性物品。

放射性物品分类不改变国标GB 11806中关于放射性物品货包的分类及相应的设计要求。

放射性物品分类和名录与 GB 12268 中有关放射性物品运输分类和列名等内容协调一致。

二、放射性物品分类和名录

放射性物品分类和名录包括放射性物品、放射性物品举例、容器类型、货包（包件）类型、名称和说明以及联合国编号。具体分类和名录见表 1。

三、放射性物品运输免管

1. 免于运输监管的放射性物品的比活度或活度不得超过相应的豁免限值，豁免限值规定如下：

（1）对于含有单个放射性核素的放射性物品，豁免物品的放射性比活度和一件托运货物的豁免放射性活度限值见表 2。

（2）对于放射性核素的混合物，可按下式确定放射性核素的基本限值：

$$X_m = \frac{1}{\sum_i f(i)/X(i)} \tag{1}$$

式中：$f(i)$ ——放射性核素 i 的放射性比活度或放射性活度在混合物中所占的份额；

$X(i)$ ——放射性核素 i 的豁免物品的比活度或者一件托运货物的豁免放射性活度限值的相应值；

X_m ——混合物情况下，豁免物品的比活度或一件托运货物的豁免放射性活度限值。

（3）当已知每个放射性核素的类别，而未知其中某些放射性核素的单个放射性活度时，可以把这些放射性核素归并成组，并在应用公式（1）时使用各组中放射性核素的最小的放射性核素的 X_m 值。当总的α放射性活度和总的β/γ放射性活度均为已知时，可以此作为分组的依据，并分别使用α发射体或β/γ发射体的最小的放射性核素的 X_m 值。

（4）对无数据可用的单个放射性核素或放射性核素混合物，可使用表 3 的豁免物品的放射性比活度和一件托运货物的豁免放射性活度限值。

2. 下列放射性物品也免于运输监管：

（1）已成为运输手段组成部分的放射性物品。

（2）在单位内进行不涉及公路或铁路运输的放射性物品。

（3）为诊断或治疗而植入或注入人体或活的动物体内的放射性物品。

（4）已获得监管部门的批准并已销售给最终用户的含微弱放射性物质的消费品。

（5）含天然存在的放射性核素的天然物品和矿石，处于天然状态或者仅为非提取放射性核素的目的而进行了处理，也不准备经处理后使用这些放射性核素。且这类物品的比活度不超过豁免物品比活度限值的 10 倍。

（6）表面上被放射性物质污染的非放射性固体物品，且满足如下限制：对β和γ发射体及低毒性α发射体，其量小于 0.8 Bq/cm^2；对所以其他α发射体，其量小于 0.0 8Bq/cm^2。

表 1　放射性物品分类和名录

分类	放射性物品	放射性物品举例	容器类型	货包（包件）类型	名称和说明[1]	联合国编号
一类	放射性活度大于 A_1 或 A_2 值的放射性物品[2]	如反应堆乏燃料、高水平放射性废物	B（U）	B（U）货包	放射性物品 B（U）型货包，非易裂变的或例外易裂变的	2916
			B（U）F		放射性物品 B（U）型货包，易裂变的	3328
			B（M）	B（M）货包	放射性物品 B（M）型货包，非易裂变的或例外易裂变的	2917
			B（M）F		放射性物品 B（M）型货包，易裂变的	3329
			C	C 型货包	放射性物品 C 型货包，非易裂变的或例外易裂变的	3323
			CF		放射性物品 C 型货包，易裂变的	3330
	等于或大于 0.1 kg 的六氟化铀		H（U） H（M）	六氟化铀货包	放射性物质六氟化铀，非易裂变的或例外易裂变的	2978
			H（U）F H（M）F		放射性物质六氟化铀，易裂变的	2977
	需特殊安排运输的放射性物品		T	特殊安排运输	特殊安排下运输的放射性物品，非易裂变的或例外易裂变的	2919
			X		特殊安排下运输的放射性物品，易裂变的	3331
	放射性活度不大于 A_1 或 A_2 值的易裂变放射性物品	反应堆新燃料	AF	A 型货包	放射性物品 A 型货包，易裂变的，非特殊形式的	3327
					放射性物品 A 型货包，特殊形式的，易裂变的	3333
	易裂变Ⅲ类低比活度放射性物品（LSA-Ⅲ）		IF-2 IF-3	工业Ⅱ型货包 工业Ⅲ型货包	Ⅲ类低比活度放射性物品（LSA-Ⅲ），易裂变的	3325
	易裂变Ⅱ类低比活度的放射性物品（LSA-Ⅱ）		IF-2 IF-3	工业Ⅱ型货包 工业Ⅲ型货包	Ⅱ类低比活度放射性物品（LSA-Ⅱ），易裂变的	3324

分类	放射性物品	放射性物品举例	容器类型	货包（包件）类型	名称和说明[1]	联合国编号
一类	易裂变的放射性表面污染物体（SCO-I 或 SCO-Ⅱ）		IF	工业型货包	放射性表面污染物体（SCO-I 或 SCO-Ⅱ），易裂变的	3326
	I 类放射源	医用强钴源、工业辐照强钴源、锎-252 中子源原料等	B（U）	B（U）货包	放射性物品 B（U）型货包，非易裂变的或例外易裂变的	2916
			B（M）	B（M）货包	放射性物品 B（M）型货包，非易裂变的或例外易裂变的	2917
二类	非特殊形式的非易裂变或例外易裂变，放射性活度不大于 A_2 值的放射性物品	钼-锝发生器	A	A 型货包	放射性物品 A 型货包，非特殊形式的非易裂变的或非特殊形式的例外易裂变的	2915
	特殊形式[3]的非易裂变或例外易裂变，放射性活度不大于 A_1 值的放射性物品		A	A 型货包	放射性物品 A 型货包，特殊形式的非易裂变的或特殊形式的例外易裂变的	3332
	非易裂变或例外易裂变的Ⅲ 类低比活度放射性物品（LSA-Ⅲ）（非独家使用）		IP-3	工业Ⅲ 型货包	Ⅲ 类低比活度放射性物品（LSA-Ⅲ），非易裂变的或例外易裂变的	3322
	非易裂变或例外易裂变的Ⅱ类低比活度放射性物品（LSA-Ⅱ）（液体非独家使用）		IP-3	工业Ⅲ 型货包	Ⅱ 类低比活度放射性物品（LSA-Ⅱ），非易裂变的或例外易裂变的	3321

分类	放射性物品	放射性物品举例	容器类型	货包（包件）类型	名称和说明[1]	联合国编号
二类	Ⅱ类和Ⅲ类放射源	铯-137 等密封放射源	B（U）	B（U）货包	放射性物品 B（U）型货包，非易裂变的或例外易裂变的	2916
			B（M）	B（M）货包	放射性物品 B（M）型货包，非易裂变的或例外易裂变的	2917
			A	A 型货包	放射性物品 A 型货包，非特殊形式的非易裂变的或非特殊形式的例外易裂变的	2915
					放射性物品 A 型货包，特殊形式的非易裂变的或特殊形式的例外易裂变的	3332
三类	有限量的放射性物品[4]	放射性活度小于 7×10^{7}Bq 的碘-131 溶液		例外货包	放射性物品例外货包—有限量的放射性物品	2910
	含有放射性物质的仪器或制品	骨密度测量仪		例外货包	放射性物品例外货包—含有放射性物质的仪器或制品	2911
	天然铀或贫化铀或天然钍的制品			例外货包	放射性物品例外货包—天然铀或贫化铀或天然钍的制品	2909
	运输放射性物品的空包装			例外货包	放射性物品例外货包—运输放射性物品的空包装	2908
	非易裂变或例外易裂变的Ⅲ 类低比活度放射性物品（LSA-Ⅲ）		IP-2	工业Ⅱ型货包	Ⅲ 类低比活度放射性物品（LSA-Ⅲ），非易裂变的或例外易裂变的	3322
	非易裂变或例外易裂变的Ⅱ类低比活度放射性物品（LSA-Ⅱ）	含氚浓度小于 0.8TBq/L 的水	IP-2	工业Ⅱ型货包	Ⅱ 类低比活度放射性物品（LSA-Ⅱ），非易裂变的或例外易裂变的	3321

分类	放射性物品	放射性物品举例	容器类型	货包（包件）类型	名称和说明[1]	联合国编号
三类	非易裂变或例外易裂变的Ⅰ类低比活度放射性物品（LSA-I）	黄饼	IP-2	工业Ⅰ 型货包 工业Ⅱ 型货包	Ⅰ 类低比活度放射性物品（LSA-I），非易裂变的或例外易裂变的	2912
	非易裂变或例外易裂变Ⅰ、Ⅱ 类放射性表面污染体（SCO-I 、SCO-Ⅱ）	污染构件	IP-1 IP-2	工业Ⅰ 型货包 工业Ⅱ 型货包	放射性表面污染物体（SCO-I 或 SCO-Ⅱ），非易裂变的或例外易裂变的	2913
	Ⅵ类和Ⅴ类放射源	铯-137（0.5mCi）子母源罐	A	A 型货包	放射性物品 A 型货包，非特殊形式的非易裂变的或非特殊形式的例外易裂变的	2915
					放射性物品 A 型货包，特殊形式的非易裂变的或特殊形式的例外易裂变的	3332
				例外货包	放射性物品例外货包—有限量的放射性物品	2910

注：[1] “名称和说明”栏中中文正式名称用黑体字表示，附加中文说明用宋体字表示。

[2] A_1 或 A_2 值：其中 A_1 为对特殊形式放射性物品的活度限值；A_2 为对所有其他放射性物品的活度限值，A_1 或 A_2 值见表 2 放射性核素的基本限值。对于表 2 中未列出的单个放射性核素，可使用表 3 所列出的放射性核素的值。

[3] 当特殊形式放射性物品结构视为包容系统的组成部分时，该特殊形式放射性物品结构设计须报国务院核安全监管部门批准。

[4] 有限量的放射性物品，含有放射性物质的仪器或制品的放射性活度限值见表 4。天然铀、贫化铀或天然钍制品，只要铀或钍的外表面由金属或其他坚固材料制成的非放射性包封，放射性活度不限。

表 2　放射性核素的基本限值

放射性核素（原子序数）	A_1 TBq	A_2 TBq	豁免物品的放射性比活度 Bq/g	一件托运货物的豁免放射性活度限值 Bq
锕[Ac（89）]				
Ac-225[a]	8×10^{-1}	6×10^{-3}	1×10^{1}	1×10^{4}
Ac-227[a]	9×10^{-1}	9×10^{-5}	1×10^{-1}	1×10^{3}
Ac-228	6×10^{-1}	5×10^{-1}	1×10^{1}	1×10^{6}
银[Ag（47）]				
Ag-105	2×10^{0}	2×10^{0}	1×10^{2}	1×10^{6}
Ag-108m[a]	7×10^{-1}	7×10^{-1}	1×10^{1} (b)	1×10^{6} (b)
Ag-110m[a]	4×10^{-1}	4×10^{-1}	1×10^{1}	1×10^{6}
Ag-111	2×10^{0}	6×10^{-1}	1×10^{3}	1×10^{6}
铝[Al（13）]				
Al-26	1×10^{-1}	1×10^{-1}	1×10^{1}	1×10^{5}
镅[Am（95）]				
Am-241	1×10^{1}	1×10^{-3}	1×10^{0}	1×10^{4}
Am-242m[a]	1×10^{1}	1×10^{-3}	1×10^{0} (b)	1×10^{4} (b)
Am-243[a]	5×10^{0}	1×10^{-3}	1×10^{0} (b)	1×10^{3} (b)
氩[Ar（18）]				
Ar-37	4×10^{1}	4×10^{1}	1×10^{6}	1×10^{8}
Ar-39	4×10^{1}	2×10^{1}	1×10^{7}	1×10^{4}
Ar-41	3×10^{-1}	3×10^{-1}	1×10^{2}	1×10^{9}
砷[As（33）]				
As-72	3×10^{-1}	3×10^{-1}	1×10^{1}	1×10^{5}
As-73	4×10^{1}	4×10^{1}	1×10^{3}	1×10^{7}
As-74	1×10^{0}	9×10^{-1}	1×10^{1}	1×10^{6}
As-76	3×10^{-1}	3×10^{-1}	1×10^{2}	1×10^{5}
As-77	2×10^{1}	7×10^{-1}	1×10^{3}	1×10^{6}
砹[At（85）]				
At-211[a]	2×10^{1}	5×10^{-1}	1×10^{3}	1×10^{7}
金[Au（79）]				
Au-193	7×10^{0}	2×10^{0}	1×10^{2}	1×10^{7}
Au-194	1×10^{0}	1×10^{0}	1×10^{1}	1×10^{6}
Au-195	1×10^{1}	6×10^{0}	1×10^{2}	1×10^{7}
Au-198	1×10^{0}	6×10^{-1}	1×10^{2}	1×10^{6}
Au-199	1×10^{1}	6×10^{-1}	1×10^{2}	1×10^{6}
钡[Ba（56）]				
Ba-131[a]	2×10^{0}	2×10^{0}	1×10^{2}	1×10^{6}
Ba-133	3×10^{0}	3×10^{0}	1×10^{2}	1×10^{6}

放射性核素（原子序数）	A_1 TBq	A_2 TBq	豁免物品的放射性比活度 Bq/g	一件托运货物的豁免放射性活度限值 Bq
Ba-133m	2×10^{1}	6×10^{-1}	1×10^{2}	1×10^{6}
Ba-140[a]	5×10^{-1}	3×10^{-1}	1×10^{1} (b)	1×10^{5} (b)
铍[Be（4）]				
Be-7	2×10^{1}	2×10^{1}	1×10^{3}	1×10^{7}
Be-10	4×10^{1}	6×10^{-1}	1×10^{4}	1×10^{6}
铋[Bi（83）]				
Bi-205	7×10^{-1}	7×10^{-1}	1×10^{1}	1×10^{6}
Bi-206	3×10^{-1}	3×10^{-1}	1×10^{1}	1×10^{5}
Bi-207	7×10^{-1}	7×10^{-1}	1×10^{1}	1×10^{6}
Bi-210	1×10^{0}	6×10^{-1}	1×10^{3}	1×10^{6}
Bi-210m[a]	6×10^{-1}	2×10^{-2}	1×10^{1}	1×10^{5}
Bi-212[a]	7×10^{-1}	6×10^{-1}	1×10^{1} (b)	1×10^{5} (b)
锫[Bk（97）]				
Bk-247	8×10^{0}	8×10^{-4}	1×10^{0}	1×10^{4}
Bk-249[a]	4×10^{1}	3×10^{-1}	1×10^{3}	1×10^{6}
溴[Br（35）]				
Br-76	4×10^{-1}	4×10^{-1}	1×10^{1}	1×10^{5}
Br-77	3×10^{0}	3×10^{0}	1×10^{2}	1×10^{6}
Br-82	4×10^{-1}	4×10^{-1}	1×10^{1}	1×10^{6}
碳[C（6）]				
C-11	1×10^{0}	6×10^{-1}	1×10^{1}	1×10^{6}
C-14	4×10^{1}	3×10^{0}	1×10^{4}	1×10^{7}
钙[Ca（20）]				
Ca-41	不限	不限	1×10^{5}	1×10^{7}
Ca-45	4×10^{1}	1×10^{0}	1×10^{4}	1×10^{7}
Ca-47[a]	3×10^{0}	3×10^{-1}	1×10^{1}	1×10^{6}
镉[Cd（48）]				
Cd-109	3×10^{1}	2×10^{0}	1×10^{4}	1×10^{6}
Cd-113m	4×10^{1}	5×10^{-1}	1×10^{3}	1×10^{6}
Cd-115[a]	3×10^{0}	4×10^{-1}	1×10^{2}	1×10^{6}
Cd-115m	5×10^{-1}	5×10^{-1}	1×10^{3}	1×10^{6}
铈[Ce（58）]				
Ce-139	7×10^{0}	2×10^{0}	1×10^{2}	1×10^{6}
Ce-141	2×10^{1}	6×10^{-1}	1×10^{2}	1×10^{7}
Ce-143	9×10^{-1}	6×10^{-1}	1×10^{2}	1×10^{6}
Ce-144[a]	2×10^{-1}	2×10^{-1}	1×10^{2} (b)	1×10^{5} (b)

放射性核素（原子序数）	A_1 TBq	A_2 TBq	豁免物品的放射性比活度 Bq/g	一件托运货物的豁免放射性活度限值 Bq
锎[Cf（98）]				
Cf-248	4×10^{1}	6×10^{-3}	1×10^{1}	1×10^{4}
Cf-249	3×10^{0}	8×10^{-4}	1×10^{0}	1×10^{3}
Cf-250	2×10^{1}	2×10^{-3}	1×10^{1}	1×10^{4}
Cf-251	7×10^{0}	7×10^{-4}	1×10^{0}	1×10^{3}
Cf-252	1×10^{-1}	3×10^{-3}	1×10^{1}	1×10^{4}
Cf-253[a]	4×10^{1}	4×10^{-2}	1×10^{2}	1×10^{5}
Cf-254	1×10^{-3}	1×10^{-3}	1×10^{0}	1×10^{3}
氯[Cl（17）]				
C1-36	1×10^{1}	6×10^{-1}	1×10^{4}	1×10^{6}
C1-38	2×10^{-1}	2×10^{-1}	1×10^{1}	1×10^{5}
锔[Cm（96）]				
Cm-240	4×10^{1}	2×10^{-2}	1×10^{2}	1×10^{5}
Cm-241	2×10^{0}	1×10^{0}	1×10^{2}	1×10^{6}
Cm-242	4×10^{1}	1×10^{-2}	1×10^{2}	1×10^{5}
Cm-243	9×100	1×10^{-3}	1×10^{0}	1×10^{4}
Cm-244	2×10^{1}	2×10^{-3}	1×10^{1}	1×10^{4}
Cm-245	9×10^{0}	9×10^{-4}	1×10^{0}	1×10^{3}
Cm-246	9×10^{0}	9×10^{-4}	1×10^{0}	1×10^{3}
Cm-247[a]	3×10^{0}	1×10^{-3}	1×10^{0}	1×10^{4}
Cm-248	2×10^{-2}	3×10^{-4}	1×10^{0}	1×10^{3}
钴[Co（27）]				
Co-55	5×10^{-1}	5×10^{-1}	1×10^{1}	1×10^{6}
Co-56	3×10^{-1}	3×10^{-1}	1×10^{1}	1×10^{5}
Co-57	1×10^{1}	1×10^{1}	1×10^{2}	1×10^{6}
Co-58	1×10^{0}	1×10^{0}	1×10^{1}	1×10^{6}
Co-58m	4×10^{1}	4×10^{1}	1×10^{4}	1×10^{7}
Co-60	4×10^{-1}	4×10^{-1}	1×10^{1}	1×10^{5}
铬[Cr（24）]				
Cr-51	3×10^{1}	3×10^{1}	1×10^{3}	1×10^{7}
铯[Cs（55）]				
Cs-129	4×10^{0}	4×10^{0}	1×10^{2}	1×10^{5}
Cs-131	3×10^{1}	3×10^{1}	1×10^{3}	1×10^{6}
Cs-132	1×10^{0}	1×10^{0}	1×10^{1}	1×10^{5}
Cs-134	7×10^{-1}	7×10^{-1}	1×10^{1}	1×10^{4}
Cs-134m	4×10^{1}	6×10^{-1}	1×10^{3}	1×10^{5}

放射性核素（原子序数）	A_1 TBq	A_2 TBq	豁免物品的放射性比活度 Bq/g	一件托运货物的豁免放射性活度限值 Bq
Cs-135	4×10^{1}	1×10^{0}	1×10^{4}	1×10^{7}
Cs-136	5×10^{-1}	5×10^{-1}	1×10^{1}	1×10^{5}
Cs-137[a]	2×10^{0}	6×10^{-1}	1×10^{1} (b)	1×10^{4} (b)
铜[Cu（29）]				
Cu-64	6×10^{0}	1×10^{0}	1×10^{2}	1×10^{6}
Cu-67	1×10^{1}	7×10^{-1}	1×10^{2}	1×10^{6}
镝[Dy（66）]				
Dy-159	2×10^{1}	2×10^{1}	1×10^{3}	1×10^{7}
Dy-165	9×10^{-1}	6×10^{-1}	1×10^{3}	1×10^{6}
Dy-166[a]	9×10^{-1}	3×10^{-1}	1×10^{3}	1×10^{6}
铒[Er（68）]				
Er-169	4×10^{1}	1×10^{0}	1×10^{4}	1×10^{7}
Er-171	8×10^{-1}	5×10^{-1}	1×10^{2}	1×10^{6}
铕[Eu（63）]				
Eu-147	2×10^{0}	2×10^{0}	1×10^{2}	1×10^{6}
Eu-148	5×10^{-1}	5×10^{-1}	1×10^{1}	1×10^{6}
Eu-149	2×10^{1}	2×10^{1}	1×10^{2}	1×10^{7}
Eu-150（短寿命）	2×10^{0}	7×10^{-1}	1×10^{3}	1×10^{6}
Eu-150（长寿命）	7×10^{-1}	7×10^{-1}	1×10^{1}	1×10^{6}
Eu-152	1×10^{0}	1×10^{0}	1×10^{1}	1×10^{6}
Eu-152m	8×10^{-1}	8×10^{-1}	1×10^{2}	1×10^{6}
Eu-154	9×10^{-1}	6×10^{-1}	1×10^{1}	1×10^{6}
Eu-155	2×10^{1}	3×10^{0}	1×10^{2}	1×10^{7}
Eu-156	7×10^{-1}	7×10^{-1}	1×10^{1}	1×10^{6}
氟[F（9）]				
F-18	1×10^{0}	6×10^{-1}	1×10^{1}	1×10^{6}
铁[Fe（26）]				
Fe-52[a]	3×10^{-1}	3×10^{-1}	1×10^{1}	1×10^{6}
Fe-55	4×10^{1}	4×10^{1}	1×10^{4}	1×10^{6}
Fe-59	9×10^{-1}	9×10^{-1}	1×10^{1}	1×10^{6}
Fe-60[a]	4×10^{1}	2×10^{-1}	1×10^{2}	1×10^{5}
镓[Ga（31）]				
Ga-67	7×10^{0}	3×10^{0}	1×10^{2}	1×10^{6}
Ga-68	5×10^{-1}	5×10^{-1}	1×10^{1}	1×10^{5}
Ga-72	4×10^{-1}	4×10^{-1}	1×10^{1}	1×10^{5}

放射性核素（原子序数）	A_1 TBq	A_2 TBq	豁免物品的放射性比活度 Bq/g	一件托运货物的豁免放射性活度限值 Bq
钆[Gd（64）]				
Gd-146[a]	5×10^{-1}	5×10^{-1}	1×10^{1}	1×10^{6}
Gd-148	2×10^{1}	2×10^{-3}	1×10^{1}	1×10^{4}
Gd-153	1×10^{1}	9×10^{0}	1×10^{2}	1×10^{7}
Gd-159	3×10^{0}	6×10^{-1}	1×10^{3}	1×10^{6}
锗[Ge（32）]				
Ge-68[a]	5×10^{-1}	5×10^{-1}	1×10^{1}	1×10^{5}
Ge-71	4×10^{1}	4×10^{1}	1×10^{4}	1×10^{8}
Ge-77	3×10^{-1}	3×10^{-1}	1×10^{1}	1×10^{5}
铪[Hf（72）]				
Hf-172[a]	6×10^{-1}	6×10^{-1}	1×10^{1}	1×10^{6}
Hf-175	3×10^{0}	3×10^{0}	1×10^{2}	1×10^{6}
Hf-181	2×10^{0}	5×10^{-1}	1×10^{1}	1×10^{6}
Hf-182	不限	不限	1×10^{2}	1×10^{6}
汞[Hg（80）]				
Hg-194[a]	1×10^{0}	1×10^{0}	1×10^{1}	1×10^{6}
Hg-195m[a]	3×10^{0}	7×10^{-1}	1×10^{2}	1×10^{6}
Hg-197	2×10^{1}	1×10^{1}	1×10^{2}	1×10^{7}
Hg-197m	1×10^{1}	4×10^{-1}	1×10^{2}	1×10^{6}
Hg-203	5×10^{0}	1×10^{0}	1×10^{2}	1×10^{5}
钬[Ho（67）]				
Ho-166	4×10^{-1}	4×10^{-1}	1×10^{3}	1×10^{5}
Ho-166m	6×10^{-1}	5×10^{-1}	1×10^{1}	1×10^{6}
碘[I（53）]				
I-123	6×10^{0}	3×10^{0}	1×10^{2}	1×10^{7}
I-124	1×10^{0}	1×10^{0}	1×10^{1}	1×10^{6}
I-125	2×10^{1}	3×10^{0}	1×10^{3}	1×10^{6}
I-126	2×10^{0}	1×10^{0}	1×10^{2}	1×10^{6}
I-129	不限	不限	1×10^{2}	1×10^{5}
I-131	3×10^{0}	7×10^{-1}	1×10^{2}	1×10^{6}
I-132	4×10^{-1}	4×10^{-1}	1×10^{1}	1×10^{5}
I-133	7×10^{-1}	6×10^{-1}	1×10^{1}	1×10^{6}
I-134	3×10^{-1}	3×10^{-1}	1×10^{1}	1×10^{5}
I-135[a]	6×10^{-1}	6×10^{-1}	1×10^{1}	1×10^{6}

放射性核素（原子序数）	A_1 TBq	A_2 TBq	豁免物品的放射性比活度 Bq/g	一件托运货物的豁免放射性活度限值 Bq
铟[In（49）]				
In-111	3×10^{0}	3×10^{0}	1×10^{2}	1×10^{6}
In-113m	4×10^{0}	2×10^{0}	1×10^{2}	1×10^{6}
In-114m[a]	1×10^{1}	5×10^{-1}	1×10^{2}	1×10^{6}
In-115m	7×10^{0}	1×10^{0}	1×10^{2}	1×10^{6}
铱[Ir（77）]				
Ir-189[a]	1×10^{1}	1×10^{1}	1×10^{2}	1×10^{7}
Ir-190	7×10^{-1}	7×10^{-1}	1×10^{1}	1×10^{6}
Ir-192	1×10^{0} (c)	6×10^{-1}	1×10^{1}	1×10^{4}
Ir-194	3×10^{-1}	3×10^{-1}	1×10^{2}	1×10^{5}
钾[K（19）]				
K-40	9×10^{-1}	9×10^{-1}	1×10^{2}	1×10^{6}
K-42	2×10^{-1}	2×10^{-1}	1×10^{2}	1×10^{6}
K-43	7×10^{-1}	6×10^{-1}	1×10^{1}	1×10^{6}
氪[Kr（36）]				
Kr-81	4×10^{1}	4×10^{1}	1×10^{4}	1×10^{7}
Kr-85	1×10^{1}	1×10^{1}	1×10^{5}	1×10^{4}
Kr-85m	8×10^{0}	3×10^{0}	1×10^{3}	1×10^{10}
Kr-87	2×10^{-1}	2×10^{-1}	1×10^{2}	1×10^{9}
镧[La（57）]				
La-137	3×10^{1}	6×10^{0}	1×10^{3}	1×10^{7}
La-140	4×10^{-1}	4×10^{-1}	1×10^{1}	1×10^{5}
镥[Lu（71）]				
Lu-172	6×10^{-1}	6×10^{-1}	1×10^{1}	1×10^{6}
Lu-173	8×10^{0}	8×10^{0}	1×10^{2}	1×10^{7}
Lu-174	9×10^{0}	9×10^{0}	1×10^{2}	1×10^{7}
Lu-174m	2×10^{1}	1×10^{1}	1×10^{2}	1×10^{7}
Lu-177	3×10^{1}	7×10^{-1}	1×10^{3}	1×10^{7}
镁[Mg（12）]				
Mg-28[a]	3×10^{-1}	3×10^{-1}	1×10^{1}	1×10^{5}
锰[Mn（25）]				
Mn-52	3×10^{-1}	3×10^{-1}	1×10^{1}	1×10^{5}
Mn-53	不限	不限	1×10^{4}	1×10^{9}
Mn-54	1×10^{0}	1×10^{0}	1×10^{1}	1×10^{6}
Mn-56	3×10^{-1}	3×10^{-1}	1×10^{1}	1×10^{5}

放射性核素（原子序数）	A_1 TBq	A_2 TBq	豁免物品的放射性比活度 Bq/g	一件托运货物的豁免放射性活度限值 Bq
钼[Mo（42）]				
Mo-93	4×10^{1}	2×10^{1}	1×10^{3}	1×10^{8}
Mo-99[a]	1×10^{0}	6×10^{-1}	1×10^{2}	1×10^{6}
氮[N（7）]				
N-13	9×10^{-1}	6×10^{-1}	1×10^{2}	1×10^{9}
钠[Na（11）]				
Na-22	5×10^{-1}	5×10^{-1}	1×10^{1}	1×10^{6}
Na-24	2×10^{-1}	2×10^{-1}	1×10^{1}	1×10^{5}
铌[Nb（41）]				
Nb-93m	4×10^{1}	3×10^{1}	1×10^{4}	1×10^{7}
Nb-94	7×10^{-1}	7×10^{-1}	1×10^{1}	1×10^{6}
Nb-95	1×10^{0}	1×10^{0}	1×10^{1}	1×10^{6}
Nb-97	9×10^{-1}	6×10^{-1}	1×10^{1}	1×10^{6}
钕[Nd（60）]				
Nd-147	6×10^{0}	6×10^{-1}	1×10^{2}	1×10^{6}
Nd-149	6×10^{-1}	5×10^{-1}	1×10^{2}	1×10^{6}
镍[Ni（28）]				
Ni-59	不限	不限	1×10^{4}	1×10^{8}
Ni-63	4×10^{1}	3×10^{1}	1×10^{5}	1×10^{8}
Ni-65	4×10^{-1}	4×10^{-1}	1×10^{1}	1×10^{6}
镎[Np（93）]				
Np-235	4×10^{1}	4×10^{1}	1×10^{3}	1×10^{7}
Np-236（短寿命）	2×10^{1}	2×10^{0}	1×10^{3}	1×10^{7}
Np-236（长寿命）	9×10^{0}	2×10^{-2}	1×10^{2}	1×10^{5}
Np-237	2×10^{1}	2×10^{-3}	1×10^{0} (b)	1×10^{3} (b)
Np-239	7×10^{0}	4×10^{-1}	1×10^{2}	1×10^{7}
锇[Os（76）]				
Os-185	1×10^{0}	1×10^{0}	1×10^{1}	1×10^{6}
Os-191	1×10^{1}	2×10^{0}	1×10^{2}	1×10^{7}
Os-191m	4×10^{1}	3×10^{1}	1×10^{3}	1×10^{7}
Os-193	2×10^{0}	6×10^{-1}	1×10^{2}	1×10^{6}
Os-194[a]	3×10^{-1}	3×10^{-1}	1×10^{2}	1×10^{5}
磷[P（15）]				
P-32	5×10^{-1}	5×10^{-1}	1×10^{3}	1×10^{5}
P-33	4×10^{1}	1×10^{0}	1×10^{5}	1×10^{8}

放射性核素（原子序数）	A_1 TBq	A_2 TBq	豁免物品的放射性比活度 Bq/g	一件托运货物的豁免放射性活度限值 Bq
镤[Pa（91）]				
Pa-230	2×10^{0}	7×10^{-2}	1×10^{1}	1×10^{6}
Pa-231	4×10^{0}	4×10^{-4}	1×10^{0}	1×10^{3}
Pa-233	5×10^{0}	7×10^{-1}	1×10^{2}	1×10^{7}
铅[Pb（82）]				
Pb-201	1×10^{0}	1×10^{0}	1×10^{1}	1×10^{6}
Pb-202	4×10^{1}	2×10^{1}	1×10^{3}	1×10^{6}
Pb-203	4×10^{0}	3×10^{0}	1×10^{2}	1×10^{6}
Pb-205	不限	不限	1×10^{4}	1×10^{7}
Pb-210[a]	1×10^{0}	5×10^{-2}	1×10^{1} (b)	1×10^{4} (b)
Pb-212[a]	7×10^{-1}	2×10^{-1}	1×10^{1} (b)	1×10^{5} (b)
钯[Pd（46）]				
Pd-103[a]	4×10^{1}	4×10^{1}	1×10^{3}	1×10^{8}
Pd-107	不限	不限	1×10^{5}	1×10^{8}
Pd-109	2×10^{0}	5×10^{-1}	1×10^{3}	1×10^{6}
钷[Pm（61）]				
Pm-143	3×10^{0}	3×10^{0}	1×10^{2}	1×10^{6}
Pm-144	7×10^{-1}	7×10^{-1}	1×10^{1}	1×10^{6}
Pm-145	3×10^{1}	1×10^{1}	1×10^{3}	1×10^{7}
Pm-147	4×10^{1}	2×10^{0}	1×10^{4}	1×10^{7}
Pm-148m[a]	8×10^{-1}	7×10^{-1}	1×10^{1}	1×10^{6}
Pm-149	2×10^{0}	6×10^{-1}	1×10^{3}	1×10^{6}
Pm-151	2×10^{0}	6×10^{-1}	1×10^{2}	1×10^{6}
钋[Po（84）]				
Po-210	4×10^{1}	2×10^{-2}	1×10^{1}	1×10^{4}
镨[Pr（59）]				
Pr-142	4×10^{-1}	4×10^{-1}	1×10^{2}	1×10^{5}
Pr-143	3×10^{0}	6×10^{-1}	1×10^{4}	1×10^{6}
铂[Pt（78）]				
Pt-188[a]	1×10^{0}	8×10^{-1}	1×10^{1}	1×10^{6}
Pt-191	4×10^{0}	3×10^{0}	1×10^{2}	1×10^{6}
Pt-193	4×10^{1}	4×10^{1}	1×10^{4}	1×10^{7}
Pt-193m	4×10^{1}	5×10^{-1}	1×10^{3}	1×10^{7}
Pt-195m	1×10^{1}	5×10^{-1}	1×10^{2}	1×10^{6}
Pt-197	2×10^{1}	6×10^{-1}	1×10^{3}	1×10^{6}
Pt-197m	1×10^{1}	6×10^{-1}	1×10^{2}	1×10^{6}

放射性核素（原子序数）	A_1 TBq	A_2 TBq	豁免物品的放射性比活度 Bq/g	一件托运货物的豁免放射性活度限值 Bq
钚[Pu（94）]				
Pu-236	3×10^{1}	3×10^{-3}	1×10^{1}	1×10^{4}
Pu-237	2×10^{1}	2×10^{1}	1×10^{3}	1×10^{7}
Pu-238	1×10^{1}	1×10^{-3}	1×10^{0}	1×10^{4}
Pu-239	1×10^{1}	1×10^{-3}	1×10^{0}	1×10^{4}
Pu-240	1×10^{1}	1×10^{-3}	1×10^{0}	1×10^{3}
Pu-241[a]	4×10^{1}	6×10^{-2}	1×10^{2}	1×10^{5}
Pu-242	1×10^{1}	1×10^{-3}	1×10^{0}	1×10^{4}
Pu-244[a]	4×10^{-1}	1×10^{-3}	1×10^{0}	1×10^{4}
镭[Ra（88）]				
Ra-223[a]	4×10^{-1}	7×10^{-3}	1×10^{2} (b)	1×10^{5} (b)
Ra-224[a]	4×10^{-1}	2×10^{-2}	1×10^{1} (b)	1×10^{5} (b)
Ra-225[a]	2×10^{-1}	4×10^{-3}	1×10^{2}	1×10^{5}
Ra-226[a]	2×10^{-1}	3×10^{-3}	1×10^{1} (b)	1×10^{4} (b)
Ra-228[a]	6×10^{-1}	2×10^{-2}	1×10^{1} (b)	1×10^{5} (b)
铷[Rb（37）]				
Rb-81	2×10^{0}	8×10^{-1}	1×10^{1}	1×10^{6}
Rb-83[a]	2×10^{0}	2×10^{0}	1×10^{2}	1×10^{6}
Rb-84	1×10^{0}	1×10^{0}	1×10^{1}	1×10^{6}
Rb-86	5×10^{-1}	5×10^{-1}	1×10^{2}	1×10^{5}
Rb-87	不限	不限	1×10^{4}	1×10^{7}
Rb（天然）	不限	不限	1×10^{4}	1×10^{7}
铼[Re（75）]				
Re-184	1×10^{0}	1×10^{0}	1×10^{1}	1×10^{6}
Re-184m	3×10^{0}	1×10^{0}	1×10^{2}	1×10^{6}
Re-186	2×10^{0}	6×10^{-1}	1×10^{3}	1×10^{6}
Re-187	不限	不限	1×10^{6}	1×10^{9}
Re-188	4×10^{-1}	4×10^{-1}	1×10^{2}	1×10^{5}
Re-189[a]	3×10^{0}	6×10^{-1}	1×10^{2}	1×10^{6}
Re（天然）	不限	不限	1×10^{6}	1×10^{9}
铑[Rh（45）]				
Rh-99	2×10^{0}	2×10^{0}	1×10^{1}	1×10^{6}
Rh-101	4×10^{0}	3×10^{0}	1×10^{2}	1×10^{7}
Rh-102	5×10^{-1}	5×10^{-1}	1×10^{1}	1×10^{6}
Rh-102m	2×10^{0}	2×10^{0}	1×10^{2}	1×10^{6}
Rh-103m	4×10^{1}	4×10^{1}	1×10^{4}	1×10^{8}
Rh-105	1×10^{1}	8×10^{-1}	1×10^{2}	1×10^{7}

放射性核素（原子序数）	A_1 TBq	A_2 TBq	豁免物品的放射性比活度 Bq/g	一件托运货物的豁免放射性活度限值 Bq
氡[Rn（86）]				
Rn-222[a]	3×10^{-1}	4×10^{-3}	1×10^{1} (b)	1×10^{8} (b)
钌[Ru（44）]				
Ru-97	5×10^{0}	5×10^{0}	1×10^{2}	1×10^{7}
Ru-103[a]	2×10^{0}	2×10^{0}	1×10^{2}	1×10^{6}
Ru-105	1×10^{0}	6×10^{-1}	1×10^{1}	1×10^{6}
Ru-106[a]	2×10^{-1}	2×10^{-1}	1×10^{2} (b)	1×10^{5} (b)
硫[S（16）]				
S-35	4×10^{1}	3×10^{0}	1×10^{5}	1×10^{8}
锑[Sb（51）]				
Sb-122	4×10^{-1}	4×10^{-1}	1×10^{2}	1×10^{4}
Sb-124	6×10^{-1}	6×10^{-1}	1×10^{1}	1×10^{6}
Sb-125	2×10^{0}	1×10^{0}	1×10^{2}	1×10^{6}
Sb-126	4×10^{-1}	4×10^{-1}	1×10^{1}	1×10^{5}
钪[Sc（21）]				
Sc-44	5×10^{-1}	5×10^{-1}	1×10^{1}	1×10^{5}
Sc-46	5×10^{-1}	5×10^{-1}	1×10^{1}	1×10^{6}
Sc-47	1×10^{1}	7×10^{-1}	1×10^{2}	1×10^{6}
Sc-48	3×10^{-1}	3×10^{-1}	1×10^{1}	1×10^{5}
硒[Se（34）]				
Se-75	3×10^{0}	3×10^{0}	1×10^{2}	1×10^{6}
Se-79	4×10^{1}	2×10^{0}	1×10^{4}	1×10^{7}
硅[Si（14）]				
Si-31	6×10^{-1}	6×10^{-1}	1×10^{3}	1×10^{6}
Si-32	4×10^{1}	5×10^{-1}	1×10^{3}	1×10^{6}
钐[Sm（62）]				
Sm-145	1×10^{1}	1×10^{1}	1×10^{2}	1×10^{7}
Sm-147	不限	不限	1×10^{1}	1×10^{4}
Sm-151	4×10^{1}	1×10^{1}	1×10^{4}	1×10^{8}
Sm-153	9×10^{0}	6×10^{-1}	1×10^{2}	1×10^{6}
锡[Sn（50）]				
Sn-113[a]	4×10^{0}	2×10^{0}	1×10^{3}	1×10^{7}
Sn-117m	7×10^{0}	4×10^{-1}	1×10^{2}	1×10^{6}
Sn-119m	4×10^{1}	3×10^{1}	1×10^{3}	1×10^{7}
Sn-121m[a]	4×10^{1}	9×10^{-1}	1×10^{3}	1×10^{7}
Sn-123	8×10^{-1}	6×10^{-1}	1×10^{3}	1×10^{6}
Sn-125	4×10^{-1}	4×10^{-1}	1×10^{2}	1×10^{5}
Sn-126[a]	6×10^{-1}	4×10^{-1}	1×10^{1}	1×10^{5}

放射性核素（原子序数）	A_1 TBq	A_2 TBq	豁免物品的放射性比活度 Bq/g	一件托运货物的豁免放射性活度限值 Bq
锶[Sr（38）]				
Sr-82[a]	2×10^{-1}	2×10^{-1}	1×10^{1}	1×10^{5}
Sr-85	2×10^{0}	2×10^{0}	1×10^{2}	1×10^{6}
Sr-85m	5×10^{0}	5×10^{0}	1×10^{2}	1×10^{7}
Sr-87m	3×10^{0}	3×10^{0}	1×10^{2}	1×10^{6}
Sr-89	6×10^{-1}	6×10^{-1}	1×10^{3}	1×10^{6}
Sr-90[a]	3×10^{-1}	3×10^{-1}	1×10^{2} (b)	1×10^{4} (b)
Sr-91[a]	3×10^{-1}	3×10^{-1}	1×10^{1}	1×10^{5}
Sr-92[a]	1×10^{0}	3×10^{-1}	1×10^{1}	1×10^{6}
氚[H（1）]				
T（H-3）	4×10^{1}	4×10^{1}	1×10^{6}	1×10^{9}
钽[Ta（73）]				
Ta-178（长寿命）	1×10^{0}	8×10^{-1}	1×10^{1}	1×10^{6}
Ta-179	3×10^{1}	3×10^{1}	1×10^{3}	1×10^{7}
Ta-182	9×10^{-1}	5×10^{-1}	1×10^{1}	1×10^{4}
铽[Tb（65）]				
Tb-157	4×10^{1}	4×10^{1}	1×10^{4}	1×10^{7}
Tb-158	1×10^{0}	1×10^{0}	1×10^{1}	1×10^{6}
Tb-160	1×10^{0}	6×10^{-1}	1×10^{1}	1×10^{6}
锝[Tc（43）]				
Tc-95m[a]	2×10^{0}	2×10^{0}	1×10^{1}	1×10^{6}
Tc-96	4×10^{-1}	4×10^{-1}	1×10^{1}	1×10^{6}
Tc-96m[a]	4×10^{-1}	4×10^{-1}	1×10^{3}	1×10^{7}
Tc-97	不限	不限	1×10^{3}	1×10^{8}
Tc-97m	4×10^{1}	1×10^{0}	1×10^{3}	1×10^{7}
Tc-98	8×10^{-1}	7×10^{-1}	1×10^{1}	1×10^{6}
Tc-99	4×10^{1}	9×10^{-1}	1×10^{4}	1×10^{7}
Tc-99m	1×10^{1}	4×10^{0}	1×10^{2}	1×10^{7}
碲[Te（52）]				
Te-121	2×10^{0}	2×10^{0}	1×10^{1}	1×10^{6}
Te-121m	5×10^{0}	3×10^{0}	1×10^{2}	1×10^{5}
Te-123m	8×10^{0}	1×10^{0}	1×10^{2}	1×10^{7}
Te-125m	2×10^{1}	9×10^{-1}	1×10^{3}	1×10^{7}
Te-127	2×10^{1}	7×10^{-1}	1×10^{3}	1×10^{6}
Te-127m[a]	2×10^{1}	5×10^{-1}	1×10^{3}	1×10^{7}
Te-129	7×10^{-1}	6×10^{-1}	1×10^{2}	1×10^{6}
Te-129m[a]	8×10^{-1}	4×10^{-1}	1×10^{3}	1×10^{6}

放射性核素（原子序数）	A_1 TBq	A_2 TBq	豁免物品的放射性比活度 Bq/g	一件托运货物的豁免放射性活度限值 Bq
Te-131m[a]	7×10^{-1}	5×10^{-1}	1×10^{1}	1×10^{6}
Te-132[a]	5×10^{-1}	4×10^{-1}	1×10^{2}	1×10^{7}
钍[Th（90）]				
Th-227	1×10^{1}	5×10^{-3}	1×10^{1}	1×10^{4}
Th-228[a]	5×10^{-1}	1×10^{-3}	1×10^{0}（b）	1×10^{4}（b）
Th-229	5×10^{0}	5×10^{-4}	1×10^{0}（b）	1×10^{3}（b）
Th-230	1×10^{1}	1×10^{-3}	1×10^{0}	1×10^{4}
Th-231	4×10^{1}	2×10^{-2}	1×10^{3}	1×10^{7}
Th-232	不限	不限	1×10^{1}	1×10^{4}
Th-234[a]	3×10^{-1}	3×10^{-1}	1×10^{3}（b）	1×10^{5}（b）
Th（天然）	不限	不限	1×10^{0}（b）	1×10^{3}（b）
钛[Ti（22）]				
Ti-44[a]	5×10^{-1}	4×10^{-1}	1×10^{1}	1×10^{5}
铊[Tl（81）]				
Tl-200	9×10^{-1}	9×10^{-1}	1×10^{1}	1×10^{6}
Tl-201	1×10^{1}	4×10^{0}	1×10^{2}	1×10^{6}
Tl-202	2×10^{0}	2×10^{0}	1×10^{2}	1×10^{6}
Tl-204	1×10^{1}	7×10^{-1}	1×10^{4}	1×10^{4}
铥[Tm（69）]				
Tm-167	7×10^{0}	8×10^{-1}	1×10^{2}	1×10^{6}
Tm-170	3×10^{0}	6×10^{-1}	1×10^{3}	1×10^{6}
Tm-171	4×10^{1}	4×10^{1}	1×10^{4}	1×10^{8}
铀[U（92）]				
U-230（肺部快速吸收）[a,d]	4×10^{1}	1×10^{-1}	1×10^{1}（b）	1×10^{5}（b）
U-230（肺部中速吸收）[a,e]	4×10^{1}	4×10^{-3}	1×10^{1}	1×10^{4}
U-230（肺部慢速吸收）[a,f]	3×10^{1}	3×10^{-3}	1×10^{1}	1×10^{4}
U-232（肺部快速吸收）[d]	4×10^{1}	1×10^{-2}	1×10^{0}（b）	1×10^{3}（b）
U-232（肺部中速吸收）[e]	4×10^{1}	7×10^{-3}	1×10^{1}	1×10^{4}
U-232（肺部慢速吸收）[f]	1×10^{1}	1×10^{-3}	1×10^{1}	1×10^{4}
U-233（肺部快速吸收）[d]	4×10^{1}	9×10^{-2}	1×10^{1}	1×10^{4}
U-233（肺部中速吸收）[e]	4×10^{1}	2×10^{-2}	1×10^{2}	1×10^{5}
U-233（肺部慢速吸收）[f]	4×10^{1}	6×10^{-3}	1×10^{1}	1×10^{5}
U-234（肺部快速吸收）[d]	4×10^{1}	9×10^{-2}	1×10^{1}	1×10^{4}
U-234（肺部快速吸收）[e]	4×10^{1}	2×10^{-2}	1×10^{2}	1×10^{5}
U-234（肺部慢速吸收）[f]	4×10^{1}	6×10^{-3}	1×10^{1}	1×10^{5}
U-235(肺部三种速度吸收)[a,d,e,f]	不限	不限	1×10^{1}（b）	1×10^{4}（b）

放射性核素（原子序数）	A_1 TBq	A_2 TBq	豁免物品的放射性比活度 Bq/g	一件托运货物的豁免放射性活度限值 Bq
U-236（肺部快速吸收）[d]	不限	不限	1×10^{1}	1×10^{4}
U-236（肺部中速吸收）[e]	4×10^{1}	2×10^{-2}	1×10^{2}	1×10^{5}
U-236（肺部慢速吸收）[f]	4×10^{1}	6×10^{-3}	1×10^{1}	1×10^{4}
U-238（肺部三种速度吸收）[d,e,f]	不限	不限	1×10^{1} (b)	1×10^{4} (b)
U（天然）	不限	不限	1×10^{0} (b)	1×10^{3} (b)
U（富集度达到或少于 20%）[g]	不限	不限	1×10^{0}	1×10^{3}
U（贫化）	不限	不限	1×10^{0}	1×10^{3}
钒[V（23）]				
V-48	4×10^{-1}	4×10^{-1}	1×10^{1}	1×10^{5}
V-49	4×10^{1}	4×10^{1}	1×10^{4}	1×10^{7}
钨[W（74）]				
W-178[a]	9×10^{0}	5×10^{0}	1×10^{1}	1×10^{6}
W-181	3×10^{1}	3×10^{1}	1×10^{3}	1×10^{7}
W-185	4×10^{1}	8×10^{-1}	1×10^{4}	1×10^{7}
W-187	2×10^{0}	6×10^{-1}	1×10^{2}	1×10^{6}
W-188[a]	4×10^{-1}	3×10^{-1}	1×10^{2}	1×10^{5}
氙[Xe（54）]				
Xe-122[a]	4×10^{-1}	4×10^{-1}	1×10^{2}	1×10^{9}
Xe-123	2×10^{0}	7×10^{-1}	1×10^{2}	1×10^{9}
Xe-127	4×10^{0}	2×10^{0}	1×10^{3}	1×10^{5}
Xe-131m	4×10^{1}	4×10^{1}	1×10^{4}	1×10^{4}
Xe-133	2×10^{1}	1×10^{1}	1×10^{3}	1×10^{4}
Xe-135	3×10^{0}	2×10^{0}	1×10^{3}	1×10^{10}
钇[Y（39）]				
Y-87[a]	1×10^{0}	1×10^{0}	1×10^{1}	1×10^{6}
Y-88	4×10^{-1}	4×10^{-1}	1×10^{1}	1×10^{6}
Y-90	3×10^{-1}	3×10^{-1}	1×10^{3}	1×10^{5}
Y-91	6×10^{-1}	6×10^{-1}	1×10^{3}	1×10^{6}
Y-91m	2×10^{0}	2×10^{0}	1×10^{2}	1×10^{6}
Y-92	2×10^{-1}	2×10^{-1}	1×10^{2}	1×10^{5}
Y-93	3×10^{-1}	3×10^{-1}	1×10^{2}	1×10^{5}
镱[Yb（70）]				
Yb-169	4×10^{0}	1×10^{0}	1×10^{2}	1×10^{7}
Yb-175	3×10^{1}	9×10^{-1}	1×10^{3}	1×10^{7}
锌[Zn（30）]				
Zn-65	2×10^{0}	2×10^{0}	1×10^{1}	1×10^{6}
Zn-69	3×10^{0}	6×10^{-1}	1×10^{4}	1×10^{6}
Zn-69m[a]	3×10^{0}	6×10^{-1}	1×10^{2}	1×10^{6}

放射性核素（原子序数）	A_1 TBq	A_2 TBq	豁免物品的放射性比活度 Bq/g	一件托运货物的豁免放射性活度限值 Bq
锆[Zr（40）]				
Zr-88	3×10^{0}	3×10^{0}	1×10^{2}	1×10^{6}
Zr-93	不限	不限	1×10^{3} (b)	1×10^{7} (b)
Zr-95[a]	2×10^{0}	8×10^{-1}	1×10^{1}	1×10^{6}
Zr-97[a]	4×10^{-1}	4×10^{-1}	1×10^{1} (b)	1×10^{5} (b)

[a] A_1 和/或 A_2 值包括半衰期小于 10 天的子核素的贡献。

[b] 处于长期平衡态的母核素及其子体如下：

Sr-90 Y-90
Zr-93 Nb-93m
Zr-97 Nb-97
Ru-106 Rh-106
Cs-137 Ba-137m
Ce-134 La-134
Ce-144 Pr-144
Ba-140 La-140
Bi-212 Tl-208（0.36），Po-212（0.64）
Pb-210 Bi-210，Po-210
Pb-212 Bi-212，Tl-208（0.36），Po-212（0.64）
Rn-220 Po-216
Rn-222 Po-218，Pb-214，Bi-214，Po-214
Ra-223 Rn-219，Po-215，Pb-211，Bi-211，Tl-207
Ra-224 Rn-220，Po-216，Pb-212，Bi-212，Tl-208（0.36），Po-212（0.64）
Ra-226 Rn-222，Po-218，Pb-214，Bi-214，Po-214，Pb-210，Bi-210，Po-210
Ra-228 Ac-228
Th-226 Ra-222，Rn-218，Po-214
Th-228 Ra-224，Rn-220，Po-216，Pb-212，Bi-212，Tl-208（0.36），Po-212（0.64）
Th-229 Ra-225，Ac-225，Fr-221，At-217，Bi-213，Po-213，Pb-209
Th-天然 Ra-228，Ac-228，Th-228，Ra-224，Rn-220，Po-216，Pb-212，Bi-212，Tl-208（0.36），Po-212（0.64）
Th-234 Pa-234m
U-230 Th-226，Ra-222，Rn-218，Po-214
U-232 Th-228，Ra-224，Rn-220，Po-216，Pb-212，Bi-212，Tl-208（0.36），Po-212（0.64）
U-235 Th-231
U-238 Th-234，Pa-234m
U-天然 Th-234，Pa-234m，U-234，Th-230，Ra-226，Rn-222，Po-218，Pb-214，Bi-214，Po-214，Pb-210，Bi-210，Po-210
U-240 Np-240m
Np-237 Pa-233
Am-242m Am-242
Am-243 Np-239

放射性核素（原子序数）	A_1 TBq	A_2 TBq	豁免物品的放射性比活度 Bq/g	一件托运货物的豁免放射性活度限值 Bq

[c] 该量可用测量衰变率确定或用测量在距源表面规定的距离处的辐射水平确定。

[d] 这些值仅适用于处于运输的正常条件和事故条件下化学形态为 UF_6、UO_2F_2 和 $UO_2(NO_3)_3$ 的铀化合物。

[e] 这些值仅适用于处于运输的正常条件和事故条件下化学形态为 UO_3、UF_4、UCl_4 的铀化合物和六价化合物。

[f] 这些值适用于除上述 d 和 e 所述化合物外的所有铀化合物。

[g] 这些值仅适用于未受辐照的铀。

表 3 未知放射性核素或混合物的放射性核素的基本限值

放射性内容物	A_1 TBq	A_2 TBq	豁免物品的放射性比活度 Bq/g	一件托运货物的豁免放射性活度限值 Bq/托运物
已知含有仅发射β或γ的核素	0.1	0.02	1×10^{1}	1×10^{4}
已知含有仅发射α的核素	0.2	9×10^{-5}	1×10^{-1}	1×10^{3}
无有关数据可用	0.001	9×10^{-5}	1×10^{-1}	1×10^{3}

表 4 例外货包的放射性活度限值

内容物的物理状态	仪器或制品		放射性物品
	物项限值	货包限值	货包限值
固态：特殊形式	$10^{-2}A_1$	A_1	$10^{-3}A_1$
其他形式	$10^{-2}A_2$	A_2	$10^{-3}A_2$
液态	$10^{-3}A_2$	$10^{-1}A_2$	$10^{-4}A_2$
气态：氚	$2\times10^{-2}A_2$	$2\times10^{-1}A_2$	$2\times10^{-2}A_2$
特殊形式	$10^{-3}A_1$	$10^{-2}A_1$	$10^{-3}A_1$
其他形式	$10^{-3}A_2$	$10^{-2}A_2$	$10^{-3}A_2$

关于发布《城镇污水处理厂污泥处理处置污染防治最佳可行技术指南（试行）》的公告

中华人民共和国环境保护部公告　2010 年第 26 号

为贯彻执行《中华人民共和国环境保护法》等法律法规，加快建设环境技术管理体系，推动城镇污水处理厂污泥处理处置污染防治技术进步，增强环境管理决策的科学性，引导环保产业发展，我部组织制定了《城镇污水处理厂污泥处理处置污染防治最佳可行技术指南（试行）》。现予以发布，请参照执行。

附件：城镇污水处理厂污泥处理处置污染防治最佳可行技术指南（试行）

二〇一〇年三月一日

附件：

城镇污水处理厂污泥处理处置污染防治最佳可行技术指南（试行）

前　言

为贯彻执行《中华人民共和国环境保护法》，加快建设环境技术管理体系，确保环境管理目标的技术可达性，增强环境管理决策的科学性，提供环境管理政策制定和实施的技术依据，引导污染防治技术进步和环保产业发展，根据《国家环境技术管理体系建设规划》，环境保护部组织制定污染防治技术政策、污染防治最佳可行技术指南、环境工程技术规范等技术指导文件。

本指南可作为城镇污水处理厂污泥处理处置项目环境影响评价、工程设计、工程验收以及运营管理等环节的技术依据，是供各级环境保护部门、设计单位以及用户使用的指导性技术文件。

本指南为首次发布，将根据环境管理要求及技术发展情况适时修订。

本指南由环境保护部科技标准司组织制订。

本指南起草单位：北京市环境保护科学研究院、清华大学、机科发展科技股份有限公司、山西沃土生物有限公司、杭州环兴机械设备有限公司。

本指南由环境保护部解释。

1 总则

1.1 适用范围

本指南中污泥是指在城镇污水处理过程中产生的初沉池污泥和二沉池污泥，不包括格栅栅渣、浮渣和沉砂池沉砂。与城镇污水性质类似的污水在处理过程中产生的污泥，其处理处置可参照执行。列入《国家危险废物名录》或根据国家规定的危险废物鉴别标准和方法认定的具有危险特性的污泥，应严格按照危险废物进行管理，不适用本指南。

1.2 术语和定义

1.2.1 最佳可行技术

是针对生活、生产过程中产生的各种环境问题，为减少污染物排放，从整体上实现高水平环境保护所采用的与某一时期技术、经济发展水平和环境管理要求相适应、在公共基础设施和工业部门得到应用的、适用于不同应用条件的一项或多项先进、可行的污染防治工艺和技术。

1.2.2 最佳环境管理实践

是指运用行政、经济、技术等手段，为减少生活、生产活动对环境造成的潜在污染和危害，确保实现最佳污染防治效果，从整体上达到高水平环境保护所采用的管理活动。

2 城市污水污泥

2.1 污泥的特性及危害

城镇污水处理厂产生的污泥含水率高（75%～99%），有机物含量高，易腐烂。

污泥中含有具有潜在利用价值的有机质，氮、磷、钾和各种微量元素，寄生虫卵、病原微生物等致病物质，铜、锌、铬等重金属，以及多氯联苯、二噁英等难降解有毒有害物质，如不妥善处理，易造成二次污染。

2.2 污泥处理处置技术

2.2.1 污泥处理技术

城镇污水处理厂污泥减容、减量、稳定以及无害化的过程称为污泥处理。本指南中污泥处理技术指污泥厌氧消化和污泥好氧发酵。由于污泥厌氧消化前需浓缩，污泥好氧发酵前需脱水，本指南将污泥浓缩、脱水列为污泥预处理技术。

2.2.2 污泥处置技术

经处理后的污泥或污泥产品在环境中或利用过程中达到长期稳定，并对人体健康和生态环境不产生有害影响的最终消纳方式称为污泥处置。本指南中的污泥处置技术指污泥土地利用和污泥焚烧。

3 污泥预处理及辅助设施

3.1 工艺原理

城镇污水处理厂污泥预处理是指采用重力、气浮或机械等方法提高污泥含固率，减少污泥体积，以利于后续处理与处置。污泥预处理及辅助设施主要包括污水处理系统中初沉池和二沉池的污泥存储、浓缩、脱水、输送和计量等环节的设备、构筑物和相关辅助设施。

3.2 工艺流程及产污环节

污水处理系统产生的初沉污泥和剩余污泥排入集泥池，经提升至污泥浓缩池或浓缩设备。通常规模较大的城镇污水处理厂产生的污泥在浓缩后进入消化池。经浓缩或消化后的污泥机械脱水后存储在堆放间，外运处理或处置。污泥预处理工艺流程及主要产污环节见图1。

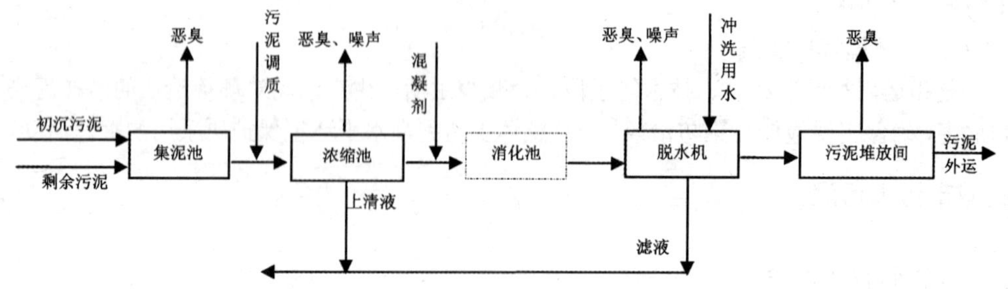

图1　污泥预处理工艺流程及产污环节

污泥预处理过程中主要污染物为恶臭、污泥浓缩和脱水过程排放的上清液和滤液。

3.3 污泥产生量及计量

城镇污水处理厂污泥产生量的计量是污泥处理处置污染防治的基础，本指南对污泥产生量和计量方法作出规定。城镇污水处理厂应在污泥产生、贮存和处理的各单元设置计量装置。

3.3.1 污泥产生量

各类型污水处理工艺及相关处理单元污泥产生量的计算参见附录A。

3.3.2 污泥计量

3.3.2.1 初次沉淀池污泥计量

初沉池不接收剩余活性污泥时，污泥理论产生量参照附录A中公式（A-1）计算。

当初沉池间歇排泥时，采用容积法计量污泥产生量，排泥量参照附录 A 中公式（A-8）计算。

3.3.2.2 剩余活性污泥计量

设有初沉池的城镇污水处理厂剩余活性污泥理论产生量参照附录 A 中公式（A-2）计算。剩余活性污泥连续排放时，设置流量计计量污泥产生量；生物膜法中二沉池间歇排泥时，采用容积法计量，排泥量参照附录 A 中公式（A-8）计算。

不设初沉池的城镇污水处理厂剩余活性污泥理论产生量参照附录 A 中公式（A-4）计算。

3.3.2.3 消化池污泥计量

设置计量装置计量厌氧消化池进、出泥量和沼气产量。进泥量为初沉污泥和剩余活性污泥之和，参照附录 A 中公式（A-5）进行计算。连续进出泥时，采用流量计计量污泥产生量，并记录累计流量。采用投配池间歇进泥时，采用容积法计量，并记录每次投泥前后投配池中污泥液位高度和每日进泥次数。

计量污泥消化池产生沼气的计量装置或仪表宜安装在消化池出气管道上，沼气计量装置应具有读取瞬时流量和累计流量的功能。

3.3.2.4 污泥的出厂计量和报告

城镇污水处理厂出厂污泥可采用地衡进行计量。城镇污水处理厂应为出厂污泥计量建立完善的记录、存档和报告制度。污泥在采用好氧发酵、土地利用及焚烧等处理处置方式时，城镇污水处理厂应采用运营记录簿（即台账）制度，并将记录结果提交相关环境保护管理部门和污泥最终处置单位。

3.4 污泥预处理工艺类型

3.4.1 污泥浓缩

污泥浓缩常采用重力浓缩和机械浓缩两种方法。机械浓缩包括离心浓缩、重力浓缩等方式。

3.4.2 污泥脱水

污泥脱水包括自然干化脱水、热干化脱水和机械脱水，本指南中特指机械脱水。常用的污泥机械脱水方式有压滤式和离心式，其中压滤式主要指板框式和带式。

3.5 消耗及污染物排放

3.5.1 预处理过程中药剂及能源消耗

3.5.1.1 药剂消耗

污泥预处理过程中药剂消耗主要为调理剂，常用的调理剂包括无机混凝剂和有机絮凝剂两大类。无机混凝剂适用于板框式压滤，有机絮凝剂适用于带式压滤和离心式机械脱水。无机混凝剂用量通常为污泥干固体重量的 5%～20%。有机絮凝剂，如阳离子型聚丙烯酰胺（PAM）和阴离子型聚丙烯酰胺（PAM），用量通常为污泥干固体重量的 0.1%～0.5%。

3.5.1.2 能源消耗

离心浓缩比能耗最高。重力浓缩的比能耗通常在 10 kW·h/tDS 以下，仅为离心浓缩的 1%。

污泥脱水阶段主要能源消耗来自脱水机械主机设备以及冲洗水、药剂添加等驱动力的消耗。板框压滤机、带式压滤机和离心脱水机的比能耗分别为 15～40 kW·h/tDS、5～20 kW·h/tDS 和 30～60 kW·h/tDS。

3.5.2 预处理污染物排放

3.5.2.1 恶臭气体

污泥浓缩池硫化氢和氨气排放浓度分别为 1～50 mg/m^3 和 2～20 mg/m^3，臭气浓度（无量纲）通常为 10～60。

污泥脱水机房硫化氢和氨气排放浓度通常均为 1～40 mg/m^3，臭气浓度（无量纲）通常为 10～200。

3.5.2.2 上清液和滤液

污泥浓缩脱水过程中产生的上清液和滤液（包括冲洗水）等废水中氮磷浓度较高，氨氮浓度约为 300 mg/L，总磷最大浓度约为 100 mg/L。

3.6 污泥脱水新技术

3.6.1 高压和滚压式污泥脱水机

污泥脱水新设备主要有高压污泥脱水机和滚压式脱水机。

高压脱水机的工作原理是将湿污泥（含水率 87%左右）投入由高压和低压系统组成的机械挤压系统中，经过多级连续挤压，脱水污泥含水率降至 30%～50%。该类型脱水机单位能耗约为 125 kW·h/tDS。

滚压式脱水机的工作原理是将湿污泥（含水率 85%~99.5%）投入圆形污泥通道，通道前端为浓缩区，后端为脱水区。浓缩污泥在脱水区经深度挤压后由出口闸门排出，滤液由通道两侧格栅的出水孔排出，并由脱水机下的污水槽收集。脱水后污泥含水率降至 60%～75.5%。

3.6.2 水热预处理+机械脱水

水热预处理＋机械脱水指利用过热饱和高温水蒸气对污泥进行预处理后进行机械脱水，水蒸气使污泥中生物体的细胞壁破碎，释放结合水，并降低污泥黏滞性。脱水后污泥含水率降至 50%左右。

4 污泥厌氧消化技术

4.1 工艺原理

污泥厌氧消化是指在厌氧条件下，通过微生物作用将污泥中的有机物转化为沼气，从而使污泥中有机物矿化稳定的过程。厌氧消化可降低污泥中有机物的含量，减少污泥体积，提高污泥的脱水性能。

4.2 工艺流程及产污环节

污泥经过浓缩池浓缩后，利用泵提升进入热交换器，然后进入厌氧消化池，在微生物作用下污泥中有机物得到降解。厌氧消化过程产生的沼气经脱水、脱硫后可作为燃料利用。消化稳定后的污泥经脱水形成泥饼外运处置。污泥厌氧消化工艺流程及产污环节见图 2。

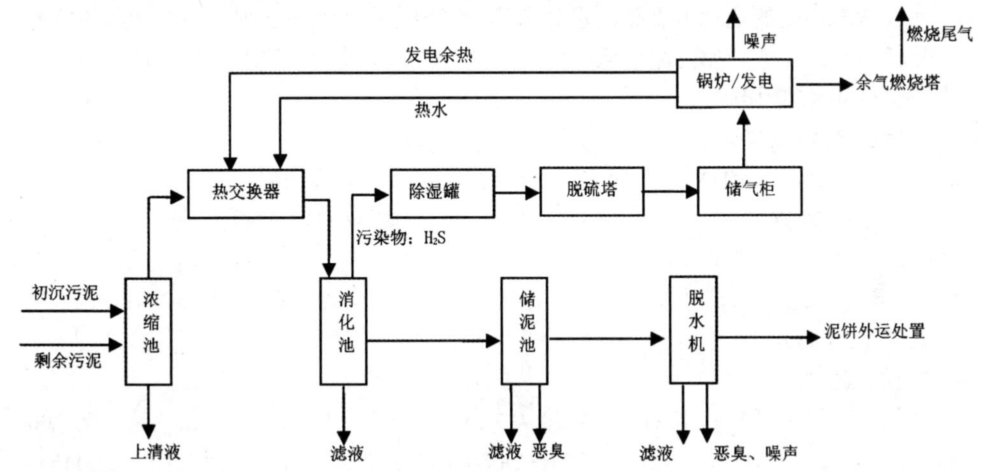

图 2 污泥厌氧消化工艺流程及产污环节

污泥厌氧消化产生的主要污染物包括消化液、沼气利用时排放的尾气以及设备噪声。

4.3 污泥厌氧消化工艺类型

4.3.1 高温厌氧消化

经过浓缩、均质后的污泥（含水率 94%～97%）进入高温（53℃±2℃）厌氧消化池进行厌氧消化，有机物降解率可达 40%～50%，对寄生虫（卵）的杀灭率可达 99%，消化时间为 10～15d。高温厌氧消化池投配率以 7%～10%为宜。

该工艺的特点是微生物生长活跃，有机物分解速度快，产气率高，停留时间短，但需要维持消化池的高温运行，能量消耗较大，系统稳定性较差。

4.3.2 中温厌氧消化

经过浓缩、均质后的污泥（含水率 94%～97%）进入中温（35℃±2℃）厌氧消化池进行厌氧消化。中温厌氧消化分为一级中温厌氧消化（停留时间约 20 d）和二级中温厌氧消化（停留时间约 10 d）。中温厌氧消化池投配率以 5%～8%为宜。

该工艺的特点是消化速率较慢，产气率低，但维持中温厌氧的能耗较少，沼气产能能够维持在较高水平。

4.4 消耗及污染物排放

4.4.1 厌氧消化能源消耗

污泥厌氧消化的能耗主要用于维持厌氧反应温度及维持污泥泵、污水泵（进出料系统）、搅拌设备和沼气压缩机等设备运转。能耗水平取决于厌氧消化搅拌方式，搅拌强度通常为 3～5 W/m^3。

污泥厌氧消化的电耗占城镇污水处理厂全厂用电的 15%～25%；污泥加热的热耗占全厂热耗的 80%以上。如污泥消化产生的沼气全部用于发电，可解决整个城镇污水处理厂内 20%～30%的用电量。

4.4.2 厌氧消化污染物排放

4.4.2.1 沼气利用排放的尾气

沼气中甲烷（CH_4）含量为 60%～65%，二氧化碳（CO_2）含量为 30%～35%，硫化氢（H_2S）含量为 0～0.3%。

沼气燃烧或发电会产生尾气，尾气中主要污染物为氮氧化物（NO_x）、二氧化硫（SO_2）和一氧化碳（CO）。

4.4.2.2 消化液

消化液中化学需氧量（COD_{Cr}）浓度为 300～1 500 mg/L；悬浮物（SS）浓度为 200～1 000 mg/L；氨氮（NH_3-N）浓度为 100～2 000 mg/L；总磷（TP）浓度为 10～200 mg/L。

4.4.2.3 噪声

污泥厌氧消化过程中噪声的主要来源为发电机。在未加隔声罩的情况下，国产发电机距机体 1 m 处噪声约 110 dB（A）。

4.5 污泥厌氧消化前处理新技术

污泥厌氧消化前经过前处理，能够减少污泥消化的停留时间，提高产气量。污泥水热干化技术和超声波处理技术是污泥厌氧消化前处理技术中研究较成熟的两种技术。

污泥水热干化技术是指在一定温度和压力下使加热后污泥中的微生物细胞破碎，释放胞内大分子有机物，同时水解大分子有机物，进而破坏污泥胶体结构，从而改善污泥的脱水性能和厌氧消化性能。

超声波处理技术是指利用极短时间内超声空化作用形成的局部高温、高压条件，伴随强烈的冲击波和微射流，轰击微生物细胞，使污泥中微生物细胞壁破裂，进而减少消化的停留时间，提高产气量。

5 污泥好氧发酵技术

5.1 工艺原理

污泥好氧发酵是指在有氧条件下，污泥中的有机物在好氧发酵微生物的作用下降解，同时好氧反应释放的热量形成高温（>55℃）杀死病原微生物，从而实现污泥减量化、稳定化和无害化的过程。

5.2 工艺流程及产污环节

污泥好氧发酵通常包括前处理、好氧发酵、后处理和贮存等过程。前处理包括破碎、混合、含水率和碳氮比的调整；好氧发酵阶段通常采用一次发酵方式；后处理主要包括破碎和筛分，有时需要干燥和造粒。污泥好氧发酵工艺流程及产污环节见图3。

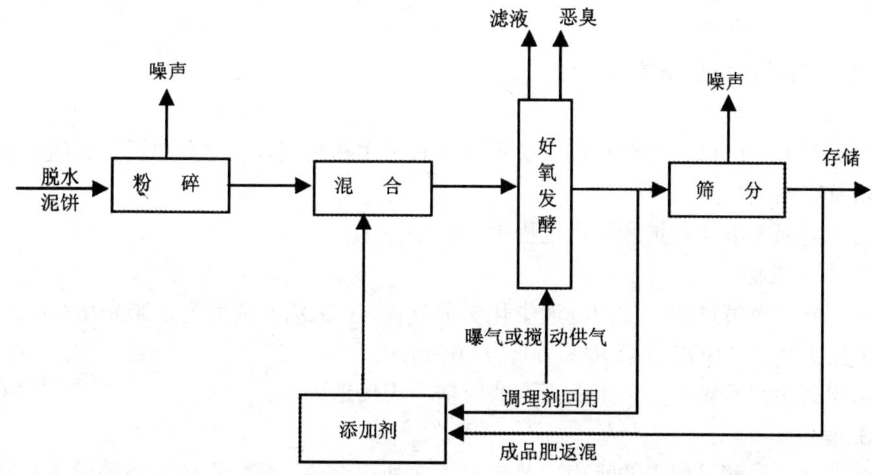

图3　污泥好氧发酵工艺流程及产污环节

污泥好氧发酵过程中产生的主要污染物是恶臭气体、粉尘及滤液。

5.3 污泥好氧发酵工艺类型

5.3.1 条垛式好氧发酵

条垛式好氧发酵通常采用露天强制通风的发酵方式，经前处理工段处理后的混合物料被堆置在经防渗处理后的地面上，形成梯形断面的长条形条垛。条垛式好氧发酵分为静态和间歇动态两种工艺。

静态好氧发酵是指在污泥混合物料所堆放的地面上铺设供风管道系统，通过强制通风或抽气的方式为好氧发酵过程提供所需氧气。

间歇动态好氧发酵是指采用轮式或履带式等翻（抛）堆设备，定期翻堆，使混合物料与空气充分接触，保持好氧发酵过程所需氧气。

目前通常采用静态强制通风与定期翻堆相结合的条垛式好氧发酵工艺。

5.3.2 发酵槽（池）式好氧发酵

发酵槽（池）式好氧发酵是指在厂房中设置若干发酵槽，槽底设供风管道和排水管道，槽壁顶部设轨道，供翻堆机械移转，定期翻堆。发酵槽（池）式好氧发酵的典型工艺为阳光棚发酵槽。

阳光棚发酵槽是指利用阳光棚的透光和保温性能，提高发酵槽内温度。发酵槽底部安装通风管道系统，通过强制通风来保证好氧发酵过程所需氧气。

5.4 消耗及污染物排放

5.4.1 好氧发酵消耗

条垛式好氧发酵能耗为 1～7 kW·h/m^3 发酵产品。发酵槽（池）式好氧发酵能耗为 5～15 kW·h/m^3 发酵产品。

5.4.2 好氧发酵污染物排放

5.4.2.1 大气污染物

污泥好氧发酵微生物对有机质进行分解时产生恶臭气体，主要包括氨、硫化氢、醇醚类以及烷烃类气体。

污泥好氧发酵的翻堆和通风过程中会产生粉尘。

5.4.2.2 水污染物

污泥好氧发酵过程产生的滤液中化学需氧量（COD_{Cr}）浓度为 2 000～6 000 mg/L，五日生化需氧量（BOD_5）浓度为 60～4 500 mg/L。

条垛式污泥好氧发酵采用露天方式时需考虑场地雨水。

5.4.2.3 噪声

污泥好氧发酵过程中的噪声主要来源于前处理设备、翻堆设备和通风设备等，噪声水平为 70～85 dB（A）。

6 污泥土地利用技术

6.1 工艺原理

污泥土地利用是指将经稳定化和无害化处理后的污泥通过深耕、播撒等方式施用于土壤中或土壤表面的一种污泥处置方式。污泥中丰富的有机质和氮、磷、钾等营养元素以及植物生长必需的各种微量元素可改良土壤结构，增加土壤肥力，促进植物的生长。本指南中的污泥土地利用不包括污泥农用。

6.2 工艺流程及产污环节

污泥土地利用工艺流程及产污环节见图 4。

污泥土地利用过程排放的主要污染物是恶臭气体和粉尘。污泥中重金属、病原体等也会造成环境问题。

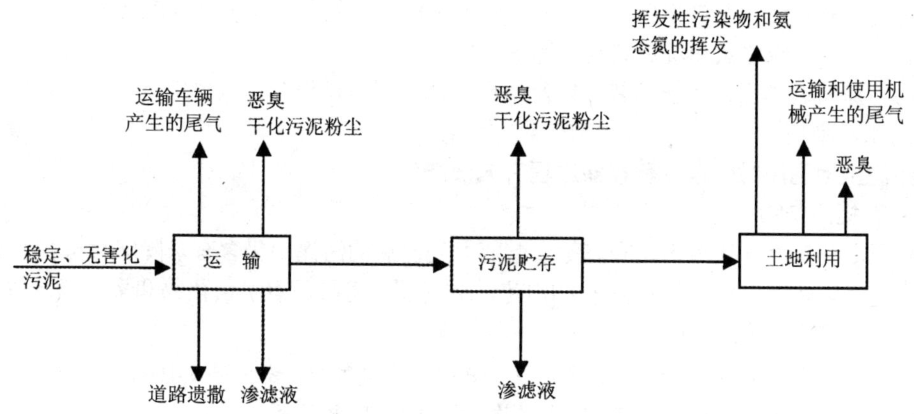

图 4 污泥土地利用工艺流程及产污环节

6.3 污泥土地利用工艺类型

6.3.1 园林绿化

污泥用于园林绿化是指将污泥用作景观林、花卉和草坪等的肥料、基质和营养土。污泥中矿化的有机质和营养物质提供丰富的腐殖质和可利用度高的营养物质，可改善土壤结构和组成，并使营养物质更易为植物吸收。

污泥用于园林绿化时，须根据树木种类采用不同的污泥施用量。

6.3.2 林地利用

污泥用于林地利用是指将污泥施用于密集生产的经济林，如薪材林或人工杨树林等。

将污泥施予幼林时，会出现与其他植物种类进行竞争的情况，从而降低幼树对营养物质和微量元素的摄入量，并增强杂草生长能力。

6.3.3 土壤修复及改良

土壤修复及改良是指将污泥用作受到严重扰动土地的修复和改良土，从而恢复废弃土地或保护土壤免受侵蚀。污泥可用在采煤场、取土坑、露天矿坑和垃圾填埋场等。

该方法的具体操作方式和环境影响取决于所施用场地的原有用途。

当目标是改善土壤质量时，可采用污泥直接施用或与其他肥料混合施用的方式。

6.4 消耗及污染物排放

6.4.1 土地利用物料消耗

污泥运输车辆和施用机械消耗燃料或电能，其消耗水平与施用量以及施用场地位置、大小和利用情况等有关。

6.4.2 土地利用污染物排放

6.4.2.1 大气污染物

污泥贮存、运输及施用到土壤中后，污泥中的有机组分会持续挥发或降解，产生恶臭物质，以氨、硫化氢和烷烃类气体等形式排放。

污泥原料的贮存、运输、装卸以及污泥土地利用等过程会排放粉尘。

6.4.2.2 水污染物

污泥土地利用时的运输和存储过程有滤液产生。

6.4.2.3 有机污染物

经稳定化工艺（厌氧消化和好氧发酵等）处理后的污泥中仍含有未降解有机物，且含有少量难降解有机化合物，如苯并[*a*]芘、二噁英、可吸附有机卤化物和多氯联苯等。

6.4.2.4 重金属及其化合物

污泥中主要含有铜、锌、镍、铬、镉、汞和铅等重金属，多以离子化合物形态存在，在土地利用过程中，应特别关注铜、锌和镉造成的环境问题。

6.4.2.5 病原菌

经无害化处理后的污泥中蠕虫卵死亡率通常大于95%，粪大肠菌群菌值大于0.01。

6.4.2.6 营养元素（氮、磷、钾等）

土地利用过程中，污泥中的氮、磷、钾等营养元素会随径流以淋失的方式进入地表水，以渗透的方式进入地下水体。

7 污泥焚烧技术

7.1 工艺原理

污泥焚烧是指在一定温度和有氧条件下，污泥分别经蒸发、热解、气化和燃烧等阶段，其有机组分发生氧化（燃烧）反应生成CO_2和H_2O等气相物质，无机组分形成炉灰/渣等固相惰性物质的过程。

7.2 工艺流程及产污环节

污泥焚烧系统主要由污泥接收、贮存及给料系统、热干化系统、焚烧系统（包括辅助燃料添加系统）、热能回收和利用系统、烟气净化系统、灰/渣收集和处理系统、自动监测和控制系统及其他公共系统等组成。污泥干化焚烧工艺流程及产污环节见图5。

污泥焚烧过程排放的主要污染物有恶臭气体、烟气、灰渣、飞灰和废水。

7.3 污泥焚烧工艺类型

7.3.1 前处理技术

污泥焚烧前处理技术通常指脱水或热干化等工艺，以提高污泥热值，降低运输和贮存成本，减少燃料和其他物料的消耗。

热干化工艺有半干化（含固率达到60%～80%）和全干化（含固率达到80%～90%）两种。热干化工艺一般仅用于处理脱水污泥，主要技术性能指标（以单机升水蒸发量计）

为：热能消耗 2 940～4 200 kJ/kg H_2O；电能消耗 0.04～0.90 kW/kg H_2O。

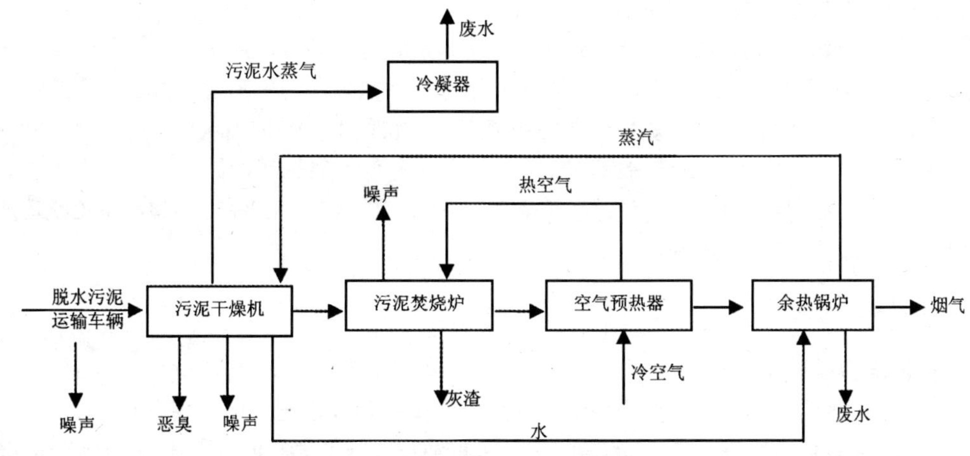

图 5 污泥干化焚烧工艺流程及产污环节

污泥含固率在 35%～45%时，热值为 4.8～6.5 MJ/kg，可自持燃烧，通常后面直接接焚烧工艺。用作土壤改良剂、肥料，或作为水泥窑、发电厂和焚烧炉燃料时，须将污泥含固率提高至 80%～95%。

7.3.2 单独焚烧

单独焚烧是指在专用污泥焚烧炉内单独处置污泥。

流化床焚烧炉是目前单独焚烧技术中应用最多的焚烧装置，主要有鼓泡式和循环式两种，其中尤以鼓泡流化床焚烧炉应用较多。

污泥单独焚烧时，在焚烧炉启动阶段，可通过安装启动燃烧器或向焚烧炉膛内添加辅助燃料等方式将炉膛温度预热至 850℃以上，然后向焚烧炉炉膛内供给污泥。

7.3.3 混合焚烧技术

7.3.3.1 污泥与生活垃圾混烧

在生活垃圾焚烧厂的机械炉排炉、流化床炉、回转窑等焚烧设备中，污泥可以以直接进料或混合进料的方式与生活垃圾混合焚烧。

污泥与生活垃圾直接混合焚烧时会增加烟气和飞灰产生量，降低灰渣燃烬率，增加烟气净化系统的投资和运行成本，降低生活垃圾发电厂的发电效率和垃圾处理能力。

7.3.3.2 污泥的水泥窑协同处置

经水泥窑产生的高温烟气干化后的污泥进入水泥窑煅烧可替代部分黏土作为水泥原料，达到协同处置污泥的目的。干化后的污泥可在窑尾烟室（块状燃料）或上升烟道、预分解炉、分解炉喂料管（适用于块状燃料）等处喂料。

利用水泥窑系统处置污泥时须控制污泥中硫、氯和碱等有害元素含量，折合入窑生料其硫碱元素的当量比 S/R 应控制为 0.6～1.0，氯元素应控制为 0.03%～0.04%。

利用水泥窑焚烧污泥的直接运行成本为 60～100 元/t（80%湿污泥）。

7.3.3.3 污泥的燃煤电厂协同处置

可利用燃煤电厂的循环流化床锅炉、煤粉锅炉和链条炉等焚烧炉将污泥与煤混合焚烧。为提高污泥处置的经济性，优先考虑利用电厂余热干化污泥后进行混烧。

直接掺烧污泥会降低焚烧炉内温度和焚烧灰的软化点，增加飞灰产生量，增加除尘和烟气净化负荷，降低系统热效率 3%～4%，并引起低温腐蚀等问题。

利用火电厂焚烧污泥的单位运行成本为 100～120 元/t（80%湿污泥），系统改造成本约为 15 万元/t（80%湿污泥）。

7.4 消耗及污染物排放

7.4.1 焚烧物料消耗

污泥焚烧消耗的物料主要是燃料、水、碱性试剂和吸附剂（如活性炭）等。

为加热和辅助燃烧，需添加辅助燃料。将重油作为辅助燃料时，其消耗为 0.03～0.06 m^3/t 干污泥；将天然气作为辅助燃料时，其消耗 4.5～20 m^3/t 干污泥。

污泥焚烧主要用水单元是烟气净化系统，水耗均值约为 15.5 m^3/t 干污泥。其中，干式烟气净化系统基本不消耗水，湿式系统耗水量最高，半湿式系统居于两者之间。

碱性试剂如氢氧化钠消耗为 7.5～33 kg/t 干污泥，熟石灰乳消耗为 6～22 kg/t 干污泥。

7.4.2 焚烧能量消耗

污泥焚烧厂主要消耗热能和电能。热能产出量与污泥低位热值高低密切相关，经由烟气处理和排放造成的热量损失占污泥焚烧输出热量的 13%～16%。

污泥焚烧厂消耗电能的主要工艺单元是机械设备的运转，电耗通常为 60～100kW·h/t（80%湿污泥）。

7.4.3 污泥焚烧的污染物排放

7.4.3.1 大气污染物

由于国内污泥焚烧大气污染物排放数据较少，根据对国外污泥焚烧厂大气污染物排放统计，污泥焚烧产生的烟气经净化处理后，通常烟尘排放浓度为 0.6～30 mg/m^3；二氧化硫排放浓度为 50 mg/m^3 以下；氮氧化物（以 NO_2 计）排放浓度为 50～200 mg/m^3；二噁英排放浓度在 0.1ngTEQ/Nm^3 以下；重金属镉排放浓度为 0.000 6～0.05 mg/m^3，汞排放浓度为 0.001 5～0.05 mg/m^3。

7.4.3.2 废水

湿式烟气净化系统会产生工艺废水。

灰渣收集、处理和贮存废水：采用湿式捞渣机收集灰渣时，会产生灰渣废水；污泥露天贮存时，雨水进入产生废水。

热干化过程中产生冷凝水，其化学需氧量（COD_{Cr}）含量高（约为 2 000 mg/L），氮也较高（为 600～2 000 mg/L），还含有一定量的重金属。

7.4.3.3 固体残留物

污泥焚烧产生的飞灰约占焚烧固体残留物总量的 90%（流化床）；灰渣和烟气净化固体残留物合计约占焚烧固体残留物总量的 10%（流化床）。

7.5 污泥焚烧新技术

喷雾干燥＋回转式焚烧炉技术是利用喷雾干燥塔的雾化喷嘴将经预处理的脱水污泥雾化，干燥热源主要为焚烧产生的高温烟气，干化后的污泥被直接送入回转式焚烧炉焚烧。尾气采用旋风除尘器＋喷淋塔＋生物除臭填料喷淋塔处理。

处理每吨含水率为 80%的脱水污泥，平均燃煤消耗量为 30～50 kg/t（煤热值 21 000 kJ/kg），电耗为 50～60 kW·h/t；单位投资成本为 10 万～20 万元/t，单位直接运行成本为 80～100 元/t。

8 污泥处理处置污染防治最佳可行技术

8.1 污泥处理处置污染防治最佳可行技术概述

本指南选择污泥中温厌氧消化和污泥好氧发酵为污泥处理污染防治最佳可行技术，污泥土地利用和污泥干化焚烧为污泥处置污染防治最佳可行技术。污泥处理处置前采用浓缩、脱水等预处理方式。

对于实际污水处理规模大于 5 万 m^3/d 的城镇二级污水处理厂，其产生的污泥宜通过中温厌氧消化进行减量化、稳定化处理，同时进行沼气综合利用。

对于园林和绿地等土地资源丰富的中小型城市的中小型城镇污水处理厂，可考虑采用污泥好氧发酵技术处理污泥，并采用土地利用方式消纳污泥。厂址远离环境敏感点和敏感区域时，宜选用条垛式好氧发酵工艺；厂址附近有环境敏感点和敏感区域时，可选用封闭发酵槽式（池）好氧发酵工艺。

对于大中型城市且经济发达的地区、大型城镇污水处理厂或部分污泥中有毒有害物质含量较高的城镇污水处理厂，可采用污泥干化焚烧组合工艺处置污泥。应充分利用焚烧污泥产生的热量和附近稳定经济的热源干化污泥。污泥干化焚烧厂的选址应采取就近原则，避免远距离输送。

污泥干化技术应和焚烧以及余热利用相结合，不鼓励对污泥进行单独热干化。

8.2 污泥预处理污染防治最佳可行技术

8.2.1 最佳可行工艺流程

污泥预处理污染防治最佳可行技术系统包括收集系统、浓缩系统、消化系统、脱水系统、存储与输送系统、计量系统及相关辅助设施等。污泥预处理污染防治最佳可行技术工艺流程见图 6。

8.2.2 最佳可行工艺参数

污泥预处理构筑物个数采用至少两个系列设计。

初沉污泥采用重力浓缩时，污泥固体负荷为 80～120 kg/m^2·d，停留时间宜为 6～8 h。

混合污泥采用重力浓缩时，污泥固体负荷为 50～75 kg/m^2·d，停留时间宜为 10～12 h。

进入脱水机前的污泥通常含水率大于 96%，经脱水后的污泥含水率要求小于 80%。

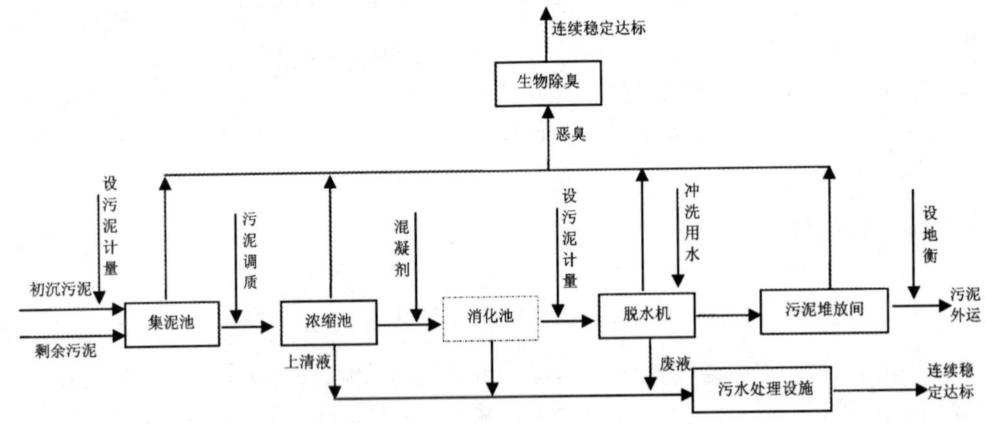

图 6 污泥预处理污染防治最佳可行技术工艺流程

8.2.3 污染物削减及污染防治措施

城镇污水处理厂污泥预处理阶段的集泥池和浓缩池等构筑物采取加盖密闭并保持微负压，产生的恶臭气体可集中收集后进行生物除臭。脱水机房、泵房和堆放间等建筑物应采用微负压设计，建筑物顶部应设多个吸风口，经由风机和风管收集至集中处理设施进行处理后，使其连续稳定达标运行。

污泥浓缩的上清液及污泥脱水和设备清洗过程产生废水集中收集，单独处理后回流至污水处理厂。

离心脱水设备产生的噪声采取消声、隔声、减振等措施进行防治。

8.2.4 技术经济适用性

机械脱水适用于大、中型城镇污水处理厂。

间歇式重力浓缩适用于小型城镇污水处理厂；连续式重力浓缩适用于大、中型城镇污水处理厂。

有脱氮除磷要求的城镇污水处理厂宜采用机械浓缩。

对采用生物除磷污水处理工艺产生的污泥，宜采用浓缩脱水一体机等设备进行处理。

8.2.5 最佳环境管理实践

城镇污水处理厂附近有环境敏感点或敏感区域时，关键构筑物和建筑物保持微负压设计。

污泥经预处理后及时密闭运输或连接后续处理。

8.3 污泥厌氧消化污染防治最佳可行技术

8.3.1 最佳可行工艺流程

污泥中温厌氧消化污染防治最佳可行技术包括污泥预处理系统、污泥中温厌氧消化系统、沼气综合利用及净化系统、污染物控制系统。污泥浓缩后进入污泥厌氧消化系统，厌氧消化系统包括厌氧消化池、进出料和搅拌系统、加温系统、沼气收集净化和利用系统。

污泥中温厌氧消化污染防治最佳可行技术工艺流程见图 7。

8.3.2 最佳可行工艺参数

污泥中温厌氧消化污染防治最佳可行技术的工艺参数见表 1。

表 1 污泥中温厌氧消化污染防治最佳可行技术的工艺参数

项目		工艺参数
中温厌氧消化	运行温度	最佳温度为 35℃±2℃
	一级消化时间	15～20 d
	二级消化时间	10 d
	pH	7～7.5
	消化池投配率	以 5%～8%为宜
	产气率	不小于 0.40～0.50 m^3/kgVS
	搅拌	采用机械搅拌或沼气搅拌。当池内各处污泥温度的变化范围不超过 1℃时，即认为搅拌均匀
沼气综合利用	脱硫要求	采用干法脱硫时，沼气以 0.4～0.6 m/min 的速度通过脱硫剂，接触时间通常为 2～3 min；采用湿法脱硫时，采用 2%～3%的碳酸钠溶液从脱硫塔顶喷淋，沼气与吸收剂逆流接触，然后从顶部排出
	硫化氢排放	采用脱硫工艺后 H_2S 小于 20 mg/m^3
	热电效率	沼气发电机组电效率应大于 33%，热回收效率应大于 35%，大型机组总效率应大于 80%

8.3.3 污染物削减及污染防治措施

经中温厌氧消化后的污泥有机物降解率不小于 40%，蠕虫卵死亡率大于 95%。

沼气利用前采用脱水、脱硫等措施进行净化。

厌氧消化产生的消化液单独收集，集中处理，可采用脱氮工艺、化学除磷及鸟粪石结晶等方法处理。

沼气发电机组设备产生的噪声采用消声、隔声、减振等措施进行防治。室外设备须加装隔声罩。

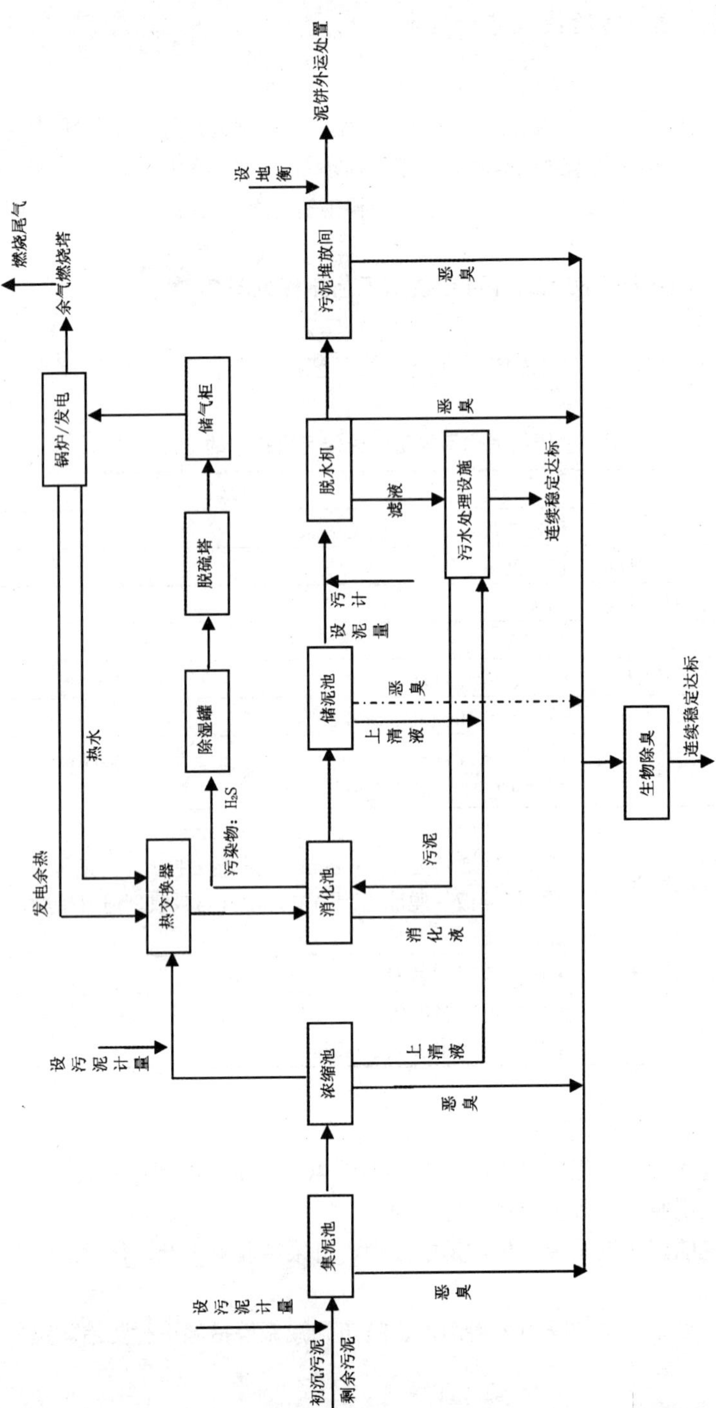

图 7　污泥中温厌氧消化污染防治最佳可行技术工艺流程

8.3.4 技术经济适用性

城镇二级污水处理厂可采取中温厌氧消化进行减量化、稳定化处理，同时进行沼气综合利用。

通常情况下，污泥厌氧消化系统的工程投资占城镇污水处理厂总投资的20%～30%。厌氧消化直接运行成本为0.05～0.10元/t污水（不包括固定资产折旧）。考虑沼气发电回收电量后，采用厌氧消化可降低城镇污水处理厂20%～30%的电耗。

8.3.5 最佳环境管理实践

消化、脱水后的污泥进行临时堆放或存储时，采取防渗和防臭等措施。集泥池、浓缩池、污泥脱水机房和污泥堆放间等建（构）筑物在环境敏感点或敏感区域采取微负压设计。

沼气利用时制定安全管理制度。在消化池、储气柜、脱硫间周边划定重点防火区，并配备消防安全设施；非工作人员未经许可不得进入厌氧消化管理区内；在可能的泄漏点设置甲烷浓度超标及氧亏报警装置。

在沼气储气柜的运行维护中保证压力安全阀处于正常工作状态；保证冬季气柜内水封不结冰，必要时在气柜迎风面设移动式风障，防止大风对气柜浮盖升降造成影响。

8.4 污泥好氧发酵污染防治最佳可行技术

8.4.1 最佳可行工艺流程

污泥好氧发酵污染防治最佳可行技术包括前处理、好氧发酵、后处理及臭气污染控制。

污泥好氧发酵污染防治最佳可行技术工艺流程见图8。

8.4.2 最佳可行工艺参数

好氧发酵前，污泥混合物料含水率调到55%～65%，碳氮比（C/N）为25:1～35:1，有机质含量通常不小于50%，pH值6～8。

采用条垛式好氧发酵时，无通风典型动态发酵周期约20 d；加设通风系统后发酵周期约15 d，温度55℃以上持续5～7 d。

采用发酵槽（池）式好氧发酵时，阳光棚发酵槽每隔1～2 d翻堆一次，温度55℃以上持续5～7 d，发酵周期约20 d。

好氧发酵堆体上部铺设5～10 cm的覆盖物料吸附恶臭气体。

发酵时，静态好氧发酵强制通风，每1 m^3物料通风量0.05～0.2 m^3/min，非连续通风；间歇动态好氧发酵可参考静态工艺并依生产试验的结果确定通风量，保证好氧发酵在最适宜条件下进行。

8.4.3 污染物削减及污染防治措施

经好氧发酵处理后的污泥含水率小于40%，有机物降解率大于40%，蠕虫卵死亡率大于95%，粪大肠菌群菌值大于0.01，种子发芽指数不小于70%。

污泥好氧发酵过程中产生的恶臭气体宜集中收集后进行生物除臭。

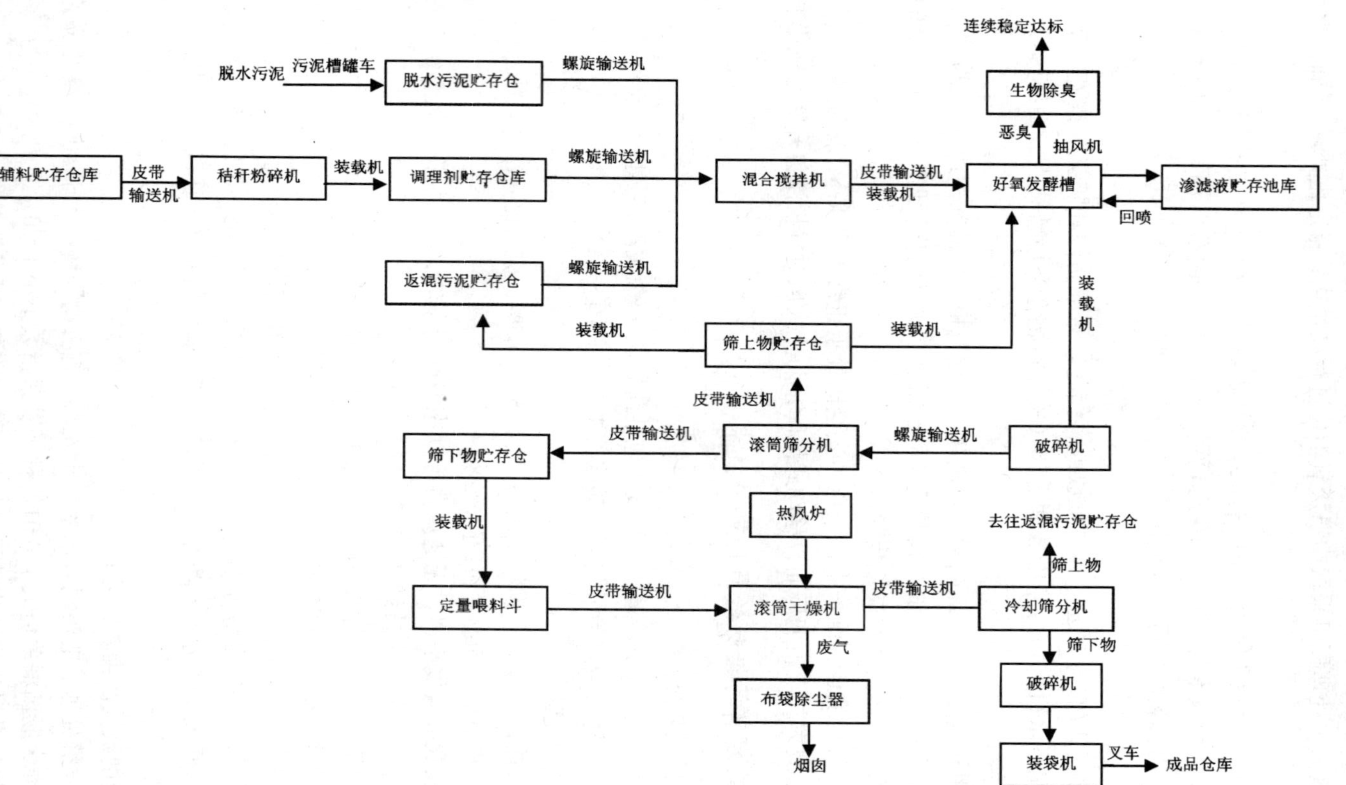

图 8 污泥好氧发酵污染防治最佳可行技术工艺流程

粉尘集中收集后采用除尘器进行处理。

污泥好氧发酵场产生的滤液以及露天发酵场的雨水集中收集，部分回喷至混合物料堆体，补充发酵过程中的水分要求，其余回流到城镇污水处理厂或自建的处理装置。

对于污泥好氧发酵设备产生的噪声采取消声、隔声、减振等措施进行防治。

8.4.4 技术经济适用性

在园林和绿地资源丰富的中小城市的中小型城镇污水处理厂，宜选用高温好氧发酵方式集中建设污泥发酵场处理污泥。

厂址远离环境敏感点和敏感区域时，可采用条垛式好氧发酵工艺；厂址附近有环境敏感点或敏感区域时，宜采用封闭发酵槽（池）式好氧发酵工艺。

在中、小规模的条垛宜使用斗式装载机或推土机；在大规模的条垛宜使用垮式翻堆机或侧式翻堆机。

设计完整的污泥好氧发酵系统的投资为 30 万～50 万元/t（80%含水率），经营成本为 80～150 元/t 脱水污泥。

8.4.5 最佳环境管理实践

设置完善的污泥产品监测系统，严格控制污泥堆肥产品质量。仅允许符合国家相关标准要求的污泥好氧发酵产品出厂、销售或施用。

定期对污泥堆体温度、氧气浓度、含水率、挥发性有机物含量及腐熟度等进行监测。污泥好氧发酵车间可在线监测硫化氢、氨气浓度。

单独建设发酵场或在城镇污水处理厂内建设的污泥发酵场不能满足卫生防护距离时，采用完全封闭的发酵工艺，厂房采用微负压设计。

在好氧发酵车间布设气体收集系统，通过引风机将车间内的恶臭气体送入除臭装置，保证车间及场区内的环境安全和操作人员的健康。

污泥好氧发酵场不在城镇污水处理厂内时，应获得有关部门的许可。采用密封良好的运输车辆或船舶按相关规定输送污泥，并建立应急管理制度。

8.5 污泥土地利用污染防治最佳可行技术

8.5.1 最佳可行工艺流程

污泥土地利用污染防治最佳可行技术主要是将经稳定化和无害化处理后的污泥或污泥产品进行园林绿化、林地利用或土壤修复及改良等综合利用。

污泥土地利用污染防治最佳可行技术工艺流程见图 9。

8.5.2 最佳可行工艺参数

采用土地利用方式处置的污泥应满足表 2 中的要求。

污泥施用避开降水期和夏季炎热高温气候，施用前将污泥或污泥与土壤的混合物堆置大于 5d。

污泥用作园林绿化草坪或花卉种植介质土时，单位施用量为 6～12kgDS/m^2；用作小灌木栽培介质土时，单位施用量为 12～24kgDS/m^2；用作乔木栽培介质土时，单位施用量为 10～80kgDS/m^2。

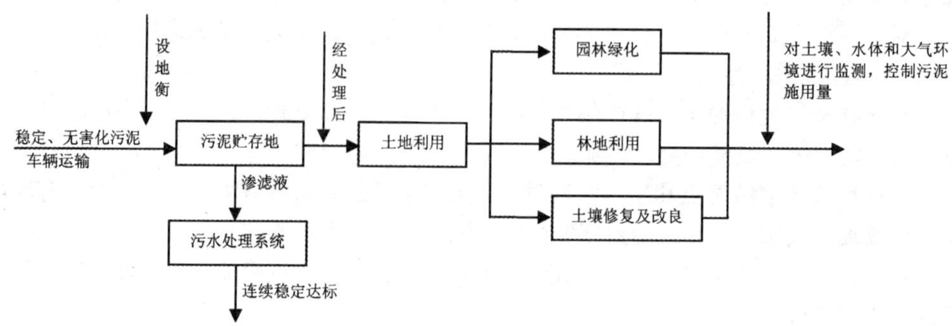

图 9　污泥土地利用污染防治最佳可行技术工艺流程

表 2　污泥土地利用污染防治最佳可行技术施用污泥的指标要求

项目		相关参数要求
无害化指标	臭度	＜2 级（六级臭度）
	粪大肠菌群菌值	0.01
	蠕虫卵死亡率	>95%
	种子发芽指数	≥70%
	pH	5.5～8.5
	含水率	≤45%
稳定化指标	有机物降解率	≥40%
	其他	样品在 20℃继续消化 30 d，挥发分组分的减量须少于 15%；或比好氧呼吸速率小于 1.5mgO_2/h . g 污泥（干重）
污泥污染物限值（最高容许含量 mg/kg）	镉及其化合物（以 Cd 计）	20
	汞及其化合物（以 Hg 计）	15
	铅及其化合物（以 Pb 计）	1 000
	铬及其化合物（以 Cr 计）	1 000
	砷及其化合物（以 As 计）	75
	硼及其化合物（以 B 计）	150
	矿物油	3 000
	苯并[*a*]芘	3
	铜及其化合物（以 Cu 计）	500
	锌及其化合物（以 Zn 计）	1 000
	镍及其化合物（以 Ni 计）	200

施用场地的坡度宜大于 6%，并采取防止雨水冲刷、径流等措施。

污泥林地利用时，在施用污泥期间及施用后 3 个月内，限制人以及与人接触密切的动物进入林地；施用污泥时，氮含量每年每公顷用量不超过 250 kg（以 N 计），磷含量每年每公顷用量不超过 100 kg（以 P_2O_5 计）。

8.5.3 污染物削减及污染防治措施

污泥堆放、贮存设施和场所进行防渗、防溢流和加盖等措施防止滤液及臭气污染；渗滤液集中收集和处理。

有效控制污泥的施用频率和施用量，同时加强对施用场地的监测。

8.5.4 技术经济适用性

在土地资源丰富的地区可考虑污泥土地利用的方式消纳污泥，处置前应进行稳定化和无害化处理。

污泥土地利用的成本与效益情况因污泥用途而异。利用污泥替代有机肥、常规基质和客土修复材料时，可节省相应的开支。

8.5.5 最佳环境管理实践

采用密闭车辆运输污泥，设置专用污泥堆存、存储设施和场所。

污泥土地利用前，应进行场地环境影响评价和风险评价；委托有资质的监测单位对施用场地的土壤、地下水和大气环境中各项污染物指标背景值进行监测，并定期对施用前的污泥、施用污泥后的土壤和土壤上种植的各种植物等进行取样监测和分析，且保存监测和分析记录 5 年以上。

加强对污泥土地利用的有效管理，确保有效的径流控制，阻止污泥流入地表水域。禁止在敏感水体附近的草坪、森林、沙地、湿地或开垦地施用污泥。

加强对污泥质量和施用污泥后场地的监测，监测项目主要包括重金属（铬、铜、铅、汞、锌等）、总氮、硝态氮、病原菌、蚊蝇密度和细菌总数等。大面积施用污泥前需进行稳定程度测试和重金属含量分析，不合格产品不能直接施用。

污泥林地利用可选择在树木砍伐后的林地、处于树苗期的林地或成树期的林地施用。施用方式可采用穴施、翻土作垄和犁沟等形式。雨季和冰冻期禁止施用污泥。

8.6 污泥焚烧污染防治最佳可行技术

8.6.1 最佳可行工艺流程

污泥焚烧污染防治最佳可行技术主要包括污泥接收、贮存及给料系统，干化系统，焚烧系统，余热回收及热源补充系统，烟气处理系统，臭气收集及处理系统，给排水系统，压缩空气系统，通风和空调系统，电气系统和自控系统等。

污泥干化焚烧污染防治最佳可行技术工艺流程见图 10。

8.6.2 最佳可行工艺参数

污泥焚烧高温烟气在 850℃以上的停留时间大于 2s，灰渣热灼减率不大于 5%或总有机碳（TOC）不大于 3%。

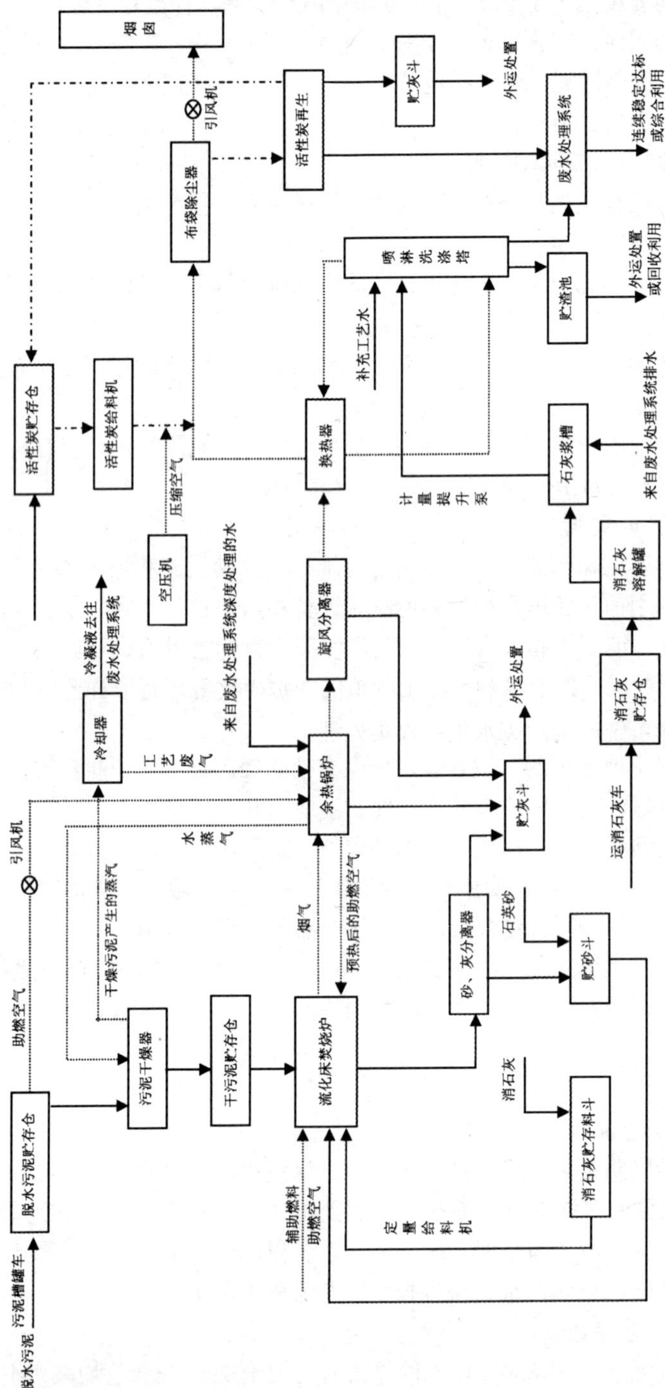

图10 污泥干化焚烧污染防治最佳可行技术工艺流程

循环流化床焚烧炉流化速度通常为 3.6～9 m/s，鼓泡流化床焚烧炉流化速度通常为 0.6～2 m/s。

污泥与生活垃圾混合焚烧时，污泥与生活垃圾的质量之比不超过 1∶4；利用水泥窑炉混烧的污泥汞含量小于 3 mg/kgDS，最大进料比例不超过混合物料总量的 5%。

采用半干法烟气净化处理工艺时，烟气停留时间 10～15s，碱性吸附剂过量系数 1.5～2.5，脱酸效率>98%。为防止布袋除尘器发生露点腐蚀，入口气体温度应为 130～140℃。

8.6.3 污染物削减及污染防治措施

预除尘＋半干法是最佳烟气净化组合系统之一。预除尘可选用旋风除尘器，半干法可选用喷雾洗涤器与袋式除尘器的组合。添加碱性吸附剂后的脱酸效率可达 90%以上，可去除 0.05～20 μm 的粉尘，除尘效率可达 99%以上。在布袋除尘器后采用选择性非催化还原法（SNCR），可达到 30%～70%的脱硝效率。在标准状态下，干烟气含氧量以 6%计，烟尘排放浓度不大于 30 mg/m^3，二氧化硫不大于 350 mg/m^3，氮氧化物不大于 450 mg/m^3。

为避免二噁英的生成及其前驱物的合成，应通过优化炉膛设计、优化过量空气系数、优化一次风和二次风的供给和分配、优化燃烧区域内烟气停留时间、温度、湍流度和氧浓度等设计和运行控制方式；避免或加快（＜1s）在 250～400℃的温度范围内去除粉尘。在除尘器之前的烟气流中喷射含碳物质、活性炭或焦炭等吸附剂，可降低二噁英排放。

污泥焚烧系统产生的废水集中收集处理。

污泥焚烧过程产生的灰渣以及烟气净化产生的飞灰分别收集和储存。灰渣集中收集处置，飞灰经鉴别属于危险废物的，按危险废物进行处置。

8.6.4 技术经济适用性

在大中型城市且经济发达的地区、大型城镇污水处理厂或部分污泥中有毒有害物质含量较高的城镇污水处理厂，可采用污泥干化焚烧技术处置污泥。

污泥焚烧以流化床焚烧炉应用最为普遍。流化床焚烧炉通常适合污泥大规模集中处置。鼓泡流化床适用于焚烧热值较低的污泥，循环式流化床适用于焚烧热值较高的污泥。

若干化和焚烧系统均采用国产设备，干化焚烧项目的投资成本为 30 万～35 万/t 脱水污泥（含水率以 80%计）；若全部采用进口设备，干化焚烧项目的投资成本为 40 万～50 万/t 脱水污泥（含水率以 80%计）。

污泥干化焚烧的直接运行成本为 100～150 元/t 脱水污泥（含水率以 80%计，不包括固定资产折旧）。

8.6.5 最佳环境管理实践

污泥干化焚烧厂的选址遵循就近原则，优先考虑充分利用污泥焚烧产生的热量和附近稳定的热源对污泥进行干化后再焚烧处置。

建立入厂污泥质量控制系统，并定期对污泥中砷、镉、铬、铅和镍等重金属进行监测。

安装自动辅助燃烧器，使焚烧炉启动和运行期间燃烧室保持850℃以上的燃烧温度。连续在线监测和调控炉膛温度、氧气含量、压力、烟气出口温度和水蒸气含量等工艺运行参数。

安装大气污染物连续在线监测装置，监测粉尘、氯化氢、二氧化硫、一氧化碳、碳氢化合物和氮氧化物，定期监测重金属和二噁英，每年至少2～4次。

脱水污泥贮存区（包括贮存罐和贮存仓）加盖并保持微负压。空气中甲烷含量不应超过1.25%，并宜将贮存区空气抽做焚烧炉一次风。焚烧炉不运行期间，应避免污泥贮存过量。干化污泥贮存时，其温度不宜高于40℃，贮存罐须保持良好通风，并设置除臭系统。

制定应急预案，防止事故的发生。污泥焚烧厂安装消防、防爆、自动监测和报警系统，确保焚烧设备安全、稳定、连续达标运行。

附录A

A.1 污水预处理工艺的污泥产量

污水预处理通常包括初沉池、水解池、AB法A段和化学强化一级处理工艺等，其污泥产量计算如下式：

$$\Delta X_1 = a \cdot Q(SS_i - SS_0) \qquad \text{(A-1)}$$

式中：ΔX_1—— 预处理污泥产生量，kg/d；

SS_i—— 进水悬浮物质量浓度，kg/m^3；

SS_0—— 出水悬浮物质量浓度，kg/m^3；

Q—— 设计平均日污水流量，m^3/d；

a—— 系数，无量纲，初沉池 a＝0.8～1.0，排泥间隔较长时，取下限；AB法A段 a＝1.0～1.2；水解工艺 a＝0.5～0.8；化学强化一级处理和深度处理工艺根据投药量，a＝1.5～2.0。

A.2 带预处理系统的活性污泥法及其变形工艺剩余污泥产生量

$$\Delta X_2 = \frac{(aQL_r - bX_V V)}{f} \qquad \text{(A-2)}$$

式中：ΔX_2—— 剩余活性污泥量，kg/d；

f—— MLVSS/MLSS之比值，对于生活污水，通常为0.5～0.75；

$$L_r = L_a - L_e \qquad \text{(A-3)}$$

L_r—— 有机物浓度（BOD_5）降解量，kg/m^3；

L_a—— 曝气池进水有机物（BOD_5）浓度，kg/m^3；

L_e—— 曝气池出水有机物（BOD_5）浓度，kg/m^3；

V—— 曝气池容积，m^3；

X_V—— 混合液挥发性污泥浓度，kg/m^3；

a—— 污泥产生率系数，$kgVSS/kgBOD_5$，通常可取 0.5～0.65；

b—— 污泥自身氧化率，kg/d，通常可取 0.05～0.1。

A.3 不带预处理系统的活性污泥法及其变形工艺剩余污泥产生量

$$\Delta X_3=\frac{[YQ(S_o-S_e)-K_dVX_v}{f}+f_1Q(SS_o-SS_e) \qquad \text{(A-4)}$$

式中：ΔX_3—— 剩余活性污泥量，kg/d；

Y—— 污泥产率系数，$kgVSS/kgBOD_5$，20°C 时为 0.3～0.6；

S_o—— 生物反应池内进水五日生化需氧量，kg/m^3；

S_e—— 生物反应池内出水五日生化需氧量，kg/m^3；

K_d—— 衰减系数，d^{-1}，通常可取 0.05～0.1；

V—— 生物反应池容积，m^3；

X_V—— 生物反应池内混合液挥发性悬浮固体（MLVSS）平均浓度，g/L；

f—— MLVSS/MLSS 之比值，对于生活污水，通常为 0.5～0.75；

f_1—— 悬浮物（SS）的污泥转化率，宜根据试验资料确定，无试验资料时可取 0.5～0.7gMLSS/gSS；带预处理系统的取下限，不带预处理系统的取上限；

SS_o—— 生物反应池内进水悬浮物浓度，kg/m^3；

SS_e—— 生物反应池内出水悬浮物浓度，kg/m^3。

A.4 带有预处理的好氧生物处理工艺污泥总产量

通常指带有初沉池、水解池、AB 法 A 段等预处理工艺的二级污水处理系统，会产生两部分污泥。带深度处理工艺时，其污泥总产生量计算公式如下：

$$W_1=\Delta X_1+\Delta X_2 \qquad \text{(A-5)}$$

式中：W_1—— 污泥总产生量，kg/d；

ΔX_1—— 预处理污泥产生量，kg/d；

ΔX_2—— 剩余活性污泥量，kg/d。

A.5 不带预处理的好氧生物处理工艺污泥总产量

通常指具有污泥稳定功能的延时曝气活性污泥工艺（包括部分氧化沟工艺、SBR 工艺），污泥龄较长，污泥负荷较低。该工艺只产生剩余活性污泥，其污泥总产生量计算公式如下：

$$W_3=\Delta X_3 \qquad \text{(A-6)}$$

式中：W_3—— 污泥总产生量，kg/d；

ΔX_3—— 剩余活性污泥量，kg/d。

A.6 消化工艺污泥总产量

通常指城镇污水处理厂采用消化工艺对污泥进行减量稳定化处理，处理后污泥量计算公式如下：

$$W_2 = W_1 \cdot (1-\eta)\left(\frac{f_1}{f_2}\right) \tag{A-7}$$

式中：W_2—— 消化后污泥总量，kg/d；

W_1—— 原污泥总量，kg/d；

η—— 污泥挥发性有机固体降解率，$\eta = \dfrac{q \times k}{0.35(W \times f_1)} \times 100\%$（0.35 是 COD 的甲烷转化系数，通常（$W \times f_1$）大于 COD 浓度，且随污泥的性质不同发生变化；q，实际沼气产生量，m^3/h；k，沼气中甲烷含量，%；W，厌氧消化池进泥量，干污泥（DSS）计，kg/h；f_1，进泥中挥发性有机物含量）；

f_1—— 原污泥中挥发性有机物含量，%；

f_2—— 消化污泥中挥发性有机物含量，%。

A.7 初次沉淀池污泥计量

排泥量计算公式：

$$V_1 = S\sum_{i=1}^{n}(h_{f,i} - h_{a,i}) - Q_i t_i \tag{A-8}$$

式中：V_1—— 初沉池每日排泥量，m^3/d；

n—— 每日排泥次数（d^{-1}），n=24/T，T 为排泥周期，h；

S—— 初沉池截面积，m^2；

$h_{f,i}$—— 集泥池中初沉污泥排泥前泥位，m；

$h_{a,i}$—— 集泥池中初沉污泥排泥后泥位，m；

Q_i—— 初沉池排泥期间，集泥池（浓缩池）提升泵流量，m^3/h；

t_i—— 初沉池排泥时间，h。

关于发布《畜禽养殖业污染防治技术政策》的通知

环发[2010]151号

各省、自治区、直辖市环境保护厅（局），新疆生产建设兵团环境保护局，计划单列市环境保护局：

为贯彻《中华人民共和国环境保护法》等环保法律法规，推动社会主义新农村建设，防治畜禽养殖业的环境污染，保护生态环境和人体健康，促进畜禽养殖业健康可持续发展，环境保护部组织制定了《畜禽养殖业污染防治技术政策》。现印发给你们，请结合本地区实际认真执行。

附件：畜禽养殖业污染防治技术政策

中华人民共和国环境保护部

二〇一〇年十二月三十日

附件：

畜禽养殖业污染防治技术政策

一、总则

（一）为防治畜禽养殖业的环境污染，保护生态环境，促进畜禽养殖污染防治技术进步，根据《中华人民共和国环境保护法》、《中华人民共和国水污染防治法》、《中华人民共和国固体废物污染防治法》、《中华人民共和国大气污染防治法》、《中华人民共和国畜牧法》等相关法律，制定本技术政策。

（二）本技术政策适用于中华人民共和国境内畜禽养殖业防治环境污染，可作为编制畜禽养殖污染防治规划、环境影响评价报告和最佳可行技术指南、工程技术规范及相关标准等的依据，指导畜禽养殖污染防治技术的开发、推广和应用。

（三）畜禽养殖污染防治应遵循发展循环经济、低碳经济、生态农业与资源化综合利用的总体发展战略，促进畜禽养殖业向集约化、规模化发展，重视畜禽养殖的温室气体减排，逐步提高畜禽养殖污染防治技术水平，因地制宜地开展综合整治。

（四）畜禽养殖污染防治应贯彻“预防为主、防治结合，经济性和实用性相结合，管理措施和技术措施相结合，有效利用和全面处理相结合”的技术方针，实行“源头削减、清洁生产、资源化综合利用，防止二次污染”的技术路线。

（五）畜禽养殖污染防治应遵循以下技术原则：

1. 全面规划、合理布局，贯彻执行当地人民政府颁布的畜禽养殖区划，严格遵守“禁养区”和“限养区”的规定，已有的畜禽养殖场（小区）应限期搬迁；结合当地城乡总体规划、环境保护规划和畜牧业发展规划，做好畜禽养殖污染防治规划，优化规模化畜禽养殖场（小区）及其污染防治设施的布局，避开饮用水水源地等环境敏感区域。

2. 发展清洁养殖，重视圈舍结构、粪污清理、饲料配比等环节的环境保护要求；注重在养殖过程中降低资源耗损和污染负荷，实现源头减排；提高末端治理效率，实现稳定达标排放和“近零排放”。

3. 鼓励畜禽养殖规模化和粪污利用大型化和专业化，发展适合不同养殖规模和养殖形式的畜禽养殖废弃物无害化处理模式和资源化综合利用模式，污染防治措施应优先考虑资源化综合利用。

4. 种、养结合，发展生态农业，充分考虑农田土壤消纳能力和区域环境容量要求，确保畜禽养殖废弃物有效还田利用，防止二次污染。

5. 严格环境监管，强化畜禽养殖项目建设的环境影响评价、“三同时”、环保验收、日常执法监督和例行监测等环境管理环节，完善设施建设与运行管理体系；强化农田土壤的环境安全，防止以“农田利用”为名变相排放污染物。

二、清洁养殖与废弃物收集

（一）畜禽养殖应严格执行有关国家标准，切实控制饲料组分中重金属、抗生素、生长激素等物质的添加量，保障畜禽养殖废弃物资源化综合利用的环境安全。

（二）规模化畜禽养殖场排放的粪污应实行固液分离，粪便应与废水分开处理和处置；应逐步推行干清粪方式，最大限度地减少废水的产生和排放，降低废水的污染负荷。

（三）畜禽养殖宜推广可吸附粪污、利于干式清理和综合利用的畜禽养殖废弃物收集技术，因地制宜地利用农业废弃物（如麦壳、稻壳、谷糠、秸秆、锯末、灰土等）作为圈、舍垫料，或采用符合动物防疫要求的生物发酵床垫料。

（四）不适合敷设垫料的畜禽养殖圈、舍，宜采用漏缝地板和粪、尿分离排放的圈舍结构，以利于畜禽粪污的固液分离与干式清除。尚无法实现干清粪的畜禽养殖圈、舍，宜采用旋转筛网对粪污进行预处理。

（五）畜禽粪便、垫料等畜禽养殖废弃物应定期清运，外运畜禽养殖废弃物的贮存、运输器具应采取可靠的密闭、防泄漏等卫生、环保措施；临时储存畜禽养殖废弃物，应设置专用堆场，周边应设置围挡，具有可靠的防渗、防漏、防冲刷、防流失等功能。

三、废弃物无害化处理与综合利用

（一）应根据养殖种类、养殖规模、粪污收集方式、当地的自然地理环境条件以及废水排放去向等因素，确定畜禽养殖废弃物无害化处理与资源化综合利用模式，并择优选用低成本的处理处置技术。

（二）鼓励发展专业化集中式畜禽养殖废弃物无害化处理模式，实现畜禽养殖废弃物的社会化集中处理与规模化利用。鼓励畜禽养殖废弃物的能源化利用和肥料化利用。

（三）大型规模化畜禽养殖场和集中式畜禽养殖废弃物处理处置工厂宜采用“厌氧发酵—（发酵后固体物）好氧堆肥工艺”和“高温好氧堆肥工艺”回收沼气能源或生产高肥效、高附加值复合有机肥。

（四）厌氧发酵产生的沼气应进行收集，并根据利用途径进行脱水、脱硫、脱碳等净化处理。沼气宜作为燃料直接利用，达到一定规模的可发展瓶装燃气，有条件的应采取发电方式间接利用，并优先满足养殖场内及场区周边区域的用电需要，沼气产生量达到足够规模的，应优先采取热电联供方式进行沼气发电并并入电网。

（五）厌氧发酵产生的底物宜采取压榨、过滤等方式进行固液分离，沼渣和沼液应进一步加工成复合有机肥进行利用。或按照种养结合要求，充分利用规模化畜禽养殖场（小区）周边的农田、山林、草场和果园，就地消纳沼液、沼渣。

（六）中小型规模化畜禽养殖场（小区）宜采用相对集中的方式处理畜禽养殖废弃物。宜采用“高温好氧堆肥工艺”或“生物发酵工艺”生产有机肥，或采用“厌氧发酵工艺”生产沼气，并做到产用平衡。

（七）畜禽尸体应按照有关卫生防疫规定单独进行妥善处置。染疫畜禽及其排泄物、染疫畜禽产品，病死或者死因不明的畜禽尸体等污染物，应就地进行无害化处理。

四、畜禽养殖废水处理

（一）规模化畜禽养殖场（小区）应建立完备的排水设施并保持畅通，其废水收集输送系统不得采取明沟布设；排水系统应实行雨污分流制。

（二）布局集中的规模化畜禽养殖场（小区）和畜禽散养密集区宜采取废水集中处理模式，布局分散的规模化畜禽养殖场（小区）宜单独进行就地处理。鼓励废水回用于场区园林绿化和周边农田灌溉。

（三）应根据畜禽养殖场的清粪方式、废水水质、排放去向、外排水应达到的环境要求等因素，选择适宜的畜禽养殖废水处理工艺；处理后的水质应符合相应的环境标准，回用于农田灌溉的水质应达到农田灌溉水质标准。

（四）规模化畜禽养殖场（小区）产生的废水应进行固液分离预处理，采用脱氮除磷效率高的“厌氧+兼氧”生物处理工艺进行达标处理，并应进行杀菌消毒处理。

五、畜禽养殖空气污染防治

（一）规模化畜禽养殖场（小区）应加强恶臭气体净化处理并覆盖所有恶臭发生源，排放的气体应符合国家或地方恶臭污染物排放标准。

（二）专业化集中式畜禽养殖废弃物无害化处理工厂产生的恶臭气体，宜采用生物吸附和生物过滤等除臭技术进行集中处理。

（三）大型规模化畜禽养殖场应针对畜禽养殖废弃物处理与利用过程的关键环节，采取场所密闭、喷洒除臭剂等措施，减少恶臭气体扩散，降低恶臭气体对场区空气质量和周边居民生活的影响。

（四）中小型规模化畜禽养殖场（小区）宜通过科学选址、合理布局、加强圈舍通风、建设绿化隔离带、及时清理畜禽养殖废弃物等手段，减少恶臭气体的污染。

六、畜禽养殖二次污染防治

（一）应高度重视畜禽养殖废弃物还田利用过程中潜在的二次污染防治，满足当地面源污染控制的环境保护要求。

（二）通过测试农田土壤肥效，根据农田土壤、作物生长所需的养分量和环境容量，科学确定畜禽养殖废弃物的还田利用量，有效利用沼液、沼渣和有机肥，合理施肥，预防面源污染。

（三）加强畜禽养殖废水中含有的重金属、抗生素和生长激素等环境污染物的处理，严格达标排放。

废水处理产生的污泥宜采用有效技术进行无害化处理。

（四）畜禽养殖废弃物作为有机肥进行农田利用时，其重金属含量应符合相关标准；养殖场垫料应妥善处置。

七、鼓励开发应用的新技术

（一）国家鼓励开发、应用以下畜禽养殖废弃物无害化处理与资源化综合利用技术与装备：

1. 高品质、高肥效复合有机肥制造技术和成套装备。
2. 畜禽养殖废弃物的预处理新技术。
3. 快速厌氧发酵工艺和高效生物菌种。
4. 沼气净化、提纯和压缩等燃料化利用技术与设备。

（二）国家鼓励开发、应用以下畜禽养殖废水处理技术与装备：

1. 高效、低成本的畜禽养殖废水脱氮除磷处理技术。
2. 畜禽养殖废水回用处理技术与成套装备。

（三）国家鼓励开发、应用以下清洁养殖技术与装备：

1. 适合干式清粪操作的废弃物清理机械和新型圈舍。
2. 符合生物安全的畜禽养殖技术及微生物菌剂。

八、设施的建设、运行和监督管理

（一）规模化畜禽养殖场（小区）应设置规范化排污口，并建设污染治理设施，有关工程的设计、施工、验收及运营应符合相关工程技术规范的规定。

（二）国家鼓励实行社会化环境污染治理的专业化运营服务。畜禽养殖经营者可将畜禽养殖废弃物委托给具有环境污染治理设施运营资质的单位进行处置。

（三）畜禽养殖场（小区）应建立健全污染治理设施运行管理制度和操作规程，配备专职运行管理人员和检测手段；对操作人员应加强专业技术培训，实行考试合格持证上岗。

关于发布《电解锰行业污染防治技术政策》的通知

环发[2010]50号

各省、自治区、直辖市环境保护厅（局），新疆生产建设兵团环境保护局，计划单列市环境保护局：

为贯彻《中华人民共和国环境保护法》等环保法律法规，保护人体健康和生态环境，降低电解锰行业资源、能源消耗，削减污染物排放强度，加强污染防治，促进电解锰行业可持续、健康发展，环境保护部组织制定了《电解锰行业污染防治技术政策》。现印发给你们，请结合本地区实际认真执行。

附件：电解锰行业污染防治技术政策

中华人民共和国环境保护部

二〇一〇年十二月三十日

附件：

电解锰行业污染防治技术政策

一、总则

（一）为保护人体健康和生态环境，降低电解锰行业资源、能源消耗，削减污染物排放强度，加强污染防治，促进电解锰行业可持续、健康发展，根据《中华人民共和国环境保护法》、《中华人民共和国清洁生产促进法》等法律法规，制定本技术政策。

（二）本技术政策适用于全国范围内电解锰生产企业的规划、环评以及污染防治和污染防治设施的建设、管理。本技术政策所指电解锰为电解金属锰。

（三）鼓励电解锰行业集约化发展和规模化污染综合防治，电解锰行业发展应符合国家产业政策，“上大压小”，控制总规模；新（改、扩）建电解锰项目应采用国家推荐的清洁生产工艺和污染防治技术。

（四）电解锰行业对以下污染物进行重点防治：铬、硒、锰、氨氮、酸雾、工业粉尘、锰渣、阳极泥、硫化渣和铬渣。

（五）电解锰企业应采用原辅料源头控污、主要工艺环节过程减排、锰渣、废水末端循环和治理相结合的全过程清洁生产技术，推行以节能减排为核心，以污染预防为重点，以工艺清洁化、设备密闭化、操作机械化、计量精准化、水循环利用和水平衡等为特征的污染综合防治技术路线。

二、原辅料选择与污染防治技术

（一）鼓励使用高品位锰矿，逐步减少吨电解锰产品锰渣排放量。

（二）选用总锰含量低于 18%的贫锰矿作为电解锰生产原料时，一般应采用浮选或磁选等富集预处理技术。

（三）2013 年之前，吨电解锰二氧化硒用量不高于 1.2 kg，2013 年起，全行业逐步实现无钝化或无铬钝化、无硒电解。

三、生产过程污染控制技术

（一）磨粉工序应选用封闭负压粉碎技术和密闭输送系统，严格控制粉尘污染。

（二）化合工序须配备酸雾吸收装置，防止酸雾排放。鼓励采用空气、双氧水等清洁环保型氧化剂。

（三）一次压滤工序应选用二段酸浸洗涤压滤等高效固液分离工艺技术，实现锰渣中可溶性锰含量低于 2%，锰渣二次压榨含水率低于 25%，淘汰不能达到上述目标的压滤技术。

（四）电解工序应优先选用低硒、无硒电解技术；鼓励采用无钝化和无铬钝化技术，加快淘汰重铬酸盐钝化技术。

电解工序宜采用阴极板出槽—钝化—清洗—烘干—剥离—洗板—抛光—入槽等流程的自动控制技术，实现电解工艺废水循环利用，淘汰传统的人工出槽和钝化方法。

（五）节能节水技术

1.新建和改建企业应选用节能型电解槽、阳极液断流器等节能节电技术和设备，2013 年之前，吨含硒电解锰直流电耗不应高于 5 800 kW•h，吨无硒电解锰直流电耗不应高于 7 200 kW•h；2013 年起，吨无硒电解锰直流电耗不应高于 6 800 kW•h。

2.电解锰企业应在各用水节点安装计量装置，加强对用水量的监控，吨电解锰新水用量不应高于 3 t。

四、废水、废渣末端循环及处理处置技术

（一）2013 年之前，生产企业应逐步淘汰以铁屑还原法和石灰中和法为主的废水处理工艺，对含铬、锰离子的废水宜采用离子交换法等先进技术处理，实现铬、锰资源化循环利用。

（二）锰渣应综合利用，鼓励以锰渣为原料生产建材原料和制品，鼓励研发规模化利用锰渣制备高附加值产品的技术。

（三）在条件适宜地区，应采用先进技术提取和回收硫化渣中钴、镍等有价金属。

（四）2013 年之前，生产企业应加装脱除氨氮的废水深度处理装置，鼓励采用氨氮循环利用技术。

五、二次污染防治

（一）锰渣的处理处置应符合国家的相关法律法规，规范锰渣库的建设和管理，防止锰渣渗滤液对环境的二次污染。

（二）加强铬渣的安全处置和二次污染防治。厂区内铬渣的暂存及转运应符合国家有关危废处置的相关规定，应定期交有处理资质的厂家进行无害化处理，不得与一般固废一起堆存。

（三）严格预防和控制锰矿选矿、阳极泥利用、锰渣堆放、铬渣堆放以及资源化利用过程中产生二次污染。

（四）加强废水、锰渣中硒、锰等有害物质浸出、流失所导致的二次污染和人体健康危害评估。

六、鼓励研发与推广的新技术

（一）加快研发和推广无硒电解、无铬钝化和无钝化生产技术。

（二）加快研发和推广提高电解效率的节能新技术。

（三）加快研发以低品位二氧化锰矿为原料的还原工艺技术及设备。

（四）鼓励研发高附加值锰系产品，延长电解锰产业链。

（五）鼓励研发离子交换法等回收及循环利用废水中铬、锰离子的先进技术，以及回收利用氨氮的先进技术。

（六）鼓励研发电解锰生产过程中排放的二氧化碳气体捕获、封存、回收再利用技术，实现全行业低碳生产。

七、运行管理

（一）企业应按照有关规定，安装总锰、悬浮物和氨氮等主要污染物以及 pH 值的在线监测装置，在车间或处理设施排放口安装六价铬的在线监测装置，并与环保行政主管部门的污染监控系统联网。

（二）企业应建立电解锰生产装置及污染防治设施运行及检修规程和台账等日常管理制度；建立、完善环境污染事故应急体系，建设硫酸、液氨、电解液、阳极液的事故应急处理设施，包括事故围堰、应急池、双阀门控制设施等。液氨储罐安置应符合国家危险化学品的有关规定。

（三）企业应加强厂区环境综合整治，厂区的车间地面采取防渗、防漏和防腐措施；优化企业内部管网布局，实现清污分流、雨污分流和管网防渗、防漏，在生产过程中严控跑、冒、滴、漏现象和无组织排放行为。

（四）企业应加强电解锰生产噪声环境管理，确保厂界噪声达到国家有关规定。

（五）鼓励企业委托第三方进行污染防治设施的运行管理。

八、监督管理

（一）应重点加强对企业的磨粉、化合、压滤及废水处理等工序的日常监测、控制与管理，严防无组织排放及偷、漏排行为发生。加强电解锰厂、锰渣库（场）周边地表水、地下水和土壤污染的监控。

（二）应加强对电解锰企业的强制性清洁生产审核。

（三）应对申请关闭的电解锰厂区和退役的锰渣库（场）及其周边进行环境评估。对已退役闭库的锰渣库（场）进行定期跟踪监测，督促企业恢复生态。

（四）电解锰企业所在地的环境保护行政主管部门应加强对企业污染治理设施运行和日常污染防治管理制度执行情况的定期检查和监督。

关于加强环境噪声污染防治工作改善城乡声环境质量的指导意见

环发[2010]144号

各省、自治区、直辖市环境保护、发展改革、科技、工业和信息化、公安、财政、住房和城乡建设、交通运输、铁道、文化、工商主管部门：

近年来，随着经济社会发展，城市化进程加快，我国环境噪声污染影响日益突出，环境噪声污染纠纷频发，扰民投诉始终居高不下。解决环境噪声污染问题是贯彻落实科学发展观、建设生态文明的必然要求，是探索中国环保新道路的重要内容。为加强噪声污染防治工作，改善城市和乡村的声环境质量，制定本指导意见。

一、指导思想、原则和目标

（一）指导思想。以科学发展观为指导，提升噪声污染防治和声环境质量管理水平，强化噪声排放源监督管理，切实解决噪声扰民突出问题，不断改善城乡声环境质量，努力建设安静舒适的城乡环境，保护居民身体健康，促进和谐社会建设。

（二）工作原则。坚持城市和乡村环境噪声污染防治相结合，促进声环境质量全面改善；坚持促进噪声达标排放和减少扰民纠纷相结合，减轻噪声污染对居民生活、工作、学习的影响；坚持环境噪声污染防治和声环境质量管理相结合，健全环境噪声管理制度和政策措施；坚持统一监管与部门分工负责相结合，形成环境噪声污染防治分工联动的工作机制。

（三）主要目标。到2015年，环境噪声污染防治能力得到进一步加强，工业、交通、建筑施工和社会生活噪声污染排放全面达标，居民噪声污染投诉、信访和纠纷下降；声环境质量管理体系不断完善，城市声环境功能区达标率明显提高，国家环境保护重点城市声环境质量符合国家标准要求，农村地区声环境进一步改善。

二、加大重点领域噪声污染防治力度

（四）加强交通噪声污染防治。全面落实《地面交通噪声污染防治技术政策》，噪声敏感建筑物集中区域（以下简称“敏感区”）的高架路、快速路、高速公路、城市轨道等道路两边应配套建设隔声屏障，严格实施禁鸣、限行、限速等措施。加快城市市区铁路道口平交改立交建设，逐步取消市区平面交叉道口。控制高铁在城市市区内运行的噪声污染。加强机场周边噪声污染防治工作，减少航空噪声扰民纠纷。

（五）强化施工噪声污染防治。严格执行《建筑施工场界噪声限值》，查处施工噪声超过排放标准的行为。加强施工噪声排放申报管理，实施城市建筑施工环保公告制度。城市人民政府依法限定施工作业时间，严格限制在敏感区内夜间进行产生噪声污染的施工作业。实施城市夜间施工审批管理，推进噪声自动监测系统对建筑施工进行实时监督，鼓励使用低噪声施工设备和工艺。

（六）推进社会生活噪声污染防治。严格实施《社会生活环境噪声排放标准》，禁止商业经营活动在室外使用音响器材招揽顾客。严格控制加工、维修、餐饮、娱乐、健身、超市及其他商业服务业噪声污染，有效治理冷却塔、电梯间、水泵房和空调器等配套服务设施造成的噪声污染，严格管理敏感区内的文体活动和室内娱乐活动。积极推行城市室内综合市场，取缔扰民的露天或马路市场。对室内装修进行严格管理，明确限制作业时间，严格控制在已竣工交付使用居民宅楼内进行产生噪声的装修作业。加强中高考等国家考试期间绿色护考工作，为考生创造良好的考试环境。

（七）深化工业企业噪声污染防治。贯彻执行《工业企业厂界环境噪声排放标准》，查处工业企业噪声排放超标扰民行为。加大敏感区内噪声排放超标污染源关停力度，各城市应每年关停、搬迁和治理一批噪声污染严重的企业，到 2015 年年底前实现敏感区内工业企业噪声排放达标。加强工业园区噪声污染防治，禁止高噪声污染项目入园区。开展乡村地区工业企业噪声污染防治。

三、强化噪声排放源监督管理

（八）严格声环境准入。各地在编制城乡建设、区域开发、交通发展和其他专项规划时，在规划环境影响评价文件之中纳入声环境影响评价章节。严格建设项目声环境影响评价，明确改善噪声污染防治的措施要求。严格项目环境噪声“三同时”验收管理，未通过验收的噪声排放项目，一律不得投入运行。

（九）加强重点源监管。城市环保部门应会同有关部门确定本地区交通、建筑施工、社会生活和工业等领域的重点噪声排放源单位，严格各项管理制度，确保重点排放源噪声排放达标。城市环保部门应于 2011 年年底完成重点噪声污染源确定工作，确保实现重点噪声排放源排放达标。

（十）健全污染源管理制度。严格实施噪声污染源限期治理制度，按照属地管理原则，每年限期治理一批噪声超标的重点企业。严格落后工艺设备淘汰制度，将高噪声的工艺设备纳入淘汰目录。探索建立设施噪声标牌制度，明确标识相关产品噪声排放水平及符合的相应标准。

（十一）积极解决噪声扰民。加强噪声污染信访投诉处置，畅通各级环保“12369”、公安“110”、城建“12319”举报热线的噪声污染投诉渠道，探索建立多部门的噪声污染投诉信息共享机制。将排放超标并严重扰民的噪声污染问题纳入挂牌督办范围。建立噪声扰民应急机制，防止噪声污染引发群体事件。

四、加强城乡声环境质量管理

（十二）促进城市声环境质量持续改善。贯彻执行《声环境质量标准》，不断扩大噪声达标功能区面积，提高功能区夜间噪声达标率。城市区域应按《城市区域环境噪声适用区划分技术规范》划定或调整声环境功能区。2011 年年底前，各省级环保部门应负责指导本辖区内城市完成声环境功能区的划定和调整工作，并将功能区划定情况报环境保护部备案。

（十三）强化重点城市声环境达标管理。国家环境保护重点城市（以下简称“重点城市”）应全面改善城市声环境质量，“十二五”末应全面达到声环境质量标准要求。重点城市应确定达标区和不达标区，制定达标区保持计划或进一步改善计划。不达标区噪声削减计划应由城市环保部门会同建设、交通、铁路、民航、工业、公安和文化等部门制定并报同级人民政府批准后实施。2010 年年底前各重点城市应完成计划的制定和报批工作，并报环境保护部备案。

（十四）完善噪声敏感区管理政策措施。完善噪声敏感区保护制度，明确敏感区范围和管理措施，加大敏感区声环境质量改善力度。逐步建立民用建筑隔声质量验收制度，将室内声环境检测纳入新建建筑竣工环保验收。实施建筑声环境质量状况告知制度，推动物业单位参与声环境管理。

（十五）进一步改善乡村声环境质量。严格控制城镇化过程中噪声污染，防止噪声污染从城市向乡村的转移。风景名胜区、自然保护区等地声环境管理，应列为噪声敏感区加以保护。各地应将加强乡村环境噪声污染防治纳入日常环境管理工作。

五、强化监管支撑能力建设

（十六）完善噪声监测网络。各城市应建立和完善声环境质量监测网络，将噪声监测作为环境监测标准化建设重点内容之一。重点噪声污染源应安装噪声自动监测仪器，将监测数据作为执法监管依据。重点城市应设置环境噪声自动监测系统，2011 年年底前各城市应至少设立一个噪声显示屏。加强城市道路交通噪声监测，重点城市应于“十二五”期间开展道路噪声监测工作。加强噪声污染执法监测能力，建设环境监测和环境监察部门应配置相应的噪声现场监测设备和仪器。

（十七）提高执法监管能力。各级城市环保部门应设专人从事环境噪声日常管理工作，重点城市应加强噪声污染防治机构建设。组织编写噪声污染防治培训教材，开展噪声污染防治相关法规、政策和标准的培训。促进国家级噪声控制工程中心建设，增强工业、交通、建筑施工、社会生活噪声污染防治技术研发能力。

（十八）开展治理工程示范。开展低噪声路面技术研究和示范工程建设。促进道路声屏障建设，实施高效隔声窗应用示范工程。重点城市应按规定开展汽车环保定期检验工作，将噪声排放逐步纳入检验范围，并开展摩托车和农用车（低速汽车和三轮车）的噪声定期检验示范。开展城市轨道交通噪声污染治理示范工程。示范工程按国家、省和市（地）分级管理。

（十九）强化部门协调联动。各级环保、公安、文化、交通、铁路、建设、工业、工商等主管部门应协调配合，加强噪声防治污染。各级环保、规划、城管、质检、海事等部门应明确噪声违法行为的执法程序和处罚机构。重点城市应定期组织联合执法专项行动。

六、夯实基础保障条件

（二十）加强规划引导。各地应将环境噪声污染防治和声环境质量改善作为重要任务之一，纳入"十二五"环境保护规划，设立噪声污染防治章节。有关部门制定的铁路、交通和民航"十二五"规划，应有交通噪声污染防治内容。

（二十一）完善法规和标准。加强环境噪声污染防治法修订调研工作及时研究解决规划和计划。抓紧拟订环境噪声污染防治相关法规、规章，推动环境噪声污染防治地方性法规的制定和完善。制定并实施交通干线噪声排放国家标准。研究室内环境噪声标准，制定低频和振动噪声标准。研究制定噪声控制产品标准和噪声控制产品准入制度。

（二十二）健全环境经济政策。加大噪声污染经济处罚力度，明确违法罚款数额，提高噪声扰民的罚款限额。严格依法征收噪声超标排污费，做到应收尽收。研究建立交通噪声扰民经济补偿机制，探索施工噪声扰民经济补偿措施。

（二十三）加强科技研究与开发。加大对声环境质量改善技术研发的支持，通过科技计划，依托行业主管部门，充分利用相关科研机构、高校、企业噪声振动研究基础，研发噪声控制技术。加强振动控制技术、低噪声技术和产品研发，促进降噪装备产业发展。

七、抓好评估检查和宣传教育

（二十四）开展评估检查。各城市环保部门应定期开展噪声污染防治工作的评估，发布噪声污染防治报告，重点城市应每年将噪声污染防治情况报送环境保护部。各省级环保部门应每年组织相关部门对辖区内城市声环境质量、噪声污染防治规划的制定和实施情况进行检查，并向社会通报检查结果。

（二十五）深化信息管理。划定后的声环境功能区应在环保部门网站予以公开，有条件的城市应在街道、社区明显位置设置声环境功能区类别的标识牌。建立环境噪声信息通报制度，规划制定和建设项目审批前应广泛征求相关居民意见。重点城市应试点开展噪声地图的绘制工作，指导本地噪声污染防治工作。环境保护部会同有关部门发布全国噪声污染防治状况报告。

（二十六）促进公众参与。广泛宣传噪声污染防治的法律、法规和政策，介绍噪声对人体健康危害的知识。发挥媒体对各类噪声扰民的舆论监督，加大噪声违法的曝光力度。每年"6•5"环境日期间，各地应组织电视、广播、报纸等媒体，宣传报道声环境质量状况和噪声污染防治相关情况。

环境保护部　发展改革委
科技部　工业和信息化部
公安部　财政部
住房和城乡建设部　交通运输部
铁道部　文化部　工商总局
二〇一〇年十二月十五日

关于加强二噁英污染防治的指导意见

环发[2010]123 号

各省、自治区、直辖市、计划单列市及新疆生产建设兵团环境保护厅（局）、发展改革委、科技厅（科委、科技局）、工业和信息化主管部门、财政厅（局）、住房和城乡建设厅（建委、市政管委、建设局）、商务主管部门、直属检验检疫局，各环境保护督查中心：

为贯彻落实《中华人民共和国履行〈关于持久性有机污染物的斯德哥尔摩公约〉国家实施计划》（以下简称《国家实施计划》），保护生态环境，保障人民身体健康，现就加强二噁英污染防治工作提出以下意见：

一、深刻认识加强二噁英污染防治的重要意义

（一）二噁英具有很强生物毒性，同时具有难以降解、可在生物体内蓄积的特点，进入环境将长期残留，对人类健康和可持续发展构成威胁。全国主要行业持久性有机污染物调查显示，我国 17 个主要行业二噁英排放企业有万余家，涉及钢铁、再生有色金属和废弃物焚烧等多个领域。随着我国经济社会快速发展，二噁英排放量呈增长趋势，我国二噁英污染防治面临严峻形势。党中央、国务院高度重视二噁英等持久性有机污染物污染防治问题。国务院 2007 年 4 月批准《国家实施计划》，对二噁英等持久性有机污染物污染防治工作提出了明确要求。各地要从贯彻落实科学发展观、建设生态文明和保障人民身体健康的高度进一步提高认识，把二噁英污染防治与当前实现节能减排目标，推动产业结构调整紧密结合起来，促进经济社会与环境协调发展。

二、二噁英污染防治指导思想、原则和目标

（二）指导思想。以科学发展观为指导，以保障我国生态环境安全和人民身体健康为目的，预防新源、削减旧源，完善制度、强化监管，综合采取各种措施，有效落实责任，建立长效机制，积极稳妥地推动二噁英污染防治工作。

（三）基本原则。

坚持全面推进、重点突破。对现有的二噁英产生源要采取积极的污染防治措施。当前要重点抓好铁矿石烧结、电弧炉炼钢、再生有色金属生产、废弃物焚烧等重点行业二噁英污染防治工作。

坚持综合防治、协同推进。充分发挥二噁英污染防治与常规污染物削减控制的协同性，将其与节能减排、推行清洁生产、淘汰落后产能等工作统筹推进。

坚持政府主导、市场化推动。发挥政府主导作用，明确企业责任主体，鼓励公众参

与监督，推动将二噁英污染防治各项措施落到实处。

（四）目标任务。在铁矿石烧结、电弧炉炼钢、再生有色金属生产、废弃物焚烧等重点行业全面推行削减和控制措施，深入开展清洁生产审核，全面推广清洁生产先进技术、最佳可行工艺和技术等，降低单位产量（处理量）二噁英排放强度。到 2015 年，建立比较完善的二噁英污染防治体系和长效监管机制，重点行业二噁英排放强度降低10%，基本控制二噁英排放增长趋势。

三、优化产业结构

（五）淘汰落后产能。严格落实《国务院关于进一步加强淘汰落后产能工作的通知》（国发[2010]7 号），加大落后产能淘汰力度，加速淘汰二噁英污染严重、削减和控制无经济可行性的落后产能。

（六）严格环境准入条件。进一步完善环境影响评价制度，在审批建设项目环境影响评价文件时要充分考虑二噁英削减和控制要求，将二噁英作为主要特征污染物逐步纳入有关行业的环境影响评价中。加强新建、改建、扩建项目竣工环境保护验收中二噁英排放监测，确保按要求达标排放，从源头控制二噁英产生。在京津冀、长三角、珠三角等重点区域开展二噁英排放总量控制试点工作。

（七）实施清洁生产审核。清洁生产主管部门和环境保护部门应将二噁英削减和控制作为清洁生产的重要内容，完善清洁生产标准体系，全面推行清洁生产审核，鼓励采用有利于二噁英削减和控制的工艺技术和防控措施。每年年底前，各省级环保部门依法公布应当开展强制性清洁生产审核的二噁英重点排放源企业名单。二噁英重点排放源企业应依法实施清洁生产审核，积极落实审核方案，采取削减和控制措施，开展清洁生产审核的间隔时间不得超过五年，并依法将审核结果向环境保护部门和清洁生产主管部门报告。各级环保部门要加强监督检查，对不实施清洁生产审核或者虽经审核但不如实报告审核结果的，责令限期改正，对拒不改正的企业加大处罚力度。2011 年 6 月底前，重点行业所有排放废气装置，必须配套建设高效除尘设施。

四、切实推进重点行业二噁英污染防治

（八）推动铁矿石烧结的协同减排。铁矿石烧结应通过选用低氯化物含量原料、减少氯化钙使用、对加入原料中的轧钢皮进行除油预处理、增加料层透气性、采用粉尘返料造球等措施减少二噁英的产生。鼓励采用烧结废气循环技术减少废气产生量和二噁英排放量。鼓励有条件的企业建设废气综合净化设施。鼓励企业选择先进工艺，优化工程设计，实现常规污染物与二噁英协同减排。按照《产业结构调整指导目录》相关规定加快淘汰小型烧结机。

（九）强化电弧炉炼钢排放源预处理。电弧炉炼钢企业，应对废钢原料进行预处理。不得在没有高效除尘设施的情况下采用废钢预热工艺。鼓励有条件的企业结合电弧炉装备工艺特点开展二噁英减排工程实践。

（十）加大再生有色金属行业污染防治力度。加速淘汰直接燃煤的反射炉、坩埚炉等工艺落后、能源消耗高、环境污染严重、金属回收率低的技术装备。现有再生熔炼设施的生产过程中，应采取有效措施去除原料中含氯物质及切削油等有机物。鼓励封闭化生产。

（十一）推进高标准废弃物焚烧设施建设。结合落实《全国城镇生活垃圾处理设施建设规划》《危险废物和医疗废物集中处置设施建设规划》，加快淘汰污染严重、工艺落后的废弃物焚烧设施，推进高标准集中处置设施建设，减少二噁英排放。加强废弃物焚烧设施运行管理，严格落实《生活垃圾焚烧污染控制标准》《危险废物焚烧污染控制标准》技术要求。新建焚烧设施，应优先选用成熟技术，审慎采用目前尚未得到实际应用验证的焚烧炉型。建立企业环境信息公开制度，废弃物焚烧企业应当向社会发布年度环境报告书。主要工艺指标及硫氧化物、氮氧化物、氯化氢等污染因子应实施在线监测，并与当地环保部门联网。污染物排放应每季度采样检测一次。应在厂区明显位置设置显示屏，将炉温、烟气停留时间、烟气出口温度、一氧化碳等数据向社会公布，接受社会监督。

五、建立完善二噁英污染防治长效机制

（十二）编制重点行业污染防治规划。以重点行业二噁英污染防治为主要内容，编制全国重点行业持久性有机污染物“十二五”污染防治规划，明确防治目标、任务和政策措施。各省级环保部门要加强基础工作，摸清二噁英污染源和排放现状，合理确定二噁英削减和控制目标，提出相应措施，按照《省级持久性有机污染物“十二五”污染防治规划编制指南》，抓紧编制辖区持久性有机污染物污染防治规划。各地在开展节能减排和环境治理等重点工程建设中，应统筹考虑二噁英污染防治。

（十三）严格环境监管。加强对二噁英重点排放源的监督性监测和监管核查，对未按规定和要求实施控制措施的排放源，限期整改。所在地环保部门应对废弃物焚烧装置排放情况每两个月开展一次监督性监测，对二噁英的监督性监测应至少每年开展一次。不符合产业政策的重污染企业应报请当地政府取缔关闭；超标排污企业，应依法责令限期治理并处罚款。逾期未完成治理任务的，应提请当地政府关闭；存在环境安全隐患的企业，应责令改正。加强对废弃物产生单位的环境保护监管力度，促使有关单位和企业及时将危险废弃物交由有资质的处置单位进行规范的无害化处置。各级环保部门应全面掌握污染源的基本情况，建立健全各类重点污染源档案和污染源信息数据库，完善重点排放源二噁英排放清单。加强二噁英监测能力建设，完善二噁英监测制度，配齐监测装置，加强人员培训，切实提高二噁英监测技术水平，满足监管核查需要。

（十四）健全排放源动态监控和数据上报机制。完善二噁英排放申报登记和信息上报制度。排放二噁英的企业和单位应至少每年开展一次二噁英排放监测，并将数据上报地方环保部门备案。各级环保部门应逐步开展环境介质二噁英监测工作，重点是排放源周边的敏感区域。建立二噁英排放源动态监控与信息上报系统，分析排放变化情况，对二噁英削减和控制过程及效果进行综合评估。

（十五）完善相关环境经济政策。逐步建立促进企业主动削减的经济政策体系，鼓

励企业采用有利于二噁英削减的生产方式。对存在较大环境风险的二噁英排放企业，推行环境污染责任保险制度。通过合理的经济补偿和政策引导，加快二噁英污染严重的企业有序退出。

六、加强技术研发和示范推广

（十六）加强技术标准体系建设。建立健全防治二噁英污染的强制性技术规范体系，加强强制性标准推广。加强对相关技术标准的更新管理，逐步提高保护水平。鼓励地方、行业及企业制定和实施严于国家强制性要求的标准和措施。制定重点行业二噁英削减和控制技术政策，推广最佳可行污染防治工艺和技术。健全重点行业二噁英排放标准体系，制修订并严格执行铁矿石烧结、电弧炉炼钢、再生有色金属生产、废弃物焚烧及殡葬火化等行业二噁英排放标准和二噁英监控规范，引导重点行业提高技术水平。

（十七）大力推动二噁英削减和控制关键技术研发和工程示范。有关科技发展计划应将预防、减少和控制二噁英产生的替代工艺、替代技术，以及过程优化、尾气净化技术和设备等列为重点，加大研发和工程示范力度。鼓励企业与高等院校、科研机构等合作，加强二噁英削减关键技术联合攻关。

七、保障措施

（十八）落实各方责任。二噁英污染防治工作由地方政府负总责，要切实加强组织领导，建立环保部门牵头，政府有关部门参加的二噁英污染防治协调机制，形成责任明确、共同推进的管理体制。各有关部门应加强对二噁英污染防治的指导，加强行政执法。建立定期通报和目标考核责任制度，保证各项措施和规划的实施。

（十九）加强宣传教育。各地环保部门应组织开展多种形式的宣传教育活动，采取通俗易懂的方式，通过广播、电视、报纸、互联网等新闻媒体，加大二噁英危害及可防可控的宣传力度，积极引导广大群众了解有关二噁英防护知识。

（二十）加大资金投入。拓宽投融资渠道，加大对重点行业二噁英削减和控制投入力度。各级政府在安排节能减排等环保投资时，应加大对重点源二噁英削减和控制的支持力度，鼓励当地企业削减和控制二噁英。积极引导各类资本进入二噁英削减控制领域。积极加强国内外交流与合作，争取国际社会资金和技术支持。

环境保护部　外交部
国家发展改革委　科技部
工业和信息化部　财政部
住房和城乡建设部　商务部
国家质量监督检验检疫总局
二〇一〇年十月十九日

关于发布《燃煤电厂污染防治最佳可行技术指南（试行）》的通知

环发[2010]23号

各省、自治区、直辖市环境保护厅（局），新疆生产建设兵团环境保护局，各有关直属单位，国家环境保护工程技术中心：

为贯彻执行《中华人民共和国环境保护法》等法律法规，加快建设环境技术管理体系，推动火电行业污染防治技术进步，增强环境管理决策的科学性，引导环保产业发展，我部组织制订了《燃煤电厂污染防治最佳可行技术指南（试行）》，现予以发布，请参照执行。

附件：燃煤电厂污染防治最佳可行技术指南（试行）

中华人民共和国环境保护部

二〇一〇年二月二十日

附件：

燃煤电厂污染防治最佳可行技术指南（试行）

前言

为贯彻执行《中华人民共和国环境保护法》，加快建设环境技术管理体系，确保环境管理目标的技术可达性，增强环境管理决策的科学性，提供环境管理政策制定和实施的技术依据，引导污染防治技术进步和环保产业发展，根据《国家环境技术管理体系建设规划》，环境保护部组织制定污染防治技术政策、污染防治最佳可行技术指南、环境工程技术规范等技术指导文件。

本指南可作为燃煤电厂项目环境影响评价、工程设计、工程验收以及运营管理等环节的技术依据，是供各级环境保护部门、设计单位以及用户使用的指导性技术文件。

本指南为首次发布，将根据环境管理要求及技术发展情况适时修订。

本指南由环境保护部科技标准司组织制订。

本指南起草单位：北京市环境保护科学研究院、国电环境保护研究院、中国环境保护产业协会。

本指南由环境保护部解释。

1 总则

1.1 适用范围

本指南适用于单台机组额定容量为 200 MW 及以上的燃煤电厂，200 MW 以下的燃煤电厂可参照执行。

1.2 术语和定义

1.2.1 最佳可行技术

是针对生活、生产过程中产生的各种环境问题，为减少污染物排放，从整体上实现高水平环境保护所采用的与某一时期技术、经济发展水平和环境管理要求相适应、在公共基础设施和工业部门得到应用的、适用于不同应用条件的一项或多项先进、可行的污染防治工艺和技术。

1.2.2 最佳环境管理实践

是指运用行政、经济、技术等手段，为减少生活、生产活动对环境造成的潜在污染和危害，确保实现最佳污染防治效果，从整体上达到高水平的环境保护所采用的管理活动。

1.2.3 现役机组

本指南实施之日前已建成投产的燃煤机组。

1.2.4 新建机组

本指南实施之日起新建、改建、扩建的或已通过环境影响报告书（表）审批但未建成投运的燃煤机组。

2 生产工艺及污染物排放

2.1 生产工艺

燃煤电厂常见生产工艺流程为：原煤运至电厂后碾磨成粉，经气力输送方式以一定风煤比和温度将煤送进锅炉炉膛，经化学处理后的水在锅炉内被加热成高温高压蒸汽推动汽轮机高速运转，汽轮机带动发电机旋转发电。燃煤电站锅炉主要有煤粉炉和循环流化床锅炉两种。

2.2 污染物排放

燃煤电厂生产过程中会向大气、水体、土壤和声环境中排放污染物质，其中大气污染是主要环境问题，燃煤电厂生产工艺及主要产污环节见图 1。

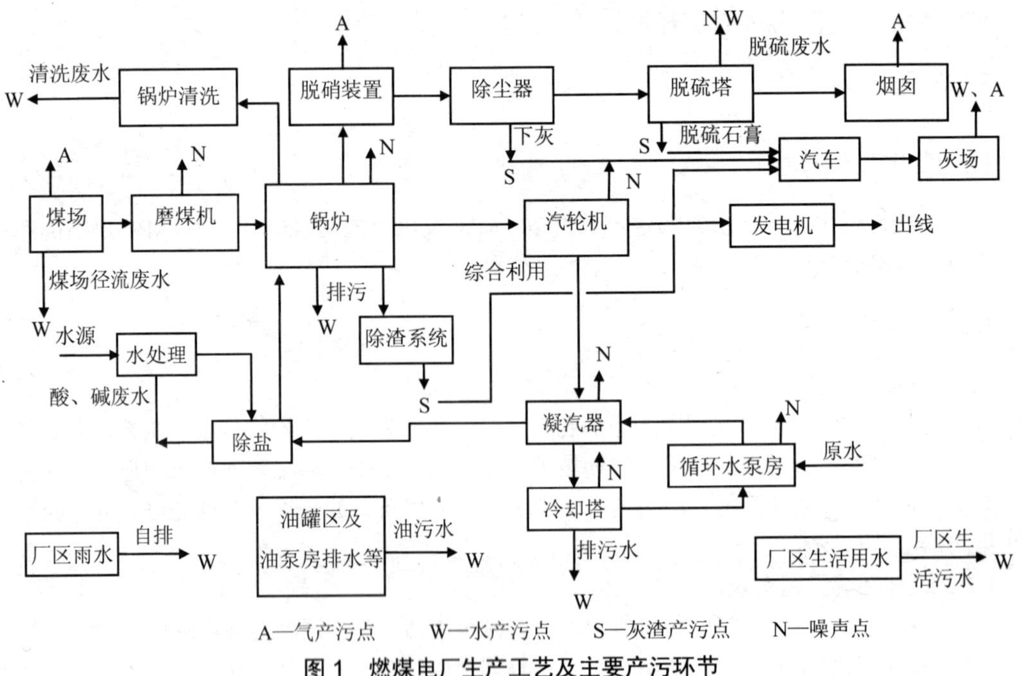

图 1　燃煤电厂生产工艺及主要产污环节

2.2.1 大气污染物排放

燃煤电厂大气污染物排放主要来源于锅炉，从烟囱高空排放，主要污染物包括烟尘、硫氧化物、氮氧化物，此外还有重金属、未燃烧尽的碳氢化合物、挥发性有机化合物等物质。

烟尘排放与锅炉炉型、燃煤灰分及烟尘控制技术有关。煤粉炉烟尘排放的初始浓度大多为 10～30 g/m^3，循环流化床锅炉烟尘排放的初始浓度大多为 15～50 g/m^3。另外，在煤炭、脱硫剂和灰渣等易产生扬尘物料的运输、装卸和贮存过程中会产生扬尘。

硫氧化物排放主要由于煤中硫的存在而产生。燃烧过程中绝大多数硫氧化物以二氧化硫（SO_2）的形式产生并排放。此外还有极少部分被氧化为三氧化硫（SO_3）吸附到颗粒物上或以气态排放。

煤炭燃烧过程中排放的氮氧化物（NO_x）是一氧化氮（NO）、二氧化氮（NO_2）及氧化亚氮（N_2O）等的总称，其中以一氧化氮为主，约占 95%。电厂燃用煤炭收到基含氮量多在 2%以下。

重金属排放来源于煤炭中含有的重金属成分，大部分重金属（砷、镉、铬、铜、汞、镍、铅、硒、锌、钒）以化合物形式（如氧化物）和气溶胶形式排放。煤中的重金属含量比燃料油和天然气高几个数量级。

2.2.2 水污染物排放

燃煤电厂排放废水主要为外排冷却水，其中直流冷却水属含热废水，循环冷却水含盐量较高。另外还有少量含油污水、输煤系统排水、锅炉酸洗废水、酸碱废水、冲灰水、冲渣水、脱硫废水、脱硝废水和生活污水等，主要污染物是有机物、金属及其盐类、悬浮物。

2.2.3 固体废物

燃煤电厂生产过程中产生的固体废物主要为飞灰和炉底渣。绝大部分飞灰经除尘器收集并去除，小部分飞灰在锅炉的其他部分，如省煤器和空气预热器灰斗中收集并去除。底灰不可燃，沉降到锅炉底部并保持疏松灰的形式；若燃烧温度超过灰熔点，则以炉底渣形式存在。此外，固体废物还有脱硫副产物、失效催化剂和污水处理产生的污泥等。

2.2.4 噪声排放

燃煤电厂中各类噪声源众多，主要噪声源包括磨煤机、锅炉、汽轮机、发电机、直接空冷的风机和循环冷却的冷却塔，噪声源的声功率级较大。

燃煤电厂关键环境问题见表 1。

表 1 燃煤电厂关键环境问题

污染环节	排放污染物									
	颗粒物	二氧化硫	氮氧化物	有机化合物	酸/碱	挥发性有机化合物	金属及其盐	氯	噪声	固体废物
燃料存储和处理	A			W		A			N	
水处理	W			W			W		N	S
锅炉及烟气	A	A	A	A			A		N	S
现场排水（含雨水）	W			W	W		W			
冷却水排污	W			W		W	W	W	N	
冷却塔									N	

注：A—大气；W—水；S—固体废物；N—噪声。

3 工艺过程污染预防技术

3.1 煤炭及脱硫剂的贮存与输送

3.1.1 煤炭洗选

为提高运输效率并降低污染，应加大动力煤的洗选量，以减少煤炭中的含硫量和灰分。

3.1.2 封闭式煤场

封闭式煤场是以煤炭封闭贮存的方式控制煤堆扬尘的有效措施。煤场内设有多个喷水装置，在煤堆装卸时洒水降尘，可防止煤堆自燃。采用封闭式煤场，煤堆的风蚀和作业扬尘可完全得到控制。

封闭式煤场适用于环境风速较大或环境敏感地区。

3.1.3 防风抑尘网

防风抑尘网通过大幅度降低风速而达到减少露天堆放料场扬尘的目的。采用防风抑尘网，煤场的风蚀和作业扬尘可在一定程度上得到控制，四级以上大风天气情况下的减风率大于60%。

防风抑尘网适用于风速较大或环境较敏感的地区。

3.1.4 石灰及石灰石（粉）的贮存

使用筒仓储存易产生扬尘的石灰及石灰石（粉）脱硫剂，可有效减少石灰及石灰石（粉）产生的风蚀扬尘和作业扬尘。

3.1.5 输煤系统袋式除尘器

煤炭输送过程中扬尘防治措施是：输煤栈桥、输煤转运站应采用密闭措施并配置袋式除尘器。

3.2 锅炉燃烧系统及低 NO_x 燃烧技术

3.2.1 锅炉燃烧系统

燃煤电站锅炉包括煤粉锅炉和流化床锅炉两类，其中流化床锅炉又可分为鼓泡流化床锅炉和循环流化床锅炉，大中型燃煤电站采用循环流化床锅炉。

煤粉锅炉燃烧效率约为99%；流化床锅炉燃烧效率在90%～99%之间，但其燃料适应性广，可燃用各种劣质煤，并可以炉内脱硫，炉内脱硫效率为80%～90%。

在燃料许可的情况下，电厂应优先选用煤粉锅炉；当燃用劣质煤时，应选用流化床锅炉。

3.2.2 低 NO_x 燃烧技术

燃煤电厂低 NO_x 燃烧技术包括低氮燃烧器、空气分级燃烧技术和燃料分级燃烧技术。

国内采用的主要低 NO_x 燃烧技术性能见表2。

表2 国内主要低 NO_x 燃烧技术性能汇总表

技术名称	NO_x 减排率	适用燃料
低 NO_x 燃烧器	20%～50%	烟煤、褐煤
炉内空气分级	10%～50%	烟煤、褐煤

低 NO_x 控制技术可以是单项技术也可以是多种技术的组合，其 NO_x 减排率一般在10%～50%。

各种 NO_x 控制技术仅需对锅炉炉膛进行改造，因此对新建和改造机组均适用。电厂低 NO_x 燃烧技术选择应紧密结合其内部和外部条件，因地制宜、因炉制宜、因煤制宜地综合考虑。

3.3 节水技术

3.3.1 循环冷却水系统节水技术

在燃煤电厂各种用水中，循环冷却水量最大，约占燃煤电厂耗水量的 80%。循环冷却水的损失率由蒸发损失、风吹损失和排污损失三部分组成。

自然通风湿式冷却塔内装设除水器可有效减少循环冷却水的风吹损失。带冷却塔的循环冷却水系统的浓缩倍率应根据水源条件、节水及环保要求、水处理费用、药品来源等因素确定，一般应控制在 3～5 倍，特殊情况下可采用更高的浓缩倍率。提高浓缩倍率的主要方法是使用高性能的缓蚀剂和对环境友好且具有长效稳定性能的阻垢剂，以及降低循环水的碱度、硬度或盐度。可采用加酸处理降低循环水的碱度、采用反渗透膜法处理降低循环水的盐度。

3.3.2 气力除灰和干除渣节水技术

燃煤电厂水力除灰耗水量大，锅炉除灰用水约占电厂耗水量的 15%，因此采用气力除灰和干除渣方式是节水和减少污染的有效途径。

气力除灰系统有压力和自流两种型式，以压力型式为主。压力输送系统又可分为负压、正压和负压-正压联合系统三种类型。该技术应用会带来一定的投资和电耗。水资源贫乏地区和新建大中型机组均应采用该技术。

干除渣系统是不用水的干除渣技术，其工艺是由钢带或防磨带输送，同时引入适量自然风有效冷却炽热的炉底粗渣，再用碎渣机将粗渣粉碎后冷却，输送至贮渣仓贮存，供综合利用或运走。

3.3.3 空冷系统节水技术

空冷系统采用空气来替代水作为冷却介质，具有很好的节水效果。由于排汽压力高，其煤耗、厂用电率等均会有所增加，适用于缺水地区和煤炭坑口地区。

3.3.4 城市污水回用技术

将城市污水作为水源，在二级处理的基础上进行深度处理，回用作电厂循环冷却水补充水、锅炉补给水、工业用水等，可大幅度减少新鲜水的取用量，是解决电厂水资源紧缺、防止环境污染的重要途径。根据来水水质及回用水水质要求的不同，可以采用不同的深度处理工艺。一般的水处理方法包括：混凝澄清、石灰处理、深层过滤、超滤、反渗透、曝气生物滤池、膜生物反应器等。

3.4 工艺过程污染预防新技术

整体煤气化联合循环（IGCC）发电技术是把煤气化和燃气-蒸汽联合循环发电系统有机集成的一种洁净煤发电技术。IGCC 由两大部分组成，即煤的气化与净化部分和燃气-蒸汽联合循环发电部分。其典型工艺过程为：煤经气化产生合成煤气，经净化处理的煤气燃烧后驱动燃气透平发电，利用高温排汽在余热锅炉中产生蒸汽驱动汽轮发电机。

该技术将高效、大容量、清洁、节水和综合利用结合在一起，相对其他洁净煤发电技术，其优点是：高效率且具有提高效率的潜力，供电效率可达 42%～46%。随着燃气初温的进一步提高和技术进步，净效率可达 52%以上；易大型化，单机功率可达到 300～600 MW；脱硫率和除氮率较高；燃烧后的废物产生量少；耗水量比常规汽轮机电站少 30%～50%；能充分综合利用煤炭资源，煤种适应性广；能和煤化工结合成多联产系统，同时生产电、热、燃料气和化工产品，有利于降低生产成本。

4 大气污染物末端治理技术

4.1 除尘技术

燃煤电厂除尘技术主要包括电除尘、袋式除尘和电-袋复合式除尘。上述三种除尘方式都是高效颗粒物去除技术，除尘技术的选择主要取决于环保要求、燃料性质、烟气工况、现场条件、电厂规模和锅炉类型等因素。

4.1.1 电除尘技术

4.1.1.1 工艺原理

电除尘技术是在电极上施加高电压后使气体电离，进入电场空间的烟尘荷电在电场力的作用下向相反电极性的极板移动，通过振打将沉积在极板上的烟尘落入灰斗，实现电除尘的全过程。为电除尘器供电的电源主要有工频电源和高频电源。

4.1.1.2 消耗及污染物排放

电除尘技术的性能与烟尘的比电阻、集尘电极的总表面积、气体的体积流量以及颗粒物的迁移速度等因素有关。电除尘器除尘效率为 99.0%～99.8%、烟尘排放浓度可达 50 mg/m^3 以下。电除尘器消耗主要为电能，占发电量的 0.1%～0.4%。

与使用工频电源供电相比，使用高频电源供电时，在保证除尘效率不变的情况下，电除尘器节能幅度在 70%～90%；在相同本体的情况下，电除尘器烟尘排放可减少 40%～70%。

4.1.1.3 技术适用性及特点

电除尘技术适用于烟尘比电阻在 1×10^4～5×10^{11} Ω·cm 范围内的除尘；适用于新建和改造机组，并可在范围很宽的温度、压力和烟尘负荷条件下运行；当要求除尘器出口烟尘浓度在 100 mg/m^3 以下时，如煤中灰分较低，可选用工频电源供电的电除尘器；当要求除尘器出口烟尘浓度在 60 mg/m^3 以下或煤中灰分相对较高时，可选用高频电源供电的电除尘器。

电除尘器占地面积较大，对制造、安装、运行、维护都有较高要求。

4.1.2 袋式除尘技术

4.1.2.1 工艺原理

袋式除尘技术是利用纤维织物的过滤作用对含尘气体进行过滤，当含尘气体进入袋式除尘器后，颗粒大、比重大的粉尘，由于重力的作用沉降下来，落入灰斗，含有较细小粉尘的气体在通过滤料时，烟尘被阻留，使气体得到净化。电厂应用的袋式除尘器主要为低压脉冲固定行喷吹和旋转喷吹袋式除尘器。

4.1.2.2 消耗及污染物排放

影响袋式除尘器性能的主要因素是滤料性能、过滤风速、清灰方式等。袋式除尘器的除尘效率为 99.5%～99.99%，烟尘排放浓度可控制在 30 mg/m^3 以下。袋式除尘器的运行费用主要是更换滤袋（一般一个大修期全部更换），电耗占发电量的 0.2%～0.4%；电厂使用的滤料应根据烟气条件进行选择，要求防腐、拒水、防折、耐高温，常用滤料有聚苯硫醚（PPS）、聚酰亚胺（P84）、聚四氟乙烯 （PTFE）针刺毡或这些纤维的复合。

4.1.2.3 技术适用性及特点

袋式除尘技术适应性强，不受烟尘比电阻和物化特性等的影响；在新建或改造机组中都适用，在高灰分燃煤电厂锅炉、循环流化床锅炉及干法脱硫装置的烟气治理中应用较广；适用于排放要求严格的环境敏感地区。

该技术可去除烟气中的部分重金属（如汞）。

袋式除尘器占地面积和电除尘器相当；滤袋破损需更换，运行维护工作量较大；对制造、安装、运行、维护都有较高要求。

4.1.3 电-袋复合式除尘技术

4.1.3.1 工艺原理

电-袋复合式除尘技术有机地结合了电除尘和袋式除尘的优点，前级电场预收烟气中 70%～80%的烟尘量；后级袋式除尘装置拦截、收集剩余烟尘。其中，前级电场的预除尘作用和荷电作用不仅能减少后级袋式除尘器的过滤负荷，同时由于前级的预荷电使细微的烟尘凝聚成较粗颗粒的烟尘，从而提高滤袋的清灰效果，减少滤袋运行阻力，延长滤袋寿命。

4.1.3.2 消耗及污染物排放

电-袋复合式除尘技术除尘效率在 99.5%～99.99%，烟尘排放浓度可控制在 30 mg/m^3 以下，系统漏风率宜小于 3%。电-袋复合式除尘器电耗占发电量的 0.1%～0.3%。应特别关注电除尘器电晕放电产生的臭氧和烟气中的氮氧化物在高温下对滤料的氧化和腐蚀。

4.1.3.3 技术适用性及特点

电-袋复合式除尘技术适应性强，不受煤种、烟尘特性影响，适用于排放要求严格的环境敏感地区及老机组除尘系统改造。

该技术可去除烟气中的部分重金属（如汞）。

电-袋复合式除尘器滤袋使用寿命较高，清灰周期长，能耗小；对制造、安装、运行及维护都有较高要求；要选择抗氧化、抗腐蚀性能强的滤料。

4.2 烟气脱硫技术

按脱硫工程是否加水和脱硫产物的干湿状态，烟气脱硫技术又分为湿法和半干法两种工艺。

4.2.1 湿法脱硫技术

湿法脱硫技术成熟，效率高，运行可靠，操作简单，脱硫副产物可综合利用，但烟温降低不利于烟气扩散，脱硫工艺较复杂，占地面积和投资较大。湿法脱硫技术的脱硫效率主要受浆液 pH 值、液气比、停留时间、吸收剂品质及用量的影响，以石灰石/石灰-石膏法应用最广，此外还有镁法脱硫、氨法脱硫和海水脱硫等。

4.2.1.1 石灰石/石灰-石膏法脱硫技术

4.2.1.1.1 工艺原理

石灰石/石灰-石膏法脱硫技术是用石灰石、生石灰或消石灰的乳浊液作为吸收剂吸收烟气中的 SO_2。吸收塔型式主要有喷淋塔、液柱塔、填料塔和鼓泡塔。脱硫系统主要包括吸收系统、烟气系统、吸收剂制备系统、石膏脱水及贮存系统和废水处理系统。随着工程技术进步和运行管理的成熟，新建脱硫装置大多取消烟气旁路和换热器，增压风机一般也不再设置。

电石渣脱硫技术与石灰石/石灰-石膏法烟气脱硫技术类似，其吸收剂是利用化工企业生产中产生的大量工业废弃物电石渣[主要成分为 $Ca(OH)_2$]替代石灰石，达到以废治废的目的，特别适合于距化工厂距离较近、电石渣供应稳定的燃煤电厂。

4.2.1.1.2 消耗及污染物排放

石灰石/石灰-石膏法和电石渣脱硫技术需要消耗脱硫剂和电能，电耗占发电量的1.0%～1.5%。

当钙硫摩尔比在 1.02～1.05，循环液 pH 值在 5.0～6.0 时，脱硫效率一般可达 95%以上，石膏纯度一般可达 90%以上。当燃用煤种的含硫量在 0.6%～2.0%时，SO_2 排放浓度可控制在 75～200 mg/m^3。

脱硫系统还产生脱硫废水、脱硫副产物石膏、粉尘污染、风机噪声和水泵噪声。

4.2.1.1.3 技术适用性及特点

石灰石/石灰-石膏法脱硫技术适应性强，对煤种、负荷变化均具有较强的适应性；适用大容量机组、高浓度 SO_2 的烟气脱硫。

该技术可部分去除烟气中的 SO_3、HCl、HF、颗粒物和重金属（如汞）。

4.2.1.2 氨法脱硫技术（回收型）

4.2.1.2.1 工艺原理

氨法脱硫技术主要采用（废）氨水、液氨作吸收剂去除烟气中的 SO_2。氨法工艺过程包括 SO_2 吸收、中间产品处理和副产品制造。根据过程和副产物的不同, 氨法又可分为氨-肥法、氨-亚硫酸铵法等。

4.2.1.2.2 消耗及污染物排放

氨法脱硫需要消耗脱硫剂和电能，应有可靠的脱硫剂来源，电耗一般占发电量的0.4%～1.2%。

氨法脱硫技术的脱硫效率一般在 95%以上，当燃煤含硫量在 2.0%以下时，SO_2 排放浓度可控制在 200 mg/m^3 以下。

氨法脱硫会产生氨逃逸。

4.2.1.2.3 技术适用性及特点

氨法脱硫技术适应性强，对煤种、负荷变化均具有较强的适应性；从经济技术角度综合考虑，主要适用于有可靠氨源且氨肥能得到有效利用的电厂，对能以废氨水为脱硫吸收剂的电厂尤为适用。

该技术可去除烟气中的部分 SO_3、HCl、HF、颗粒物和重金属（如汞），占地面积小，同时具有部分脱硝功能。

4.2.1.3 镁法脱硫技术（回收型）

4.2.1.3.1 工艺原理

镁法脱硫技术可分为氧化镁法和氢氧化镁法，分别以氧化镁和氢氧化镁为吸收剂。国内目前没有应用回收型镁法脱硫技术的连续稳定运行的燃煤电厂。

氧化镁法脱硫工艺流程是烟气经预处理后进入吸收塔，在塔内 SO_2 与吸收液 $Mg(OH)_2$ 和 $MgSO_3$ 反应，MgO 被转化成 $MgSO_3$ 和 $MgSO_4$，然后将其溶液脱除干燥。干燥后的 $MgSO_3$ 在 850 ℃条件下，再用焦炭还原再生。

氢氧化镁法脱硫工艺流程是烟气中的 SO_2 经过水洗涤生成酸性液，酸性液与再循环浆液中的 $MgSO_3$ 反应生成 $Mg(HSO_3)_2$，其再与 $Mg(OH)_2$ 反应生成 $MgSO_3$，经氧化生成无害的 $MgSO_4$。

4.2.1.3.2 消耗及污染物排放

镁法脱硫运行需要消耗脱硫剂和电能，应有可靠的脱硫剂来源。

镁法脱硫技术的脱硫效率可在 95%以上，应选择活性好的脱硫剂；脱硫系统阻力一般在 2 000～3 000 Pa；脱硫系统的运行温度一般在 50℃左右。当电厂燃煤含硫量在 2.0%以下时，SO_2 排放浓度可控制在 200 mg/m^3 以下。

镁法脱硫会产生脱硫废水和脱硫副产物硫酸镁。

4.2.1.3.3 技术适用性及特点

镁法脱硫技术具有比较广泛的适用性，对煤种、负荷变化等的适应性强；从技术经济角度考虑，适用于镁资源比较丰富的地区；较适用于排放要求严格的地区。

该技术可去除烟气中的部分 SO_3、HCl、HF、颗粒物和重金属（如汞）。镁法脱硫的副产物应回收，否则会造成资源浪费及对水体的二次污染。

4.2.1.4 海水脱硫技术

4.2.1.4.1 工艺原理

海水脱硫是利用海水的天然碱度来吸收烟气中的 SO_2，再用空气强制氧化为硫酸盐溶于海水中。

4.2.1.4.2 消耗及污染物排放

脱硫系统的运行电耗占发电量的 1.0%以下。

脱硫系统排水水质需满足《海水水质标准》（GB 3097）中的三类标准，凝汽器出口海水温度应控制在 40 ℃以下。海水脱硫系统阻力一般在 900～2 200 Pa；脱硫系统入口烟气的温度一般在 110～130 ℃，海水出口温度在 28～40 ℃；300 MW 机组海水脱硫的海水耗量为 32 400～43 200 t/h，脱硫海水必须经充分强制曝气后外排。

海水脱硫的脱硫效率一般在 90%以上，SO_2 排放浓度可控制在 150～250 mg/m^3。

4.2.1.4.3 技术适用性及特点

海水脱硫技术适用于燃煤含硫量在 1.0%以下的沿海电厂，但在选用该技术时，应仔细考察当地条件如海水状况、潮汐、邻近脱硫系统排水口的海水水生生态环境要求等，严格限于 GB 3097 中规定的第三类和第四类海域，进入脱硫塔的烟气烟尘浓度应控制在 30 mg/m^3 以下，且海水扩散条件较好。该技术的排水会引起局部海水的温升，排水中的重金属对海洋生态系统有潜在影响，因此严禁在环境敏感海域应用。

海水脱硫对 SO_3、HCl、HF、颗粒物有不同程度的去除作用。

4.2.2 半干法脱硫技术

半干法烟气脱硫技术是采用干态吸收剂，在吸收塔中单独喷入吸收剂和降温用水，吸收剂在吸收塔中与 SO_2 反应生成干粉状脱硫产物。半干法脱硫工艺系统较简单，无废水产生，投资低于湿法，但脱硫效率和脱硫剂的利用率较低，脱硫副产物不易综合利用。

国内应用的半干法脱硫技术包括烟气循环流化床脱硫技术和增湿灰循环烟气脱硫技术，其中以前者应用较广泛。

4.2.2.1 烟气循环流化床脱硫技术

4.2.2.1.1 工艺原理

烟气循环流化床脱硫技术是锅炉烟气经过预除尘器（当需要时）后，从循环流化床底部进入吸收塔，烟气经过喷水降温后，在吸收塔内与消石灰粉进行脱硫反应，除去烟气中的 SO_2 酸性气体。该技术主要以锅炉飞灰、未反应完全的脱硫剂、脱硫副产物做循环物料，在吸收塔内建立高粉尘浓度的流化床。

4.2.2.1.2 消耗及污染物排放

烟气循环流化床脱硫运行时需要消耗脱硫剂和电能。电耗占发电量的 0.5%～1.0%。

影响脱硫效率的因素主要包括 Ca/S 比、喷水量、反应温度、停留时间等。烟气循环流化床法的脱硫效率可达 85%以上，运行较好的可达 90%以上；SO_2 排放浓度可控制在 250 mg/m^3 以下；无脱硫废水产生。

脱硫系统会产生脱硫副产物、风机噪声和水泵噪声。

4.2.2.1.3 技术适用性及特点

烟气循环流化床脱硫技术适用于含硫量 1.0%以下的低硫煤电厂，机组容量为 600 MW 及以下；缺水地区的新建和改造机组；一般应采用袋式除尘器除尘。

该技术可部分去除烟气中的 SO_3、HCl、HF 和重金属（如汞）。

4.2.2.2 增湿灰循环烟气脱硫技术

4.2.2.2.1 工艺原理

增湿灰循环烟气脱硫技术是将消石灰粉与除尘器收集的循环灰在混合增湿器内混合，并加水增湿至 5%的含水量，然后导入烟道反应器内进行脱硫反应。

4.2.2.2.2 消耗及污染物排放

烟气循环流化床脱硫运行时需要消耗脱硫剂和电能，电耗占发电量的0.1%～0.3%。

该技术的脱硫效率在85%左右，为保证净化效率，脱硫灰循环倍率和Ca/S比非常重要；脱硫系统阻力较大，一般在2 000～3 000 Pa。反应器出口温度一般在65～80 ℃，Ca/S摩尔比小于1.4。当电厂燃用煤种的含硫量在1.0%以下时，SO_2排放浓度可控制在250 mg/m^3；无脱硫废水产生。一般应采用袋式除尘器除尘。

脱硫系统会产生脱硫副产物、风机噪声和水泵噪声。

4.2.2.2.3 技术适用性及特点

增湿灰循环烟气脱硫技术适用于煤种含硫量在1.0%以下的中低硫煤脱硫；从技术经济角度考虑，该技术特别适用于机组容量为200 MW及以下的中小容量机组脱硫。

该技术可去除烟气中的部分SO_3、HCl、HF和重金属（如汞）。

4.2.3 脱硫新技术

4.2.3.1 等离子体烟气脱硫脱硝技术

等离子体烟气脱硫脱硝技术采用烟气中高压脉冲电晕放电产生的高能活性粒子，将烟气中的SO_2和NO_x氧化为高价态的硫氧化物和氮氧化物，最终与水蒸气和注入反应器的氨反应生成硫酸铵和硝酸铵，属干法脱硫技术。

等离子体烟气脱硫脱硝技术的特点是工程投资及运行费用低，能同时脱硫脱硝、产物可作为肥料，无二次污染。

4.2.3.2 活性焦吸附脱硫脱硝技术

活性焦脱硫脱硝技术原理是：当烟气中有氧和水蒸气时，由于活性焦表面具有催化作用，使其吸附的SO_2被烟气中的O_2氧化为SO_3，SO_3再和水蒸气反应生成硫酸，使其吸附量大为增加。活性焦吸附SO_2后，在其表面形成的硫酸存在于活性焦的微孔中，降低其吸附能力，因此需要把存在于微孔中的硫酸取出，使活性焦再生。再生方法包括洗涤和加热再生。活性焦脱硫技术通过加入NH_3可实现脱硝功能，即在活性焦的选择性催化作用下，使氮氧化物发生还原反应生成氮气和水。

活性焦脱硫脱硝技术特点是：工艺过程简单，再生过程副反应少；吸附容量有限，常需在低气速（0.3～1.2 m/s）下运行，因而吸附体积较大；活性焦易被废气中的O_2氧化而导致损耗；长期使用后，活性焦会产生磨损，并因微孔堵塞丧失活性。

4.2.3.3 生物脱硫技术

生物脱硫与传统脱硫法最大的区别是：从工艺上不是将烟气中的二氧化硫转移到固体废物中，而是以具有经济价值的单质硫的形式分离回收。由于单质硫具有较高的应用价值，因此在消除环境污染的同时还能产生良好的经济效益。同时，生物脱硫的运行成本较传统脱硫方式运行费用至少低30%以上。

4.3 烟气脱硝技术

4.3.1 选择性催化还原法

4.3.1.1 工艺原理

选择性催化还原法（SCR）是指在催化剂的作用下，利用还原剂（如 NH_3 或尿素）与烟气中的 NO_x 反应生成 N_2 和 H_2O。

选择性催化还原系统一般由氨的储存系统、氨和空气的混合系统、氨喷入系统、反应器系统及监测控制系统等组成。SCR 反应器多为高尘高温布置，即安装在锅炉省煤器与空预器之间。

4.3.1.2 消耗及污染物排放

SCR 脱硝系统需要催化剂和还原剂。脱硝系统采用高温催化剂，反应温度一般为 300～400 ℃，催化剂以 TiO_2 为载体，主要活性成分为 V_2O_5-WO_3（MoO_3）等金属氧化物。SCR 系统中还原剂可选用液氨、尿素或氨水，还原剂比较见表 3。利用尿素作为脱硝还原剂时需要利用专门的设备将尿素转化为氨。

表 3 脱硝还原剂比较

还原剂	优 点	缺 点	选用建议
液氨	还原剂和蒸发成本低；体积小	为了防止液氨溢出污染，需要较高的安全管理投资；风险较大	若液氨贮存场地满足国家相关的安全标准、规范要求，并取得危险化学品管理许可，可以使用
氨水	液体溢出后，扩散范围较液氨小；浓度范围较易控制	较高的还原剂成本；较高的蒸发能量；较高的储存设备成本；较大的注入管道	一般不推荐使用
尿素	没有溢出危险；对周围环境要求较低	还原剂能量消耗较大，系统设备投资和还原剂成本较高	当法规不允许使用液氨，或在人口密度高，或特别强调安全的情况下，推荐使用

SCR 脱硝效率为 60%～90%，通常设置一层催化剂时的脱硝效率约为 40%，设置两层催化剂时可大于 70%，设置三层催化剂时可大于 80%。燃煤电厂锅炉采用低氮燃烧装置后燃用烟煤、贫煤和褐煤的 NO_x 初始浓度在 250～650 mg/m^3，燃用无烟煤的 NO_x 初始浓度在 1 300 mg/m^3 左右，当脱硝效率为 80%时，NO_x 的排放浓度可控制在 50～260 mg/m^3。

另外，脱硝装置的运行会增加电耗，占发电量的 0.1%～0.3%。

SCR 系统会产生氨逃逸和废催化剂。

4.3.1.3 技术适用性及特点

SCR 脱硝技术适应性强，特别适合于电厂煤质多变、机组负荷变动频繁的情况；适用于要求脱硝效率较高的新建和现役机组改造；适用于对空气质量要求较高的敏感区域。

4.3.2 选择性非催化还原法

4.3.2.1 工艺原理

选择性非催化还原法（SNCR）是一种不用催化剂，在 850～1 100 ℃范围内还原 NO_x

的方法，还原剂常用氨或尿素，NH_3 与烟气中的 NO_x 反应生成 N_2 和水。典型的 SNCR 系统由还原剂储槽、多层还原剂喷入装置及相应的控制系统组成。

4.3.2.2 消耗及污染物排放

SNCR 脱硝装置的运行电耗较小，系统阻力不大，影响还原化学反应效率的主要因素是温度、还原剂停留时间、还原剂类型。运行正常状态的氨逃逸在 6～8 mg/m^3，若运行状态不佳，则氨逃逸率显著增加，NH_3 逃逸可达 15 mg/m^3。

SNCR 脱硝效率在 20%～40%，燃煤电厂锅炉采用低氮燃烧装置后燃用烟煤、贫煤和褐煤的 NO_x 初始浓度在 250～650 mg/m^3，燃用无烟煤的 NO_x 初始浓度约为 1 300 mg/m^3，当脱硝效率为 40%时，NO_x 排放浓度为 150～780 mg/m^3。

4.3.2.3 技术适用性及特点

SNCR 脱硝技术对温度窗口要求十分严格，对机组负荷变化适应性差，对供煤煤质多变、机组负荷变动频繁的电厂，其应用受到限制；该技术的系统简单，只需在现役燃煤锅炉的基础上增加氨或尿素储槽以及氨或尿素喷射装置及其喷射口即可，适用于老机组改造且对 NO_x 排放要求不高的区域。SNCR 技术不适用于无烟煤电厂。在环境敏感区域应选择尿素作为还原剂。

5 水污染物末端治理技术

5.1 废水处理工艺分类

燃煤电厂废水通常有两种处理方式：一种是集中处理，另一种是分类处理。对于新建燃煤电厂，由于废水的种类很多，水质差异很大，大多数废水需要处理回用，因此大部分电厂采用分类处理与集中处理相结合的处理方案。

5.2 分类处理工艺技术

5.2.1 锅炉停炉保护和化学清洗废水（含有机清洗剂）处理

该类水水质特点是停炉保护废水的联胺含量较高；用柠檬酸或乙二胺四乙酸（EDTA）化学清洗后的废液中残余清洗剂量很高。为降低过高的 COD，在常规的 pH 调整、混凝澄清处理工艺之前增加氧化处理环节。通过加入氧化剂（通常是双氧水、过硫酸铵或次氯酸钠等）氧化，分解废水中的有机物，降低其 COD 值。

5.2.2 空气预热器、省煤器和锅炉烟气侧等设备冲洗排水处理

该类废水为锅炉非经常性排水，其水质特点是悬浮物和铁的含量很高，不能直接进入经常性排水处理系统。处理方法常采用化学沉淀法，即处理时首先进行石灰处理，在高 pH 值下沉淀出过量的铁离子并去除大部分悬浮物，然后再送入中和、混凝澄清等处理系统。

5.2.3 化学水处理工艺废水处理

化学水处理因工艺不同，可产生酸碱废水或浓盐水。

酸碱废水多采用中和处理，即采用加酸或碱调至 pH 值在 6～9 之间，出水直接排放或回用。工艺系统一般包括中和池、酸储槽、碱储槽、在线 pH 计、中和水泵和空气搅拌系统等。运行方式大多为批量中和，即当中和池中的废水达到一定容量后，再启动中和系统。

为尽量减少新鲜酸、碱的消耗，离子交换设备再生时应合理安排阳床和阴床的再生时间及再生酸碱用量，尽量使阳床排出的废酸与阴床排出的废碱相匹配，以减少直接加入中和池的新鲜酸和碱量。

采用反渗透预脱盐系统的水处理车间，由于反渗透回收率的限制，其排水量较大。如果反渗透系统回收率按照 75%设计，则反渗透装置进水流量的 1/4 以废水的形式排出，废水量远大于离子交换系统。但其水质基本无超标项目，主要是含盐量较高，大都可以直接利用或排放。

5.2.4 煤泥废水处理

煤泥废水一般情况下处理后循环使用。为达到循环使用的水质要求，通常采用混凝沉淀、澄清和过滤处理工艺，以去除废水中的悬浮物和油。

煤泥废水处理系统包括废水收集、废水输送、废水处理等系统。煤场的废水经集水池预沉淀，先将废水中携带的大尺寸的煤粒沉淀下来，然后上清液送经混凝、澄清和过滤处理后回用。

微滤或超滤处理工艺作为一种新技术已开始应用于煤泥废水处理。其优点是出水水质好，尤其是出水浊度很低，可以小于 1 NTU；缺点是要进行频繁的反洗（自动进行）和定期进行化学清洗。

5.2.5 冲灰废水处理

冲灰废水的 pH 值和含盐量较高。通过灰浆浓缩池进行闭路循环的灰水悬浮物也较高；灰场的水经过长时间沉淀，悬浮物浓度一般很低。冲灰废水处理主要解决 pH 值和悬浮物超标问题。其中，只要保证水在灰场有足够的停留时间，并采取措施拦截“漂珠”，悬浮物大多可满足排放要求。pH 值则需要通过加酸（考虑经济性，一般加硫酸），使其降至 6～9 范围内。

冲灰废水一般循环使用，而不用于其他途径。冲灰废水循环使用的处理工艺主要为物理沉淀法。废水中灰渣在自身重力的作用下沉淀，浓缩灰渣返回灰场；上清液贮存于回收水池内。回收水池出水返回循环利用。

5.2.6 含油废水处理

含油废水主要有油罐脱水、冲洗含油废水、含油雨水等。含油废水的处理工艺通常采用气浮法进行油水分离，出水经过滤或吸附后回用或排放。

此外还有活性炭吸附法、电磁吸附法、膜过滤法、生物氧化法等除油方法，但在电厂应用较少。

5.2.7 脱硫废水处理

脱硫废水水质特点是悬浮物浓度高、pH 值呈酸性。其处理工艺是：先通过加石灰浆对脱硫废水进行中和、沉淀处理，后经絮凝、澄清、浓缩等步骤处理，清水回收利用，沉降物经脱水机脱水后用运泥汽车将其运至灰场堆放。

5.2.8 生活污水处理

生活污水的可生化性好，大部分燃煤电厂生活污水的处理工艺是采用生化二级处理，消毒后回用或排放。

此外，膜生物反应器工艺由于具有出水水质优良、性能稳定、占地面积小等优势，在电厂生活污水处理中得到越来越多的应用，特别适用于处理后再利用。

5.3 集中处理工艺技术

废水集中处理站是燃煤电厂规模最大、处理废水种类最多的废水集中处理系统，处理后的废水根据水质情况达标排放或回收利用。废水集中处理站所处理的废水主要是各种经常性排水和非经常性排水。

典型的废水集中处理站设有多个废水收集池，根据水质差异进行分类收集，如高含盐量的化学再生废水、锅炉酸洗废液、空气预热器冲洗废水等，都单独收集。各池之间根据实际用途也可以互相切换，主要设施包括废水收集池、曝气风机、废水泵、酸、碱储存罐，以及清水池、pH 调整槽、反应槽、絮凝槽、澄清器、加药系统等。

6 噪声治理技术

噪声控制应当尽量采用低噪声设备，按照环境功能合理布置声源，采取有效的降噪措施。

6.1 燃料制备系统噪声治理技术

燃料制备系统中的主要噪声设备是磨煤机，可分为低速、中速和高速三种。近年来新建机组大多为中速磨煤机，其噪声主要为排汽噪声，噪声水平为 95～110 dB（A）。中速磨的噪声治理主要方法为局部隔声法，在磨机底部排气口噪声能量最大处安装隔声装置，为便于排气口散热，在隔声装置外侧设置低噪声轴流风机和消声器，其降噪量能达到 20 dB（A）。

早期燃煤机组大多采用钢球磨煤机即低速磨，其噪声水平在 100～120 dB（A），对于钢球磨煤机的噪声治理，有效措施主要包括以下三种：

- 筒体外壳阻尼层。阻尼材料的厚度一般应为外壁厚度的 2～3 倍，可降噪 10 dB（A）左右。
- 隔声套。将多层吸声、隔声阻尼材料组合在一起，把磨煤机筒体紧紧地捆箍起来，与筒体一起旋转。隔声套一般采用组合式结构，可将设备噪声降至 95 dB（A）左右；缺点是增加自重、检修不便等。
- 隔声罩。降低钢球磨煤机噪声最常用的措施是隔声罩，需注意的关键是：通风散热要好，便于拆卸与维修，结构材料轻质、高效，隔声量高。磨煤机附属的电动机一般采用能通风、可拆卸的隔声罩，隔声量一般不低于 20 dB（A）。

6.2 燃烧系统噪声治理技术

燃烧系统中的最主要噪声源是锅炉排汽噪声，高达 130 dB（A）以上，频谱呈中高频特性。锅炉排汽噪声是电厂影响面较大的高空突发噪声，一般排汽时间几分钟，其影响范围可达方圆几公里。

锅炉排汽噪声控制是在喷口安装具有扩张降速、节流降压、变频或改变喷注气流参数等功能的排气放空消声器。一般采用消声量 25 dB（A）以上的小孔（喷注）消声器，电厂应用的节流降压消声器消声量可达 30 dB（A）以上。

燃烧系统中锅炉及炉后部分连续噪声是较突出的空气动力噪声，噪声水平为 85～115 dB（A）。应对锅炉送、引风机及管路系统空气动力噪声加以治理，主要采用阻尼复合减振降噪法，该方法作用于风机及管路系统的外层，通过阻尼复合材料的减振隔声作用，可有效降低噪声 15～20 dB（A）。

6.3 发电系统噪声治理技术

发电系统中的主要噪声源是汽轮机、发电机及励磁机等，运行噪声可达 90 dB（A）。很多电厂的发电机组在设备出厂时就已同时配置隔声罩，一般有 20 dB（A）左右的降噪效果。主厂房内声源设备众多，使得厂房内噪声偏高，加之建筑围护结构的降噪量一般仅在 10 dB（A）左右，因此应注意厂房的密闭性和隔声性能，控制噪声对外辐射。汽轮机房主体建筑的隔声降噪措施，主要采用隔声门窗，在面对办公区的厂房立面安装可调节通风型消声百叶窗。

6.4 冷却系统噪声治理技术

冷却系统中最大的噪声是自然通风冷却塔的淋水噪声，一般采用下述两种噪声治理措施：

- 部分进风口安装冷却塔通风消声器。自然通风冷却塔附近的噪声敏感区大多集中在塔的某一侧，因此可以在冷却塔底部的部分进风口区域安装由若干通风导流消声片组成的通风消声器，一般可使冷却塔的设备噪声级降低 15 dB（A）以上。设计中要控制通风消声器的压力损失，确保其不影响冷却效果。
- 隔声屏障。冷却塔采用隔声屏障降噪，隔声屏障应尽量靠近塔体，防止阻挡噪声敏感区的通风和日晒等。屏障高度应高于冷却塔进风口高度，结构可采用高效轻质隔声型、土坡型、钢筋混凝土型等，从抗震、抗风等方面予以严格设计。

6.5 脱硫系统噪声治理技术

脱硫系统主要噪声源为氧化风机、增压风机噪声，其噪声水平一般为 85～110 dB（A）。氧化风机的噪声治理一般采用加装隔声罩和室内布置，隔声量一般为 20 dB（A）。

增压风机的降噪一般采用和锅炉送、引风机相同的阻尼复合减振降噪措施，其降噪量为15～20 dB（A）。

7 固体废物综合利用及处置技术

燃煤电厂产生的固体废物主要为粉煤灰，此外还有脱硫副产物、污水处理污泥、失效脱硝催化剂等，采用适当的处理处置方法有利于资源化利用，避免二次污染。

7.1 粉煤灰综合利用技术

粉煤灰综合利用是指采用成熟工艺技术对粉煤灰进行加工，将其用于生产建材、回填、建筑工程、提取有益元素制取化工产品等用途。

7.1.1 粉煤灰磨细加工技术

粉煤灰磨细加工是指改进粉煤灰的细度和均匀性。粉煤灰磨细后细度增大，烧失量变化不大，密度增大，需水量比减小，抗压强度比提高。

7.1.2 粉煤灰分级技术

粉煤灰分级一般采用干法多级离心分离器，分离出符合商品要求的产品，便于综合利用。

7.1.3 利用高铝粉煤灰提炼硅铝合金技术

利用电厂产生的高铝粉煤灰为原料，通过电热法冶炼硅铝系列合金及从高铝粉煤灰中提取氧化铝并可联产白炭黑等产品。

7.1.4 综合利用

粉煤灰综合利用途径很多，利用价值大，主要可用于生产粉煤灰水泥、粉煤灰砖、建筑砌块、混凝土掺料、道路路基处理、土壤改良等。

7.2 脱硫渣综合利用及处置技术

7.2.1 脱硫石膏的应用

脱硫石膏的纯度取决于脱硫装置的 Ca/S 比、石灰石纯度和除尘器的除尘效率。在参数合理配比运行的情况下，脱硫石膏的纯度能够达到90%。脱硫石膏主要用作水泥缓凝剂或制作石膏板，还可用于生产石膏粉刷材料、石膏砌块、矿井回填材料及改良土壤等。

7.2.2 半干法脱硫灰渣的应用

半干法脱硫灰渣主要成分是 $CaSO_4$、$CaSO_3$ 等，具有强碱性和自硬性，国内应用尚不普遍，主要用于筑路和制砖。

7.2.3 循环流化床脱硫灰渣的应用

与煤粉炉粉煤灰相比，循环流化床脱硫灰渣具有烧失量较高、CaO 含量高、SO_3 质量浓度高、玻璃体较少、有一定自硬性等特点，可综合利用于废弃矿井、采空区回填和筑路等。

7.3 污泥处理处置技术

电厂废水处理产生的污泥主要包括给水、工业废水、脱硫废水等处理过程产生的污泥，经检定后确定为危险废物的，按照《危险废物安全填埋污染控制标准》（GB 18598）处置；经检定后确定为一般废物的，按照《一般工业固体废物贮存、处置场污染控制标准》（GB 18599）处置。

7.4 失效脱硝催化剂处置技术

失效催化剂应再生或回收处理。处理时首选催化剂再生，处理方法为水洗再生、热再生和还原再生。其中主要是水洗再生，即把失去活性的催化剂通过浸泡洗涤、添加活性组分以及烘干等程序使催化剂恢复大部分活性。再生过程会产生少量含有重金属的废水，属危险废物，应集中处理。

失效催化剂应作为危险固体废弃物来处理。对于蜂窝式催化剂，一般的处理方法是压碎后进行填埋，填埋过程中应严格遵照危险固体废物的填埋要求。对于板式催化剂，由于其中含有不锈钢基材，故除填埋外可送至金属冶炼厂进行回用。

8 燃煤电厂污染防治最佳可行技术

8.1 燃煤电厂污染防治最佳可行技术概述

燃煤电厂污染防治最佳可行技术包括工艺过程污染防治最佳可行技术和污染物末端治理最佳可行技术，前者包括煤炭选择、煤炭和脱硫剂储存与输送、锅炉燃烧系统和工艺节水技术；后者包括烟尘排放控制、SO_2 排放控制、NO_x 排放控制、废水处理与回用、噪声控制和固体废物处理处置的最佳可行技术等，详见 8.2 节及 8.3 节。煤粉炉燃煤电厂污染防治最佳可行技术组合见图 2，循环流化床锅炉燃煤电厂污染防治最佳可行技术组合见图 3。

8.2 工艺过程污染防治最佳可行技术

8.2.1 煤炭选择最佳可行技术

燃煤电厂煤炭选择最佳可行技术见表 4。

表 4 燃煤电厂煤炭选择最佳可行技术

最佳可行技术	污染控制环节	技术适用性
煤炭洗选：燃用经洗选的热值高，以及水分、硫分、灰分、氟化物及氯化物含量低的高品质煤	降低烟气中大气污染物浓度	高硫和高灰分煤
燃用适用煤种：燃用设计煤种或校核煤种	提高锅炉燃烧效率	新建或现役燃煤机组

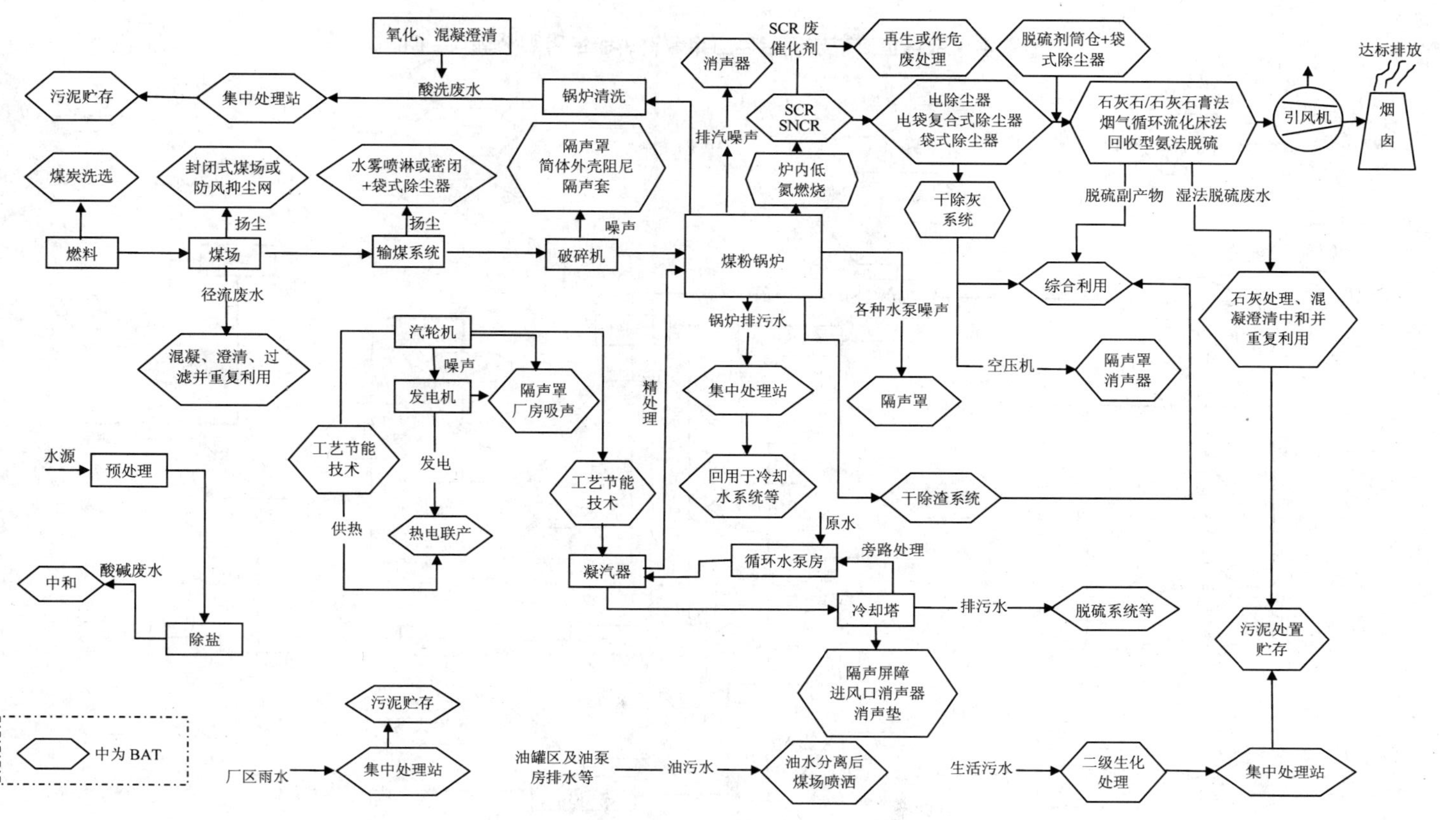

图2 煤粉炉燃煤电厂污染防治最佳可行技术示意图（循环冷却）

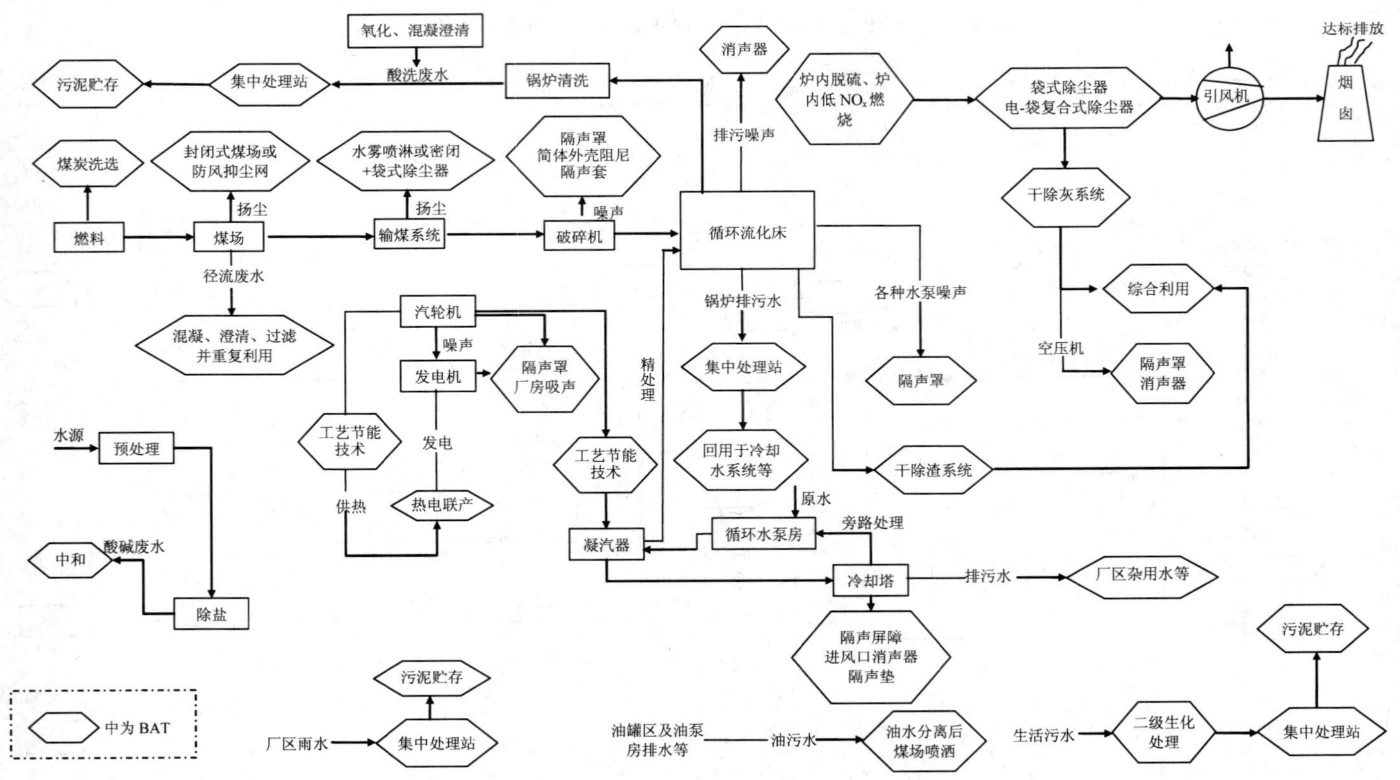

图 3　循环流化床锅炉燃煤电厂污染防治最佳可行技术示意图

8.2.2 煤炭装卸、储存与输送过程扬尘控制最佳可行技术

煤炭装卸、储存与输送过程扬尘控制最佳可行技术见表 5。

表 5 煤炭装卸、储存与输送过程扬尘控制最佳可行技术

<table>
<tr><th>最佳可行技术</th><th>污染控制环节</th><th>技术适用性</th></tr>
<tr><td>降低高度与喷雾</td><td>煤炭装卸作业过程扬尘</td><td>新建或现役燃煤机组</td></tr>
<tr><td>水雾喷淋、密闭与袋式除尘器</td><td>输煤栈桥、输煤转运站及碎煤机室输送过程扬尘</td><td>新建或现役燃煤机组</td></tr>
<tr><td>露天煤场设喷洒装置＋干煤棚＋周边绿化</td><td rowspan="3">贮煤场扬尘</td><td>适用于南方多雨、潮湿的地区且煤场周围无环境敏感目标</td></tr>
<tr><td>露天煤场设喷洒装置＋周边绿化</td><td>适用于北方地区且煤场周围无环境敏感目标</td></tr>
<tr><td>储煤筒仓</td><td>适用于贮煤量较小、配煤要求高的电厂</td></tr>
<tr><td>喷洒装置＋防风抑尘网</td><td rowspan="2">贮煤场扬尘</td><td>适用于风速较大或环境敏感区域</td></tr>
<tr><td>喷洒装置＋封闭式煤场</td><td>适用于环境敏感区域</td></tr>
</table>

8.2.3 脱硫剂石灰或石灰石（粉）储存与输送过程扬尘污染防治最佳可行技术

脱硫剂石灰或石灰石（粉）储存与输送过程扬尘污染防治最佳可行技术见表 6。

表 6 脱硫剂石灰或石灰石（粉）储存与输送过程扬尘污染防治最佳可行技术

最佳可行技术	污染控制环节	技术适用性
密闭罐车	石灰石（粉）或石灰的运输扬尘	新建或现役燃煤机组
筒仓	石灰石（粉）或石灰的储存扬尘	新建或现役燃煤机组
密闭罐车配置的卸载设备	石灰石（粉）或石灰的装卸作业扬尘	新建或现役燃煤机组
袋式除尘器	石灰石（粉）仓受料时排气中粉尘的分离与收集	新建或现役燃煤机组

8.2.4 锅炉燃烧系统污染预防最佳可行技术

8.2.4.1 最佳可行技术

对于有条件的地区，应发展能源利用效率高的高参数、大容量燃煤机组；建设热电联产机组，实现电厂热能的梯级有效利用。

在确保锅炉安全燃烧和效率的前提下，各种低 NO_x 燃烧技术是通过燃烧控制降低氮氧化物排放的最佳可行技术。低 NO_x 燃烧技术主要包括采用低 NO_x 燃烧器和炉内空气分级。

锅炉燃烧系统污染预防最佳可行技术见表 7。

表 7　锅炉燃烧系统污染预防最佳可行技术

炉型	最佳可行技术	技术适用性
煤粉锅炉	高参数、大容量机组燃烧 控制和管理 热电联产 低 NO_x 燃烧技术	适用于常规燃煤； 切向燃烧、对冲燃烧等适用于烟煤、褐煤或贫煤的燃烧； W 火焰锅炉适用于低挥发分的贫煤、无烟煤的燃烧
循环流化床锅炉	高参数、大容量机组燃烧 控制和管理 热电联产	适用于劣质燃煤，如高灰煤、煤矸石、煤泥等； 适用于 300 MW 及以下机组； 适用于劣质煤产区

8.2.4.2 最佳环境管理实践

加强燃烧控制和管理，保证锅炉安全稳定燃烧的最佳环境管理实践包括：

- 燃烧优化控制：合理送风、配风，优化煤/风比，提高过热蒸汽/再热蒸汽品质。
- 提高煤粉炉锅炉热效率：燃烧设计煤种；控制空气过剩系数在最佳氧量±0.5%范围内；根据负荷变化进行必要的燃烧调整，使锅炉处于较佳的热效率状态并有利于抑制 NO_x 生成。
- 提高循环流化床锅炉热效率：在一次返料的基础上设计二次返料，加大一次和二次返料量；优化一、二次风量配比。

8.2.5 工艺节水最佳可行技术

8.2.5.1 最佳可行技术

工艺节水最佳可行技术见表 8。

表 8　工艺节水最佳可行技术

最佳可行技术		技术适用性
城市污水回用技术	曝气生物滤池+石灰处理+混凝澄清+深层过滤	用于处理 COD、BOD、氨氮等浓度较高的城市二级排水，出水可回用于循环冷却水补充水
	石灰处理+混凝澄清+深层过滤	用于处理城市二级达标排放水，出水可回用于循环冷却水补充水
	预处理+超滤+反渗透	主要用于需要除盐的情况，出水可回用于对除盐要求不高的用途；也可以作为预除盐措施
循环冷却水节水技术	除水器+提高循环水浓缩倍率	适用于新建机组和现役机组改造
干除灰干除渣技术		适用于水资源贫乏地区的新建机组和现役机组改造
空冷节水技术		适用于水资源短缺富煤地区的新建机组

8.2.5.2 最佳环境管理实践

为保证最佳可行技术的应用效果，采取如下最佳环境管理实践：

- 加强全厂节水管理，减少各种汽水损失，合理降低排污率；做好机、炉等热力设备疏水、排污及启停时排汽和放水的回收工作，逐步降低单位发电量的取水量。

- 加强各类废水的处理与回用，根据用水水质要求实现废水梯级利用，尽量减少排水。
- 重视水质检测和水量计量管理工作，定期进行全厂水平衡测试。
- 建立健全记录和档案制度。

8.3 污染物排放控制最佳可行技术

8.3.1 烟尘排放控制最佳可行技术

8.3.1.1 电除尘技术

8.3.1.1.1 最佳可行工艺参数

根据燃煤灰分和环保要求确定电除尘器的除尘效率，一般电除尘器除尘效率为99.5%～99. 8%；电除尘器入口气体风速为10～15 m/s，进入电除尘器后电场风速为0.7～1.2 m/s；极板间距为25～45 cm；清灰应及时彻底，气流分布应均匀；系统阻力应小于300 Pa；除尘系统漏风率小于5%。

应根据处理烟气量选用相应功率的高频电源作为电除尘器的供电电源。

8.3.1.1.2 污染物削减和排放

烟尘排放浓度可达50 mg/m^{3}以下。电除尘器消耗主要为电能，占发电量的0.1%～0.4%。

8.3.1.1.3 二次污染及防治措施

电除尘器除尘下来的粉煤灰应外运综合利用。

8.3.1.1.4 技术经济适用性

电除尘器适用于烟尘比电阻在1×10^4～5×10^{11} Ω·cm范围内的除尘；适用于新建和改造机组；宜优先选用高频电源供电。

电除尘器的一次投资费用为50～100 元/kW，电除尘器的运行和维护成本较低，使用电除尘的治理成本为30～80 元/t 烟尘。

8.3.1.2 袋式除尘技术

8.3.1.2.1 最佳可行工艺参数

袋式除尘器的除尘效率应在99.7%～99.99%之间；气布比为0.8～1.2 m/min；系统阻力应小于1 500 Pa；运行温度宜在160 ℃以下；系统漏风率小于3%。

8.3.1.2.2 污染物削减和排放

袋式除尘器烟尘排放浓度可控制在30 mg/m^{3}以下，并可去除烟气中的部分重金属（如汞）。

8.3.1.2.3 二次污染及防治措施

袋式除尘器除尘下来的粉煤灰应外运综合利用。

8.3.1.2.4 技术经济适用性

袋式除尘器不受烟尘比电阻和物化特性等的影响；在新建或改造机组中都适用，尤其适用于高灰分燃煤电厂锅炉、循环流化床锅炉及干法脱硫装置的烟气治理和排放要求严格的地区。

袋式除尘器一次投资约为 100 元/kW，运行费用包括运行电耗、滤料更换及维修费用等。袋式除尘器治理成本约为 300 元/t 烟尘。

8.3.1.3 电-袋复合式除尘技术

8.3.1.3.1 最佳可行工艺参数

电-袋复合式除尘器的除尘效率应在 99.8%以上；电-除尘器电场风速为 0.9～1.1 m/s，袋式除尘器气布比一般为 1.0～1.2 m/min；运行温度宜在 160℃以下；系统总体阻力应小于 1 200 Pa；漏风率应小于 3%。

8.3.1.3.2 污染物削减和排放

电-袋复合式除尘器排放浓度应控制在 30 mg/m^3 以下，有时可达 10 mg/m^3 以下；并可去除烟气中的部分重金属（如汞）。

8.3.1.3.3 二次污染及防治措施

电-袋复合式除尘器除尘下来的粉煤灰应外运综合利用。

8.3.1.3.4 技术经济适用性

电-袋复合式除尘技术适用于高比电阻烟尘、低硫煤烟尘和半干法烟气脱硫后的烟气除尘；对现役电除尘器的改造比较适用；适用于排放要求严格的地区。

8.3.1.4 燃煤电厂烟尘排放控制最佳可行技术适用性

四电场以上电除尘器、袋式除尘器、电-袋复合式除尘器是燃煤电厂烟尘排放控制的最佳可行技术，其技术适用性见表 9。

表 9 燃煤电厂烟尘排放控制最佳可行技术适用性

最佳可行技术	除尘效率	适用性
四电场以上电除尘器	＞99.5%	适用于燃煤灰分及飞灰比电阻适中的各种容量的新建、改建和扩建电厂
袋式除尘器	＞99.8%	适用于燃用各种煤质的新建、改建和扩建电厂和对现役电除尘器的改造，适用于 600 MW 及以下的机组，特别适用于半干法烟气脱硫后的烟气除尘。可去除烟气中的部分重金属
电-袋复合式除尘器	＞99.8%	适用于燃用各种煤质的新建、改建和扩建电厂和对现役电除尘器的改造，适用于 600 MW 及以下的机组。可去除烟气中的部分重金属

8.3.1.5 燃煤电厂烟尘排放控制最佳可行技术排放水平

燃煤电厂烟尘排放控制最佳可行技术及其排放水平见表 10。

表 10 燃煤电厂烟尘排放控制最佳可行技术及其排放水平

炉型	脱硫工艺	现役机组 /新建机组	
		最佳可行技术	排放水平/（mg/m^3）
煤粉炉	湿法脱硫	四/五电场电除尘器	＜50
	半干法脱硫		＜80
	湿法脱硫	电-袋复合式除尘器（机组容量≤600MW）或袋式除尘器	＜30
	半干法脱硫		＜50
循环流化床锅炉	炉内脱硫	四/五电场电除尘器	＜100
		电-袋复合式除尘器	＜50

8.3.1.6 最佳环境管理实践

为保证最佳可行技术的应用效果，采取如下最佳环境管理实践：

- 定期检查电除尘器振打系统及驱动装置、电加热或蒸汽加热系统、灰斗及卸（输）灰系统、供电及控制系统、测量和记录仪表等。
- 袋式除尘器定期清灰；及时检查滤袋破损情况并更换滤袋。
- 对于电-袋复合式除尘器，分别按电除尘器和袋式除尘器的管理要求进行相应管理。
- 加强人员培训，使其熟悉岗位技能、岗位规程和制度。
- 建立健全记录和档案制度，如主要设备的运行和维修情况记录；各种污染物排放数据和烟气连续监测数据记录、各种污染物处理处置情况记录等。

8.3.2 SO_2 排放控制最佳可行技术

8.3.2.1 石灰石/石灰-石膏法脱硫技术

8.3.2.1.1 最佳可行工艺参数

为确保脱硫效率，应选择活性好且 $CaCO_3$ 含量大于 90%的脱硫剂；燃用中低硫煤时石灰石（粉）的细度应保证 250 目 90%过筛率，燃用中高硫煤时石灰石粉的细度应保证 325 目 90%过筛率；当 Ca/S 摩尔比为 1.02～1.05、循环液 pH 值为 5.0～6.0 时，脱硫效率应在 95%以上；脱硫石膏纯度应在 90%以上；未设置换热器时，脱硫系统阻力应小于 2 500 Pa；当设置换热器时，脱硫系统阻力应小于 3 500 Pa。

8.3.2.1.2 污染物削减和排放

石灰石/石灰-石膏法对经除尘后烟气中颗粒物的去除率在 50%以上。当燃煤含硫量为 0.6%～3.0%时，SO_2 排放浓度应在 200 mg/m^3 以下。该技术还可部分去除烟气中的 SO_3、HCl、HF 和重金属（如汞）。

8.3.2.1.3 二次污染及防治措施

脱硫废水应采用石灰处理、混凝澄清和中和处理后回用。

脱硫产生的石膏应外运综合利用。

脱硫系统循环水泵、增压风机、氧化风机等设备应采用隔声处理。

8.3.2.1.4 技术经济适用性

石灰石/石灰-石膏法脱硫工艺适用于燃用各种煤种的新、改、扩建燃煤电厂的 SO_2 治理，尤其适用于大容量机组或燃用中高硫煤的电厂脱硫。

该技术的一次投资为 200 元/kW 左右；运行费用相对较低，吸收剂石灰石价廉易得；该技术脱硫副产物为石膏，高质量石膏具有综合利用价值。该技术的治理成本为 1 000～4 000 元/t SO_2，脱硫电价成本为 0.01～0.035 元/kW·h。

8.3.2.2 氨法脱硫技术（回收型）

8.3.2.2.1 最佳可行工艺参数

氨法脱硫技术的脱硫效率应在 95%以上，脱硫系统阻力应小于 1 600 Pa，脱硫系统的运行温度为 50～60 ℃。脱硫后的副产物应符合资源综合利用要求。

8.3.2.2.2 污染物削减和排放

当燃煤含硫量为 0.6%～3.0%时，SO_2 排放浓度应在 200 mg/m^3 以下。该技术还可部分去除烟气中的 SO_3、HCl、HF、NO_x、颗粒物和重金属（如汞）。

8.3.2.2.3 二次污染及防治措施

脱硫副产物应全部回收为氨肥或化工原料送至化工厂利用。

脱硫系统循环水泵、风机等设备应采用隔声处理。

8.3.2.2.4 技术经济适用性

氨法脱硫技术对煤种、负荷变化均具有较强的适应性；适用于燃用各种煤种的新、改、扩建燃煤电厂的 SO_2 治理，尤其适用于附近有可靠（废）氨源、机组容量在 300 MW 及以下，燃用中、高硫煤的电厂脱硫。该技术在脱硫的同时可以脱硝。

该技术的一次投资为 150～200 元/kW。

8.3.2.3 烟气循环流化床脱硫技术

8.3.2.3.1 最佳可行工艺参数

烟气循环流化床法的脱硫效率应在 90%以上；生石灰细度应在 2 mm 以下，加适量水后 4 min 内温度可升高到 60℃，CaO 含量 80%以上；系统阻力应在 3 500 Pa 以下（包括吸收塔和除尘器）；脱硫系统烟气入口温度一般为 110～130 ℃，烟气出口温度一般为 70～80 ℃；Ca/S 摩尔比为 1.3～1.5；脱硫系统装置漏风率小于 6%；脱硫系统后应采用袋式除尘器。

8.3.2.3.2 污染物削减和排放

烟气循环流化床脱硫系统后的袋式除尘器对烟气中的 SO_2、SO_3、HCl、HF 和重金属（如汞）等有一定的去除作用；当燃煤含硫量在 1.5%以下时，锅炉 SO_2 初始浓度为 1500～3 000 mg/m^3，SO_2 排放浓度为 150～300 mg/m^3。

8.3.2.3.3 二次污染及防治措施

脱硫产生的脱硫渣应外运综合利用。

脱硫系统风机等设备应采用隔声处理。

8.3.2.3.4 技术经济适用性

烟气循环流化床脱硫技术适用于缺水地区燃用中低硫煤的 600 MW 及以下机组脱硫。

该技术的一次投资约为 150 元/kW，脱硫电价成本为 0.01～0.02 元/kW·h。

8.3.2.4 燃煤电厂 SO_2 排放控制最佳可行技术适用性

石灰石/石灰-石膏法、回收型氨法及烟气循环流化床法脱硫技术是燃煤电厂 SO_2 排放控制的最佳可行技术，其技术适用性见表 11。

表 11　SO_2 排放控制最佳可行技术适用性

最佳可行技术	脱硫效率	适用性
石灰石/石灰-石膏法	＞95%	适用于各种含硫量的煤种及各种容量的新、改、扩建机组和现役机组的脱硫。可去除烟气中的部分重金属
氨法脱硫	＞95%	适用于氨源稳定充足、燃用中高硫煤的 300 MW 及以下容量且产生的副产物能够全部综合利用的新建机组或现役机组脱硫。可同时脱硫脱硝。可去除烟气中的部分重金属
烟气循环流化床法	＞90%	适用于 600 MW 及以下容量、燃用中低硫煤的新建机组或现役机组脱硫。可去除烟气中的部分重金属

8.3.2.5 燃煤电厂 SO_2 污染防治最佳可行技术排放水平

燃煤电厂 SO_2 污染防治最佳可行技术及其排放水平见表 12。

表 12　燃煤电厂 SO_2 污染防治最佳可行技术及排放水平

煤种	容量/MW	炉型	现役机组		新建机组	
			最佳可行技术	排放水平/（mg/m^3）	最佳可行技术	排放水平/（mg/m^3）
低硫煤	200～300	煤粉炉	石灰石/石灰-石膏法	＜100	石灰石/石灰-石膏法	＜100
			烟气循环流化床	＜300	烟气循环流化床	＜200
		循环流化床	炉内脱硫	＜400	炉内脱硫	＜200
			石灰石/石灰-石膏法	＜150	石灰石/石灰-石膏法	＜150
			烟气循环流化床	＜200	烟气循环流化床	＜200
	>300	煤粉炉	石灰石/石灰-石膏法	＜100	石灰石/石灰-石膏法	＜100
			烟气循环流化床	＜300	烟气循环流化床	＜300
中高硫煤	200～300	煤粉炉	石灰石/石灰-石膏法	＜200	石灰石/石灰-石膏法	＜200
			回收型氨法脱硫	＜200	回收型氨法脱硫	＜200
		循环流化床	炉内脱硫+石灰石/石灰-石膏法	＜200	炉内脱硫+石灰石/石灰-石膏法	＜200
			炉内脱硫+烟气循环流化床	＜200	炉内脱硫+烟气循环流化床	＜200
	>300	煤粉炉	石灰石/石灰-石膏法	＜200	石灰石/石灰-石膏法	＜200

8.3.2.6 最佳环境管理实践

为保证最佳可行技术的应用效果，采取如下最佳环境管理实践：

- 氨法脱硫应保证副产物硫酸铵的氧化率不小于 95%；氨的逃逸量控制在 10 mg/m^3 以下。
- 脱硫装置的可用率应保证在 95%以上；新建机组不宜设置烟气旁路。
- 燃煤电站锅炉脱硫系统进出口均应按规定安装烟气连续监测系统。
- 加强人员培训工作。
- 加强对脱硫装置的运行管理。
- 建立健全记录和档案制度。

8.3.3 NO_x 排放控制最佳可行技术

8.3.3.1 选择性催化还原脱硝技术

8.3.3.1.1 最佳可行工艺参数

选择性催化还原脱硝技术（SCR）脱硝效率应在 70%以上，系统阻力为 800～1 400 Pa；烟气入口温度应为 300～400 ℃；系统漏风率应在 0.4%以下；NH_3/NO_x 摩尔比为 0.6～1.1；NH_3 逃逸控制在 2.5 mg/m^3 以下。

当采用液氨作为氨气来源时，应保证氨含量在 99.5%以上，储氨罐容量宜不小于设计工况下 5 d 的氨气消耗量。氨区要求设置一定的安全距离。

8.3.3.1.2 污染物削减和排放

燃煤电厂锅炉采用低氮燃烧装置后燃用烟煤、贫煤和褐煤的 NO_x 初始浓度为 250～650 mg/m^3，燃用无烟煤的 NO_x 初始浓度为 1 300 mg/m^3 左右，当脱硝效率为 80%时，NO_x 的排放浓度可控制为 50～260 mg/m^3。脱硝装置的运行会增加电耗，占发电量的 0.1%～0.3%。

8.3.3.1.3 二次污染及防治措施

使用选择性催化还原脱硝技术会产生氨逃逸，应采取措施将氨逃逸控制在 2.5 mg/m^3 以下。

失效催化剂应尽可能再生处理，无法再生的失效催化剂按《危险废物安全填埋污染控制标准》（GB 18598）的要求进行处理。

脱硝系统稀释空气风机等设备应采用隔声处理。

8.3.3.1.4 技术经济适用性

选择性催化还原脱硝技术适用于煤质多变、负荷变动频繁的机组；适用于要求脱硝效率较高的新建和现役机组。

新建机组 SCR 的一次投资为 100～150 元/kW，改造机组为 200～300 元/kW；运行成本主要为催化剂更换费用、还原剂费用等。根据脱硝效率的不同，投资费用存在一定差别。

8.3.3.2 选择性非催化还原脱硝技术

8.3.3.2.1 最佳可行工艺参数

选择性非催化还原脱硝技术（SNCR）的脱硝效率为 20%～40%，反应温度为 850～1 100 ℃；NH_3/NO_x 摩尔比为 0.8～2.5；氨逃逸应控制在 8 mg/m^3 以下。

8.3.3.2.2 污染物削减和排放

燃煤电厂锅炉采用低氮燃烧装置后燃用烟煤、贫煤和褐煤的 NO_x 初始浓度为 250～650 mg/m^3，当脱硝效率为 40%时，NO_x 排放浓度为 150～390 mg/m^3。

8.3.3.2.3 二次污染及防治措施

使用选择性非催化还原脱硝技术会产生氨逃逸，应采取措施将氨逃逸控制在 8 mg/m^3 以下。

8.3.3.2.4 技术经济适用性

适用于对 NO_x 排放要求不高且电厂运行相对稳定的新、老机组，特别适用于现有电厂的改造。人口稠密区域应选择尿素作为还原剂。

SNCR 占地面积小；一次投资和运行费用低；目前一次投资为 25～50 元/kW。

8.3.3.3 燃煤电厂 NO_x 排放控制最佳可行技术适用性

SCR 脱硝技术及 SNCR 脱硝技术是燃煤电厂 NO_x 排放控制的最佳可行技术，其技术适用性见表 13。

表 13 燃煤电厂 NO_x 排放控制最佳可行技术适用性

最佳可行技术	脱硝效率	适用性
SCR	60%～90%	适用于各种燃煤和各种容量的新、改、扩建和现役机组
SNCR	20%～40%	适用于燃用烟煤和褐煤且排放要求不高、电厂运行相对稳定的 600 MW 及以下的新、改、扩建和现役机组

8.3.3.4 燃煤电厂 NO_x 污染防治最佳可行技术排放水平

燃煤电厂 NO_x 污染防治最佳可行技术及其排放水平见表 14。

表 14 燃煤电厂 NO_x 污染防治最佳可行技术及其排放水平

容量/MW	煤种	炉型	现役机组/新建机组	
			最佳可行技术	排放水平/（mg/m^3）
200～300	无烟煤 贫煤	煤粉炉	低氮燃烧＋SCR	<200
		循环流化床	低温燃烧	<250
	烟煤 褐煤	煤粉炉	低氮燃烧	<400
			低氮燃烧＋SCR	<200
			低氮燃烧＋SNCR	<300
		循环流化床	低温燃烧	<200
>300	无烟煤 贫煤	煤粉炉	低氮燃烧＋SCR	<200
	烟煤 褐煤	煤粉炉	低氮燃烧	<400
			低氮燃烧＋SNCR	<300
			低氮燃烧＋SCR	<100

8.3.3.5 最佳环境管理实践

为保证最佳可行技术的应用效果，采取如下最佳环境管理实践：

- SCR 系统应注意进入反应塔的烟气温度及与氨混合的均匀性。
- SNCR 系统还原剂喷入炉膛应注意反应区温度及与烟气混合的均匀性。
- 加强人员培训。
- 加强对脱硝装置的运行管理。
- 建立健全记录和档案制度。
- 建立应急预案。电厂应对液氨区、油罐区等危险场所制订详细的防爆、防泄漏应急预案及应急措施。

8.3.4 废水处理与回用最佳可行技术

8.3.4.1 最佳可行技术

电厂废水处理与回用最佳可行技术见表 15。

表 15　电厂废水处理与回用最佳可行技术

废水种类	主要污染因子	最佳可行技术	去向或回用途径
锅炉酸洗废水	COD、SS、pH 等	氧化、混凝澄清	集中处理站
锅炉非经常性废水	pH、SS 等	沉淀、中和	集中处理站
酸碱废水	pH	中和	烟气脱硫系统
反渗透浓排水	盐类	—	烟气脱硫系统
含煤废水	SS、胶体	混凝澄清、过滤	重复利用
含油废水	油、SS	油水分离	煤场喷洒
冲渣水	SS、pH	沉淀、中和	重复利用
灰　水	SS、pH 等	加阻垢剂	闭路循环
主厂房冲洗水	SS	混凝澄清	集中处理站
脱硫废水	pH、SS、重金属等	石灰处理、混凝澄清、中和	干灰调湿、灰场喷洒、冲渣水、冲灰水
锅炉排污水	温度	—	冷却水系统或化水系统
循环冷却系统排水	盐类	反渗透等除盐工艺	除灰、脱硫、喷洒等利用或除盐后回冷却系统
生活污水	COD、BOD、SS	二级生化处理	绿化、集中处理站
直流冷却系统	温度	—	直接排入水环境
初期雨水	SS、油等	不处理或混凝澄清	集中处理站

8.3.4.2 最佳环境管理实践

为保证最佳可行技术的应用效果，采取如下最佳环境管理实践：

- ➢ 电厂应对全厂的水源、用水和排水做全面规划管理，选择最优的全厂用水分配方案，经济合理地处理各种废水，最大限度地提高废水回用率。
- ➢ 除直流冷却水外，尽量减少各类废水排放。对于新建电厂，尽量实现正常情况下无废水外排；对于现有电厂，根据需要对电厂用、排水系统进行水量平衡测试，必要时实施废水低排放工程。
- ➢ 进入电厂废水集中处理站的废水处理后用作冷却系统、冲渣系统、输煤系统及煤场、干灰调湿、灰场喷洒、厂区绿化、主厂房及厂区冲洗等补充水。

8.3.5 固体废物处理处置最佳可行技术

8.3.5.1 最佳可行技术

固体废物处理处置最佳可行技术见表 16。

表 16 固体废物处理处置最佳可行技术

最佳可行技术		技术适用性
粉煤灰利用	粉煤灰磨细加工	适用于电除尘器一、二级电场和袋式除尘器收集的粉煤灰
	粉煤灰干法分级	适用于各种粉煤灰
	利用高铝粉煤灰提炼硅铝合金	适用于高铝粉煤灰
脱硫石膏用作水泥缓凝剂		适用于石灰石/石灰一石膏法的脱硫石膏
电厂水处理污泥处置技术		经检定后确定为危险废物的，按照《危险废物安全填埋污染控制标准》（GB18598）处置；经检定后确定为一般废物的，按照《一般工业固体废物贮存、处置场污染控制标准》（GB 18599）处置

8.3.5.2 最佳环境管理实践

为保证最佳可行技术的应用效果，采取如下最佳环境管理实践：

- ➢ 粉煤灰实现粗细分排和灰渣分排，把出灰运行、灰渣管理、综合利用结合起来。
- ➢ 控制脱硫石膏品质，优先用作水泥缓凝剂。

8.3.6 噪声污染防治最佳可行技术

8.3.6.1 最佳可行技术及其降噪水平

噪声污染防治的最佳可行技术及其降噪水平见表 17。

8.3.6.2 最佳环境管理实践

为保证最佳可行技术的应用效果，采取如下最佳环境管理实践：

- ➢ 采用低噪声设备，控制噪声源强。
- ➢ 隔声罩做好密封，避免与声源设备刚性连接，注意设备散热。

表 17 噪声污染防治最佳可行技术及其降噪水平

噪声源	噪声源声级水平/dB（A）	最佳可行技术	降噪水平	备注
发电机、励磁机及汽轮机组	76～108	隔声罩 厂房内壁面吸声处理	降噪量 20 dB（A）左右 降噪量 6 dB（A）左右	罩内吸声
引风机、送风机	72～115	消声器 管道外壳阻尼	消声量 25 dB（A）左右 整体噪声降到 85 dB（A）以下	—
给水泵、循环泵、灰浆泵等	82～108	隔声罩	降噪量 25 dB（A）以上	罩内吸声
磨煤机、湿磨机	82～120	隔声罩 筒体外壳阻尼 隔声套	降噪量 20 dB（A）左右 整体噪声降到 95 dB（A）左右 降噪量 10 dB（A）左右	罩内吸声 — 检修不便
冷却塔	70～85	隔声屏障 进风口消声器 消声垫	降噪量 10 dB（A）左右 消声量 15 dB（A）左右 消声量 8 dB（A）左右	尽量靠近塔体
氧化风机、空压机	82～105	隔声罩 消声器	降噪量 20 dB（A）左右 消声量 30 dB（A）以上	罩内吸声
锅炉排汽（偶发噪声）	115～130	排汽消声器	消声量 30 dB（A）以上	—

关于发布《农村生活污染防治技术政策》的通知

环发[2010]20号

各省、自治区、直辖市环境保护厅（局），新疆生产建设兵团环境保护局：

为贯彻《中华人民共和国环境保护法》等法律法规，推动社会主义新农村建设，保护和改善农村环境，防治农村生活污染，提高农村生活质量和健康水平，现发布《农村生活污染防治技术政策》，请结合本地区实际认真执行。

附件：农村生活污染防治技术政策

中华人民共和国环境保护部

二〇一〇年二月八日

附件：

农村生活污染防治技术政策

一、总则

1. 为落实《中共中央国务院关于推进社会主义新农村建设的若干意见》，有效防治农村生活污染，改善农村生态环境，根据《中华人民共和国环境保护法》、《中华人民共和国水污染防治法》、《中华人民共和国固体废物污染环境防治法》和《中华人民共和国大气污染防治法》等相关法律法规，制定本技术政策。

2. 本技术政策适用于指导农村居民日常生活中产生的生活污水、生活垃圾、粪便和废气等生活污染防治的规划和设施建设。

3. 地方人民政府是农村生活污染处理处置设施规划和建设的责任主体，乡镇政府和村民委员会负责农村生活污染防治工作的具体组织实施；鼓励村民自治组织在区县或乡镇人民政府的指导下进行生活污染处理处置设施的建设和日常管理工作。

4. 应根据不同地区的农村社会经济发展水平、自然条件及环境承载力等差异，按照因地制宜、循序渐进和分类指导的原则，统筹城乡生活污染防治基础设施建设，推动农村生活污染防治工作。

5. 农村生活污染防治的技术路线是在源头削减、污染控制与资源化利用的基础上，遵循分散处理为主、分散处理与集中处理相结合的原则，对粪便和生活杂排水实行分离并进行处理，实现粪便和污水的无害化和资源化利用。

6. 在沼气池推广较好的地区，应将已建成的大量沼气池与生活污染物的处理和利用相结合，采用污水、粪便和垃圾厌氧发酵，沼气能源利用及沼液、沼渣农业利用的新型农村生活污染治理技术路线。

7. 充分利用现有的环境卫生、可再生能源和环境污染处理设施，合理配置公共资源，建立县（市）、镇、村一体化的生活污染防治体系。

8. 加强饮用水水源地保护区、自然保护区、风景名胜区、重点流域等环境敏感区域的农村生活污染防治。对环境敏感区域内的农村生活污水，须按照功能区水体相关要求及排放标准处理达标后方可排放。

二、农村生活污水污染防治

1. 农村雨水宜利用边沟和自然沟渠等进行收集和排放，通过坑塘、洼地等地表水体或自然入渗进入当地水循环系统。鼓励将处理后的雨水回用于农田灌溉等。

2. 对于人口密集、经济发达，并且建有污水排放基础设施的农村，宜采取合流制或截流式合流制；对于人口相对分散、干旱半干旱地区、经济欠发达的农村，可采用边沟和自然沟渠输送，也可采用合流制。

3. 在没有建设集中污水处理设施的农村，不宜推广使用水冲厕所，避免造成污水直接集中排放，在上述地区鼓励推广非水冲式卫生厕所。

4. 对于分散居住的农户，鼓励采用低能耗小型分散式污水处理；在土地资源相对丰富、气候条件适宜的农村，鼓励采用集中自然处理；人口密集、污水排放相对集中的村落，宜采用集中处理。

5. 对于以户为单元就地排放的生活污水，宜根据不同情况采用庭院式小型湿地、沼气净化池和小型净化槽等处理技术和设施。

6. 鼓励采用粪便与生活杂排水分离的新型生态排水处理系统。宜采用沼气池处理粪便，采用氧化塘、湿地、快速渗滤及一体化装置等技术处理生活杂排水。

7. 对于经济发达、人口密集并建有完善排水体制的村落，应建设集中式污水处理设施，宜采用活性污泥法、生物膜法和人工湿地等二级生物处理技术。

8. 对于处理后的污水，宜利用洼地、农田等进一步净化、储存和利用，不得直接排入环境敏感区域内的水体。

9. 鼓励采用沼气池厕所、堆肥式、粪尿分集式等生态卫生厕所。在水冲厕所后，鼓励采用沼气净化池和户用沼气池等方式处理粪便污水，产生的沼气应加以利用。

10. 污水处理设施产生的污泥、沼液及沼渣等可作为农肥施用，在当地环境容量范围内，鼓励以就地消纳为主，实现资源化利用，禁止随意丢弃堆放，避免二次污染。

11. 小规模畜禽散养户应实现人畜分离。鼓励采用沼气池处理人畜粪便，并实施“一池三改”，推广“四位一体”等农业生态模式。

三、农村生活垃圾处理处置

1. 鼓励生活垃圾分类收集，设置垃圾分类收集容器。对金属、玻璃、塑料等垃圾进行回收利用；危险废物应单独收集处理处置。禁止农村垃圾随意丢弃、堆放、焚烧。

2. 城镇周边和环境敏感区的农村，在分类收集、减量化的基础上可通过“户分类、村收集、镇转运、县市处理”的城乡一体化模式处理处置生活垃圾。

3. 对无法纳入城镇垃圾处理系统的农村生活垃圾，应选择经济、实用、安全的处理处置技术，在分类收集基础上，采用无机垃圾填埋处理、有机垃圾堆肥处理等技术。

4. 砖瓦、渣土、清扫灰等无机垃圾，可作为农村废弃坑塘填埋、道路垫土等材料使用。

5. 有机垃圾宜与秸秆、稻草等农业废物混合进行静态堆肥处理，或与粪便、污水处理产生的污泥及沼渣等混合堆肥；亦可混入粪便，进入户用、联户沼气池厌氧发酵。

四、农村生活空气污染防治

1. 鼓励农村采用清洁能源、可再生能源，大力推广沼气、生物质能、太阳能、风能等技术，从源头控制农村生活空气污染。

2. 推进农村生活节能，鼓励采用省柴节能炉灶，逐步淘汰传统炉灶，推广使用改良柴灶、改良炕连灶等高效低污染炉灶，并应加设排烟道。

3. 以煤为主要燃料的农村应减少使用散煤和劣质煤，推广使用低氟煤、低硫煤、固氟煤、固硫煤、固砷煤等清洁煤产品。

五、新技术开发与示范推广

1. 鼓励加大研发投入，推动科技创新。研发适合农村实际的生活污染防治技术及设备，开展农村生活污染防治新技术、新工艺的开发、示范与推广，为农村生活污染防治提供技术支持。

2. 鼓励通过“以奖代补”、“以奖促治”等多种途径加大农村生活污染防治资金投入，促进农村生活污染防治工作。

3. 鼓励建立农村生活污染防治专业化、社会化技术服务机构，完善县（市）、镇、村一体化农村生活污染防治技术服务体系，鼓励专业技术服务机构运营维护农村污染防治设施，提高农村生活污染防治水平。

4. 加强农村环境污染防治科技知识普及和传播，提高农村居民环保意识。

关于发布《火电厂氮氧化物防治技术政策》的通知

环发[2010]10 号

各省、自治区、直辖市环境保护厅（局），新疆生产建设兵团环境保护局，计划单列市环境保护局：

为贯彻《中华人民共和国大气污染防治法》，控制和减少火电厂氮氧化物排放，推动火电厂氮氧化物防治技术进步，改善大气环境质量，保护人体健康，现发布《火电厂氮氧化物防治技术政策》，请参照执行。

附件：火电厂氮氧化物防治技术政策

中华人民共和国环境保护部

二〇一〇年一月二十七日

附件：

火电厂氮氧化物防治技术政策

1 总则

1.1 为贯彻《中华人民共和国大气污染防治法》，防治火电厂氮氧化物排放造成的污染，改善大气环境质量，保护生态环境，促进火电行业可持续发展和氮氧化物减排及控制技术进步，制定本技术政策。

1.2 本技术政策适用于燃煤发电和热电联产机组氮氧化物排放控制。燃用其他燃料的发电和热电联产机组的氮氧化物排放控制，可参照本技术政策执行。

1.3 本技术政策控制重点是全国范围内200MW及以上燃煤发电机组和热电联产机组以及大气污染重点控制区域内的所有燃煤发电机组和热电联产机组。

1.4 加大电源结构调整力度，加速淘汰100MW及以下燃煤凝汽机组，继续实施“上大压小”政策，积极发展大容量、高参数的大型燃煤机组和以热定电的热电联产项目，以提高能源利用率。

2 防治技术路线

2.1 倡导合理使用燃料与污染控制技术相结合、燃烧控制技术和烟气脱硝技术相结合的综合防治措施，以减少燃煤电厂氮氧化物的排放。

2.2 燃煤电厂氮氧化物控制技术的选择应因地制宜、因煤制宜、因炉制宜，依据技术上成熟、经济上合理及便于操作来确定。

2.3 低氮燃烧技术应作为燃煤电厂氮氧化物控制的首选技术。当采用低氮燃烧技术后，氮氧化物排放浓度不达标或不满足总量控制要求时，应建设烟气脱硝设施。

3 低氮燃烧技术

3.1 发电锅炉制造厂及其他单位在设计、生产发电锅炉时，应配置高效的低氮燃烧技术和装置，以减少氮氧化物的产生和排放。

3.2 新建、改建、扩建的燃煤电厂，应选用装配有高效低氮燃烧技术和装置的发电锅炉。

3.3 在役燃煤机组氮氧化物排放浓度不达标或不满足总量控制要求的电厂，应进行低氮燃烧技术改造。

4 烟气脱硝技术

4.1 位于大气污染重点控制区域内的新建、改建、扩建的燃煤发电机组和热电联产机组应配置烟气脱硝设施，并与主机同时设计、施工和投运。非重点控制区域内的新建、改建、扩建的燃煤发电机组和热电联产机组应根据排放标准、总量指标及建设项目环境影响报告书批复要求建设烟气脱硝装置。

4.2 对在役燃煤机组进行低氮燃烧技术改造后，其氮氧化物排放浓度仍不达标或不满足总量控制要求时，应配置烟气脱硝设施。

4.3 烟气脱硝技术主要有：选择性催化还原技术（SCR）、选择性非催化还原技术（SNCR）、选择性非催化还原与选择性催化还原联合技术（SNCR－SCR）及其他烟气脱硝技术。

4.3.1 新建、改建、扩建的燃煤机组，宜选用 SCR；小于等于 600MW 时，也可选用 SNCR－SCR。

4.3.2 燃用无烟煤或贫煤且投运时间不足 20 年的在役机组，宜选用 SCR 或 SNCR－SCR。

4.3.3 燃用烟煤或褐煤且投运时间不足 20 年的在役机组，宜选用 SNCR 或其他烟气脱硝技术。

4.4 烟气脱硝还原剂的选择

4.4.1 还原剂的选择应综合考虑安全、环保、经济等多方面因素。

4.4.2 选用液氨作为还原剂时，应符合《重大危险源辨识》（GB 18218）及《建筑设计防火规范》（GB 50016）中的有关规定。

4.4.3 位于人口稠密区的烟气脱硝设施，宜选用尿素作为还原剂。

4.5 烟气脱硝二次污染控制

4.5.1SCR 和 SNCR－SCR 氨逃逸控制在 2.5mg/m^3（干基，标准状态）以下；SNCR 氨逃逸控制在 8 mg/m^3（干基，标准状态）以下。

4.5.2 失效催化剂应优先进行再生处理，无法再生的应进行无害化处理。

5 新技术开发

5.1 鼓励高效低氮燃烧技术及适合国情的循环流化床锅炉的开发和应用。

5.2 鼓励具有自主知识产权的烟气脱硝技术、脱硫脱硝协同控制技术以及氮氧化物资源化利用技术的研发和应用。

5.3 鼓励低成本高性能催化剂原料、新型催化剂和失效催化剂的再生与安全处置技术的开发和应用。

5.4 鼓励开发具有自主知识产权的在线连续监测装置。

5.5 鼓励适合于烟气脱硝的工业尿素的研究和开发。

6 运行管理

6.1 燃煤电厂应采用低氮燃烧优化运行技术，以充分发挥低氮燃烧装置的功能。

6.2 烟气脱硝设施应与发电主设备纳入同步管理，并设置专人维护管理，并对相关人员进行定期培训。

6.3 建立、健全烟气脱硝设施的运行检修规程和台账等日常管理制度，并根据工艺要求定期对各类设备、电气、自控仪表等进行检修维护，确保设施稳定可靠地运行。

6.4 燃煤电厂应按照《火电厂烟气排放连续监测技术规范》（HJ/T75）装配氮氧化物在线连续监测装置，采取必要的质量保证措施，确保监测数据的完整和准确，并与环保行政主管部门的管理信息系统联网，对运行数据、记录等相关资料至少保存3年。

6.5 采用液氨作为还原剂时，应根据《危险化学品安全管理条例》的规定编制本单位事故应急救援预案，配备应急救援人员和必要的应急救援器材、设备，并定期组织演练。

6.6 电厂对失效且不可再生的催化剂应严格按照国家危险废物处理处置的相关规定进行管理。

7 监督管理

7.1 烟气脱硝设施不得随意停止运行。由于紧急事故或故障造成脱硝设施停运，电厂应立即向当地环境保护行政主管部门报告。

7.2 各级环境保护行政主管部门应加强对氮氧化物减排设施运行和日常管理制度执行情况的定期检查和监督，电厂应提供烟气脱硝设施的运行和管理情况，包括监测仪器的运行和校验情况等资料。

7.3 电厂所在地的环境保护行政主管部门应定期对烟气脱硝设施的排放和投运情况进行监测和监管。

关于发布《地面交通噪声污染防治技术政策》的通知

环发[2010]7 号

各省、自治区、直辖市环境保护厅（局），新疆生产建设兵团环境保护局，计划单列市环境保护局：

为防治地面交通噪声污染，保护和改善生活环境，保障人体健康，指导交通和居住等基础设施合理规划建设，促进经济和社会发展，现发布《地面交通噪声污染防治技术政策》，请结合本地区实际认真执行。

附件：地面交通噪声污染防治技术政策

中华人民共和国环境保护部

二〇一〇年一月十一日

附件：

地面交通噪声污染防治技术政策

一、总则

（一）为防治地面交通噪声污染，保证人们正常生活、工作和学习的声环境质量，促进经济、社会可持续发展，根据《中华人民共和国环境保护法》和《中华人民共和国环境噪声污染防治法》，制定本技术政策。

（二）本技术政策规定了合理规划布局、噪声源控制、传声途径噪声削减、敏感建筑物噪声防护、加强交通噪声管理五个方面的地面交通噪声污染防治技术原则与方法。

（三）本技术政策适用于公路、铁路、城市道路、城市轨道等地面交通设施（不含机场飞机起降及地面作业）的环境噪声污染预防与控制。

（四）地面交通噪声污染防治应遵循如下原则：

1. 坚持预防为主原则，合理规划地面交通设施与邻近建筑物布局；

2. 噪声源、传声途径、敏感建筑物三者的分层次控制与各负其责；

3. 在技术经济可行条件下，优先考虑对噪声源和传声途径采取工程技术措施，实施噪声主动控制；

4. 坚持以人为本原则，重点对噪声敏感建筑物进行保护。

（五）地面交通噪声污染防治应明确责任和控制目标要求：

1. 在规划或已有地面交通设施邻近区域建设噪声敏感建筑物，建设单位应当采取间隔必要的距离、传声途径噪声削减等有效措施，以使室外声环境质量达标。

2. 因地面交通设施的建设或运行造成环境噪声污染，建设单位、运营单位应当采取间隔必要的距离、噪声源控制、传声途径噪声削减等有效措施，以使室外声环境质量达标；如通过技术经济论证，认为不宜对交通噪声实施主动控制的，建设单位、运营单位应对噪声敏感建筑物采取有效的噪声防护措施，保证室内合理的声环境质量。

二、合理规划布局

（一）城乡规划宜考虑国家声环境质量标准要求，合理确定功能分区和建设布局，处理好交通发展与环境保护的关系，有效预防地面交通噪声污染。

（二）交通规划应当符合城乡规划要求，与声环境保护规划相协调，通过合理构建交通网络，提高交通效率，总体减轻地面交通噪声对周围环境的影响。

（三）规划行政主管部门宜在有关规划文件中明确噪声敏感建筑物与地面交通设施之间间隔一定的距离，避免其受到地面交通噪声的显著干扰。

（四）在 4 类声环境功能区内宜进行绿化或作为交通服务设施、仓储物流设施等非噪声敏感性应用。如 4 类声环境功能区有噪声敏感建筑物存在，宜采取声屏障、建筑物防护等有效的噪声污染防治措施进行保护，有条件的可进行搬迁或置换。

三、噪声源控制

（一）车辆制造部门宜提高道路车辆、轨道车辆的设计、制造水平，以摩托车、农用车、载重汽车、大型客车、城市公交车辆、轨道车辆等高噪声车辆为重点，降低其环境噪声排放。

（二）地面交通设施的建设需要慎重考虑噪声现状的改变和噪声敏感建筑物的保护，从线路避让、建设形式等方面有效降低交通噪声对周围环境的影响。

（三）地面交通线路的选择宜合理避让噪声敏感建筑物。新建二级及以上公路、铁路货运专线应避免穿越城市、村镇噪声敏感建筑物集中区域；新建城市轨道交通线路在穿越城市中心区时宜选择地下通行方式。

（四）公路、城市道路宜选择合理的建设形式。经过噪声敏感建筑物集中的路段，宜根据实际情况，考虑采用高架路、高路堤或低路堑等道路形式，以及能够降低噪声污染的桥涵构造和形式。鼓励对高速公路、城市快速路在噪声敏感建筑物集中的路段采用低噪声路面技术和材料。

（五）铁路、城市轨道交通线路宜采用焊接长钢轨、经过打磨处理的高表面平整度钢轨等措施，降低轮轨接触噪声，以及采用减振型轨下基础，对桥梁进行减振设计，降低振动辐射噪声。穿越城市、村镇的铁路宜进行线路封闭，减少平交道口。

四、传声途径噪声削减

（一）地面交通设施的建设或运行造成环境噪声污染，应考虑设置声屏障对噪声敏感建筑物进行重点保护。道路或轨道两侧为高层噪声敏感建筑物时，条件许可，可进行线路全封闭处理。

（二）声屏障的位置、高度、长度、材料、形状等是声屏障设计的重要内容，应根据噪声源特性、噪声衰减要求、声屏障与噪声源及受声点三者之间的相对位置，考虑道路或轨道结构形式、气候特点、周围环境协调性、安全性、经济性等因素进行专业化设计。

（三）宜合理利用地物地貌、绿化带等作为隔声屏障，其建设应结合噪声衰减要求、周围土地利用现状与规划、景观要求、水土保持规划等进行。

（四）绿化带宜根据当地自然条件选择枝叶繁茂、生长迅速的常绿植物，乔、灌、草应合理搭配密植。规划的绿化带宜与地面交通设施同步建设。

五、敏感建筑物噪声防护

（一）建筑设计单位应依据《民用建筑隔声设计规范》等有关规范文件，考虑周边环境特点，对噪声敏感建筑物进行建筑隔声设计，以使室内声环境质量符合规范要求。

（二）邻近道路或轨道的噪声敏感建筑物，设计时宜合理安排房间的使用功能（如居民住宅在面向道路或轨道一侧设计作为厨房、卫生间等非居住用房），以减少交通噪声干扰。

（三）地面交通设施的建设或运行造成噪声敏感建筑物室外环境噪声超标，如采取室外达标的技术手段不可行，应考虑对噪声敏感建筑物采取被动防护措施（如隔声门窗、通风消声窗等），对室内声环境质量进行合理保护。

（四）对噪声敏感建筑物采取被动防护措施，应使室内声环境质量达到有关标准要求，同时宜合理考虑当地气候特点对通风的要求。

六、加强交通噪声管理

（一）交通管理部门宜利用交通管理手段，在噪声敏感建筑物集中区域和敏感时段通过采取限鸣（含禁鸣）、限行（含禁行）、限速等措施，合理控制道路交通参数（车流量、车速、车型等），降低交通噪声。

（二）铁路车辆尽可能采用非鸣笛的信号联络方式（信号灯、无线通信等）。通过减少鸣笛次数、声级强度和鸣笛持续时间等方式，对铁路车辆在城市、村镇内鸣笛进行限制。

（三）路政部门宜对道路进行经常性维护，提高路面平整度，降低道路交通噪声。

（四）环境保护部门应加强对地面交通噪声的监测，对环境噪声超标的地面交通设施提出噪声削减意见或要求，监督有关部门实施。

七、附则

本技术政策中下列用语的含义是：

（一）地面交通设施：指道路、轨道等地面交通线路以及车站、编组站、货场、服务区等配套设施。

（二）地面交通干线：指铁路（铁路专用线除外）、高速公路、一级公路、二级公路、城市快速路、城市主干路、城市次干路、城市轨道交通（地面段和高架段），应根据铁路、交通、城市等规划确定。

（三）噪声敏感建筑物：指医院、学校、机关、科研单位、住宅等需要保持安静的建筑物。

（四）噪声主动控制：指对交通噪声采取的保证室外环境噪声达标的工程技术手段，包括噪声源控制、传声途径噪声削减两类噪声污染防治技术措施。

关于印发《环境风险评估技术指南——氯碱企业环境风险等级划分方法》的通知

环发[2010]8 号

各省、自治区、直辖市环境保护厅（局）、副省级城市环境保护局，新疆生产建设兵团环境保护局，各保监局：

为深入贯彻落实科学发展观，推进环境保护历史性转变，建立健全环境保护长效机制，2007 年 12 月，原国家环境保护总局与中国保险监督管理委员会联合出台了《关于环境污染责任保险工作的指导意见》（以下简称《指导意见》）。《指导意见》提出，在重点行业和区域开展环境污染责任保险的试点示范工作，并以易发生污染事故的化工企业、危险化学品经营企业和危险废物处置企业等为对象开展环境污染责任保险试点。

氯碱企业是易发生污染事故的化工企业。为给氯碱企业开展环境污染责任保险提供技术依据，环境保护部会同中国保险监督管理委员会制定了《环境风险评估技术指南——氯碱企业环境风险等级划分方法》。现印发给你们，供你们在开展环境污染责任保险工作中参考。

附件：环境风险评估技术指南——氯碱企业环境风险等级划分方法

中华人民共和国环境保护部

二〇一〇年一月六日

附件：

环境风险评估技术指南

——氯碱企业环境风险等级划分方法

1 适用范围

本方法适用于以电解盐水生产碱（氢氧化钠或氢氧化钾）、氯气、氢气以及氯产品企业的环境风险等级划分。本方法为氯碱企业环境风险管理提供技术指导。

2 规范性引用文件

本方法内容引用了下列文件中的条款。凡是不注日期的引用文件，其有效版本适用于本方法。

《危险化学品安全管理条例》（国务院令第 344 号）

《废弃危险化学品污染环境防治办法》（国家环境保护总局令第 27 号）

《污染源自动监控管理办法》（国家环境保护总局令第 28 号）

《环境监测管理办法》（国家环境保护总局令第 39 号）

《化学事故应急救援管理办法》（原化工部化督发[1994]597 号）

GB1560—1995　常用危险化学品储存通则

HJ/T 169—2004　建设项目环境风险评价技术导则

AQ8001—2007　安全评价通则

AQ8002—2007　安全预评价导则

GB 14544—2008　电石乙炔法生产氯乙烯安全技术规程

GB18218—2009　危险化学品重大危险源辨识

3 术语和定义

氯碱企业的氯碱生产，系指以氯化钠为原料，采用隔膜电解法或离子膜电解法生产液碱（或固碱）、氢气和氯气（或液氯）的生产过程。聚氯乙烯生产，系指以氯气、电石/乙烯为主要原料，采用电石法或乙烯氧氯化平衡法生产聚氯乙烯的生产过程。

3.1 氯碱生产

3.1.1 隔膜电解法

隔膜电解法，是指以氯化钠和水为原料，电解槽的阳极与阴极之间设置多孔渗透性的隔膜，电解时，氯化钠溶液中的氯离子在阳极失去电子生成氯气并逸出，氢离子在阴极得到电子生成氢气并逸出，留在溶液中的氢氧根离子与钠离子形成碱溶液。

3.1.2 离子膜电解法

离子膜电解法，是指以氯化钠和水为原料，电解槽的阳极与阴极之间设置允许阳离子通过、阻止阴离子和气体通过的离子膜，阳极室注入精制的氯化钠溶液，电解时氯化钠溶液中的氯离子在阳极失去电子生成氯气并逸出；阴极室注入碱液，电解时水中氢离子在阴极得到电子生成氢气并逸出，留在水中的氢氧根离子与穿过离子膜的钠离子形成碱溶液。

3.2 聚氯乙烯生产

3.2.1 电石法

利用电石遇水生成乙炔的原理，将乙炔与氯化氢合成制得氯乙烯单体，再通过聚合反应使氯乙烯生成聚氯乙烯的生产方法。

3.2.2 乙烯氧氯化平衡法

乙烯与氯气为主要原料进行直接氯化、氧氯化反应生成二氯乙烷，净化后的二氯乙烷经裂解生成氯乙烯和氯化氢，氯乙烯精制后再生产聚氯乙烯。

3.3 氯产品

以氯（液氯或氯气）为原料生产的产品称为氯产品。目前我国氯碱企业可生产的氯产品达 200 余种，主要产品达 70 余种，其中：无机氯产品 10 余种、有机氯产品 30 余种、含氯农药产品 20 余种。

4 氯碱企业环境风险等级划分指标体系的构成

4.1 指标体系组成

氯碱企业环境风险等级划分指标体系由两个部分组成，基准值和修正值（见附录一、附录二），其中：

基准值是反映氯碱企业可能引发环境风险的生产因素、厂址环境敏感性等的普遍性、概括性指标，是构成氯碱企业环境风险的内因性因素指标。

修正值是反映氯碱企业环境风险管理水平和事故应急救援能力等的具体指标，是构成氯碱企业环境风险的外因性因素指标。

4.2 氯碱企业环境风险等级划分指标体系构成图

氯碱企业环境风险等级划分指标体系构成图见附录三。

5 生产因素

5.1 氯碱生产过程涉及的化学品

（1）隔膜法生产氯碱工艺涉及的化学品

原料：氯化钠

产品：固碱和液碱、氯气和液氯

副产品：氢气、次氯酸钠、盐酸

（2）离子膜法生产氯碱工艺涉及的化学品

原料：氯化钠

产品：固碱和液碱、氯气和液氯

副产品：氢气、次氯酸钠、盐酸

（3）电石法生产聚氯乙烯工艺涉及的化学品

原料：氯气、氢气、电石、乙炔

中间产品：氯乙烯、氯化氢

产品：聚氯乙烯

（4）乙烯氧氯化法生产聚氯乙烯工艺涉及的化学品

原料：氯气、乙烯

中间产品：氯乙烯、氯化氢、二氯乙烷

产品：聚氯乙烯

副产品：盐酸

5.2 氯碱生产的环境风险因子

隔膜法和离子膜法电解产品中的氯气是有毒气体，氢气是易燃易爆气体，因此，隔膜法和离子膜法生产氯碱工艺涉及的环境风险因子主要是氯气和氢气，环境风险形式是氯气、氢气和氯化氢引发的次生/伴生事故或风险。

氯气及氢气的风险源主要是电解槽。电解槽氯气和氢气泄漏会引发环境事故。

5.3 液氯生产的环境风险因子

液氯是重要的氯产品之一，氯气经压缩冷却转变为液氯；其中液氯生产中使用氨作制冷剂的，氨和氯一样均是有毒化学品。

盐水电解过程中，盐水中会从外部环境带入微量的铵盐、氨及含胺化合物，并在电解过程中与阳极室的氯气或次氯酸钠反应，生成爆炸性危险物——三氯化氮。

液氯生产涉及的环境风险因子主要是氯、氨和三氯化氮，环境风险形式是氯、氨和三氯化氮引发的次生/伴生事故或风险。

氯、氨和三氯化氮风险源主要是液氯灌装机、冷冻机等生产装置。液氯灌装机和冷冻机出现故障会造成氯、氨和三氯化氮泄漏，进而引发三氯化氮爆炸，造成严重的环境事故。

5.4 氯化氢合成和盐酸生产的环境风险因子

氢气在氯气中燃烧生成氯化氢，水吸收氯化氢生成盐酸。

氯化氢和盐酸均是强腐蚀性化学品。

氯化氢合成和盐酸生产涉及的环境风险因子主要是氯气、氢气和氯化氢，环境风险形式是氯气、氢气和氯化氢引发的次生/伴生事故或风险。

氯气、氯化氢及氢气的风险源主要是合成炉、水吸收塔、碱液中和塔等生产装置。氯气和氢气的配比不当及设备故障是造成氯气、氢气和氯化氢泄漏、引发环境事故的主要原因。

5.5 聚氯乙烯（PVC）生产的环境风险因子

5.5.1 电石法生产氯乙烯的环境风险因子

氯气、氢气和乙炔是电石法生产氯乙烯的原料，其中：氯气是有毒气体，氢气和乙炔是易燃易爆气体，氯乙烯生产中使用的氯化汞（催化剂）是剧毒化学品。因此，电石法生产氯乙烯工艺涉及的环境风险因子主要是氯气、乙炔、氯乙烯和氯化汞，环境风险形式是氯气、乙炔、氯乙烯和氯化汞引发的次生/伴生事故或风险。

氯气、乙炔、氯乙烯及氯化汞的风险源主要是电石法生产氯乙烯的生产装置。该生产装置的安全系统失灵、失效是造成氯气、氯乙烯和氯化汞泄漏、引发环境事故的主要原因。乙炔可以引发爆炸着火，氯化汞泄漏可以造成严重的环境风险。

5.5.2 乙烯氧氯化平衡法生产氯乙烯的环境风险因子

氯气、乙烯是乙烯氧氯化平衡法生产氯乙烯的原料，均是易燃易爆的化学品；乙烯、氯乙烯生产的中间产物——二氯乙烷是易燃易爆化学品、氯化氢是强腐蚀性化学品。因此，乙烯氧氯化平衡法生产氯乙烯工艺涉及的环境风险因子主要是氯气、乙烯以及中间产物二氯乙烷和氯化氢，环境风险形式是氯气、乙烯及二氯乙烷、氯化氢引发的次生/伴生事故或风险。

氯气、乙烯及二氯乙烷、氯化氢的风险源主要是乙烯氧氯化平衡法生产氯乙烯的生产装置。该生产装置的安全系统失灵、失效是造成氯气、氯化氢泄漏，引发环境事故的主要原因，乙烯和二氯乙烷均可引发火灾、爆炸。

5.5.3 聚氯乙烯聚合过程的环境风险因子

氯乙烯是生产聚氯乙烯的原料。过氧化物类物质，如过氧化二碳酸二（2-乙基）己酯（EHP）是生产聚氯乙烯的主要引发剂。氯乙烯泄漏可造成人员中毒，引发火灾、爆炸；EHP 在 10℃以上即会自燃分解爆炸，致使有害气体（如氯化氢）泄出。

氯乙烯和过氧化物类物质的风险源主要是聚氯乙烯聚合的生产装置。该生产装置的安全系统失灵、失效以及过氧化物类物质储存或使用不当是造成氯乙烯和过氧化物类物质泄漏，引发环境事故的主要原因。

5.6 其他氯产品的环境风险因子

液氯、盐酸和聚氯乙烯均是氯产品，是氯碱企业生产的大宗氯产品。此外，我国氯碱企业还生产许多其他的氯产品，以氯为原料是所有氯产品生产的共同之处。据此，本方法将氯（氯气或液氯）确定为其他氯产品的共性环境危险因子。

5.7 环境风险因子综合分析

氯碱企业环境风险因子由开展环境风险评估的机构通过现场勘查确定，根据环境风险因子确定结果，分析其污染后果（污染范围、污染持续时间、污染累积和可逆与否情况等），再结合该氯碱企业的产业政策相符性、清洁生产水平等因素，对其内因性环境风险做出综合分析。

现场勘查中若发现待查企业存在重大环境安全防范措施未落实或不到位，则暂缓其环境风险等级划分，待其环境安全防范措施全部落实后再对其进行环境风险等级划分。

6 厂址环境敏感性

6.1 厂址是否位于重点流域地区

氯碱企业厂址若位于巢湖、太湖、滇池、淮河、海河、辽河、松花江流域及长江三峡、黄河小浪底、黄河中上游、南水北调沿线等重点流域地区，则其水环境风险的后果较其他地区更为严重。

6.2 厂址是否位于专业化的化工园区内

专业化的化工园区的基础设施（如燃煤热电厂、自来水厂、污水处理厂、污水收集管网以及专业化的应急救援机构、设施等）齐全、配套、完整，有利于氯碱企业防范、抵御、应对各类环境风险。

6.3 厂址是否位于饮用水水源上游等水环境敏感地区

氯碱企业厂址应避开集中式饮用水水源上游，还应避开国土开发密度较高、环境承载能力较弱，或水环境容量较小，生态环境脆弱，易发生严重水环境污染且需采取特别保护措施的地区。

氯碱企业废水排放口下游 10 公里范围内若有饮用水水源保护区，则其环境敏感性显著增大。

6.4 是否按要求设置了卫生防护距离或大气环境防护距离

氯碱企业是否按国家的相关规定或环境影响评价批复文件的要求，设置了卫生防护距离或大气环境防护距离。

6.5 总平面布置

氯碱企业总平面布置是否做到：

（1）厂区总平面合理布置；

（2）厂区总平面布置符合防范环境风险的要求；

（3）厂区位置与周围的企业、车站、码头、交通干道、水源地、重要地面水体之间设置了符合要求的安全防护距离和防火距离。

6.6 厂址环境敏感性综合分析

氯碱企业厂址环境敏感性由开展环境风险评估的机构通过现场勘查确定，根据现场勘查结果对该氯碱企业厂址的环境敏感性做出综合分析。

7 环境风险管理

7.1 环境风险管理

环境风险管理是氯碱企业环境风险等级划分指标体系中的一级指标，由综合管理、危险物品管理、重大危险源管理、生产设备检修管理、事故管理 5 个二级指标组成。

（1）综合管理

通过环境保护主管部门的环境影响评价，具有经批准的环境影响评价文件；

通过环境保护主管部门的建设项目竣工环境保护验收；

建立符合环境监测管理要求的污染源监测口及监测平台，按要求实施监测，建立企业环境监测台账；

建立企业环境管理体系；

通过清洁生产审核；

实现污染物达标排放；

执行企业污染物排放总量控制；

生产区实行“雨污分流、清污分流”；

员工实行上岗培训和岗位培训。

（2）危险化学品管理

取得危险化学品安全生产许可证；

制定安全使用危险化学品的工艺规程和安全技术规程；

制定安全贮存危险化学品的安全技术规程；

制定安全运输危险化学品的安全技术规程；

制定安全处理危险化学品废弃物的安全技术规程；

建立符合危险化学品安全储存条件的仓库和储罐；

设置符合危险化学品安全运输条件的运输工具；

设置符合危险化学品废弃物安全处理条件的处理设施；

完成危险化学品安全评价。

（3）重大危险源管理

设置可燃物质报警装置；

设置有害物质报警装置；

设置即时摄像监控装置；

设置氯气负压吸收装置；

严格控制隔膜电解槽盐水液位；

确保隔膜质量；

控制隔膜电解盐水质量；

设立离子膜电解槽温、槽压报警讯号以及槽压联锁停电装置；

建立离子膜电解盐水二次精制的程控程序；
强化电解设施管道和设备的日常检查和维护；
确保电解设施氢气系统微正压；
控制氯气液化前的含水量及杂质；
严格执行液氯残液中三氯化氮控制指标；
液氯充装严格计量；
控制氯气液化前的纯度及含氢量；
强化冷冻机的日常检查和维护；
强化氯化氢和盐酸生产设备的日常检查和维护；
控制氯化氢生产中氯、氢比例；
确保氯化氢生产的水吸收塔和碱液中和塔完好；
确保氯化氢生产的水吸收塔和碱液中和塔完好；
确保氯化汞装置和设施完好；
防止二氯乙烷泄漏；
杜绝氯乙烯泄漏；
EHP 冷藏（−10℃以下的冷库中）；
严格执行生产操作规程；
完成本企业重大危险源的申报和备案。

（4）生产设备检修管理

制定本企业生产设备安全检修措施；
建立本企业生产设备的安全管理制度。

（5）事故管理

制定本企业处理事故、追究责任的制度；
制定本企业分析事故、吸取教训、总结经验的整套方法。

7.2 环境风险管理水平综合分析

氯碱企业环境风险管理水平由开展环境风险评估的机构通过现场勘查确定，根据现场勘查结果对该氯碱企业的环境风险管理水平做出综合分析。

8 事故应急救援

8.1 事故应急救援

事故应急救援是氯碱企业环境风险等级划分指标体系中的一级指标，由事故应急救援预案和事故应急救援保障体系两个二级指标组成。

（1）事故应急救援预案

制定事故应急救援预案；

定期举行事故应急救援预案演习。

（2）事故应急救援保障体系

建立事故应急救援领导机构；

建立事故应急救援保障体系。

8.2 事故应急救援能力分析

氯碱企业的事故应急救援能力由开展环境风险评估的机构通过现场勘查确定，根据现场勘查结果对该氯碱企业的事故应急救援能力做出综合分析。

9 现场勘查

氯碱企业环境风险等级划分工作由开展环境风险评估的机构承担，通过现场勘查和评估，根据勘查和评估报告对氯碱企业环境风险等级进行划分。

10 环境风险等级划分

氯碱企业环境风险等级是以其环境风险管理水平、事故应急救援能力等外在性因素对其内因性环境风险（企业可能引发环境风险的生产因素、厂址的环境敏感性）进行修正而确定的，即以修正值对基准值进行修正后得到氯碱企业环境风险的评分结果，将其与环境风险等级进行比对，即可确定该氯碱企业的环境风险等级。

氯碱企业环境风险等级划分结果为氯碱企业环境风险管理提供技术指导。

氯碱企业环境风险等级见表 1。

表 1 氯碱企业环境风险等级

环境风险级别	评价指标分值
一级（风险很高）	≥90
二级（风险较高）	70～89
三级（风险偏高）	50～69
四级（一般风险）	30～49
五级（低风险）	<30

注：氯碱企业环境风险等级划分的基准值和修正值的评分方法见附录一和附录二

附录一：

氯碱企业环境风险等级划分基准值评分方法

序号	环境风险因子	工艺特点	评分依据	基准值（分）
1	氯碱生产规模（以烧碱计）	隔膜法	30万t/a以上	30
2			10万～30万t/a	28
3			10万t/a以下	26
4		离子膜法	30万t/a以上	29
5			10万～30万t/a	27
6			10万t/a以下	25
7	配套液氯生产的规模（以液氯计）		10万t/a以上	25
8			5万～10万t/a	23
9			5万t/a以下	20
10	配套盐酸生产的规模（以盐酸计）		10万t/a以上	25
11			5万～10万t/a	23
12			5万t/a以下	20
13	配套聚氯乙烯生产的规模（以PVC计）	电石乙炔法	20万t/a以上	30
14			10万～20万t/a	28
15			10万t/a以下	26
16		乙烯氧氯化法	20万t/a以上	29
17			10万～20万t/a	27
18			10万t/a以下	25
19	其他氯产品生产规模（以用氯量计）		1万t/a以上	10
20			1万t/a及以下	5
21	厂址敏感性		远离居民区、地面水体等环境敏感对象	0
22			距居民区、地面水体等环境敏感对象有一定距离	5
23			与居民区、地面水体等环境敏感对象相邻、紧靠或相距较近	10
24	产业政策符合性		符　合	0
25			基本符合	2
26	清洁生产水平		较　高	0
27			一　般	2

注：对于生产其他用氯产品的企业，用氯量1万t以上的企业每增加1种用氯产品，加10分；
用氯量1万t以下（含1万t）的企业每增加1种用氯产品，加5分。

附录二：

氯碱企业环境风险等级划分修正值评分方法

序号	环境风险管理和事故应急救援评价指标		评分依据	修正值（分）
1 2	综合管理	通过环境影响评价审查，具有经批准的环境影响评价文件	未通过	+2
3		通过环境保护主管部门的竣工环境保护验收	未通过	+1
4		建立符合环境监测管理要求的污染源监测口及监测平台，按要求实施监测，建立企业环境监测台账	建立与否	±1
5		建立企业环境管理体系	建立与否	±2
6		通过清洁生产审核	通过与否	±1
7		实现污染物达标排放	未实现	+1
8		执行企业污染物排放总量控制	未执行	+1
9		生产区实行“雨污分流、清污分流”	实行与否	±1
10		实行员工上岗培训和岗位培训	实行与否	±6
11	危险化学品管理	取得危险化学品安全生产许可证	取得与否	±1
12		制定安全使用危险化学品的工艺规程和安全技术规程	制定与否	±1
13		制定安全贮存危险化学品的安全技术规程	制定与否	±2
14		制定安全运输危险化学品的安全技术规程	未制定	+2
15		制定安全处理危险化学品废弃物的安全技术规程	制定与否	±2
16		建立符合危险化学品安全储存条件的仓库和储罐	建立与否	±2
17		设置符合危险化学品安全运输条件的运输工具	设置与否	±2
18		设置符合危险化学品废弃物安全处理条件的处理设施	设置与否	±2
19		完成危险化学品安全评价	未完成	+1
20	重大危险源管理	设置可燃物质报警装置	设置与否	±2
21		设置有害物质报警装置	设置与否	±2
22		设置即时摄像监控装置	设置与否	±2
23		设置氯气负压吸收装置	设置与否	±2
24		严格控制隔膜电解槽盐水液位	未控制	+2
25		确保隔膜质量	未确保	+2
26		控制隔膜电解盐水质量	未控制	+2
27		设立离子膜电解槽温、槽压报警讯号以及槽压联锁停电装置	未设立	+2
28		建立离子膜电解盐水二次精制的程控程序	未建立	+2
29		强化电解设施管道和设备的日常检查和维护	未强化	+2
30		确保电解设施氢气系统微正压	未确保	+2

序号	环境风险管理和事故应急救援评价指标		评分依据	修正值（分）
31	重大危险源管理	控制氯气液化前的含水量及杂质	未控制	+2
32		严格执行液氯残液中三氯化氮控制指标	未执行	+2
33		液氯充装严格计量	未计量	+2
34		控制氯气液化前的纯度及含氢量	未控制	+2
35		强化冷冻机的日常检查和维护	未强化	+2
36		强化氯化氢和盐酸生产设备的日常检查和维护	未强化	+2
37		控制氯化氢生产中氯、氢比例	未控制	+2
38		确保氯化氢生产的水吸收塔和碱液中和塔完好	未确保	+2
39		控制电石法 PVC 生产的次氯酸钠配制槽液位	未控制	+2
40		确保氯化汞装置和设施完好	未确保	+2
41		防止二氯乙烷泄漏	未防止	+2
42		杜绝氯乙烯泄漏	未杜绝	+2
43		EHP 冷藏（−10℃以下的冷库中）	未冷藏	+2
44		严格执行生产操作规程	执行与否	±2
45		完成本企业重大危险源申报和备案	完成与否	±2
46	生产设备检修管理	制定设备安全检修措施	制定与否	±1
47		建立设备检修安全管理制度	建立与否	±2
48	事故管理	制定本企业处理事故、追究责任的制度	制定与否	±1
49		制定本企业分析事故、吸取教训、总结经验的整套方法	制定与否	±1
50	事故应急救援预案	制定事故应急救援预案	未制定	+1
51		定期举行事故应急救援预案演习	未举行	+1
52	事故应急救援保障体系	建立事故应急救援领导机构	建立与否	±1
53		建立事故应急救援保障体系	建立与否	±1

附录三：

氯碱企业环境风险等级划分指标体系构成
氯碱企业环境风险等级划分指标体系
基准值
修正值
生产因素
厂址环境敏感性
环境风险管理
环境风险应急救援
生产规模
生产原料
生产工艺
产业政策
清洁生产
产品结构
是否位于重点流域等地区
是否位于饮用水水源上游
是否位于专业化的工业园区
是否按要求设置了卫生防护距离或大气环境防护距离
总平面布置是否合理
综合管理
危险化学品管理
重大危险源管理情况
生产设备检修管理
事故管理
事故应急救援预案
事故应急救援保障体系

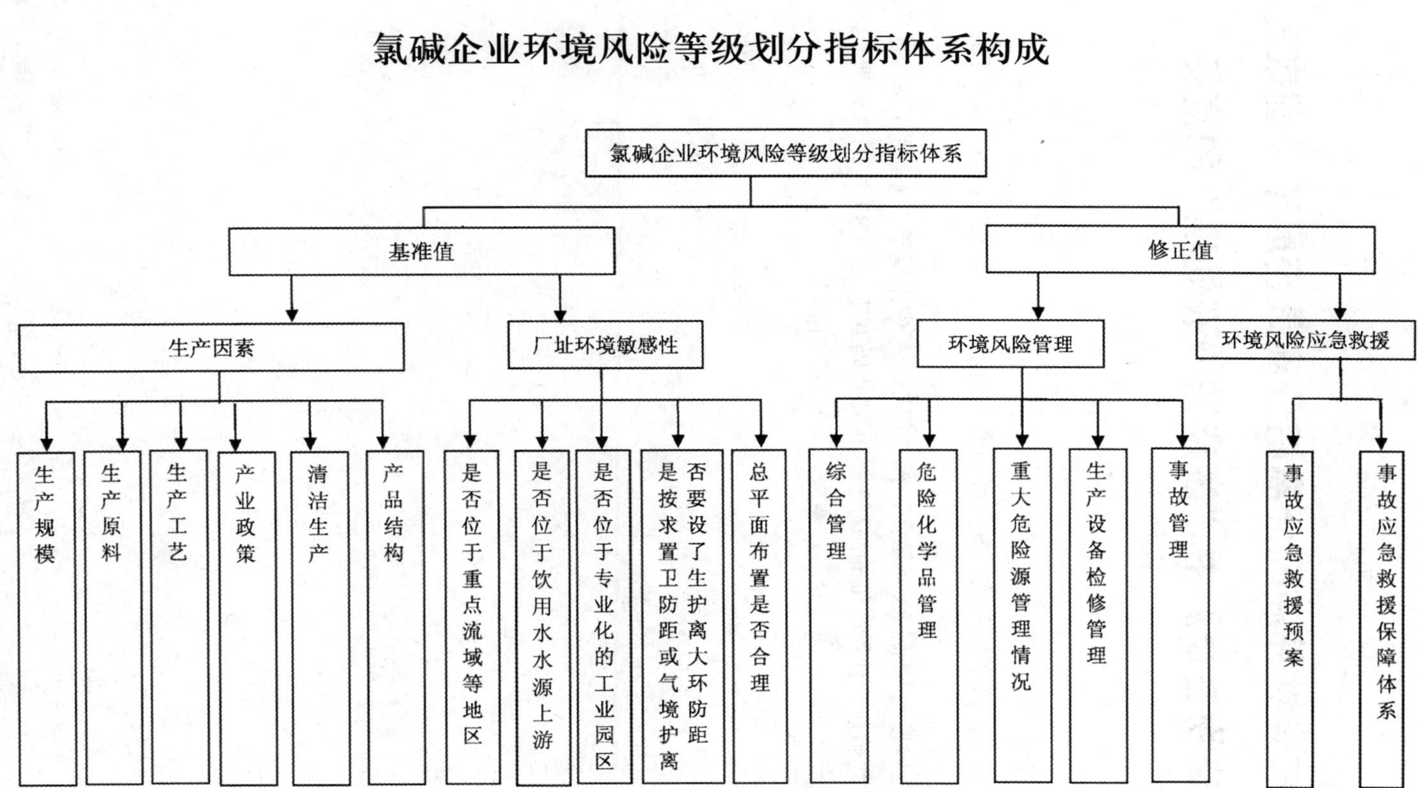

关于废弃钻井液经分离筛分离是否属于《国家危险废物名录》中“废弃钻井液处理”的复函

环函[2010]253 号

四川省环境保护厅：

你厅《关于复议案件涉及法规解释问题的请示》（川环[2010]96 号）收悉。经研究，函复如下：

《国家危险废物名录》（环境保护部令第 1 号）中来源于“天然原油和天然气开采”行业的“废弃钻井液处理产生的污泥”（废物代码 071-002-08）中的“处理”，包括对废弃钻井液进行的经分离筛分离、絮凝、沉降等技术处理。

中华人民共和国环境保护部

二〇一〇年八月十九日

关于拆迁活动是否纳入建设项目环境影响评价管理问题的复函

环函[2010]250 号

浙江省环境保护厅：

你厅《关于拆迁活动是否纳入建设项目环境影响评价管理问题的请示》（浙环[2010]23 号）收悉。经研究，函复如下：

按照《中华人民共和国环境影响评价法》第十六条和《建设项目环境保护管理条例》第七条的规定，国家根据建设项目对环境的影响程度，对建设项目的环境影响评价实行分类管理；建设项目的环境影响评价分类管理名录，由国务院环境保护行政主管部门制定并公布。目前，《建设项目环境影响评价分类管理名录》（环境保护部令第 2 号）项目类别中尚不包括拆迁活动。据此，拆迁活动不应纳入建设项目环境影响评价管理。

在实践中，对于拆迁过程中可能发生的粉尘、噪声等环境污染情况，有管辖权的环境保护行政主管部门应依据《中华人民共和国固体废物污染环境防治法》、《中华人民共和国环境噪声污染防治法》等法律法规的规定，加强日常监管，依法进行处理。对于拆迁活动完成后实施的建设项目列入《建设项目环境影响评价分类管理名录》项目类别的，应当依法进行环境影响评价。

中华人民共和国环境保护部

二〇一〇年八月十三日

关于《建设项目环境影响评价分类管理名录》U类第15项规定有关问题的复函

环函[2010]132号

湖南省环境保护厅：

你厅《关于如何理解〈建设项目环境影响评价分类管理名录〉U类（城市基础设施及房地产）第十五项（废旧资源回收加工再生）的请示》（湘环报[2010]26号）收悉。经研究，函复如下：

一、关于对“废旧资源回收加工再生”的理解

《建设项目环境影响评价分类管理名录》（环境保护部令第2号，以下简称《名录》）U类（城市基础设施及房地产）第15项对“废旧资源回收加工再生”的环境影响评价分类管理作了规定。

我们认为，《名录》第15项规定中的“废旧资源回收加工再生”包含了回收、加工、再生三项内容，建设项目只要具备其一，有关建设单位即应组织编制相应环境影响评价文件，报有审批权的环境保护行政主管部门审批。

二、关于对废旧塑料“减容破碎”的理解

对废旧塑料的减容破碎属于加工的一个环节，应作为废旧资源加工项目进行管理。

中华人民共和国环境保护部

二〇一〇年四月二十一日

关于污（废）水处理设施产生污泥危险特性鉴别有关意见的函

环函[2010]129号

各省、自治区、直辖市环境保护厅（局），新疆生产建设兵团环境保护局：

近来，一些地方环保部门和企事业单位向我部询问在公共污水处理设施污泥危险特性鉴别工作中，如何执行国家环境保护标准中的固体废物采样和鉴别相关规定问题。鉴于该问题具有普遍性，现就有关问题解释如下：

一、单纯用于处理城镇生活污水的公共污水处理厂，其产生的污泥通常情况下不具有危险特性，可作为一般固体废物管理。

二、专门处理工业废水（或同时处理少量生活污水）的处理设施产生的污泥，可能具有危险特性，应按《国家危险废物名录》、国家环境保护标准《危险废物鉴别技术规范》（HJ/T 298—2007）和危险废物鉴别标准的规定，对污泥进行危险特性鉴别。

三、以处理生活污水为主要功能的公共污水处理厂，若接收、处理工业废水，且该工业废水在排入公共污水处理系统前能稳定达到国家或地方规定的污染物排放标准的，公共污水处理厂的污泥可按照第一条的规定进行管理。但是，在工业废水排放情况发生重大改变时，应按照第二条的规定进行危险特性鉴别。

四、企业以直接或间接方式向其法定边界外排放工业废水的，出水水质应符合国家或地方污染物排放标准；废水处理过程中产生的污泥，属于正在产生的固体废物，对其进行危险特性鉴别，应按照《危险废物鉴别技术规范》的规定，在废水处理工艺环节采样，并按照污泥产生量确定最小采样数。

中华人民共和国环境保护部

二〇一〇年四月十六日

关于生活垃圾填埋气体发电机组烟气排放执行标准问题的复函

环函[2010]123 号

广东省环境保护厅：

原广东省环境保护局《关于生活垃圾填埋气体发电机组烟气排放执行标准问题的请示》（粤环报[2009]39 号）收悉。经研究，函复如下：

一、生活垃圾填埋气体的主要成分为甲烷和其他碳氢化合物、二氧化碳和少量的氨、硫化氢等。燃烧后会产生氮氧化物、二氧化硫、碳氢化合物等污染物。

二、现行的《火电厂大气污染物排放标准》（GB 13223—2003）规定了采用燃气轮机技术的发电机组氮氧化物排放限值，适用于各种气体燃料的燃气轮机组的排放管理。目前，我部正在对《火电厂大气污染物排放标准》进行修订，新标准增加了以气体为燃料的蒸汽锅炉和燃气轮机组的烟尘、二氧化硫、氮氧化物的排放限值。新标准实施后，应按标准的规定执行。

三、目前国家尚未制定采用气体燃料的内燃机发电机组的排放标准，地方省级政府可根据法律规定制定地方排放标准。

中华人民共和国环境保护部

二〇一〇年四月九日

关于加强城镇污水处理厂污泥污染防治工作的通知

环办[2010]157号

各省、自治区、直辖市环境保护厅（局）：

“十一五”期间，我国污水处理能力显著提高，同时，污泥产生量也显著增加。但多数污泥未得到妥善处置，随意抛弃、倾倒现象普遍存在，由此引起的二次污染问题已不容忽视，在一定程度上甚至抵消了部分“污染减排”的成果。各级环保部门要从切实改善环境质量、维护环境安全出发，充分认识污泥环境管理的重要性。为加强城镇污水处理厂污泥污染防治工作，现就有关事项通知如下：

一、强化污水处理厂主体责任。污水处理厂应对污水处理过程产生的污泥（含初沉污泥、剩余污泥和混合污泥）承担处理处置责任，其法定代表人或其主要负责人是污泥污染防治第一责任人。污水处理厂应当切实履行职责，对污泥产生、运输、贮存、处理、处置实施全过程管理，制定并落实污泥环境管理的规章制度、工作流程和要求，设置专门的监控部门或专（兼）职人员，确保污泥妥善处理处置，严禁擅自倾倒、堆放、丢弃、遗撒污泥。

二、加快污泥处理设施建设。污泥处理处置应遵循减量化、稳定化、无害化的原则。污水处理厂新建、改建和扩建时，污泥处理设施（污泥稳定化和脱水设施）应当与污水处理设施同时规划、同时建设、同时投入运行。不具备污泥处理能力的现有污水处理厂，应当在本通知发布之日起2年内建成并运行污泥处理设施。

三、加强污泥环境风险防范。鼓励在安全、环保和经济的前提下，回收和利用污泥中的能源和资源。污泥产生、运输、贮存、处理处置的全过程应当遵守国家和地方相关污染控制标准及技术规范。污水处理厂以贮存（即不处理处置）为目的将污泥运出厂界的，必须将污泥脱水至含水率50%以下。污水处理厂应当对污泥农用产生的环境影响负责；造成土壤和地下水污染的，应当进行修复和治理。禁止污泥处理处置单位超处理处置能力接收污泥。

四、建立污泥管理台账和转移联单制度。污水处理厂、污泥处理处置单位应当建立污泥管理台账，详细记录污泥产生量、转移量、处理处置量及其去向等情况，定期向所在地县级以上地方环保部门报告。

参照危险废物管理，建立污泥转移联单制度。污水处理厂转出污泥时应如实填写转移联单；禁止污泥运输单位、处理处置单位接收无转移联单的污泥。

五、规范污泥运输。从事污泥运输的单位应当具有相关的道路货物运营资质，禁止个人和没有获得相关运营资质的单位从事污泥运输。污泥运输车辆应当采取密封、防水、防渗漏和防遗撒等措施。

六、实施信息公开。各级地方环保部门应当参照《大中城市固体废物污染环境防治信息发布导则》（原国家环保总局公告2006年第33号），定期向社会公开发布本地区污水处理厂污泥产生、处理处置等信息。

七、加强组织实施。各级地方环保部门要结合实际，制定具体实施方案，加强污泥产生、转移、处理处置等全过程的环境监管，坚决打击非法倾倒和违法处置污泥行为。要因地制宜，推动通过填埋、焚烧、建材综合利用，现有工业窑炉（如电厂锅炉、水泥窑等）共处置等方式，提高污泥无害化处置率。

各省（区、市）环保部门应当于每年3月31日前将本辖区上一年度污泥污染防治情况（包括产生和处理处置情况）上报环境保护部。

中华人民共和国环境保护部

二〇一〇年十一月二十六日

关于印发《尾矿库环境应急管理工作指南（试行）》的通知

环办[2010]138 号

各省、自治区、直辖市环境保护厅（局），新疆生产建设兵团环境保护局，各环境保护督查中心：

为进一步规范尾矿库的环境应急管理工作，有效防范和妥善处置尾矿库引发的突发环境事件，我部组织河北省环境保护厅和张家口市环境保护局编制了《尾矿库环境应急管理工作指南（试行）》。现印发给你们，请结合各地实际，参照执行。

附件：尾矿库环境应急管理工作指南（试行）

中华人民共和国环境保护部

二〇一〇年九月三十日

附件：

尾矿库环境应急管理工作指南

（试行）

针对我国目前尾矿库种类复杂、数量繁多、分布广泛的现状，以及尾矿库突发环境事件频发的实际情况，为构建尾矿库突发环境事件防范与应急处置体系，实现尾矿库环境应急管理的专业化、科学化和规范化，制定本指南。

1 总论

1.1 适用范围

本指南适用于放射性选矿之外的金属与非金属选矿项目的尾矿库（含干式处理的尾矿库）环境应急管理。其他湿式堆存工业废渣库、电厂灰渣库的环境应急管理可参照本指南执行。

1.2 术语和概念

（1）尾矿库：指筑坝拦截谷口或围地构成的、用于堆存金属非金属矿山进行矿石选别后排出尾矿、湿法冶炼过程中产生的废物或其他工业废渣的场所。

（2）尾矿库企业：指建设和使用尾矿库的企业。

（3）突发环境事件：突然发生、造成或者可能造成重大人员伤亡、重大财产损失和对全国或者某一地区的经济社会稳定、政治安定构成重大威胁和损害，有重大社会影响的涉及公共安全的环境事件。

（4）环境敏感区：指依法设立的各级各类自然、文化保护地，以及对建设项目的某类污染因子或者生态影响因子特别敏感的区域。

（5）环境应急：针对可能或已发生的突发环境事件需要立即采取某些超出正常工作程序的行动，以避免事件发生或减轻事件后果的状态，也称为紧急状态；同时也泛指立即采取超出正常工作程序的行动。

（6）应急监测：环境应急情况下，为发现和查明污染物质的种类、污染物质的浓度、污染的范围、发展变化趋势及其可能的危害等情况而进行的环境监测。包括编写应急监测方案、确定监测范围、布设监测点位、现场采样、确定监测项目、现场与实验室监测方法、监测结果与数据处理、监测过程质量控制、监测过程总结等。

（7）危险化学品：指属于爆炸品、压缩气体和液化气体、易燃液体、易燃固体、自燃物品和遇湿易燃物品、氧化剂和有机过氧化物、有毒品和腐蚀品的化学品。

（8）危险废物：指列入国家危险废物名录或者根据国家规定的危险废物鉴别标准和鉴别方法认定的具有危险特性的废物。

（9）三级防控体系：指在车间、厂区和流域三个层级设防布控，防止尾矿库企业发生污染事件。一级防控是指在有毒有害原料仓储间和生产车间设置防渗围堰以收集车间泄漏的有害物质；二级防控是以厂区整体为单元，按污染物最大泄漏量设置事故应急池；三级防控是在流域的支流设置发挥拦截降解作用的设施，主要包括拦截坝、滞污塘等，并配置防控所需材料的物资储备库。水利设施和城市景观橡胶坝也可作为拦截设施。

1.3 编制依据

1.3.1 法律法规、规章

《突发事件应对法》

《环境保护法》

《水污染防治法》

《大气污染防治法》

《固体废物污染环境防治法》

《环境影响评价法》

《安全生产法》

《矿山安全法》

《矿山安全法实施条例》

《安全生产许可证条例》

《环境保护违法违纪行为处分暂行规定》

《环境保护行政主管部门突发环境事件信息报告办法》(试行)

《国家突发公共事件总体应急预案》

《国家突发环境事件应急预案》

《国家产业政策名录》

《危险化学品安全管理条例》

《国家安全生产事故灾难应急预案》

《尾矿库安全监督管理规定》

《防治尾矿污染环境管理规定》

1.3.2 标准、技术规范

《地表水环境质量标准》(GB 3838—2002)

《地下水质量标准》(GB/T 14848—93)

《生活饮用水卫生标准》(GB 5749—2006)

《污水综合排放标准》(GB 8978—1996)

《渔业水质标准》(GB 11607—89)

《土壤环境质量标准》(GB 15618—1995)

《一般工业固体废物贮存、处置场污染控制标准》(GB 18599—2001)

《危险废物贮存染污控制标准》(GB 18597—2001)

《危险废物填埋污染控制标准》(GB 18598—2001)

《地表水和污水监测技术规范》(HJ/T 91—2002)

《饮用水水源保护区划分技术规范》(HJ/T 338—2007)

《土壤环境监测技术规范》(HJ/T 166—2004)

《地下水监测技术规范》(HJ/T 164—2004)

《环境空气质量手工监测技术规范》(HJ/T 194—2005)

《环境影响评价技术导则　地面水环境》(HJ/T 2.3—93)

《环境影响评价技术导则　大气环境》(HJ 2.2—2008)

《建设项目环境风险评价技术导则》(HJ/T 169—2004)

《尾矿库安全技术规程》(AQ 2006—2005)

1.4 尾矿库企业责任和环境保护行政部门管理职责

本指南依据现行的法律法规，确定尾矿库企业在尾矿库环境管理方面的主体责任和环境保护行政部门管理职责。

1.4.1 尾矿库企业责任

尾矿库企业是防治尾矿库污染、防范和处置突发环境事件的责任主体。尾矿库企业应遵守建设项目环境影响评价和“三同时”制度，按要求进行排污申报登记，确保污染防治设施稳定正常运行；按规定编制突发环境事件应急预案，建立环境风险评估制度，组织开展应急演练，落实各项应急措施；针对各种可能发生的突发环境事件，建立和完善预测预警机制，加强环境风险隐患排查整治；构建防范与应急处置体系，负责突发环境事件的报告和应急处置。

1.4.2 环境保护行政部门管理职责

环境保护行政部门负责对涉及尾矿库建设项目的环境管理，建立和完善尾矿库环境风险评估制度；要求企业编制尾矿库突发环境事件应急预案，负责企业尾矿库污染防治的日常监督检查和处理。针对突发环境事件，按照职责和规定的权限启动相关应急响应，参与应急处置工作。

1.5 尾矿库企业和环境保护行政部门的环境应急管理工作内容

1.5.1 尾矿库企业的环境应急管理工作内容

1.5.1.1 日常环境应急管理

尾矿库企业在尾矿库日常环境应急管理中，要全面排查污染隐患，落实各种应急保障措施，加强应急培训与演练。

开展污染隐患排查。要通过经常性的污染隐患排查，确定排查和防范的重点部位，明确尾矿库下游的环境敏感保护目标，全面分析可能造成的次生灾害和衍生灾害，制定相应的切断污染源、消除和减轻污染的应急处置措施。对查出的污染隐患制定切实可行的整改方案，进行治理整改，并建立相关工作档案。

落实应急保障措施。要落实各种应急保障措施，特别是掌握本企业应急物资与装备的种类、数量、存放位置及使用方法，同时要掌握周边地区应急物资与装备的企事业单位的联系方式、储备等相关情况。

加强应急培训与演练。要通过应急培训与演练，使全体企业职工掌握尾矿中污染物的危害和防护措施，按照应急预案组织进行经常性的演练，并按照国家的要求和本企业应急资源的变化情况及时对预案进行更新和完善。

1.5.1.2 应急处置

尾矿库企业作为应对尾矿库突发环境事件的责任主体，在发生尾矿库坍塌、泄漏等引发的突发环境事件时，要立即启动本单位应急响应，实施先期处置。必须全力切断污染源，努力开展应急监测，采取行之有效的措施消除和减轻污染，尽最大可能防止突发环境事件扩大、升级，最大限度地降低对环境的损害。

尾矿库企业要将事件真实情况第一时间向当地政府和环保等职能部门报告，为政府正确判断形势、科学决策提供依据，为尽快得到政府和社会支援争取时间。

1.5.2 环境保护行政部门的环境应急管理工作内容

1.5.2.1 日常环境应急管理

在尾矿库日常环境应急管理中，环境保护行政部门要认真组织开展环境风险隐患检查工作。要及时了解和掌握本地区正在使用、停止使用或闭库的各类尾矿库环境污染治理设施和措施，以及尾矿库下游取水口、饮用水源保护区等环境敏感保护目标。加强对环境风险隐患登记、整改、销号的全过程管理。对现有的尾矿库建立环境保护管理台账，实行动态管理。

1.5.2.2 应急处置

发生尾矿库突发环境事件后，当地环境保护行政部门要在政府的统一领导下，查明情况、及时报告、提出建议、督促落实、调查处理，做到第一时间报告、第一时间赶赴现场、第一时间开展监测、向地方政府提出第一时间向社会发布信息的建议、第一时间组织开展调查。

查明情况就是通过现场勘察、调查和应急监测，查明突发环境事件的基本情况等。

及时报告就是严格执行国家的突发环境事件信息报送制度，向当地政府和上级环境保护行政部门及时报告。

提出建议就是及时向政府现场应急指挥部提出切断污染源、控制和消除污染等方面的建议，为政府环境应急工作决策提供支持。

督促落实就是对政府现场应急指挥部制定的环境应急工作决策和措施执行情况进行跟踪检查，督促尾矿库企业予以落实，并将督促落实情况及时报告地方政府、上级环境保护行政部门及政府相关部门。

调查处理就是按照当地政府的统一安排，及时组织或参与后期处置工作，查清事件原因、责任，落实各项环保整改措施，进行环境应急事件后评估，开展环境影响后评价，总结经验教训，提高环境应急管理工作水平。

1.6 尾矿库环境应急管理体系

尾矿库的环境应急管理是一个全过程的管理。具体包括：日常预防和预警、环境应急准备、环境应急响应与处置、突发环境事件应急终止后的环境管理四个方面的内容。

日常预防和预警：包括尾矿库建设项目环境风险隐患管理、建立尾矿库动态数据库、尾矿库环境风险隐患评估、建立预警体系、建立联动机制等内容。

环境应急准备：包括应急预案体系、三级防控体系、应急保障体系等内容。

环境应急响应与处置：包括应急协调指挥、应急监测、应急处理等内容。

突发环境事件应急终止后的环境管理：包括环境恢复、中长期环境影响预测与评价、跟踪监测等内容。

尾矿库环境应急管理体系见图 1。

2 尾矿库环境应急预防和预警

2.1 涉及尾矿库建设项目的环境管理

2.1.1 环评审批

（1）涉及尾矿库的建设项目必须符合国家产业政策。

（2）涉及尾矿库的建设项目必须符合国家和地方的矿产资源开发利用规划、水土保持规划和土地利用总体规划等相关规划；必须符合当地环境功能区划及当地环境保护行政部门的环保要求；在尾矿库建设的选址方面应考虑尾矿库周边有利于建设尾矿库环境应急处置设施。

（3）涉及尾矿库建设项目的环境影响评价须在矿产资源开发利用规划环评审查后进行，环境影响评价等级为环境影响报告书。对所有涉及尾矿库的建设项目在报批的环境影响评价报告书中必须设置独立的环境风险评价篇章。

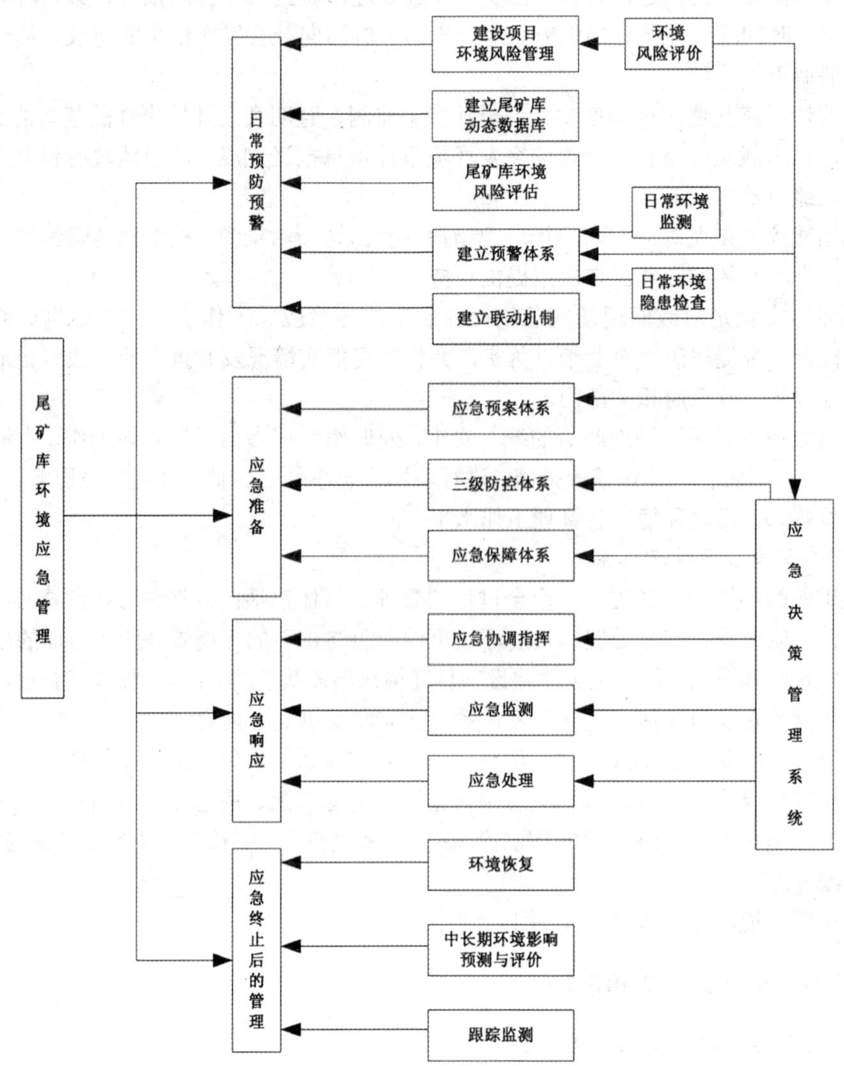

图 1 尾矿库环境应急管理体系图

2.1.2 环保竣工验收

存在重大环境风险的尾矿库经安全监管部门验收合格（取得尾矿库安全生产许可证）后，按相关规定进行建设项目竣工环境保护验收。

2.1.3 闭库环境管理

尾矿库企业在尾矿库停止使用后必须进行处置，保证坝体安全，不污染环境，消除污染事故隐患。

尾矿库经安全监管部门闭库验收合格后，方可对尾矿库的环境污染防治设施、生态保护工程进行闭库验收，验收时应对尾矿库中的尾砂进行环境达标监测。

关闭尾矿设施必须经企业主管部门报当地省环境保护行政部门验收、批准。经验收移交后的尾矿设施其污染防治由接收单位负责。利用处置过的尾矿或其设施，需经地、市环境保护行政部门批准，并报省环境保护行政部门备案。

2.2 尾矿库动态管理数据库

各级环境保护行政部门应加强尾矿库动态管理数据库建设，利用地理信息系统及信息管理指挥平台等信息化手段进行管理，加快信息传递速度，提高预警能力。

尾矿库动态管理数据库应包括以下内容：尾矿库概况、周边环境概况、建设（生产）情况、水土保持措施、环境应急管理、管理信息系统建设等。

2.3 尾矿库环境风险分类管理

各级地方环境保护行政部门应在对尾矿库进行普查的基础上，对尾矿库环境风险进行分类。尾矿库的环境风险分类应综合考虑以下要素：尾矿库库容、坝高、尾矿库所含污染因子、尾矿库周边环境敏感点分布情况等。

对于周边存在环境敏感点的有色金属、重金属及稀有金属等尾矿库应作为重点环境风险源进行管理。

对于环境风险较小的铁矿、锰矿等尾矿库作为一般环境风险源进行管理。

对于煤矸石等一般工业废渣且周边无环境敏感点的尾矿库，可不纳入环境风险管理范围之内。

2.4 尾矿库日常环境监测

2.4.1 常规监测

涉及《污水综合排放标准》一类污染物及氰化物等的尾矿库企业要按规定项目和频次进行监测。企业应在车间或处理设施排放口安装特征污染物在线监测设备，无在线监测设备或未安装在线监测设备的，企业应自行或委托有资质的监测机构进行手工监测。环境保护行政部门要按规定定期对企业进行监督性监测。

企业特征污染物在线监测设备应当与环境保护行政部门信息平台联网，属于省控和国控重点污染源的企业，还应与省级和国家环境保护行政部门信息平台联网。企业监测的数据要以日报或周报形式报送当地环境保护行政部门，同时向社会公告。

2.4.2 地下水监测

为监控尾矿库对地下水的影响，企业应在尾矿库周边设置三类地下水水质监控井，定期进行监测。第一类沿地下水流向设在尾矿库上游，作为对照井，反映地下水的本底值；第二类沿地下水流向设在尾矿库下游，作为污染观测井；第三类设在最可能出现扩散影响的周边（可根据实际情况适当增加），作为污染扩散监控井。

按照《地下水环境监测技术规范》要求定期对监控井取样监测。如果尾矿库周边监测范围内存在居民取水井，则可用居民取水井代替观察井。为实现对尾矿库所处区域地下水环境的动态观察，在条件允许的情况下，由具备相关资质的地勘机构出具区域地下水等水位线图、区域地下水水化学图及水文地质勘探孔柱状图。

2.4.3 地表水预防预警监测

环境保护行政部门负责尾矿库周边地表水预防预警监测布点采样。监测断面的布设和数量应符合《地表水和废水监测技术规范》的要求。

（1）在尾矿库环境风险隐患检查预防监测中，要对尾矿库周边、溃坝或泄漏可能影响的河流上游，设置对照断面，尾矿库周边涉及饮用水水源地的要设置河流背景断面。

（2）在尾矿库环境风险隐患检查预防监测中，涉及国家规定的重要江河、湖泊，要在支流与干流汇合处，下游200 m设控制断面，控制断面有超标情况时，根据实际情况设消解断面。

（3）河流涉及跨省界、国界的，要根据省界、国界河流地形，设置跨界水质监测断面。

2.5 *尾矿库环境风险隐患检查*

2.5.1 检查准备

收集有关资料和信息，主要包括相关法律法规、规范性文件及各类环保标准，辖区内尾矿库企业的基本信息。根据收集的基础资料和数据，因地制宜，制定检查计划，确定检查重点。统筹安排现场执法需要的调查取证设备、监测仪器、交通工具等。需其他部门配合实施联合检查的，联系有关部门召开联席会议，明确各部门具体工作任务。

2.5.2 现场检查

要求被检查单位提供如下资料：企业生产销售台账及企业生产管理的基本信息资料；建设项目环评报告及审批文件、环保"三同时"验收报告及审批文件、突发环境事件应急预案及应急机构建设和管理制度、排污许可证、排污申报资料、排污费缴纳单据、自动监控数据报表等环境管理基本资料；污染治理设施运行台账、环保设施运行规程等企业内部环境管理基本资料。

根据尾矿库企业厂区布局、尾矿库位置、生产工艺流程、重点产排污节点等实际情况，确定合理的检查路线，检查尾矿库企业的生产车间、尾矿库的使用、污染防治和应急防控设施建设及运行情况等，填写《尾矿库环境风险隐患检查单》，并做好现场检查记录。

《尾矿库环境风险隐患检查单》可以分为两部分：第一部分为尾矿库基本信息表（表1），第二部分为尾矿库环境风险隐患检查表（表2）。建立尾矿库基本信息表后，日常检查时可只检查表2内容，如表1基本信息有变更则在备注栏说明。

2.5.3 调查取证

现场检查发现有环境违法行为的应当责令改正，并对违法事实、违法情节和危害后果等进行全面、客观、及时的调查，依法收集与案件有关的证据，制作现场检查（勘察）笔录和调查询问笔录，采取录音、拍照、录像或者其他方式如实记录现场情况。

2.5.4 处理

检查中发现环境违法行为，依据相关法律、法规的规定作出相应的处罚决定。属于上级环境保护行政部门管辖的，应形成书面材料报上级环境保护行政部门处理。上级环境保护行政部门可以将管辖的案件交由下级环境保护行政部门实施行政处罚。

对应责令停产整顿、停业、关闭的案件，环境保护行政部门应当提出处理建议并报本级人民政府。涉嫌存在重大安全隐患的，移送安全生产监管部门；涉嫌存在非法占地、采矿手续不完善的，移送国土资源部门；涉嫌违反国家产业政策、需淘汰关停的，移送经济主管部门等。

2.5.5 总结归档

编写总结报告，对查处过程中的相关资料、文字材料及音像资料，及时分类归档。

2.6 建立预警体系

2.6.1 预警发布条件

当发生环境水质数值异常、污染源排放污染物监测指标异常、视频监控系统显示重点污染源设施运行和排放异常、监测因子达到预警和应急响应分级标准时，报请政府启动相应等级的预警与应急预案。

2.6.2 预警分级

按照《国家突发环境事件应急预案》关于突发环境事件分级的规定，尾矿库突发环境事件预警按照下述原则分为四级：

一般（Ⅳ级）：尾矿库发生突发环境事件，尾矿库周边污染范围内的地表水、监测井水质常规因子和特征因子均未出现超标。

较大（Ⅲ级）：尾矿库发生突发环境事件，尾矿库周边污染范围内的地表水水质常规因子或特征因子至少有一项出现超标，但监测井水质常规因子和特征因子均未出现超标。

重大（Ⅱ级）：尾矿库发生突发环境事件，尾矿库周边污染范围内的地表水或监测井水质常规因子和特征因子至少有一项出现超标，造成水体污染。

特大（Ⅰ级）：尾矿库发生突发环境事件，尾矿库周边污染范围内的地表水或监测井水质常规因子和特征因子均出现超标，造成水体严重污染。

与《国家突发环境事件应急预案》预警分级相对应，一般（Ⅳ级）对应蓝色预警信号，较大（Ⅲ级）对应黄色预警信号，重大（Ⅱ级）对应橙色预警信号，特大（Ⅰ级）对应红色预警信号。

2.7 建立联动机制

各级环境保护行政部门在当地政府的统一领导下，加强与安全监管、水利、国土、公安等有关部门的沟通，实现信息互通，资源共享，联合执法，联合督办，建立健全应急长效联动机制。对在监督检查中发现不属于本部门职责的问题，环境保护行政部门应当及时通报相关职能部门，并记录备查。

涉及跨流域跨界污染问题，上下游环境保护部门要在政府的统一领导下 ，建立定期会商、联合预警、联合监测、联合防范，信息互通的机制，共同防范尾矿库引发的突发环境事件。

表 1 尾矿库基本信息表

<table>
<tr><td>尾矿库企业名称</td><td colspan="5"></td></tr>
<tr><td>法人代表</td><td colspan="2"></td><td>联系电话</td><td colspan="2"></td></tr>
<tr><td>企业详细地址</td><td colspan="5"></td></tr>
<tr><td>尾矿库位置</td><td colspan="5">（行政区位+地理坐标）</td></tr>
<tr><td>尾矿库周边环境敏感点</td><td colspan="5">（山谷型取 80 倍坝高，平地型取 40 倍坝高。可附周边环境敏感点分布图）</td></tr>
<tr><td>设计库容</td><td colspan="2"></td><td>设计坝高</td><td colspan="2"></td></tr>
<tr><td>尾矿库等别</td><td colspan="2"></td><td>坝体类型</td><td>透水</td><td>不透水</td></tr>
<tr><td>建厂时间</td><td colspan="2"></td><td>主要产品</td><td colspan="2"></td></tr>
<tr><td>正式生产时间</td><td colspan="2"></td><td>主要原料及用量</td><td colspan="2"></td></tr>
<tr><td>设计年排尾量</td><td colspan="2"></td><td>辅助原料</td><td colspan="2"></td></tr>
<tr><td>实际年排尾量</td><td colspan="2"></td><td>总投资及环保投资</td><td colspan="2"></td></tr>
<tr><td>生产周期</td><td colspan="2"></td><td>劳动定员</td><td colspan="2"></td></tr>
<tr><td>环评及批复文号</td><td colspan="2"></td><td>“三同时”验收</td><td colspan="2"></td></tr>
<tr><td rowspan="2">安全生产许可证</td><td>发放单位</td><td colspan="4"></td></tr>
<tr><td>颁（换）发时间</td><td colspan="2"></td><td>编号</td><td></td></tr>
<tr><td rowspan="2">排污许可证</td><td>发放单位</td><td colspan="4"></td></tr>
<tr><td>颁（换）发时间</td><td colspan="2"></td><td>编号</td><td></td></tr>
<tr><td>环保机构名称及定员</td><td colspan="2"></td><td>主要职能</td><td colspan="2"></td></tr>
<tr><td colspan="2">主管领导</td><td colspan="2">主要负责人</td><td colspan="2">环境监督员</td></tr>
<tr><td colspan="2">姓名：</td><td colspan="2">姓名：</td><td colspan="2">姓名：</td></tr>
<tr><td colspan="2">联系电话：</td><td colspan="2">联系电话：</td><td colspan="2">联系电话：</td></tr>
<tr><td colspan="2">备注（主要填写变更情况）</td><td colspan="4"></td></tr>
</table>

表 2　尾矿库环境风险隐患检查表

检查人员：　　　　　　　　　　　　　　　　　　　　　　日期：

类别		内容	判断依据	检查情况	整改情况
尾矿库“三防”措施		防渗漏、防扬散、防流失措施是否到位			
环评和“三同时”制度合规性		环评审批	环评审批手续符合规定；环评等级符合规定；生产规模、地点、采（选）矿方法与环评批复一致		
		“三同时”制度执行	尾矿库企业污染防治必须与主体工程同时设计、同时施工、同时使用		
污染治理设施	废水	废水处理设施运行情况	建有污水处理设施；污水处理设施正常运行且稳定达标排放或综合利用		
	粉尘	粉尘处理设施运行情况	粉尘处理设施正常运行且稳定达标排放		
	废弃矿渣	废弃矿渣贮存场所	采取防渗漏、防扬散、防流失措施		
环境应急情况		是否建立环境应急机构			
		是否配备环境应急人员			
		是否储备环境应急物资			
		是否建设环境应急设施			
		是否编制环境应急预案			
		是否定期开展环境应急演练			
排放口和自动监控合规性		排放口规范化情况	符合排污口规范化建设要求		
		污染源自动监控装置安装	安装COD、悬浮物等主要污染物的自动监控装置		
环境管理制度合规性		排污申报执行情况	依法进行排污申报登记		
		排污许可证办理情况	依法办理排污许可证；按照排污许可证的规定排放污染物		
		缴纳排污费	依法、及时、足额		
		企业环境管理机构和人员设置	有环保机构；有专业环保管理人员；建立比较健全的环境管理责任体系		
		企业环境管理制度情况	有比较完善的内部环境管理度；环境管理制度上墙		
		环保设施运行管理情况	有运行台账记录		
备注：检查情况一栏应对照判断依据填写，符合判断依据则填写“合规”，不符合判断依据应据实填写违规情况。					

3 尾矿库环境应急准备

3.1 尾矿库环境应急预案体系

3.1.1 应急预案的编制

尾矿库企业应制定尾矿库突发环境事件应急预案，纳入动态管理体系，定期进行应急演练并将本企业的环境应急预案与相关部门、各级地方政府应急预案相衔接。

尾矿库企业编制的应急预案应当包括尾矿库的基本情况、工程概况；对尾矿库运行过程中存在的危险因素和易发生的事故种类进行分析，确定组织机构和职责，对突发环境事件的预防与预警、应急响应、应急保障和终止等内容作出规定，并重点分析尾矿库运行期间和闭库过程中的环境风险防范措施和现场处置办法。

3.1.2 预案评审与应急演练

尾矿库企业应当聘请专家对尾矿库环境应急预案进行评审，并根据专家意见对应急预案进行修订。

预案评审后，尾矿库企业应组织落实预案中的相关要求，进一步明确各项职责和任务分工，加强企业员工的教育和培训，提高环境风险隐患防范意识，组织开展环境应急演练，并针对演练中的不足适时修订环境应急预案。

3.1.3 应急能力评估

环境保护行政部门应在尾矿库环境风险评估的基础上，对尾矿库企业现有的突发环境事件预防措施、应急装备、应急救援队伍等应急能力进行评估，提出评估意见，责成企业进一步完善环境应急预案。评估的主要内容包括：

（1）尾矿库企业环境风险隐患防范措施落实情况；

（2）应急设施（设备）包括个人防护装备器材、堵漏器材、应急监测仪器和应急交通工具等供应情况；

（3）应急物资包括处理泄漏物、消解和吸收污染物的各类吸附剂、中和剂、解毒剂等化学品物资，如活性炭、漂泊粉、石灰等；

（4）应急通讯系统；

（5）应急救援队伍建设情况；

（6）企业应急预案与地方政府和相关管理部门应急预案的衔接情况；

（7）其他相关情况。

3.2 尾矿库三级防控体系

尾矿库企业应采取措施对车间及厂区范围内可能发生的突发环境事件进行防控，地方人民政府组织企业建设流域防控措施。

3.2.1 第一级防控：车间级

因设备故障或事故造成矿浆溢流或选矿药剂泄漏进入车间。

防控措施：在车间内或车间外建事故池收集溢流的矿浆，并配立泵随时将事故池内的矿浆排入工艺中。

选矿药剂库四周应建围堰及通入事故池的地下导流沟，并与选矿车间一并做防渗处理。

3.2.2 第二级防控：厂区级

尾砂输送管道破裂造成矿浆泄漏或暴雨造成尾矿库废水漫坝溢流。

防控措施：在尾矿库初期坝下建有足够容量的事故池，将泄漏废水收集，经处理后循环使用。

3.2.3 第三级防控：流域级

尾矿库发生废水泄漏，一、二级防控措施失败。

防控措施：在尾矿库下游河道支流设计并建造拦截吸附坝基础工程。工程应以事故最大泄漏量，结合当地水文条件设计。拦截吸附坝数量与间距应按照当地实际情况选取。

在建造拦截吸附坝基础工程的同时，还应结合坝址周边地形和交通条件，同步设计建造应急物资储备场(库)，并储备砂袋、水泥管、活性炭网箱及吸附物资等。流域防控的工程类型包括滞污塘和截流断面两种（建议在流量较小的河流采用）。

除以上工程措施外，还可以利用水利设施和城市景观橡胶坝等作为流域防控设施。各地应结合本地实际情况选取流域防控设施。

3.2.3.1 滞污塘

（1）设在三级或更小一级的支流沟谷中。河道宽阔、河床窄小并且具有较为平坦宽广的低漫滩地形；

（2）不占耕地，交通方便；

（3）上游汇水面积不大且发生尾矿库突发环境事件的泄流量较小。

工程由蓄存池塘及控制区域组成。蓄存池塘建在河床一侧宽阔平坦的低漫滩上，因地而异呈不规则形状。塘内开挖一定深度后进行平整防渗处理，塘边构筑混凝土矮堤围堰，使之形成一个容积达数万至数十万立方米的蓄存空间。控制枢纽建在池塘的入口与河床交汇处。由闸门及相关导水设施组成。该工程启动时先将污水导入滞污塘内存储，根据污染物性质、浓度，针对性采取降解措施，水体处理达标后再输入河床。

3.2.3.2 拦截坝

一般设在一、二级支流的山区河谷中，断面上游汇水面积较大或工矿企业较多，发生突发环境事件时泄流量较大。工程形成一般为垂直流向的开口堤堰，中间开口处为河床，经过修整断面呈箱形或梯形。启动时铺设水泥管和滤箱，河床两侧构筑混凝土或砂黏土楔形矮堰，启动时根据情况而堆放砂袋。该工程主要适用于受化学污染的泄漏水体，一方面截堵一部分水体，另一方面通过滤箱和水泥管进行降解排泄，达到消除或减轻污水对下游河水及环境敏感点的污染影响。

3.3 尾矿库环境应急保障体系

3.3.1 机构建设

各省（区、市）应加强省、市、县三级环境应急管理机构的建设，保证在突发环境事件发生后能迅速参与并完成相应的现场处置工作。

3.3.2 技术保障

组建尾矿库环境应急专家库，按照理论型、管理型、行业型对专家进行分类，建立健全各专业环境应急队伍和地区专业技术机构。应急专家在发生尾矿库突发环境事件后要及时到位，为指挥决策提供技术支持。

3.3.3 物资保障

通信保障：各级环境应急相关专业部门要建立和完善环境应急指挥系统，配备必要的应急通信器材，确保发生尾矿库突发环境事件后，环境应急指挥部和有关部门及现场各专业应急分队间的联络畅通。

防护保障：配备齐全的个人防护装备。

物资保障：

（1）车辆：应急指挥车辆、应急监测车辆、应急工程车辆及水质应急监测流动实验室等，应保证油料充足及手续完整。

（2）监测：配备特征污染物现场取样和监测仪器。

（3）物资储备：地方人民政府负责建立以拦截物料、污染物降解吸附材料等物资构成的应急物资储备库。

3.3.4 培训与演练

各级环境保护行政部门以及有关类别环境事件专业主管部门应加强环境事件专业技术人员日常培训和重要目标工作人员的培训和管理，培养训练有素的环境应急处置、检验、监测等专门人才。

各级环境保护行政部门以及有关类别环境事件专业主管部门，按照环境应急预案及相关单项预案，定期组织不同类型的环境应急实战演练，提高防范和处置突发环境事件的技能，增强实战能力。

4 尾矿库环境应急响应与处置

尾矿库突发环境事件的应急响应与处置应在当地政府的统一指挥下开展。当地政府应建立统一的应急指挥、协调和决策程序，便于对事故进行初始评估、确认事故级别，迅速有效地进行应急响应。

4.1 分级响应机制

按照2.6.2规定的尾矿库突发环境事件的预警分级确定应急响应级别，并与之对应。根据事态的发展情况和采取措施的效果，预警级别可以升级、降级或解除。

4.2 应急响应程序

Ⅰ级响应由环境保护部和国务院相关部门组织实施，地方各级政府及其环境应急工作指挥部和有关部门、单位按照国家环境应急预案的规定和国家的统一部署，做好应急响应工作。

Ⅱ级响应由省级环境应急工作指挥部按下列规定开展工作：

（1）按规定程序迅速启动本级尾矿库突发环境事件应急预案；

（2）开通与事发地环境应急工作指挥部、现场指挥部的通讯联系，随时掌握应急工作进展情况和事态发展情况；

（3）召集专家组分析情况，研究应对措施，为应急指挥工作提供技术支持；

（4）协调组织应急救援队伍和专家赶赴事发地参加、指导现场的应急指挥工作，必要时调集事发地周边的救援队伍实施增援。

尾矿库突发环境事件的Ⅲ级响应和Ⅳ级响应工作，分别由设区的市和县（市、区）政府组织实施。需要有关应急救援力量支援时，及时向上一级环境应急工作指挥部提出申请。

尾矿库突发环境事件应急响应与处置技术流程见图 2。

4.3 信息报送与处理

按照《国家突发环境事件应急预案》及国家有关规定，明确信息报告时限、内容、方式和发布程序。

4.4 指挥与协调

4.4.1 指挥与协调机制

在尾矿库突发环境事件发生后，地方政府环境应急指挥部立即启动应急预案，派出应急救援队伍和有关人员赶赴事发现场，做好应急处置工作。

环境应急工作指挥部组织有关专家参与现场环境应急指挥部的工作，对事件信息进行分析、评估，根据事件发展情况，作出科学预测，提出相应的对策和建议供指挥部决策时参考。

发生尾矿库突发环境事件的责任单位要及时、主动地向环境应急指挥部提供与环境应急救援工作有关的基础资料，为环境应急指挥部研究确定救援和处置方案提供决策依据。

4.4.2 指挥协调的主要内容

尾矿库突发环境事件指挥协调的主要内容包括：

（1）提出现场应急行动原则要求；

（2）制定控制和减轻污染的处置方案；

（3）派出有关专家和人员参与现场应急处置和救援工作；

（4）协调各级、各专业应急力量实施应急支援行动；

（5）指挥污染源的监测监控工作；

（6）及时向上级有关部门报告应急行动的进展情况。

4.5 处置措施

对尾矿库突发环境事件的应急处置，按照相关应急预案的规定执行。

4.5.1 尾矿库企业现场应急处置一般方法

尾矿库突发环境事件发生后，尾矿库企业应立即启动本单位应急响应，执行应急预案，实施先期处置。救援队伍到达现场后立即了解情况，确定警戒区和事故控制具体方案，布置救援任务，在救援过程中要佩戴好个人防护用品，并设定警示标志。处置方法如下：

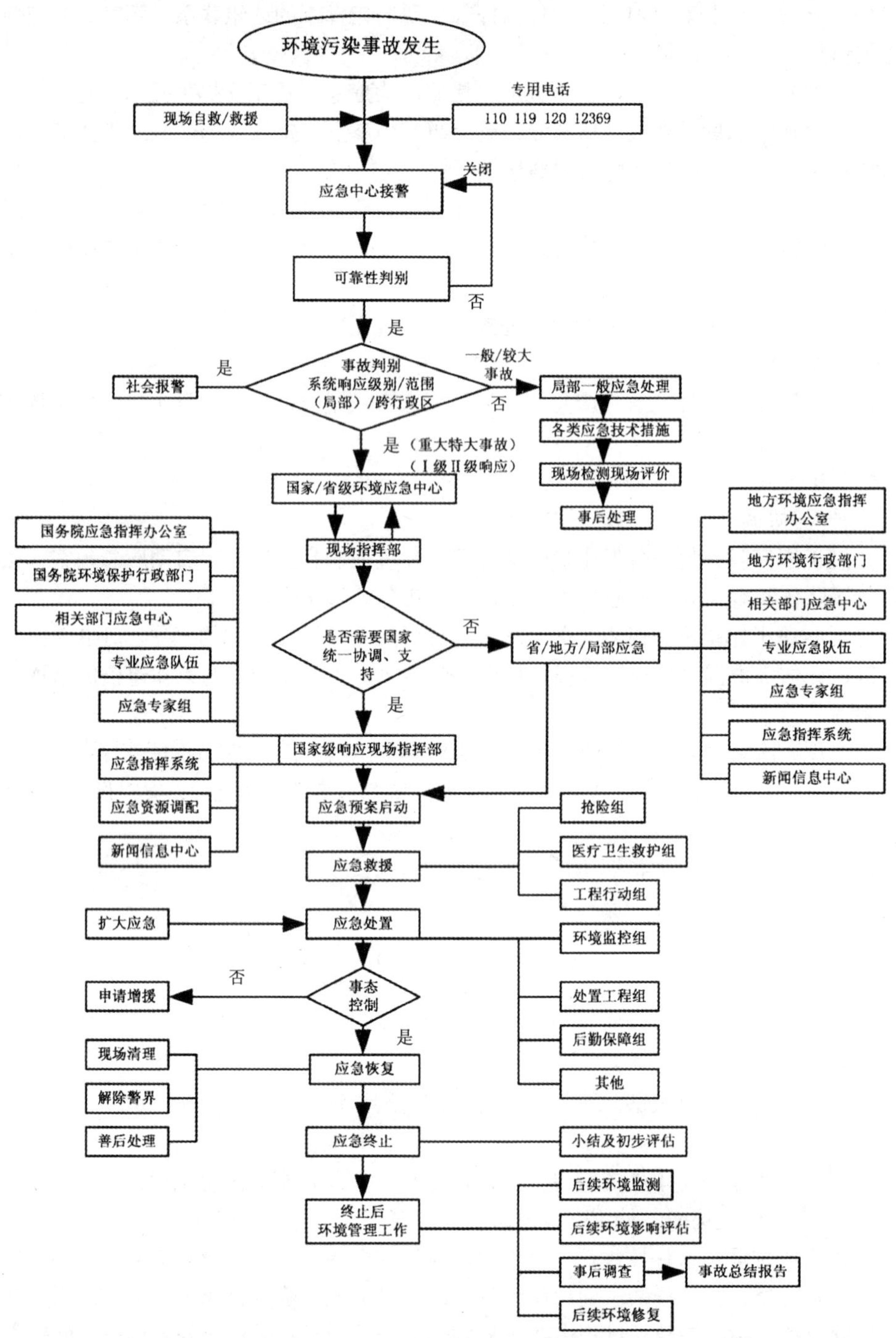

图 2　尾矿库环境应急事件响应技术流程

（1）抢险：应急救援队伍到达现场后，在企业应急指挥部的统一领导下，应急技术组迅速查明事故性质、原因、影响范围等基本情况，判断事故后果和可能发展的趋势，拿出抢险和救援处置方案。事故救援组负责在紧急状态下的现场抢险作业，及时控制危险区，防止事故扩大。现场监测组迅速制定监测方案，开展监测。后勤保障组负责事故现场物资、设备、工具的保障供给工作。

（2）疏散：在尾矿库发生险情，有溃坝危险时，企业应急指挥部应立即上报当地政府和相关部门，并由安全保卫组负责下游居民的疏散和两侧的警戒工作，严禁车辆和行人通过，维护事故现场秩序和社会治安。

（3）转移：在事故救援中，尾矿库有溃坝危险或有人员伤亡、财产损失时，由安全保卫组、医疗救护组将受伤人员、居民财产向安全区域转移。转移过程中救援队伍应与现场应急指挥部保持联系。

如果溃坝事故严重，对周边环境的污染形势扩大，现场环境应急指挥部应采取果断措施，停止生产，调动铲车、挖掘机等对污染物进行封堵、拦截，并采取污染控制的有效措施，同时请求地方政府增援。

（4）结束：救援工作结束后，各应急专业队伍必须经企业指挥部同意后，方可撤离现场，同时成立事故调查组，对事故进行分析处理，及时总结经验教训，并整理事故档案，修订应急预案。

4.5.2 尾矿库突发环境事件常见类型和处置措施

尾矿库突发环境事件常见类型主要包括：输送系统泄漏、排水设施堵塞或损坏、渗漏、管涌、裂缝、滑坡、溃坝等。

企业按照应急预案确定的工程技术方案开展工作，迅速启动包括封堵污染源、筑建拦截坝和污染物降解等防控措施。

环境保护行政部门可根据现场情况，报告政府启动流域级防控措施。

4.5.3 典型尾矿库突发环境事件涉及的特征污染物处置方法

尾矿污染类型可以分为有机污染和无机污染两类，有机污染主要是有机选矿药剂造成的污染，无机污染主要是尾矿中的金属离子和选矿中使用的酸、碱药剂造成的污染。总体来讲，有机污染采取投加粉末活性炭吸附的应急处置方法，无机污染采取絮凝沉淀的应急处置方法，药剂的投加量应根据监测数据确定。典型尾矿库常见污染物处理办法参考表 3。

4.6 应急监测

根据尾矿库突发环境事件的特点，按照污染物种类、尾矿库周边地表水、地下水、饮用水水源保护区、环境敏感点的分布，划分监测区域，确定监测点位，明确监测项目，开展应急监测。

在事件发生初期，要根据事件发生地的监测能力和突发事件的严重程度，适当增加监测点位和频次，随着污染物的扩散情况和监测结果的变化趋势，调整监测频次和监测点位。

表 3 典型尾矿库常见特征污染物处置方法一览表

<table>
<tr><th>典型尾矿库</th><th>常见特征污染物</th><th>处 理 办 法</th></tr>
<tr><td rowspan="5">金、银矿</td><td>砷</td><td>一般利用絮凝沉淀-吸附法或者离子变换吸附法，还可利用高铁酸盐的氧化絮凝双重水处理功能，取代氧化铁盐法</td></tr>
<tr><td>铬（六价）</td><td>硫酸亚铁絮凝沉淀分离铬</td></tr>
<tr><td>镉</td><td>投加硫化钠生成硫化镉沉淀去除</td></tr>
<tr><td>汞</td><td>投加硫化钠生成硫化汞沉淀去除</td></tr>
<tr><td>氰化钠</td><td>加入过量 NaClO 或漂白粉分解氰化物</td></tr>
<tr><td rowspan="9">铅锌矿</td><td>铅</td><td>投加硫化钠生成硫化铅沉淀去除</td></tr>
<tr><td>锌</td><td>投加硫化钠生成硫化锌沉淀去除</td></tr>
<tr><td>铜</td><td>投加硫化钠生成硫化铜沉淀去除</td></tr>
<tr><td>汞</td><td>投加硫化钠生成硫化汞沉淀去除</td></tr>
<tr><td>丁基黄药</td><td>投加活性炭粉末吸附</td></tr>
<tr><td>铅</td><td>投加硫化钠生成硫化铅沉淀去除</td></tr>
<tr><td>锌</td><td>投加硫化钠生成硫化锌沉淀去除</td></tr>
<tr><td>2#油</td><td>投加活性炭粉末吸附</td></tr>
<tr><td>煤油</td><td>投加活性炭粉末吸附</td></tr>
<tr><td rowspan="5">铜 矿</td><td>铜</td><td>投加硫化钠生成硫化铜沉淀去除</td></tr>
<tr><td>锌</td><td>投加硫化钠生成硫化锌沉淀去除</td></tr>
<tr><td>硫离子</td><td>加石灰处理</td></tr>
<tr><td>2#油</td><td>投加活性炭粉末吸附</td></tr>
<tr><td>丁基黄药</td><td>投加活性炭粉末吸附</td></tr>
<tr><td rowspan="4">铝 矿</td><td>铝</td><td>加絮凝剂和石灰等沉淀去除</td></tr>
<tr><td>氟化物</td><td>加石灰生成氟化钙沉淀去除</td></tr>
<tr><td>盐酸</td><td>用石灰、碎石灰石或碳酸钠中和</td></tr>
<tr><td>硝酸</td><td>用石灰、碎石灰石或碳酸钠中和</td></tr>
</table>

根据监测结果，综合分析尾矿库突发环境事件污染变化趋势，并通过专家咨询和讨论的方式，预测、报告尾矿库突发环境事件的发展情况和污染物的变化情况，为政府应急决策提供技术支撑。

4.7 通报与信息发布

4.7.1 事件通报

尾矿库突发环境事件发生地政府在进行环境应急响应的同时，应及时向毗邻和可能波及地区的政府通报突发环境事件的情况。

接到尾矿库突发环境事件通报的政府应将情况及时通知本行政区域内有关部门和单位，采取必要的应对措施。

按照本级政府的指示，环境应急指挥部应及时向政府有关部门通报尾矿库突发环境事件的情况。

4.7.2 信息发布

各级政府设立的环境应急指挥部按照规定职责，负责统一发布尾矿库突发环境事件信息。尾矿库突发环境事件发生后，要按规定及时发布准确、权威的信息，正确引导社会舆论。

4.8 应急终止

4.8.1 应急终止条件

（1）事件现场得到控制，事件条件已经消除；

（2）污染源的泄漏或释放已降至规定限值以内；

（3）事件所造成的危害已经消除，无继发可能；

（4）事件现场的各种专业应急处置行动已无继续的必要；

（5）采取了必要的防护措施以保护公众免受再次危害，并使事件可能引起的中长期影响趋于合理且尽量低的水平。

4.8.2 应急终止程序

（1）现场环境应急指挥部确认终止时机，或由事件责任单位提出、经现场环境应急指挥部核查后，按尾矿库突发环境事件的响应级别，报相关环境应急工作指挥部批准。

（2）现场环境应急指挥部向所属各专业应急队伍下达环境应急终止命令。

（3）应急状态终止后，根据实际需要继续进行环境监测和评价工作，直至其他补救措施无需继续进行为止。

5 尾矿库突发环境事件应急终止后的环境管理

尾矿库突发环境事件终止后，各级政府环境保护行政部门应在本级政府的领导下，做好尾矿库突发环境事件应急终止后的环境管理工作。主要内容包括：

（1）环境应急过程评价；

（2）环境污染事故原因、事故损失调查与责任认定；

（3）提出补偿和对遭受污染的生态环境进行恢复的建议；

（4）编制尾矿库突发环境事件应急总结报告；

（5）督促尾矿库企业修订应急预案；

（6）评估尾矿库污染事故的中长期环境影响；

（7）在当地政府的领导下向社会通报。

本指南由环境保护部负责解释。

附一：

尾矿库分类

按照安全监管部门相关规定，将尾矿库分为五个等别，并根据尾矿库防洪能力和尾矿坝坝体稳定性确定尾矿库安全度。以下分类引自《尾矿库安全技术规程》（AQ 2006—2005）。

一、尾矿库等别

尾矿库各使用期的设计等别应根据该期的全库容和坝高分别按附表1确定。当两者的等差为一等时，以高者为准；当等差大于一等时，按高者降低一等。尾矿库失事将使下游重要城镇、工矿企业或铁路干线遭受严重灾害者，其设计等别可提高一等。

附表1　尾矿库等别

等 别	全库容 V/万 m^3	坝高 H/m
一	二等库具备提高等别条件者	
二	$V \geqslant 10000$	$H \geqslant 100$
三	$1000 \leqslant V < 10000$	$60 \leqslant H < 100$
四	$100 \leqslant V < 1000$	$30 \leqslant H < 60$
五	$V < 100$	$H < 30$

二、尾矿库安全度分类

尾矿库安全度主要根据尾矿库防洪能力和尾矿坝坝体稳定性确定。分为危库、险库、病库、正常库四级。

（1）危库：指安全没有保障，随时可能发生垮坝事故的尾矿库。危库必须停止生产并采取应急措施。尾矿库有下列工况之一的为危库：

① 尾矿库调洪库容严重不足，在设计洪水位时，安全超高和最小干滩长度都不满足设计要求，将可能出现洪水漫顶；

② 排洪系统严重堵塞或坍塌，不能排水或排水能力急剧降低；

③ 排水井显著倾斜，有倒塌的迹象；

④ 坝体出现贯穿性横向裂缝，且出现较大范围管涌、流土变形，坝体出现深层滑动迹象；

⑤ 经验算，坝体抗滑稳定最小安全系数小于规定值的0.95；

⑥ 其他严重危及尾矿库安全运行的情况。

（2）险库：指安全设施存在严重隐患，若不及时处理将会导致垮坝事故的尾矿库。险库必须立即停产，排除险情。尾矿库有下列工况之一的为险库：

① 尾矿库调洪库容不足，在设计洪水位时，安全超高和最小干滩长度均不满足设计要求；

② 排洪系统部分堵塞或坍塌，排水能力有所降低，达不到设计要求；

③ 排水井有所倾斜；

④ 坝体出现浅层滑动迹象；

⑤ 经验算，坝体抗滑稳定最小安全系数小于规定值的0.98；

⑥ 坝体出现大面积纵向裂缝，且出现较大范围渗透水高位出逸，出现大面积沼泽化；

⑦ 其他危及尾矿库安全运行的情况。

（3）病库：指安全设施不完全符合设计规定，但符合基本安全生产条件的尾矿库。病库应限期整改。尾矿库有下列工况之一的为病库：

① 尾矿库调洪库容不足，在设计洪水位时不能同时满足设计规定的安全超高和最小干滩长度的要求；

② 排洪设施出现不影响安全使用的裂缝、腐蚀或磨损；

③ 经验算，坝体抗滑稳定最小安全系数满足规定值，但部分高程上堆积边坡过陡，可能出现局部失稳；

④ 浸润线位置局部较高，有渗透水出逸，坝面局部出现沼泽化；

⑤ 坝面局部出现纵向或横向裂缝；

⑥ 坝面未按设计设置排水沟，冲蚀严重，形成较多或较大的冲沟；

⑦ 坝端无截水沟，山坡雨水冲刷坝肩；

⑧ 堆积坝外坡未按设计覆土、植被；

⑨ 其他不影响尾矿库基本安全生产条件的非正常情况。

（4）正常库：尾矿库同时满足下列工况的为正常库：

① 尾矿库在设计洪水位时能同时满足设计规定的安全超高和最小干滩长度的要求；

② 排水系统各构筑物符合设计要求，工况正常；

③ 尾矿坝的轮廓尺寸符合设计要求，稳定安全系数满足设计要求；

④ 坝体渗流控制满足要求，运行工况正常。

附二：

现有法律法规中涉及尾矿库的各部门管理职责摘录

一、国务院和地方各级人民政府部门

《安全生产法》

第八条　国务院和地方各级人民政府应当加强对安全生产工作的领导，支持、督促各有关部门依法履行安全生产监督管理职责。

县级以上人民政府对安全生产监督管理中存在的重大问题应当及时予以协调、解决。

第十一条　各级人民政府及其有关部门应当采取多种形式，加强对有关安全生产的法律、法规和安全生产知识的宣传，提高职工的安全生产意识。

第五十三条　县级以上地方各级人民政府应当根据本行政区域内的安全生产状况，组织有关部门按照职责分工，对本行政区域内容易发生重大生产安全事故的生产经营单位进行严格检查；发现事故隐患，应当及时处理。

第六十八条　县级以上地方各级人民政府应当组织有关部门制定本行政区域内特大生产安全事故应急救援预案，建立应急救援体系。

第七十二条　有关地方人民政府和负有安全生产监督管理职责的部门的负责人接到重大生产安全事故报告后，应当立即赶到事故现场，组织事故抢救。

第九十二条　有关地方人民政府、负有安全生产监督管理职责的部门，对生产安全事故隐瞒不报、谎报或者拖延不报的，对直接负责的主管人员和其他直接责任人员依法给予行政处分；构成犯罪的，依照刑法有关规定追究刑事责任。

《防洪法》

第十三条　山洪可能诱发山体滑坡、崩塌和泥石流的地区以及其他山洪多发地区的县级以上地方人民政府，应当组织负责地质矿产管理工作的部门、水行政主管部门和其他有关部门对山体滑坡、崩塌和泥石流隐患进行全面调查，划定重点防治区，采取防治措施。城市、村镇和其他居民点以及工厂、矿山、铁路和公路干线的布局，应当避开山洪威胁；已经建在受山洪威胁的地方的，应当采取防御措施。

第三十六条　各级人民政府应当组织有关部门加强对水库大坝的定期检查和监督管理。对未达到设计洪水标准、抗震设防要求或者有严重质量缺陷的险坝，大坝主管部门应当组织有关单位采取除险加固措施，限期消除危险或者重建，有关人民政府应当优先安排所需资金。对可能出现垮坝的水库，应当事先制定应急抢险和居民临时撤离方案。各级人民政府和有关主管部门应当加强对尾矿坝的监督管理，采取措施，避免因洪水导致垮坝。

二、安全生产监督管理部门

《安全生产法》

第九条　国务院负责安全生产监督管理的部门依照本法，对全国安全生产工作实施综合监督管理；县级以上地方各级人民政府负责安全生产监督管理的部门依照本法，对本行政区域内安全生产工作实施综合监督管理。

第五十五条　负有安全生产监督管理职责的部门对涉及安全生产的事项进行审查、验收，不得收取费用；不得要求接受审查、验收的单位购买其指定品牌或者指定生产、销售单位的安全设备、器材或者其他产品。

第五十六条　负有安全生产监督管理职责的部门依法对生产经营单位执行有关安全生产的法律、法规和国家标准或者行业标准的情况进行监督检查，行使以下职权：

（一）进入生产经营单位进行检查，调阅有关资料，向有关单位和人员了解情况。

（二）对检查中发现的安全生产违法行为，当场予以纠正或者要求限期改正；对依法应当给予行政处罚的行为，依照本法和其他有关法律、行政法规的规定作出行政处罚决定。

（三）对检查中发现的事故隐患，应当责令立即排除；重大事故隐患排除前或者排除过程中无法保证安全的，应当责令从危险区域内撤出作业人员，责令暂时停产停业或者停止使用；重大事故隐患排除后，经审查同意，方可恢复生产经营和使用。

（四）对有根据认为不符合保障安全生产的国家标准或者行业标准的设施、设备、器材予以查封或者扣押，并应当在十五日内依法作出处理决定。

监督检查不得影响被检查单位的正常生产经营活动。

《非煤矿矿山建设项目安全设施设计审查与竣工验收办法》

第二条　非煤矿矿山建设项目（以下简称“建设项目”）安全设施的设计审查和竣工验收及其监督管理工作，适用本办法。

建设项目是指非煤矿矿山新建、改建和扩建的工程项目。

第五条　建设项目施工前，其安全设施设计应当经安全生产监督管理部门审查同意；竣工投入生产或者使用前，其安全设施和安全条件应当经安全生产监督管理部门验收合格。

《尾矿库安全监督管理规定》

第二条　尾矿库的建设、运行、闭库和闭库后再利用及其安全监督管理，适用本规定。

核工业矿山和其他具有放射性物质的尾矿库安全监督管理工作，不适用本规定。

第三条　尾矿库建设、运行、闭库和闭库后再利用的安全技术要求以及尾矿库等级划分标准，按照《尾矿库安全技术规程》（AQ 2006—2005）执行。

第四条　国家安全生产监督管理总局负责对国务院或者国务院有关部门审批、核准、备案的尾矿库建设项目进行安全设施设计审查和竣工验收。

前款规定以外的其他尾矿库建设项目安全设施设计审查和竣工验收，由省级安全生产监督管理部门按照分级管理的原则作出规定。

省级安全生产监督管理部门负责总库容100万立方米（含100万）以上尾矿库的安全监督管理；地（市）级安全生产监督管理部门负责总库容100万立方米以下尾矿库的安全监督管理，并可以结合实际情况委托县级安全生产监督管理部门进行监督管理。

第十一条 尾矿库建设项目包括新建、改建、扩建、闭库以及在用尾矿库回采再利用和闭库后再利用的尾矿库建设工程。

尾矿库建设项目安全设施设计审查与竣工验收应当符合《非煤矿矿山建设项目安全设施设计审查与竣工验收办法》及有关法律、法规的规定。

《非煤矿矿山企业安全生产许可证实施办法》

第四条 国务院安全生产监督管理部门指导、监督全国非煤矿矿山企业安全生产许可证的颁发管理工作，负责中央管理的非煤矿矿山企业（集团公司、总公司、上市公司）和海洋石油天然气企业安全生产许可证的颁发和管理。

省、自治区、直辖市人民政府安全生产监督管理部门（以下统称“省级安全生产许可证颁发管理机关”）负责前款规定以外的非煤矿矿山企业以及含有非煤矿山或者设有尾矿库的其他非矿山企业安全生产许可证的颁发和管理。

《安全生产事故隐患排查治理暂行规定》

第二条 生产经营单位安全生产事故隐患排查治理和安全生产监督管理部门、煤矿安全监察机构（以下统称“安全监管监察部门”）实施监管监察，适用本规定。

有关法律、行政法规对安全生产事故隐患排查治理另有规定的，依照其规定。

第五条 各级安全监管监察部门按照职责对所辖区域内生产经营单位排查治理事故隐患工作依法实施综合监督管理；各级人民政府有关部门在各自职责范围内对生产经营单位排查治理事故隐患工作依法实施监督管理。

第二十条 安全监管监察部门应当建立事故隐患排查治理监督检查制度，定期组织对生产经营单位事故隐患排查治理情况开展监督检查；应当加强对重点单位的事故隐患排查治理情况的监督检查。对检查过程中发现的重大事故隐患，应当下达整改指令书，并建立信息管理台账。必要时，报告同级人民政府并对重大事故隐患实行挂牌督办。

安全监管监察部门应当配合有关部门做好对生产经营单位事故隐患排查治理情况开展的监督检查，依法查处事故隐患排查治理的非法和违法行为及其责任者。

安全监管监察部门发现属于其他有关部门职责范围内的重大事故隐患的，应该及时将有关资料移送有管辖权的有关部门，并记录备查。

三、环境保护行政部门

《防治尾矿污染环境管理规定》

第四条 县级以上人民政府环境保护行政主管部门对本辖区内的尾矿污染防治实施统一监督管理。

第六条 县级以上人民政府环境保护行政主管部门有权对管辖范围内产生尾矿的企

业进行现场检查。被检查的企业应当如实反映情况，提供必要的资料。检察机关应为被检查的单位保守技术秘密和业务秘密。

第九条　产生尾矿的新建、改建或扩建项目，必须遵守国家有关建设项目环境保护管理的规定。

第十条　企业产生的尾矿必须排入尾矿设施，不得随意排放。无尾矿设施或尾矿设施不完善并严重污染环境的企业，由环境保护行政主管部门依照法律规定报同级人民政府批准，限期建成或完善。

第十五条　因发生事故或其他突然事件，造成或者可能造成尾矿污染事故的企业，必须立即采取应急措施处理，及时通报可能受到危害的单位和居民，并向当地环境保护行政主管部门和企业主管部门报告，接受调查处理。当地环境保护行政主管部门接到尾矿污染事故报告后，应立即向当地人民政府和上一级环境保护行政主管部门报告。对于特大的尾矿污染事故，由地、市环境保护行政主管部门报告国家环境保护总局。任何单位和个人不得干扰对事故的抢救和处理工作。可能发生重大污染事故的企业，应当采取措施，加强防范。

第十七条　尾矿贮存设施停止使用后必须进行处置，保证坝体安全，不污染环境，消除污染事故隐患。关闭尾矿设施必须经企业主管部门报当地省环境保护行政主管部门验收，批准。

经验收移交后的尾矿设施其污染防治由接收单位负责。利用处置过的尾矿或其设施，需经地、市环境保护行政主管部门批准，并报省环境保护行政主管部门备案。

四、管理矿山企业的主管部门

《矿山安全法》

第三十四条　县级以上人民政府管理矿山企业的主管部门对矿山安全工作行使下列管理职责：

（一）检查矿山企业贯彻执行矿山安全法律、法规的情况；

（二）审查批准矿山建设工程安全设施的设计；

（三）负责矿山建设工程安全设施的竣工验收；

（四）组织矿长和矿山企业安全工作人员的培训工作；

（五）调查和处理重大矿山事故；

（六）法律、行政法规规定的其他管理职责。

五、劳动行政主管部门

《矿山安全法》

第四条　国务院劳动行政主管部门对全国矿山安全工作实施统一监督。县级以上地方各级人民政府劳动行政主管部门对本行政区域内的矿山安全工作实施统一监督。

县级以上人民政府管理矿山企业的主管部门对矿山安全工作进行管理。

第三十三条　县级以上各级人民政府劳动行政主管部门对矿山安全工作行使下列监督职责：

（一）检查矿山企业和管理企业的主管部门贯彻执行矿山安全法律、法规的情况；

（二）参加矿山建设工程安全设施的设计审查和竣工验收；

（三）检查矿山劳动条件和安全状况；

（四）检查矿山企业职工安全教育、培训工作；

（五）监督矿山企业提取和使用安全技术措施专项费用的情况；

（六）参加并监督矿山事故的调查和处理；

（七）法律、行政法规规定的其他监督职责。

《矿山安全法实施条例》

第四十三条　县级以上各级人民政府劳动行政主管部门，应当根据矿山安全监督工作的实际需要，配备矿山安全监督人员。

矿山安全监督人员必须熟悉矿山安全技术知识，具有矿山安全工作经验，能胜任矿山安全检查工作。

矿山安全监督证件和专用标志由国务院劳动行政主管部门统一制作。

第四十四条　矿山安全监督人员在执行职务时，有权进入现场检查，参加有关会议，无偿调阅有关资料，向有关单位和人员了解情况。

矿山安全监督人员进入现场检查，发现有危及职工安全健康的情况时，有权要求矿山企业立即改正或者限期解决；情况紧急时，有权要求矿山企业立即停止作业，从危险区内撤出作业人员。

劳动行政主管部门可以委托检测机构对矿山作业场所和危险性较大的在用设备、仪器、器材进行抽检。

劳动行政主管部门对检查中发现的违反《矿山安全法》和本条例以及其他法律、法规有关矿山安全的规定的情况，应当依法提出处理意见。

六、水行政主管部门

《水土保持法》

第六条　国务院水行政主管部门主管全国的水土保持工作。县级以上地方人民政府水行政主管部门，主管本辖区的水土保持工作。

第十九条　在山区、丘陵区、风沙区修建铁路、公路、水工程，开办矿山企业、电力企业和其他大中型工业企业，在建设项目环境影响报告书中，必须有水行政主管部门同意的水土保持方案。水土保持方案应当按照本法第十八条的规定制定。

在山区、丘陵区、风沙区依照矿产资源法的规定开办乡镇集体矿山企业和个体申请采矿，必须持有县级以上地方人民政府水行政主管部门同意的水土保持方案，方可申请办理采矿批准手续。

建设项目中的水土保持设施，必须与主体工程同时设计、同时施工、同时投产使用。

建设工程竣工验收时，应当同时验收水土保持设施，并有水行政主管部门参加。

《防洪法》

第十六条　防洪规划确定的河道整治计划用地和规划建设的堤防用地范围内的土地，经土地管理部门和水行政主管部门会同有关地区核定，报经县级以上人民政府按照国务院规定的权限批准后，可以划定为规划保留区；该规划保留区范围内的土地涉及其他项目用地的，有关土地管理部门和水行政主管部门核定时，应当征求有关部门的意见。规划保留区依照前款规定划定后，应当公告。

前款规划保留区内不得建设与防洪无关的工矿工程设施；在特殊情况下，国家工矿建设项目确需占用前款规划保留区内的土地的，应当按照国家规定的基本建设程序报请批准，并征求有关水行政主管部门的意见。

防洪规划确定的扩大或者开辟的人工排洪道用地范围内的土地，经省级以上人民政府土地管理部门和水行政主管部门会同有关部门、有关地区核定，报省级以上人民政府按照国务院规定的权限批准后，可以划定为规划保留区，适用前款规定。

在洪泛区、蓄滞洪区内建设非防洪建设项目，应当就洪水对建设项目可能产生的影响和建设项目对防洪可能产生的影响作出评价，编制洪水影响评价报告，提出防御措施。建设项目可行性研究报告按照国家规定的基本建设程序报请批准时，应当附具有关水行政主管部门审查批准的洪水影响评价报告。在蓄滞洪区内建设的油田、铁路、公路、矿山、电厂、电信设施和管道，其洪水影响评价报告应当包括建设单位自行安排的防洪避洪方案。建设项目投入生产或者使用时，其防洪工程设施应当经水行政主管部门验收。在蓄滞洪区内建造房屋应当采用平顶式结构。

第三十四条　大中城市，重要的铁路、公路干线，大型骨干企业，应当列为防洪重点，确保安全。受洪水威胁的城市、经济开发区、工矿区和国家重要的农业生产基地等，应当重点保护，建设必要的防洪工程设施。城市建设不得擅自填堵原有河道沟汊、贮水湖塘洼淀和废除原有防洪围堤；确需填堵或者废除的，应当经水行政主管部门审查同意，并报城市人民政府批准。

《河道管理条例》

第二十四条　在河道管理范围内，禁止修建围堤、阻水渠道、阻水道路；种植高秆农作物、芦苇、杞柳、荻柴和树木（堤防防护林除外）；设置拦河渔具；弃置矿渣、石渣、煤灰、泥土、垃圾等。

第三十二条　山区河道有山体滑坡、崩岸、泥石流等自然灾害的河段，河道主管机关应当会同地质、交通等部门加强监测。在上述河段，禁止从事开山采石、采矿、开荒等危及山体稳定的活动。

附三：

尾矿库企业环境应急预案的编制内容

1 总则

1.1 编制目的

明确预案编制的目的、要达到的目标和作用等。

1.2 编制依据

明确预案编制所依据的国家法律法规、规章制度，部门文件有关行业技术规范标准，以及企业关于应急工作的有关制度和管理办法等。

1.3 适用范围

规定应急预案适用的对象、范围，以及环境污染事件的类型、级别等。

1.4 事件分级

参照《国家突发环境事件应急预案》。

1.5 工作原则

明确应急工作应遵循预防为主、减少危害，统一领导、分级负责，企业自救、属地管理，整合资源、联动处置等原则。

1.6 应急预案关系说明

明确应急预案与内部企业应急预案和外部其他应急预案的关系，并辅相应的关系图，表述预案之间的横向关联及上下衔接关系。

2 尾矿库概况

2.1 基本情况

应明确尾矿库名称、建设地点、经纬度、尾矿库等级和类别、上游汇水面积，最大降雨量、尾矿库周边环境敏感点分布等。

2.2 工程概况

明确尾矿库设计和施工单位，尾矿库设计库容、坝高、坝址抗震烈度、防洪等级、服务年限等，还应包括：尾矿坝及坝体排渗设施、排洪系统、回水系统、尾矿输送系统、尾矿水净化系统、沉积干滩与安全超高、周边环境状况及环境保护目标基本情况等。

3 尾矿库运行过程中存在的危险因素和易发生的事故种类

3.1 尾矿库产污环节及污染物种类

明确尾矿库渗漏水量及固废种类（浸出试验）。

3.2 危险因素和易发事故种类

尾矿库在一般情况下容易出现的主要事故有：垮坝、洪水漫顶、初期坝的漏砂、坝坡渗水、排洪设施破坏、库内滑坡等。另外，在尾矿库日常管理过程中还可能发生车辆伤害、溺水事故、粉尘危害等。

应明确尾矿库运行期间可能存在的危险因素、事故发生后的影响范围和后果等。

4 组织机构和职责

4.1 组织机构

明确应急组织机构的构成。一般由应急领导小组、应急指挥中心、办事机构和工作机构、应急工作主要部门、应急工作支持部门、信息组、专家组、现场应急指挥部等构成，并尽可能以结构图的形式表述。

4.2 职责

规定应急组织体系中各部门的应急工作职责、协调管理范畴、负责解决的主要问题和具体操作步骤等。

5 预防与预警

5.1 危险源监控

明确对区域内容易引发重大突发环境事件的危险源进行调查、登记、风险评估，组织进行检查、监控，并采取安全防范措施，对突发环境事件进行预防。

应急指挥机构确认可能导致突发环境事件的信息后，要及时研究确定应对方案，通知有关部门、单位采取相应措施预防事件发生。

5.2 预防与应急准备

明确应急组织机构成员根据自己的职责需开展的预防和应急准备工作，如完善应急预案、应急培训、演练、相关知识培训、应急平台建设等。

5.3 监测与预警

（1）应按照早发现、早报告、早处置的原则，对尾矿库下游监测井进行例行监测。

（2）根据企业应急能力情况及可能发生的突发环境事件级别，有针对性地开展应急监测工作。

6 应急响应

6.1 响应流程

根据所编制预案的类型和特点，明确应急响应的流程和步骤，并以流程图表示。

6.2 分级响应

根据事件紧急和危害程度，对应急响应进行分级。

6.3 启动条件

明确不同级别预案的启动条件。

6.4 信息报告与处置

（1）明确 24 小时应急值守电话、内部信息报告的形式和要求，以及事件信息的通报流程；

（2）明确事件信息上报的部门、方式、内容和时限等内容；

（3）明确事件发生后向可能遭受事件影响的单位，以及向请求援助单位发出有关信息的方式、方法。

6.5 应急准备

明确应急行动开展之前的准备工作，包括下达启动预案命令、召开应急会议、各应急组织成员的联席会议等。

6.6 应急监测

（1）明确紧急情况下企业应按事发地人民政府环境保护行政部门要求，配合开展工作。

（2）明确应急监测方案，包括事故现场、实验室应急监测方法、仪器、药剂。

（3）突发环境事件发生时企业环境监测机构要立即开展应急监测，在政府部门到达后，则配合政府部门相关机构进行监测。

6.7 现场处置

（1）尾矿输送系统泄漏处理；

（2）排水设施堵塞或损坏处理；

（3）渗漏处理；

（4）管涌处理；

（5）裂缝处理；

（6）尾矿坝的抢险；

（7）滑坡处理；

（8）溃坝处理；

（9）污染物控制措施。

7 安全防护

7.1 应急人员的安全防护。明确事件现场的保护措施；

7.2 受灾群众的安全防护。制定群众安全防护措施、疏散措施及患者医疗救护方案等。

8 次生灾害防范

制定次生灾害防范措施，现场监测方案，现场人员撤离方案，防止人员受伤或引发次生环境事件。

9 应急状态解除

9.1 明确应急终止的条件；

9.2 明确应急终止的程序；

9.3 明确应急状态终止后，继续进行跟踪环境监测和评估的方案。

10 善后处置

10.1 明确受灾人员的安置及损失赔偿方案；
10.2 配合有关部门对环境污染事件中的长期环境影响进行评估；
10.3 明确开展环境恢复与重建工作的内容和程序。

11 应急保障

11.1 应急保障计划

制定应急资源建设及储备目标，落实责任主体，明确应急专项经费来源，确定外部依托机构，针对应急能力评估中发现的不足制定措施。

11.2 应急资源

应急保障责任主体依据既有应急保障计划，落实应急专家、应急队伍、应急资金、应急物资配备、调用标准及措施。

11.3 应急物资和装备保障

企业依据重特大事件应急处置的需求，建立健全以应急物资储备为主，社会救援物资为辅的物资保障体系，建立应急物资动态管理制度。

11.4 应急通讯

明确与应急工作相关的单位和人员联系方式及方法，并提供备用方案。建立健全应急通讯系统与配套设施，确保应急状态下信息通畅。

11.5 应急技术

阐述应急处置技术手段、技术机构等内容。

11.6 其他保障

根据应急工作需求，确定其他相关保障措施（交通运输、治安、医疗、后勤、体制机制、对外信息发布保障等）。

12 预案管理

12.1 预案培训

说明对本企业开展的应急培训计划、方式和要求。如果预案涉及相关方，应明确宣传、告知等工作。

12.2 预案演练

说明应急演练的方式、频次等内容，制定企业预案演练的具体计划，并组织策划和实施，演练结束后做好总结，适时组织有关企业和专家对部分应急演练进行观摩和交流。

12.3 预案修订

说明应急预案修订、变更、改进的基本要求及时限，以及采取的方式等，以实现可持续改进。

12.4 预案备案

说明预案备案的方式、审核要求、报备部门等内容。

13 附则

13.1 预案的签署和解释

明确预案签署人，预案解释部门。

13.2 预案的实施

明确预案实施时间。

14 附件

（1）环境风险评价文件；

（2）应急内部联系方式；

（3）应急外部（政府有关部门、救援单位、专家、环境保护目标等）联系方式；

（4）应急响应程序；

（5）单位所处位置图、区域位置及周围环境保护目标分布、位置关系图、本单位及周边区域人员撤离路线；

（6）应急设施（备）布置图；

（7）企业所在区域地下水流向图、饮用水水源保护区规划图；

（8）尾矿库所在区域水系分布图；

（9）其他。

关于进一步加强分散式饮用水水源地环境保护工作的通知

环办[2010]132 号

各省、自治区、直辖市环境保护厅（局），新疆生产建设兵团环境保护局：

为落实国务院办公厅《关于加强农村环境保护工作意见的通知》（国办发[2007]63号）的要求和贯彻国务院关于强化饮用水安全的会议精神，加强分散式饮用水水源周边环境保护和监测管理工作，特别是及时掌握农村饮用水水源环境状况，防止水源污染事故发生，现就加强分散式饮用水水源管理的有关事项通知如下：

一、加强调查评估，摸清分散式饮用水水源基础环境状况。在 2008—2010 年度全国饮用水水源地基础环境状况调查及评估工作基础上，进一步拓展分散式饮用水水源地调查、监测与评估范围，及时掌握其水质及环境管理状况和变化趋势，为科学有序开展分散式饮用水水源环境保护工作奠定基础。

二、加强污染防治，稳步改善分散式饮用水水源水质状况。结合分散式饮用水水源地基础环境状况，科学确定水源保护范围。针对调查评估工作中发现的问题，制定相应的污染防治对策，重点做好饮用水水源保护范围及其周边的工业及生活污染治理、农业源污染防治和水生态修复等工作，切实削减污染物产生总量，禁止有毒有害物质进入水源水体。严厉打击威胁水源水质安全的违法行为，发现一起查处一起，公开曝光查处结果。

三、加强应急预警，及时消除分散式饮用水水源环境安全威胁。编制分散式饮用水水源污染事故应急预案，为处理突发污染事件提供管理及技术储备，有效防范风险。加强对可能影响水源安全的制药、化工、造纸、冶炼等重点行业、重点污染源的监督管理，建立风险源名录，从源头控制隐患。一旦发生饮用水水源污染事故，要迅速查清并切断污染来源，在当地政府统一领导下，开展污染防控工作，确保群众饮水安全。

四、加强部门协调，提升分散式饮用水水源安全保障水平。饮水安全保障是一个系统工程，各有关部门、各级政府的共同参与，是饮用水源安全保障的基本条件。要建立协同监管机制，明确相关部门职责及管理权限，齐心协力做好分散式饮用水水源环境管理及安全保障工作。在条件允许的地区，推广城乡统一供水工作。充分利用"以奖促治"、"以奖代补"中央农村环保专项资金等资金渠道，进一步加强分散式饮用水水源地环境保护工作。

五、加强宣传教育，鼓励公众参与分散式饮用水水源环境保护工作。逐步公开分散式饮用水水源达标状况，进一步完善公众参与及监督机制，充分利用广播电视、报刊杂志及网络等媒体普及有关知识，提高公众饮水安全风险防范意识，共同参与水源地保护相关工作。

为加强对分散式饮用水水源地环境保护工作的指导，在认真总结近年来工作实践经验的基础上，我部组织编制了《分散式饮用水水源地环境保护指南（试行）》。现印发给你们，请在分散式饮用水水源地环境保护及管理工作中参考。

附件：分散式饮用水水源地环境保护指南（试行）

中华人民共和国环境保护部

二〇一〇年九月二十六日

附件：

分散式饮用水水源地环境保护指南

（试行）

1 总则

1.1 适用范围

本指南规定了分散式饮用水水源地选址、建设、污染防治和环境管理等要求。

本指南适用于分散式饮用水水源地（包括现用、备用和规划水源地）的环境保护工作。

1.2 规范性引用文件

本指南内容引用了下列文件中的条款。凡是不注明日期的引用文件，其有效版本适用于本指南。

GB 3838	地表水环境质量标准
GB/T 14848	地下水质量标准
GB 5749	生活饮用水卫生标准
GB 15618	土壤环境质量标准
HJ/T 81	畜禽养殖业污染防治技术规范
GB 18596	畜禽养殖业污染物排放标准
HJ/T 433	饮用水水源保护区标志技术要求
HJ/T 91	地表水和污水监测技术规范
HJ/T 164	地下水环境监测技术规范
GB 50445	村庄整治技术规范
GB 7959	粪便无害化卫生标准

1.3 术语和定义

下列术语和定义适用于本指南。

1.3.1 分散式饮用水水源地

指供水小于一定规模（供水人口一般在 1 000 人以下）的现用、备用和规划饮用水水源地。根据供水方式可分为联村、联片、单村、联户或单户等形式（以下简称为“饮用水水源地”或“水源地”）。

1.3.2 水源保护范围

为了防治饮用水水源地污染，保障分散式饮用水水源地环境质量，在以下区域内采取必要的污染防治措施。

地表水水源保护范围：河流型水源地取水口上游不小于 1 000 米，下游不小于 100 米，两岸纵深不小于 50 米，但不超过集雨范围；

湖库型水源地取水口半径 200 米范围的区域，但不超过集雨范围；

水窖水源保护范围：集水场地区域。

地下水水源保护范围：取水口周边 30～50 米范围。

1.3.3 粪便无害化处理

对人畜粪便采取一定处理措施，使其达到国家和地方粪便无害化相关标准的过程。

1.3.4 卫生厕所

有墙、有顶，厕坑及贮粪池不渗漏，厕内清洁，无蝇蛆，基本无臭，贮粪池密闭有盖，粪便及时清除并进行无害化处理的厕所。

1.3.5 人工湿地

人工筑成的水池或沟槽，底面铺设防渗漏隔水层，填充一定深度的土壤或料层，种植芦苇类维管束植物或根系发达的水生植物，污水由湿地一端通过布水管渠进入，与生长在填料表面的微生物和水中溶解氧进行充分接触而获得净化。

1.3.6 稳定塘

污水停留时间长的天然或人工塘。主要依靠微生物好氧和（或）厌氧作用，以多级串联运行，稳定污水中的有机污染物。

2 水源地选址和建设

2.1 水源地的基本类型和特点

饮用水水源地可以分为地表水源、地下水源和其他等类型，地表水源主要包括河流、湖库（坑、塘）、水窖等类型，地下水源主要包括井水、泉水等类型。在地表水与地下水都极度匮乏的特殊情况下，可考虑收集降水作为水源。

2.1.1 地表水

（1）河流

河流型水源优点是取水简易且水量大；缺点是易受污染。

（2）湖库

湖库型水源优点是水量充足、供水稳定且取水便利；缺点是易发生水体富营养化。

（3）水窖

水窖型水源优点是水源获得较为直接容易，缺点是供水量不稳定，水质水量均难以保证及控制。

2.1.2 地下水

（1）井水

井水型水源的优点是靠近用水区，取水简易，水质稳定且不易被污染；缺点是易受地下水位影响，干旱地区取水深度较深，一般家庭自备井难以获得较优质的水源。

（2）泉水

泉水型水源的优点是水质好且不易受到污染；缺点是供水量不稳定，有潜在污染的可能。

2.2 水源地选址

在现有水源水质、污染源等环境状况调查的基础上，按照是否水量充足、水质良好、取水便捷、潜在风险低等条件，判断现有水源是否可以继续使用。在现有水源供水量或供水水质不满足需求的情况下，可选择新的饮用水水源地。新水源地的选择需对现场进行环境状况调查，同时进行水源水质检测。

按照饮用水质的安全性，一般的顺序是：井水、泉水、河流、水库、湖泊。按照饮用水量的充足性，一般的顺序是：水库、湖泊、河流、井水、泉水。按照输送水的便捷性，一般的顺序是：井水、河流、泉水、水库、湖泊。

水源地不应位于洪水淹没区、浸泡区、坍塌及其他形变区。河流型饮用水水源一般应选择在居住区上游河段，水流顺畅、采用河岸渗透取水傍河取水方式；应尽量避开回流区、死水区和航运河道； 在有潮汐影响的河流取水时，应避免咸潮对取水水质的影响。湖库型饮用水水源，要考虑湖库泥沙淤积或水生生物生长对取水口周围的影响，应采用中层水；应避开支流入口、大坝等区域。地下水型水源应尽量设在地下水污染源的上游，选择包气带防污性好的地带； 地下水型水源应避开排水沟、工业企业和农业生产设施等人为活动影响，周围 20～30 米内无厕所、粪坑、垃圾堆、畜圈、渗水坑、有毒有害物质和化学物质堆积等。

同时，有条件的地区可参考上述要求选择备用水源地，选择与现有水源地相对独立控制取水的水源地作为备用水源地。

2.3 水源地的建设

2.3.1 地表水水源地建设

河流、湖库型水源，取水点应尽量靠近河流中泓线、湖库中心或距离河岸、湖边较远的地方。宜修建取水码头或跳板以便直接从河流、湖库中心取水。若采用导流渠、蓄水池或潜水泵从水体中心引水，宜修建砂滤井或用砂滤缸进行混凝沉淀和消毒。在池塘多的地区应采用分塘取水。河流取水口周围 100 米及上游 500 米处，湖库周围 500 米处应设立隔离防护设施或标志。

水窖应修建专门的雨水收集池，并在收集池附近修建简单的沉淀、净化处理设施。收集池周围修置排水沟，防止地面径流污染水源。严重缺水地区水窖集水场应尽可能选择开阔地带，土壤有害因子背景值较高的地区应采用场地硬化的方式。

2.3.2 地下水水源地建设

地下水井应有井台、井栏和井盖，宜采用相对封闭的水井；井底与井壁要确保水井的卫生防护；大口井井口应高出地面 50 厘米，并保证地面排水畅通。室外管井井口应高出地面 20 厘米，周围应设半径不小于 1.5 米的不透水散水坡。联村、联片或单村取水井水周围 100 米处应设立隔离防护设施或标志。

在泉水水源附近建设引泉池，泉水周围 100 米及上游 500 米处应修建栅栏等隔离防护设施，在泉水旁设简易导流沟，避免雨水或污水携带大量污染物直接进入泉水。引泉池应设顶盖封闭，并设通风管。引泉池进口、检修孔孔盖应高出周边地面一定距离。池壁应密封不透水，壁外用黏土夯实封固。引泉池周围应作不透水层，地面应建设一定坡度坡向的排水沟；引泉池池壁上部应设置溢流管，池底应设置排空管。

2.4 水源地的环境要求

水源水质应符合国家有关生活饮用水水源水质的规定。采用地表水为生活饮用水水源时，水质应参照执行《地表水环境质量标准》（GB 3838）的规定；采用地下水为生活饮用水水源时，水质应参照执行《地下水质量标准》（GB/T 14848）规定。在没有水质净化处理的情况下，水源应参照执行《生活饮用水卫生标准》（GB 5749）规定。当水质不符合国家生活饮用水水源水质规定时，不应作为饮用水水源。若限于条件需加以利用时，应采用相应的净化工艺进行处理，处理后的水质应参照执行《生活饮用水卫生标准》（GB 5749）规定。

3 水源地污染防治

3.1 生活污水防治

水源保护范围内不得修建渗水的厕所、化粪池和渗水坑，现有公共设施应进行污水防渗处理，取水口应尽量远离这些设施。

水源保护范围内生活污水应避免污染水源，根据生活污水排放现状与特点、农村区域经济与社会条件，按照《农村生活污染技术政策》（环发[2010]20 号）及有关要求，尽可能选取依托当地资源优势和已建环境基础设施、操作简便、运行维护费用低、辐射带动范围广的污水处理模式。

3.1.1 分散处理

将农村污水按照分区进行污水管网建设并收集，以稍大的村庄或邻近村庄的联合为宜，每个区域污水单独处理。污水分片收集后，采用适宜的中小型污水处理设备、人工湿地或稳定塘等形式处理村庄污水。

分散处理模式具有布局灵活、施工简单、建设成本低、运行成本低、管理方便、出水水质有保障等特点。适用于村庄布局分散、规模较小、地形条件复杂、污水不易集中收集的村庄污水处理。在中西部村庄布局较为分散的地区，宜采用分散处理模式。

3.1.2 集中处理

集中处理模式对村庄产生的污水进行集中收集，统一建设处理设施处理村庄全部污水。污水处理采用自然处理、常规生物处理等工艺形式。

集中处理模式具有占地面积小、抗冲击能力强、运行安全可靠、出水水质好等特点。适用于村庄布局相对密集、规模较大、经济条件好、企业或旅游业发达地区污水处理。在东部村庄密集、经济基础较好的地区，宜采用集中处理模式。

3.1.3 纳入市政管网统一管理

纳入市政管网统一处理模式指村庄内所有生活污水经污水管道集中收集后，统一接入邻近市政污水管网，利用城镇污水处理厂统一处理村庄污水。

该处理模式具有投资少、施工周期短、见效快、统一管理方便等特点。适用于距离市政污水管网较近，符合高程接入要求的村庄污水处理。靠近城市或城镇、经济基础较好，具备实现农村污水处理由“分散治污”向“集中治污、集中控制”转变条件的农村地区可以采用。

3.2 固体废物防治

水源保护范围内禁止设立粪便、生活垃圾的收集、转运站；禁止堆放医疗垃圾；禁止设立有毒、有害化学物品仓库、堆栈。

水源保护范围内厕所达到国家卫生厕所标准，与饮用水源保持必要的安全卫生距离。水源保护范围内粪便应实现无害化处理，防止污染水源地。对新厕所的粪便无害化处理效果进行抽样检测，粪大肠菌、蛔虫卵应符合现行国家标准《粪便无害化卫生标准》（GB 7959）的规定。

遵循“减量化、资源化、无害化”的原则，鼓励农村生产生活垃圾分类收集，对不同类型的垃圾选择合适的处理处置方式。厨余、瓜果皮、植物农作物残体等可降解有机类垃圾，可用作牲畜饲料，或进行堆肥处理。煤渣、泥土、建筑垃圾等惰性无机类垃圾，可用于修路、筑堤或就地进行填埋处理。废纸、玻璃、塑料、泡沫、农用地膜、废橡胶等可回收类垃圾可进行回收再利用。医疗废弃物、农药瓶、电池、电瓶等有毒有害或具有腐蚀性物品等有毒有害类垃圾，要严格按照国家的有关规定进行妥善处理处置。

倡导水源保护范围内农村垃圾就地分类，综合利用，应按照“组保洁、村收集、镇转运、县处置”的模式进行收集，将可回收类垃圾回收再利用，对有毒有害类垃圾进行无害化处理，避免就地堆放造成水源污染。开展农村医疗废物、废弃农药瓶、电池、电瓶等有毒有害固体废物回收工作，实行县政府出资回收、环保局集中处置、乡镇政府分片转运、村级环保协管员代收暂管的处理模式。

3.3 农药污染防治

水源保护范围内宜发展有机农业，采取适当农艺技术并辅以生物及物理措施，防治病虫害的发生。水源保护范围内严禁施用高残留、高毒农药（如克百威、涕灭威、甲胺磷等），农药包装物及清洗器械的污水按照国家和地方有关标准妥善处置，不应随意丢弃和处置。应选用低毒低残留农药或生物、物理防治方法。

3.3.1 选用低毒农药

选用低毒农药是通过改良农药的毒性，选用毒性小、环境适应性强的农药，来降低其对水源的污染。农药的化学特性是影响农药渗漏的最重要因子，在生产中应尽量选用被土壤吸附力强、降解快、半衰期短的低毒农药。

3.3.2 应用生物农药

生物农药具有无污染、无残留、高效、低成本的特点，应大力推广应用。与传统的化学农药相比，生物农药具有对人畜安全、环境兼容性好、不易产生抗性、易于保护生物多样性和来源广泛等优点；但多数生物农药作用速度缓慢、受环境因素影响较大，田间使用技术也不够成熟。

3.3.3 生物降解

生物降解是通过生物的作用将大分子有机物分解成小分子化合物的过程，包括动物降解、植物降解、微生物降解等，具有低耗、高效、环境安全等优点，成为防治农药污染最有优势的技术。可针对农药品种、环境条件在受农药污染的水源保护范围内培养专性微生物、种植特定植物、投放特定土壤动物等来降解农药。

3.4 化肥污染防治

水源保护范围内应采用测土配方施肥、优化施肥方案等方式确定化肥合理用量。鼓励施用有机肥，发展有机农业。在农田和水源之间建立生态缓冲带或保护带拦截农田流出的养分，防止养分直接流入水源。

化肥污染防治方法主要有测土配方施肥、施用缓释肥、发展有机农业等方法。

3.4.1 测土配方施肥

测土配方施肥是以土壤测试和肥料田间试验为基础，根据作物需肥规律、土壤供肥性能和肥料效应，在满足植物生长和农业生产需要的基础上，提出氮、磷、钾及中、微量元素等肥料的施用数量、施肥时期和施用方法。通过测土配方施肥，可以有效减少化肥施用量、提高化肥利用率，减少化肥流失对饮用水源的污染。

3.4.2 施用缓释肥

缓释肥是在化肥颗粒表面包上一层很薄的疏水物质制成包膜化肥，对肥料养分释放速度进行调整，根据作物需求释放养分，达到元素供肥强度与作物生理需求的动态平衡。目前，缓释肥主要有涂层尿素、覆膜尿素、长效碳铵等类型。缓释肥可以控制养分释放速度，提高肥效，减少肥料施用量和损失量，降低对水源的污染。

3.4.3 发展有机农业

有机农业是遵照一定的有机农业生产标准，在生产中不采用基因工程获得的生物及其产物，不使用化学合成的农药、化肥、生长调节剂、饲料添加剂等物质，遵循自然规律和生态学原理，协调种植业和养殖业的平衡，采用一系列可持续发展的农业技术以维持持续稳定的农业生产体系的一种农业生产方式。在水源保护范围内宜发展有机农业，有效减少农用化学物质对水源的污染风险；建立作物轮作体系，利用秸秆还田、绿肥施用等措施保持土壤养分循环。

3.4.4 建设生态缓冲带

在农田和饮用水源间建设生态缓冲带，利用缓冲带植物的吸附和分解作用，拦截农田氮磷等营养物质进入水源。

3.5 畜禽养殖污染防治

分散式饮用水水源保护范围内禁止建设畜禽养殖设施。对于分散式饮用水源保护范围外可能对水源产生影响的畜禽养殖场和养殖小区，鼓励种养结合和生态养殖，推动畜禽养殖业污染物的减量化、无害化和资源化处置。水源保护范围之外可能对水源产生影响的畜禽养殖场（小区），应按照《畜禽养殖污染防治管理办法》的要求，其清粪工艺、粪便贮存及处理利用、污水处理、畜禽尸体处置、污染物监测等应符合《畜禽养殖业污染防治技术规范》（HJ/T 81）的相关规定；污染物的排放应按《畜禽养殖业污染物排放标准》（GB 18596）执行。

分散式饮用水水源保护范围周边的分散式畜禽养殖圈舍应尽量远离取水口，应配备粪便、污水污染防治设施，禁止向水体直接倾倒畜禽粪便和污水。采取有效措施防止畜禽粪便在堆放过程中随水流失，鼓励建设沼气池，配套改厨、改厕、改圈，并保障运行良好，无害化处理后的沼液和沼渣可还田利用。

3.6 工业污染防治

禁止在水源保护范围内新建、改建、扩建排放污染物的建设项目，已建成排放污染物的建设项目，应依法予以拆除或关闭。饮用水水源受到污染可能威胁供水安全的，应当责令有关企业事业单位采取停止或者减少排放水污染物等措施。

在水源保护范围周边的工业企业进行统筹安排，工业企业发展要与新农村建设相结合，合理布局，应限制发展高污染工业企业。

3.7 其他污染防治

水源保护范围内禁止从事洗涤、旅游、水产养殖或者其他可能污染饮用水水体的活动。

危险化学品的生产装置和储存数量构成重大危险源的储存设施，与水源的距离应符合环境影响评价要求或国家有关规定。运输有毒有害物质的车辆，应按规定办理有关手续，并配备防渗、防溢、防漏的安全保护装置，方可通行。

4 藻类水华控制和地下水污染修复

4.1 藻类水华控制

当分散式饮用水水源发生藻类水华时，优先考虑更换水源，无可替换水源时再启动藻类水华控制工作。针对湖库型饮用水水源地的水华主要发生区域，分析其水文、水化学特征、营养负荷特征，以不同水华发生特征为基础，研究制定水华控制方案。适合分散式饮用水水源地的除藻技术有机械打捞、工程物理、生物控藻三类。

4.1.1 机械打捞

高效机械打捞和水藻高效分离技术：通过合适的过滤或者絮凝等技术与装置，高效打捞并实现藻水分离。

藻类打捞时间和地点确定技术：根据短期的气象与水文预测信息，确定在未来时间内藻类水华易聚集的时间和地点，组织人员和机械，在藻类高度聚集的水域打捞藻类，提高打捞效率。

藻类与畜禽粪便混合发酵生产沼气技术：根据藻类难以发酵的特点，将其与畜禽粪便混合，提高发酵生产沼气的效率。

4.1.2 工程物理法控藻

利用过滤、紫外线、电磁电场等物理学方法，对藻类进行杀灭或抑制的技术。

物理方法除藻效果普遍较好，可持久使用，但一次性投入成本很高且处理能力有限，大都局限于水处理工程中的应用。

4.1.3 生物控藻

生物控藻技术即利用藻类的天敌及其产生的生长抑制物质来控制或杀灭藻类的技术，主要包括：①利用藻类病原菌（细菌、真菌） 抑制藻类生长；②利用藻类病毒（噬藻体）控制藻类的生长；③利用植物的抑制物质、植物间的相互抑制以及富集和争夺营养源的抑藻作用；④利用食藻鱼类控制藻类生长；⑤酶处理技术。

生物防治是最为科学的方法，藻类不易采用化学药剂来彻底杀灭，一是难以做到，二是代价太大，三是造成环境污染或破坏生态平衡；改用生物学方法并不是彻底杀灭或消除藻类，而是利用生态平衡原理将藻类的生长和繁殖控制在非危害水平之下，从而控制藻体数量、防治富营养化带来的各种危害。

4.2 地下水污染修复

当地下水型分散式饮用水水源发生污染时，优先考虑更换水源，无可替换水源时再启动地下水污染修复工作。地下水污染防治技术主要有物理法修复技术、化学法修复技术、生物法修复技术和复合修复技术等。

4.2.1 物理法修复

物理法修复指技术的核心原理或关键部分是以物理规律起主导作用的技术，主要包括水动力控制法、流线控制法、屏蔽法、被动收集法等。

（1）水动力控制法

水动力控制修复技术是建立井群控制系统，通过人工抽取地下水或向含水层内注水的方式，改变地下水原来的水力梯度，进而将受污染的地下水体与未受污染的清洁水体隔开。井群的布置可以根据当地的具体水文地质条件确定。

（2）流线控制法

流线控制法设有一个抽水廊道、一个抽油廊道（设在污染范围的中心位置）、两个注水廊道（分布在抽油廊道两侧。首先从上面的抽水廊道中抽取地下水，然后把抽出的地下水注入相邻的注水廊道内，以确保最大限度地保持水力梯度。同时在抽油廊道中抽取污染物质，但要注意抽油速度不能高，但要略大于抽水速度。

（3）屏蔽法

屏蔽法是在地下建立各种物理屏障，将受污染水体圈闭起来，以防止污染物进一步扩散蔓延。常用的灰浆帷幕法是用压力向地下灌注灰浆，在受污染水体周围形成一道帷幕，从而将受污染水体圈闭起来。

（4）被动收集法

被动收集法是在地下水流的下游挖一条足够深的沟道，在沟内布置收集系统，将水面漂浮的污染物质如油类污染物等收集起来，或将所有受污染的地下水收集起来以便处理的一种方法。

4.2.2 化学法修复

地下水污染的化学修复技术指技术的核心流程使用化学原理的技术，归纳起来主要有两种方式，即有机黏土法和电化学动力修复技术。

（1）有机黏土法

有机黏土法是利用人工合成的有机黏土有效去除有毒化合物。利用土壤和蓄水层物质中含有的黏土，在现场注入季铵盐阳离子表面活性剂，使其形成有机黏土矿物，用来截住和固定有机污染物，防止地下水进一步污染。

（2）电化学动力法

电化学动力修复技术是利用土壤、地下水和污染电动力学性质对环境进行修复的新技术。电化学动力修复技术将电极插入受污染的地下水及土壤区域，通直流电后，在此区域形成电场。在电场的作用下水中的离子和颗粒物质沿电力场方向定向移动，迁移至设定的处理区进行集中处理；同时在电极表面发生电解反应，阳极电解产生氢气和氢氧根离子，阴极电解产生氢离子和氧气。

4.2.3 生物法修复

生物修复是指利用天然存在的或特别培养的生物（植物、微生物和原生动物）在可调控环境条件下将污染物降解、吸收或富集的生物工程技术。

生物修复技术适用于烃类及衍生物，如汽油、燃油、乙醇、酮、乙醚等，不适合处理持久性有机污染物。

4.2.4 复合法修复

复合法修复技术是兼有以上两种或多种技术属性的污染处理技术，其关键技术同时使用了物理法、化学法和生物法中的两种或全部。如渗透性反应屏修复技术同时涉及物理吸附、氧化－还原反应、生物降解等几种技术；抽出处理修复技术在处理抽出水时同时使用了物理法、化学法和生物法；注气－土壤气相抽提技术则同时使用了气体分压和微生物降解两种技术。

5 水源地环境管理

5.1 完善环境管理机制

应结合当地实际情况，因地制宜地建立健全分散式饮用水水源地环境管理机制。联村供水的经营单位要设立专人负责水源地环境管理；单村、联户、单户取水的村应安排专人负责水源地环境管理。

农村饮用水水源地保护是“以奖促治”政策重点支持之一，要认真贯彻落实《关于实行“以奖促治”加快解决突出的农村环境问题的实施方案》，环境问题突出的分散式饮用水水源地应积极申请“以奖促治”资金，有针对性地实施农村分散式饮用水水源地污染防治，切实保障分散式饮用水水源地环境安全。

5.2 开展环境信息调查和风险源排查

应至少每五年组织开展一次分散式饮用水水源地基础环境调查。了解分散式饮用水水源地分布、服务人口等情况，综合考虑区域经济社会发展水平、水资源、水文地质等因素，筛选一定比例代表性强的分散式饮用水水源地开展水质监测，排查影响分散式饮用水水源地环境风险源，并对水源保护范围内污染状况进行综合评估，建立分散式饮用水水源地动态数据库。对于因受污染已达不到饮用水水源水质要求，经论证难以恢复饮用水功能的水源地，地方政府应有计划地进行撤销和调整。

5.3 加强环境应急管理

建立污染防治联动体系，相邻地区或上下游地区应建立监测预警、信息沟通及联席会议机制，一旦发生突发水环境污染事件或存在重大水环境隐患，应立即通知相邻区域或上下游政府及环保部门，及时对水源地污染采取措施，启动应急预案，保障环境安全。

当地政府、周边企业和供水单位应分别编制分散式饮用水水源防范突发环境事件的应急预案，并开展应急演练。加强分散式饮用水水源地突发环境事件的预防、报告与处置，加强水源安全的预防，发现饮用水水源水质污染情况应立即向环保部门举报，当地环保部门在接报后应立即向当地人民政府报告，并派人赶赴现场对水质进行检查监测，如发现水质异常应立即通报，禁止取水。分类给出分散式饮用水水源地突发环境事件的原因及处置方法。

在灾害等特殊条件下，水源地可能会遭受污染，应及时启动水源地突发环境事件应急预案，并密切监测水质。分析水质恶化原因，并采取相应措施。如水质恶化是由于水源地本身的原因或者不可抗拒外力引起，应考虑更换水源地；如水质发生重大变化的原因是外部环境变化所致，应上报上级主管部门后采取相关措施减少或消除环境变化对水质的影响。

在条件具备的情况下，尽量请专业人员采用专业的仪器、设备对当地水源进行水质全面检测。在应急情况下，可配备便携水质检测仪器（如目测比色计、便携式水质细菌检验箱、便携式水质理化检验箱等），对细菌总数、大肠菌群和部分肠道致病菌及水质理化等重要指标进行快速检测（通常便携式水质检测仪器可以在 1 小时内获得检测结果）。在缺少必要的仪器设备和技术条件的应急情况下，可以用一些简易可行的经验判断方法来判断水质。

（1）眼看

清洁的饮水应是无色透明的，如水体颜色异常，则表明水质变坏。水体受到腐殖质污染，可出现黄棕或黄褐色；受到锰盐、铁盐污染，则出现黄褐或铁锈色；水体混有藻类，呈黄绿色；混有泥沙、黏土，则呈混浊而有异常颜色。

（2）鼻闻

清洁的水是没有异常气味的，受到污染后，往往有异味。饮水被粪便污染可有粪臭味；受苯、甲苯等污染，会有芳香味；水中有含硫有机物，会有臭蛋味。根据水的气味特点，可初步判断污染源，为保护和处理水质提供条件。

（3）查水温

地面水的温度常随外界气候变化，而地下水的温度较为恒定。如果水温突然增高，则不论地面水或地下水，往往是受到污染的表现。当水质受到粪便、污物、动植物残体污染，这些有机物分解时，会放出大量热，使水温升高。从卫生角度讲，水温越低，水质越好。

（4）查沉淀物

被污染的饮水，通常含有较多的固体悬浮物和溶解性物质。因此，水中悬浮物和溶解物的含量，可作为衡量水质的重要指标。检查时，可将饮水装入透明玻璃瓶中，经过24小时沉淀，再观察瓶底的沉淀物；沉淀物多，则水质不清洁。

（5）舌尝

清洁的饮用水应是无异常味道的。水的异味，大致可分苦、咸、酸、甜、涩5种。异味的存在说明水质变坏。水中含有氯化钠、氯化钾时，水变咸、变苦；含有硫酸钠、硫酸镁时，水味变苦；含有铁盐、锌盐时，水味变涩；含有某些金属氧化物、金属盐或有机物时，水味变甜；含有腐殖质、藻类、异味物质，则有鱼腥味、霉味等味道。

5.4 保障水质安全

现有水源地使用要加强卫生防护，做好卫生清理与消毒工作，注意看管维护。定期整治水源地附近环境，避免病毒、细菌污染水源。水源周边的厕所、禽畜圈棚、禽畜尸体应定期清理干净，清理时不得采用就地焚烧方式。

5.5 加强公众参与

加强水源环境防护方面知识宣传和技术指导，大力推广科学种田、合理施用农药和化肥，增强农民的饮用水水源环境保护意识，建立公众参与的水源地环境保护机制。

保护水源人人有责，禁止人为污染水源。当发现饮用水水源的水质发生变化时要及时向有关部门反映；当发现有违法行为时要及时制止；当发现污染饮用水源的行为时，要及时向有关部门举报。

保护、宣传两手抓，水源保护靠大家。提高农民自发保护饮用水源地的认识，在积极了解饮用水保护的重要性以及保护知识的同时，向家人、朋友、邻居宣传饮用水水源保护，加强权利和责任意识。

附录 A

分散式饮用水水源地主要污染防治技术表

类别	污染防治技术	优点	缺点	适用性
建设项目和活动	隔离防护	从源头控制新建项目和活动，成本低，效益显著	容易破坏	适用于工业等新建项目的管理
	违法建设项目整治	对违法建设项目进行管理，效益显著	行政执法难度较大	适用于工业等污染防治
农村生活污水处理	分散处理	布局灵活、施工简单、管理方便	占地面积大，易受气温影响	适用于村庄布局分散、规模较小、地形条件复杂、污水不易集中收集的村庄污水处理
	集中处理	占地面积小、抗冲击能力强、运行安全可靠、出水水质好	成本较高	适用于村庄布局相对密集、规模较大、经济条件好、村镇企业或旅游业发达的单村或联村污水处理
	接入市政管网统一处理	投资少、施工周期短、见效快、统一管理方便	受与市政管网距离和接管高程要求的限制	距离市政污水管网较近（一般 5 公里以内），符合高程接入要求的村庄污水处理
固体废物污染防治	填埋	成本低，技术简便，适应性强	渗滤液容易污染地下水	适用广泛
	焚烧	成本低，技术简便	一次性投资大； 运行成本高； 在垃圾焚烧过程中排放大量烟气，易造成大气污染	适用于生活垃圾焚烧场设备技术完备区域
	堆肥	无害化程度较高，减量化效果较为明显	污染土壤	适用于农村生活污染防治
农药污染防治	选用低毒农药	农药毒性小，残留少	成本高	适用于所有农田
	应用生物农药	高效、对人畜无毒、不污染环境；对植物无毒害，保证产品质量	防治效果一般较为缓慢，控制有害生物范围较窄	

类别	污染防治技术	优点	缺点	适用性
农药污染防治	生物降解	无毒、无二次污染，而且可以工业化发酵生产菌种，并大规模推广应用	成本高	
化肥污染防治	推广测土配方施肥	根据作物需肥规律平衡施肥，提高肥效，减少不必要的养分投入	施肥观念不容易改变	适用于所有农田
	施用缓释肥	减少施肥次数，提高肥效	成本稍高	适用于经济价值高的作物
	发展有机农业和生态农业	知识密集型的现代农业体系；减少化学品的投入，减少排放	生产难以规范化、管理运作缺乏标准	知识密集型农业
	建设生态缓冲带	有效过滤从农田流失的沉积物、营养物质和杀虫剂，对农田径流起到阻滞作用，有效减少固体颗粒的养分含量	植物种类应科学选择，否则造成二次污染	适用于水域两岸农田的农业非点源污染防治
藻类水华控制	机械打捞	效果较好，成效较快	耗费人力财力巨大，而且打捞出来的藻的处理，以及打捞作业人员的安全问题都未有很好的解决	适用于藻类生长较多的水源
	工程物理	效果普遍较好，可持久使用	一次性投入成本很高，且处理能力有限	大都局限于水处理工程中的应用
	生物除藻	效用持久，无二次污染，具有高效、廉价和环保的特点，具有综合效益，是最有前途的一种控藻方法	高效、广谱的生物技术仍有待于开发	常应用于水华发生的早期阶段，除藻效果比较好
地下水污染修复	水动力控制修复技术	设备简单，运行成本低廉；在污染初期防止污染物扩散效果好；修复效率高	受当地的水文地质条件限制；对重力大于水的污染物质处理效果甚微	适用于土壤和地下水等的修复
	流线控制法	原理简单易懂，技术要求不高，运行成本低；治理效率高，修复周期短	只能用于密度比水大的大批量有机物污染治理	适用于场地可能变化状况

类别	污染防治技术	优点	缺点	适用性
地下水污染修复	屏蔽法、被动收集法	成本低，原理简单；地下水污染初期治理效果好	只对地下水中轻质污染物修复效果好	适用于污染范围较小的地区
	有机黏土法	原理简单、易操作、成本低、吸附效果好；永久消除地下水污染	生物降解速率比较慢	对初期固定污染物效果明显
	电化学动力修复技术	不对当地土壤结构和地下所处的生态环境产生影响；投资少、效率高；安装操作容易；不受当地水文地质条件限制	对吸附性不强的有机污染物修复效果不会太理想	适用于污染范围小的区域
	生物修复技术	投资小，维护费用低；操作简便；对周围环境影响小；修复效率高，可最大限度降低污染物浓度，并且污染物可在原地被降解清除	不能降解所有的有机污染物；受介质渗透性的影响，可能会产生二次污染	适用部分有机污染地区
	渗透性反应屏修复技术	就地修复，工程设施较简单；能够达到对多数污染物的去除作用；经济成本低；可以根据含水层的类型、含水层的水力学参数、污染物种类、污染物浓度高低等选择合适的反应装置	设施全部安装在地下，更换修复方案很麻烦；反应材料需要定期更换；可能会产生二次污染	适用多种地下水污染
	抽出处理修复技术	设备简单，易于安装和操作；适用范围广；地上污水净化处理工艺比较成熟；修复周期短	对于重非水相液体来说，治理耗时长而且效果不明显；需定期对场地设备检修维护，运行成本较高	只对有机污染物中的轻非水相液体去除效果明显

附录 B：

本指南用词说明

1. 为便于在执行本指南条文时区别对待，对要求严格程度不同的用词说明如下：

（1）表示很严格，非这样做不可的：

正面词采用“必须”，反面词采用“严禁”或“禁止”；

（2）表示严格，在正常情况下均应这样做的：

正面词采用“应”，反面词采用“不应”或“不得”；

（3）表示允许稍有选择，在条件许可时首先应这样做的：

正面词采用“宜”，反面词采用“不宜”；

表示有选择，在一定条件下可以这样做的，采用“可”。

2. 条文中指明应按其他有关标准、规范执行时，写法为：

“应符合……规定”或“应按……执行”。

四、其他部门发布的规范性文件

中华人民共和国工业和信息化部公告

工联电子[2010]137号

为贯彻落实科学发展观，促进多晶硅行业节能降耗、淘汰落后和结构调整，引导行业健康发展，根据国家有关法律法规和产业政策，工业和信息化部、国家发展改革委、环境保护部会同有关部门制定了《多晶硅行业准入条件》，现予以公告。

有关部门在对多晶硅建设项目核准、备案管理、土地审批、环境影响评价、信贷融资、生产许可、产品质量认证等工作中要以本准入条件为依据。

附件：多晶硅行业准入条件

中华人民共和国工业和信息化部
中华人民共和国国家发展和改革委员会
中华人民共和国环境保护部
二〇一〇年十二月三十一日

附件：

多晶硅行业准入条件

为深入贯彻落实科学发展观，规范和引导多晶硅行业健康发展，坚决抑制行业重复建设和产能过剩，根据国家有关法律法规和产业政策，按照优化布局、调整结构、节约能源、降低消耗、保护环境、安全生产的原则，特制订多晶硅行业准入条件。

一、项目建设条件和生产布局

（一）多晶硅项目应当符合国家产业政策、用地政策及行业发展规划，新建和改扩建项目投资中最低资本金比例不得低于30%。严格控制在能源短缺、电价较高的地区新建多晶硅项目，对缺乏综合配套、安全卫生和环保不达标的多晶硅项目不予核准或备案。

（二）在依法设立的基本农田保护区、自然保护区、风景名胜区、饮用水水源保护区、居民集中区、疗养地、食品生产地等环境条件要求高的区域周边1 000米内或国家、地方规划的重点生态功能区的敏感区域内，不得新建多晶硅项目。已在上述区域内投产运营的多晶硅项目要根据该区域有关规划，依法通过搬迁、转停产等方式逐步退出。

（三）在政府投资项目核准新目录出台前，新建多晶硅项目原则上不再批准。但对加强技术创新、促进节能环保等确有必要建设的项目，报国务院投资主管部门组织论证和核准。

二、生产规模与技术设备

（一）太阳能级多晶硅项目每期规模大于 3 000 吨/年，半导体级多晶硅项目规模大于 1 000 吨/年。

（二）多晶硅企业应积极采用符合本准入条件要求的先进工艺技术和产污强度小、节能环保的工艺设备以及安全设施，主要工段、设备参数应能实现连续流程在线检测。

三、资源回收利用及能耗

（一）新建多晶硅项目生产占地面积小于 6 公顷/千吨。现有多晶硅项目应当厉行节约集约用地原则。

（二）太阳能级多晶硅还原电耗小于 80 千瓦时/千克，到 2011 年底前小于 60 千瓦时/千克。

（三）半导体级直拉用多晶硅还原电耗小于 100 千瓦时/千克，半导体级区熔用多晶硅还原电耗小于 120 千瓦时/千克。

（四）还原尾气中四氯化硅、氯化氢、氢气回收利用率不低于 98.5%、99%、99%。

（五）引导、支持多晶硅企业以多种方式实现多晶硅-电厂-化工联营，支持节能环保太阳能级多晶硅技术研发，降低成本。

（六）到 2011 年底前，淘汰综合电耗大于 200 千瓦时/千克的太阳能级多晶硅生产线。

（七）水资源实现综合回收利用，水循环利用率≥95%。

四、环境保护

（一）新建和改扩建项目应严格执行《环境影响评价法》，依法向有审批权限的环境保护行政主管部门报批环境影响评价文件。按照环境保护“三同时”的要求，建设项目配套环境保护设施并依法申请项目竣工环境保护验收，验收合格后方可投入生产运行。未通过环境评价审批的项目一律不准开工建设。现有企业应依法定期实施清洁生产审核，并通过评估验收，两次审核的时间间隔不得超过三年。

（二）废气

尾气及 NO_x、HF 酸雾排放部位均应当配备净化装置，采用溶液吸收法或其他方法对其净化处理，废气排放达到《大气污染物综合排放标准》（GB 16297）和污染物排放总量控制要求。项目所在地有地方标准和要求的，应当执行地方标准和要求。

（三）废水

按照法律、行政法规和国务院环境保护主管部门的规定设置排污口。废水排放应符合国家相应水污染物排放标准要求。凡是向已有地方排放标准的水体排放污染物的，应当执行地方标准。

（四）固体废物

一般工业固体废物的贮存应符合《一般工业固体废物贮存、处置场污染控制标准》（GB 18599），对产生的四氯化硅等危险废物，应严格执行危险废物相关管理规定。

（五）噪声

厂界噪声符合《工业企业厂界环境噪声排放标准》（GB 12348）。

五、产品质量

企业应有质量检验机构和专职检验人员，有健全的质量检验管理制度。半导体级多晶硅产品符合国家标准 GB/T 12963 所规定的质量要求，太阳能级多晶硅产品符合国家标准所规定的质量要求。

六、安全、卫生和社会责任

（一）多晶硅项目应当严格遵循职业危害防护设施和安全设施“三同时”制度要求。企业应当遵守《安全生产法》、《职业病防治法》等法律法规，执行保障安全生产的国家标准或行业标准。

（二）企业应当有健全的安全生产组织管理体系，有职工安全生产培训制度和安全生产检查制度。

（三）企业应当遵守《危险化学品安全管理条例》（国务院令第 344 号）、《危险化学品建设项目安全许可实施办法》（国家安全生产监督管理总局令第 8 号）、《安全预评价导则》、《危险化学品建设项目安全评价细则（试行）》（安监总危化[2007]255 号）及相关规定，依法实施危险化学品建设项目安全许可和危险化学品生产企业安全生产许可，获取《安全生产许可证》后方可投入运行。

（四）企业应当有职业危害防治措施，对重大危险源有检测、评估、监控措施和应急预案，并配备必要的器材和设备。尘毒作业场所达到国家卫生标准。

（五）企业应当遵守国家法律法规，依法参加养老、失业、医疗、工伤等保险，并为从业人员缴足相关保险费用。

七、监督与管理

（一）工业和信息化部负责多晶硅行业管理，商有关部门后以联合公告形式发布符合准入条件的多晶硅企业名单，形成《多晶硅行业准入名单》，实行社会监督、动态管理。

（二）对现有项目：

1. 企业应对照准入条件编制《多晶硅行业准入申请报告》并通过当地工业和信息化主管部门报送工业和信息化部。

2. 省级工业和信息化主管部门负责受理本地区多晶硅企业的申请，按准入条件要求会同同级发展改革部门、环保部门对企业情况进行核实并提出初审意见，附企业申请材料报送工业和信息化部。

3. 工业和信息化部收到申请后，会同有关部门对企业申请材料组织审查，对符合准入条件的企业进行公示，无异议后予以公告。

对不符合准入条件的企业，工业和信息化部通知省级工业和信息化主管部门责令企业整改，整改仍不达标的企业应当逐步退出多晶硅生产。

（三）对新建和改扩建项目：

1. 国务院投资主管部门按照准入条件要求对新建和改扩建项目组织论证和核准。

2. 企业应自投产之日起半年内申请，省级工业和信息化主管部门会同同级发展改革部门、环保部门对其进行检查并提出检查意见，附企业申请材料报送工业和信息化部。工业和信息化部对企业申请材料组织审查，对符合准入条件的企业进行公示，无异议后予以公告。

对不符合准入条件的企业，工业和信息化部通知省级工业和信息化主管部门责令企业整改，整改仍不达标的企业应当停止多晶硅生产。

（四）地方工业和信息化主管部门每年要会同有关部门对本地区企业生产过程中执行准入条件的情况进行监督检查，工业和信息化部组织有关部门对公告企业进行抽查。

（五）公告企业有下列情况，将撤销其公告资格：

1. 填报资料有弄虚作假行为；

2. 拒绝接受监督检查；

3. 不能保持准入条件要求；

4. 发生重大安全和污染责任事故；

5. 违反法律、法规和国家产业政策规定。

（六）对不符合规划布局、生产规模、资源利用、环境保护、安全卫生等要求的多晶硅项目，投资管理部门不予核准和备案，国土资源管理、环境保护、质检、安监等部门不得办理有关手续，金融机构不得提供贷款和其他形式的授信支持。

（七）有关行业协会、产业联盟、中介机构要协助做好准入条件实施工作，组织企业加强协调和自律管理。

八、附则

（一）本准入条件适用于中华人民共和国境内（台湾、香港、澳门地区除外）所有类型的多晶硅企业和项目。

（二）本准入条件涉及的法律法规、国家标准和行业政策若进行修订，按修订后的规定执行。

（三）本准入条件自发布之日起实施，由工业和信息化部负责解释，并根据行业发展情况和宏观调控要求会同有关部门适时进行修订。

关于印发《生活垃圾处理技术指南》的通知

建城[2010]61 号

各省、自治区、直辖市、计划单列市住房和城乡建设厅（建委、建设局）、发展改革委、环境保护厅（局），北京市市政市容委，上海市绿化和市容管理局，天津市市容园林委，重庆市市政管委，新疆生产建设兵团建设局、发展改革委、环境保护局：

为进一步提高我国生活垃圾无害化处理的能力和水平，指导各地选择适宜的生活垃圾处理技术路线，有序开展生活垃圾处理设施规划、建设、运行和监管工作，住房和城乡建设部、国家发展改革委、环境保护部共同组织编写了《生活垃圾处理技术指南》，现印发给你们，请结合本地区实际情况参照执行。

中华人民共和国住房和城乡建设部
中华人民共和国国家发展和改革委员会
中华人民共和国环境保护部
二〇一〇年四月二十二日

生活垃圾处理技术指南

生活垃圾处理是城市管理和公共服务的重要组成部分，是建设资源节约型和环境友好型社会，实施治污减排，确保城市公共卫生安全，提高人居环境质量和生态文明水平，实现城市科学发展的一项重要工作。

我国已颁布的《城市生活垃圾处理及污染防治技术政策》与我国经济发展水平相适应，符合国际生活垃圾处理技术发展方向，在其指导下，我国生活垃圾处理设施建设与处理水平有了较大提高。但是，随着我国经济社会的快速发展和城镇化进程的加快，城市人口不断增加，生活垃圾产生量持续上升同处理能力不足间的矛盾日益凸显，生活垃圾处理与管理工作面临严峻挑战。

为保障我国生活垃圾无害化处理能力的不断增强、无害化处理水平不断提高，指导各地选择适宜的生活垃圾处理技术路线，有序开展生活垃圾处理设施规划、建设、运行和监管，根据《中华人民共和国固体废物污染环境防治法》等相关法律法规、标准规范和技术政策，制定本指南。

1 总则

1.1 基本要求

1.1.1 生活垃圾处理应以保障公共环境卫生和人体健康、防止环境污染为宗旨，遵循“减量化、资源化、无害化”原则。

1.1.2 应尽可能从源头避免和减少生活垃圾产生，对产生的生活垃圾应尽可能分类回收，实现源头减量。分类回收的垃圾应实施分类运输和分类资源化处理。通过不断提高生活垃圾处理水平，确保生活垃圾得到无害化处理和处置。

1.1.3 生活垃圾处理应统筹考虑生活垃圾分类收集、生活垃圾转运、生活垃圾处理设施建设、运行监管等重点环节，落实生活垃圾收运和处理过程中的污染控制，着力构建“城乡统筹、技术合理、能力充足、环保达标”的生活垃圾处理体系。

1.1.4 生活垃圾处理工作应纳入国民经济和社会发展计划，采取有利于环境保护和综合利用的经济、技术政策和措施，促进生活垃圾处理的产业化发展。

1.2 生活垃圾分类与减量

1.2.1 应通过加大宣传，提高公众的认识水平和参与积极性，扩大生活垃圾分类工作的范围和城市数量，大力推广生活垃圾源头分类。

1.2.2 将废纸、废金属、废玻璃、废塑料的回收利用纳入生活垃圾分类收集范畴，建立具有我国特色的生活垃圾资源再生模式，有效推进生活垃圾资源再生和源头减量。

1.2.3 鼓励商品生产厂家按国家有关清洁生产的规定设计、制造产品包装物，生产易回收利用、易处置或者在环境中可降解的包装物，限制过度包装，合理构建产品包装物回收体系，减少一次性消费产生的生活垃圾对环境的污染。

1.2.4 鼓励净菜上市、家庭厨余生活垃圾分类回收和餐厨生活垃圾单独收集处理，加强可降解有机垃圾资源化利用和无害化处理。

1.2.5 通过改变城市燃料结构，提高燃气普及率和集中供热率，减少煤灰垃圾产生量。

1.2.6 根据当地的生活垃圾处理技术路线，制定适合本地区的生活垃圾分类收集模式。生活垃圾分类收集应该遵循有利资源再生、有利防止二次污染和有利生活垃圾处理技术实施的原则。

1.3 生活垃圾收集与运输

1.3.1 加快建设与生活垃圾源头分类和后续处理相配套的分类收集和分类运输体系，推进生活垃圾收集和运输的数字化管理工作。

1.3.2 应实现密闭化生活垃圾收集和运输，防止生活垃圾暴露和散落，防止垃圾渗滤液滴漏，淘汰敞开式收集方式。

1.3.3 应逐步提高生活垃圾机械化收运水平，鼓励采用压缩式方式收集和运输生活垃圾。

1.3.4 应加强生活垃圾收运设施建设，重点是区域性大中型转运站建设。
1.3.5 拓展生活垃圾收运服务范围，加强县城和村镇生活垃圾的收集。

1.4 生活垃圾处理与处置

1.4.1 应结合当地的人口聚集程度、土地资源状况、经济发展水平、生活垃圾成分和性质等情况，因地制宜地选择生活垃圾处理技术路线，并应满足选址合理、规模适度、技术可行、设备可靠和可持续发展等方面的要求。
1.4.2 应在保证生活垃圾无害化处理的基础上，加强生活垃圾的分类处理和资源回收利用。单独收集的危险废物或处理过程中产生的危险废物应按国家有关规定处理。具备条件的城市可采用对多种处理技术集成进行生活垃圾综合处理，实现各种处理技术优势互补。规划和建设生活垃圾综合处理园区是节约土地资源、加强生活垃圾处理设施污染控制、全面提升生活垃圾处理水平的有效途径。
1.4.3 应依法对新建生活垃圾处理和处置的项目进行环境影响评价，符合国家规定的环境保护和环境卫生标准，从生活垃圾中回收的物质必须按照国家规定的用途或者标准使用。
1.4.4 应保障生活垃圾处理设施运行水平，确保污染物达标排放。运行单位应编制生产作业规程及运行管理手册并严格执行，按要求进行环境监测，做好安全生产工作。
1.4.5 加强设施运行监管，实现政府监管与社会监管相结合，技术监管与市场监管相结合，运行过程监管和污染排放监管相结合。

2 生活垃圾处理技术的适用性

2.1 卫生填埋

2.1.1 卫生填埋技术成熟，作业相对简单，对处理对象的要求较低，在不考虑土地成本和后期维护的前提下，建设投资和运行成本相对较低。
2.1.2 卫生填埋占用土地较多，臭气不容易控制，渗滤液处理难度较高，生活垃圾稳定化周期较长，生活垃圾处理可持续性较差，环境风险影响时间长。卫生填埋场填满封场后需进行长期维护，以及重新选址和占用新的土地。
2.1.3 对于拥有相应土地资源且具有较好的污染控制条件的地区，可采用卫生填埋方式实现生活垃圾无害化处理。
2.1.4 采用卫生填埋技术，应通过生活垃圾分类回收、资源化处理、焚烧减量等多种手段，逐步减少进入卫生填埋场的生活垃圾量，特别是有机物数量。

2.2 焚烧处理

2.2.1 焚烧处理设施占地较省，稳定化迅速，减量效果明显，生活垃圾臭味控制相对容易，焚烧余热可以利用。

2.2.2 焚烧处理技术较复杂，对运行操作人员素质和运行监管水平要求较高，建设投资和运行成本较高。

2.2.3 对于土地资源紧张、生活垃圾热值满足要求的地区，可采用焚烧处理技术。

2.2.4 采用焚烧处理技术，应严格按照国家和地方相关标准处理焚烧烟气，并妥善处置焚烧炉渣和飞灰。

2.3 其他技术

2.3.1 其他技术主要包括生物处理、水泥窑协同处置等技术。

2.3.2 生物处理适用于处理可降解有机垃圾，如分类收集的家庭厨余垃圾、单独收集的餐厨垃圾、单独收集的园林垃圾等。对于进行分类回收可降解有机垃圾的地区，可采用适宜的生物处理技术。对于生活垃圾混合收集的地区，应审慎采用生物处理技术。

2.3.3 采用生物处理技术，应严格控制生物处理过程中产生的臭气，并妥善处置生物处理产生的污水和残渣。

2.3.4 经过分类的生活垃圾，可作为替代燃料进入城市附近大型水泥厂的新型干法水泥窑处理。

2.3.5 水泥窑协同处置要符合国家产业政策和准入条件，并按照相关标准严格控制污染物的产生和排放。

3 生活垃圾处理设施建设技术要求

3.1 卫生填埋场

3.1.1 卫生填埋场的选址应符合国家和行业相关标准的要求。

3.1.2 卫生填埋场设计和建设应满足《生活垃圾卫生填埋技术规范 CJJ17》、《生活垃圾卫生填埋处理工程项目建设标准》和《生活垃圾填埋场污染控制标准 GB 16889》等相关标准的要求。

3.1.3 卫生填埋场的总库容应满足其使用寿命 10 年以上。

3.1.4 卫生填埋场必须进行防渗处理，防止对地下水和地表水造成污染，同时应防止地下水进入填埋区。鼓励采用厚度不小于 1.5 毫米的高密度聚乙烯膜作为主防渗材料。

3.1.5 填埋区防渗层应铺设渗滤液收集导排系统。卫生填埋场应设置渗滤液调节池和污水处理装置，渗滤液经处理达标后方可排放到环境中。调节池宜采取封闭等措施防止恶臭物质污染大气。

3.1.6 垃圾渗滤液处理宜采用“预处理－生物处理－深度处理和后处理”的组合工艺。在满足国家和地方排放标准的前提下，经充分的技术可靠性和经济合理性论证后也可采用其他工艺。

3.1.7 生活垃圾卫生填埋场应实行雨污分流并设置雨水集排水系统，以收集、排出汇水区内可能流向填埋区的雨水、上游雨水以及未填埋区域内未与生活垃圾接触的雨水。雨水集排水系统收集的雨水不得与渗滤液混排。

3.1.8 卫生填埋场必须设置有效的填埋气体导排设施，应对填埋气体进行回收和利用，严防填埋气体自然聚集、迁移引起的火灾和爆炸。卫生填埋场不具备填埋气体利用条件时，应导出进行集中燃烧处理。未达到安全稳定的旧卫生填埋场应完善有效的填埋气体导排和处理设施。

3.1.9 应确保生活垃圾填埋场工程建设质量。选择有相应资质的施工队伍和质量保证的施工材料，制定合理可靠的施工计划和施工质量控制措施，避免和减少由于施工造成的防渗系统的破损和失效。填埋场施工结束后，应在验收时对防渗系统进行完整检测，以发现破损并及时进行修补。

3.2 焚烧厂

3.2.1 生活垃圾焚烧厂选址应符合国家和行业相关标准的要求。

3.2.2 生活垃圾焚烧厂设计和建设应满足《生活垃圾焚烧处理工程技术规范 CJJ90》、《生活垃圾焚烧处理工程项目建设标准》和《生活垃圾焚烧污染控制标准 GB 18485》等相关标准以及各地地方标准的要求。

3.2.3 生活垃圾焚烧厂年工作日应为 365 日，每条生产线的年运行时间应在 8 000 小时以上。生活垃圾焚烧系统设计服务期限不应低于 20 年。

3.2.4 生活垃圾池有效容积宜按 5～7 天额定生活垃圾焚烧量确定。生活垃圾池应设置垃圾渗滤液收集设施。生活垃圾池内壁和池底的饰面材料应满足耐腐蚀、耐冲击负荷、防渗水等要求，外壁及池底应作防水处理。

3.2.5 生活垃圾在焚烧炉内应得到充分燃烧，二次燃烧室内的烟气在不低于 850℃的条件下滞留时间不小于 2 秒，焚烧炉渣热灼减率应控制在 5%以内。

3.2.6 烟气净化系统必须设置袋式除尘器，去除焚烧烟气中的粉尘污染物。酸性污染物包括氯化氢、氟化氢、硫氧化物、氮氧化物等，应选用干法、半干法、湿法或其组合处理工艺对其进行去除。应优先考虑通过生活垃圾焚烧过程的燃烧控制，抑制氮氧化物的产生，并宜设置脱氮氧化物系统或预留该系统安装位置。

3.2.7 生活垃圾焚烧过程应采取有效措施控制烟气中二噁英的排放，具体措施包括：严格控制燃烧室内焚烧烟气的温度、停留时间与气流扰动工况；减少烟气在 200～500℃温度区的滞留时间；设置活性炭粉等吸附剂喷入装置，去除烟气中的二噁英和重金属。

3.2.8 规模为 300 吨/日及以上的焚烧炉烟囱高度不得小于 60 米，烟囱周围半径 200 米距离内有建筑物时，烟囱应高出最高建筑物 3 米以上。

3.2.9 生活垃圾焚烧厂的建筑风格、整体色调应与周围环境相协调。厂房的建筑造型应简洁大方，经济实用。厂房的平面布置和空间布局应满足工艺及配套设备的安装、拆换与维修的要求。

4 生活垃圾处理设施运行监管要求

4.1 卫生填埋场

4.1.1 填埋生活垃圾前应制订填埋作业计划和年、月、周填埋作业方案，实行分区域单元逐层填埋作业，控制填埋作业面积，实施雨污分流。合理控制生活垃圾摊铺厚度，准确记录作业机具工作时间或发动机工作小时数，填埋作业完毕后应及时覆盖，覆盖层应压实平整。运行、监测等各项记录应及时归档。

4.1.2 加强对进场生活垃圾的检查，对进场生活垃圾应登记其来源、性质、重量、车号、运输单位等情况，防止不符合规定的废物进场。

4.1.3 卫生填埋场运行应有灭蝇、灭鼠、防尘和除臭措施，并在卫生填埋场周围合理设置防飞散网。

4.1.4 产生的垃圾渗滤液应及时收集、处理，并达标排放，渗滤液处理设施应配备在线监测控制设备。

4.1.5 应保证填埋气体收集井内管道连接顺畅，填埋作业过程应注意保护气体收集系统。填埋气体及时导排、收集和处理，运行记录完整；填埋气体集中收集系统应配备在线监测控制设备。

4.1.6 填埋终止后，要进行封场处理和生态环境恢复，要继续导排和处理垃圾渗滤液和填理气体。

4.1.7 卫生填埋场稳定以前，应对地下水、地表水、大气进行定期监测。对排水井的水质监测频率应不少于每周一次，对污染扩散井和污染监视井的水质监测频率应不少于每2 周一次，对本底井的水质监测频率应不少于每月一次；每天进行一次卫生填埋场区和填埋气体排放口的甲烷浓度监测；根据具体情况适时进行场界恶臭污染物监测。

4.1.8 卫生填理场稳定后，经监测、论证和有关部门审定后，确定是否可以对土地进行适宜的开发利用。

4.1.9 卫生填埋场运行和监管应符合《城市生活垃圾卫生填埋场运行维护技术规程 CJJ 93》、《生活垃圾填埋场污染控制标准 GB 16889》等相关标准的要求。

4.2 焚烧厂

4.2.1 卸料区严禁堆放生活垃圾和其他杂物，并应保持清洁。

4.2.2 应监控生活垃圾贮坑中的生活垃圾贮存量，并采取有效措施导排生活垃圾贮坑中的渗滤液。渗滤液应经处理后达标排放，或可回喷进焚烧炉焚烧。

4.2.3 应实现焚烧炉运行状况在线监测，监测项目至少包括焚烧炉燃烧温度、炉膛压力、烟气出口氧气含量和一氧化碳含量，应在显著位置设立标牌，自动显示焚烧炉运行工况的主要参数和烟气主要污染物的在线监测数据。当生活垃圾燃烧工况不稳定、生活垃圾焚烧锅炉炉膛温度无法保持在 850℃以上时，应使用助燃器助燃。相关部门要组织对焚烧厂二□恶英排放定期检测和不定期抽检工作。

4.2.4 生活垃圾焚烧炉应定时吹灰、清灰、除焦；余热锅炉应进行连续排污与定时排污。

4.2.5 焚烧产生的炉渣和飞灰应按照规定进行分别妥善处理或处置。经常巡视、检查炉渣收运设备和飞灰收集与贮存设备，并应做好出厂炉渣量、车辆信息的记录、存档工作。飞灰输送管道和容器应保持密闭，防止飞灰吸潮堵管。

4.2.6 对焚烧炉渣热灼减率至少每周检测一次，并作相应记录。焚烧飞灰属于危险废物，应密闭收集、运输并按照危险废物进行处置。经处理满足《生活垃圾填埋场污染控制标准 GB 16889》要求的焚烧飞灰，可以进入生活垃圾填埋场处置。

4.2.7 烟气脱酸系统运行时应防止石灰堵管和喷嘴堵塞。袋式除尘器运行时应保持排灰正常，防止灰搭桥、挂壁、黏袋；停止运行前去除滤袋表面的飞灰。活性炭喷入系统运行时应严格控制活性炭品质及当量用量，并防止活性炭仓高温。

4.2.8 处理能力在 600 吨/日以上的焚烧厂应实现烟气自动连续在线监测，监测项目至少应包括氯化氢、一氧化碳、烟尘、二氧化硫、氮氧化物等项目，并与当地环卫和环保主管部门联网，实现数据的实时传输。

4.2.9 应对沼气易聚集场所如料仓、污水及渗滤液收集池、地下建筑物内、生产控制室等处进行沼气日常监测，并做好记录；空气中沼气浓度大于 1.25%时应进行强制通风。

4.2.10 各工艺环节采取臭气控制措施，厂区无明显臭味；按要求使用除臭系统，并按要求及时维护。

4.2.11 应对焚烧厂主要辅助材料（如辅助燃料、石灰、活性炭等）消耗量进行准确计量。

4.2.12 应定期检查烟囱和烟囱管，防止腐蚀和泄漏。

4.2.13 生活垃圾焚烧厂运行和监管应符合《生活垃圾焚烧厂运行维护与安全技术规程 CJJ 128》、《生活垃圾焚烧污染控制标准 GB 18485》等相关标准的要求。

萤石行业准入标准公告

工联原[2010]87号

为了贯彻落实科学发展观，合理开发利用资源和保护环境，促进产业结构调整，根据《国务院办公厅关于采取综合措施对耐火黏土萤石的开采和生产进行控制的通知》(国办发[2010]1号）和相关法律法规及政策的规定，特制定《萤石行业准入标准》，现予公告。

各有关部门在对萤石建设项目核准（备案）管理、国土资源管理、环境影响评价、信贷融资、产品生产和出口、质量认证、工商注册登记、安全监管等工作中要以本准入标准为依据。

附件：萤石行业准入标准

工业和信息化部　国家发展和改革委员会
国土资源部　环境保护部
商务部　国家质量监督检验检疫总局
国家安全生产监督管理总局
二〇一〇年二月二十四日

附件：

萤石行业准入标准

一、总则

（一）萤石是重要的工业基础原材料。为贯彻落实科学发展观，合理开发利用与有效保护资源和环境，促进萤石产业结构调整，根据《国务院办公厅关于采取综合措施对耐火黏土萤石的开采和生产进行控制的通知》（国办发[2010]1号）和相关法律法规及政策的规定，特制定本准入标准。

（二）本准入标准中的萤石系指萤石采选产品。

二、生产布局条件

（三）萤石矿开采、选矿生产企业必须符合国家产业政策、矿产资源规划和产业规划，符合各省（自治区、直辖市）萤石行业发展规划、城市建设规划、土地利用总体规划、矿产资源规划、环境保护和污染防治规划要求。

（四）严格限制在国家和地方规定的限采区新设开采矿山。禁止在禁采区内新设开采矿山，已建矿山应按照矿产资源规划和国家有关规定进行处置。

在饮用水水源保护区、自然保护区、风景名胜区、生态功能保护区和基本农田保护区等需要特殊保护的地区，大中城市及其近郊，居民集中区、学校与托幼机构、疗养地、医院和食品、药品、电子等对环境质量要求高的企业周边1公里内，主要河流两岸、公路、铁路干线两侧一定范围，不得新建萤石生产加工企业。

三、生产规模、工艺与装备

（五）新建萤石矿山开采规模应与资源储量规模相适应，并符合相关产业政策。矿山开采设计应根据资源状况、赋存条件以及开发利用方案等选择安全、高效、适用的采矿方法和装备。

（六）萤石选矿单条生产线日处理矿石能力应≥100吨（每年按300天计算）。矿山开采规模在3万吨/年以上的企业，要求有相应配套的选厂。

（七）新建和改（扩）建萤石选矿厂，必须具备相匹配的自备矿山、尾矿库、污水（物）处理设施，不得新建“三无” 萤石浮选厂。

四、资源综合利用

（八）萤石采选企业地下开采回采率应达到75%以上；露天开采回采率应达到90%以上。选矿回收率应达到80%以上（伴生矿、尾矿利用除外）。并应贫富兼采，禁止采厚弃薄、采富弃贫。企业应制定尾矿综合利用和治理方案。

萤石原矿经选别冶金级块矿后，剩余原矿须送浮选厂浮选，提高资源利用率。

（九）鼓励对低品位萤石矿进行选矿加工提纯，分级选别、分级使用，实现资源综合利用。

（十）鼓励对矿物品位大于10%的萤石尾矿进行浮选回收。

（十一）充分利用现有矿山的资源，鼓励矿山结合生产依法开展深部地质找矿。

（十二）鼓励具有资金、技术、管理优势的萤石采选企业通过兼并重组、集约开采、综合利用相对集中的小矿山（点）。

五、主要产品质量

（十三）萤石产品质量应满足《萤石》（YB/T 5217—2005）标准要求。

六、环境保护

（十四）采选生产过程中应实施清洁生产，保护环境。污染物排放要符合国家《大气污染物综合排放标准》（GB 16297—1996）、《污水综合排放标准》（GB 8978—1996）、

《一般工业固体废物贮存、处置场污染控制标准》（GB 18599—2001）的有关要求和有关地方标准的规定。

（十五）企业必须按照环保、水土保持和耕地保护等要求，严格执行相关法律法规和标准规范，防止土壤污染，保护生态环境，严格执行土地复垦和生态恢复规定，履行土地复垦与生态恢复义务。

七、安全、卫生和社会责任

（十六）萤石采选生产必须符合《安全生产法》、《矿山安全法》、《安全生产许可证条例》（国务院令第397号）、《金属非金属矿山安全规程》（GB 16423—2006）和《尾矿库安全技术规程》（AQ 2006—2005）等有关规定，依法取得安全生产许可证后方可从事生产活动。新建、改建、扩建项目安全生产设施必须与主体工程同时设计、同时施工、同时投入生产和使用，并经安全生产监督管理部门组织审查和竣工验收。

（十七）萤石采选生产必须遵守《职业病防治法》，具备相应的职业病防治条件。完善职业危害防治设施，按照标准配备个人劳动防护用品，并建立各项规章制度。新、改、扩建项目职业危害防治设施必须与主体工程同时设计、同时施工、同时投入生产和使用。

（十八）矿产开采企业应设置地质测量机构，配备地质、测量专业技术人员，负责矿山资源储量的动态监测。大中型矿山应配备3～5人，小型矿山2～3人；确无条件配备专业技术人员的，应以合同（协议）的形式委托有资质的单位负责矿山地质测量工作。

（十九）矿山开采企业必须配备具有矿山开发相关专业技术职称的专职安全技术人员，大中型矿山2～3人，小型矿山1～2人。

（二十）企业应当依法参加养老、失业、医疗、工伤等各类保险，并为从业人员缴足相关保险费用。此外，企业还应遵守其他各项法律法规，做到合法经营。

八、监督与管理

（二十一）重点萤石资源地区应制订区域产业发展规划、矿产资源规划并开展规划环境影响评价，未列入规划和未开展规划环评的建设项目不得受理审批。

新建和改扩建萤石采选项目应当符合本准入标准；对不符合准入标准的项目，主管部门不得核准；金融机构不得提供贷款和授信支持，国土资源管理、城市规划和建设、环境保护、消防、卫生、工商、质检、安监等部门不得办理有关手续。

（二十二）现有萤石生产企业应通过技术改造、加强管理、资源整合限期达到本准入标准。2011年7月1日以后仍达不到本准入标准要求的，应停产整顿，经验收合格后方能恢复生产。

（二十三）萤石生产企业必须加强企业管理，建立生产和销售台账，自觉接受和主动配合有关部门监督检查，按照有关部门的规定报送报表。不符合准入标准的生产企业不得生产和销售萤石产品；用户也不得购买其生产的相关产品。

（二十四）地方工业和信息化主管部门会同有关执法部门负责对当地生产经营企业执行本准入标准的情况进行监督检查。发现不符合本准入标准的生产企业，有关部门依照各自职能，分别取消开采总量控制指标、指令性生产计划指标。工信、国土资源、环保、安全等行政管理和执法部门依据各自职能负责对当地萤石生产企业执行准入标准情况进行监督检查。

（二十五）工业和信息化部会同有关部门对萤石采选生产经营企业进行不定期抽查和检查。

（二十六）国土资源部定期公告符合本准入标准的萤石开采企业名单，工业和信息化部定期公告符合本准入标准的萤石生产经营企业名单，实行社会监督、动态管理。

（二十七）行业协会组织要协助、配合政府有关部门做好行业准入管理和监督工作。加强对国内外萤石市场的分析研究；促进采选生产工艺技术发展与应用；推广行业节能减排、资源综合利用、环保新技术；建立符合准入标准企业的评价体系，科学公正提出评价意见。

九、附则

（二十八）本准入标准适用于中华人民共和国境内(港澳台地区除外)所有类型的萤石采选生产企业。

（二十九）本准入标准中涉及的国家标准和行业政策、法律法规若进行修订，则按修订后的规定执行。

（三十）本准入标准自 2010 年 3 月 1 日起实施，由工业和信息化部会同有关部门负责解释。

耐火黏土（高铝黏土）行业准入标准公告

工联原[2010]86号

为了贯彻落实科学发展观，合理开发利用资源和保护环境，促进产业结构调整，根据《国务院办公厅关于采取综合措施对耐火黏土萤石的开采和生产进行控制的通知》（国办发[2010]1号）和相关法律法规及政策的规定，特制定《耐火黏土（高铝黏土）行业准入标准》，现予公告。

各有关部门在对耐火黏土（高铝黏土）建设项目核准（备案）管理、国土资源管理、环境影响评价、信贷融资、产品生产和出口、质量认证、工商注册登记、安全监管等工作中要以本准入标准为依据。

附件：耐火黏土（高铝黏土）行业准入标准

工业和信息化部　国家发展和改革委员会
国土资源部　环境保护部
商务部　国家质量监督检验检疫总局
国家安全生产监督管理总局
二〇一〇年二月二十二日

附件：

耐火黏土（高铝黏土）行业准入标准

一、总则

（一）为了贯彻落实科学发展观，合理开发利用与有效保护资源和环境，促进产业结构调整，根据《国务院办公厅关于采取综合措施对耐火黏土萤石的开采和生产进行控制的通知》（国办发[2010]1号）和相关法律法规及政策的规定，特制定本准入标准。

（二）本准入标准中的耐火黏土（高铝黏土）系指经国土资源管理部门储量备案的高铝黏土矿区的高铝黏土矿石和经过窑炉煅烧（电熔）的高铝黏土熟料。

二、生产布局条件

（三）高铝黏土矿采选、加工企业必须符合国家产业政策、矿产资源规划和产业规划，符合各省（自治区、直辖市）高铝黏土行业发展规划、城市建设规划、土地利用总体规划、矿产资源规划、环境保护和污染防治规划要求。

（四）严格限制在国家和地方规定的限采区新设高铝黏土开采矿山。禁止在禁采区内新设开采矿山，已建矿山应按照矿产资源规划和国家有关规定进行处置。

在饮用水水源保护区、自然保护区、风景名胜区、生态功能保护区、基本农田保护区等需要特殊保护的地区，大中城市及其近郊，居民集中区、学校与托幼机构、疗养地、医院和食品、药品、电子等对环境质量要求高的企业周边1公里内，主要河流两岸、公路、铁路干线两侧一定范围，不得新建高铝黏土生产加工企业。

三、生产规模、工艺与装备

（五）新建高铝黏土矿山开采规模应与资源储量规模相适应，并符合相关产业政策。矿山开采设计应根据资源状况、赋存条件以及开采设计方案等选择安全、节能、环保、高效、适用的采矿方法和装备。

（六）高铝黏土选矿企业单条生产线原矿年处理能力应大于 5 万吨。选矿回收率要求达到80%以上。

（七）高铝黏土熟料加工企业年生产能力不得小于 5 万吨，其中，单线年生产能力要求达到：

1．回转窑≥3 万吨；

2．隧道窑≥2 万吨；

3．梭式窑、竖窑≥1 万吨。

四、资源综合利用和能源消耗

（八）高铝黏土采选企业露天采矿回采率要求达到 80%以上，地下采矿回采率要求达到70%以上。

（九）高铝黏土矿一般情况下只能用于耐火材料、刚玉型研磨材料、高铝水泥、陶瓷匣钵等工业生产原料。对同一矿床伴生（共生）的多种耐火原料及相关矿产，必须综合开采，合理利用，严防优材劣用。

鼓励对低品位高铝黏土矿进行选矿加工提纯，分级选别、分级使用，实现资源综合利用。

（十）高铝黏土熟料煅烧平均能耗指标要求：

1．转窑吨产品能耗小于220公斤标准煤；

2．隧道窑吨产品能耗小于230公斤标准煤；

3．梭式窑吨产品能耗小于300公斤标准煤；

4．竖窑吨产品能耗小于180公斤标准煤。

（十一）熟料煅烧装备应采用通过技术改造的环保节能型窑炉，并采取余热回收利用措施。

五、环境保护和土地复垦

（十二）高铝黏土矿山采选以及熟料生产过程中要加强清洁生产，污染物排放要符合国家《工业炉窑大气污染物排放标准》（GB 9078—1996）、《大气污染物综合排放标准》（GB 16297—1996）、《污水综合排放标准》（GB 8978—1996）、《一般工业固体废物贮存、处置场污染控制标准》（GB 18599—2001）等有关标准和主要污染物总量控制要求以及有关地方标准和要求的规定。

（十三）企业必须按照环保、水土保持和耕地保护等要求，严格执行相关法律法规和标准规范，防止土壤污染，保护生态环境，严格执行土地复垦和生态恢复规定，履行土地复垦与生态恢复义务。

六、主要产品质量

（十四）高铝黏土生料和高铝黏土熟料应满足以下标准：《铝土矿石》（GB/T 24483—2009）、《高铝矾土熟料》（YB/T 5179—2005）。

七、安全、卫生和社会责任

（十五）高铝黏土采选生产必须符合《安全生产法》、《矿山安全法》、《安全生产许可证条例》（国务院令第397号）、《金属非金属矿山安全规程》（GB 16423—2006）和《尾矿库安全技术规程》（AQ 2006—2005）等有关规定，依法取得安全生产许可证后方可从事生产活动。新建、改建、扩建项目安全生产设施必须与主体工程同时设计、同时施工、同时投入生产和使用，并经安全生产监督管理部门组织审查和竣工验收。

（十六）高铝黏土采选企业必须遵守《职业病防治法》，具备相应的职业病防治条件。完善职业危害防治设施，按照标准配备个人劳动防护用品，并建立各项规章制度。新、改、扩建项目职业危害防治设施必须与主体工程同时设计、同时施工、同时投入生产和使用。

（十七）矿山开采企业应设置地质测量机构，配备地质、测量专业技术人员，负责矿山资源储量的动态监测。大中型矿山应配备3～5人，小型矿山2～3人；确无条件配备专业技术人员的，应以合同（协议）的形式委托有资质的单位负责矿山地质测量工作。

（十八）矿山开采企业必须配备具有矿山开发相关专业技术职称的专职安全技术人员，大中型矿山2～3人，小型矿山1～2人。

（十九）企业应当依法参加养老、失业、医疗、工伤等各类保险，并为从业人员缴足相关保险费用。此外，企业还应遵守其他各项法律法规，做到合法经营。

八、监督与管理

（二十）重点高铝耐火黏土资源地区应制订区域产业发展规划、矿产资源规划并开展规划环境影响评价，未列入规划和未开展规划环评的建设项目不得受理审批。

新建和改扩建高铝黏土项目应当由省级工业主管部门会同有关部门组织专家进行评审，编制工业固定资产投资项目节能评估报告，充分论证和评价项目的资源回收率、综合利用水平，能源利用的科学性和合理性，以及生产工艺条件对职业病防治、安全生产、环境保护的保护程度，评审合格方可进行项目核准申请。

对不符合准入标准的项目，主管部门不得核准；金融机构不得提供贷款和其他形式的授信支持，国土资源管理、城市规划和建设、环境保护、消防、卫生、工商、质检、安监等部门不得办理有关手续；地方人民政府或相关主管部门依法决定撤销或责令关闭的企业，有关管理部门应依法撤销相关许可证件，工商行政管理部门依法责令其办理变更登记或注销登记。

（二十一）现有高铝黏土开采和生产企业应通过技术改造、资源整合、加强管理达到本准入标准。2011 年 7 月 1 日以后仍达不到本准入标准要求的，应停产整顿，经验收合格后方能恢复生产。

（二十二）高铝黏土开采和生产企业必须建立生产和销售台账，自觉接受和主动配合有关部门监督检查，按照有关部门规定报送报表。不符合准入标准的生产企业不得生产和销售高铝黏土；用户不得购买不符合准入标准的生产企业生产的相关产品。

（二十三）省级和市县级工业和信息化主管部门会同有关执法部门负责对当地生产经营企业执行本准入标准的情况进行监督检查。发现不符合本准入标准的生产企业，有关部门依照各自职能，分别取消开采总量控制指标、指令性生产计划指标、出口供货资格和产品出口许可证。工信、国土资源、环保、安全生产等行政管理和执法部门依据各自职能负责对当地高铝黏土开采和生产企业执行准入标准情况进行监督检查。

工业和信息化部会同有关部门对高铝黏土采选生产经营企业进行不定期抽查和检查。

（二十四）国土资源部定期公告符合本准入标准的高铝黏土矿开采企业名单，工业和信息化部会定期公告符合本准入标准的高铝黏土生产经营企业名单，实行社会监督、动态管理。

（二十五）充分发挥现有国家级铝黏土批发市场的产品配置功能，本着“优质优用、优质优价、综合利用”的原则，调控产品流向，统筹安排各地区、各行业对高铝黏土的需求，合理高效地配置矿产品。

（二十六）行业协会要协助、配合政府有关部门做好行业准入管理和监督工作。加强对国内外高铝黏土市场的分析研究、促进采选生产工艺技术发展，推广行业节能减排、资源综合利用、环保新技术，建立符合准入标准企业的评价体系，科学公正提出评价意见。

九、附则

（二十七）本准入标准适用于中华人民共和国境内（港澳台地区除外）所有类型的高铝黏土矿山、高铝黏土加工企业。

（二十八）本准入标准中涉及的国家标准和行业政策、法律法规若进行修订，则按修订后的规定执行。

（二十九）本准入标准自 2010 年 3 月 1 日起实施，由工业和信息化部会同有关部门负责解释。

中华人民共和国国家发展和改革委员会公告

2010 年第 33 号公告

为贯彻落实《中华人民共和国节约能源法》、《国务院关于加强节能工作的决定》和《国务院关于进一步加大工作力度确保实现“十一五”节能减排目标的通知》，加快重点节能技术的推广普及，引导用能单位采用先进的节能新工艺、新技术和新设备，提高能源利用效率，我们组织编制了《国家重点节能技术推广目录（第三批）》，现予公布。

本目录涉及煤炭、电力、钢铁、有色金属、石油石化、化工、建材、机械、纺织、建筑、交通 11 个行业，共 30 项高效节能技术。

附件：国家重点节能技术推广目录（第三批）

中华人民共和国国家发展和改革委员会

二〇一〇年十一月二十九日

附件：

国家重点节能技术推广目录（第三批）

序号	节能技术名称	适用范围	主要技术内容	典型项目				单位节能量	目前推广比例/%	预计 2015 年		
				适用的技术条件	项目建设规模	投资额	项目节能量			该技术在行业能推广到的比例/%	总投入*/万元	节能能力/(万tce/a)
1	矿井乏风和排水热能综合利用技术	煤炭行业煤矿中央并列式通风系统	选用水源热泵机组取代传统燃煤锅炉以充分利用地热。冬季，利用水处理设施提供的 20℃左右的矿井排水和乏风作为热能介质，通过热泵机组提取矿井水中蕴含的热量，提供 45～55℃的高温水为井口供暖。夏季，利用同样水源通过水源热泵机组制冷，通过整体降低进风流的温度来解决矿井高温热害问题	煤炭矿井排水和乏风的平均温度≥15℃	项目供热量（制冷量）为 4 200 kW	750 万元	1 000 tce/a	0.24tce/kW · a	＜10	30	400 000	55
2	新型高效煤粉锅炉系统技术	煤炭行业供暖或生产用蒸汽、民用供暖	新型高效煤粉锅炉房系统采用煤粉集中制备、精密供粉、空气分级燃烧、炉内脱硫、锅壳（或水管）式锅炉换热、高效布袋除尘、烟气脱硫和全过程自动控制等先进技术，实现了燃煤锅炉的高效运行和洁净排放	区域锅炉房供暖改造、工业锅炉改造	供热面积 29 万 m^2 的煤粉锅炉房系统改造	870 万元	2 550 tce/150 天采暖期	0.02tce/蒸吨	＜1	10	2 000 000	500

序号	节能技术名称	适用范围	主要技术内容	典型项目				单位节能量	目前推广比例/%	预计 2015 年		
				适用的技术条件	项目建设规模	投资额	项目节能量			该技术在行业能推广到的比例/%	总投入*/万元	节能能力/（万tce/a）
3	汽轮机组运行优化技术	电力行业火电厂或核电厂汽轮机组	通过先进的诊断及在线控制技术，分析火电厂热力系统的设备性能及运行参数，优化热力系统各项运行指标；减少系统泄漏，达到最优运行状态；提高机组启停的自动控制水平，简化操作程序，缩短启停时间，提高启停运行的安全性，实现节能降耗	火电厂热力系统改造及运行系统优化	300 MW机组	400万元	7 500 tce/a・机	平均供电煤耗下降5gce/kW・h	＜10	30	100 000	210
4	火电厂烟气综合优化系统余热深度回收技术	电力行业燃煤火电机组	在除尘器之后的烟道中布置烟气冷却器，降低排烟温度。回收的烟气余热用于加热主凝结水以提高低压给水温度或者加热冷空气以提高锅炉进风温度。从而减少回热系统或者暖风器的抽气量，提高机组发电出力，降低发电煤耗，提高机组运行的经济性，节约能源	排烟温度较高的火电机组	300～1 000MW机组	640万元	3 990 tce/a	发电煤耗降低2gce/kWh	＜1	50	720 000	320

序号	节能技术名称	适用范围	主要技术内容	典型项目				单位节能量	目前推广比例/%	预计2015年		
				适用的技术条件	项目建设规模	投资额	项目节能量			该技术在行业能推广到的比例/%	总投入*/万元	节能能力/(万tce/a)
5	火电厂凝汽器真空保持节能系统技术	电力行业火力发电机组	通过替代汽轮机凝汽器传统的清洗方法，包括胶球清洗装置，彻底解决凝汽器污垢问题，长期保持凝汽器冷却管清洁，改善端差和真空度，降低汽轮机煤耗和冷却水泵能耗	各种规格的火力发电机组水冷式凝汽器	2 × 300 MW发电机组	1 000万元	12 000 tce/a	平均发电煤耗降低4 gce/kW·h	<1	20	133 000	200
6	高压变频调速技术	电力、钢铁、化工、水泥等行业	高压变频调速技术采用单元串联多电平技术或者IGBT元件直接串联高压变频器等技术，实现变频调速系统的高输出功率（功率因数>0.95），同时消除对电网谐波的污染。对中高压、大功率风机、水泵的节电降耗作用明显，平均节电率在30%以上	电力、钢铁、化工等行业的高压电机、风机的变频调速改造	1 000 kW/6kV风机高压变频器改造	280万元	1 160 tce/a	0.086 kgce/kW	15	50	384 000	300
7	电炉烟气余热回收利用系统技术	钢铁行业电炉炼钢	烟气全燃法，采用余热锅炉技术最大限度回收烟气余热生产蒸汽	50t以上的电炉	50t电炉烟气余热利用系统	1 286万元	5 600 tce/a	12.4 kgce/t钢	<1	30	80 000	35

序号	节能技术名称	适用范围	主要技术内容	典型项目				单位节能量	目前推广比例/%	预计2015年		
				适用的技术条件	项目建设规模	投资额	项目节能量			该技术在行业能推广到的比例/%	总投入*/万元	节能能力/(万tce/a)
8	矿热炉烟气余热利用技术	钢铁行业硅系铁合金 化工电石行业	结合矿热炉生产运行情况，进行合理的矿热炉烟气封闭导出工艺改造，使矿热炉整体烟气无组织排放现状进一步改善；结合矿热炉现有除尘条件，使烟气余热在有效导出利用的同时，保证铁合金生产主工艺的正常进行；解决了矿热炉烟气中粉尘附着余热锅炉热交换器管壁的清除问题，提高余热利用效率	硅铁类铁合金矿热炉余热利用	16台14 000 kVA矿热炉配套安装8台13t余热锅炉及24 MW余热发电机组及配套设施	17 100万元	67 200 tce/a	960 kW·h/t铁合金	30	60	1 100 000	105
9	铅闪速熔炼技术	有色金属行业冶炼	实现低铅杂料的高效利用和自热熔炼，大幅提高硫的利用率和热能利用效率，实现节能降耗	铅冶炼	10万吨粗铅/年闪速炉改造	6 000万元	10 200 tce/a	0.102 tce/t粗铅（与2009年粗铅综合能耗0.332 tce相比）	<3	30	38 400	15
10	氧气侧吹熔池熔炼技术	有色金属行业冶炼	集物料干燥和熔炼于一身，熔炼强度大，可充分利用原料自身的化学反应热，产生的烟气通过余热锅炉回收余热后进行发电，有效降低了能耗	铅、铜、镍等金属冶炼	15万t/a电铜熔池改造	7 500万元	15 000 tce/a	0.150 tce/t电铜（与2009年0.336 tce/t电铜相比）	8	15	29 500	30

序号	节能技术名称	适用范围	主要技术内容	典型项目				单位节能量	目前推广比例/%	预计 2015 年		
				适用的技术条件	项目建设规模	投资额	项目节能量			该技术在行业能推广到的比例/%	总投入*/万元	节能能力/(万tce/a)
11	油田采油污水余热综合利用技术	石油、化工行业	利用油田伴生气或者原油作为驱动热源，采用直燃式热泵技术，回收采油污水中的热量，制取中温热水，用于外输原油加热器和油管道伴热，或者采油区的生活供暖，降低燃料消耗	油气田开采	2 × 2 910 kW 采油污水余热综合利用系统	800 万元	2 257 tce/a・台	0.76tce/kW・a	<1	30	127 000	35
12	换热设备超声波在线防垢技术	石化行业换热设备	超声脉冲振荡波在换热器管、板壁传播，在金属管、板壁和附近的液态介质之间产生效应，破坏污垢的附着条件，防止换热设备在运行过程中结垢，提高换热设备传热能力，降低达到同样工艺要求所需的能耗，达到节能目的	800 万吨常减压装置	在21台脱前原油、脱后原油和初底油换热设备上应用超声波防垢技术	985 万元	7272 tce/a	0.67 kgce/t 原油（仅常减压装置部分）	<1	40	76 000	55
13	氯化氢合成余热利用技术	石化行业现有或新建氯碱企业的氯化氢或盐酸合成炉新建或改造	将氯化氢合成的热能利用率提高到 70%，副产蒸汽压力可在 0.2～1.4MPa 任意调节，可并入中、低压蒸汽网使用，使热能得到充分利用	氯化氢制备	副产蒸汽氯化氢合成炉一套，日产氯化氢 140 t，副产 1.2 MPa 蒸汽 84 t	400 万元	3 780 tce/a	0.09 tce/t-HCl	<1	70	50 680	35

序号	节能技术名称	适用范围	主要技术内容	典型项目				单位节能量	目前推广比例/%	预计 2015 年		
				适用的技术条件	项目建设规模	投资额	项目节能量			该技术在行业能推广到的比例/%	总投入*/万元	节能能力/(万tce/a)
14	水溶液全循环尿素节能生产工艺技术	化工行业氮肥生产行业	由液相逆流式尿素合成、两次加热-降膜逆流换热的尿素中压分解、三段吸收-蒸发式氨冷-低水碳比的尿素中压回收、补碳-利用解吸水解余热的尿素低压分解回收、回收中压分解热的尿素一段蒸发、高效安全的尾气净氨等关键技术集成	采用水溶液全循环生产工艺的尿素装置	年产 30 万 t 尿素装置	15 400 万元	21 000 tce/a	70.3 kgce/t 尿素	1	30	97 500	70
15	Low-E 节能玻璃技术	建材行业	在普通浮法玻璃生产线锡槽的末端或者退火窑的前端增加一套 Low-E 镀膜设施，在浮法玻璃生产线上实现在线 CVD 或者 PCVD 镀膜生产	浮法玻璃熔窑	15 万 m^2 Low-E 节能玻璃	1 200 万元	4 180 tce/a	27.86 kgce/m^2 • a	2	10	264 000	95
16	烧结多孔砌块及填塞发泡聚苯乙烯烧结空心砌块节能技术	建材行业	利用固体废弃物煤矸石及荒山页岩为原料，不需要内掺煤和外投煤，生产环节耗能低，利用烧结多孔砌块或内填聚苯材料的新型建材替代建筑物外墙保温，实现了非承重墙隔热节能的效果	建筑物非承重墙部位使用	年产 6 000 万块标砖规模	5 000 万元	3 000 tce/a	500 kgce/万块标砖	<1	10	200 000	50

序号	节能技术名称	适用范围	主要技术内容	典型项目				单位节能量	目前推广比例/%	预计 2015 年		
				适用的技术条件	项目建设规模	投资额	项目节能量			该技术在行业能推广到的比例/%	总投入*/万元	节能能力/(万tce/a)
17	节能型合成树脂幕墙装饰系统技术	建材行业建筑墙体装饰	以合成树脂为主要黏结材料，与颜料、体质颜料及各种助剂配制成腻子以及各种涂料，分层施涂在建筑物墙体上，形成具有幕墙外观的建筑装饰层，替代传统铝塑板幕墙，节约生产、施工和使用能耗	建筑外墙	墙体面积 5 万 m^2	500 万元	2 900 tce/a	58.01 kgce/m^2	3	10	225 000	130
18	预混式二次燃烧节能技术	建材行业工业窑炉	改进燃烧器结构，优化陶瓷窑燃烧系统，控制空燃比；提高火焰温度 15%～20%，改善陶瓷窑内温度场分布的均匀性；延长火焰在炉膛中的停留时间；采用二次空气补偿，提高火焰梯度的燃烧强度；调节热烟气的喷嘴射程	采用较清洁的燃气，鼓风式燃烧工业窑炉	对 14 条辊道窑进行预混式二次燃烧节能技术改造	600 万元	5 300 tce/a	15.7 kgce/t-陶瓷	<1	20	30 000	45
19	机械式蒸汽再压缩技术	轻工行业生化或化工行业废水或物料的浓缩	利用高能效蒸汽压缩机压缩蒸发系统产生的二次蒸汽，提高二次蒸汽的焓，被提高热能的二次蒸汽进入蒸发系统作为热源循环使用，从而不需要新鲜蒸汽，依靠蒸发器自循环来实现蒸发浓缩的目的	单效或多效蒸发浓缩系统	年产 10 000 t 木糖项目，其中 2 台 18 t/h 和 1 台 10 t/h 的机械式蒸发器	1 150 万元	11 000 tce/a（与四效蒸发器相比）	1.1 tce/t 木糖	6	20	330 000	145

序号	节能技术名称	适用范围	主要技术内容	典型项目				单位节能量	目前推广比例/%	预计2015年		
				适用的技术条件	项目建设规模	投资额	项目节能量			该技术在行业能推广到的比例/%	总投入*/万元	节能能力/(万tce/a)
20	聚能燃烧技术	轻工行业燃气具产品、工业燃烧加热工序	采用金属蜂窝体燃烧技术、催化燃烧技术、聚能护围结构技术、多层隔热技术等提高灶具的燃烧效率	台式燃气灶、民用取暖产品、工业采暖等	16 768台聚能型炉灶	3 320万元	1 400 tce/a	0.23 kgce/台•d	2	20	2 100 000	120
21	高强度气体放电灯用大功率电子镇流器新技术	轻工行业适用于高压钠灯、金卤灯照明用电子镇流器	用电子镇流器取代高压钠灯及金卤素灯上使用的电感镇流器，提高用电效率，使低频变高频，达到节能的效果	大功率电感镇流器的照明设备	3 000个高强度气体放电灯用电子镇流器	600万元	406 tce/a	135 kgce/台•a	2	10	1 000 000	125
22	新型生物反应器和高效节能生物发酵技术	轻工行业发酵和化工等行业	1.发酵用压缩空气的一级冷却采用风冷技术，被加热的空气作为烘干发酵菌渣的加热剂。 2.增加发酵罐高度，拌代替机械搅拌的反应器，可去掉搅拌电机节约电能。发酵罐的内冷却管替代外盘管，可以提高传热效率，缩短冷却时间。利用二次补气发酵技术提高发酵溶氧率和空气利用率改善发酵环境，缩短发酵时间降低单罐能耗	生物反应器及发酵过程的节能改造	年产300 t阿维菌素生产系统	7 196万元	28 621 tce/a	95 tce/t阿维素	12	60	160 000	120

序号	节能技术名称	适用范围	主要技术内容	典型项目				单位节能量	目前推广比例/%	预计2015年		
				适用的技术条件	项目建设规模	投资额	项目节能量			该技术在行业能推广到的比例/%	总投入*/万元	节能能力/(万tce/a)
23	直燃式快速烘房技术	机械行业瓷器坯件烘干	气体燃料的燃烧产能与循环热风混合作为干燥介质，直接烘干坯件	以天然气为燃料	40间100 m^3 烘房	1 100万元	920 tce/a	0.437 kgce/kg水	3（电瓷行业）	30	100 000	15
24	塑料注射成型伺服驱动与控制技术	机械行业注塑机行业合模力400～80 000 kN注塑机	应用伺服电机驱动定量泵及控制技术，精确、快速地控制伺服电机的转速和扭矩，实现液压系统压力和流量双闭环控制，使伺服电机运行功率与负载需求功率完好匹配，达到大幅节能效果	注塑机专用交流伺服系统	50台注塑机	2 500万元	2 310 tce/a	155.4 kgce/台·d	10	30	100 000	35
25	电子膨胀阀变频节能技术	机械行业家用空调、商用空调、冷冻及冷藏设备	在空调以及冷冻、冷藏设备上使用电子膨胀阀，采用变频节能技术提高设备能效	可变频控制的压缩机	600万套/a	7 500万元	260 000 tce/a	43.3 kgce/台	20	50	20 000	85
26	工业冷却塔用混流式水轮机技术	机械行业化工、冶炼、轻纺等使用工业冷却塔的行业	充分利用循环冷却水系统存在的重力势能，通过水轮机带动风机进行冷却，可以替代传统的电机驱动风机技术。在循环冷却水系统存在9～10m落差的条件下，可用水轮机完全取代传统的风机电机	存在落差的循环冷却水系统	2座4 000 t/h流量冷却塔	240万元	1 108 tce/a	400 tce/台·a	<1	10	700 000	240

序号	节能技术名称	适用范围	主要技术内容	典型项目				单位节能量	目前推广比例/%	预计 2015 年		
				适用的技术条件	项目建设规模	投资额	项目节能量			该技术在行业能推广到的比例/%	总投入*/万元	节能能力/(万tce/a)
27	缸内汽油直喷发动机技术	汽车行业	缸内汽油直喷发动机兼有柴油机热效率高和汽油机升功率大的特点，与传统进气道喷射相比，缸内汽油直喷发动机具有冷启动碳氢排放低、充气效率高、燃油经济性好、瞬时反应快、启动快、空燃比控制更精确等优势	轿车生产整车搭载	20 万台缸内汽油直喷发动机生产线	71 000 万元	128 000 tce/a	0.64 tce/（车・a）	5	20	6 000 000	255
28	沥青路面冷再生技术在路面大中修工程中的应用技术	交通行业各等级公路沥青路面大中修养护工程	对沥青路面进行冷铣刨、破碎和筛分，掺入一定数量的新集料、再生结合料、活性填料（水泥、石灰等）、水（新材料掺配比例一般在 30%以内），经过常温拌和、常温摊铺、常温碾压等工序,实现旧沥青路面再生的技术	高速公路大中修养护工程	90 公里高速公路大修	100 万元	780 tce/a	8.6 tce/km	<1	80（公路大修）	53 000	40
29	轮胎式集装箱门式起重机“油改电”节能技术	交通行业集装箱堆场等集装箱装卸港口或物流企业	集装箱堆场装卸采用轮胎式集装箱门式起重机作业，用柴油发电机组供电，能耗较大,且排放大量废气、噪声，对环境产生一定的影响。改造后，利用市电作为动力，降低了能耗和运营成本，环境质量得到改善	配备轮胎式集装箱门式起重机的码头或港口	60 台轮胎式集装箱门式起重机高架滑触线供电方式油改电改造	4 000 万元	1 687 tce/a	0.459 kgce/操作 TEU	10	75	300 000	20

序号	节能技术名称	适用范围	主要技术内容	典型项目				单位节能量	目前推广比例/%	预计 2015 年		
				适用的技术条件	项目建设规模	投资额	项目节能量			该技术在行业能推广到的比例/%	总投入*/万元	节能能力/(万tce/a)
30	温湿度独立调节系统	建筑行业公共建筑、住宅建筑等的采暖供冷系统节能	温湿度独立调节空调系统采用两套独立的系统，分别控制、调节室内空气的温度与湿度	新建或改造民用建筑项目配套	3.55 万 m^2 住宅室内空调系统	350 万元	320 tce/a	3.5 kgce/$m^2 \cdot a$	＜1	5	2 000 000	175

注：* 总投入指 2011－2015 年，推广率达到预计比例时，投入的资金总量。

附件：

重点推广节能技术报告（第三批）

1 矿井乏风和排水热能综合利用技术

一、技术名称：矿井乏风和排水热能综合利用技术

二、适用范围：煤炭行业煤矿中央并列式通风系统

三、与该节能技术相关生产环节的能耗现状：

年产 150 万 t 的矿井，年供暖及工艺用热消耗近 1 万 t 原煤。

四、技术内容：

1．技术原理

为了充分利用地热，选用水源热泵机组取代传统的燃煤锅炉。冬季，利用水处理设施提供的 20℃左右的矿井排水和乏风作为热能介质，通过热泵机组提取矿井水中蕴含的巨大热量，提供 45～55℃的高温水为井口供暖。夏季，利用同样的水源通过热泵机组制冷，通过整体降低进风流的温度来解决矿井高温热害问题。系统主要包括水处理、热量提取及换热系统、热泵系统和进口换热部分。

2．关键技术

热量提取及换热工艺，矿井供暖末端。

3．工艺流程

工艺流程和技术原理分别见图 1 和图 2。

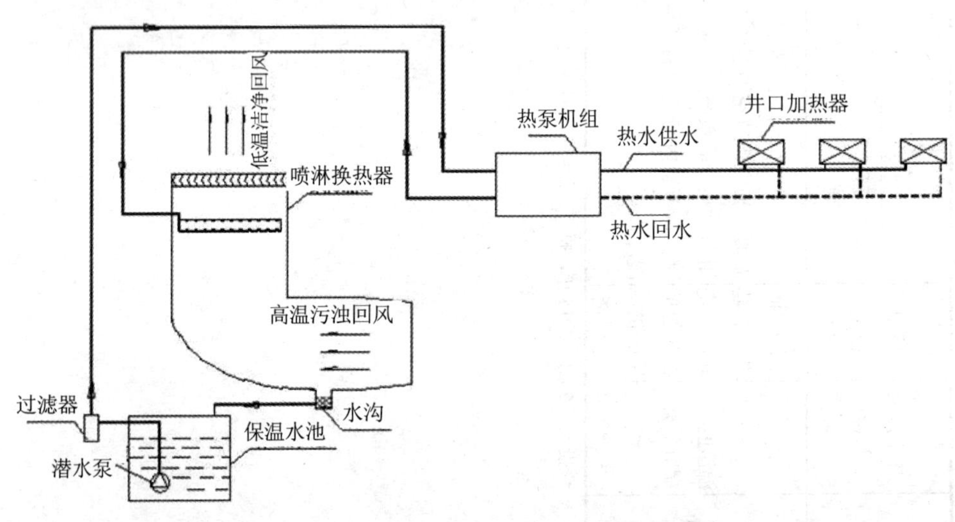

图 1 矿井乏风和排水热能综合利用系统流程图

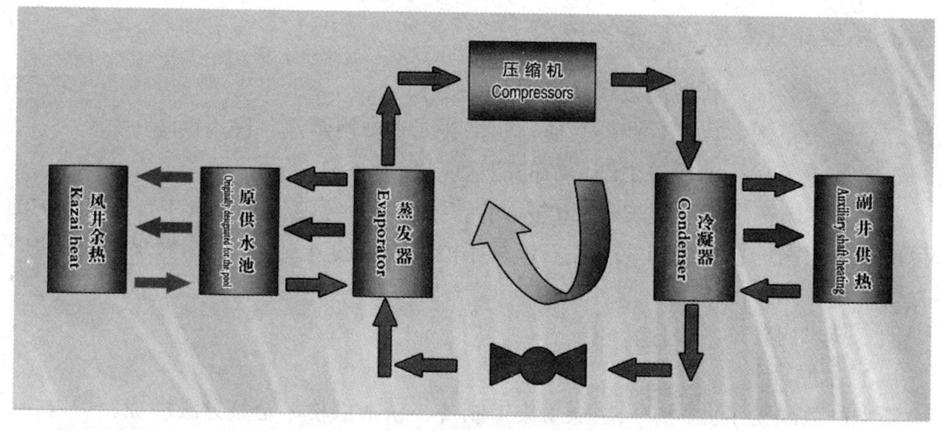

图2 矿井乏风和排水热能综合利用原理图

五、主要技术指标：

1）提取热源不低于15℃；

2）供暖温度为40～50℃。

六、技术应用情况：

该技术已通过山东省经济信息化委员会技术鉴定。技术达到国内领先水平，并已应用于新矿集团。

七、典型用户及投资效益：

典型用户：孙村煤矿、新巨龙公司、华恒公司

1）建设规模：4 200 kW矿井乏风和排水系统。主要技改内容：3台10t的热力锅炉改造为三台热泵机组，增加热量提取装置。减少燃料排放，净化乏风，处理排水。节能技改投资额750万元，建设期1年。每年可节能1 000 tce，年节能经济效益321万元，投资回收期2年。

2）建设规模：2 600 kW矿井乏风和排水系统。主要技改内容：1台20 t的热力锅炉改造为两台热泵机组，增加热量提取装置。减少燃料排放，净化乏风，处理排水。节能技改投资额550万元，建设期1年。每年可节能880 tce，年节能经济效益200万元，投资回收期2.7年。

八、推广前景和节能潜力：

全国煤矿80%分布在北方地区，副井都需要供暖，否则影响安全生产。目前基本都采用锅炉供暖，直接消耗一次能源，采用该技术可有效利用矿井乏风和排水的热能，降低一次能源消耗。预计到2015年，该技术可推广到全国30%的煤矿，建设约540个此类项目，实现年节能能力约55万tce。

2 新型高效煤粉锅炉系统技术

一、技术名称：新型高效煤粉锅炉系统技术

二、适用范围：煤炭行业及其他行业供暖或生产用蒸汽、民用供暖

三、与该节能技术相关生产环节的能耗现状：

目前，全国在用工业锅炉有 50 多万台，约 180 万蒸吨/小时。其中，燃煤锅炉约 48 万台，占工业锅炉总容量的 85%左右，每年消耗原煤约 4 亿 t。我国燃煤工业锅炉平均运行效率仅为 60%～65%。

四、技术内容：

1. 技术原理

新型高效煤粉工业锅炉采用煤粉集中制备、精密供粉、空气分级燃烧、炉内脱硫、锅壳（或水管）式锅炉换热、高效布袋除尘、烟气脱硫和全过程自动控制等先进技术，实现了燃煤锅炉的高效运行和洁净排放。

2. 关键技术

全密闭精确供粉，狭小空间截面炉膛内煤粉低氮稳燃，锅炉积灰和灰粘污自清洁等技术。

3. 工艺流程

新型高效煤粉工业锅炉技术系统包括了煤粉接受和储备（或炉前煤粉制备）、煤粉输送、煤粉燃烧及点火、锅炉换热、烟气净化、烟气排放、粉煤灰排放等单元，是以锅炉为核心的完整技术系统。来自煤粉加工厂的密闭罐车将符合质量标准的煤粉注入煤粉仓。仓内的煤粉按需进入中间仓后由供料器及风粉混合管道送入煤粉燃烧器。燃烧产生的高温烟气完成辐射和对流换热后进入布袋除尘器。除尘器收集的飞灰经密闭系统排出，并集中处理和利用。锅炉系统的运行由点火程序控制器和上位计算机系统共同完成。具体工艺流程见图 1。

五、主要技术指标：

燃烧效率≥95%，系统热效率≥85%，烟尘排放≤30 mg/m^3，SO_2 排放≤150 mg/m^3，NO_x 排放≤500 mg/m^3。

六、技术应用情况：

2007 年 2 月，该技术通过山西省科技厅组织的科技成果鉴定。经科技鉴定，整体系统技术配套先进，能源利用效率高，污染物减排效果显著，达到国内先进水平。现已在全国多个省市工业应用 129 台套（2 006 蒸吨/小时），整体运行良好，节能减排效果显著。

七、典型用户及投资效益：

典型用户：山西太原市道场沟小区、山西忻州师范学院

1）山西忻州师范学院。建设规模：供热面积 290 000m^2，改造后的煤粉锅炉房系统主要用于冬季供暖。主要技改内容：将小区锅炉房原有 2 台 5.6MW 往复炉排锅炉和 1 台 7.0MW 链条锅炉（运行效率约为 65%）改造成 3 台 7MW 高效煤粉锅炉。主要设备

为煤粉储罐、燃烧器、锅炉本体、除尘器、自控系统。节能技改投资额 870 万元，建设期 70 天。每年可节煤 2 550 tce/150 天采暖期（节煤率 25%），节电 85 700 千瓦时/150 天采暖期（节电率 13.2%），年节能经济效益 232.1 万元/150 天采暖期，投资回收期 3.8 年。

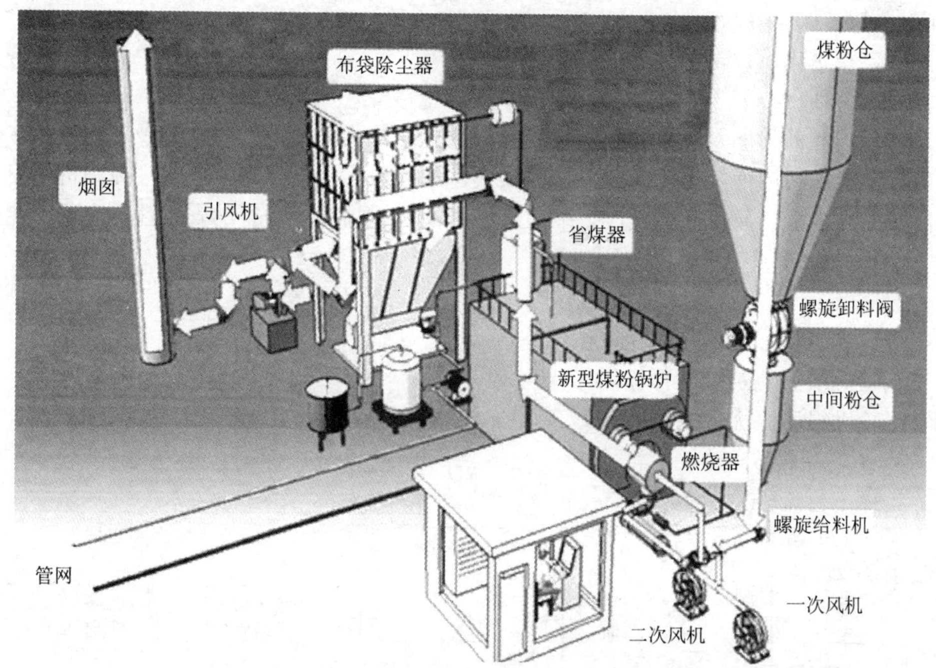

图 1　高效煤粉工业锅炉技术工艺流程图

2）山西太原市道场沟小区。建设规模：供热面积 190 000 m^2。主要技改内容：将小区原有锅炉 2×4.2MW、2×2.8MW 和 3×1.4MW 改造成 1 台 14MW 高效煤粉锅炉。原有锅炉平均运行效率约 60%，主要设备为煤粉储罐、燃烧器、锅炉本体、除尘器、自控系统。节能技改投资额 540 万元，建设期 80 天，每年节煤量 2 264 tce/150 天采暖期（节煤率 31%），节电 67 200 千瓦时/150 天采暖期（节电率 19.2%），取得节能经济效益 206.1 万元/150 天采暖期，投资回收期 2.6 年。

八、推广前景和节能潜力：

我国在用燃煤工业锅炉 50 多万台，目前每年新增约 3 万台（10 万蒸吨），市场潜力很大。预计到 2015 年，可完成总容量约 7.5 万蒸吨的锅炉改造，年节能能力可达 500 万 tce。

3　汽轮机组运行优化技术

一、技术名称：汽轮机组运行优化技术

二、适用范围：电力行业火电厂

三、与该节能技术相关生产环节的能耗现状：

汽轮机组热力系统的状态是影响机组能耗和运行安全经济性的重要影响因素。目前很多机组存在运行负荷波动比较大、热力系统运行损失大、维护成本高、检修后性能下降快等问题。

四、技术内容：

1. 技术原理

通过先进的诊断及在线控制技术，分析火电厂热力系统的设备性能及运行参数，优化热力系统各项运行指标，减少系统热损失，达到最优运行状态。同时，提高机组启停的自动控制水平，简化操作程序，缩短启停时间，提高启停运行的安全性，实现节能降耗。

2. 关键技术

汽轮机组状态诊断与性能评估；

汽轮机组热力系统运行优化；

汽轮机组启停优化控制系统。

3. 工艺流程

具体工艺流程见图 1。

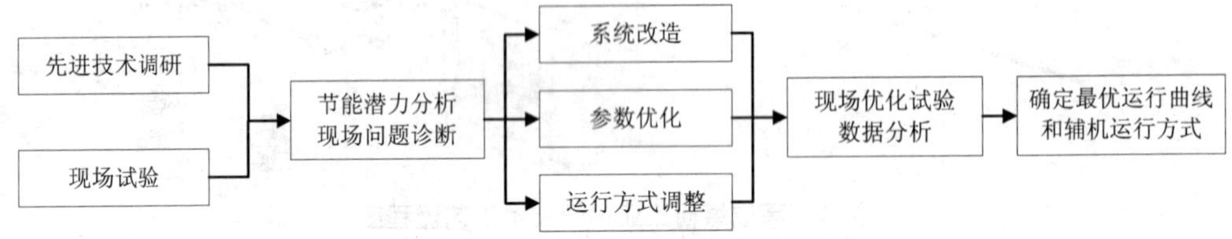

图 1 汽轮机组热力系统运行优化流程图

五、主要技术指标：

通过对热力系统各项运行参数的优化，最终实现供电煤耗下降 5g/kW・h。

六、技术应用情况：

2002 年 11 月 14 日通过国家电力公司组织的鉴定。该技术已经在平凉电厂、阳逻电厂、韶关电厂、梅县电厂等电厂实施应用，解决了电厂机组运行曲线偏离实际最佳运行工况的问题，确定了机组辅机最优运行方式，有效地降低了机组供电煤耗，提高了机组的运行经济性。

七、典型用户及投资效益：

典型用户：平凉电厂、阳逻电厂

1）建设规模：5 台机组（4×300MW 机组、1×600MW 机组）。主要技改内容：汽封系统改进和热力系统优化，主要设备为汽轮机本体和汽轮机组热力系统。节能技改投资额 1 810 万元，建设期每台机组 60 天。改进后机组额定工况下对应发电煤耗率分别下降 7.38 g/kW・h、5.10 g/kW・h、5.06 g/kW・h、5.55g/kW・h 和 4.86 g/kW・h，按年利用 5 000 小时计算，各机组每年可节约标准煤分别为 10 960 t、7 573 t、7 514 t、8 242 t、14 434 t，共计每年可节约 48 723 tce，年节能经济效益按标煤价格 800 元/t 计算，改进机组每年可减少燃煤成本共约 4 330 万元，投资回收期平均约 6 个月（以煤价计算）。

2）建设规模：2×300 MW，主要技改内容：调整运行曲线和辅机运行方式。节能技改投资额 90 万元，建设期 3 个月，按每台机组年利用 5 200 小时，机组负荷率 75%，标准供电煤耗降低 4 g/kW・h，全年两台机组节约 12 000 tce，取得直接经济效益为：标煤价格按 1 000 元/t 计算，全年两台机组产生节能效益 1 260 万元，投资回收期 1 个月。

八、推广前景和节能潜力：

目前，发电行业都非常重视节能减排、降低成本，以提高企业经济效益。该技术具有良好的节能效果和显著的经济效益，为企业所积极采用，近年来已得到快速推广。预计到 2015 年可被 30%的发电企业采用，每台机组投入按 350 万元计算，总投入为 100 000 万元，预期每年可节能 210 万 tce。

4 火电厂烟气综合优化系统余热深度回收技术

一、技术名称：火电厂烟气综合优化系统余热深度回收技术

二、适用范围：燃煤火电机组

三、与该节能技术相关生产环节的能耗现状：

火力发电厂消耗我国煤炭总产量的 50%，其排烟热损失是电站锅炉各项热损失中最大的一项，一般在 5%～8%，占锅炉总热损失的 80%或更高。排烟热损失的主要影响因素是锅炉排烟温度，一般情况下，排烟温度每升高 10℃，排烟热损失增加 0.6%～1.0%，发电煤耗增加 2g/kW・h 左右。我国现役火电机组中，锅炉排烟温度普遍维持在 125～150℃左右水平，褐煤锅炉为 170℃为左右，排烟温度高是一个普遍现象，由此造成巨大的能量损失。

对于已经投运的锅炉，经过燃烧优化来降低排烟温度的幅度非常有限，省煤器和空气预热器的改造因受到空间的限制，降低排烟温度的幅度也很小，同时尾部受热面的低温腐蚀也限制了排烟温度的大幅降低。因此，独立于原有锅炉系统之外的排烟余热回收系统成为节能降耗的首选。

四、技术内容：

1．技术原理

电站锅炉排烟余热深度回收利用系统安装在除尘器之后、脱硫塔之前的烟道中，可以最大程度地降低烟气温度，使烟气温度再降低 40～50℃。在一些采用湿烟囱或烟塔合一等最新烟气排放技术的电厂，脱硫塔入口烟温可降低到 85℃左右，使烟温达到最佳脱硫效率状态，大大减少脱硫塔的冷却水耗。

排烟余热回收系统所吸收的能量可以用来加热凝结水，或通过暖风器加热空气提高送风温度，从而减少低压加热器或者暖风器的抽气量，增加汽轮机做功，提高机组效率。

2．关键技术

1）排烟余热回收装置即烟气冷却器的设计；

2）排烟余热回收装置即烟气冷却器的防腐；

3）排烟余热利用系统即低压给水加热器或者暖风器的设计；

4）热力系统优化设计和控制。

3．工艺流程

工艺流程见图 1，循环介质（水）在循环水泵 5 的作用下，通过入口集箱 3 进入烟气冷却器 2，吸收尾部烟道 1 中的烟气余热后温度升高，经出口集箱 4 流出。当环境温度较高时（例如在夏季），导向阀 13 切换到加热给水状态，空气加热器闸阀 8 全关，给水加热器闸阀 6 全开。经出口集箱 4 流出的高温循环介质（水）进入给水加热器 14，把在烟气冷却器 2 中吸收的热量释放给低压给水后开始下一个循环。凝结水经过分水调节阀 10、11、12 进入给水加热器 14，吸收循环介质（水）释放的热量，温度升高后进入除氧器。分水调节阀 10、11、12 可以改变各级（1#、2#、3#）低压加热器的分水比，根据实际运行情况进行优化调节。当环境温度较低时（例如在冬季），导向阀 13 切换到加热冷空气状态，空气加热器闸阀 8 全开，给水加热器闸阀 6 全关。经出口集箱 4 流出的高温循环介质（水）进入空气加热器 7，把在烟气冷却器 2 中吸收的热量释放给送风后开始下一个循环，冷空气温度升高后进入空气预热器继续加热。

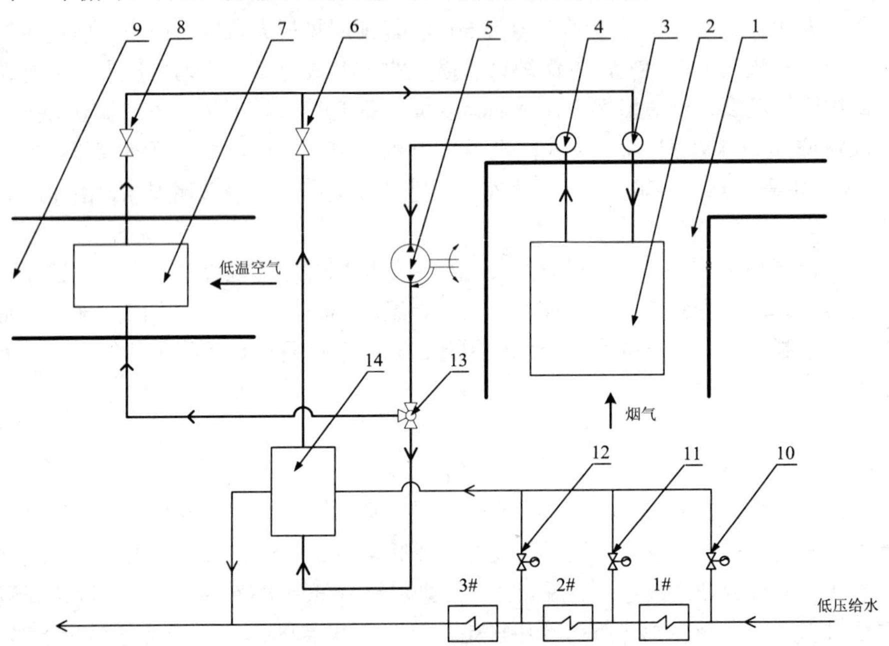

1-尾部烟道；2-烟气冷却器；3-进口集箱；4-出口集箱；5-循环水泵；6-给水加热器闸阀；7-空气加热器；8-空气加热器闸阀；9-风道；10～12-低压加热器分水调节阀；13-余热利用导向阀；14-给水加热器

图 1　烟气综合优化系统余热深度回收工艺流程图

五、主要技术指标：

电站锅炉采用该排烟余热深度回收系统后，发电煤耗可以降低 2～3g/kW・h。

六、技术应用情况：

该技术已获得国家专利，目前已经在华能集团下属的两个火力发电厂应用。

七、典型用户及投资效益：

典型用户：华能国际电力股份有限公司井冈山电厂

建设规模：300MW 火电机组。主要技改内容：在增压风机之后脱硫塔之前的烟道增加烟气冷却器，把给水从 6#低压加热器前通过管道引入烟气冷却器，加热后回到 5#低压加热器，使排烟温度从 152℃降低到 108℃，低压给水从 83.8℃加热到 103.7℃，主要设备包括烟气冷却器、控制系统、阀门和管道。节能技改投资额 640 万元，建设期 45 天。年节能 3 990tce，年节约费用 319.2 万元/年，投资回收期 2 年。

八、推广前景和节能潜力：

国内现有的 300～1 000MW 机组大部分采用湿法烟气脱硫系统，要求进入脱硫塔的烟气温度在 80℃左右，因此锅炉排烟中的部分余热未被充分利用，通常使用喷水、GGH（气-气换热器）降温，造成了热量的损失。排烟余热深度回收利用技术可以把这部分热量回收用于加热给水、送风。改造后发电煤耗平均降低约 2g/kW・h。截止到 2009 年 12 月，我国火电装机容量为 6.52 亿 kW。据此推测，如果有 50%的火电厂进行排烟余热深度回收利用改造，年运行时数平均按照 5 000 小时计算，每年节能 320 万 tce，节能潜力巨大。

5 火电厂凝汽器真空保持节能系统技术

一、技术名称：火电厂凝汽器真空保持节能系统技术

二、适用范围：火力发电机组水冷式凝汽器

三、与该节能技术相关生产环节的能耗现状：

由于凝汽器污垢问题未彻底解决，致使火力发电机组煤耗平均增加至少 1%，由此每年造成的煤耗增加至少为 1 300 万 t 以上。

四、技术内容：

1. 技术原理

保持凝汽器真空是汽轮机节能的一项重要内容，措施是保持凝汽器内壁清洁，改善汽轮机凝汽器壳管的换热效率，提高机组性能，进而达到节约能源的效果。本技术利用胶球清洗，并能长期保持 95%以上的收球率，能确保凝汽器所有的冷却管都能得到清洗，使凝汽器时刻保持最佳的清洁状况，彻底免除停机人工清洗。凝汽器真空保持系统依靠压缩空气作为动力，在微电脑控制程序的控制下，间歇地将清洁球瞬间同时一次性发射入凝汽器的入口，对凝汽器所有的冷却管进行擦拭清洗，清洗后的胶球由回收装置收回。

2. 关键技术

1）根据凝汽器污垢实时形成的特点，将传统的胶球清洗装置的定期连续清洗方式

改为适时清洗的方式，使污垢刚附着在冷却管就能及时被清除；

2）将传统胶球清洗装置的输送胶球的动力源由胶球泵改为压缩空气，大大增强装置的发球能力；

3）每一次发球过程中，数量众多的胶球瞬间同时一次性发射入凝汽器的入口，从而保证每一次的清洗流程中，绝大多数的冷却管都能得到清洗；

4）本技术的回收装置能在极短时间（100s 以内）将数量众多的球回收。

3. 工艺流程

凝汽器真空保持系统与凝汽器冷却水系统一同工作。其工艺流程为每隔 30～60min 清洗运行一次，每次的清洗流程包括：压缩空气储气罐加压，压力释放，发球装置瞬间将胶球发射入凝汽器入口，数量众多的胶球对凝汽器冷却管进行清洗，清洗过后，胶球通过回收装置被收集回主体柜中的集球器，启动主体柜内的胶球清洁程序，对胶球进行清洗去污，随后一次清洗流程结束。其工艺流程和设备简图分别见图 1 和图 2。

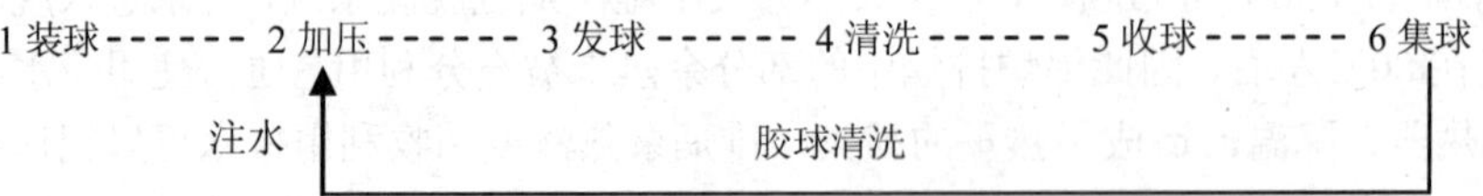

图 1　凝汽器真空保持系统工艺流程图

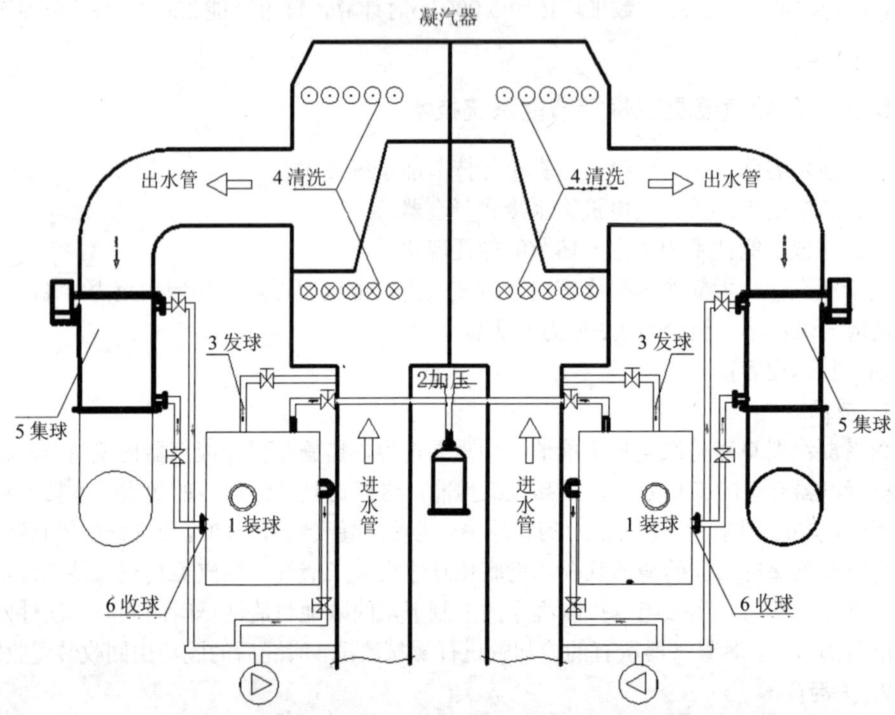

图 2　凝汽器真空保持节能系统主要设备简图

五、主要技术指标：

1）收球率长期保持95%以上；

2）长期保持凝汽器所有冷却管清洁；

3）彻底免除停机人工清洗；

4）凝汽器端差显著下降平均1～2℃；

5）凝汽器真空度明显提升1%以上；

6）平均降低汽轮机煤耗4g/kW·h。

六、技术应用情况：

该技术已获得国家专利，并已在15MW、60MW、300MW等机组上得到成功应用，设备安装简便，系统运行可靠，节能效果显著。

七、典型用户及投资效益：

典型用户：苏州太仓港协鑫发电有限公司、苏州蓝天协鑫热电有限公司

1）建设规模：2×300MW 机组。主要技改内容：在已经运营的发电机组上，拆除原有胶球清洗装置，安装凝汽器真空保持节能系统，主要技改设备包括主体柜、回收装置、微电脑控制柜和辅助设备。节能技改投资额1 000万元，建设期40天。年节能12 000tce以上，降低CO_2排放3万t。每年直接经济效益超过800万元，投资回报期1.25年。

2）建设规模：2×60MW 机组。主要技改内容：对已经运营的发电机组进行改造，拆除原有胶球清洗装置，安装凝汽器真空保持节能系统，主要技改设备包括主体柜、回收装置、微电脑控制柜和辅助设备。节能技改投资额200万元，建设期40天。实施后，平均降低端差3～4℃，提高真空度2%以上，年节能2 700tce以上，每年的直接经济效益达到250万元，投资回收期约一年。

八、推广前景和节能潜力：

从已经实施的成功案例可以看出，该技术可以改善汽轮机凝汽器传统的胶球清洗方式，达到彻底清除凝汽器冷却管污垢，长期保持凝汽器冷却管的清洁效果。具有较大的节能潜力和广阔的市场推广前景。

截至2009年底，全国火电装机容量超过6.53亿kW，按照30万kW的规格计算，全国火电机组装机容量超过2 000台机组。至2015年，凝汽器真空保持节能系统在发电行业内可达到20%的推广率，总投入13.3亿元，按照每年每台30万kW机组节能5 000tce计算，全行业每年可以节能超过200万tce。

6 高压变频调速技术

一、技术名称：高压变频调速技术

二、适用范围：电力、轧钢、造纸、化工、水泥、煤炭、纺织、铁路、食品、船舶、机床等工业1kV以上的高压交流电机。

三、与该节能技术相关生产环节的能耗现状：

全国电动机装机总容量已达4亿多kW，年耗电量达12 000亿kW·h，占全国总用

电量的 60%，占工业用电量的 80%；其中风机、水泵、压缩机的装机总容量已超过 2 亿 kW，年耗电量达 8 000 亿 kW • h，占全国总用电量的 40%左右。目前，仅有约 15%变频调速运行。

四、技术内容：

1. 技术原理

高压变频调速技术采用单元串联多电平技术或者 IGBT 元件直接串联高压变频器等技术，实现变频调速系统的高输出功率（功率因数>0.95），同时消除对电网谐波的污染。对中高压、大功率风机、水泵的节电降耗作用明显，平均节电率在 30%以上。

2. 关键技术

单元串联多电平技术采用功率单元串联电压相加回路，采取变压器多绕组别分组分压整流单元均压，单元电平叠加，通过 IGBT 逆变桥进行正弦（PWM）控制，可得到单项交流输出，每个功率模块结构及电气性能上完全一致，可以互换。

3. 工艺流程

具体工艺流程及原理图见图 1，图 2。

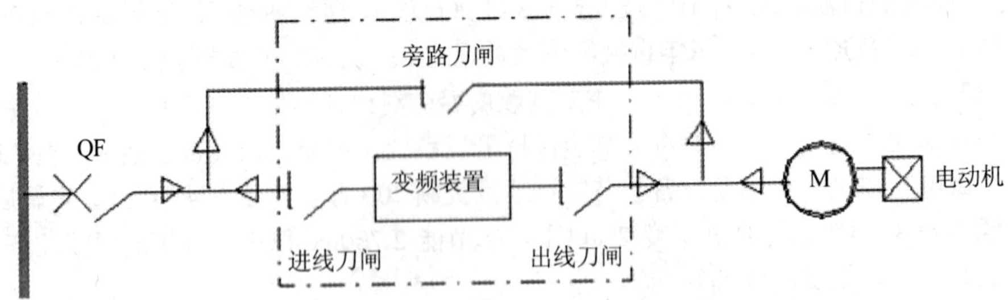

图 1 主回路工作原理简图

五、主要技术指标：

1）效率：≥96%；

2）输出电压范围 3～11kV；

3）输入电流谐波总含量：≤4%；

4）输入功率因数：≥0.95。

六、技术应用情况：

该技术 1997 年通过了国家机械工业局组织的技术鉴定，并在部分电力，冶金推广应用，技术成熟可靠，节能经济效益好。

七、典型用户及投资效益：

典型用户：北京大唐发电公司陡河发电厂，大冶特钢第四炼钢厂

1）建设规模：1 000 kW/6kV 风机高压变频器改造。主要技改内容：125 MW 调峰机组风机变频调节，主要设备为 1 000 kW/6kV 风机变频器。节能技改投资 280 万元，建设期 18 个月。每年可节能 1 160 tce，年节能经济效益 100 万元，投资回收期 24 个月。

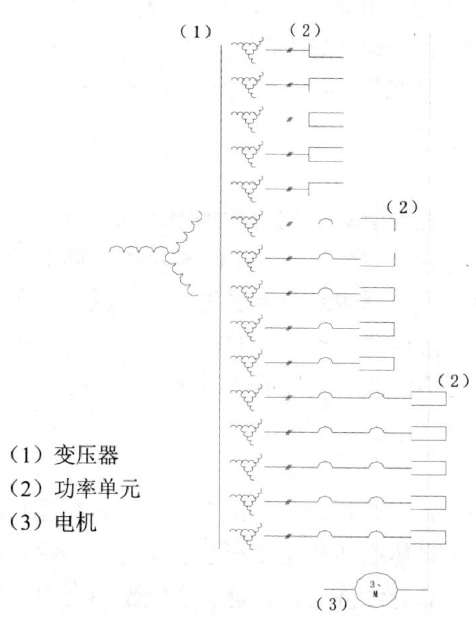

图 2　单元串联多电平高压变频器原理示意图

2）建设规模：1 600 kW/6kV 除尘风机高压变频器改造。主要技改内容：70 t 交流电弧炉除尘风机变频调节，主要设备为 1 600 kW/6kV 除尘风机变频器。节能技改投资 280 万元，建设期 12 个月。每年可节能 2 362 tce，年节能经济效益 276 万元，投资回收期 12 个月。

八、推广前景和节能潜力：

目前，我国大功率的风机、水泵等设备约有 30 000 万台，其中只有约 4 000 台设备进行了变频改造，预计到 2015 年，使用高压变频器的风机、水泵等设备将达 6 000 台，按平均装机容量 800 kW 计算，年节能能力为 300 万 tce，总投资约 38.4 亿元。

7 电炉烟气余热回收利用系统技术

一、技术名称：电炉烟气余热回收利用系统技术

二、适用范围：钢铁行业电炉炼钢

三、与该节能技术相关生产环节的能耗现状：

当前，中国钢铁工业能耗总量占全国能耗总量的 12%～15%，其中，电炉炼钢占全国钢铁产量的 10%（2009 年）。电炉炼钢过程中会产生大量的高温含尘烟气（约 1000～1 400℃），烟气显热占电炉炼钢总能耗的 10%以上。目前国内对烟气冷却方式主要为水冷方式，即冶炼所产生的一次烟气从其第四孔抽出，经水冷弯头、水冷滑套、燃烧沉降室、水冷烟道冷却后，再经空冷器或喷雾冷却塔降到约 350℃ ，最后与来自大密闭罩及

屋顶除尘罩温度为60℃的二次废气相混合，混合后的废气温度低于130℃，进除尘器净化，并经风机排往大气。该方式实现了烟气降温除尘的目的，缺点是：一方面消耗大量的电能和水，另一方面大量高温烟气的热量没有得到回收利用。

四、技术内容：

1．技术原理

电炉第四孔的炉气，经炉盖弯管和移动弯管烟道之间的间隙，进入移动弯管烟道，同时抽入一定量的炉外空气，以燃烬炉气中的CO等可燃气体形成高温烟气，高温烟气依次经过沉降室、汽化烟道、余热锅炉及节能器生产一定压力的蒸汽供生产生活使用，同时经余热利用系统后的烟气温度降到约 250℃，与来自大密闭罩及屋顶除尘罩温度为60℃的二次废气相混合，混合后的废气温度低于 130℃，进除尘器净化，并经风机排往大气。

2．关键技术

根据系统所处工况的不同，工艺系统可分别采用低压强制循环汽化冷却系统、中压强制循环汽化冷却系统、中压自然循环汽化冷却系统及直流系统，最大限度回收烟气余热，同时综合考虑系统安全可靠、经济运行、延长系统使用寿命及降低投资等因素。

余热锅炉设备的关键技术为：合理的烟气量、汽化冷却方式和强制循环倍率的选择，受热面的形式选择及对烟气中的粉尘适应性（含耐磨性和黏结性），合理的烟道流速选择。

3．工艺流程

工艺流程见图1。

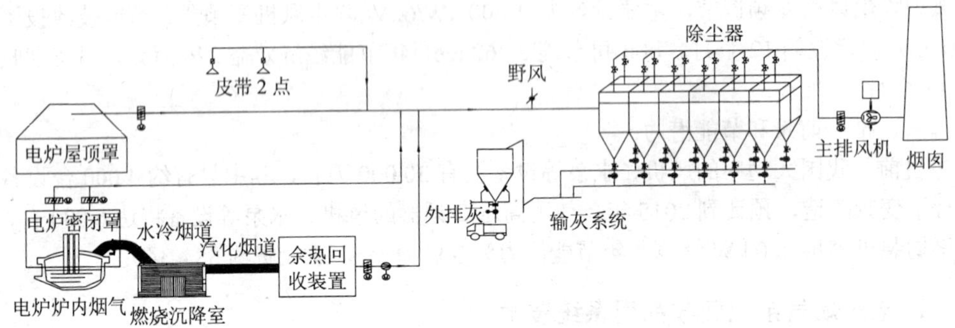

图1 电炉烟气余热回收利用系统工艺流程图

五、主要技术指标：

1）回收蒸汽量：140～200kg/t钢；

2）余热利用系统排烟温度：≤250℃。

六、技术应用情况：

目前，欧洲及俄罗斯部分钢铁厂的电炉烟气余热利用已经实现了汽化冷却产生蒸汽供钢铁厂生产生活使用，这样可大大降低除尘系统运行的电耗，降低炼钢成本，是电炉烟气冷却除尘的最佳工艺方向。但国内电炉烟气冷却除尘处理还一直停留在水冷方式上，在生产蒸汽方面尚无成熟的技术。本技术在河北邢钢集团邢台不锈钢有限公司进行了首台示范应用。

七、典型用户及投资效益：

典型用户：河北邢钢集团邢台不锈钢有限公司

建设规模：50t 电炉。主要技改内容：电炉烟气余热回收利用系统，主要设备为移动转弯烟道、固定斜烟道、沉降室、水平烟道、除尘器、余热锅炉本体、节能器及相关辅机。节能技改投资额 1286 万元，建设期 9 个月。年回收蒸汽量 5.092 9 万 t；折合 5 600 tce/a，年节约 830 万元，投资回收期 2.3 年（含建设期）。

八、推广前景和节能潜力：

按照目前电炉钢比例计算，预计到 2015 年全国电炉总容量可达 8 000～9 000 t，如果均采用该项技术即汽化冷却生产蒸汽，预计可节能约 100 万 tce/a，估计投资总量约为 27 亿元，若推广至 30%左右，总投资约 8 亿元人民币，总节能能力可达 35 万 tce/a。

8 矿热炉烟气余热利用技术

一、技术名称：矿热炉烟气余热利用技术

二、适用范围：钢铁行业硅系铁合金冶炼、化工电石行业等

三、与该节能技术相关生产环节的能耗现状：

2008 年我国各类铁合金产量 1 900 万 t，耗电量约为 1 100 亿 kW • h。

四、技术内容：

1. 技术原理

通过余热回收装置，利用生产过程中产生的高温烟气及辐射热量，进行二次回收利用，在余热锅炉内产生中低压蒸汽，进而推动发电设备进行发电。

2. 关键技术

矿热炉高温烟气导入余热锅炉，蒸汽驱动汽轮机组从而带动发电。

当余热发电设备出现故障或进行正常维修时进行烟气导出转换，恢复现有除尘状态。

3. 工艺流程

具体工艺流程见图 1。

五、主要技术指标：

16 台 14 000 kVA 矿热炉烟气余热利用系统，年发电量可达 1.92 亿 kW • h。

六、技术应用情况：

该技术已在部分铁合金企业使用，技术成熟，节能效果显著。

七、典型用户及投资效益：

典型用户：青海百通高纯材料开发有限公司

建设规模：8 台 13 吨余热锅炉，24 000 kW 余热发电机组及配套设施，设计年发电量为 1.92 亿 kW • h。主要技改内容：将原来的烟气净化空冷却器全部拆除，安装 8 台

13 t 余热锅炉及相关配套管网，安装 24 000 kW 蒸汽发电机及配套余热锅炉和输电设备，改造硅铁矿热炉烟罩，建冷却池、冷却塔、化学水处理、给排水及相应土建工程。主要设备为 16 台 14 000 kVA 矿热炉烟罩、8 台 13t 余热锅炉和 24 000 kW 余热发电机组及配套设施。节能技改投资额 1.71 亿元，建设期 18 个月。每年可节约 67 200 tce（按年发电量 1.92 亿 kW • h 计算），年节能经济效益 6 144 万元，投资回收期 2.5 年。

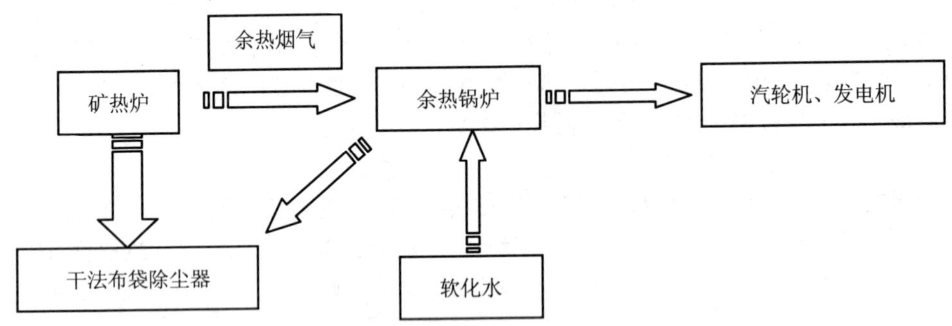

图 1　硅系铁合金冶炼矿热炉烟气余热利用系统示意图

八、推广前景和节能潜力：

预计 2015 年该技术可在钢铁、化工等行业推广到 60%，总节能能力约 105 万 tce/a。

9 铅闪速熔炼技术

一、技术名称：铅闪速熔炼技术

二、适用范围：低铅物料的火法冶炼

三、与该节能技术相关生产环节的能耗现状：

2009 年我国粗铅冶炼综合能耗 332kgce/t-Pb，铅冶炼综合能耗 475kgce/t-Pb。

四、技术内容：

1. 技术原理

在氧气闪速熔炼和过程还原相结合的基础上，通过工艺设备设计和工艺参数的优化及自动控制，实现了氧化、还原过程的有机结合及平衡。

闪速熔炼炉熔池中设置焦虑层，通过弱还原气氛的控制，使约 70%以上的铅直接还原为金属，减少焦虑层的热量损失，降低炉壁炉衬的浸蚀；液态炉渣直接流入还原电炉进行铅的深度还原，直接得到弃渣。由于充分利用了硫的氧化热，并实现自热熔炼，粗铅冶炼能耗达到 0.23tce/t-Pb。

2. 关键技术

1）低品位复杂含铅物料的闪速熔炼技术；

2）高温熔渣中铅的连续还原技术。

3. 工艺流程

含铅物料经干燥后由精矿喷嘴喷入闪速炉的反应塔，发生冶金化学反应，精矿中70%～80%的铅与焦炭层产生的CO及C发生反应，被还原成金属Pb，铅与渣在沉淀池分离，大部分粗铅从沉淀池放铅口虹吸放出，至浇铸机浇筑成粗铅锭，送铅精炼车间电解精炼；少部分铅呈PbO进入炉渣，经流槽自流至风焦反应器，和焦炭混合二次还原后，再自流至矿热贫化电炉进行深度还原。控制适宜的还原强度，保证渣含铅小于 3%。贫化炉渣用包子吊往烟化炉处理。贫化电炉的粗铅从放铅口虹吸放出浇铸成铅锭，送铅精炼车间电解精炼。具体工艺流程见图 1。

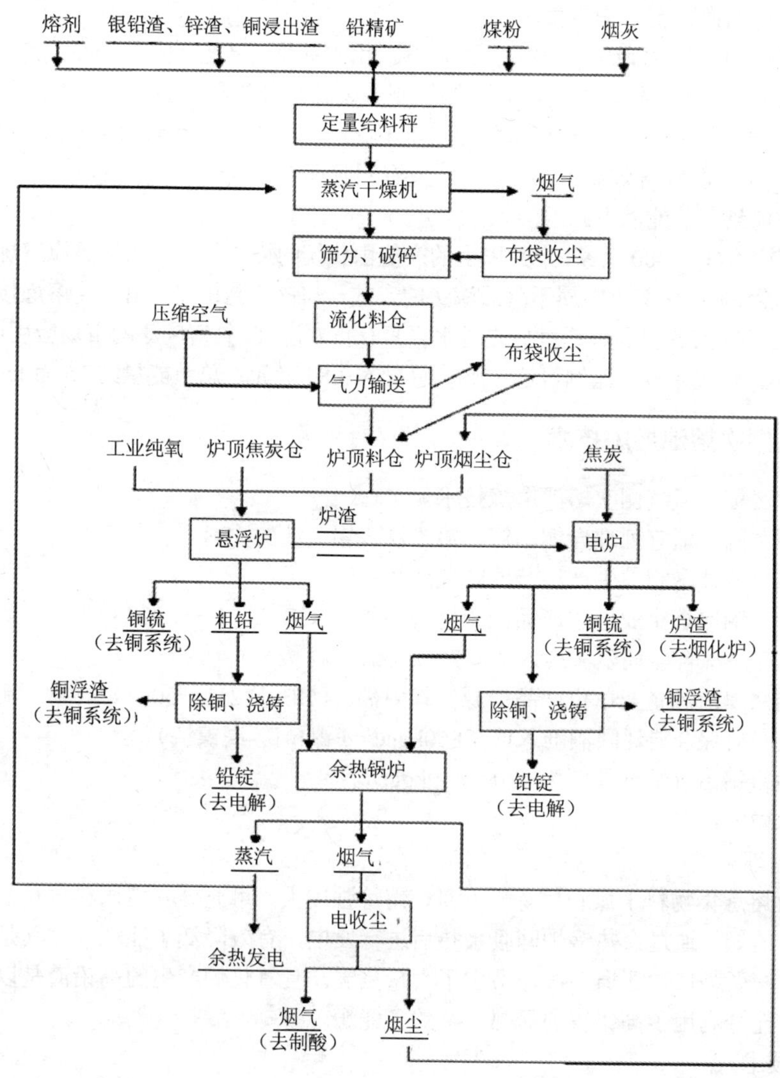

图 1 铅闪速熔炼工艺流程图

五、主要技术指标：

1）铅总回收率 98.5%；

2）粗铅冶炼能耗降低了 0.102tce/t-Pb（与 2009 年粗铅冶炼能耗 332kgce/t-Pb 相比较）；

3）烟气 SO_2 浓度大于 20%，总硫利用率大于 97%、硫捕集率大于 99%。

六、技术应用情况：

该技术已在部分有色金属企业应用，节能效果显著，技术成熟可靠。

七、典型用户及投资效益：

典型用户：河南灵宝市华宝集团公司

建设规模：10 万吨粗铅/年。主要技改内容：用闪速熔炼工艺替代传统的炼铅工艺。主要设备包括铅闪速熔炼炉、贫化电炉、烟气制酸装置和余热利用装置。节能技改投资额 6 000 万元，建设期 1.5 年。年可节能 10 200 tce（与 2009 年粗铅综合能耗 0.332 tce/t 粗铅相比较），年节能经济效益 1 700 万元，投资回收期 3.5 年。

八、推广前景和节能潜力：

我国现有铅冶炼厂 400 余家，半数以上的产能由传统的烧结——鼓风炉还原熔炼工艺完成，该工艺能耗高、污染大，属于落后淘汰的工艺。与该工艺相比，铅闪速熔炼技术对提高铅冶炼行业节能、减排和赶超世界先进水平具有重要意义，具有广泛的市场应用前景。预计到 2015 年，该技术推广比例可达 30%，总投入 3.84 亿元，总节能量约 15 万 tce/a。

10 氧气侧吹熔池熔炼技术

一、技术名称：氧气侧吹熔池熔炼技术

二、适用范围：适宜处理含铜、镍、铅、锑、锡、铁的物料

三、与该节能技术相关生产环节的能耗现状：

根据我国《铜冶炼企业单位产品能源消耗限额》（GB 21248—2007）要求：新建铜冶炼企业单位产品综合能耗限额准入值≤700kgce/t。

根据我国《镍冶炼企业单位产品能源消耗限额》（GB 21251—2007）要求：新建镍冶炼企业单位产品综合能耗限额准入值≤850kgce/t（镍精矿-高镍锍）。

目前我国粗铅冶炼综合能耗为 420～450kgce/t。

四、技术内容：

1. 技术原理

氧气侧吹熔炼集物料干燥和熔炼于一身，熔炼强度大，可充分利用原料自身的化学反应热，产生的烟气通过余热锅炉回收余热后进行发电，有效降低了能耗。尤其是在铅冶炼过程中取消了鼓风炉还原工段，节省了大量焦炭；且氧化炉产生的高铅渣是以液态进入还原炉，充分利用了高铅渣的显热，节约了能源。

2. 关键技术

氧气侧吹熔池熔炼技术、氧气侧吹炉及其余热锅炉等与该技术配套的设备。

3. 工艺流程

适宜处理的物料、熔剂、返尘和煤等混合配料后送入氧气侧吹炉内，富氧空气由炉侧风口鼓入，鼓风使熔体激烈搅动，发生相应的氧化、还原反应，生成的锍相互碰撞并长大，下沉进入风口以下区域，在此与渣分离，然后由各自虹吸口排出。

具体工艺流程见图 1。

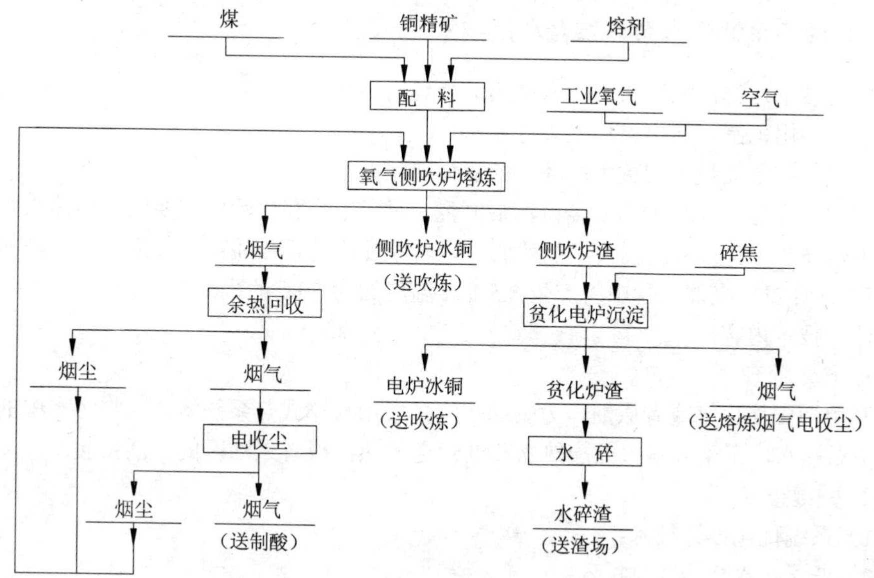

图 1 氧气侧吹熔池熔炼工艺流程图

五、主要技术指标：

铜粗炼回收率≥98.5%；

电铜综合能耗 550～600kgce/t。

镍熔炼回收率≥94.89%；

高镍锍综合能耗 787.2kgce/t；

铅熔炼回收率≥97%；

粗铅综合能耗 310～360kgce/t。

六、技术应用情况：

该技术已在部分有色金属冶炼企业进行了应用，节能效果显著。

七、典型用户及投资效益：

典型用户：广西南国铜业有限责任公司、新疆新鑫矿业股份有限公司、朝阳塞外矿业有限公司

建设规模：电铜 15 万 t/a。主要技改内容：铜熔炼及吹炼系统、粗铜精炼系统和烟气制酸系统，主要设备为氧气侧吹熔炼炉等。节能技改投资额 7 500 万元，建设期 2 年。

每年可节约 15 000 tce，年节能经济效益 1 800 万元，投资回收期 4 年。

八、推广前景和节能潜力：

氧气侧吹炼铜技术目前已有 2 家采用并投产，预计 2015 年采用该技术的冶炼厂将达到 8～12 家，改造产能超过 180 万 t。2009 年铜的综合能耗 366kg/t-Cu ,使用该技术可降低铜的综合能耗 150kgce/t-Cu，节能能力可达 30 万 tce/a。

11 油田采油污水余热综合利用技术

一、技术名称：油田采油污水余热综合利用技术

二、适用范围：油田、化工等行业

三、与该节能技术相关生产环节的能耗现状：

原油中含有约 85%的污水需降温后回灌，而在生产和生活中需要的中温热水主要依靠直接燃烧油气获得，能耗大，能效低。国内原油产量近 2 亿 t，如果陆上生产的原油按 1.5 亿 t 计算，采油过程中将产生 8.5 亿 t 温度约为 50℃的采油污水。

四、技术内容：

1. 技术原理

利用油田伴生气或者原油作为驱动热源，采用直燃式热泵技术，回收污水中的热量制取中温热水，用于外输原油加热器和油管道伴热，或者采油区的生活供暖。

2. 关键技术

1）系统优化设计技术；

2）低温热水余热回收技术；

3）高效传热传质技术；

4）高真空技术；

5）发生器结构技术；

6）屏蔽泵变频技术；

7）智能控制技术。

3. 工艺流程

具体工艺流程见图 1。

五、主要技术指标：

采油废水余热利用率达到 30%，直燃式热泵的 COP=1.7。

六、技术应用情况：

2010 年 5 月通过江苏省经济和信息化委员会和无锡市科技局联合组织的新产品和科技成果鉴定，鉴定结论为主要性能指标达到国际先进水平。拥有全部自主知识产权，已在华北油田采油厂成功实施，节能效果显著。

七、典型用户及投资效益：

典型用户：华北油田公司第一采油厂

建设规模：2×2 910 kW 油田污水余热综合利用系统。主要技改内容：增设采油污

水余热利用系统及相关优化控制设备。节能技改投资额 800 万元，建设期 9 个月。每年可节约 2 257 tce，年节能经济效益 230 万元，投资回收期 3.5 年。

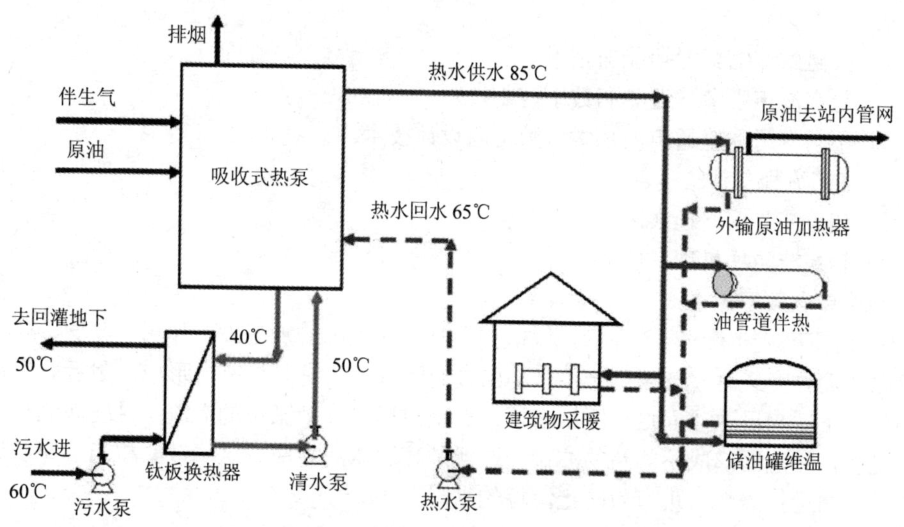

图 1　油田采油污水余热综合利用工艺流程图

八、推广前景和节能潜力：

该技术节能效果明显，如果在油田开采、化工等行业广泛应用，可大幅降低能耗水平。按照我国 2009 年的原油产量，采油低温污水可达到 8.5 亿 t，按 10℃温差计算，节能总量可达 10 684.5GJ/a，按 2015 年推广至 30%计算，节能量约 35 万 tce/a。

12 换热设备超声波在线防垢技术

一、技术名称：换热设备超声波在线防垢技术

二、适用范围：石化行业换热设备

三、与该节能技术相关生产环节的能耗现状：

我国石化行业现存的换热设备超过 30 万台，长期以来这些设备的防垢、除垢问题一直没有很好的解决办法，换热设备普遍在带垢 0.2～10mm 厚度之间的状态下运行。垢的导热系数（一般均在 1 W/m•K 左右）仅为换热器金属管壁的几十分之一。据行业统计，垢质每年在换热设备和管道中的沉积厚度约为 4mm，换热设备积垢每增加 1mm，传热系数下降 9%～9.6%，能耗和排放将增加 10%以上，同时带来生产效率下降、垢下腐蚀缩短设备寿命、安全隐患等一系列问题。

四、技术内容：

1. 技术原理

超声脉冲振荡波在换热器管、板壁传播，在金属管、板壁和附近的液态介质之间产

生效应，破坏污垢的附着条件，防止换热设备在运行过程中结垢，提高换热设备传热能力，降低达到同样工艺要求所需的能耗量，实现节能目的。

2. 关键技术

1）强磁致伸缩新型换能器技术；

2）超声波声学参数调测和数字控制技术；

3）不同应用环境超声波声学参数定向设计技术。

3. 工艺流程

1）超声波防垢原理（见图 1）

2）超声波防垢机理

高速微涡效应：

由于超声波频率很高，在管、板壁传播时形成很高的加速度，作用于与管、板壁直接接触的流体介质时，会出现一个微小的真空区域。真空区域刚一形成，附近介质在压力的作用下就会迅速涌向这一区域来填补真空，形成许多微小的涡流，这些涡流与生产同时进行，对壁面形成不间断的冲刷，这就是高速微涡效应。这一效应相当于介质随时都在对壁面进行清洗，可有效防止污垢的黏附。

高速微涡效应具有防垢与除垢双重作用（见图 2）。

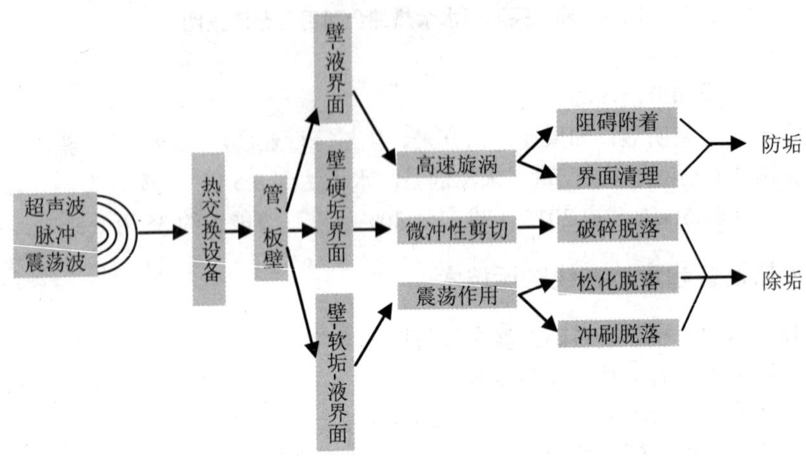

图 1 超声波防垢原理图

剪切应力效应：

壁面振动会带动其上的垢层一起振动，从而在壁面和垢层之间产生剪切力和推斥力，对于已有垢层，剪切力和推斥力会使其疲劳、裂纹、疏松、破碎而脱落；对于即将黏附的污垢成分，刚一接触壁面即被排开，无法稳定停留在壁面上。无论哪种情况，污垢都会随着介质的流动被带走，这就是剪切应力效应。剪切应力效应起到了除垢作用（见图 3）。

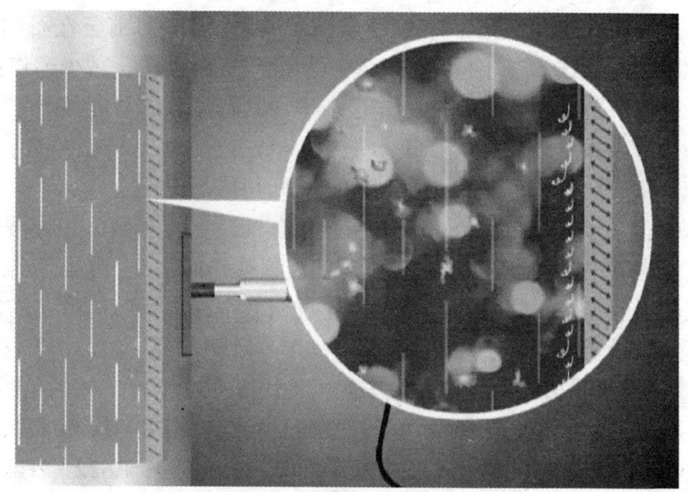

图 2　高速微涡效应防垢除垢作用图

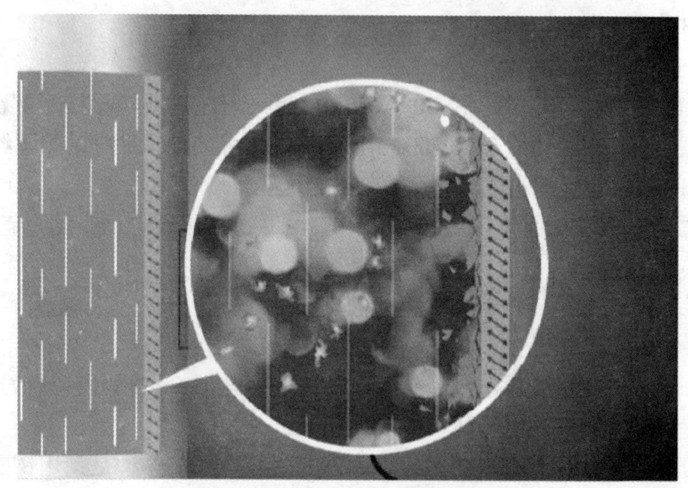

图 3　剪切应力效应除垢作用图

此外，介质流动时，由于与固体壁面有摩擦力，会在近壁区域而形成滞流层，也叫边界层。这一区域的传热过程为滞流介质的导热过程而不是对流换热过程，而介质的导热系数较对流换热系数要低得多，因此滞流层的存在会降低传热系数。当有超声波作用时，超声波引起的高速微涡可有效破坏滞流层，起到强化传热的作用。

五、主要技术指标：

1）平均提高换热设备传热系数 21%，降低换热设备污垢热阻 55%。

2）石化行业换热设备平均节能率为 9.1%。

六、技术应用情况：

2010 年通过中国石油化工集团公司科学技术成果鉴定，目前已在石油、石化、化工行业众多企业应用。该技术在不同应用环境声学参数定向设计、减少超声波衰减和抗畸变方面具有新颖性，整体技术达到国际先进水平，具有显著的节能效益。

七、典型用户及投资效益：

典型用户：中石化上海高桥分公司、中石化四川维尼纶厂

1）建设规模：在炼油 3 部 3#800 万 t 常减压蒸馏装置换热网络超声波防、除垢技术改造。主要技改内容：炼油 3 部 3#常减压蒸馏装置换热网络 21 台换热器上安装超声波防、除垢装置。节能技改投资额 985 万元，建设期 2 个月，年节能量 7 272 tce，年节能效益为 582 万元，投资回收期 20 个月。

2）建设规模：在四川维尼纶厂发电车间、乙炔车间、PVA 车间的 14 台换热设备上应用超声波防垢技术。主要技改内容：在乙炔车间提浓装置 E0401、E0442、E451\A\B\C、E455\A\B、V0601 共 8 台换热器，聚乙烯醇车间 E598、E590、E622、2H443、2H445 共 5 台换热器，发电车间 1#机组凝汽器，合计 14 台换热器上安装超声波防、除垢装置。节能技改投资额 210 万元，建设期 1 个月，年节能 2 396 tce，年节能效益为 192 万元，投资回收期 13 个月。

八、推广前景和节能潜力：

石化行业的换热设备数量超过 30 万台，如果采用超声波防垢技术解决污垢问题，可降低全行业换热设备能耗约 9%。2009 年，石化（含炼油）行业消耗能源约 1.28 亿 tce，其中换热设备的相关能耗约占 12%。如果在石化行业推广使用该技术，其节能潜力为 139 万 tce。预计“十二五”期间推广比例可达 40%，可产生约 55 万 tce/a 的节能能力。

13 氯化氢合成余热利用技术

一、技术名称：氯化氢合成余热利用技术

二、适用范围：现有或新建氯碱企业的氯化氢或盐酸合成炉新建或改造

三、与该节能技术相关生产环节的能耗现状：

对于氯化氢合成中的热能利用，国内主要有两种方法：一种是使用钢制水夹套氯化氢合成炉副产热水。这种钢合成炉在炉顶部和底部容易受腐蚀，使用寿命短，副产的热水应用范围有限；另一种是使用石墨制的氯化氢合成炉副产热水或 0.2～0.3MPa 压力的蒸汽。由于石墨是非金属脆性材料，受强度和使用温度的限制，在副产蒸汽时石墨炉筒作为产汽的受压部件，安全上存在一定隐患，采用该方法副产的热水或低压蒸汽热能利用只能达到 40%，应用范围同样有限。

四、技术内容：

1. 技术原理

氯气与氢气反应生成氯化氢时伴随释放出大量反应热，完全可以用来副产蒸汽。副产中压蒸汽合成炉在高温区段，使用钢制水冷壁炉筒；在合成段顶部和底部钢材容易受腐蚀的区段，采用石墨材料制作。采用这种方法既克服了石墨炉筒强度低和使用温度受

限制的缺点，又克服了合成段的顶部和底部容易腐蚀的缺点，从而使氯化氢合成的热能利用率提高到70%，副产蒸汽压力可在0.2～1.4MPa间任意调节，可并入中、低压蒸汽网使用，使热能得到充分利用。

2. 关键技术

自循环换热蒸汽发生技术；

腐蚀控制技术；

生产运行自动控制技术。

3. 工艺流程

具体工艺流程见图1、图2。

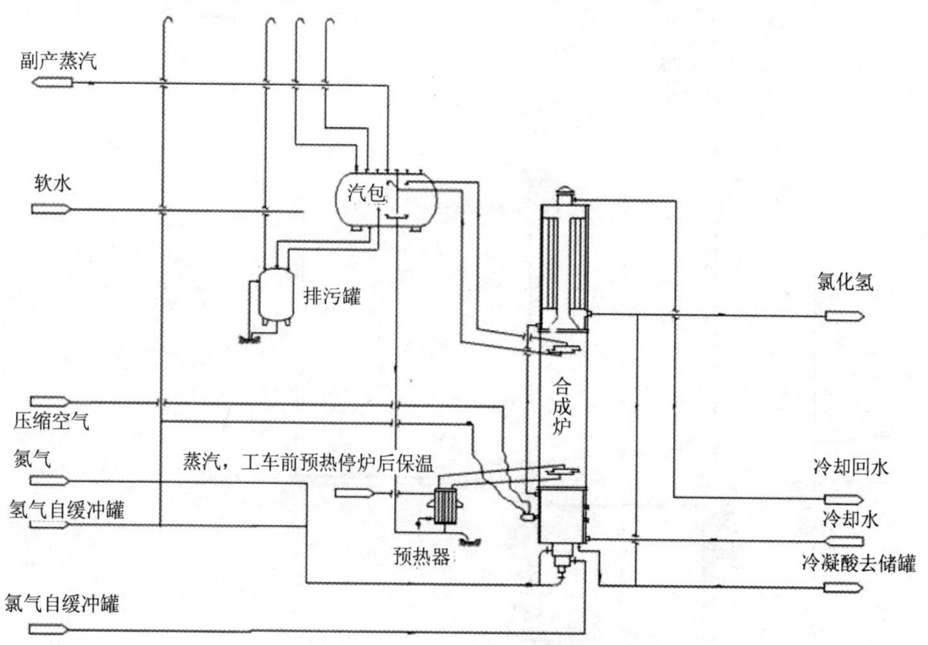

图1　氯化氢合成余热利用技术图

五、主要技术指标：

每合成生产1t氯化氢可副产0.8～1.4MPa中压蒸汽0.7t。

六、技术应用情况：

该技术已在部分化工行业推广应用，使氯化氢合成的热能利用率提高到70%，节能效果显著。

七、典型用户及投资效益：

典型用户：浙江巨化股份有限公司电化厂、江苏大和氯碱化工有限公司、重庆三阳化工有限公司

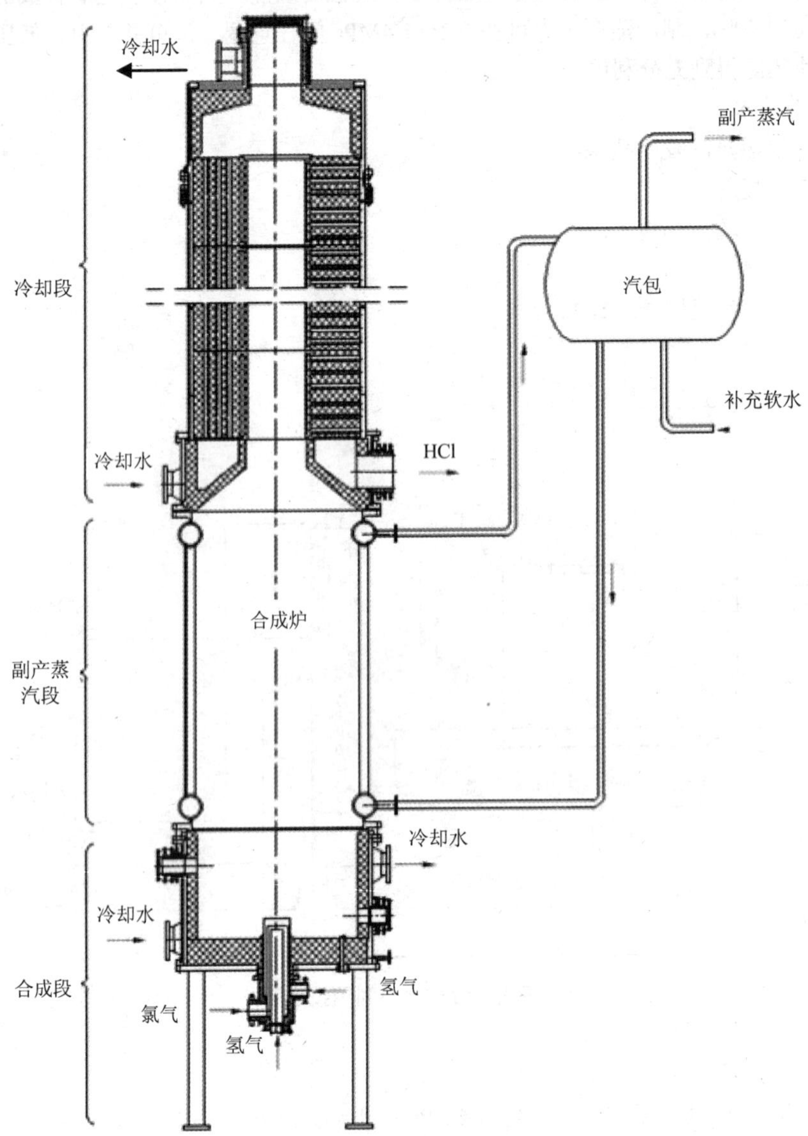

图 2　氯化氢合成余热利用技术设备图

1）浙江巨化股份有限公司电化厂。建设规模：08-140-84 型副产蒸汽氯化氢合成炉一套，日产氯化氢 140t，副产 1.2MPa 蒸汽 84t。主要技改内容：拆除原水套式石墨氯化氢合成炉，利用原厂房框架新上一套副产蒸汽氯化氢合成炉。主要设备包括副产蒸汽氯化氢合成炉、汽包、预热器和排污罐。节能技改投资额 400 万元，建设期 2 个月。每年可节能 3 780 tce，年节能经济效益 448 万元，投资回收期 1 年。

2）江苏大和氯碱化工有限公司。建设规模：09-150-30 型副产蒸汽盐酸合成炉一套，日产高纯盐酸 150t，副产 1.2MPa 蒸汽 30t。主要技改内容：拆除原水套式石墨氯化氢合成炉、石墨降膜吸收器、尾气塔，利用原厂房框架新上一套副产蒸汽四合一盐酸合成炉，主要设备包括副产蒸汽四合一盐酸合成炉、汽包、预热器和排污罐。节能技改投资额 200 万元，建设期 2 个月，年节能 1 350 tce，取得节能经济效益 160 万元，投资回收期 16 个月。

八、推广前景和节能潜力：

该项技术具有很好的经济效益和社会效益，目前，全行业氯化氢合成炉生产氯化氢的产能约 600 万 t，1t 氯化氢可产生 700kg 的中压蒸汽，若全行业全部应用该项技术，可有 294 万 t 中压蒸汽被合理利用，节能能力可达 35 万 tce/a。

14 水溶液全循环尿素节能生产工艺技术

一、技术名称：水溶液全循环尿素节能生产工艺技术

二、适用范围：水溶液全循环尿素生产装置改造或新建

三、与该节能技术相关生产环节的能耗现状：

目前，我国氮肥行业的吨尿素产品单耗为：氨 580 kg、蒸汽 1 250 kg、循环水 140 m^3、电 140 kW·h，合成转化率 65%。

四、技术内容：

1．技术原理

1）高压合成工序

来自氨库的原料液氨，经液氨泵加压到 20～23MPa 后送往液氨预热器，被加热到 70℃分为两路，一路约为总量 80%的 NH_3、103℃甲铵液和来自 CO_2 压缩机 20～23MPa 的 CO_2 一起进入合成塔塔顶分布器；另一路约 20% 的 NH_3 通过尿素合成塔底部进入，在塔内完成等温高压合成反应，反应产物从塔的顶部出来。

工业生产尿素的反应分两步进行，第一步由氨和二氧化碳反应生成中间产物氨基甲酸铵（简称甲铵），其反应式为：

$2NH_3$（液）$+CO_2$（气）$=NH_4COONH_2$（液）$+Q_1$

第二步由甲铵脱水生成尿素，其反应式为：

NH_4COONH_2（液）$=CO(NH_2)_2$（液）$+H_2O$（液）$-Q_2$

第一步反应是一个可逆的强放热反应，生成氨基甲酸铵的反应速度比较快，容易达到化学平衡，且达到化学平衡后二氧化碳转化为氨基甲酸铵的程度很高。第二步反应是一个可逆的微吸热反应，需要在液相中进行，反应速度慢，需要较长时间才能达到化学平衡，即使达到化学平衡也不能使全部氨基甲酸铵都脱水转化为尿素。

2）循环回收工序

从合成塔出来的反应混合物先后经过中压分解吸收（压力 1.7 MPa）和低压分解吸收（压力 0.3 MPa）后，尿素浓度达到 67%左右，温度为 140℃，然后送入蒸发系统；尿素尾气通过高效安全的尾气净氨处理后（氨含量小于 1%）放空。

3）蒸发工序

从低压循环系统来的尿素溶液送入逆流降膜式预浓缩器，以中压分解气作热源进行预浓缩，将尿液浓度从67%提高到85%；用膨胀蒸汽和蒸汽冷凝液作热源对85%尿液进行两段加热进行再浓缩，使尿液浓度从85%提高到95%，完成对尿素的一段蒸发。出一段蒸发器的尿液再经过二段蒸发加热器，浓缩至99.6%左右，送至尿素造粒塔进行造粒。

4）解吸、水解工序

碳铵液由解吸泵送至解吸水解系统，采用蒸汽加热气提，使塔底排出的解吸净水中尿素及氨含量≤5×10^{-6}；解吸水解塔底出来的188℃解吸净水、解吸水解塔顶出来的160℃的解吸气分级利用于尿素分解工序，利于节省蒸汽、维持系统水平衡。

2．关键技术

1）液相逆流换热式等温合成塔和尿素合成塔的优化运行；

2）二次加热-降膜逆流换热应用于中压分解工艺；

3）三段吸收-蒸发式氨冷-低水碳比尿素中压回收工艺；

4）一段蒸发系统低位能热的利用；

5）尾气净氨新工艺；

6）高效尿素低压分解回收新工艺；

7）节资-节能型尿素废水处理系统。

3．工艺流程

工艺流程见图1。

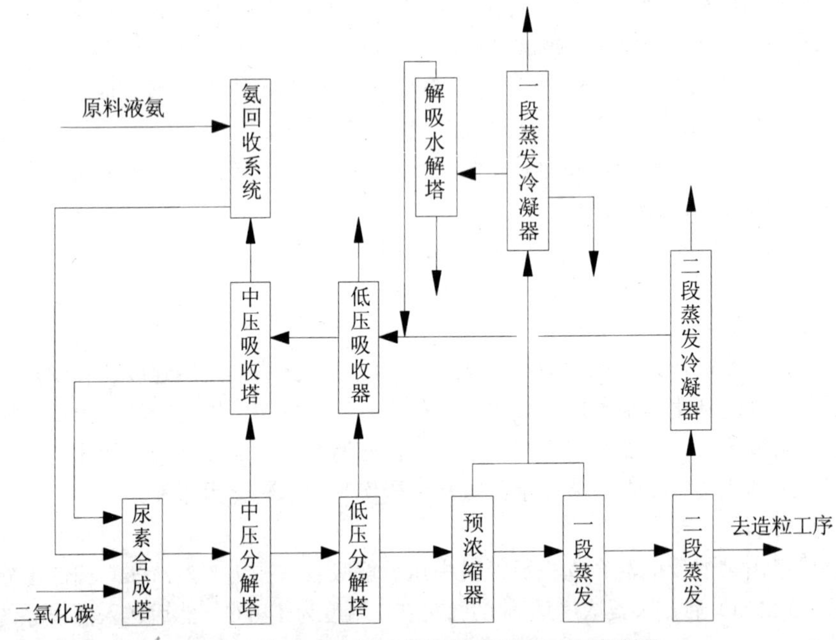

图1　水溶液全循环节能尿素生产工艺流程图

五、主要技术指标：

1）吨尿素单耗：氨 570kg、蒸汽 905kg、循环水 $77m^3$、电 125kW·h；

2）合成二氧化碳转化率 72%；解吸后净水中氨和尿素含量$<5\times10^{-6}$。

六、技术应用情况：

该技术已通过四川省科技厅的技术鉴定，并成功应用于 1 000t/d 尿素生产装置，节能效果显著，安全环保，生产设施先进。

七、典型用户及投资效益：

典型用户：四川金象化工产业集团股份有限公司

1）建设规模：400t/d 尿素生产装置的技术改造。主要技改内容：利用节能型尿素生产技术对日产 400t 尿素装置中低压分解回收等系统进行节能改造，主要技改设备包括精洗器、预蒸发器和外冷器等。节能技改投资额 960 万元，建设期 6 个月。年节能 9 145tce，年节能经济效益 799 万元，投资回收期约 1.2 年。

2）建设规模：1 000t/d 尿素生产装置新建项目。主要技改内容：新建 1 000t/d 尿素水溶液全循环生产装置，主要设备包括液相逆流换热式尿素合成塔、尿素中压吸收塔、卧式浸没式尾气吸收器、蒸发式冷凝器和解吸水解塔等。节能技改投资额 15 437 万元，建设期 1 年。年节能 2.1 万 tce，节能经济效益 2 310 万元，投资回收期 4 年。

八、推广前景和节能潜力：

水溶液全循环节能尿素生产技术适合新建尿素生产装置和对现有水溶液全循环装置进行节能增产改造，改造工作量小，投资较低，生产能力有较大提高，并可大幅度降低原材料消耗、消除环境污染，经济效益和环保效益显著。在国内水溶液全循环尿素生产企业进行节能增产改造，有广阔的推广前景。

目前我国尿素产能约 6 500 万 t/a，其中 50%是水溶液全循环工艺，若其中的 30%采用水溶液全循环节能尿素生产技术进行改造，年可节能约 70 万 tce。

15 Low-E 节能玻璃技术

一、技术名称：Low-E 节能玻璃技术

二、适用范围：建材行业建筑墙体装饰

三、与该节能技术相关生产环节的能耗现状：

外门窗玻璃的热损失是建筑物能耗的主要部分，占建筑物能耗的 50%以上。普通浮法玻璃的辐射率高达 0.84，热量损失严重。

四、技术内容：

1．技术原理

在普通玻璃上镀上一层以银为基础的低辐射薄膜后，使其辐射率可降至 0.15 以下，减少散热损失，达到节能的目的。该技术可在普通浮法玻璃生产线锡槽的末端或者退火窑的前端增加一套 Low-E 镀膜设施，在浮法玻璃生产线上实现在线 CVD 或者 PCVD 镀膜生产。

2．关键技术

Low-E 镀膜技术。

3．工艺流程

工艺流程见图 1。

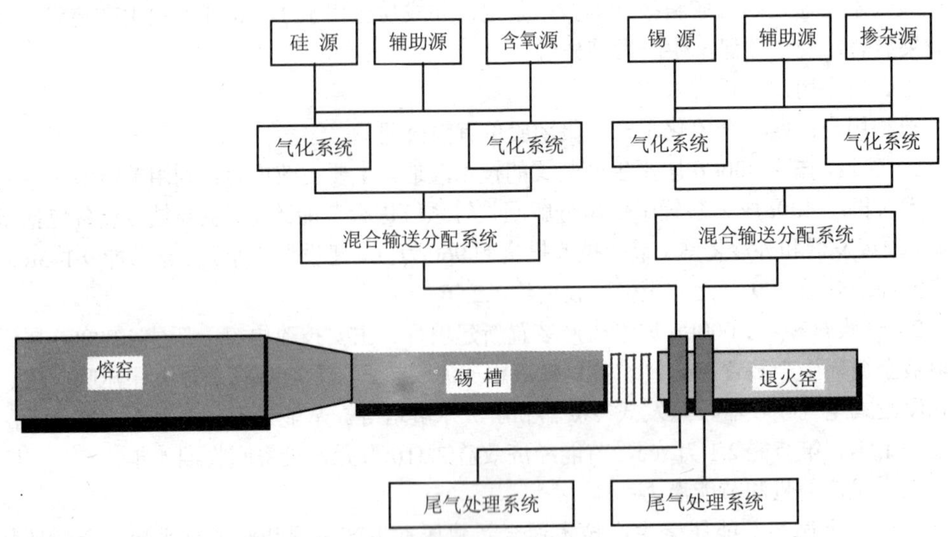

图 1 Low-E 节能玻璃在线镀膜技术工艺流程图

五、主要技术指标：

传热系数 K 值范围：1.6～2.2W/m^{2}K，达到国际先进水平。

六、技术应用情况：

国内 Low-E 节能玻璃技术刚刚起步，国内已有部分玻璃厂家生产 Low-E 节能玻璃，并在成都来福士广场、广州亚运会场馆等处应用，取得了较好的节能效果。

七、典型用户及投资效益：

典型用户：首都机场 T3 航站楼、中央电视台

1）建设规模：15 万 m^2 节能玻璃。主要技改内容：安装 15 万 m^2 的 Low-E 节能玻璃。节能技改投资额 1 200 万元，建设期 2 年。年节能量 4 180tce，年节能经济效益为 560 万元，投资回收期 2.5 年。

2）建设规模：8.6 万 m^2 节能玻璃。主要技改内容：安装 8.6 万 m^2 的 Low-E 节能玻璃。节能技改投资额 688 万元，建设期 1 年。年节能量 2 400tce，年节能经济效益为 320 万元，投资回收期 2 年。

八、推广前景和节能潜力：

据中国玻璃协会的数据，未来 5～10 年，中国的节能玻璃将高速发展，平均每年新增节能玻璃需求约 0.5 亿 m^2，预计到 2015 年全国 Low-E 节能玻璃推广比例可达到 10%，

即 3 300 万 m^2。按照每平方米 Low-E 中空玻璃每年节约 27.86kgce（与白玻中空相比），预计年节能能力可达 95 万 tce。

16 烧结多孔砌块及填塞发泡聚苯乙烯烧结空心砌块技术

一、技术名称：烧结多孔砌块及填塞发泡聚苯乙烯烧结空心砌块技术

二、适用范围：墙体非承重部位外围护墙及内隔墙

三、与该节能技术相关生产环节的能耗现状：

目前，我国每年城乡新建房屋建筑面积近 20 亿 m^2，其中 80%以上为高耗能建筑，这些建筑使用的实心黏土砖约 4 000 亿块，每万块标砖的能耗为 1tce，在生产过程中浪费了大量的燃料和黏土材料，能耗和生产成本高。

四、技术内容：

1. 技术原理

在空心砖中填塞聚苯材料，阻断冷热桥，达到良好的保温性能。

2. 关键技术

煤矸石掺烧节能技术；

空心砖中填塞聚苯材料提高砖的隔热效果。

3. 工艺流程

原料配比破碎→加水搅拌陈化→成型→编组码坯→干燥→焙烧→填塞聚苯→打包

工艺流程图如下：

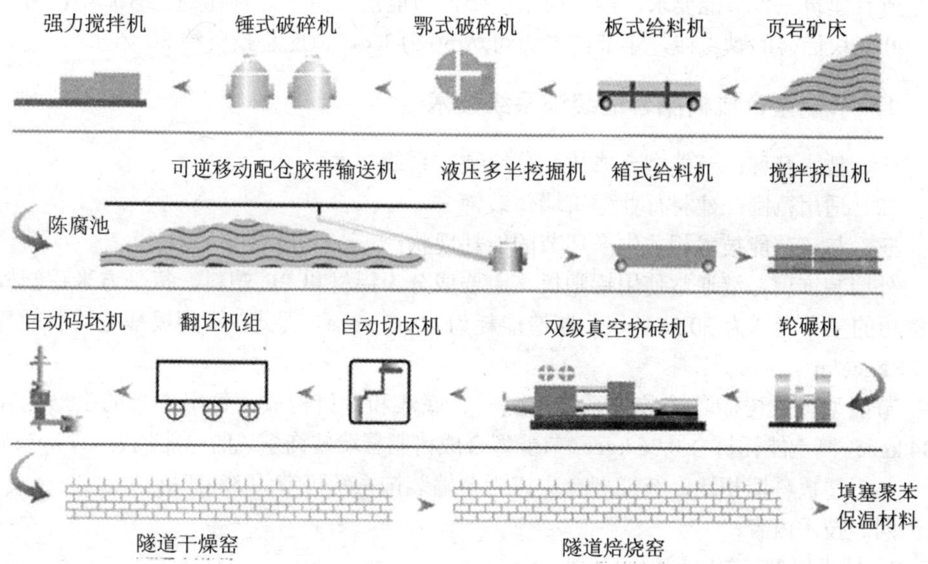

图 1 烧结多孔砌块及填塞发泡聚苯乙烯烧结空心砌块生产流程图

五、主要技术指标：

每块砖消耗 2.5kg 混合料（页岩料和煤矸石），240×260×90 产品导热系数部分填充为 0.48，全部填充为 0.35，耐火等级 183min。砌体强度达到 MU3.5MPa 以上，密度等级符合 800 级要求。

六、技术应用情况：

该技术已经过国家建筑工程质量检测中心、天津质量监督检测第二十一站、天津建筑节能质量检测站三个部门的抗压、冻融、放射性、耐火、泛霜、吸水率、隔声、阻热等项检测，认定其各项指标均符合国家相关标准，并即将获国家专利证书。目前已在京津地区大面积使用。

七、典型用户及投资效益：

典型用户：天津国环页岩制品有限公司

建设规模：年产烧结多孔砌块及填塞发泡聚苯乙烯烧结空心砌块 6 000 万块标砖。主要技改内容：利马高科窑温监控系统、新建保温车间、真空挤出机四泥条机口改造。主要设备包括电热偶、水分子监测仪、真空挤出机双泥条机口和芯架。节能技改投资额 5 000 万元，建设期 12 个月。每年可节能 3 000tce，年节能经济效益 800 万元，投资回收期 6 年。

八、推广前景和节能潜力：

烧结多孔砌块及填塞发泡聚苯乙烯烧结空心砌块，不但在生产过程中大幅减少了能源消耗，而且在作为墙体材料的使用过程中，能降低建筑的能耗。该产品砌筑的墙体能满足所有建筑三步节能要求，推广前景广阔，节能潜力巨大。预计到 2015 年，可替代约 100 亿块标砖的黏土砖，年节能能力可达 50 万 tce，节能总投资约 20 亿元。

17 节能型合成树脂幕墙装饰系统技术

一、技术名称：节能型合成树脂幕墙装饰系统技术

二、适用范围：建材行业建筑墙体装饰

三、与该节能技术相关生产环节的能耗现状：

外墙装饰用幕墙通常使用铝塑板，主要成分为铝材和 PE 塑料，每平方米铝塑板所用资源的生产能耗为 20.56 kgce，制造能耗为 40.15 kgce。因此，铝塑板幕墙的总能耗为 60.71 kgce/m^2。

节能型合成树脂幕墙装饰系统由腻子、底漆和涂料构成，每平方米的生产能耗为 2.44 kgce，制造能耗折合 0.26 kgce。节能型合成树脂幕墙装饰系统的总能耗为 2.7 kgce/m^2。

与铝塑板幕墙相比，节能型合成树脂幕墙装饰系统可节约 58.01 kgce/m^2。

四、技术内容：

1. 技术原理

以合成树脂为主要黏结材料，与颜料、体质颜料及各种助剂配制成腻子以及各种涂料，分层施涂在建筑物墙体上，形成具有幕墙外观的建筑装饰层。面层材料具有铝塑板

的金属效果和光泽，从而实现对铝塑板的替代。整个系统基于无机改性聚合物，形成了一个有机的整体，保障了涂层系统各构成材料的匹配性和相容性，从而实现整个系统优异的耐候性和稳定性。

2. 关键技术

无机改性聚合物的合成技术；各层材料之间的匹配性及相容性的设计与优化技术。

3. 工艺流程

工艺流程：基面处理 → 粗腻子施工 → 切缝 → 粗腻子找平 → 细腻子施工 → 抛光腻子施工 → 中涂施工 → 面涂施工 → 分格缝填制 → 分格缝修色

节能型合成树脂幕墙装饰系统的构造如图1和图2所示。

基层墙体	基本构造					构造示意图
	①	②	③	④	⑤	
混凝土墙 各种砌 体墙 保温系统	找平腻子 + 耐碱玻璃 纤维网布	柔性 腻子	抛光 腻子	底漆	涂料	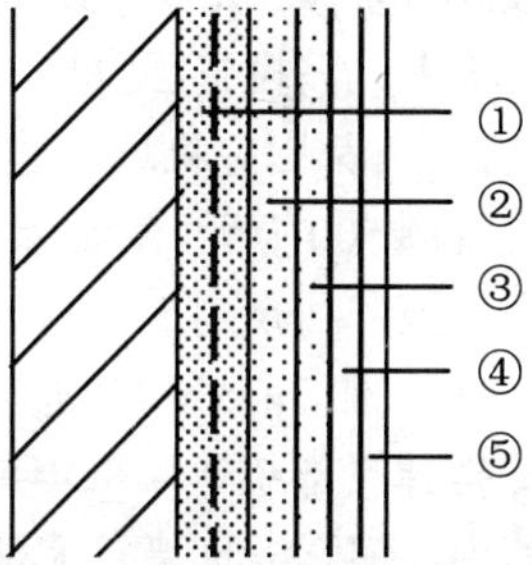 ① ② ③ ④ ⑤

图1　节能型合成树脂幕墙装饰系统基本构造（平面装饰效果）

基层墙体	基本构造				构造示意图
	①	②	③	④	
混凝土墙 各种砌 体墙 保温系统	找平腻子 + 耐碱玻璃 纤维网布	底漆	骨料	涂料	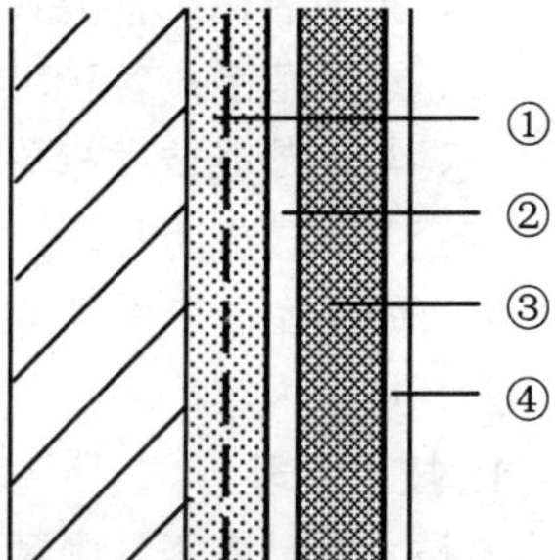 ① ② ③ ④

图2　节能型合成树脂幕墙装饰系统基本构造（立体装饰效果）

五、主要技术指标：

耐候性：表面无裂纹、粉化、起泡、剥离现象；

耐冻融（30 次循环）：表面无裂纹、空鼓、起泡、剥离现象；

耐冲击性：无裂纹、剥落、明显变形现象；

拉伸黏结强度：≥1.0 MPa。

六、技术应用情况：

该技术已通过建设行业科技成果评估（建科评[2002] 059 号），并被列为国家火炬计划项目、国家科技成果重点推广计划、建设部节能省地型建筑推广应用技术目录。该技术已在全国 25 个省、66 个城市得以成功应用，完成约 1 650 万 m^2 外墙面积的工程。

七、典型用户及投资效益：

典型用户：国家体育场（鸟巢）、首都国际机场

1）国家体育场（鸟巢）。建设规模：19 000 m^2。主要改造内容：建筑外墙装饰。节能技改投资额 190 万元，建设期 4 个月。与铝塑板幕墙相比节能 1 102tce，节能经济效益 475 万元，投资回收期 5 个月。

2）首都国际机场。建设规模：50 000 m^2。主要改造内容：建筑外墙装饰。节能技改投资额 500 万元，建设期 10 个月。与铝塑板幕墙相比节能 2 900tce，节能经济效益 1 250 万元，投资回收期 5 个月。

八、推广前景和节能潜力：

据建设部统计，每年新建公共建筑面积约 3 亿 m^2，折算为外墙面积为 1.8 亿 m^2。这其中，铝塑板幕墙、大理石幕墙和玻璃幕墙为三种主要的外墙装饰材料，应用比例达 90%以上。铝塑板幕墙的应用面积约为总面积的 1/4，即 4 500 万 m^2。到 2015 年，预期推广比例为 10%，节能能力可达 130 万 tce/a。

18 预混式二次燃烧节能技术

一、技术名称：预混式二次燃烧节能技术

二、适用范围：各种工业窑炉

三、与该节能技术相关生产环节的能耗现状：

陶瓷工业已成为我国建材行业中的耗能大户之一，而烧成窑炉耗能又占该行业的一半以上，如果加上干燥设备耗能，则占到总能耗的 70%以上。

四、技术内容：

1. 技术原理

本技术的燃烧器是半预混式二次燃烧器，其主要机理是根据火焰传热、热量的辐射和对流、烟气的利用以及物体对热量的吸收等因素之间的相互关系，采用可燃气体与空气进行预混后再高速喷射燃烧产生紫红色外焰短火焰的方法，短火焰在炉膛中受喷射的推力沿着炉腔与熔铝坩埚的火道形成旋流喷射，使热辐射能量及烟气在炉膛中螺旋式推进，延长了热能量在炉膛中停留的时间，降低了排烟速度和排烟温度，减少了排烟浓度

和烟气中的含氧量，节能效果十分明显，具有很好的经济效益和环境效益。

2. 关键技术

改进燃烧器结构，改善燃烧条件；提高火焰温度15%～20%；延长火焰在炉膛中的停留时间；采用二次空气补偿，提高火焰梯度的燃烧强度；调节热烟气的喷嘴射程。

3. 工艺流程

设备原理如图1所示。

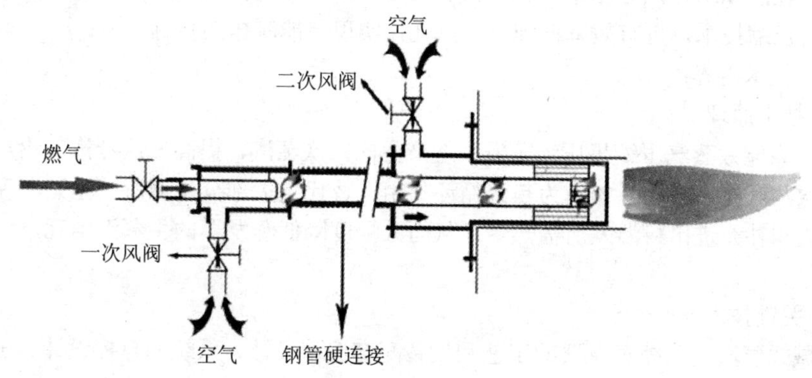

图1 预混式二次燃烧器设备原理图

五、主要技术指标：

火焰温度提高15%以上；排烟温度降低20%；节能率：锅炉5%以上，工业炉窑10%～25%。

六、技术应用情况：

该技术已在部分陶瓷企业实施应用，节能效果良好。

七、典型用户及投资效益：

典型用户：广东蒙娜丽莎陶瓷有限公司

建设规模：14条陶瓷辊道窑利用预混式二次燃烧节能技术进行改造。主要技改内容：燃烧器结构改造。节能技改投资额600万元，建设期7个月。每年可节能5 300tce，年节能经济效益477万元，投资回收期1.5年。

八、推广前景和节能潜力：

我国建筑陶瓷行业在全国约有3 000多条生产线，年产墙地砖67亿m^2，平均重量为23kg/m^2计算，总重量为13 800万t。按每吨瓷平均烧成能耗0.165tce计算，全年耗能2 277万tce，如该技术的节能率按9.5%计算，则年可节约216万tce。到2015年，预计该技术在全国可推广20%，节能能力可达45万tce/a。

19 机械式蒸汽再压缩技术

一、技术名称：机械式蒸汽再压缩技术

二、适用范围：生化和化工等行业料液和废水的浓缩

三、与该节能技术相关生产环节的能耗现状：

2009 年，我国发酵行业总产量约 1 600 万 t，汽耗约 1.28 亿 t，其中，浓缩工段能耗约占总能耗的 40%，用于浓缩工艺的汽耗约 5 000 万 t，折约 500 万 tce，通过采用机械式蒸汽再压缩技术，可有效降低吨产品汽耗，实现节能减排的目标。

四、技术内容：

1．技术原理

利用高能效蒸汽压缩机压缩蒸发系统产生的二次蒸汽，提高二次蒸汽的焓，提高热焓的二次蒸汽进入蒸发系统作为热源循环使用，替代绝大部分生蒸汽，生蒸汽仅用于补充热损失和补充进出料温差所需热焓，从而大幅度降低蒸发器的生蒸汽消耗，达到节能目的。

2．关键技术

机械式蒸汽再压缩蒸发器的工艺和设备配套选型设计、系统的自控设计、压缩风机的设计等。

3．工艺流程

原理和工艺流程分别如图 1 和图 2 所示。

五、主要技术指标：

以 40t/h 发酵液蒸发量机械再压缩式蒸发器为例，其主要技术指标如下：

蒸发量：40t/h；

耗汽量：1t/h；

循环水量：45t/h；

装机容量：900kW。

六、技术应用情况：

目前，该技术已在部分化工厂及生化公司实施，节能效果显著，技术成熟可靠。

七、典型用户及投资效益：

典型用户：安徽丰原生物化学股份有限公司下属 32 万 t/a 燃料乙醇有限公司、河南省焦作市华康化工有限公司

1）安徽丰原生物化学股份有限公司。建设规模：年产 32 万 t 燃料乙醇项目，新增蒸发浓缩系统为 50t/h 的机械再压缩式蒸发器。主要技改内容：新增系统主要用来浓缩酒精塔釜水，主要设备包括压缩风机、加热器、分离器、配套循环泵和自控设备等。节能技改投资额 2 000 万元，建设期 1 年。年节能 1.4 万 tce，年节能经济效益 1 764 万元，投资回收期 1.14 年。

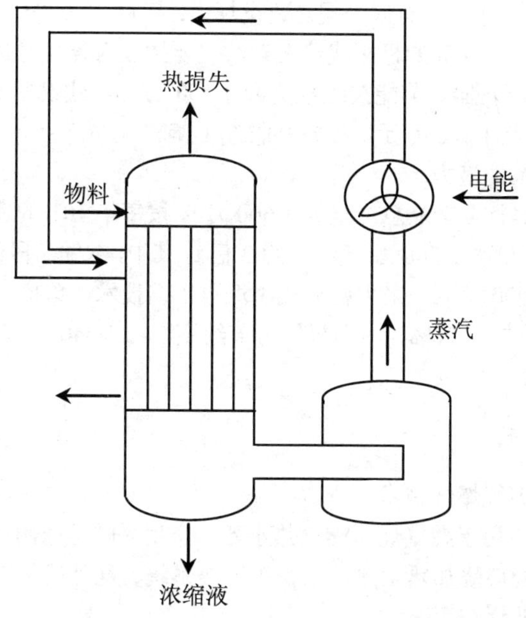

图 1　机械式蒸汽再压缩技术原理图

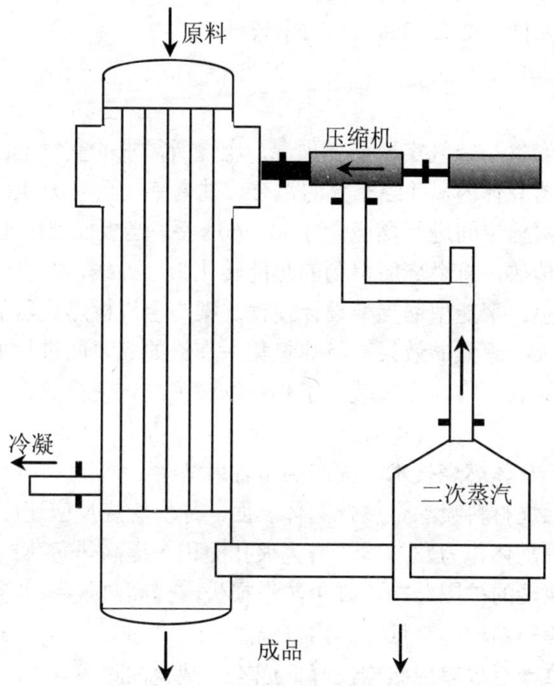

图 2　机械式蒸汽再压缩工艺流程图

2）河南省焦作市华康化工有限公司。建设规模：年产 10 000 t 木糖项目，其中蒸发系统为 2 台 18t/h 和 1 台 10t/h 的机械式蒸发器。主要技改内容：用 3 台机械再压缩蒸发器替代原有的三\四效蒸发器。节能技改投资额 1 150 万元，建设期 6 个月。年节能 1.1 万 tce，年节能经济效益 1 100 万元，投资回收期 1 年。

八、推广前景和节能潜力：

2009 年，我国发酵行业产品总产量约 1 600 万 t，按每年 10%的速度增长，预计 2015 年，发酵行业产品年产量约 2 500 万 t，汽耗约 2 亿 t，其中，浓缩工段约占总能耗的 40%，则浓缩工段用汽约 8 000 万 t。采用机械式蒸汽再压缩技术，单位产品浓缩汽耗可节约 90%以上，按在全行业推广 20%计，则每年可节约蒸汽约 1 440 万 t，约折合 145 万 tce，预计总投资额 33 亿元。

20 聚能燃烧技术

一、技术名称：聚能燃烧技术

二、适用范围：应用于燃气灶、燃气热水器、家用采暖等家用燃气具产品与设备，以及工业制造中的工业燃烧加热工序，如锅炉制暖系统、红外线热水系统、陶瓷窑炉、熔铝炉、固碱炉、工业锅炉等。

三、与该节能技术相关生产环节的能耗现状：

目前，国家标准中家用燃气灶具的热效率只有 50%～55%，普通大气式燃气灶具的热效率仅仅高出国家标准 2%～3%，热效率较低。

四、技术内容：

1. 技术原理

在燃烧之前，燃气与空气实现全部预混，燃烧所需求的空气全部通过低压燃气的能量引射吸入到燃烧器腔体内，并经充分的混合，过剩空气系数α=1.03～1.06，燃气-空气的混合物在金属蜂窝体中间进行燃烧。约 50～60 s 后，当板面温度上升到 800～900℃时达到平衡进行辐射传热，将燃烧所得到的热能转化为红外线，并以红外辐射传递为主的形式对锅体进行传热。聚能型锅支架设计使锅支架与金属板燃烧器的凹面结构形成一个整体聚能凹面，扩大了聚焦的效果，将热量集中在锅的底表面进行加热，将散失的热量又聚合起来反射给锅底吸收，大大减少了热量物理损失，使得热效率更高。

2. 关键技术

1）采用金属蜂窝体燃烧技术，提高热量辐射效率；

2）采用催化燃烧材料喷涂金属蜂窝体表面，加快燃烧反应速度；

3）采用金属蜂窝体作为发热体，增大火孔面积，提高热负荷；

4）采用具有聚能的护围结构，减少热量损失，提高热效率；

5）采用多层隔热结构，降低灶具内部温度；

6）采用双针合一点火感应结构，降低成本，减少故障率。

3. 工艺流程

主要生产工艺流程如图 1 所示：

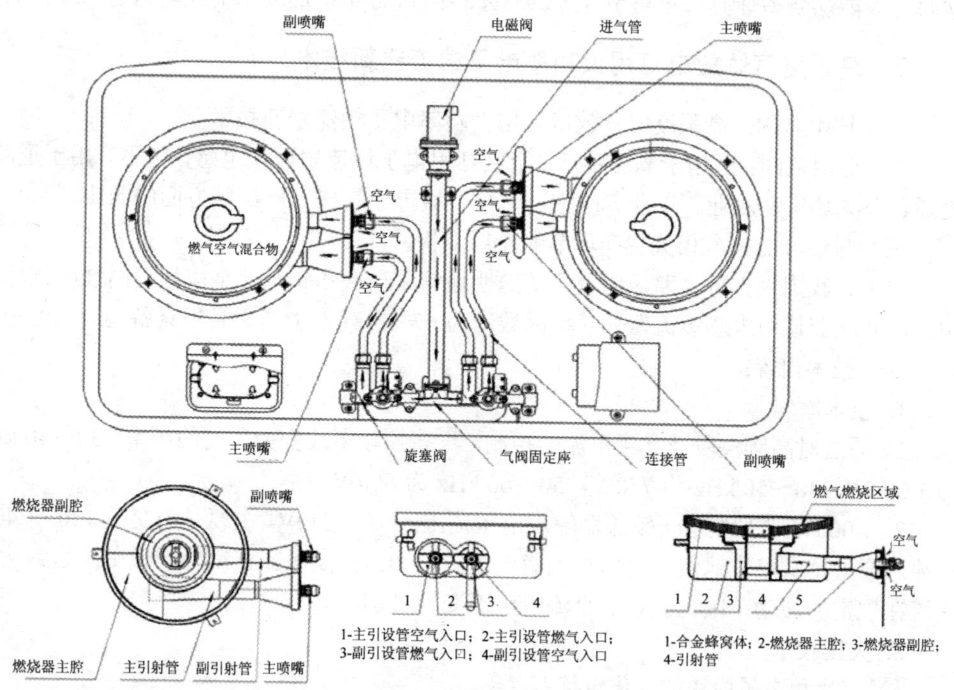

图 1　聚能燃烧炉具设备原理图

五、主要技术指标：

燃烧方式：全预混三元催化无焰燃烧；

热负荷：≥3.5kW；

干烟气中 CO 浓度：≤0.02%；

干烟气中 NO_x 含量：≤0.004%；

热效率：　≥65%。

六、技术应用情况：

该技术于 2010 年通过广东省科学技术厅成果鉴定，处于国际领先水平。

七、典型用户及投资效益：

典型用户：重庆一能公司

建设规模：16 768 台聚能燃烧型炉具系统。主要技改内容：将大气式燃烧的炉具更改为聚能燃烧的炉具，主要设备为聚能燃烧型炉具。总投资 3 320 万元，建设期 1.2 年。按每台灶每天省 0.23 kgce 计算，总节能量为 3 856.64 kgce/d，年可取得节能经济效益 500 万元，投资回收期为 6.6 年。

八、推广前景和节能潜力：

预计到 2015 年，聚能燃烧技术可以在全行业推广到 20%，总量将达到 1 400 万台，按每台聚能燃烧型灶具每年可节能 83.95kgce 测算，每年可形成总节能能力达 120 万 tce。

21 高强度气体放电灯用大功率电子镇流器新技术

一、技术名称：高强度气体放电灯用大功率电子镇流器新技术

二、适用范围：适用于高压钠灯、金卤灯用电子镇流器取代电感镇流器，用于道路、交通、公共场所、农业、工业、航空、军事、城市建筑群、厂矿等方面的照明。

三、与该节能技术相关生产环节的能耗现状：

目前，我国大部分公路照明及厂矿照明通常采用高压钠灯、金卤灯等高强度气体放电灯，并配套使用电感镇流器，功率因数约为 67%，耗电量高，且不具备调光的性能。

四、技术内容：

1. 技术原理

1）通过对高频波段及高频电流的控制，将高频频率改变为所需的频率，30～40 kHz 为 1 000W，40～50 kHz 为 750W，50～60 kHz 为 600W。

2）1 000W 调光型电子镇流器输入电压范围：120～240V。主要是由交流 120～240V 的输入通过桥式整流滤波，再由直流稳压电源的 IC 控制保证直流电压不变，达到输入交流在规定的波动范围内波动而直流电压不变的目的。

2. 关键技术

1）芯片和电子模块的优化设计；

2）变频调光；

3）高压钠灯和金卤灯电子镇流器的通用性；

4）宽电压（102～240V）输入。

3. 工艺流程

技术原理如图 1 所示。

五、主要技术指标：

1. 电压范围：120～240V；2. 电源频率 50/60Hz；3. 功率因数＞0.99；4. 灯电流波峰比＜1.7；5. 电流总谐波＜10%；6. 环境温度－10～40℃；7. 启动时间 5min；8. 输出灯功率变化＜2%；9. 抗干扰的最大距离是 0.6m；10. 可使用灯：HPS（钠灯）/MH（金卤灯）；11. 可变频调光 600W、750W、1 000W。

六、技术应用情况：

该技术被湖北省科技厅认定为湖北省重大科学技术成果，并在部分省市的市政高压钠灯上实施应用，节能效果良好。

七、典型用户及投资效益：

典型用户：荆州市城区

建设规模：荆州市城区更换 3 000 盏路灯照明。主要技改内容：将荆州市城区东方

大道、江津大道、北京路的路灯照明的电感镇流器更换为电子镇流器。主要设备为电子镇流器，规格包括200台250W高压钠灯、2 500台400W高压钠灯、800台250W金卤灯、500台400W金卤灯。节能技改投资额600万元，建设期24个月，每年可节能406tce，取得节能经济效益约40万元。

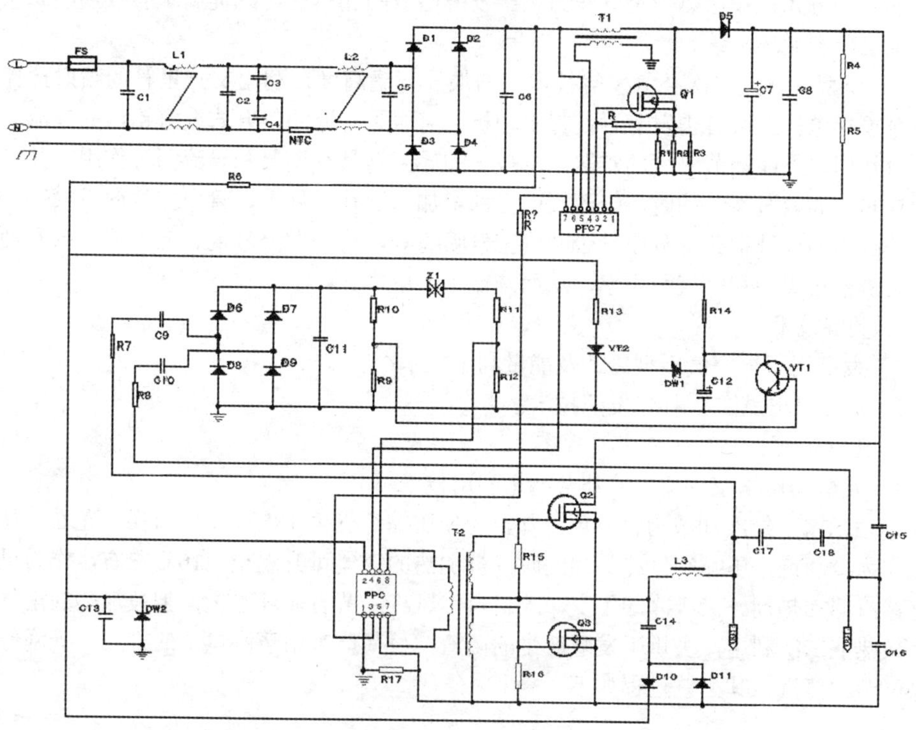

图1 高强度气体放电灯用大功率电子镇流器技术原理图

八、推广前景和节能潜力：

传统的高强度气体放电灯使用电感镇流器，电能利用效率不高，未来5～10年内，电子镇流器将不断替代耗能高的电感镇流器。预计到2015年，全国使用电子镇流器的高强度气体放电灯将达到670万台，年节能能力可达125万tce。

22 新型生物反应器和高效节能生物发酵技术

一、技术名称：新型生物反应器和高效节能生物发酵技术

二、适用范围：发酵和化工等行业

三、与该节能技术相关生产环节的能耗现状：

目前，我国发酵行业年耗能约2 000万tce，其中用于发酵工序的能耗约占40%。

四、技术内容：

1. 技术原理

1）发酵用压缩空气新型冷却及能量利用技术：空压机制取压缩空气，出口空气降温由水冷转为风冷的技术改造。压缩空气制取方式采用轴流式风机及两台电动离心机供应，其出口温度为185℃，为满足工艺要求，需降温至110℃左右。该技术采用风冷替代水冷的冷却方式，被加热的空气作为烘干发酵菌渣的加热剂，既提高了有效热能二次利用，也可节省循环水量。

2）新型气升式二次补气发酵技术：增加发酵罐高度，利用文丘里管的喷射搅拌作用代替搅拌电机，可省去发酵罐搅拌电动机，克服了普通的气升式发酵罐内的导流筒只有导流作用、不能调节温度的难题。本技术的导流筒具有调温和导流两种作用，并且为双面换热，高效节能；同时，导流桶中上部增加二次补气环管，管内空气向下喷射，利用发酵罐内循环液把此部分空气带回到空气喷嘴处，再与发酵液混合向上喷入气升桶，提高发酵液溶氧率和空气利用率，从而降低生产成本。

2. 关键技术

1）发酵用压缩空气新型冷却及能量利用技术；

2）新型气升式二次补气发酵技术。

3. 工艺流程

1）发酵用压缩空气新型冷却及能量利用技术

该技术将一级冷却改为自然风冷却，为使压缩空气由185℃ 降至110℃左右，使用空气作为冷却剂，压缩空气冷却的同时，被加热的空气可升温至 110℃左右，作为烘干发酵菌渣的加热剂。二级冷却不变，改用自然风冷，节省循环水量，把被加热的空气作为有效热能二次利用，去烘干发酵产生的菌渣，替代原来用蒸汽烘干的方式，既降低热污染又节约蒸汽。其工艺过程如下：

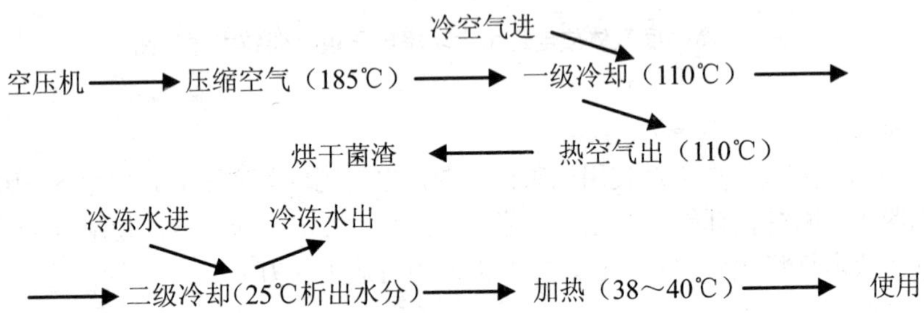

2）新型气升式二次补气发酵技术

该技术在发酵罐内增设导流筒（见图1），采用气流搅拌方式。压缩空气从罐体下部进入，靠压缩空气的压力，带动导流筒内部的发酵液自下而上流动，至导流筒顶端后，向四周分散并沿导流筒与罐壁间空腔往下流动，从而形成料液的循环。同时可使空气与料液充分混合，取消了机械搅拌，节约了电能，且搅拌混合更充分，降低发酵过程中的染菌概率，提高了产品的效价。

发酵罐体底部安装有空气喷嘴 1，空气经气升桶 2，进入调温导流桶 3，在导流桶 2 内完成调温、导流、均匀混合后，重返气升桶 3 下部进口，完成一个工作循环（见图 2）。导流桶中上部增加二次补气环管 5，管内空气向下喷射，利用发酵罐内发酵液把此部分空气带回到空气喷嘴处再与发酵液混合向上喷入气升桶，工艺空气与发酵液接触时间和路径延长一倍，提高发酵液溶氧率和空气利用率，降低生产成本，达到高效节能的目的。

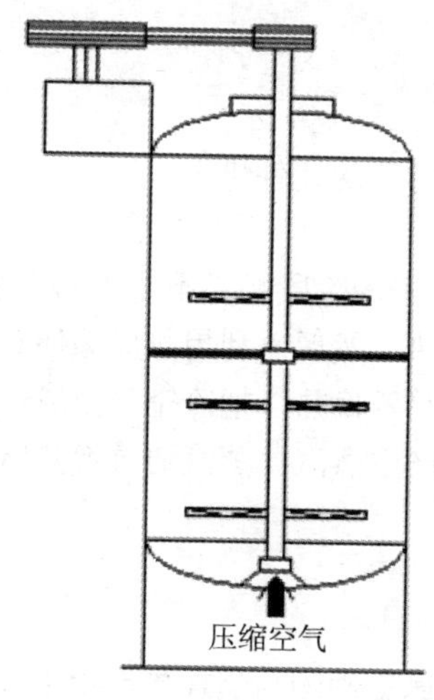

图 1　机械搅拌发酵原理图

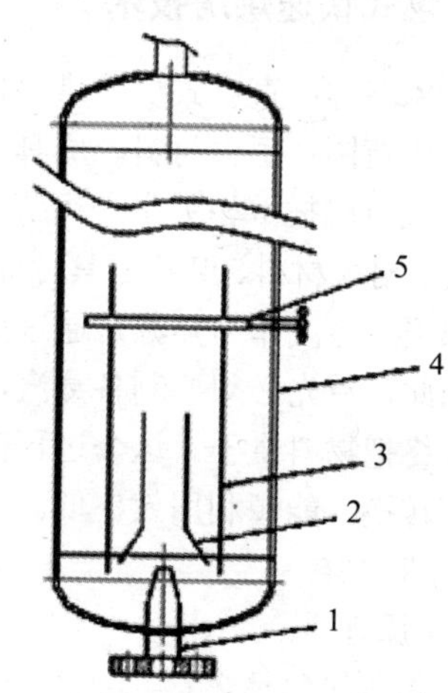

1-空气喷嘴；2-气升桶；3-导流桶；4-发酵罐；5-二次补气环管

图 2　气升式二次补气发酵原理图

五、主要技术指标：

以容积为 800m^3 的发酵罐为例，一级冷却循环水量为 724m^3/h，按补充新鲜水量为 1%计算，每天节约水量 170m^3。蒸汽消耗由 320t/罐降低到 292t/罐，电耗由 29 593kW・h/罐降低到 19 391kW・h/罐。发酵冷却时间从 18h 降到 3.5h，减少了 14.5h；1m^3 料液需要空气量由 1 m^3 降至 0.78m^3，空气利用率提高 22%。

六、技术应用情况：

该技术已通过山东省科技厅组织的科技成果鉴定，技术达到国际先进水平，相关工艺设备和技术已申报并受理专利 12 项。

七、典型用户及投资效益：

典型用户：山东志诚化工有限公司

建设规模：年产 300t 阿维菌素生产线。主要技改内容：生物反应器导流筒气流搅拌代替机械搅拌、发酵罐内冷却管代替外盘管、加高发酵罐罐体、风冷替代水冷制备压缩空气技术。节能技改投资额 7 196 万元，建设期 1 年。吨阿维菌素节能 95.4tce，按年 300t 阿维菌素生产能力，年节能 28 621tce，年可取得节能经济效益 2 290 万元，投资回收期 3 年。

八、推广前景和节能潜力：

预计到 2015 年，我国发酵行业年耗能约 2 500 万 tce，其中用于发酵工序的能耗约占 40%，根据发酵行业实际情况，采用新型生物反应器和高效节能生物发酵新技术后，吨产品能耗由 1tce 降到 0.8tce，实现能耗降低 20%，按行业推广比例 60%计算，则每年可节能 120 万 tce。

23 直燃式快速烘房技术

一、技术名称：直燃式快速烘房技术

二、适用范围：耐火材料、磨具磨料行业、电瓷行业的坯件烘干

三、与该节能技术相关生产环节的能耗现状：

在电瓷、耐火材料、磨料磨具行业的生产过程中，干燥阶段是必不可少的工艺过程，目前很多都采用蒸汽作为热源，通过换热器将空气加热，然后再利用热风循环对坯件进行烘干。因此，首先必须要制备蒸汽，然后再通过换热器换热，把冷空气换成热空气送入烘房，最终把物料烘干。这个过程需要经过煤燃烧产生蒸汽，蒸汽通过换热器加热空气两次热能转换，能源利用效率低。

四、技术内容：

1．技术原理

采用天然气等气体燃料，经过燃烧后并经稀释的燃烧产物与循环风机送出来的循环风混合作为干燥介质，进入干燥室内，对待干燥的坯体在烘干室内部进行加热，再由与吸风口连接的循环风机抽出进而达到循环干燥的目的。

2．关键技术

燃烧机、交互引射式送风系统、多点均布式回风系统。

3．工艺流程

以天然气、城市煤气或石油液化气为燃料，通过自动点火系统点燃燃烧机，燃烧后并经稀释的燃烧产物与循环风机送出来的循环风混合作为干燥介质，进入干燥室内，对待干燥的坯体在烘干室内部进行加热，再由与吸风口连接的循环风机抽出进而达到循环干燥的目的。工艺流程图如下：

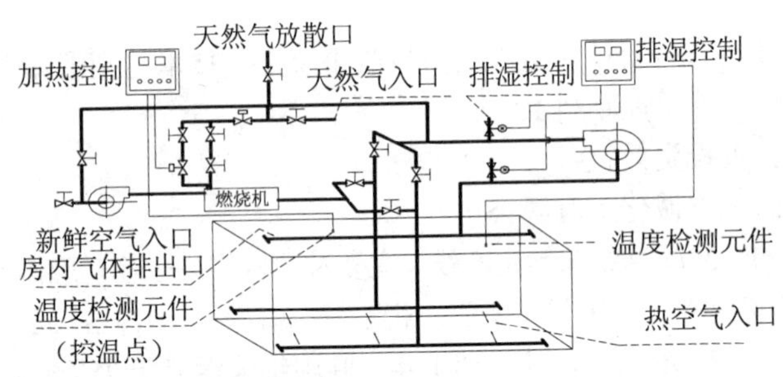

图 1　直燃式快速烘房技术工艺流程图

五、主要技术指标：

1）最高温度 120℃；

2）可比单耗＜0.25kgce/kg 水；

3）热能利用率：41.70%。

六、技术应用情况：

西安热工研究院有限公司对该技术进行了性能检测，检验结果表明所测项目全部优于传统以蒸汽为热媒的烘房。该技术已在电瓷行业进行示范应用，运行稳定，功能和性能均稳定可靠，成功率高，节能效果显著。

七、典型用户及投资效益：

典型用户：西安西电高压电瓷有限责任公司

建设规模：40 间 100m^{3}烘房，在原有蒸汽加热烘房基础上改造。主要技改内容：利用原有烘房的烘干室，改造加热循环系统，并新增控制系统，主要设备包括燃烧机、循环风系统、引风系统及回风系统和控制系统。节能技改投资额 1 100 万元，建设期 1 年。可比能耗分别由原来的 0.636 kgce/kg 水降至 0.199kgce/kg 水，节能量为 0.437kgce/kg 水，每年可节能 920tce，取得节能经济效益 315 万元，投资回收期 3.5 年。

八、推广前景和节能潜力：

根据 2010 年中国高压电瓷行业的发展情况，我国 30 家规模企业高压电瓷年产量约为 18 700t，全行业估计超过 40 万 t，以 100m^{3}烘房计，估计电瓷行业烘房为 1 400 间。100m^{3}烘房每周期（10t 产品）节能 640kgce，以到 2015 年改造 80%计，则改造烘房 1 120 间，总投入 2.8 亿元，年节约能 2.56 万 tce。若在相关行业推广应用，预计到 2015 年总投入将超过 10 亿元，年节能能力可达 15 万 tce。

24 塑料注射成型伺服驱动与控制技术

一、技术名称：塑料注射成型伺服驱动与控制技术

二、适用范围：注塑机行业，合模力 400～80 000kN 注塑机

三、与该节能技术相关生产环节的能耗现状：

传统液压式塑料注射成型机广泛采用异步电机驱动定量泵与电液比例阀相结合的技术，由于定量泵输出恒定流量导致大量无功能耗，能耗很高。

四、技术内容：

1. 技术原理

应用伺服电机驱动定量泵及控制技术，精确、快速地控制伺服电机的转速和扭矩，实现液压系统压力和流量双闭环控制，使伺服电机运行功率与负载需求功率完好匹配，达到大幅节能效果。

2. 关键技术

注塑机专用交流伺服系统，包括交流伺服电机、编码器、驱动器、专用控制技术及专用液压控制技术。

3. 工艺流程

设备原理如图 1 所示。

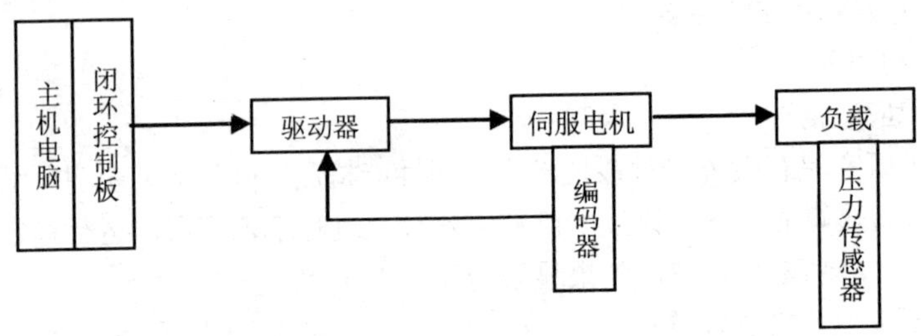

图 1 塑料注射成型伺服驱动与控制原理图

五、主要技术指标：

与传统液压式塑料注射成型装备相比，不再产生因液压系统压力、流量调节造成的大量无功能耗，针对不同制品原料和几何特征，项目产品平均能耗下降 50%以上；制品成型周期更短，生产效率提高 25%，制品精度提高近 30%。

六、技术应用情况：

该技术已经在部分企业实施应用，节能效果良好。

七、典型用户及投资效益：

典型用户：厦门豪盛塑料制品有限公司、浙江正泰电器股份有限公司、合兴集团有限公司、山东威高集团医用高分子制品股份有限公司、上海新意达塑料托盘有限公司等

建设规模：50 台伺服节能注塑机。主要技改内容：将传统液压式塑料注射成型装备更换为伺服节能塑料注射成型机。节能技改投资额 2 500 万元，建设期 1 年。年节电 660 万 kW·h，折合 2 310tce，年节能经济效益为 407 万元，投资回收期 6 年。

八、推广前景和节能潜力：

伺服节能注塑机与传统的液压注塑机相比可节能 50%左右，节约钢材达 20%以上，并使塑料制品精度大大提高。到 2015 年，预计该技术可在业内推广到 30%，形成年节能 35 万 tce。

25 电子膨胀阀变频节能技术

一、技术名称：电子膨胀阀变频节能技术

二、适用范围：家用空调、商用空调、冷冻及冷藏设备

三、与该节能技术相关生产环节的能耗现状：

新颁布的国家标准——《房间空调能效限定值及能效等级》（GB 12021.3—2010）将房间空调（制冷量≤4 500W）的五个能效等级调整成为三个等级，从一级到三级的能效值分别为 3.6、3.4 和 3.2，入门等级由原来的 2.6 提高到了 3.2，但因该标准未对制热状态的能效值进行评价，导致该标准并未能全面评价房间空调的年度综合能效。考虑对

于房间空调的年度综合能效评价，目前市场上销售的大部分房间空调的年度能耗指标仍然偏高。

四、技术内容：

1. 技术原理

电子膨胀阀由阀体和线圈两部分构成，阀体通过连接管与空调系统连接，线圈装配在阀体上。线圈与阀体构成了 PM 型步进电机，线圈相当于步进电机的定子，阀体充当步进电机的转子，通过对脉冲发生器输入到线圈的脉冲驱动信号的控制，可以控制阀体内转子的定位转动，从而实现电子膨胀阀的开闭和冷媒流量的线性调节。

电子膨胀阀是变频空调系统中的关键节流元件。变频空调是通过变频器改变压缩机的供电频率，通过频率的变化调节压缩机的转速，当供电频率高时，压缩机转速就快，空调器制冷（热）量也就大；当供电频率较低时，空调器制冷（热）量就小。上述大小变化必须依靠电子膨胀阀来自动控制系统中冷媒流量的大小，使之与变频压缩机的功率相匹配。通过电子膨胀阀对制冷剂流量的自动调节，可使空调系统始终保持在最佳的工况下运行，达到快速制冷、精确控温、节省电能的效果。而且电子膨胀阀具有可逆性，可实现制冷、制热状态下流量的自动控制。

2. 关键技术

1）可回收的热塑性塑料及导磁体内封装工艺制作线圈；

2）钕铁硼磁粉注塑成型阀体的磁转子；

3）阀体的阀腔结构的设计优化。

3. 工艺流程

电子膨胀阀的工作原理如图 1 所示：

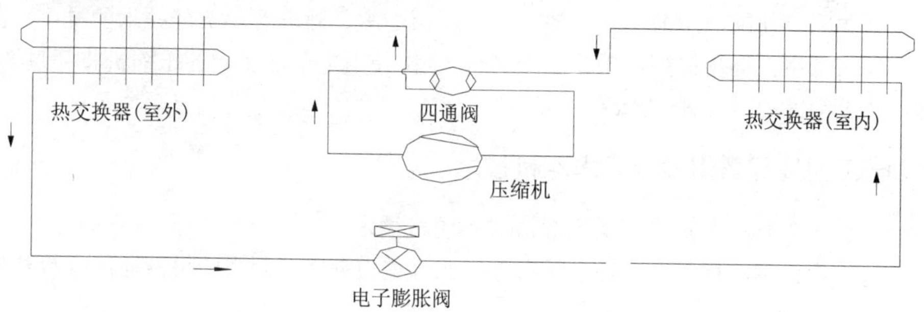

图 1　电子膨胀阀工作原理图

五、主要技术指标：

① 气密性 4.2MPa×1min 无泄漏；

② 耐压 6.3MPa×3min 无变形；

③ 破坏压力 16.8MPa×1min 无开裂破坏；

④ 阀口泄漏≤600ml/min；

⑤ 逆向开阀压差≥2.11MPa；

⑥ 最高动作压差≥3.43MPa；

⑦ 绝缘电阻≥100MΩ，电气强度 AC500V/50Hz 1min 无闪络或击穿；

⑧ 线圈温升≤60K；

⑨ 线圈抗雷击 5kV 以上；

⑩ 寿命耐久 10 万次以上。

六、技术应用情况：

该技术已通过省级新产品鉴定，产品技术达到国内领先水平。目前已在部分变频空调上应用，技术成熟，节能效果较好。

七、典型用户及投资效益：

典型用户：三菱电机、松下、日立、富士通、夏普、三星、LG、格力、美的、海尔等。

建设规模：年产 600 万套直流变频空调用电子膨胀阀的生产线。主要技改内容：选择和采购合适的高精度加工设备及确定合理的加工工艺；选择和采购转子部件相关材料（特别是功能材料），转子部件相关成型模的设计制造和加工工艺的确定，以及转子充磁工装的设计和充磁参数的确定，以满足转子精度、磁性能和稳定性、可靠性的要求；3PBT 塑封线圈的极板精度保证和包封材料、加工设备的选型、工艺设备的确定，以保证分度精度和塑封密封性等。节能技改投资额 7 500 万元，建设期 2 年。每年可节电 21.268 亿 kW·h，折合 26.0 万 tce/a，投资回收期 5.6 年。

八、推广前景和节能潜力：

电子膨胀阀主要应用于变频空调系统中，以实现制冷剂流量的自动调节，具有较好的节能效果。目前国内压缩机上的使用比例约为 20%，随着变频节能技术的推广，国内变频空调市场将会逐步提高，预计 2015 年，全国使用电子膨胀阀的压缩机将超过 2 000 万台，年节能能力可达 85 万 tce。

26 工业冷却塔用混流式水轮机技术

一、技术名称：工业冷却塔用混流式水轮机技术

二、适用范围：化工、冶炼、轻纺等行业有重力势能可利用的机械通风式冷却塔的改造

三、与该节能技术相关生产环节的能耗现状：

目前的工业循环冷却系统耗电现状是：每座冷却塔的塔顶都装有一台电动机，用来驱动风筒内部的风叶转动，一座 4 500t/h 流量的冷却塔电机年耗电量约为 175 万 kW·h，耗能折合 612tce。

四、技术内容：

1. 技术原理

水轮机的工作动力来自循环冷却水系统水的重力势能以及循环水泵的富余扬程，工

作时保证冷却塔的技术参数，而且循环水泵的能耗不变。水轮机的输出轴直接与风机连接并带动其转动，取消了原电机驱动风机系统，节约了电能。

2．关键技术

1）利用循环水余压驱动水轮机，替代电机；

2）转速比为50的超低比速混流式水轮机，效率提高至88%以上，并将原双列循环形导流叶栅改为单列环形导流叶栅，设计金属椭圆形蜗壳，实现水轮机的结构紧凑，满足冷却塔内部空间少的需求。

3．工艺流程

改造的流程：取消冷却塔减速箱和电机⟶把冷却塔用水轮机安装在原减速箱基础上⟶安装原风机⟶连通进水管和水轮进口⟶连通布水器和水轮机出口。

系统工作原理如图1所示：

图1　工业冷却塔用混流式高效水轮机系统原理图

五、主要技术指标：

1）水轮机效率$\eta \geqslant 88\%$、外形设计尺寸满足冷却塔内部工作要求；

2）噪音降低20%；

3）水轮机替代电机后，节电100%。

六、技术应用情况：

该技术通过南京市科技成果鉴定，已应用于石油、化工、钢铁和轻纺等行业。已对全国300余家企业的冷却塔进行了节能改造，节能效果显著。

七、典型用户及投资效益：

典型用户：大庆石化、扬子石化、巴陵石化、哈尔滨石化、沧州大化、申久化纤、仪征化纤、南京钢铁、济南钢铁、江苏沙钢等。

1）哈尔滨石化。建设规模：4 000 t/h×2台逆流式机械通风冷却塔改造。主要技改内容：用水轮机替代风机电机、传动轴和减速机，主要设备为HL4000型冷却塔用水轮机两台。节能技改投资额 240 万元，建设期 15 天。年节电 316.8 万 kW·h（按每年运行 330 天计算），折合 1 108.8tce，年节约电费 190 万元，投资回收期 1.3 年。

2）江苏沙钢淮钢特钢。建设规模：2 500t/h 逆流式机械通风冷却塔一台改造。主要技改内容：用水轮机替代风机电机、传动轴和减速机，主要设备为 HLW-2500 型冷却塔用水轮机一台。节能技改投资额 75 万元，建设期 10 天。年节约电能 87.1 万 kW·h，折合 304.8 tce（按每年运行 330 天计算电费），年节约电费 52.3 万元（按企业用电价 0.6 元/度计），投资回收期 1.4 年。

八、推广前景和节能潜力：

全国现有冷却塔可进行水轮机改造的总容量约为 24 157 万 t，预计到 2015 年推广 10%，全国可改造 6 000 余套，年节能能力可达 240 万 tce，总投资约 70 亿元。

27 缸内汽油直喷发动机技术

一、技术名称：缸内汽油直喷发动机技术

二、适用范围：汽车行业

三、与该节能技术相关生产环节的能耗现状：

配套使用普通汽油发动机的轿车，百公里油耗约为 10L，能源利用效率较低。

四、技术内容：

1．技术原理

将燃油直接喷入气缸，利用缸内气流和活塞表面的燃料雾化效果达到燃烧的目的，充分提高燃油利用率，降低轿车的百公里油耗指标。

2．关键技术

采用了缸内直喷、可变气门正时及增压中冷等先进技术。

3．工艺流程

生产工艺流程及设备原理如图 1 和图 2 所示。

五、主要技术指标：

1）2.0L 缸内汽油直喷发动机产品升功率：75kW/L；升扭矩：160Nm/L；比油耗：250g/kW·h。产品排放满足国Ⅳ标准。

2）1.6L 缸内汽油直喷发动机产品升功率：85kW/L；升扭矩：180Nm/L；比油耗：245g/kW·h。满足欧Ⅴ标准。

六、技术应用情况：

该技术已在国内部分汽车企业搭载使用，节能效果良好。

七、典型用户及投资效益：

典型用户：奇瑞汽车

建设规模：年产 20 万台缸内汽油直喷发动机。主要技改内容：年产 20 万台奇瑞 G5 系列轿车上配套使用缸内汽油直喷发动机生产线。节能技改投资额 71 000 万元，建设期 3 年。年节能量 128 000tce，年节能经济效益 13 000 万元，投资回收期 6 年。

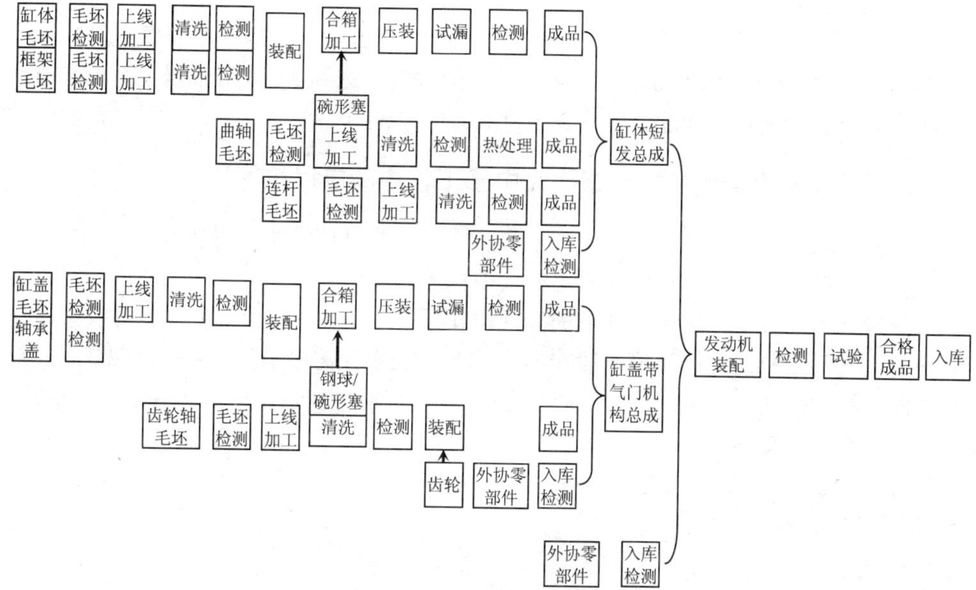

图 1 缸内汽油直喷发动机生产图

图 2 缸内汽油直喷发动机设备原理图

八、推广前景和节能潜力：

目前，我国已成为全球最大的汽车消费市场，在未来十几年内汽车消费将保持年平均15%的速度增长，预计到2015年，全国轿车的数量将达到2 000万辆以上，若该技术可以推广至20%，则年节能能力可达255万tce。

28 沥青路面冷再生技术在路面大中修工程中的应用技术

一、技术名称：沥青路面冷再生技术在路面大中修工程中的应用技术

二、适用范围：各等级公路沥青路面大中修养护工程

三、与该节能技术相关生产环节的能耗现状：

热拌沥青混合料的生产温度一般在160～180℃，不仅需要消耗大量的加热燃油（每吨沥青混合料需消耗7～8kg燃油），而且会产生大量的温室气体（CO_2、SO_2、NO_x等）和沥青烟等有害、有毒气体。

近几年，我国每年热拌沥青混合料的用量约为2.5亿t，每年消耗燃料油175万～200万t，折合236.6万～270.4万tce。

四、技术内容：

1．技术原理

冷再生技术是对沥青路面进行冷铣刨、破碎和筛分，掺入一定数量的新集料、再生结合料、活性填料（水泥、石灰等）和水（新材料掺配比例一般在30%以内），经过常温拌和、常温摊铺、常温碾压等工序，实现旧沥青路面再生的技术。按照再生工艺的不同，冷再生技术可以分为厂拌冷再生和就地冷再生两种方式；按照所用结合料的不同，冷再生技术可以分为泡沫沥青冷再生、乳化沥青冷再生和水泥冷再生三种方式。

2．关键技术

沥青路面冷再生技术的关键技术是：

1）乳化沥青配方设计技术；

2）沥青发泡特性改进技术；

3）冷再生沥青混合料设计技术；

4）冷再生施工质量控制技术。

3．工艺流程

按照工艺的不同，沥青路面冷再生技术可分为厂拌和就地两种方式。

1）厂拌冷再生的工艺流程：

原路面冷铣刨得到废旧路面材料RAP→将RAP运输至拌和厂→采用专用设备进行混合料拌制→将冷再生混合料运输至施工现场→摊铺→碾压→养生→加铺罩面层。

2）就地冷再生的工艺流程：

采用专用设备对原路面进行就地冷铣刨，同时完成就地拌和、就地摊铺、就地压实，经养生后加铺罩面层。

按照再生结合料的不同，沥青路面冷再生可以分为泡沫沥青冷再生、乳化沥青冷再

生、水泥冷再生三种。

1）泡沫沥青：是采用将热沥青和水在专用的发泡装置内混合、膨胀，形成的含有大量均匀分散气泡的沥青材料（见图 1）。由于含有大量气泡，因此泡沫沥青黏度较小，可以在较低的温度下与石料拌和。

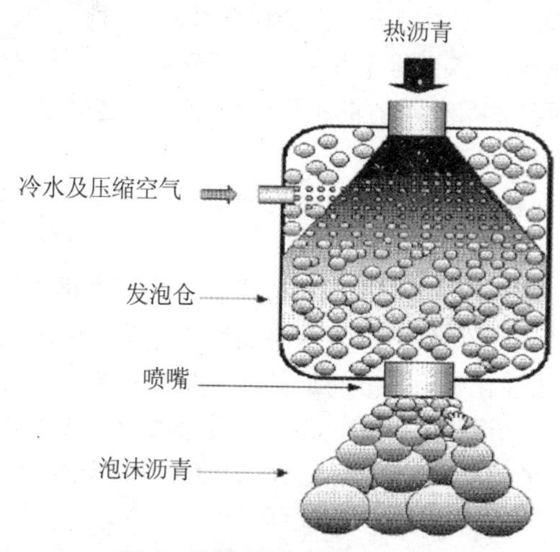

图 1　沥青发泡装置

2）乳化沥青：是将石油沥青与水在乳化剂、稳定剂等的作用下，经乳化加工制得的均匀沥青产品。由于将沥青以细微颗粒的形式分散到了水相中，使得乳化沥青在常温下呈液态，可以在常温下与石料拌和均匀。

3）水泥：是十分常规的筑路材料，同样可以用于沥青路面冷再生。

通过冷再生，可以消除原路面较深层位病害，延长路面寿命。典型的沥青路面冷再生结构形式见图 2。

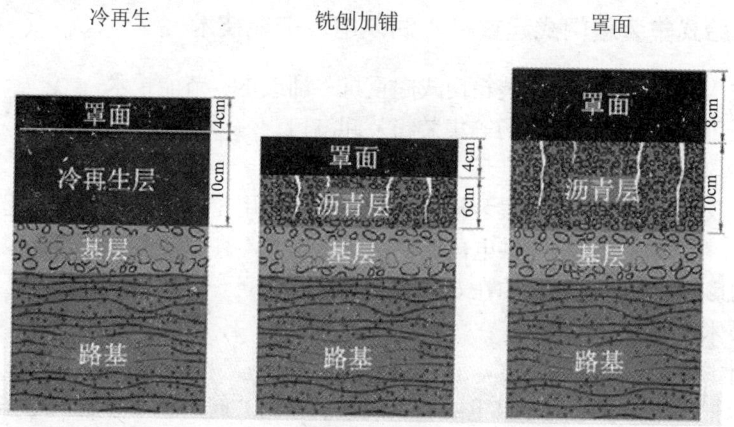

图 2　冷再生技术方案示意图

五、主要技术指标：

与传统铣刨加铺维修技术比较，在不影响路面使用性能的前提下，采用冷再生技术可节省加热能源60%以上，减少 CO_2 排放量80%以上。

六、技术应用情况：

该技术获得2009年度中国公路学会科学技术一等奖。2004年以来，我国辽宁、江苏、河北、江西、浙江、陕西等十几个省市都先后铺筑了沥青路面冷再生试验路或实体工程，仅使用泡沫沥青和乳化沥青的冷再生应用面积已超过1 000万 m^3，技术成熟可靠。

七、典型用户及投资效益：

典型用户：江西赣粤高速公路股份有限公司、浙江省公路管理局、河北省公路管理局、辽宁省营口市公路处等。

江西省昌九高速公路。建设规模：应用乳化沥青冷再生技术90多公里的路面大修工程。主要技改内容：采用厂拌冷再生路面结构方案，应用乳化沥青冷再生技术实现了对原半刚性基层的柔性化转换，并将厂拌冷再生层作为高速公路的上基层。主要设备为经过自主改造的国产水泥稳定拌和设备。节能技改投资额100万元，建设期3年，节能量折合约780 tce，节约沥青7 845t，总计节能经济效益约为5 600万元，投资回收期1年。

八、推广前景和节能潜力：

随着使用期的延长，我国的高等级公路大量进入维修养护期，维修养护、翻修重建的任务越来越重。我国公路已经开始由建设为主的发展阶段逐步转变为建养并举的发展阶段。冷再生技术可广泛应用于各等级公路及城市道路的沥青路面大中修工程，具有明显的节能减排效果，显著提高了旧路面材料的利用率，经济效益和社会效益明显，具有广泛的推广应用前景。

预计到2015年，全国公路大中修工程中将有80%采用冷再生技术，可在约5万公里的高速公路大修中使用该技术，可节29.4万t燃料油，约折合40万tce。

29 轮胎式集装箱门式起重机“油改电”节能技术

一、技术名称：轮胎式集装箱门式起重机“油改电”节能技术

二、适用范围：集装箱堆场等集装箱装卸港口

三、与该节能技术相关生产环节的能耗现状：

目前，我国集装箱码头的集装箱堆场装卸一般采用轮胎式集装箱门式起重机（简称RTG）作业，用柴油发电机组供电，能耗及成本较大，且排放大量废气、噪声，对环境产生一定的影响，单位能耗量约在6.5tce/万t吞吐量。

四、技术内容：

1. 技术原理

本技术把用柴油发电机组供电的轮胎式集装箱门式起重机改为用市电作为动力，既降低了能耗和运营成本，同时也使环境质量得到改善。

2. 关键技术

供电技术方案、自动纠偏及牵引技术、柴油发电机组供电与滑触线、卷筒供电安全、快速的切换以及安全保护技术。

3. 工艺流程

本技术系统包括建设滑触线供电线路或电缆卷筒供配电系统-避雷系统、供配电及电气保护装置和快速切换装置。

改造示意图如图 1 所示：

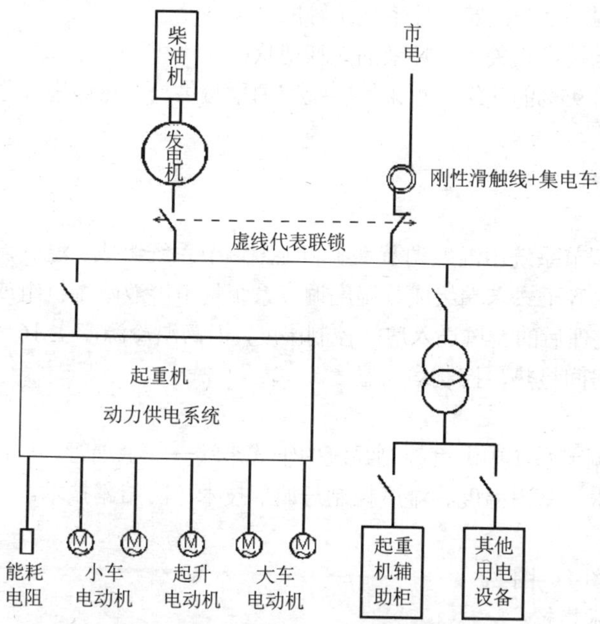

图 1 轮胎式集装箱门式起重机“油改电”示意图

五、主要技术指标：

RTG“油改电”后，RTG 操作单箱 TEU 能源节约率达 50%，设备使用率提高了 10%，噪音降低 90%以上，大大改善环境质量。

六、技术应用情况：

该技术已在全国部分港口应用，节能效果显著。

七、典型用户及投资效益：

典型用户：上港集团明东公司、沪东公司、青岛港前湾 QCT 公司、宁波北仑集装箱公司、深圳、天津港等

建设规模：60 台轮胎式集装箱门式起重机油改电改造。主要技改内容：供电滑线 72 条，供电箱变 18 台，完成全部 RTG“油改电”改造等。节能技改投资 4 000 万元，建设期 9 个月，年节能量 1 687tce，年节能经济效益 1 527 万元，投资回收期 2.5 年。

八、推广前景和节能潜力：

目前，我国集装箱堆场装卸设备90%以上应用轮胎式集装箱门式起重机，如果交通港口行业75%完成轮胎式集装箱门式起重机的“油改电”，那么相应年节能量为20万tce，节能潜力较大，同时，可以改善港口的环境，减少废气排放，推广应用前景广阔。

30 温湿度独立调节系统技术

一、技术名称：温湿度独立调节系统技术

二、适用范围：公共建筑、住宅建筑等的采暖供冷

三、与该节能技术相关生产环节的能耗现状：

目前，我国约95%的建筑工程采用传统空调采暖供冷，热湿进行分别处理，系统的性能系数仅为3。

四、技术内容：

1．技术原理

温湿度独立调节系统由温度调节系统和湿度调节系统组成。温度调节系统是由干式风机盘管、辐射板等干式末端组成；湿度调节系统是由溶液除湿机组或其他类型新风机组组成。系统将处理后的新风送入房间控制湿度，而高温冷源产生16～18℃冷水被送入干式末端，带走房间显热，控制房间温度。

2．关键技术

温湿度独立调节系统中温度控制系统的干式末端——毛细管辐射产品、湿度控制系统的溶液除湿技术、室内温度、湿度控制与调节技术、防结露技术。

3．工艺流程

工艺流程见图1、图2。

五、主要技术指标：

1）传统空调供冷温度7℃，供热60℃，温湿度独立调节系统供冷温度为16℃以上，供暖温度低于35℃；

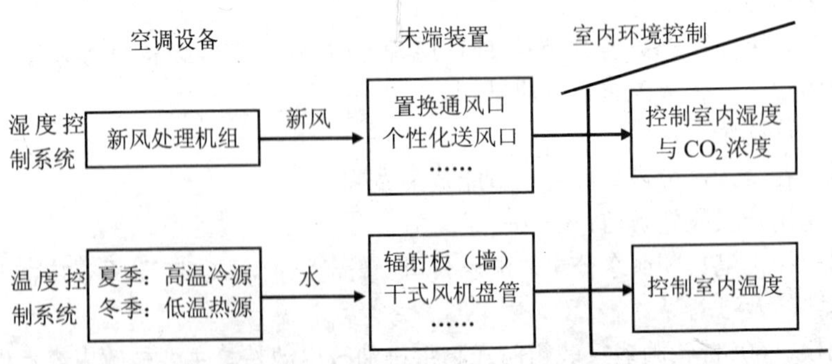

图1 温湿度独立调节系统技术原理图

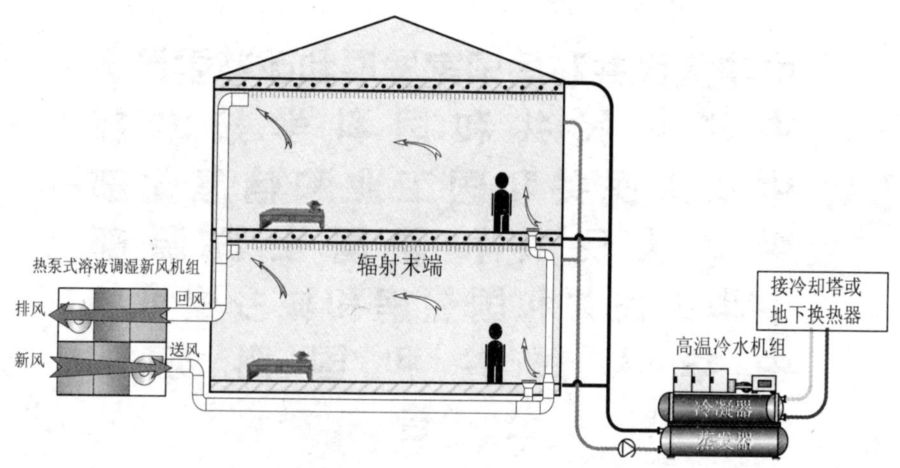

图 2 温湿度独立调节系统技术工艺流程图

2）夏季可利用自然界的天然冷源供冷，冬季可利用废热供热；

3）主机 COP 由常规的 5.5 提高到 8～11.5，整个系统节能 40%以上；

4）溶液除湿新风机组 COP 达 5.5 以上。

六、技术应用情况：

该技术已在中国东南潮湿地区和西北干燥地区均有实施和应用，运行效果良好，具有节能性与舒适性。

七、典型用户及投资效益：

典型用户：南京锋尚国际公寓、深圳南海意库、深圳三湘海尚花园、西门子中国总部大楼、天津火车站、青岛香溪庭院别墅等。

1）建设规模：3.55 万 m^2 新建住宅楼配套。主要技改内容：室内空调系统，主要设备为地源热泵机组、溶液除湿机组和毛细管。节能技改投资额 350 万元，建设期 1.3 年。年节能 320tce，年节约运行费用 100 万元，投资回收期 3.5 年。

2）建设规模：2.5 万 m^2 老厂房改造。主要技改内容：室内空调系统，主要设备包括溶液除湿系统、干式风盘和辐射供冷系统。节能技改投资额 330 万元，建设期 1 年。年可节电 240 万 kW・h，折合 900tce，年节约运行费 150 万元，投资回收期 2 年。

八、推广前景和节能潜力：

温湿度独立调节系统的节能潜力很大，目前已有约 300 万 m^2 的建筑采用该系统。预计到 2015 年，该技术在行业推广比例可达 5%，需投资约 200 亿元人民币，形成年节能能力 175 万 tce。

中华人民共和国国家发展和改革委员会
中华人民共和国科学技术部
中华人民共和国工业和信息化部
中华人民共和国国土资源部
中华人民共和国住房和城乡建设部
中华人民共和国商务部
公　告

2010 年第 14 号

为进一步推动资源综合利用，提高资源利用效率，发展循环经济，建设资源节约型、环境友好型社会，国家发展和改革委员会、科学技术部、工业和信息化部、国土资源部、住房和城乡建设部、商务部组织编写了《中国资源综合利用技术政策大纲》，现予以发布，并于发布之日起施行。

附件：中国资源综合利用技术政策大纲

国家发展和改革委
科　技　部
工业和信息化部
国土资源部
住房和城乡建设部
商　务　部
二〇一〇年七月一日

附件：

中国资源综合利用技术政策大纲

一、总论

（一）意义和目的

改革开放以来，我国经济持续快速增长，各项建设取得了巨大成就。与此同时，也付出了资源和环境代价，经济发展与资源环境的矛盾日益突出。“十二五”时期，我国仍将处于工业化和城镇化加快发展阶段，面临的资源和环境形势将更加严峻。开展资源综合利用，推动循环经济发展，是我国转变经济发展方式，走新型工业化道路，建设资源节约型、环境友好型社会的重要措施。

加快资源综合利用技术开发、示范和推广应用，引导社会资金投向，为相关单位开展资源综合利用工作提供技术支持，提升我国资源综合利用整体水平，是制定《中国资源综合利用技术政策大纲》的主要目的。

（二）指导思想和基本原则

以邓小平理论和“三个代表”重要思想为指导，深入贯彻落实科学发展观，坚持节约资源和保护环境的基本国策，遵循政府推动、市场引导、企业主体、自主创新、因地制宜、重点突破的方针，加快科技创新，推广先进适用技术，推进资源综合利用产业化，提高资源利用效率，减少废弃物排放，促进经济社会又好又快发展。

坚持宏观调控与市场机制相结合，发挥市场配置资源的基础性作用，完善政策体系，建立有利于促进资源综合利用的长效机制；坚持以企业为主体，产学研相结合，选择环境影响严重、产生量大的废弃资源，组织技术攻关，强化科技创新能力建设；坚持重点突破和全面推进相结合，依据资源禀赋和产业构成，形成资源综合利用产业集群，探索和完善循环经济发展模式。

（三）主要范围

一是在矿产资源开采过程中对共生、伴生矿进行综合开发与合理利用的技术；二是对生产过程中产生的废渣、废水（废液）、废气、余热、余压等进行回收和合理利用的技术；三是对社会生产和消费过程中产生的各种废弃物进行回收和再生利用的技术。

二、矿产资源综合利用技术

（一）能源矿产资源综合利用技术

1. 石油天然气矿产资源综合利用技术

（1）推广在油田开发建设中，采用适用技术，对伴生天然气进行回收利用。

（2）推广从石油和天然气中回收硫资源生产硫黄技术。

（3）推广高效井下污水处理和再生利用技术。

（4）推广柴油机余热利用技术。

（5）推广采用不稳定排放硫化氢气体资源化利用技术回收井口无组织排放的含硫化氢气体。

（6）推进页岩气勘探开发技术。

（7）研发废弃钻井液、井下作业废液资源化利用和无害化处置技术。

2. 煤炭资源综合利用技术

（1）推广无煤柱开采技术，推广采用不稳定或难采煤层开采技术、边角煤残采技术。

（2）推广煤系高岭土超细、增白、改性技术。

（3）推进煤系铝矾土、耐火黏土、膨润土、硅藻土、硫铁矿、油母页岩和石墨等资源综合利用技术的产业化。

（4）推进煤炭地下气化（UCG）技术的产业化，特别是加快具有井下无人、无设备，集建井、采煤、气化三大工艺于一体，适用于煤矿大量的煤柱、建筑物下压煤等呆滞煤量回收利用技术的研发和产业化。

（5）研发难选煤、干法选煤和高硫煤综合利用技术。

（6）研发“三下”（建筑物下、铁路下、水体下）及矸石充填采煤技术；研究提高开采上限技术。

（7）研发矿井水资源化利用技术。

3. 地热资源利用技术

推广采用热泵等技术，利用地下热能进行采暖和制冷。

（二）金属矿产资源综合利用技术

1. 黑色金属矿产资源综合利用技术

（1）推广磁铁矿精选作业的磁筛等高效利用技术。

（2）推广含稀土复合矿和钒钛磁铁矿综合利用技术。

（3）推广低品位、表外矿、复杂共伴生黑色金属矿产资源综合利用技术。

（4）推进尾矿再选技术及生产各种建筑材料的产业化。

（5）研发低品位硫铁矿选矿富集技术。

（6）研发尾矿干堆技术和尾矿高效浓缩工艺及设备。

2. 有色金属矿产资源综合利用技术

（1）无废（少废）开采技术

——推广尾砂充填、废石充填、全尾砂膏体充填等充填法采矿技术。

——推广原地浸出采矿技术。

（2）推广采用大型低品位矿产自然崩落法技术开采。

（3）推广拜耳法用于低铝硅比一水硬铝石矿的选矿。

（4）推广低品位、表外矿、复杂共伴生有色金属矿产资源综合利用技术。

（5）推广复杂多金属硫化矿矿浆电解处理技术及中低品位氧化锌矿选冶联合处理技术。

（6）推广铜铅锌锡矿细粒、微细粒矿载体浮选技术。

（7）推广铜矿等有色金属矿伴生金、银等贵金属的综合利用技术。

（8）推广有色金属硫化——氧化混合矿选矿技术。

（9）推广湿法冶金关键装备应用。

（10）研发矿山塌陷区、废石堆场和尾矿库修复与垦殖技术。

（11）研发对复杂有色金属矿石选别与富集技术。

（12）研发低品位矿生物提取技术。

（13）研发尾矿有价金属综合回收利用技术。

3. 贵金属矿产资源综合利用技术

（1）推广含金银等多金属矿选矿尾渣中综合回收有价金属成分和非金属矿资源的矿物加工技术。

（2）推广采用复杂金矿循环流态化焙烧技术。

（3）推广高硫高砷高碳复杂难处理金矿的预处理技术。

（4）推广浮选富集—炭浸工艺技术等低品位金矿的综合利用技术。

4. 稀有、稀土金属矿产资源综合利用技术

（1）推广采用电解工艺开发稀土镁中间合金技术，综合利用稀土尾矿。

（2）推广高效低毒高纯氧化铕提取技术。

（3）推进稀土冶炼分离清洁生产工艺技术的产业化。

（三）非金属矿产资源综合利用技术

1. 化工原料非金属矿产资源综合利用技术

（1）盐湖钾盐综合利用技术

——推进盐湖钾盐伴生矿综合利用技术的产业化。

——研发固体难采钾矿溶采技术，非水溶性钾矿开发利用技术。

（2）磷矿综合利用技术

——推广磷矿伴生铁、硫、氟、碘、钒、钛等资源综合回收技术。

——推广反（双）浮选磷矿降镁技术。

——研发中低品位磷矿、中低品位胶磷矿选矿技术和窑法直接利用技术。

（3）硼矿综合利用技术

——研发低品位硼矿选矿技术。

——研发硼铁矿中硼、铁、铀有效分离和回收技术。

（4）研发中低品位萤石综合利用技术。

（5）研发钾长石综合利用技术。

2. 建材原料非金属矿产资源综合利用技术

（1）玻璃陶瓷原料非金属矿有效利用技术

——推广硅质原料非金属矿产的均化开采以及浮选技术。

——推广陶瓷生产采用低品位原料配方技术产业化。

——推广利用中低品位高岭岩替代叶蜡石生产玻璃纤维技术产业化。

（2）填料及其他深加工用非金属矿的合理利用技术

——推广利用煤系高岭土生产高档填料、涂料技术。

——推广温石棉尾矿提取轻质氧化镁及综合利用技术。

——推广伟晶岩中石英提纯技术。

（3）推广石灰石矿均化开采配比技术。

（4）推广石英砂岩提纯技术。

（5）研发低品位菱镁矿、滑石、硅藻土、蓝晶石族等非金属矿选矿综合利用技术。

三、工业“三废”综合利用技术

（一）煤炭工业“三废”综合利用技术

1. 煤矸石综合利用技术

（1）煤矸石发电技术

——推广适合燃烧煤矸石的大型循环流化床锅炉，在有条件的地区推广热、电、冷联产技术和热、电、煤气联供技术。

——推广炉内石灰脱硫和静电除尘技术。

——研发煤矸石等低热值燃料电厂锅炉高效除尘、脱硫、灰渣干法输送、存储及利用技术。

（2）煤矸石生产建筑材料技术

——制砖技术。推广全煤矸石生产承重多孔砖、非承重空心砖和清水墙砖技术。

——制水泥技术。推广利用煤矸石为原料，部分或全部代替黏土配制水泥生料，烧制水泥熟料技术。

——生产其他建材产品技术。推广利用煤矸石为原料生产陶瓷制品、陶粒、岩棉、加气混凝土等技术。

（3）推广利用煤矸石充填采煤塌陷区、采空区和露天矿坑及煤矸石复垦造地造田技术。

（4）推广利用煤矸石制取聚合氯化铝、硫酸铝、合成系列分子筛等化工产品技术。

（5）推广利用煤矸石生产复合肥料技术。

（6）推广煤矸石中极细粒钛铁矿、锐钛矿等杂质的分离技术。

（7）研发利用煤矸石生产特种硅铝铁合金、铝合金技术，以及利用煤矸石生产铝系列、铁系列超细粉体的技术。

（8）研发煤矸石提取五氧化二钒及其他稀有元素技术。

2. 矿井水综合利用技术

推广采用混凝、沉淀（或浮升）以及过滤、消毒等技术，净化处理煤矿矿井水。

3. 煤层气综合利用技术

（1）推进煤层气民用、发电、化工等技术的产业化。

（2）研发低浓度瓦斯利用技术。

（二）电力工业“三废”综合利用技术

1. 粉煤灰、脱硫石膏综合利用技术

（1）粉煤灰综合利用技术

——推广采用粉煤灰生产水泥、砌块、陶粒等建筑材料技术。

——推广采用粉煤灰建造水坝、油井平台、道路路基等建筑工程技术。

——推广粉煤灰制取漂珠、空心微珠、碳等化合物技术。

——推进高铝粉煤灰提取氧化铝技术的产业化。

——推进粉煤灰造纸及生产岩棉技术的产业化。

——研发粉煤灰用于农业（改良土壤、生产复合肥料、造地）、污水处理以及各类填充材料等技术。

（2）推广脱硫石膏制水泥缓凝剂、纸面石膏板、建筑石膏、粉刷石膏、砌块等建材产品的综合利用技术。

（3）研发脱硫石膏免煅烧制干混砂浆。

2. 废水综合利用技术

推广灰场冲灰废水封闭式循环利用等技术。

3. 废气综合利用技术

推广燃煤电厂烟气中回收硫资源生产硫黄技术。

（三）石油天然气工业“三废”综合利用技术

1. 废渣综合利用技术

（1）推广对油气采炼过程中产生的各类油砂、污泥、残渣、钻屑采用固化等无害化综合处理技术，并用于筑路、制造建筑材料、调剖堵水剂等。

（2）推广石油焦乳化焦浆/油（EGC）代油节能技术。

（3）研发改进缓和湿式氧化（WAO）一间歇式生物反应器（SBR）处理碱渣联合工艺，形成专有成套技术。

（4）研发污水处理场油泥（包括罐底泥）、浮渣和剩余活性污泥处理组合技术。

2. 废水（液）综合利用技术

（1）推广钻井污水、废液综合处理技术，实现闭路循环利用。

（2）推广炼油企业含氢尾气膜法回收技术。利用膜分离技术建设芳烃、加氢尾气膜法回收装置，回收芳烃预加氢精制单元酸性气、异构化富氢、加氢裂化低分气、柴油加氢低分气中的富含氢气体。

（3）推广采用中和、酸化以及各种精制技术，从石油炼制产生的酸碱废液、废催化剂中，回收环烷酸、粗酚、碳酸钠、浮选捕集剂等资源。

（4）研发石油化工高浓度、难降解的有机废水处理技术以及油田废水替代清水技术。

（5）研发经济有效的废水深度处理技术和回用技术、氨氮废水处理技术与回收利用技术。

3. 废气综合利用技术

（1）推广对炼油厂催化裂化过程中产生的高温烟气采用气能量回收技术进行能量回收。

（2）研发催化裂化再生烟气、加热炉气、工艺排气及电站排气中二氧化硫和氮氧化物处理技术。

（四）钢铁工业“三废”综合利用技术

1. 冶炼废渣综合利用技术

（1）推广炼钢炉渣回收和磁选粉深加工处理技术。

（2）推广立磨粉磨粒化高炉矿渣技术。

（3）推广硫铁矿烧渣综合利用技术。

（4）推广冷轧盐酸再生及铁粉回收技术。

（5）推广钢渣返回烧结，替代石灰作为炼铁厂烧结溶剂技术。

（6）推广转炉煤气干法除尘及尘泥压块技术。

（7）推广氧化铁皮回收利用技术。采用直接还原技术制取粉末冶金用的还原铁粉。

（8）推广含铁尘泥综合利用技术。

（9）推广废钢渣生产磁性材料技术。

（10）研发含锌尘泥综合利用技术。

（11）研发不锈钢和特殊钢渣的处理和利用技术，特别是防止水溶性铬离子浸出的技术。

（12）研发钢铁渣游离氧化钙、游离氧化镁降解处理技术。

2. 废水（液）综合利用技术

（1）推广对不同浓度的焦化废水优化分级处理与使用技术。

（2）推广采用“电氧化气浮”技术对废水进行深度处理并回用。

（3）推广污水深度处理脱盐回用技术。采用抗污染芳香族聚酰胺反渗透膜，生产高品质的回用水。

（4）推广冷轧含油乳化液膜分离回收技术。

（5）研发矿山酸性废水治理与循环利用技术。

（6）研发矿山含硫矿物，As、Pb、Cd 废水处理与循环利用技术。

3. 废气及余热、余压综合利用技术

（1）推广全燃烧高炉煤气锅炉的应用技术。

（2）推广焦炉、高炉、转炉煤气的回收技术。

（3）推广利用还原铁生产中回转窑废高温烟气余热发电技术。

（4）推广高炉煤气余压发电 TRT（高炉煤气余压透平发电装置）结合干法除尘技术。

（5）推广采用利用溴化锂制冷等技术回收利用冶金生产过程中炉窑烟气余热。

（6）推广采用双预蓄热式燃烧技术，实现炉窑废气余热的利用。

（7）推广铁合金矿热炉、烧结机等中低温烟气余热发电技术。

（8）推广焦化干息焦技术，回收利用焦炭显热。

（9）推广低热值煤气燃气-蒸汽联合循环发电技术（CCPP）。

（10）推广炼钢厂除尘系统高温烟气余热发电技术。

（11）推广电炉余热回收及综合利用技术。

（12）推进烧结烟气脱硫副产石膏资源化利用技术的产业化。

（五）有色金属工业“三废”综合利用技术

1. 冶炼废渣综合利用技术

（1）推广采用炉渣选矿法从冶炼炉渣中回收金属铜技术。

（2）推广铜冶炼阳极泥及废渣（料）综合利用技术，回收金、银、铂、钯、硒、碲、铅、铋、铟等。

（3）推广铜冶炼冷态渣，镍冶炼冷态渣深度还原磁选提铁综合利用技术。

（4）推广采用“破碎－磁选分选焦煤”、“球磨－磁选生产铁粉”等技术处理锌渣、窑渣。

（5）推广从铅电解阳极泥中提取金银的火法和湿法技术工艺。

（6）推广锌渣中提取银的技术。

（7）推广从锌浸出渣中提取铟技术。

（8）推广金属镁还原渣部分替代钙质和硅质原料生产水泥技术。

（9）研发高效利用铅锌冶炼渣再回收铅锌技术，以及稀散金属回收技术。

（10）研发低耗高效脱除氟、氯、氧化锌物料技术。

（11）研发采用氢气还原法从冶炼各类烟尘中制取金属锗综合利用技术。

（12）研发赤泥综合利用技术。

2. 废水（液）综合利用技术

（1）推广轧制废油回收利用技术。

（2）推广从生产印刷线路板产生含铜废液中回收金属铜技术。

（3）研发加工生产过程中表面处理废液、酸洗污泥综合回收技术。

3. 废气及余热综合利用技术

（1）推广采用氨吸收法技术，回收铜、铅、锌等有色金属冶炼企业产生的烟气二氧化硫，副产硫酸铵、硫酸钾等。

（2）推广采用钙吸收技术，对二氧化硫烟气脱硫并回用。

（3）推广采用氧化锌渣脱除铅锌冶炼烟气二氧化硫技术。

（4）推广冶炼废气中有价元素的回收利用技术。

（5）推广菱镁矿资源利用过程中二氧化碳回收以及生产二氧化碳衍生产品先进技术。

（6）推广有色冶金炉窑烟气余热利用技术。

（六）化学工业“三废”综合利用技术

1. 磷石膏等化工废渣综合利用技术

（1）推广蒸氨废渣综合利用技术。

（2）推广采用电石渣替代石灰石用于水泥工业、纯碱工业以及电厂的烟气脱硫技术。

（3）推广利用铬渣作水泥矿化剂技术；铬渣制自熔性烧结矿并冶炼含铬生铁技术；铬渣作为熔剂生产钙镁磷肥技术；铬渣制钙铁粉、铸石、人造骨料、玻璃着色剂及铬渣棉等技术。

（4）推广磷石膏制磷酸联产水泥、制硫酸钾、制硫铵和碳酸钙以及制硫酸铵、硫酸铵钾等作为化工原料的综合利用技术；磷石膏制水泥缓凝剂、纸面石膏板、建筑石膏、粉刷石膏、砌块等建材产品的综合利用技术；磷石膏作为盐碱地改良剂技术。

（5）推广黄磷炉渣生产水泥、混凝土、磷渣砖、保温材料、低温烧结陶瓷等技术。

（6）推广黄磷泥生产五氧化二磷以及双渣肥等综合利用技术。

（7）推广造气煤渣综合利用技术。

（8）推广利用硼泥制备轻质碳酸镁、氧化镁等镁盐技术。

（9）推广利用硼泥生产建筑材料、农业肥料和冶金辅助材料技术。

（10）推广氟石膏生产建筑材料等综合利用技术。

（11）研发磷石膏充填采矿技术。

2. 废水（液）综合利用技术

（1）推广纯碱生产中蒸氨废清液晒盐技术，采用高效蒸发技术和设备制氯化钙联产氯化钠。

（2）推广合成氨生产中采用水解汽提技术回收尿素。

（3）推广氮肥生产污水回用技术。

（4）推广循环冷却水超低排放技术。

（5）推广回收硼酸母液制备硼镁肥、轻质碳酸镁、氧化镁等镁盐产品技术。

（6）推广采用大孔径吸附树脂对 2,3-酸废水回收利用技术。

（7）推广“树脂吸附－氧化－树脂吸附”技术对 2-萘酚生产废水进行治理和资源化利用。

（8）推广处理 DSD （4,4-二氨基二苯乙烯-二磺酸） 酸氧化工序生产废水采用树脂法将有机物吸附并洗脱和回收利用的资源化技术。

（9）推广苯胺、邻甲苯胺和对甲苯胺生产废水资源化技术。

（10）推广树脂吸附法处理氯化苯水洗废水综合利用技术。

（11）推广从电镀废水中回收镍、钴等稀有金属技术。

（12）推广从制盐母液中提取氯化钾、工业溴、氯化镁技术。

3. 废气、余热综合利用技术

（1）推广采用吸附、汽提、变压吸附等技术，从电石法聚氯乙烯生产尾气中回收氯乙烯、乙炔气。

（2）推广利用黄磷尾气发电并提纯一氧化碳生产甲醇、甲酸等化工产品技术。

（3）推广醇烃化工艺替代铜洗工艺技术。

（4）推广全燃式造气吹风气余热回收利用技术。

（5）推广湿法磷酸及磷肥生产副产品氟生产各种氟化物技术。

（6）推广以碳酸钠吸收硝酸生产尾气中的氮氧化物，生产硝酸钠、亚硝酸钠的技术。

（7）推广利用电石、炭黑生产尾气中的一氧化碳，作为燃料及化工原料用于制甲醇、合成氨和羰基产品技术。

（8）推广对含二氧化碳废气进行综合利用技术。其中利用氨水吸收尾气中二氧化碳制取碳酸氢铵；深冷制取液态二氧化碳或干冰；用纯碱吸收二氧化碳制取碳酸氢钠；用二氧化碳废气制取轻质碳酸镁；用烧碱废液吸收二氧化碳制取纯碱；用废气中的二氧化碳代替硫酸分解酚钠提取酚。

（9）推广氯化氢废气综合利用技术。其中用甘油吸收氯化氢制取二氯丙醇；在催化剂作用下制取环氧氯丙烷、二氯异丙醇，制取氯磺酸、染料、二氯化碳等化工产品；采用催化氯化法、电解法、硝酸氧化法生产氯气；副产盐酸生产聚氯乙烯等产品。

（10）推广催化干气蒸汽转化法制氢技术。

（11）推广草甘膦与有机硅生产中的氯元素循环利用技术。将草甘膦生产中的尾气经回收净化用于有机硅单体的合成。有机硅单体生产中产生盐酸，经净化后用于草甘膦合成，从而使含氯元素的化合物（氯甲烷、氯化氢）在草甘膦和有机硅两大类产品之间实现循环利用。

（七）建材工业“三废”综合利用技术

1. 废渣综合利用技术

（1）推广石材加工碎石和采矿废石生产人造石材（装饰材料）技术。

（2）研发废陶瓷高附加值再利用技术。

2. 废水综合利用技术

推广采用无机混凝剂（PAC）＋高分子助凝剂（PHM）等混凝沉淀处理技术。

3. 废气、余热综合利用技术

（1）推广水泥窑废气余热发电技术。

（2）推进玻璃熔窑废气余热发电技术产业化。

（八）食品发酵工业“三废”综合利用技术

1. 废渣综合利用技术

（1）推广玉米脱胚提油和小麦提取蛋白技术。

（2）推广利用酒精糟生产全糟蛋白饲料等技术。

（3）推广啤酒废酵母干燥生产饲料酵母技术；废酵母经酶处理制备医药培养基酵母浸膏技术。

（4）推广柠檬酸废渣替代天然石膏技术。

（5）推进啤酒废酵母生产制备核苷酸、氨基酸类物质技术的产业化。

（6）推广玉米芯生产木寡糖技术。

（7）推广利用制糖废糖蜜生产高活性酵母等发酵制品技术。

（8）推进利用酶技术从麦糟中提取功能性膳食纤维和蛋白质的产业化。

（9）推进果蔬浓缩汁生产废渣制备果胶、功能性膳食纤维和蛋白饲料技术的产业化。

（10）研发酵母细胞壁残渣制备甘露糖蛋白质及水溶性葡聚糖等。

（11）研发啤酒糟采用多菌种混合固体发酵生物改性，生产肽蛋白技术。

（12）研发马铃薯、木薯淀粉生产废渣综合利用技术。

2. 废水（液）综合利用技术

（1）推广发酵剩余资源厌氧发酵生产沼气技术。

（2）推广麦汁煮沸二次蒸汽回用技术。

（3）推广味精废母液生产复合肥技术。

（4）推广玉米浸泡水和谷氨酸离交尾液混合培养饲用酵母粉技术。

（5）推广木薯干片干式粉碎和鲜木薯湿法破碎分离技术，浓缩出精淀粉浆液和蛋白黄浆。

（6）研发采用膜过滤技术（MF）回收菌体制成饲料技术。

（7）研发薯类淀粉生产高浓工艺废水（俗称汁水或细胞水）回收蛋白技术。

（8）研发适用于食品行业生产的膜材料及膜分离装置；研发排放废水深度处理的膜技术与膜材料。

3. 废气综合利用技术

研发利用酒精等生产过程中产生的二氧化碳生产降解塑料技术。

（九）纺织工业资源综合利用技术

1. 废旧纤维等废渣综合利用技术

（1）推广废旧纤维循环利用技术。利用废旧涤纶及锦纶纤维、生产废料等生产再生纤维技术。

（2）推广利用废旧纤维作为产业用增强材料技术。

（3）推广溶解、萃取、离子交换等技术，对化纤工业产生的固体废弃物进行回收利用。

（4）推广针刺、热熔、纺粘、缝编等技术对废花、落棉、纱布角、短纤维等废弃物进行回收利用。

（5）推进废弃毛中提取蛋白制备生物蛋白纤维技术的产业化。

（6）推进利用双氧水对剥茧抽丝后的废弃物进行湿法纺丝技术的产业化。

（7）推进蚕蛹蛋白提炼及深加工、桑柞蚕丝下脚料生产针刺无纺布等综合利用产业化。

2. 废水（液）综合利用技术

（1）推广采用水蒸气直接蒸馏法从含溴染料废水中制取溴素技术；以分散蓝 2BLN 水解母液以及硝化废酸为原料从废水中离析回收 2,4-二硝基苯酚。

（2）推进洗毛废水采用高效分离回收等工艺设备提取羊毛脂技术产业化。

（3）推进聚酯企业生产废水中乙醛等有机物回收与利用技术产业化。

（4）研发适用于排放废水深度处理的膜材料，并研发适用于浆料、染料浓缩与回收工艺的膜分离装置。

（十）造纸工业“三废”综合利用技术

1. 废渣综合利用技术

（1）推广造纸废渣污泥资源化利用技术。

（2）推进制浆碱回收白泥生产优质碳酸钙技术的产业化。

2. 废水（液）综合利用技术

（1）推广制浆造纸过程水的梯级使用和废水深度处理部分回用技术。

（2）推广造纸白水多圆盘过滤机处理回收利用技术。

（3）推广厌氧生物处理高浓废水生产沼气技术。

（4）推广制浆封闭式筛选、中浓技术。

（5）推进纸浆废液生产微生物制剂技术的产业化。

四、再生资源回收利用技术

（一）废旧金属再生利用技术

1. 推广采用机械化手段对废旧汽车、废旧船舶等机械设备的拆解和利用。

2. 推广黄杂铜直接生产高精度板、带、管等技术。

3. 推广紫杂铜熔炼除氧、除杂技术以及轧制过程中的表面处理和精整技术。

4. 推广组合式熔炼炉组生产再生铝合金技术。

5. 推广废铝易拉罐钻切屑利用技术；电解铝残极（阳极、阴极）生产石墨化炭阴极技术。

6. 推广废铅酸蓄电池机械化拆解、破碎分选技术，分别回收处理塑料壳、铅极板、含铅物料（铅膏）、废酸液等；再生铅渣回收锡、锑等有价金属的技术。

7. 研发废钢铁镀锌、镀铬等镀层的处理技术；废高合金钢的鉴定、检测和分选技术；混堆状废线材加工处理技术及装备；废易拉罐等优质废铝的保级利用技术。

（二）废旧家电及电子产品再生利用技术

1. 推广电热丝等干法分离阴极射线管屏锥玻璃技术。采用工业吸尘器回收并妥善收集荧光粉。

2. 推广加热析出、催化分解等技术，回收液晶面板上的液晶物质和稀贵金属铟并做无害化处理。

3. 推广环保型的溶蚀、酸解、电解、精炼等技术，处理芯片等含稀贵金属的废料，回收金、银、钯等。

4. 推广高效粉碎、分选技术，处理已去除芯片、电容器等部件的线路板，回收铜、玻璃纤维和树脂等。

5. 推广粉碎、分选等物理方法在密闭的设施中处理含有多溴联苯、多溴二苯醚等有害成分的电线、电缆，回收铜、铝和塑料。

6. 推广破碎、分选等物理方法在设置有环保和安全措施的密闭设施中处理废旧冰箱、空调、冷柜等制冷电器。

（三）废旧橡胶、轮胎再生利用技术

1. 推广胶粉活化技术，提高胶粉活性，扩大胶粉利用率。

2. 推广“预硫化和无模硫化翻新”轮胎翻新技术。

3. 推广废旧橡胶常温粉碎、湿法粉碎、冷冻粉碎等生产精细胶粉技术。

（四）废纸板和废纸再生利用技术

1. 推广废瓦楞纸箱中高浓连续碎解、纤维分级处理、中高浓筛选、大直径盘磨打浆技术，生产包装纸及纸板。

2. 推广高浓筛选、高浓漂白、高浓揉搓等技术，处理废旧报纸及带有涂料、印刷油墨等需脱墨的纸张。

3. 研发大型废纸和废纸板制浆技术及成套设备。

（五）废塑料再生利用技术

1. 推广废塑料物理再生利用和机械化分类技术。

2. 推广废塑料活化无机填料改性、纤维增强改性、弹性体增韧改性、树脂合金改性、链结构改性等化学再生利用技术。

3. 推广利用废旧聚酯瓶生产聚酯切片技术。

4. 推广利用废旧塑料、废弃木质材料生产木塑材料及其制品技术。

（六）废玻璃再生利用技术

1. 推广废玻璃作为原料生产平板玻璃、瓶罐器皿等玻璃制品直接再利用技术。

2. 推广废玻璃生产建筑和保温隔音等材料的间接再生利用技术。

（七）建筑废弃物再生利用技术

1. 推广改性沥青混合料再生道路材料制备技术及装备。

2. 研发建筑垃圾减量化控制技术及建筑垃圾再生材料在建筑工程中应用的成套技术。

五、其他废弃物资源综合利用

（一）农林废弃物资源综合利用技术

1. 推广利用废弃木质材料（GB/T 22529—2008 定义内容）为主要原料生产低甲醛或无甲醛人造板、层积材（集成材）、指接材及其他建筑装饰材料技术。

2. 推广防腐、防霉、防虫（蚁）、干燥、阻燃、改性、染色等木材保护技术。

3. 推广以竹材为主要原料造纸、生产人造板、层积材（集成材）、地板、家具等技术。

4. 推广以农作物剩余物及其他生物质材料为主要原料造纸、生产人造板、加工固体成型燃料，以及气化（沼气）等技术。

5. 推广秸秆快速堆沤腐解、高效生物有机肥还田、过腹还田、菌渣、沼渣等还田技术。

6. 推广秸秆饲料、饲料添加剂技术。

7. 研发蚕业副产品蛹油、蛹蛋白、蛹皮、肽头渣等综合利用技术。

8. 研发高效发酵菌剂与反应装置，完善秸秆沼气规模化工程技术。

9. 研发生物酶转化、裂解和液化等技术，制取秸秆液态运输燃料、氢气和化工产品等。

10. 研发利用秸秆纤维素生产燃料乙醇技术。

（二）生活废弃物再生利用技术

1. 推广城市垃圾好氧堆肥技术、沼气技术、卫生填埋（含生物反应器技术）技术。

2. 推广城市生活垃圾发电技术。

3. 推广新型干法水泥窑处理可燃生活废弃物技术。

4. 推广餐厨垃圾分类生产饲料、有机肥等资源化技术。
5. 推广住宅中水回用系统和技术；采用浸没式超滤处理技术，深度处理城市污水。
6. 研发城市生活垃圾、污泥高效焚烧和烟气处理技术。
7. 研发城市污泥生产有机肥料技术，解决重金属残留等问题。
8. 研发城市污泥生产烧结砖技术。

（三）养殖废弃物综合利用技术

1. 推广养殖业废弃物好氧堆肥、厌氧发酵生产有机肥技术。
2. 推广畜禽粪便厌氧细菌分解生产沼气技术。
3. 推广沼渣生产优质高效肥料技术。
4. 推进畜禽屠宰废弃物生产饲料及相关生物制品技术的产业化。
5. 研发利用虾蟹壳等废弃物开发相关生物制品技术。

六、资源综合利用现行税收优惠政策

（一）增值税

1. 资源综合利用及其他产品增值税政策（财税[2008]156 号）

（1）免征

——再生水（再生水是指对污水处理厂出水、工业排水、生活污水、垃圾处理厂渗透液等水源进行回收并经适当处理后在一定范围内重复利用的水资源）。

——利用废旧轮胎为原料生产胶粉和翻新轮胎。

——生产原料中掺兑废渣比例不低于 30%的特定建材产品（特定建材产品指砖、砌块、陶粒、墙板、管材、混凝土、砂浆、道路井盖、道路护栏、防火材料、耐火材料、保温材料、矿岩棉）。

（2）即征即退

——以工业废气为原料生产的高纯度二氧化碳产品。

——以垃圾为燃料生产的电力或热力(其中垃圾用量占发电燃料的比重不低于 80%；垃圾是指城市生活垃圾、农作物秸秆、树皮废渣、污泥、医疗垃圾）。

——以煤炭开采过程中伴生的舍弃物油母页岩为原料生产的页岩油。

——以废旧沥青混凝土为原料生产的再生沥青混凝土（废旧沥青混凝土用量占生产原料的比重不低于 30%）。

——采用旋窑法工艺生产并且生产原料中掺兑废渣比例不低于 30%的水泥（包括水泥熟料）。

（3）即征即退 50%

——以退役军用发射药为原料生产的涂料硝化棉粉（退役军用发射药在生产原料中的比例不低于 90%）。

——对燃煤发电厂及各类工业企业产生的烟气、高硫天然气进行脱硫生产的副产品（副产品是指石膏、硫酸、硫酸铵和硫黄）。

——以废弃酒糟和酿酒底锅水为原料生产的蒸汽、活性炭、白炭黑、乳酸、乳酸钙、沼气（废弃酒糟和酿酒底锅水在生产原料中所占的比重不低于80%）。

——以煤矸石、煤泥、石煤、油母页岩为燃料生产的电力和热力（煤矸石、煤泥、石煤、油母页岩用量占发电燃料的比重不低于60%）。

——部分新型墙体材料产品（具体范围按新型墙体材料目录执行）。

（4）先征后退

以废弃的动物油和植物油为原料生产的柴油（废弃的动物油和植物油用量占生产原料的比重不低于70%）。

2. 再生资源增值税政策（财税[2008]157号）

2010年底前，对符合条件的增值税一般纳税人销售再生资源缴纳的增值税实行先征后退政策。具体退税比例2009年为70%，2010年为50%。

3. 农林剩余物为原料的综合利用产品增值税政策（财税[2009]148号）

在2010年12月31日前对企业以“三剩物”、次小薪材、农作物秸秆、蔗渣为原料自产的综合利用产品享受增值税即征即退政策。具体退税比例2009年为100%，2010年为80%。

（二）企业所得税

企业所得税法及其实施条例规定：企业以《资源综合利用企业所得税优惠目录》规定的资源作为主要原材料，生产国家非限制和禁止并符合国家和行业相关标准的产品取得的收入，减按90%计入收入总额。

1. 共生、伴生矿产资源

以100%的煤系共生、伴生矿产资源、瓦斯为原料生产的高岭岩、膨润土、电力、热力及燃气。

2. 废水（液）、废气、废渣

（1）以70%以上的煤矸石、石煤、粉煤灰、采矿和选矿废渣、冶炼废渣、工业炉渣、脱硫石膏、磷石膏、江河（渠）道的清淤（淤沙）、风积沙、建筑垃圾、生活垃圾焚烧余渣、化工废渣、工业废渣为原料生产的砖（瓦）、砌块、墙板类产品、石膏类制品以及商品粉煤灰。

（2）以100%的转炉渣、电炉渣、铁合金炉渣、氧化铝赤泥、化工废渣、工业废渣为原料生产的铁、铁合金料、精矿粉、稀土。

（3）以70%以上的化工、纺织、造纸工业废液及废渣为原料生产的银、盐、锌、纤维、碱、羊毛脂、聚乙烯醇、硫化钠、亚硫酸钠、硫氰酸钠、硝酸、铁盐、铬盐、木素磺酸盐、乙酸、乙二酸、盐酸、黏合剂、酒精、香兰素、饲料酵母、肥料、甘油、乙氰。

（4）以70%以上的制盐液（苦卤）及硼酸废液为原料生产的氯化钾、硝酸钾、溴素、氯化镁、氢氧化镁、无水硝、石膏、硫酸镁、硫酸钾、肥料。

（5）以100%的工业废水、城市污水为原料生产的再生水。

（6）以100%的废生物质油、废弃润滑油为原料生产的生物柴油及工业油料。

（7）以焦炉煤气、化工、石油（炼油）化工废气、发酵废气、火炬气、炭黑尾气为原料生产的硫黄、硫酸、磷铵、硫铵、脱硫石膏、可燃气、轻烃、氢气、硫酸亚铁、有色金属、二氧化碳、干冰、甲醇、合成氨。

（8）以转炉煤气、高炉煤气、火炬气以及除焦炉煤气以外的工业炉气，工业过程中的余热、余压为原料生产的电力、热力。

3. 再生资源

（1）以100%的废旧电池、电子电器产品为原料生产的金属（包括稀贵金属）、非金属。

（2）以 100%的废感光材料、废灯泡（管）为原料生产的有色（稀贵）金属及其产品。

（3）以100%的锯末、树皮、枝丫材为原料生产的人造板及其制品。

（4）以100%的废、旧轮胎为原料生产的胶粉、翻新轮胎。

（5）以 100%的废弃天然纤维、化学纤维及其制品为原料生产的造纸原料、纤维纱及织物、无纺布、毡、黏合剂、再生聚酯。

（6）以70%以上的农作物秸秆及壳皮（包括粮食作物秸秆、农业经济作物秸秆、粮食壳皮、玉米芯）为原料生产的代木产品、电力、热力及燃气。

国家发展改革委关于规范煤制天然气产业发展有关事项的通知

发改能源[2010]1205 号

各省、自治区、直辖市及计划单列市发展改革委、能源局、经贸委（经委）、大唐、中电投、华能、国开投、神华、中煤公司、中石油、中石化集团公司、中海油总公司：

近年来，国内天然气需求快速增长，激发了各地投资建设煤制天然气项目的热情，由于煤制天然气是新兴产业，国家尚未制定明确的产业政策，目前，正在进行项目示范工作。为了加强对煤制天然气产业的规范和引导，促进煤制天然气行业健康发展，根据国发[2009]38 号文件精神，对煤制天然气产业发展有关事项通知如下：

一、煤制天然气是以煤为原料，采用气化、净化和甲烷化技术制取的合成天然气。煤制天然气是资源、资金、技术密集型产业，项目建设需要的外部配套支持条件较多，不仅涉及煤炭开采与转化、水资源保障、技术的集成与优化，还需要配套建设天然气管网、培育用气市场等，是一个复杂的系统工程，必须在国家能源规划指导下统筹考虑、合理布局。

二、根据我国国情，煤制天然气产业的发展思路是：综合考虑资源承载、能源消耗、环境容量、天然气管网、区域市场容量等配套条件，合理布局煤制天然气气源点，优先安排煤炭调出区煤制天然气项目；鼓励采用自主知识产权技术和国产化设备项目；鼓励节能节水降耗新工艺、新技术的应用，贯彻循环经济理念，做好环境保护工作；发展煤、电、气、化多联产，最大限度地提高能效；与天然气管道规划衔接，落实外输通道和天然气销售市场，大力开发和推广天然气终端高效利用方式。

三、在国家出台明确的产业政策之前，煤制天然气及配套项目由国家发展改革委统一核准。各级地方政府应加强项目管理，不得擅自核准或备案煤制天然气项目。对于本通知下发前已经备案和核准的项目，各地发展改革委应进行认真筛选和清理，对不具备资源、技术、资金等条件的项目严禁开工建设，符合上述发展思路的项目上报国家发展改革委审核。

各级发展改革部门和能源主管部门要按照通知精神，认真做好规范煤制天然气产业发展的工作。

国家发展和改革委

二〇一〇年六月二日